Vahlens Handbücher
der Wirtschafts- und Sozialwissenschaften

Betriebswirtschaftliches Rechnungswesen

Band 1: Bilanz sowie Gewinn- und Verlustrechnung

von

Dr. Helmut Kurt Weber

ord. Professor an der Georg-August-Universität Göttingen

und

Dr. Silvia Rogler

ord. Professorin an der Technischen Universität Bergakademie Freiberg

5., vollständig überarbeitete und erweiterte Auflage

Verlag Franz Vahlen München

ISBN 3 8006 3020 6

© 2004 Verlag Franz Vahlen GmbH, Wilhelmstr. 9, 80801 München
Satz: DTP-Vorlagen der Autoren
Druck und Bindung: Druckhaus „Thomas Müntzer" GmbH
Neustädter Str. 1–4, 99947 Bad Langensalza
Gedruckt auf säurefreiem, alterungsbeständigem Papier
(hergestellt aus chlorfrei gebleichtem Zellstoff)

Vorwort zur fünften Auflage

1) In der vorliegenden 5. Auflage wurde die bisherige Konzeption des Lehrbuches beibehalten. Auch dieser Auflage ist eine Einführung in das Betriebswirtschaftliche Rechnungswesen vorangestellt, in welcher der Begriff des Rechnungswesens, die Rechnungsgrößen, die Abbildung des Wirtschaftens durch das Rechnungswesen, die Zwecke und die Gliederung des Rechnungswesens behandelt werden. Anschließend wird nach den in der Einführung unterschiedenen Rechnungsgrößen vorgegangen.

2) Der zweite Teil ist der grundlegenden Form betrieblichen Rechnens, der Einzahlungs- und Auszahlungs- sowie Geldbestandsrechnung gewidmet, der kurze dritte Teil der in der Literatur und Praxis schwach ausgeprägten Einnahmen- und Ausgaben- sowie Geld- und Kreditbestandsrechnung, der umfangreiche vierte Teil der Aufwands- und Ertragsrechnung (bzw. Gewinn- und Verlustrechnung) sowie der Vermögens- und Kapitalrechnung (bzw. Bilanz). Die Kosten- und Leistungsrechnung ist dem zweiten Band vorbehalten.

3) Im vierten Teil wird nach einem Überblick über die Arten von Bilanzen sowie Gewinn- und Verlustrechnungen der wichtigste Typ einer solchen Rechnung, der handelsrechtliche Jahresabschluss, für eine vertiefende Untersuchung ausgewählt. Nach der Verpflichtung zur Aufstellung des Jahresabschlusses und seinen Zwecken werden die bei seiner Aufstellung zu klärenden Probleme behandelt, wie Ansatz, Gliederung und Bewertung des Vermögens und des Kapitals sowie Ansatz, Gliederung und Bemessung der Aufwendungen und der Erträge.

Die jeweils einschlägigen handelsrechtlichen Regelungen werden dargestellt sowie beurteilt und aus der Kritik heraus Alternativen entwickelt. Zudem werden in dieser Auflage die immer mehr an Bedeutung gewinnenden International Accounting Standards (IAS) bzw. die International Financial Reporting Standards (IFRS) und die Generally Accepted Accounting Principles der USA (US-GAAP) berücksichtigt.

Anschließend an die Aufstellung des Jahresabschlusses werden vor allem die Möglichkeiten seiner Analyse diskutiert im Hinblick auf Aussagen über die Rentabilität, die Produktivität, die Liquidität, die Schuldendeckung, den erfolgswirksamen cash flow, den bilanziellen cash flow und die Wertschöpfung.

4) Diese Schrift soll Studierenden wirtschaftswissenschaftlicher Studiengänge, wie Betriebswirtschaftlehre, Volkswirtschaftslehre, Wirtschaftspädagogik, Wirtschaftsrecht, Wirtschaftsingenieurwesen sowie Wirtschaftsinformatik, das Studium des Rechnungswesens erleichtern, aber auch den in der Wirtschaftspraxis tätigen Kaufleuten, Juristen, Technikern und Informatikern Anregungen geben.

5) Als Autorin ist hinzugekommen Frau Silvia Rogler, Professorin der Betriebswirtschaftslehre an der Technischen Universität Bergakademie Freiberg, die mich als meine damalige Mitarbeiterin auch schon bei der 3. und 4. Auflage tatkräftig unterstützt hat.

Dank für die Hilfe bei der Erstellung des Buches gebührt ihren Assistenten an der TU Bergakademie Freiberg, Frau Dipl.-Kffr. Alexandra Gerhardy und Herrn Dipl.-Kfm. Hans-Christian Winkelmann, sowie meiner ehemaligen Sekretärin, Frau Margret Magerkorth. Danken möchte ich schließlich der Georg-August-Universität Göttingen, die auch einem Emeritus noch Arbeitsmöglichkeiten einräumt.

Göttingen, im November 2003   Helmut Kurt Weber

Inhaltsverzeichnis

Vorwort V

Erster Teil
Einführung in das Betriebswirtschaftliche Rechnungswesen

1. Begriff des Betriebwirtschaftlichen Rechnungswesens 1
2. Größen des Betriebswirtschaftlichen Rechnungswesens 3
3. Abbildung des Wirtschaftens des Betriebs durch das
   Betriebswirtschaftliche Rechnungswesen 7
4. Zwecke des Betriebswirtschaftlichen Rechnungswesens 12
5. Gliederung des Betriebswirtschaftlichen Rechnungswesens 18

Zweiter Teil
Die Einzahlungs- und Auszahlungsrechnung sowie die Geldbestandsrechnung

1. Begriffe der Einzahlungen und Auszahlungen sowie des Geldes ... 25
2. Arten von Geld 25
3. Arten von Einzahlungen und Auszahlungen 26
4. Rechnen mit Einzahlungen und Auszahlungen 27
5. Regelmäßige Einzahlungs- und Auszahlungsrechnungen 29
6. Fallweises Rechnen mit Einzahlungen und Auszahlungen 33
   6.1. Investitionsrechnungen
        auf der Grundlage von Einzahlungen und Auszahlungen 33
   6.2. Unternehmensbewertungen
        auf der Grundlage von Einzahlungen und Auszahlungen 34
7. Berücksichtigung von Einzahlungen und Auszahlungen
   beim Rechnen mit anderen Größen 36

Dritter Teil
Die Einnahmen- und Ausgabenrechnung sowie die Geld- und Kreditbestandsrechnung

1. Begriffe der Einnahmen und Ausgaben 39
2. Rechnen mit Einnahmen und Ausgaben 43
3. Berücksichtigung von Einnahmen und Ausgaben
   beim Rechnen mit anderen Größen 43

Vierter Teil
Die Aufwands- und Ertragsrechnung
(Gewinn- und Verlustrechnung) sowie
die Vermögens- und Kapitalrechnung (Bilanz)

I. Begriff und Arten von Bilanzen sowie Gewinn- und Verlustrechnungen 45
II. Die handelsrechtliche Bilanz sowie Gewinn- und Verlustrechnung
   (Der handelsrechtliche Jahresabschluss) 50
   1. Begriff des Jahresabschlusses 50
   2. Verpflichtung zur Aufstellung des Jahresabschlusses 51
   3. Zwecke des Jahresabschlusses 56
   4. Grundsätze bei Aufstellung des Jahresabschlusses 58
   5. Vorgehen bei Aufstellung des Jahresabschlusses 63
   6. Aufstellung der Bilanz 63
      6.1. Begriff der Bilanz 63
      6.2. Grundlegende Bilanzierungsfragen 64
      6.3. Ansatz des Bilanzvermögens 65
         6.3.1. Abgrenzung des Vermögens
                nach der Natur der Gegenstände 81
               6.3.1.1. Geld 81
               6.3.1.2. Forderungen 81
               6.3.1.3. Unternehmensanteile 87
               6.3.1.4. Eigene Anteile 90
               6.3.1.5. Materielle Güter 91
               6.3.1.6. Immaterielle Güter 93
               6.3.1.7. Ungüter 95
               6.3.1.8. Sonstige Aktiva 96
               6.3.1.9. Nicht durch Eigenkapital
                         gedeckter Fehlbetrag 103
               6.3.1.10. Zusammenfassende Beurteilung
                          und alternativer Vorschlag 103
         6.3.2. Abgrenzung des Vermögens
                nach der Zugehörigkeit der Gegenstände 105
               6.3.2.1. Unter Eigentumsvorbehalt
                         stehende Gegenstände 106
               6.3.2.2. Kommissionsgegenstände 106
               6.3.2.3. Pfandgegenstände 107
               6.3.2.4. Sicherungsübereignete Gegenstände 107
               6.3.2.5. Miet- und Pachtgegenstände 108
               6.3.2.6. Leasing-Gegenstände 108
               6.3.2.7. In wirtschaftlichem Eigentum
                         stehende Gegenstände 112
               6.3.2.8. Zusammenfassung 113

		6.3.3. Abgrenzung des Vermögens nach sonstigen Kriterien 114
6.4.	Gliederung des Bilanzvermögens 114	
	6.4.1.	Einteilung in Anlagevermögen und Umlaufvermögen 118
	6.4.2.	Unterteilung des Anlagevermögens 119
	6.4.3.	Unterteilung des Umlaufvermögens 120
	6.4.4.	Sonstige Positionen 123
	6.4.5.	Zusammenfassende Beurteilung und alternativer Vorschlag 124
6.5.	Anlagenbewegungsrechnung (Anlagenspiegel) 128	
6.6.	Bewertung des Bilanzvermögens 132	
	6.6.1.	Ermittlung des Mengengerüsts 132
	6.6.2.	Bewertung des Mengengerüsts 135
	6.6.3.	Bewertungsrelevante Differenzierung der Vermögensgegenstände 135
	6.6.4.	Bewertung des Anlagevermögens 136
		6.6.4.1. Überblick über die Wertansätze 136
		6.6.4.2. Rangordnung der Wertansätze 138
		6.6.4.3. Wertansätze im Einzelnen 143
		6.6.4.3.1. Anschaffungskosten 143
		6.6.4.3.2. Herstellungskosten 145
		6.6.4.3.3. Wert des gegenwärtigen Abschlussstichtags 145
		6.6.4.3.4. Wert des vorhergehenden Abschlussstichtags 148
		6.6.4.3.5. Steuerwert 148
		6.6.4.3.6. Im Rahmen vernünftiger kaufmännischer Beurteilung liegender niedrigerer Wert 152
	6.6.5.	Bewertung des Umlaufvermögens 152
		6.6.5.1. Überblick über die Wertansätze 152
		6.6.5.2. Rangordnung der Wertansätze 153
		6.6.5.3. Wertansätze im Einzelnen 157
	6.6.6.	Zusammenfassende Beurteilung und alternativer Vorschlag 164
	6.6.7.	Sonderproblem der Ermittlung des fortgeschriebenen Anschaffungswerts (Abschreibungsmethoden) 170
		6.6.7.1. Überblick über die Arten von Abschreibungen. 170
		6.6.7.2. Planmäßige Abschreibung 174
		6.6.7.3. Kalenderzeitabhängige Abschreibung 175
		6.6.7.4. Nutzungsabhängige Abschreibung 183
		6.6.7.5. Kombination von kalenderzeitabhängiger und nutzungsabhängiger Abschreibung 187

6.6.8. Sonderproblem der Ermittlung des generellen
Anschaffungswerts (Sammelbewertungsmethoden) 187
 6.6.8.1. Einzelerfassung und -bewertung
versus Sammelerfassung und -bewertung 188
 6.6.8.2. Mengenerfassungs- und
Bewertungserleichterungen 189
 6.6.8.3. Methoden der Sammelbewertung 190
  6.6.8.3.1. Durchschnittspreismethode 191
  6.6.8.3.2. Beschaffungszeitbestimmte
Methoden 194
  6.6.8.3.3. Beschaffungspreisbestimmte
Methoden 195
  6.6.8.3.4. Beschaffungsmengen- und Beschaffungswertbestimmte Methoden 200
  6.6.8.3.5. Zusammenfassung 201
6.7. Ansatz des Bilanzkapitals 203
 6.7.1. Begriff des Bilanzkapitals und weitere Kapitalbegriffe 203
 6.7.2. Bestandteile des Bilanzkapitals 211
  6.7.2.1. Verbindlichkeiten 211
  6.7.2.2. Rückstellungen 212
  6.7.2.3. Eventualverbindlichkeiten 217
  6.7.2.4. Sonstige finanzielle Verpflichtungen 218
  6.7.2.5. Sonderposten mit Rücklageanteil 219
  6.7.2.6. Gezeichnetes Kapital 221
  6.7.2.7. Rücklagen 223
  6.7.2.8. Gewinn bzw. Verlust 227
  6.7.2.9. Zusammenfassung 228
6.8. Gliederung des Bilanzkapitals 229
 6.8.1. Heraushebung des Eigenkapitals 229
 6.8.2. Verbleibende Positionen 230
 6.8.3. Zusammenfassung 232
6.9. Bewertung des Bilanzkapitals 234
 6.9.1. Wertansatz der Schulden 237
 6.9.2. Wertansatz des Eigenkapitals 241
6.10. Gegenüberstellung des Bilanzvermögens und des Bilanzkapitals 242
7. Aufstellung der Gewinn- und Verlustrechnung 245
 7.1. Begriff der Gewinn- und Verlustrechnung 245
 7.2. Verhältnis der Gewinn- und Verlustrechnung zur Bilanz 246
 7.3. Grundlegende Fragen bei Aufstellung
der Gewinn- und Verlustrechnung 248
 7.4. Ansatz der Aufwendungen 248
 7.5. Ansatz der Erträge 252
 7.6. Gliederung der Aufwendungen und der Erträge 254

7.6.1. Gliederung der Aufwendungen und der Erträge
im Rahmen des Gesamtkostenverfahrens 255
    7.6.1.1. Umsatzerlöse 259
    7.6.1.2. Bestandsänderungen 264
    7.6.1.3. Andere aktivierte Eigenleistungen 266
    7.6.1.4. Gesamtleistung 267
    7.6.1.5. Sonstige betriebliche Erträge 267
    7.6.1.6. Materialaufwand 268
    7.6.1.7. Personalaufwand 270
    7.6.1.8. Abschreibungen 271
    7.6.1.9. Sonstige betriebliche Aufwendungen 274
    7.6.1.10. Zins- und Dividendenerträge 274
    7.6.1.11. Erhaltene Gewinne 276
    7.6.1.12. Abschreibungen auf Finanzanlagen und
               Wertpapiere des Umlaufvermögens 276
    7.6.1.13. Zinsaufwendungen 277
    7.6.1.14. Aufwendungen aus Verlustübernahme 278
    7.6.1.15. Ergebnis gewöhnlicher Geschäftätigkeit 278
    7.6.1.16. Außerordentliche Erträge und Aufwendungen
               sowie außerordentliches Ergebnis 278
    7.6.1.17. Steuern 280
    7.6.1.18. Erträge aus Verlustübernahme
               oder abgeführte Gewinne 281
    7.6.1.19. Jahresüberschuss/Jahresfehlbetrag 282
    7.6.1.20. Zusammenfassende Beurteilung
               und alternativer Vorschlag 283
7.6.2. Gliederung der Aufwendungen und der Erträge
im Rahmen des Umsatzkostenverfahrens 290
    7.6.2.1. Umsatzerlöse 293
    7.6.2.2. Herstellungskosten zur Erzielung der
               Umsatzerlöse erbrachten Leistungen 293
    7.6.2.3. Bruttoergebnis vom Umsatz 300
    7.6.2.4. Vertriebskosten 301
    7.6.2.5. Allgemeine Verwaltungskosten 302
    7.6.2.6. Nettoergebnis vom Umsatz 305
    7.6.2.7. Sonstige betriebliche Erträge 305
    7.6.2.8. Sonstige betriebliche Aufwendungen 305
    7.6.2.9. Verbleibende Positionen 306
    7.6.2.10. Zusammenfassende Beurteilung 307
7.6.3. Vergleich des Gesamtkostenverfahrens
und des Umsatzkostenverfahrens 309
7.7. Bemessung der Aufwendungen und der Erträge 310

8. Erstellung des Anhangs 311
9. Erstellung des Lageberichts 322
10. Prüfung des Jahresabschlusses und des Lageberichts 327
11. Vorlage und Offenlegung des Jahresabschlusses und des Lageberichts 331
12. Analyse des Jahresabschlusses 334
    12.1. Positionenanalyse 336
    12.2. Positionengruppenanalyse 338
    12.3. Relationenanalyse 343
        12.3.1. Eigenkapitalrentabilität 344
        12.3.2. Gesamtkapitalrentabilität 348
        12.3.3. Umsatzrentabilität 349
        12.3.4. Produktivität 350
        12.3.5. Liquidität 354
        12.3.6. Schuldendeckung 362
        12.3.7. Umschlagshäufigkeiten 364
    12.4. Rechnungsumformende Analyse 364
        12.4.1. Bewegungsbilanz 364
        12.4.2. Kapitalflussrechnung 368
        12.4.3. Cash flow-Analyse der Gewinn- und Verlustrechnung 373
            12.4.3.1. Begriff des cash flow 373
            12.4.3.2. Ermittlung des cash flow
                      anhand der Gewinn- und Verlustrechnung
                      nach dem Gesamtkostenverfahren 374
            12.4.3.2. Ermittlung des cash flow
                      anhand der Gewinn- und Verlustrechnung
                      nach dem Umsatzkostenverfahren 380
            12.4.3.4. Aussagewert des cash flow 381
            12.4.3.5. Möglichkeiten der Verwendung
                      eines positiven cash flow 387
            12.4.3.6. Möglichkeiten der Deckung
                      eines negativen cash flow 389
        12.4.4. Cash flow-Analyse der Bilanzveränderungen 390
            12.4.4.1. Begriff des bilanziellen cash flow 390
            12.4.4.2. Cash flow-Analyse der Veränderungen
                      der Aktiva 392
            12.4.4.3. Cash flow-Analyse der Veränderungen
                      der Passiva 396
        12.4.5. Verknüpfung der cash flow-Analyse
                der Gewinn- und Verlustrechnung mit der
                cash flow-Analyse der Bilanzveränderungen 402

12.4.6. Wertschöpfungsrechnung 404
    12.4.6.1. Begriff der Wertschöpfung 404
    12.4.6.2. Ermittlung der Wertschöpfung anhand der Gewinn- und Verlustrechnung nach dem Gesamtkostenverfahren auf subtraktive Weise 406
    12.4.6.3. Ermittlung der Wertschöpfung anhand der Gewinn- und Verlustrechnung nach dem Gesamtkostenverfahren auf additive Weise 412
    12.4.6.4. Ermittlung der Wertschöpfung anhand der Gewinn- und Verlustrechnung nach dem Umsatzkostenverfahren 413
    12.4.6.5. Aussagewert der Wertschöpfung 414
13. Entscheidungen auf der Grundlage des Jahresabschlusses 420

Abkürzungsverzeichnis 435
Abbildungsverzeichnis 437
Literaturverzeichnis 441
Stichwortverzeichnis 455

Erster Teil
Einführung in das Betriebswirtschaftliche Rechnungswesen

1. Begriff des Betriebswirtschaftlichen Rechnungswesens

1) In der Betriebswirtschaftslehre und in der Wirtschaftspraxis war es bisher üblich, vom Betrieblichen Rechnungswesen oder schlechthin vom Rechnungswesen zu sprechen[1]. Hier soll für den gleichen, noch näher zu bestimmenden Inhalt der Begriff des Betriebswirtschaftlichen Rechnungswesens vorgezogen werden. In diesem kommt deutlicher zum Ausdruck, dass ein Teilgebiet der Betriebswirtschaftslehre gemeint ist. Zudem eignet er sich besser als Gegenbegriff zu dem in der Volkswirtschaftslehre üblichen Begriff des Volkswirtschaftlichen Rechnungswesens.[2]

2) Im angloamerikanischen Sprachraum wird das dem Betriebswirtschaftlichen Rechnungswesen entsprechende Gebiet als accounting bezeichnet.[3] Mit accounting waren ursprünglich nur die Buchhaltung und die Bilanzierung gemeint; aber im Laufe der Zeit ist dieser Begriff immer weiter gefasst worden. Er umfasst heute das financial accounting ebenso wie das cost accounting.

3) Die übliche Definition des Betrieblichen Rechnungswesens, die auf die Richtlinien zur Organisation der Buchhaltung von 1937 zurückgeht, lautet:[4]

Betriebliches Rechnungswesen =
alle Verfahren zur ziffernmäßigen Erfassung und Zurechnung der betrieblichen Vorgänge.

4) Zu dieser Definition ist teils erläuternd, teils kritisch zu sagen:

a) Statt „ziffernmäßige" Erfassung könnte es ebenso gut „zahlenmäßige" Erfassung heißen. Genauer wäre es, von mengenmäßiger und wertmäßiger Erfas-

---

[1] Vgl. Eisele, Wolfgang: Technik des betrieblichen Rechnungswesens; Kloock, Josef: Betriebliches Rechnungswesen; Vormbaum, Herbert: Grundlagen des betrieblichen Rechnungswesens; Wedell, Harald: Grundlagen des Rechnungswesens.
[2] Vgl. Stobbe, Alfred: Volkswirtschaftliches Rechnungswesen.
[3] Vgl. Alexander, David/ Nobes, Christopher: Financial Accounting; Harrison, Walter T./ Horngren, Charles T.: Financial accounting; Horngren, Charles T. et al.: Management and cost accounting; Horngren, Charles T./ Forster, George/ Datar, Srikant U.: Cost accounting: a managerial emphasis.
[4] Vgl. Schlegelberger, Franz: Handelsgesetzbuch, S. 301.

sung zu sprechen bzw. von Erfassung mit Hilfe von Mengengrößen und von Wertgrößen.

b) „Erfassung" ist zu eng. Denn das Rechnungswesen beschränkt sich nicht auf die Ermittlung von Zahlen, sondern erstreckt sich auch auf die Aufbereitung und Darstellung von Zahlen sowie ihre Analyse und Auswertung. Zusammenfassend könnte von Abbildung gesprochen werden.

c) Worauf eine „Zurechnung" vorgenommen werden soll, bleibt offen. Konkret bedarf es einer Zurechnung von Zahlen auf Perioden, auf Unternehmensbereiche, auf Produkte und Mengeneinheiten von Produkten sowie auf Produktionsfaktoren.

d) Mit „betrieblichen" Vorgängen dürften nicht nur Vorgänge innerhalb des Betriebes gemeint sein, vielmehr müssten auch Vorgänge zwischen dem jeweils betrachteten Betrieb und anderen Wirtschaftssubjekten einbezogen werden.

e) „Vorgänge" ist zu eng, denn das Rechnungswesen hat auch Zustände zu erfassen und einen Status abzubilden.

5) Berücksichtigt man diese Anmerkungen, kommt man etwa zu der folgenden Definition:

Betriebswirtschaftliches Rechnungswesen =
systematische Ermittlung, Aufbereitung, Darstellung, Analyse und Auswertung von Zahlen (Mengen- und Wertgrößen) über den einzelnen Wirtschaftsbetrieb und seine Beziehungen zu anderen Wirtschaftssubjekten.

Abgekürzt könnte man auch formulieren:

Betriebswirtschaftliches Rechnungswesen =
quantitative Abbildung des Wirtschaftens des einzelnen Betriebs.

6) Nach dieser abgewandelten Definition ist das Rechnungswesen ebenso wie nach der üblichen Definition eine Tätigkeit. Wollte man demgegenüber das Rechnungswesen als Ergebnis einer Tätigkeit auffassen, müsste man wie folgt formulieren:

Betriebswirtschaftliches Rechnungswesen =
System von Zahlen (Mengen- und Wertgrößen) über das Wirtschaften des einzelnen Betriebs und seine Beziehungen zu anderen Wirtschaftssubjekten

oder

Betriebswirtschaftliches Rechnungswesen =
quantitatives Abbild des Wirtschaftens des einzelnen Betriebs.

Hier soll der Auffassung vom Rechnungswesen als einer Tätigkeit gefolgt werden. Es stellt eine betriebliche Funktion dar, die die anderen betrieblichen Funktionen, wie die Beschaffung, die Produktion, den Absatz und die Finanzierung, begleitet.

7) Der gegebenen Definition folgend sei zunächst etwas gesagt zu den Zahlen, mit Hilfe derer das Wirtschaften abgebildet wird, dann zum Wirtschaften selbst. Schließlich sollen in diesem Teil die Zwecke und die Gliederung des Rechnungswesens behandelt werden.

2. Größen des Betriebswirtschaftlichen Rechnungswesens

1) Ausgegangen sei von der grundsätzlichen Unterscheidung zwischen:[1]

a) qualitativen betriebswirtschaftlichen Begriffen, wie Unternehmung, Konzern, Markt, und

b) quantitativen betriebswirtschaftlichen Begriffen, wie Umsatzerlöse, Gewinn, Verlust.

Sowohl den einen als auch den anderen Begriffen ist ein bestimmter gedanklicher Inhalt eigen. Zu diesem kommen bei den quantitativen Begriffen, die den Gegenstand des Betriebswirtschaftlichen Rechnungswesens bilden, noch bestimmte Größenvorstellungen hinzu. Wir wollen von Rechnungs- oder Rechengrößen sprechen. Wenn man sich mit diesen im Einzelnen beschäftigt, ist zunächst ihr gedanklicher Inhalt zu bestimmen, dann ihre Dimension.

2) Bei den Rechnungsgrößen kann es sich, wie bereits im Zusammenhang mit der Definition des Rechnungswesens angedeutet, handeln um:

a) Mengengrößen (z. B. Produktionsmenge, Absatzmenge) oder

b) Wertgrößen (z. B. Produktionswert, Absatzwert bzw. Umsatzerlöse).

Mit Mengengrößen lässt sich nur so lange rechnen, als sie sich jeweils auf den gleichen Gegenstand beziehen (z. B. Produktionsmenge von Produkt X, Vorratsmenge von Produkt X, Absatzmenge von Produkt X). Sobald sich Mengengrößen auf verschiedene Gegenstände beziehen (z. B. Produktionsmenge von Produkt X, Produktionsmenge von Produkt Y), können sie kaum mehr sinnvoll addiert, voneinander subtrahiert, miteinander multipliziert oder durcheinander dividiert werden. Anderes gilt für Wertgrößen (z. B. Produktionswert von X, Produktionswert von Y). Daher versucht man, die Mengengrößen soweit wie möglich in Wertgrößen zu überführen, d. h. in Geldeinheiten auszudrücken.

Wichtige Ziele und Nebenbedingungen von Wirtschaftsbetrieben, wie Rentabilität, Produktivität, Liquidität, können ohnehin nur in Geldeinheiten gemessen werden.

3) Bei den Mengengrößen ist zu unterscheiden zwischen:

a) Mengengrößen, die sich relativ einfach in Wertgrößen überführen lassen (wie die Produktionsmenge in den Produktionswert) und

b) Mengengrößen, deren Überführung in Wertgrößen große Schwierigkeiten bereitet (man denke an die Zahl der Arbeitskräfte und die Versuche, ein sog. Humanvermögen zu errechnen).

4) Bei den Wertgrößen oder monetären Größen ist zu unterscheiden zwischen:

a) ursprünglichen Wertgrößen (z. B. Preis pro Mengeneinheit, Lohn pro Stunde, Zinsen pro 100 Euro pro Jahr) und

---

[1] Vgl. Lehmann, Max Rudolf: Allgemeine Betriebswirtschaftslehre, S. 76 f.

b) Wertgrößen, die von Mengengrößen und ursprünglichen Wertgrößen abgeleitet sind (wie die Umsatzerlöse aus der Absatzmenge und dem Preis pro Mengeneinheit).

5) Die Mengengrößen können sich ebenso wie die Wertgrößen beziehen:

a) entweder auf einen Zeitpunkt (= Punktgrößen, Bestandsgrößen), z. B. Vorrats- oder Lagermenge, Lagerwert

b) oder auf einen Zeitraum (= Flussgrößen, Stromgrößen, Bewegungsgrößen), z. B. Produktionsmenge, Produktionswert.

Zwischen zeitpunktbezogenen Größen und zeitraumbezogenen Größen besteht naturgemäß ein enger Zusammenhang. Geht man bei einer Mengengröße von einem Bestand zu Beginn einer Periode aus, erhält man durch Berücksichtigung der Abgänge und Zugänge während der Periode den Bestand am Ende der Periode. Geht man bei einer Wertgröße von einem Anfangsbestand aus, sind neben den Abgängen und Zugängen auch Abschreibungen und Zuschreibungen zu berücksichtigen, damit man den Endbestand erhält.

6) Die Mengengrößen und die Wertgrößen, mit denen gerechnet werden kann, sind zahlreich und vielfältig. Bei den Wertgrößen haben sich im Laufe der Zeit vor allem vier Paare von gegensätzlichen Größen herausgebildet:[1]

a) Einzahlungen und Auszahlungen;

b) Einnahmen und Ausgaben;

c) Erträge und Aufwendungen;

d) Erlöse bzw. Leistungen und Kosten.

Die Einzahlungen und Auszahlungen stellen elementare Größen dar, die primär die Geldvorgänge abbilden. Damit werden sekundär auch die Bewegungen von Kapital erfasst, soweit es sich um Geldkapital handelt. Ferner werden damit sekundär auch bestimmte Bewegungen von Gütern erfasst, und zwar die Bareinkäufe und Barverkäufe von Gütern.

Die Einnahmen und Ausgaben stellen gegenüber Einzahlungen und Auszahlungen erweiterte Größen dar. Sie bilden primär die Geld- und Kreditvorgänge ab, die im Zusammenhang mit Güterbewegungen stehen, d. h. alle Einkäufe und Verkäufe von Gütern.

Die Erträge und Aufwendungen stellen von Einnahmen und Ausgaben bzw. von Einzahlungen und Auszahlungen abgeleitete Größen dar. Sie bilden bestimmte Bewegungen von Gütern ab, und zwar vor allem die Güterentstehung sowie den Güterverzehr im Betrieb.

---

[1] Vgl. Hummel, Siegfried/ Männel, Wolfgang: Kostenrechnung 1, Grundlagen, Aufbau und Anwendung, S. 63 ff.; Männel, Wolfgang: Bemerkungen zu den Begriffsreihen "Auszahlungen, Ausgaben, Aufwendungen, Kosten" und "Einzahlungen, Einnahmen, Erträge, Leistungen", S. 215 ff.; Weber, Helmut Kurt: Basisgrößen der Unternehmensrechnung, Sp. 117-125; Wöhe, Günter/ Döring, Ulrich: Einführung in die Allgemeine Betriebswirtschaftslehre, S. 826 ff.

Für die Erlöse und Kosten gilt grundsätzlich das gleiche wie für die Erträge und Aufwendungen. Sie stellen im Großen und Ganzen modifizierte Erträge und Aufwendungen dar.

7) Bei den genannten Wertgrößen handelt es sich um Bewegungsgrößen, denen bestimmte Bestandsgrößen entsprechen (vgl. auch Abbildung 1):

a) den Einzahlungen und Auszahlungen der Bestand an Zahlungsmitteln, an Geld;

b) den Einnahmen und Ausgaben der Geld- und Kreditbestand sowie ein bestimmter Bestand von Gütern;

c) den Aufwendungen und Erträgen der Bestand des bilanziellen Vermögens und Kapitals;

d) den Kosten und Erlösen bzw. Leistungen der Bestand des kalkulatorischen Vermögens und Kapitals.

Allerdings entsprechen die genannten Bewegungsgrößen und Bestandsgrößen einander nicht vollkommen, weil sie sich nicht in völligem Einklang miteinander in Wissenschaft und Praxis entwickelt haben.

8) Wenn man nicht von den Bewegungsgrößen, sondern umgekehrt von den Bestandsgrößen ausgeht, sind zuzuordnen:

a) dem Geldbestand die Geldbewegungen, d. h. die Einzahlungen und Auszahlungen;

b) dem Güterbestand solche Güterbewegungen, wie Gütereinkäufe und Güterverkäufe, d. h. die Einnahmen und Ausgaben;

c) dem Bestand des bilanziellen Vermögens und Kapitals die Vermögens- und Kapitalbewegungen, worunter die Erträge und Aufwendungen fallen;

d) dem Bestand des kalkulatorischen Vermögens und Kapitals bestimmte Vermögens- und Kapitalbewegungen, worunter die Erlöse bzw. Leistungen und Kosten fallen.

9) Anders als die Wertgrößen lassen sich die Mengengrößen mangels Aggregierbarkeit nicht auf wenige Begriffspaare reduzieren. Es können allenfalls Gruppen zusammengehöriger Größen gebildet werden, wie beschaffungsspezifische, produktionsspezifische, absatzspezifische Mengengrößen, und innerhalb der produktionsspezifischen Einsatzmengen und Ausbringungsmengen.

10) Die Wertgrößen und die Mengengrößen können sich beziehen:

a) entweder auf die Vergangenheit (= ex post-Rechnungen oder Nachrechnungen, wie Bilanz sowie Gewinn- und Verlustrechnung des abgelaufenen Geschäftsjahrs; Nachkalkulation)

b) oder auf die Zukunft (= ex ante-Rechnungen oder Vorrechnungen, wie Planbilanz sowie Plangewinn- und -verlustrechnung des kommenden Geschäftsjahrs; Vorkalkulation).

Zwischen Nachrechnungen und Vorrechnungen besteht faktisch ein enger Zusammenhang. Bei der Aufstellung von Nachrechnungen sind partielle Vorrechnungen vorzunehmen. So bedarf der Ansatz der planmäßigen Abschreibungen in der Handels- und Steuerbilanz sowie in der kalkulatorischen Vermögens- und Kapitalrechnung einer Schätzung der Nutzungsdauer und des Nutzungsverlaufs der abzuschreibenden Gegenstände. Umgekehrt ist es bei der Aufstellung von Vorrechnungen ratsam, von den entsprechenden Nachrechnungen auszugehen.

11) Die Wertgrößen und Mengengrößen können sich ferner beziehen:

a) entweder auf das jeweilige Unternehmen insgesamt (= Totalrechnung, wie Bilanz sowie Gewinn- und Verlustrechnung)

b) oder auf Teile des jeweiligen Unternehmens, z. B. einen Geschäftsbereich, eine Abteilung, eine Stelle, ein Produkt, einen Produktionsfaktor (= Partialrechnungen, wie Bereichs- oder Abteilungserfolgsrechnung, Kostenstellenrechnung, Produktergebnisrechnung).

Abbildung 1:
Überblick über die wichtigsten monetären Größen der BWL

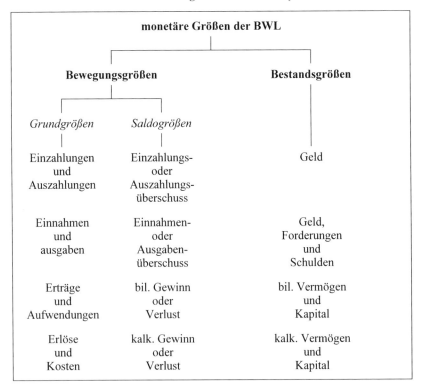

3. Abbildung des Wirtschaftens des Betriebs durch das Betriebswirtschaftliche Rechnungswesen

1) Während das Volkswirtschaftliche Rechnungswesen das Wirtschaften einer Volkswirtschaft schlechthin abbildet, stellt das Betriebswirtschaftliche Rechnungswesen von vornherein auf die einzelnen Wirtschaftsbetriebe ab, und zwar auf solche Betriebe, die Güter produzieren (= Produktivbetriebe).

Ihnen stehen gegenüber die Wirtschaftsbetriebe, die Güter konsumieren (= Konsumtivbetriebe oder Haushalte). Hinzu kommt als Wirtschaftssubjekt eigener Art der Staat bzw. bei dezentraler staatlicher Organisation wie in der Bundesrepublik Deutschland: der Bund, die Länder, die Gemeinden sowie andere Körperschaften und Anstalten des öffentlichen Rechts.

Das Rechnungswesen der Produktivbetriebe ist am stärksten ausgeprägt, dasjenige der Konsumtivbetriebe am schwächsten. Das Rechnungswesen der staatlichen Stellen erreichte schon früh einen hohen Stand, stagnierte dann jedoch lange. Es wurde als kameralistisches Rechnungswesen[1] bezeichnet und dem kaufmännischen Rechnungswesen der privaten Produktivbetriebe gegenübergestellt. Sein Kennzeichen war die Betonung des Rechnens mit Einzahlungen und Auszahlungen, die als Sollgrößen für eine künftige Periode vorgegeben wurden. Inzwischen hat sich das Rechnungswesen der staatlichen Stellen mehr und mehr demjenigen der privaten Produktivbetriebe angenähert.

2) Die Produktivbetriebe unterscheiden sich nach einer Reihe von Merkmalen, wie Rechtsform, Größe, Art der produzierten Güter, Art des Produktionsprozesses. Unter Berücksichtigung der letzten beiden Merkmale sind auseinander zu halten:

    a) Betriebe, die materielle Güter herstellen;

        aa) Betriebe, die ihre materiellen Güter der Natur entnehmen bzw. aus der Natur gewinnen (= Urproduktionsbetriebe, z. B. Bergbaubetriebe);

        ab) Betriebe, die ihre materiellen Güter aus anderen materiellen Gütern herstellen, z. B. Industriebetriebe, Handwerksbetriebe;

    b) Betriebe, die immaterielle Güter hervorbringen, z. B.

        ba) Handelsbetriebe;

        bb) Transport- und Verkehrsbetriebe;

        bc) Lagerhausbetriebe;

        bd) Bankbetriebe;

        be) Versicherungsbetriebe.

---

[1] Vgl. Brede, Helmut: Grundzüge der öffentlichen Betriebswirtschaftslehre, S. 190 f.; Kronthaler, Ludwig/ Weichselbaumer, Jürgen Stefan: Kameralistik, Sp. 922 ff.; Wysocki, Klaus von: Kameralistisches Rechnungswesen.

Das Rechnungswesen der Industriebetriebe ist am stärksten entwickelt worden. Die dabei gewonnenen Erkenntnisse wurden nach und nach auf die anderen Produktivbetriebe übertragen. Hier soll ebenfalls das industrielle Rechnungswesen zugrunde gelegt werden.

3) Für das Wirtschaften des Industriebetriebs ist kennzeichnend, dass er materielle Güter (Rohstoffe genannt) von anderen Betrieben übernimmt, dass er diese umformt oder umwandelt und dass er die dabei entstandenen materiellen Güter (Produkte genannt) an andere Betriebe abgibt.[1] Die typischen industriellen Tätigkeiten sind also: Beschaffung materieller Güter, Produktion durch Umformung oder Umwandlung der übernommenen materiellen Güter, Absatz der neu entstandenen materiellen Güter. Den genannten Funktionen der Beschaffung, der Produktion und des Absatzes wird üblicherweise die Finanzierung an die Seite gestellt. Unseres Erachtens bedarf diese Reihe noch der Ergänzung um die Organisation, das Personalwesen sowie das Rechnungswesen. Hier soll nun skizziert werden, wie durch das Rechnungswesen, d. h. mit Hilfe der weiter vorne unterschiedenen Rechengrößen, die anderen Funktionen des Industriebetriebs abgebildet werden.[2]

4) Wir wollen nicht auf die Beschaffung aller Güter, sondern nur auf diejenige der Rohstoffe eingehen. Sie kann auf unterschiedliche Weise vorgenommen werden. Entsprechend unterschiedlich ist die Abbildung durch das Rechnungswesen.

a) Im rechnungstechnisch einfachsten Fall begibt sich eine beauftragte Person zum Lieferanten, ordert einen gewünschten Posten, erhält ihn zum Mitnehmen und bezahlt bar. Bestellung und Entgegennahme des Gutes sowie Bezahlung fallen also zusammen. Einerseits ist ein Rohstoffbestandszugang (allgemeiner ein Güterzugang) zu verbuchen, andererseits ein Geldabgang oder eine Auszahlung (Aktivtausch).

b) Rechnungstechnisch komplizierter ist die Abbildung der Beschaffung, wenn Bestellung, Entgegennahme des Gutes und Bezahlung auseinander fallen.

ba) Die Bestellung des Gutes wird in der Geschäftsbuchhaltung (die ihrem Wesen nach eine Aufwands- und Ertragsrechnung sowie Vermögens- und Kapitalrechnung darstellt) nicht verbucht, obwohl in diesem Zeitpunkt der bestellende Betrieb bereits eine Verpflichtung eingeht, nämlich zur Abnahme des Gutes sowie zur Erbringung der Gegenleistung. Man spricht von einem schwebenden Geschäft, worunter man ein Geschäft versteht, das weder von der einen Seite noch von der anderen Seite erfüllt worden ist. Ein solches Geschäft schlägt sich nur ausnahmsweise in der Buchhaltung nieder: Im Falle, dass sich ein Verlust abzeichnet, muss über Aufwendungen eine Rückstellung für drohende Verluste aus schwebenden Geschäften gebildet werden, entsprechend dem Prinzip der Verlustantizipation. Dagegen darf bei einem sich abzeichnenden Gewinn nicht bereits ein Ertrag ausgewiesen werden, entsprechend dem Prinzip der Gewinnrealisation.

---

[1] Vgl. Weber, Helmut Kurt: Industriebetriebslehre, S. 10 ff.
[2] Vgl. Weber, Helmut Kurt: Die quantitative Abbildung der betrieblichen Funktionen durch das Betriebswirtschaftliche Rechnungswesen, S. 122 ff.

Auch in der Betriebsbuchhaltung (die ihrem Wesen nach eine Kosten- und Leistungsrechnung darstellt) wird die Bestellung normalerweise nicht verbucht, obwohl mit diesem Akt bereits der Grundstock für das Entstehen von Kosten gelegt wird. Die Bestellung des Gutes müsste jedoch im Rahmen einer Beschaffungsstatistik registriert werden.

bb) Die Entgegennahme des bestellten Gutes wird in der Geschäftsbuchhaltung erfasst. Das schwebende Geschäft ist zu einem von einer Seite erfüllten Geschäft geworden. Einerseits ist ein Rohstoffbestandszugang zu verbuchen, andererseits eine Verbindlichkeitszunahme (= Bilanzverlängerung). Entsprechendes gilt für die Betriebsbuchhaltung.

bc) Die Bezahlung des entgegengenommenen Gutes wird in der Geschäftsbuchhaltung erfasst. Das einseitig erfüllte Geschäft ist nun auch von der anderen Seite erfüllt worden und damit abgeschlossen. Einerseits ist ein Geldabgang zu verbuchen, andererseits eine Verbindlichkeitsabnahme (= Bilanzverkürzung). Entsprechendes gilt für die Betriebsbuchhaltung.

c) Noch komplizierter ist die Abbildung der Beschaffung, wenn im Zeitpunkt der Bestellung eine Anzahlung auf den Kaufpreis vorgenommen wird, wenn im Zeitpunkt der Entgegennahme ein weiterer Teil des Kaufpreises beglichen wird und wenn nach Ablauf einer Frist der verbleibende Teil des Kaufpreises beglichen wird.

5) Die Produktion lässt sich zumindest gedanklich unterteilen in: den Einsatz von Produktionsfaktoren und die Entstehung von Produkten.

a) Der Einsatz von Produktionsfaktoren wird normalerweise über Aufwendungen bzw. Kosten abgebildet. Sofern es sich bei den Produktionsfaktoren allerdings um freie Güter handelt, fallen keine Aufwendungen bzw. Kosten an. Sofern es sich bei den Produktionsfaktoren um knappe, aber nicht abnutzbare Gebrauchsgüter (wie Grundstücke) handelt, entstehen Aufwendungen bzw. Kosten nur indirekt, als Zinsen für das in diesen Gütern investierte Kapital. Aber das gilt auch für die anderen knappen Güter. Wenn es sich bei den Produktionsfaktoren um knappe abnutzbare Gebrauchsgüter, Verbrauchsgüter, Arbeitsleistungen und Dienstleistungen handelt, entstehen faktorspezifische Aufwendungen bzw. Kosten: Der Einsatz von abnutzbaren Gebrauchsgütern (wie Maschinen) wird einerseits über eine Bestandsabnahme erfasst, andererseits über Abschreibungsaufwendungen bzw. Abschreibungskosten. Der Einsatz von Verbrauchsgütern (wie Rohstoffen) wird einerseits ebenfalls über eine Bestandsabnahme erfasst, andererseits über Materialaufwendungen bzw. Materialkosten. Der Einsatz von Arbeitskräften wird über Personalaufwendungen bzw. Personalkosten erfasst. Der Ausweis einer Bestandsabnahme entfällt. Der Einsatz bzw. die Inanspruchnahme von Dienstleistungen wird ebenfalls über entsprechende Aufwendungen bzw. Kosten erfasst.

b) Die Entstehung von Produkten wird im Rahmen des sog. Gesamtkostenverfahrens über Erträge bzw. Leistungen abgebildet. Sofern es sich um fertige Erzeugnisse handelt, wären jeweils bei Fertigstellung einerseits Erträge bzw. Leistungen auszuweisen, andererseits eine Bestandszunahme. In der Praxis geschieht dies im Allgemeinen jedoch erst am Ende eines Geschäftsjahrs. Entsprechendes gilt, sofern es sich um unfertige Erzeugnisse sowie um selbsterstellte Sachanlagen handelt. Sofern es sich um erbrachte Dienstleistungen handelt, wären jeweils bei Beendigung der Leistungserbringung einerseits Erträge bzw. Leistungen auszuweisen, andererseits im Allgemeinen eine Forderungszunahme, allenfalls eine Zunahme des Bestands an noch nicht abgerechneten Leistungen.

6) Für den Absatz der Produkte gilt ähnliches wie für die Beschaffung der Rohstoffe.

a) Im rechnungstechnisch einfachsten Fall begibt sich ein Kunde zum betrachteten Industriebetrieb, ordert einen gewünschten Posten, erhält ihn zum Mitnehmen und bezahlt bar. Auftragserhalt bzw. Auftragsannahme, Übergabe des Gutes und Zahlungserhalt fallen zusammen. Einerseits wäre ein Fertigerzeugnisabgang, andererseits ein Geldzugang oder eine Einzahlung zu verbuchen (= Aktivtausch). Sofern der vom Kunden bezahlte Preis über den bei der Produktion des Gutes entstandenen Aufwendungen bzw. Kosten liegt, wäre jetzt noch einmal ein Ertrag bzw. eine Leistung in Höhe dieser Differenz auszuweisen.

b) Rechnungstechnisch komplizierter ist die Abbildung des Absatzes, wenn Auftragserhalt bzw. Auftragsannahme, Übergabe des Gutes und Zahlungserhalt auseinander fallen.

ba) Der Auftragserhalt bzw. die Auftragsannahme wird nur im Rahmen der Absatzstatistik registriert.

bb) Die Übergabe bzw. Auslieferung des Gutes wäre in der Geschäftsbuchhaltung zu erfassen: einerseits als Fertigerzeugnisabgang, andererseits als Forderungszugang (= Aktivtausch). Sofern der mit dem Kunden vereinbarte Preis über den bei der Produktion des Gutes entstandenen Aufwendungen bzw. Kosten liegt, wäre jetzt noch einmal ein Ertrag bzw. eine Leistung in Höhe dieser Differenz auszuweisen.

bc) Der Erhalt der Zahlung für das ausgelieferte Gut wird in der Geschäftsbuchhaltung einerseits als Geldzugang oder Einzahlung erfasst, andererseits als Forderungsabgang (= Aktivtausch).

c) Noch komplizierter ist die Abbildung des Absatzes, wenn im Zeitpunkt des Auftragserhalts bzw. der Auftragsannahme der betrachtete Betrieb eine Anzahlung erhält, wenn im Zeitpunkt der Auslieferung eine weitere Teilzahlung eingeht und wenn nach Ablauf einer Frist die restliche Teilzahlung eingeht.

7) Während die Beschaffung, die Produktion und der Absatz güterbezogene Funktionen darstellen, handelt es sich bei der Finanzierung um eine geldbezogene Funktion. Teilweise deckt sich die Finanzierung mit den güterbezogenen Funktionen der Beschaffung und des Absatzes. Denn mit der Beschaffung von Gütern gehen Geldabflüsse und mit dem Absatz von Gütern Geldzuflüsse einher. Diese werden im Zusammenhang mit der Beschaffung und dem Absatz im Rechnungswesen abgebildet.

Teilweise greift die Finanzierung über die güterbezogenen Funktionen hinaus. Denn eine Reihe von Geldzuflüssen und Geldabflüssen ist nicht an Güterbewegungen gekoppelt, so die Aufnahme von Eigenkapital und Fremdkapital ebenso wie die Rückgewähr von Eigenkapital und Fremdkapital. Diese den Kapitalverkehr verkörpernden Geldzuflüsse und Geldabflüsse werden im Rechnungswesen wie folgt abgebildet:

a) Erhält ein Betrieb in Rechtsform der AG Bareinlagen von seinen Aktionären zugesagt, sind diese, anders als zugesagte Darlehen, zu verbuchen: einerseits als Gezeichnetes Kapital, andererseits als Ausstehende Einlagen auf das Gezeichnete Kapital (= Bilanzverlängerung). Werden die zugesagten Bareinlagen tatsächlich erbracht, ist einerseits ein Geldzugang auszuweisen, andererseits eine Abnahme der Ausstehenden Einlagen (= Aktivtausch). Gewährt der Betrieb die Bareinlagen im Rahmen einer Kapitalherabsetzung zurück, ist einerseits ein Geldabgang auszuweisen, andererseits eine Abnahme des Gezeichneten Kapitals (= Bilanzverkürzung).

b) Sagt ein Betrieb einem anderen Betrieb in Rechtsform der AG Bareinlagen zu, hätte er, analog zu a), einerseits einen Zugang an Unternehmensanteilen zu verbuchen, andererseits eine Schuldenzunahme (= Bilanzverlängerung). Erbringt der Betrieb die zugesagte Bareinlage, hätte er einerseits einen Geldabgang auszuweisen, andererseits eine Schuldenabnahme (= Bilanzverkürzung). In der Praxis wird allerdings nicht analog zu a) verfahren: Ein Ausweis erfolgt nicht bereits bei der Zusage von Bareinlagen, sondern im Allgemeinen erst beim Erbringen der Bareinlagen. Erhält der Betrieb seine Bareinlage bei einem anderen Betrieb im Rahmen einer Kapitalherabsetzung zurück, hat er einerseits einen Geldzugang auszuweisen, andererseits einen Abgang von Unternehmensanteilen (= Aktivtausch).

c) Erhält ein Betrieb ein Darlehen (Geld-Geld-Kredit) zugesagt, schlägt sich dies nicht in seiner Geschäftsbuchhaltung nieder. Man spricht von einem schwebenden Geschäft. Nimmt der Betrieb das zugesagte Darlehen in Anspruch, hat er einerseits einen Geldzugang (entweder einen Bargeld- oder einen Buchgeldzugang) zu verbuchen, andererseits eine Schuldenzunahme (= Bilanzverlängerung). Tilgt der Betrieb das in Anspruch genommene Darlehen, hat er einerseits einen Geldabgang zu verbuchen, andererseits eine Schuldenabnahme (= Bilanzverkürzung).

d) Sagt ein Betrieb ein Darlehen zu, schlägt sich dies nicht in seiner Geschäftsbuchhaltung nieder. Gewährt der Betrieb das zugesagte Darlehen, hat er einerseits einen Geldabgang zu verbuchen, andererseits eine Forderungszunahme (= Aktivtausch). Erhält der Betrieb das gewährte Darlehen zurück, hat er einerseits einen Geldzugang zu verbuchen, andererseits eine Forderungsabnahme (= Aktivtausch).

8) Unter der Organisation lassen sich die stellenbezogenen Tätigkeiten zusammenfassen, wie die Bildung und die Auflösung von Stellen, die Zusammenlegung von Stellen zu Abteilungen etc. Diese Tätigkeiten selbst werden im Rechnungswesen nicht abgebildet. Aber bei der Erfassung, Darstellung und Auswertung der Zahlen des Rechnungswesens versucht man immer wieder, nach Stellen und Ab-

teilungen zu differenzieren (man denke insbesondere an die Kostenstellenrechnung sowie an die Abteilungserfolgsrechnung).

9) Unter dem Personalwesen können die personenbezogenen Tätigkeiten zusammengefasst werden, wie die Einstellung und das Ausscheiden von Arbeitskräften, der Einsatz und die Bezahlung von Arbeitskräften. Fast alle diese Tätigkeiten schlagen sich im Rechnungswesen nieder. Die Einstellung einer Arbeitskraft selbst wird noch als schwebendes Geschäft angesehen. Erst bei Einsatz der Arbeitskraft fallen Aufwendungen und Kosten an. Sofern die Bezahlung am Ende der Periode des Arbeitseinsatzes erfolgt, ist, neben den Aufwendungen und Kosten, ein Geldabgang zu verbuchen. Sofern die Bezahlung in einer Periode nach dem Arbeitseinsatz erfolgt, ist zunächst, neben den Aufwendungen und Kosten, eine Schuldenzunahme zu verbuchen, dann im Zeitpunkt der Bezahlung ein Geldabgang einerseits, eine Schuldenabnahme andererseits. Sofern die Bezahlung bereits zu Beginn der Periode des Arbeitseinsatzes erfolgt, ist zunächst ein Geldabgang einerseits zu verbuchen, eine Forderungszunahme andererseits, dann am Ende der Periode des Arbeitseinsatzes, neben den Aufwendungen und Kosten, eine Forderungsabnahme.

10) Damit wurde grob skizziert, wie das Wirtschaften des Industriebetriebs nach Funktionen betrachtet durch das Rechnungswesen abgebildet wird.[1] Eine Reihe von Tatbeständen und Sachverhalten entziehen sich allerdings der unmittelbaren Erfassung durch das Rechnungswesen, so das Ansehen des Betriebs bei seinen Abnehmern und Lieferanten, sein technischer Stand, sein Know-how, die Güte seiner Organisation, das Betriebsklima. Insofern bedarf das Rechnungswesen der Ergänzung durch eine Absatz- und Beschaffungsmarktforschung[2], eine Betriebsanalyse, ein Berichtswesen, etc. Es ist nur ein Teil eines umfassenden Informationssystems, welches allerdings noch der Entwicklung harrt.

4. Zwecke des Betriebswirtschaftlichen Rechnungswesens

1) Mit Hilfe des Rechnungswesens lässt sich das Wirtschaften des einzelnen Betriebs weitgehend abbilden, wie wir eben gesehen haben. Diese Abbildung mag vereinzelt ihrer selbst willen oder einfach in Erfüllung gesetzlicher Verpflichtungen vorgenommen werden. Insofern wäre das Rechnungswesen Selbstzweck. Im Allgemeinen jedoch wird diese Abbildung vorgenommen, damit „besser" gewirtschaftet werden kann, d. h. damit die Ziele des Wirtschaftens leichter erreicht und die Nebenbedingungen genauer eingehalten werden können. Insofern dient das Rechnungswesen der Gestaltung des Wirtschaftsprozesses, ist es Mittel zum Zweck, hat es instrumentalen Charakter.

---

[1] Vgl. auch Menrad, Siegfried: Rechnungswesen, S. 35 f. "Der Wirtschaftsprozeß der Betriebe als Gegenstand des Rechnungswesens".

[2] Vgl. Schäfer, Erich/ Knoblich, Hans: Grundlagen der Marktforschung, S. 34 ff.; Weber, Helmut Kurt: Marktforschung und Rechnungswesen in systemtheoretischer Sicht, S. 56 ff.

2) Wie wird nun das Rechnungswesen zur besseren Gestaltung des Wirtschaftsprozesses eingesetzt? Dies lässt sich einleitend nur grob skizzieren. Wir wollen dazu nach Rechtsformen differenzieren und von der AG ausgehen.[1]

3) Die Gestaltung des Wirtschaftsprozesses in einer AG obliegt vor allem dem Vorstand. Er hat die Geschäfte zu führen und die Gesellschaft zu vertreten. Dabei muss er dafür sorgen, dass die Ziele der Gesellschaft erreicht und die Nebenbedingungen eingehalten werden.

Die Ziele, die von Wirtschaftsbetrieben verfolgt werden, sind überwiegend quantitativer Art. So streben private Wirtschaftsbetriebe im Allgemeinen vor allem nach einem hohen Gewinn bzw. nach einer hohen Eigenkapitalrentabilität. Die Nebenbedingungen, die Wirtschaftsbetriebe beim Verfolgen ihrer Ziele einzuhalten haben, sind zum Teil ebenfalls quantitativer Art. So müssen in der Bundesrepublik Deutschland alle Unternehmen zahlungsfähig sein. Zudem müssen bestimmte Unternehmen, vor allem Kapitalgesellschaften, schuldendeckungsfähig sein.

Wegen der quantitativen Natur von Zielen und Nebenbedingungen ist das Rechnungswesen die gegebene Quelle der Information über das Erreichen der Ziele und das Einhalten der Nebenbedingungen. Der Vorstand einer AG bedarf solcher Informationen in regelmäßigen zeitlichen Abständen. Inwieweit das Gewinnziel bzw. das Eigenkapitalrentabilitätsziel im abgelaufenen Geschäftsjahr erreicht wurde, kann dem handelsrechtlichen Jahresabschluss und dem steuerrechtlichen Jahresabschluss sowie zum Teil auch der Betriebsergebnisrechnung entnommen werden. Aufgrund der Einsichten, die die genannten Rechnungen ermöglichen, wird der Vorstand gegebenenfalls Maßnahmen zur Verbesserung der Zielerreichung in künftigen Geschäftsjahren einleiten. Inwieweit das Gewinnziel bzw. das Eigenkapitalrentabilitätsziel im kommenden Geschäftsjahr erreichbar ist, lässt sich anhand einer Plangewinn- und Planverlustrechnung sowie einer Planbilanz beurteilen. Um die Zielerreichung laufend, d. h. in kurzen zeitlichen Abständen, zu kontrollieren, empfiehlt sich die Durchführung einer kurzfristigen Gewinn- und Verlustrechnung. Das Einhalten der Nebenbedingung der Liquidität kann entweder anhand von aus der Bilanz abgeleiteten Liquiditätskennziffern oder besser anhand einer Geldbestands- und Geldbewegungsrechnung überprüft werden, das Einhalten der Schuldendeckungsfähigkeit anhand von aus der Bilanz abgeleiteten Schuldendeckungskennziffern.

4) In Wahrnehmung seiner Aufgaben der Geschäftsführung und Vertretung hat der Vorstand einer AG viele Entscheidungen zu treffen: generelle und spezielle, langfristige und kurzfristige. In inhaltlicher Hinsicht lassen sich unterscheiden: Beschaffungs-, Produktions-, Absatz-, Finanz-, Organisations- und Personalentscheidungen. Dabei muss er jeweils versuchen, mehrere Alternativen in Betracht zu ziehen und die günstigste im Hinblick auf das Erreichen der Ziele und das Einhalten der Nebenbedingungen auszuwählen.

---

[1] Vgl. auch Weber, Helmut Kurt: Die Zwecke des Betriebswirtschaftlichen Rechnungswesens, S. 114 ff.

Wegen der quantitativen Natur von Zielen und Nebenbedingungen ist das Rechnungswesen die geeignete Unterlage für Entscheidungen, wie hier anhand einiger Beispiele gezeigt sei: Ob eine Produktionsanlage A oder B angeschafft werden soll, wird am besten anhand einer Investitionsrechnung entschieden. Diese kann entweder auf der Grundlage von Einzahlungen und Auszahlungen oder auf der Grundlage von Kosten und Leistungen durchgeführt werden. Welche Menge eines Produkts produziert und zu welchem Preis eine Mengeneinheit abgesetzt werden soll, könnte ebenfalls anhand einer Investitionsrechnung entschieden werden oder anhand der Gegenüberstellung einer Kostenfunktion (die die Kostenrechnung zu ermitteln hätte) und einer Preisabsatzfunktion (die die Absatzmarktforschung zu ermitteln hätte). Ob Eigenkapital oder Fremdkapital aufgenommen werden soll, ist anhand einer Finanzierungsvergleichsrechnung sowie anhand der Bilanz zu entscheiden. Wie Unternehmensbereiche, Geschäftsbereiche, Abteilungen, Stellen voneinander abgegrenzt, welche Aufgaben ihnen jeweils übertragen, wie sie besetzt und ausgestattet werden sollen, kann unter Berücksichtigung von Bereichs- bzw. Abteilungserfolgsrechnungen entschieden werden oder, sofern solche nicht durchführbar sind, unter Zuhilfenahme von abteilungsbezogenen Kostenrechnungen bzw. Kostenstellenrechnungen.

5) Dem Vorstand sind die anderen Arbeitskräfte der AG unterstellt. Er hat deren Arbeitsleistung zu beurteilen, u. a. um die Entlohnung leistungsgerecht gestalten zu können. Dazu kann er das Rechnungswesen, insbesondere Bereichserfolgsrechnungen sowie Kostenstellenrechnungen, heranziehen.

6) Der Vorstand ist zur Rechenschaftslegung gegenüber den anderen Organen der AG verpflichtet. So hat der Vorstand gegenüber dem Aufsichtsrat nach § 90 AktG u. a. zu berichten über: die Rentabilität der Gesellschaft, insbesondere die Rentabilität des Eigenkapitals; den Gang der Geschäfte, insbesondere den Umsatz und die Lage der Gesellschaft; Geschäfte, die für die Rentabilität oder Liquidität der Gesellschaft von erheblicher Bedeutung sein können; die beabsichtigte Geschäftspolitik und andere grundsätzliche Fragen der künftigen Geschäftsführung. Dies geschieht jeweils am besten anhand von Unterlagen des Rechnungswesens, d. h. anhand von Gewinn- und Verlustrechnungen, Bilanzen sowie Einzahlungs- und Auszahlungsrechnungen.

Der Hauptversammlung hat der Vorstand nach § 175 AktG u. a. den Jahresabschluss vorzulegen. Aufgrund des Jahresabschlusses und des Lageberichts sowie möglicherweise weiterer Informationen beschließt die Hauptversammlung über die Entlastung des Vorstands.

7) Der Vorstand hat Dritten gegenüber Bericht zu erstatten. So ist er gesetzlich verpflichtet, den Finanzbehörden den nach steuerrechtlichen Vorschriften erstellten Jahresabschluss sowie andere Aufstellungen und Unterlagen einzureichen. Bei Annahme öffentlicher Aufträge verpflichtet er sich u. U. dazu, den Preisbehörden Kalkulationsunterlagen zur Prüfung zur Verfügung zu stellen. Bei Aufnahme von Krediten geht er u. U. die Verpflichtung ein, den Kreditgebern Einblick in die Jahresabschlussrechnung und in die kurzfristige Erfolgsrechnung zu gewähren.

8) Für den Vorstand einer AG erfüllt also das Rechnungswesen insgesamt folgende Zwecke (vgl. auch Abbildung 2):

a) Es dient ihm zur Information über das Erreichen der Ziele und das Einhalten der Nebenbedingungen (Rechnungswesen als Informationsquelle).

b) Es dient ihm als Unterlage für Beschaffungs-, Produktions-, Absatz-, Finanz-, Organisations- und Personalentscheidungen (Rechnungswesen als Entscheidungsunterlage).

c) Es dient ihm zur Beurteilung der ihm unterstellten Personen (Rechnungswesen als Kontrollinstrument).

d) Es dient ihm zur Rechenschaftslegung gegenüber Aufsichtsrat und Vorstand (Rechnungswesen als Instrument der Rechenschaftslegung).

e) Es dient ihm dazu, gesetzlich auferlegte und vertraglich eingegangene Berichtspflichten gegenüber Dritten zu erfüllen sowie freiwillig gegenüber Dritten Bericht zu erstatten (Rechnungswesen als Instrument der Berichterstattung).

9) Für den Aufsichtsrat der AG hat das Rechnungswesen fast die gleichen Funktionen wie für den Vorstand zu erfüllen:

a) Es dient ihm zur Information über das Erreichen der Ziele und das Einhalten der Nebenbedingungen.

b) Es dient ihm als Unterlage für Entscheidungen im Falle, dass bestimmte Arten von Geschäften des Vorstands der Zustimmung des Aufsichtsrates bedürfen.

c) Es dient ihm dazu, die Arbeitsleistung der Vorstandsmitglieder zu beurteilen und auf dieser Grundlage deren Vergütung sowie deren Kompetenzen festzulegen.

d) Es dient ihm zur Rechenschaftslegung gegenüber der Hauptversammlung, die u. a. auch über die Entlastung des Aufsichtsrats zu beschließen hat.

Eine Berichterstattung des Aufsichtsrats gegenüber Dritten entfällt im Allgemeinen.

10) Für die Hauptversammlung der AG hat das Rechnungswesen weitgehend die gleichen Funktionen wie für den Vorstand und den Aufsichtsrat zu erfüllen. Ihr steht allerdings nicht mehr das gesamte Rechnungswesen der AG, sondern nur noch der handelsrechtliche Jahresabschluss zur Verfügung.

a) Er ist für die Hauptversammlung die wichtigste Quelle der Information über das Erreichen der Ziele und das Einhalten der Nebenbedingungen.

b) Er ist für die Hauptversammlung die wichtigste Unterlage für Entscheidungen über die Gewinnverwendung, über Kapitalerhöhungen oder -herabsetzungen, über den Abschluss von Unternehmensverträgen.

c) Er ist für die Hauptversammlung die wichtigste Unterlage, die Arbeitsleistung der Vorstands- und Aufsichtsratsmitglieder zu beurteilen sowie über die Entlastung der Vorstands- und Aufsichtsratmitglieder zu beschließen.

Eine Rechenschaftslegung gegenüber einem anderen Organ der AG entfällt ebenso wie eine Berichterstattung gegenüber Dritten.

11) Für die KGaA, die GmbH und die Genossenschaft gilt grundsätzlich das Gleiche wie für die AG. Bei einem Einzelunternehmer dient das Rechnungswesen vor allem der Gestaltung des Wirtschaftsprozesses. Da er allein zur Leitung des Unternehmens befugt ist, entfällt eine Rechenschaftslegung. Für eine OHG gilt grundsätzlich das Gleiche wie für den Einzelunternehmer, solange alle Gesellschafter geschäftsführungs- und vertretungsbefugt sind. Sobald nur ein Teil der Gesellschafter geschäftsführungs- und vertretungsbefugt ist, haben diese gegenüber den anderen Gesellschaftern Rechenschaft abzulegen, am besten anhand der Bilanz sowie der Gewinn- und Verlustrechnung. Für eine KG gilt grundsätzlich das Gleiche wie für eine OHG, bei welcher nicht alle Gesellschafter geschäftsführungs- und vertretungsbefugt sind. Die Komplementäre haben Rechenschaft gegenüber den Kommanditisten abzulegen, am besten anhand der Bilanz und Gewinn- und Verlustrechnung.

12) Die Abbildung des Wirtschaftens eines Betriebs durch das Rechnungswesen wird primär vorgenommen, damit der Wirtschaftsprozess in dem betreffenden Betrieb durch die Organe, Stellen und Personen dieses Betriebs besser gestaltet werden kann. Sekundär dient die Abbildung des Wirtschaftens eines Betriebs durch das Rechnungswesen aber auch anderen Wirtschaftssubjekten, die in Beziehung zu dem betreffenden Betrieb stehen, z. B.:

a) Kreditgebern zur Beurteilung der Kreditfähigkeit des Betriebs sowie für Entscheidungen über Kreditgewährungen, Kündigung von Krediten, Stundungen von Krediten;

b) Lieferanten zur Beurteilung der Zahlungsfähigkeit des Betriebs sowie für Entscheidungen über Kreditverkäufe;

c) Abnehmern zur Beurteilung der Lieferfähigkeit des Betriebs sowie für Entscheidungen über die Vergabe von Aufträgen, über die etwaige Gewährung von Anzahlungen;

d) Arbeitskräften zur Beurteilung der Lohnzahlungsfähigkeit des Betriebs sowie für Entscheidungen über den Abschluss eines Arbeitsvertrags, über die Kündigung eines Arbeitsvertrags;

e) Gewerkschaften zur Beurteilung der Lohnzahlungsfähigkeit des Betriebs sowie zur Bemessung ihrer Lohnforderungen bei Tarifverhandlungen;

f) Steuerbehörden zur Bemessung der Steuerlast des Betriebs anhand einer eigens für diesen Zweck erstellten Bilanz sowie Gewinn- und Verlustrechnung;

g) Wirtschaftsbehörden zur Beurteilung der volkswirtschaftlichen Bedeutung des Betriebs etwa anhand einer Wertschöpfungsrechnung.

13) Damit ist ein grober Überblick über eine Reihe von Zwecken des Rechnungswesens generell gegeben worden. In Ergänzung dazu sei auf die Abschnitte über die Zwecke jedes Teilgebiets des Rechnungswesens verwiesen.

Abbildung 2:
Zwecke des Betriebswirtschaftlichen Rechnungswesens für den Vorstand der AG und ihnen entsprechende Rechnungen

Rechnungszwecke	Rechnungsarten
1. Information über **Erreichung des Gewinnziels** im abgelaufenen Jahr und in der Zukunft	handelsrechtlicher Jahresabschluss, vor allem Bilanz sowie GuV, Planbilanz sowie Plan-GuV
2. Unterlage für Vorschlag über **Verwendung eines erzielten Gewinns** bzw. über **Behandlung eines entstandenen Verlusts**	Bilanz sowie GuV, Investitionspläne
3. Information über **Einhaltung der Nebenbedingungen**, insbesondere derjenigen der Liquidität	Einzahlungs- und Auszahlungsrechnung
4a. Unterlage für **Entscheidungen im Rahmen der laufenden Geschäftstätigkeit** beschaffungs-, produktions-, absatz- sowie finanzwirtschaftlicher Art	Einzahlungs- und Auszahlungsrechnung, Einnahmen- und Ausgabenrechnung, Kosten- und Erlösrechnung, Investitionsrechnung
4b. Unterlage für **Entscheidungen besonderer Art**, wie Gründung, Investition, Desinvestition, Konzernbildung, Fusion, Liquidation	Bilanz, GuV, Investitionsrechnung
5. Unterlage zur Beurteilung untergeordneter Stellen und Personen sowie für **Organisations- und Personalentscheidungen**	Bereichserfolgsrechnung, abteilungsbezogene Kostenrechnung
6. Unterlage zur **Rechenschaftslegung** gegenüber übergeordneten Organen, wie Hauptversammlung und Aufsichtsrat	handelsrechtlicher Jahresabschluss, d. h. Bilanz, GuV und Anhang, sowie Lagebericht, zudem speziell für Aufsichtsrat Planbilanz, Plan-GuV, Bereichserfolgsrechnungen, Investitionsrechnungen
7. Unterlage für **Berichterstattung gegenüber Dritten**, wie Kreditgebern, Finanzbehörden und Wirtschaftsbehörden	handelsrechtlicher Jahresabschluss, steuerrechtlicher Jahresabschluss, Planbilanz, Plan-GuV, Wertschöpfungsrechnung

5. Gliederung des Betriebswirtschaftlichen Rechnungswesens

1) Die übliche Einteilung des Rechnungswesens, die ebenfalls auf die bereits erwähnten Richtlinien zur Organisation der Buchhaltung von 1937 zurückgeht, lautet:[1]

    a) Buchhaltung und Bilanz (Zeitrechnung);

    b) Selbstkostenrechnung (Kalkulation, Stückrechnung);

    c) Statistik (Vergleichsrechnung).

    d) Planung (betriebliche Vorschaurechnung);

Diese Einteilung ist auch nach 1945 in den Empfehlungen der Verbände der deutschen Wirtschaft beibehalten worden.

2) Zu diesen einzelnen Gebieten des Rechnungswesens ist teils erläuternd, teils kritisch zu sagen:

    a) Mit Buchhaltung ist hier die sog. Geschäftsbuchhaltung oder Finanzbuchhaltung gemeint, nicht auch die sog. Betriebsbuchhaltung. Unter der (Geschäfts-) Buchhaltung wird die laufende Aufzeichnung der Geschäftsvorfälle verstanden.[2] Der Begriff der Geschäftsvorfälle bedürfte der Erklärung; eine solche sucht man jedoch vergeblich.

Mit Bilanz ist hier auch die Gewinn- und Verlustrechnung gemeint. Beide zusammen bilden den Abschluss der Buchhaltung. Daher würde man besser entweder von „Buchhaltung und Abschluss" sprechen oder von „Buchhaltung, Bilanz sowie Gewinn- und Verlustrechnung". Unter der Bilanz ist die Vermögens- und Kapitalrechnung, genauer die Vermögens- und Kapitalbestandsrechnung zu verstehen, unter der Gewinn- und Verlustrechnung die Aufwands- und Ertragsrechnung.

Die Charakterisierung von Buchhaltung und Bilanz als Zeitrechnung ist wenig aussagekräftig, da jede Rechnung einen zeitlichen Bezug aufweist und sich entweder auf einen Zeitpunkt bezieht (wie die Bilanz) oder auf einen Zeitraum (wie die Gewinn- und Verlustrechnung). Gemeint ist hier wohl, dass sich Buchhaltung und Bilanz auf das Unternehmen insgesamt und nicht etwa auf ein Stück, auf eine Mengeneinheit eines Produkts beziehen.

    b) Statt von Selbstkostenrechnung wie hier könnte ebenso gut von Kostenrechnung schlechthin gesprochen werden. Immerhin wird dieses Teilgebiet nach den Größen bezeichnet, mit welchen gerechnet wird. Insofern ist diese Bezeichnung aussagekräftiger als diejenige des unter a) gemeinten Gebiets. Allerdings

---

[1] Vgl. Schlegelberger, Franz, Bearbeiter Geßler, Ernst u. a.: Handelsgesetzbuch, S. 301.

[2] Zur Buchhaltung vgl. Bähr, Gottfried/ Fischer-Winkelmann, Wolf F.: Buchführung und Jahresabschluss; Eisele, Wolfgang: Buchhaltung, Sp. 219 ff.; Wedell, Harald: Grundlagen des Rechnungswesens, Bd. 1: Buchführung und Jahresabschluss; Wöhe, Günter/ Kußmaul, Heinz: Grundzüge der Buchführung und Bilanztechnik.

müsste der Vollständigkeit halber von Kosten- und Leistungsrechnung gesprochen werden.

Die Kalkulation kann nicht wie hier der Kostenrechnung gleichgesetzt werden, da darunter nur eine Stufe der Kostenrechnung verstanden wird, und zwar die sich an die Kostenartenrechnung und an die Kostenstellenrechnung anschließende Kostenträgerrechnung. Von diesen Stufen fasst man die Kostenarten- und Kostenstellenrechnung oft unter dem Begriff der Betriebsabrechnung oder Betriebsbuchhaltung zusammen, der im Gegensatz zu demjenigen der Geschäfts- oder Finanzbuchhaltung steht.

Die Charakterisierung von Selbstkostenrechnung und Kalkulation als Stückrechnung trifft keinesfalls auf die gesamte Kostenrechnung zu, insbesondere nicht auf die Kostenartenrechnung und die Kostenstellenrechnung, sondern allenfalls auf die Kalkulation als Kostenträgerrechnung.

c) Mit der Planung als Vorschaurechnung kann im Rahmen des Rechnungswesens nicht die Planung von Maßnahmen, sondern nur diejenige von Rechnungsgrößen gemeint sein, in denen sich freilich die geplanten Maßnahmen niederschlagen. Die zu planenden Rechnungsgrößen sind aber weitgehend den unter a) und b) genannten Gebieten zugehörig. Insofern lässt sich die Planung nicht einfach neben diese Gebiete stellen. Man könnte allenfalls die unter a) gemeinte Buchhaltung und die Bilanz sowie die unter b) gemeinte Kostenrechnung als rein vergangenheitsbezogene Rechnungen auffassen. Ihnen müssten dann allerdings, statt der Planung schlechthin, zwei zukunftsbezogene Rechnungsgebiete gegenübergestellt werden: die Planbilanzierung sowie die Plankostenrechnung. Damit würde man jedoch eng zusammengehörige Rechnungsgebiete (wie die vergangenheitsbezogene Bilanzierung und die Planbilanzierung bzw. die Istkostenrechnung und die Plankostenrechnung) auseinanderreißen. Die Planung lässt sich also kaum als eigenes Teilgebiet des Rechnungswesens aufrechterhalten.

d) Die Statistik als Teilgebiet des Rechnungswesens zu interpretieren, bereitet die größten Schwierigkeiten. Wenn man vom üblichen Begriff der Statistik (= Analyse massenhafter Erscheinungen mit Hilfe quantitativer Methoden) ausgeht, dann kann man sie nicht nur dem Rechnungswesen zuordnen. Denn solche Erscheinungen und Methoden sind auch für andere betriebliche Bereiche typisch, wie für das Auftragswesen, die Fertigung, den Verkauf.

Wenn man von der Charakterisierung der Statistik als Vergleichsrechnung ausgeht, müsste man darunter den Vergleich von Zahlen verstehen. Bei den zu vergleichenden Zahlen wird es sich aber weitgehend um Buchhaltungs- und Bilanzgrößen sowie um Kostenrechnungsgrößen handeln. So sind Zeitvergleiche und Betriebsvergleiche im Rahmen der Bilanzanalyse üblich, ebenso wie Ist-Ist-Vergleiche und Soll-Ist-Vergleiche im Rahmen der Kostenrechnung. Erhebt man solche Vergleichsrechnungen zu einem eigenen Teilgebiet des Rechnungswesens, löst man sie aus ihrem natürlichen Zusammenhang heraus.

Man könnte allenfalls vom Inhalt der anderen Rechnungszweige ausgehen und der Statistik die Aufgabe zuweisen, all die Größen zu erfassen, die von den anderen Zweigen nicht erfasst werden. Die Statistik hätte dann im Rahmen des Rechnungswesens eine Art Sammelfunktion für die Restgrößen. Bei den von den anderen Rechnungszweigen nicht erfassten Größen handelt es sich insbesondere um Mengengrößen, wie Zahl der Arbeitskräfte, Zusammensetzung des Arbeitskräftebestandes, Zahl der Lieferanten, Zahl der Abnehmer, etc. Diese Größen können jedoch nicht verdichtet werden und sind für sich genommen so heterogen, dass es wenig sinnvoll ist, sie unter einem gemeinsamen Rechnungsgebiet zu subsumieren.

3) Insgesamt bleibt zur üblichen Einteilung des Rechnungswesens zu sagen, dass sie wissenschaftstheoretisch wenig überzeugt, da ihr kein einheitliches Kriterium zugrunde liegt. Die Rechnungsgebiete werden zum Teil nach Rechnungsgrößen abgegrenzt (Kostenrechnung), zum Teil nach ihrem Zeitbezug (Planung als Vorschaurechnung), zum Teil nach methodischen Gesichtspunkten (Statistik als Vergleichsrechnung), zum Teil bleibt das Abgrenzungskriterium sogar offen (Buchhaltung).

Auch vom praktisch-organisatorischen Standpunkt ist sie wenig befriedigend. So können im Rahmen eines Unternehmensbereichs „Rechnungswesen" zwar Abteilungen für Buchhaltung sowie für Kostenrechnung gut nebeneinander arbeiten. Aber eine Planungsabteilung könnte von den eben genannten Abteilungen kaum abgegrenzt werden. Und einer Abteilung für Statistik ließe sich überhaupt kein bestimmtes Aufgabengebiet zuweisen.

4) Welche andere Einteilung des Rechnungswesens wäre nun geeigneter als die Übliche? Bevor wir eine bestimmte Gliederung vorschlagen, wollen wir versuchen, einen Überblick über die in Betracht kommenden Möglichkeiten zu geben[1].

5) Nach Rechnungsgrößen ließe sich zunächst eine Zweiteilung vornehmen in Mengenrechnungen und Wertrechnungen, die jedoch zu wenig ergiebig wäre.

Die Wertrechnungen lassen sich allerdings in ergiebiger Weise unterteilen in: Geldbestands- und Geldbewegungsrechnungen, Geld- und Kreditbestands- sowie -bewegungsrechnungen, Güterbestands- und -bewegungsrechnungen, bilanzielle Vermögens- und Kapitalbestands- sowie -bewegungsrechnungen, kalkulatorische Vermögens- und Kapitalbestands- sowie -bewegungsrechnungen.

6) Nach Wirtschaftsobjekten könnte man auseinanderhalten:

    a) Geldrechnungen;

    b) Güterrechnungen.

Aber damit würde der Gesamtbereich des Rechnungswesens noch nicht abgedeckt werden.

7) Nach betrieblichen Funktionen ließe sich eine Gliederung vornehmen in:

    a) Beschaffungsrechnungen;

    b) Produktionsrechnungen;

---

[1] Vgl. auch Kosiol, Erich: Zur Theorie und Systematik des Rechnungswesens, S. 138 ff.; Männel, Wolfgang: Rechnungswesen, S. 456 ff.

c) Absatzrechnungen;

d) Finanzierungsrechnungen;

e) Organisationsrechnungen;

f) Personalrechnungen.

Aber dabei handelt es sich jeweils nur um partielle, auf Teilbereiche des Unternehmens bezogene Rechnungen.

8) Nach Rechnungsphasen könnten unterschieden werden:

a) Ermittlungsrechnungen, z. B. die Bilanz sowie die Gewinn- und Verlusrechnung;

b) Auswertungsrechnungen, z. B. die Bewegungsbilanz, die Kapitalflussrechnung, die Cash flow-Rechnung, die Wertschöpfungsrechnung.

Diese Einteilung wäre für das Gesamtgebiet des Rechnungswesens zu grob; sie vermag aber innerhalb einzelner Teilgebiete hilfreich sein.

9) Nach Rechnungsanlässen sind unterscheidbar:

a) Rechnungen, die bei bestimmten Anlässen erstellt werden, wie Gründungsrechnungen, Investitionsrechnungen, Desinvestitionsrechnungen, Liquidationsrechnungen bzw. Insolvenzrechnungen;

b) Rechnungen, die ohne besondere Anlässe zeitlich regelmäßig erstellt werden.

Aber dabei bedürften die unter b) genannten Rechnungen noch einer tiefergehenden Unterteilung.

10) Nach Rechnungsadressaten könnte man versuchen zu trennen zwischen:

a) Rechnungen, die für Organe und Stellen des jeweiligen Wirtschaftsbetriebs bestimmt sind;

b) Rechnungen, die für andere Wirtschaftsbetriebe und Wirtschaftssubjekte vorgesehen sind.

In diesem Sinne mag die stellenweise in der Literatur vorgenommene Einteilung in internes und externes betriebliches Rechnungswesen aufgefasst werden. Allerdings ist nicht eindeutig, ob dabei tatsächlich auf die Rechnungsadressaten oder auf den Rechnungsinhalt abgestellt wird. Abgesehen davon ergäben sich hierbei große Zuordnungsschwierigkeiten, weil häufig ein und dieselbe Rechnung (z. B. die handelsrechtliche Bilanz sowie Gewinn- und Verlustrechnung) für verschiedene Adressaten bestimmt ist.

Abbildung 3:
Überblick über die wichtigsten monetären Rechnungen der BWL

	Einzahlungs- und Auszahlungsrechnung	Einnahmen- und Ausgabenrechnung	Aufwands- und Ertragsrechnung	Kosten- und Erlösrechnung
Erfassung ökonomischer Vorgänge	Erfassung aller Geldbewegungen, d. h.: von Geldbewegungen im Zusammenhang mit Geldkapitaltransaktionen, z. B. Erhalt und Rückgewähr von Bareinlagen, Erhalt und Tilgung von Darlehen, sowie von Geldbewegungen im Zusammenhang mit Gütertransaktionen (zeitgenau bei Bareinkäufen und Barverkäufen; zeitversetzt bei unbaren Einkäufen und unbaren Verkäufen)	zeitgenaue Erfassung von Güterbewegungen externer Art, d. h.: von Bareinkäufen und Barverkäufen von Gütern sowie von unbaren Einkäufen und unbaren Verkäufen von Gütern	in erster Linie Erfassung von Güterbewegungen interner Art, d. h.: von Gütereinsatz und Güterentstehung im jeweiligen Betrieb daneben Erfassung von positiven und negativen Differenzen bei Güterbewegungen externer Art sowie von positiven und negativen Differenzen bei Kapitaltransaktionen	in erster Linie Erfassung von Güterbewegungen interner Art, d. h.: von Gütereinsatz und Güterentstehung im Haupttätigkeitsbereich des jeweiligen Betriebs daneben Erfassung von positiven und negativen Differenzen bei Güterbewegungen externer Art

	Einzahlungs- und Auszahlungsrechnung	**Einnahmen- und Ausgabenrechnung**	**Aufwands- und Ertragsrechnung**	**Kosten- und Erlösrechnung**
Zweck der Erfassung	Ermittlung eines Einzahlungs- oder Auszahlungsüberschusses:	Ermittlung eines Einnahmen- oder Ausgabenüberschusses:	Ermittlung eines Ertrags- oder Aufwandsüberschusses, eines bilanziellen Gewinns oder Verlusts:	Ermittlung eines Erlös- oder Kostenüberschusses, eines kalk. Gewinns oder Verlusts:
	zur Beurteilung der Einhaltung der Nebenbedingung der Liquidität	als Grundlage für Entscheidungen über Gütereinkäufe und Güterverkäufe	zur Beurteilung der Erreichung des Gewinn- bzw. Rentabilitätsziels	zur Beurteilung der Erreichung des Gewinn- bzw. Rentabilitätsziels im Haupttätigkeitsbereich
	als Grundlage für Entscheidungen bei überschüssiger oder bei mangelnder Liquidität		als Grundlage für Entscheidungen über Verwendung eines Gewinns oder Behandlung eines Verlusts	als Grundlage für die Ermittlung der gewünschten Verkaufspreise der Produkte und der gewünschten Einkaufspreise der Produktionsfaktoren
	als Grundlage für andere finanzwirtschaftliche Entscheidungen, wie Aufnahme von Eigenkapital oder Fremdkapital		als Grundlage für Bemessung der Steuerlast	als Grundlage für Absatz-, Produktions- und Beschaffungsentscheidungen bei gegebenen Verkaufspreisen und Einkaufspreisen
	als Grundlage für andere Entscheidungen, wie Investition oder Desinvestition		als Grundlage für Entscheidungen beschaffungs-, produktions- und absatzwirtschaftlicher sowie für solche besonderer Art (wie Konzernbildung, Liquidation)	

11) Nach Rechnungszwecken liegt eine Einteilung nahe in:

   a) Rechnungen über Ziele und ihre Erreichung, z. B. Rentabilitätsrechnung;

   b) Rechnungen über Nebenbedingungen und ihre Einhaltung, z. B. Liquiditätsrechnung;

   c) Rechnungen über Maßnahmen zur Erreichung der Ziele bei Einhalten der Nebenbedingungen, z. B. Investitionsrechnung.

Aber danach zu trennen, ist sehr schwierig.

12) Alles in allem erscheint uns die unter 5) genannte Möglichkeit der Einteilung des Rechnungswesens noch am besten geeignet (vgl. Abbildung 3). Sie ist klar, eindeutig und ergiebig.

Die meisten Rechnungen, die sich in der Betriebswirtschaftslehre sowie in der betrieblichen Praxis entwickelt haben, lassen sich den genannten Kategorien gut zuordnen. Nur bei einigen Rechnungen bereitet dies Schwierigkeiten, z. B. bei der Investitionsrechnung, weil diese zum Teil auf Einzahlungen und Auszahlungen, zum Teil auf Kosten und Leistungen basiert. Daher müsste man entweder solche Rechnungen aufspalten oder man müsste die Rechnungen reiner Kategorien noch um gemischte Rechnungen ergänzen.

13) Eine Systematik, die alles abdeckt und dennoch in sich schlüssig, sozusagen aus einem Guss ist, lässt sich schwer finden. Denn das Betriebswirtschaftliche Rechnungswesen, wie es sich heute darstellt, ist ein Konglomerat. Nur ein kleiner Teil der Rechnungen wurde, ausgehend von einem bestimmten Kriterium durch Hinzufügen anderer Kriterien, logisch-konsequent erdacht. Ein Teil der Rechnungen ist ohne Festlegung auf bestimmte Kriterien in der Literatur vorgeschlagen worden und hat sich in der Praxis durchgesetzt. Ein Großteil der Rechnungen ist überhaupt aus Bedürfnissen der Praxis heraus entstanden, ohne dass ein logisch-gedanklicher Zusammenhang zu anderen Rechnungen hergestellt worden wäre. Diese Vielzahl und Vielfalt der Rechnungen lässt sich nur schwer in ein System bringen, dessen man gleichwohl bedarf: zur Gewinnung eines Überblicks über den Stand ökonomischen Denkens im Rechnungswesen und zur Erkenntnis von Ansatzpunkten für seine Weiterentwicklung.

Zweiter Teil
Die Einzahlungs- und Auszahlungsrechnung sowie die Geldbestandsrechnung

1. Begriffe der Einzahlungen und Auszahlungen sowie des Geldes

1) Die Rechengrößen der Einzahlungen und der Auszahlungen lassen sich, bezogen auf das einzelne Unternehmen, wie folgt definieren:

a) Einzahlungen =
Geldeingänge oder Erhalt von Geld von anderen Wirtschaftssubjekten;

b) Auszahlungen =
Geldausgänge oder Abgabe von Geld an andere Wirtschaftssubjekte.

2) Unter Geld wird üblicherweise das gesetzlich vorgeschriebene oder/und das allgemeine anerkannte Zahlungsmittel verstanden.[1] Würde man es bei dieser Erklärung des Geldes im vorliegenden Zusammenhang, d. h. im Anschluss an die vorher gegebenen Erklärungen der Einzahlungen und Auszahlungen, belassen, drehte man sich jedoch nur im Kreis. Daher müsste Geld ohne Bezugnahme auf Zahlungen definiert werden als Mittel zum Erwerb von Gütern oder als Mittel zur Begleichung von Schulden.

2. Arten von Geld

1) Gesetzlich vorgeschriebene Zahlungsmittel bzw. Mittel zur Begleichung von Schulden sind im Euro-Währungsgebiet: die Euromünzen (allerdings in eingeschränktem Umfang, da Annahmezwang nur bis zu einer bestimmten Höhe besteht) sowie die Eurobanknoten. Münzen und Banknoten werden unter dem Begriff des Bargelds zusammengefasst.

2) Nicht gesetzlich vorgeschriebene, aber allgemeine anerkannte Zahlungsmittel bzw. Mittel zur Begleichung von Schulden sind im Euro-Währungsgebiet: die auf Euro lautenden täglich fälligen Guthaben oder Sichtguthaben bei Banken. In Be-

---

[1] Vgl. Benner, Wolfgang: Geld, Sp. 699 ff.; Jarchow, Hans-Joachim: Theorie und Politik des Geldes, S. 1 f.

zug auf sie spricht man von Giralgeld oder Buchgeld, im Angelsächsischen treffend von bank money.

3) Neben Eurobargeld und Eurobuchgeld umfasst der Geldbestand eines Unternehmens u. U. auch Münzen und Banknoten anderer Währungsgebiete sowie auf Währungen anderer Gebiete lautende Sichtguthaben bei Banken, sofern diesen jeweils ein Wert gemessen in Euro zuzuerkennen ist.

3. Arten von Einzahlungen und Auszahlungen

1) Die Einzahlungen und Auszahlungen folgen in einem Unternehmen bei vereinfachter idealtypischer Betrachtungsweise etwa in der nachstehenden Art und Weise aufeinander:

a) Bei Unternehmensgründung erbringen die Eigentümer sog. Bareinlagen, d. h. sie stellen Bargeld oder/und Buchgeld zur Verfügung. Es kann von Einlageneinzahlungen gesprochen werden.

Reicht dieses Einlagengeld nicht aus, wird man versuchen, weiteres Geld von Dritten durch Aufnahme von Darlehen zu erhalten. Es kann von Darlehenseinzahlungen und von Darlehensgeld gesprochen werden.

Das Einlagengeld stellt Eigenkapital dar, das Darlehensgeld Fremdkapital. Daher kann auch von Eigenkapital- bzw. Fremdkapitaleinzahlungen gesprochen werden. Beide Einzahlungen lassen sich als solche des passiven Kapitalverkehrs bezeichnen.

Das Einlagengeld und das Darlehensgeld erhält man zur Nutzung zur Verfügung gestellt. Das Darlehensgeld ist nach Ablauf der vereinbarten Fristen zurückzugewähren, das Einlagengeld spätestens bei Beendigung der Unternehmenstätigkeit.

b) Für das Einlagengeld und das Darlehensgeld werden Güter, wie Grundstücke, Gebäude, Maschinen, Roh-, Hilfs- und Betriebsstoffe gekauft. Es kommt zu Auszahlungen für Güter; das abfließende Geld stellt die Gegenleistung, das Entgelt für die erhaltenen Güter dar. Es kann daher von Entgeltauszahlungen gesprochen werden.

c) Die erworbenen Güter werden als Produktionsfaktoren zur Herstellung von neuen Gütern, von Produkten eingesetzt. Die Produkte werden verkauft. Es kommt zu Einzahlungen für Güter. Das zufließende Geld stellt die Gegenleistung, das Entgelt für die gelieferten Güter dar. Es kann daher von Entgelteinzahlungen und von Umsatzgeld gesprochen werden.

d) Nach Ablauf eines Jahres ist festzustellen, ob sich ein Gewinn oder Verlust ergeben hat. Im Fall eines Gewinns wird u. U. eine Ausschüttung vorgenommen. Es kommt zu Dividendenauszahlungen. Im Fall eines Verlusts könnte dieser u. U. durch Zuzahlungen von Eigentümern gedeckt werden. Es käme dann zu Verlustdeckungseinzahlungen.

e) Nach Ablauf der vereinbarten Fristen sind die aufgenommenen Darlehen zu tilgen; es kommt zu Darlehenstilgungsauszahlungen oder Darlehensrückzahlungen.

f) Unter Umständen gewährt das Unternehmen seinerseits Darlehen an andere Wirtschaftssubjekte. Es kommt zu Darlehensauszahlungen. Unter Umständen beteiligt sich das Unternehmen mit Einlagen an anderen Unternehmen. Es kommt zu Einlagenauszahlungen. In diesen Fällen stellt das Unternehmen anderen Wirtschaftssubjekten Geld zur Nutzung zur Verfügung. Beide Auszahlungen lassen sich als solche des aktiven Kapitalverkehrs bezeichnen.

Werden die gewährten Darlehen von den anderen Wirtschaftssubjekten getilgt, kann von Darlehensrückerhaltszahlungen gesprochen werden. Werden bei anderen Unternehmen erbrachte Einlagen zurückerstattet, kann von Einlagenrückerhaltszahlungen gesprochen werden.

g) Spätestens bei Unternehmensliquidation sind den Eigentümern ihre Einlagen zurückzugewähren und etwaige Überschüsse auszubezahlen. Es kann von Einlagenrückgewährszahlungen gesprochen werden.

2) Diese Skizzierung der zahlungsrelevanten ökonomischen Vorgänge lässt erkennen, dass drei Kategorien von Zahlungen zu unterscheiden sind (vgl. auch Abbildung 4):

a) Einzahlungen und Auszahlungen, durch die Geld zur Nutzung übertragen wird (= Nutzungszahlungen oder Kapitalzahlungen), vgl. die eben erwähnten Fälle 1a, 1e, 1f, 1g;

b) Einzahlungen und Auszahlungen, durch die Geld als Gegenleistung für Güter übertragen wird (= Entgeltzahlungen oder Güterzahlungen), vgl. die Fälle 1b, 1c;

c) Einzahlungen und Auszahlungen zur Ausschüttung eines erzielten Gewinns bzw. zur Deckung eines entstandenen Verlusts (= Ergebniszahlungen), vgl. Fall 1d.

4. Rechnen mit Einzahlungen und Auszahlungen

1) Durch das Rechnen mit Einzahlungen und Auszahlungen im definierten Sinne wird naturgemäß primär der Geldverkehr des Unternehmens mit anderen Wirtschaftssubjekten abgebildet, der Bargeld- ebenso wie der Buchgeldverkehr.

Sekundär wird erfasst der Kapitalverkehr des Unternehmens mit anderen Wirtschaftssubjekten, der passive Kapitalverkehr (Erhalt von Darlehen, Erhalt von Bareinlagen) ebenso wie der aktive Kapitalverkehr (Gewährung von Darlehen, Erbringen von Bareinlagen). Streng genommen wird nur der Geldkapitalverkehr einbezogen, dem aber eine erheblich größere Bedeutung zukommt als dem Güterkapitalverkehr (Erhalt von Sacheinlagen, Erbringen von Sacheinlagen).

Abbildung 4:
Arten von Einzahlungen und Auszahlungen

Einzahlungen	Auszahlungen
1. Nutzungseinzahlungen	1. Nutzungsauszahlungen
1.1. Einzahlungen aus passiven Kapitalgeschäften Erhalt von Bareinlagen (= Einlageneinzahlungen) Erhalt von Darlehen (= Darlehenseinzahlungen)	1.1. Auszahlungen aus passiven Kapitalgeschäften Rückgewähr von Bareinlagen (= Einlagenrückzahlungen) Rückgewähr von Darlehen (= Darlehensrückzahlungen)
1.2. Einzahlungen aus aktiven Kapitalgeschäften Rückerhalt von Bareinlagen (= Einlagenrückerhaltszahlungen) Rückerhalt von Darlehen (= Darlehensrückerhaltszahlungen)	1.2. Auszahlungen aus aktiven Kapitalgeschäften Bareinlagen bei anderen Unternehmen (= Einlagenauszahlungen) Gewähr von Darlehen (= Darlehensauszahlungen)
2. Entgelteinzahlungen	2. Entgeltauszahlungen
z. B. für veräußerte Erzeugnisse	z. B. für erworbene Grundstücke, Gebäude, Maschinen für erworbene Roh-, Hilfs- und Betriebsstoffe für beanspruchte Arbeitsleistungen für beanspruchte Dienstleistungen
3. Ergebniseinzahlungen	3. Ergebnisauszahlungen
zur Deckung eines Verlusts durch zur Verlustdeckung verpflichtete Unternehmen zur Deckung eines entstandenen Verlusts durch andere	für aufgrund von Gewinnverträgen abgeführte Gewinne für ausgeschüttete Gewinne

Sekundär wird ferner erfasst der Güterverkehr des Unternehmens mit anderen Wirtschaftssubjekten, zeitgenau allerdings nur der bare Güterverkehr; der unbare Güterverkehr wird lediglich zeitversetzt berücksichtigt.

2) Das Rechnen mit Einzahlungen und Auszahlungen ist typisch für das sog. kameralistische Rechnungswesen, welches bis vor kurzem das maßgebende Rechnungswesen des Staates, der staatlichen Organe und der Kommunen sowie der

Regiebetriebe bildete. Dabei spricht man statt von Einzahlungen und Auszahlungen von Einnahmen und Ausgaben, an der ursprünglichen Bedeutung von Einnahmen und Ausgaben festhaltend und den Bedeutungswandel in der Betriebswirtschaftslehre nicht nachvollziehend. Immer mehr öffentliche Stellen und Betriebe wenden sich jedoch vom rein kameralistischen Rechnungswesen ab und bewegen sich hin zu einem kaufmännischen Rechnungswesen.

3) Für das sog. kaufmännische Rechnungswesen ist nicht das Rechnen mit Einzahlungen und Auszahlungen, sondern dasjenige mit Aufwendungen und Erträgen kennzeichnend. Zu einem solchen Rechnen sind naturgemäß Kaufleute im Sinne von § 1 HGB verpflichtet.

4) Wenngleich also Kaufleuten das Rechnen mit Einzahlungen und Auszahlungen nicht vorgeschrieben ist, so kommt einem solchen Rechnen doch große Bedeutung zu. Fallweise, bei bestimmten Anlässen, für bestimmte Zwecke, sollte nicht nur mit Aufwendungen und Erträgen bzw. mit Kosten und Leistungen, sondern auch mit Einzahlungen und Auszahlungen gerechnet werden, so bei Investitionsentscheidungen, bei Standortentscheidungen und bei Unternehmensbewertungen (vgl. übernächsten Abschnitt). Darüber hinaus sollten regelmäßig Einzahlungs- und Auszahlungsrechnungen erstellt werden, sowohl für die jeweils laufende Periode als auch für künftige Perioden (vgl. nächsten Abschnitt).

5. Regelmäßige Einzahlungs- und Auszahlungsrechnungen

1) Private Unternehmen haben bei Verfolgung ihres Gewinn- bzw. Rentabilitätsziels die Restriktion der Liquidität bzw. der Zahlungsfähigkeit zu beachten. Die akute Zahlungsunfähigkeit stellt von jeher einen Insolvenzgrund dar. Die drohende Zahlungsunfähigkeit ist durch die seit 01.01.1999 geltende Insolvenzordnung als Insolvenzgrund hinzugekommen.[1]

2) Die Einhaltung der Liquidität kann anhand von mehreren Rechnungen überprüft werden (vgl. den Abschnitt über die Bilanzanalyse). Am besten eignet sich dafür eine zukunftsgerichtete Einzahlungs- und Auszahlungsrechnung, erstellt auf der Grundlage einer laufenden Einzahlungs- und Auszahlungsrechnung.[2]

3) Bei einer Einzahlungs- und Auszahlungsrechnung für die laufende Periode ist der Geldbestand zu Beginn der Periode festzustellen.

Während der Periode sind die Einzahlungen und Auszahlungen chronologisch zu erfassen. Dabei sollten nach sachlogischen Kriterien auseinander gehalten werden: Nutzungszahlungen, Entgeltzahlungen und Ergebniszahlungen (vgl. Abbildung 5).

---

[1] Vgl. Rogler, Silvia: Drohende Zahlungsunfähigkeit als neuer Insolvenzgrund, S. 29 ff.
[2] Vgl. Weber, Helmut Kurt: Vergangenheitsbezogene und zukunftsbezogene Geldbestands- und Geldbewegungsrechnung, S. 171 ff.

Abbildung 5:
Vergangenheitsbezogene Geldbestands- und Geldbewegungsrechnung

1. Geldbestand zu Beginn der Periode	
2.1. Nutzungsauszahlungen	*2.2. Nutzungseinzahlungen*
zur Tilgung von Darlehen durch Gewähr von Darlehen Summe Nutzungsauszahlungen	durch Erhalt von Darlehen durch Rückerhalt von Darlehen Summe Nutzungseinzahlungen
Auszahlungsüberschuss oder Einzahlungsüberschuss	
3.1. Entgeltauszahlungen	*3.2. Entgelteinzahlungen*
für erworbene Grundstücke für erworbene Gebäude für erworbene Maschinen für erworbene Roh-, Hilfs- und Betriebsstoffe für eingekaufte Handelswaren für beanspruchte Arbeitsleistungen für beanspruchte Dienstleistungen für erhaltene Kredite Summe Entgeltauszahlungen	für veräußerte Erzeugnisse für verkaufte Handelswaren für veräußerte nicht mehr benötigte Produktionsfaktoren für erbrachte Dienstleistungen für gewährte Kredite Summe Entgelteinzahlungen
Auszahlungsüberschuss oder Einzahlungsüberschuss	
4.1. Ergebnisauszahlungen	*4.2. Ergebniseinzahlungen*
für gewinnabhängige Steuern für abgeführte Gewinne für ausgeschüttete Gewinne	zur Deckung eines entstandenen Verlusts
5.1. Abschreibungen	*5.2. Zuschreibungen*
wegen Mengenminderungen und Wertminderungen inländischen und ausländischen Geldes	wegen Werterhöhungen ausländischen Geldes
Nettogeldabnahme oder Nettogeldzunahme	
6. Geldbestand am Ende der Periode	

Am Ende der Periode sind alle Einzahlungen und Auszahlungen einander gegenüberzustellen. Es kann sich ergeben: Deckungsgleichheit, ein Einzahlungsüberschuss oder ein Auszahlungsüberschuss. Ein Einzahlungsüberschuss ist unter dem Aspekt der Liquidität positiv zu beurteilen, sofern er nicht nur deswegen zustande gekommen ist, weil fällige Auszahlungen unterblieben sind.

Aus dem Einzahlungsüberschuss oder Auszahlungsüberschuss und dem Geldanfangsbestand errechnet sich ein Geldbestand am Ende der Periode, der aber der Überprüfung durch eine Inventur bedarf. Dabei könnte sich herausstellen, dass Geld abhanden gekommen ist (wegen Diebstahls, Unterschlagung), ferner dass, sofern Geld anderer Währungsgebiete gehalten wurde, Wertminderungen oder Wertsteigerungen gemessen am Euro aufgetreten sind.

Ergibt sich ein hoher tatsächlicher Geldbestand, könnte dieser als Liquiditätsreserve gehalten oder für Auszahlungen verwendet werden. Über diese Alternativen sollte jedoch erst entschieden werden, wenn sich die künftige Liquidität beurteilen lässt, d. h. nach Erstellen einer Einzahlungs- und Auszahlungsrechnung für die kommende Periode.

4) Für eine zukunftsgerichtete Einzahlungs- und Auszahlungsrechnung empfiehlt sich, ausgehend vom Geldbestand zu Beginn der künftigen Periode, ein stufenweises Vorgehen (vgl. auch Abbildung 6):

a) In einer ersten Stufe sind zu ermitteln: die Auszahlungen, zu denen das Unternehmen aufgrund von Verträgen und Gesetzen verpflichtet ist, sowie die Einzahlungen, auf die das Unternehmen aufgrund von Verträgen und Gesetzen einen Anspruch hat. Ergibt sich ein Auszahlungsüberschuss und unter Einbeziehung des Geldanfangsbestands sogar ein Geldfehlbestand, eine Liquiditätslücke, ist vorläufig noch nichts zu veranlassen, ebenso wenig wie bei einem Einzahlungsüberschuss und einem hohen Geldbestand. Es sind die Ergebnisse der folgenden Stufen abzuwarten.

b) In einer zweiten Stufe sind zu prognostizieren: die Auszahlungen, die, bei beabsichtigter Weiterführung des Geschäfts in bisherigem Umfang, anfallen werden, sowie die Einzahlungen, die unter dieser Prämisse erwartet werden. Dabei sollte man sich auf Entgeltauszahlungen und Entgelteinzahlungen beschränken. Entsprechendes gilt bei beabsichtigter Erhöhung bzw. Verringerung des Geschäftsumfangs.

ba) Ergibt sich unter Einbeziehung der Zahlungen der ersten Stufe und des Geldanfangsbestands wiederum ein Geldfehlbestand, eine Liquiditätslücke, können zwei verschiedene Wege eingeschlagen werden:

In erster Linie wird man versuchen, das Entstehen einer solchen Liquiditätslücke zu vermeiden, d. h. die bisher angesetzten Auszahlungen zu verringern (da diejenigen der Stufe 1 kaum beeinflussbar sind, vor allem diejenigen der Stufe 2) oder /und die bisher angesetzten Einzahlungen zu erhöhen. Erscheint dies aussichtsreich, bedarf es einer entsprechenden Revision der Stufen 1 und 2.

Erscheint dies nicht aussichtsreich, muss man in zweiter Linie versuchen, die sich aus den Stufen 1 und 2 abzeichnende Liquiditätslücke zu decken (vgl. Stufe 3).

bb) Ergibt sich in der zweiten Stufe unter Einbeziehung der Zahlungen der ersten Stufe und des Geldanfangsbestands statt eines Geldfehlbestands ein hoher Geldendbestand, ist über seine Verwendung zu entscheiden (vgl. Stufe 3).

c) In einer dritten Stufe sind je nach Ergebnis der ersten und zweiten Stufe zu planen:

Abbildung 6:
Zukunftsbezogene Geldbestands- und Geldbewegungsrechnung

Geldbestand zu Beginn der Periode	
Erste Stufe: Zahlungen mit Entgelt-, Kapital- und Ergebnischarakter aufgrund bestehender gesetzlicher und vertraglicher Verpflichtungen bzw. Ansprüche	
Auszahlungen mit Entgeltcharakter	Einzahlungen mit Entgeltcharakter
Auszahlungen mit Kapitalcharakter	Einzahlungen mit Kapitalcharakter
Auszahlungen mit Ergebnischarakter	Einzahlungen mit Ergebnischarakter
= Saldo	
Zweite Stufe: weitere Zahlungen mit Entgeltcharakter unter der Prämisse der Beibehaltung des bisherigen Geschäftsumfangs oder unter der Prämisse der Erweiterung des bisherigen Geschäftsumfangs oder unter der Prämisse der Verringerung des bisherigen Geschäftsumfangs	
Auszahlungen mit Entgeltcharakter	Einzahlungen mit Entgeltcharakter
= Saldo	
bei negativem Saldo: - Versuch der Vermeidung durch Überprüfung der ursprünglich angesetzten Zahlungen und Korrektur der Rechnung der zweiten Stufe - Versuch der Kompensation (siehe dritte Stufe der Rechnung)	bei positivem Saldo: - Verwendung desselben (siehe dritte Stufe der Rechnung)
Dritte Stufe: Zahlungen, die sich als Konsequenzen aus dem Saldo der ersten und zweiten Stufe ergeben	
- Versuch der Kompensation eines negativen Saldos durch zusätzliche Einzahlungen, vor allem mit Kapitalcharakter	- Verwendung eines positiven Saldos für zusätzliche Auszahlungen
Geldbestand am Ende der Periode	

ca) entweder Maßnahmen zur Deckung eines Geldfehlbestands, wie Verkauf von Wertpapieren und Beteiligungen, Verkauf von nicht unbedingt benötigten Grundstücken, Gebäuden, Maschinen, Aufnahme von Darlehen und Bareinlagen (die jeweils zu Entgelt- oder Kapitaleinzahlungen führen, die u. U. aber auch Auszahlungen erfordern);

cb) oder Maßnahmen zur Verwendung eines hohen Geldbestands, wie Güterinvestitionen im eigenen Unternehmen, Geldinvestitionen (d. h. Beteiligungen an anderen Unternehmen oder Darlehensgewährung), Tilgung von Darlehen, Rückgewähr von Bareinlagen (die jeweils mit Entgelt- oder Kapitalauszahlungen verbunden sind).

5) Eine solche zukunftsbezogene Einzahlungs- und Auszahlungsrechnung auf der Grundlage einer vergangenheitsbezogenen Einzahlungs- und Auszahlungsrechnung eignet sich nicht nur für die Kontrolle und Steuerung der Liquidität, sondern darüber hinaus, wie angedeutet wurde, für die Planung aller anderen finanzwirtschaftlichen Maßnahmen des Unternehmens.[1]

6. Fallweises Rechnen mit Einzahlungen und Auszahlungen

6.1. Investitionsrechnungen auf der Grundlage von Einzahlungen und Auszahlungen

1) Überlegt ein Unternehmen, eine Investition, d. h. eine Geldanlage, sei es eine Finanzinvestition (wie Erwerb einer Beteiligung) oder eine Güterinvestition (wie Kauf von Grundstücken, Gebäuden, Maschinen), empfiehlt sich eine Investitionsrechnung.[2]

2) Investitionsrechnungen können durchgeführt werden:

   a) auf der Grundlage von Einzahlungen und Auszahlungen;

   b) auf der Grundlage von Aufwendungen und Erträgen bzw. Kosten und Leistungen;

   c) auf der Grundlage von Nutzwerten.

3) Investitionsrechnungen auf der Grundlage von Einzahlungen und Auszahlungen können wiederum durchgeführt werden:

   a) nach der Kapitalwertmethode;

   b) nach der Methode des internen Zinsfußes;

   c) nach der Annuitätenmethode.

4) Bei einer Investitionsrechnung auf der Grundlage von Einzahlungen und Auszahlungen nach der Kapitalwertmethode für mehrere zur Wahl stehende Produktionsanlagen ist wie folgt vorzugehen:[3]

---

[1] Zur Finanzplanung vgl. Deppe, Hans-Dieter/ Lohmann, Karl: Grundriß einer analytischen Finanzplanung.

[2] Zur Investitionsrechnung vgl. Blohm, Hans/ Lüder, Klaus: Investition; Götze, Uwe/ Bloech, Jürgen: Investitionsrechnung; Kruschwitz, Lutz: Investitionsrechnung.

[3] Vgl. Weber, Helmut Kurt: Industriebetriebslehre, S. 209 ff. und S. 364 ff.

a) Ermittlung der notwendigen Einmalauszahlungen für jede Anlage (Kapitaleinsatz genannt);

b) Schätzung der Nutzungsdauer jeder Anlage;

c) Schätzung der bei der Nutzung jeder Anlage entstehenden laufenden Auszahlungen (z. B. für Roh-, Hilfs- und Betriebsstoffe, für Löhne und Gehälter);

d) Schätzung der durch die Nutzung jeder Anlage entstehenden laufenden Einzahlungen;

e) Ermittlung der Differenz zwischen den laufenden Einzahlungen und den laufenden Auszahlungen, der Nettoeinzahlungen (Kapitalrückfluss genannt) bei jeder Anlage;

f) Festlegung eines Kalkulationszinsfußes, da die Auszahlungen und Einzahlungen zu unterschiedlichen Zeitpunkten anfallen und in ihrer absoluten Höhe nicht vergleichbar sind;

g) mit Hilfe des sich aus dem Kalkulationszinsfuß ergebenden Abzinsungsfaktors Diskontierung des Kapitalrückflusses Periode für Periode auf den Zeitpunkt der Einmalauszahlung für jede Anlage, was die Barwerte des Kapitalrückflusses ergibt;

h) Addition der Barwerte des Kapitalrückflusses sowie Ermittlung der Differenz zwischen dem gesamten Barwert des Kapitalrückflusses und dem Betrag des Kapitaleinsatzes für jede Anlage, was den sog. Kapitalwert jeder Anlage ergibt;

i) Vergleich der Kapitalwerte der verschiedenen Anlagen, wobei die Anlage mit dem höchsten Kapitalwert vorzuziehen ist.

5) In der entsprechenden Weise wie Investitionsrechnungen für mehrere zur Wahl stehende Produktionsanlagen können auch Investitionsrechnungen für mehrere in Betracht kommende Standorte durchgeführt werden.

6.2. Unternehmensbewertungen auf der Grundlage von Einzahlungen und Auszahlungen

1) Überlegt ein Unternehmen, ein anderes Unternehmen zu kaufen, ist zur Verhandlung über den Kaufpreis eine Bewertung des anderen Unternehmens vorzunehmen.

2) Hierfür kommen mehrere Möglichkeiten in Betracht:[1]

a) Es wird die handels- oder steuerrechtliche Jahresbilanz des anderen Unternehmens zugrunde gelegt und der sich daraus ergebende Wert des Eigenkapitals

---

[1] Zur Unternehmensbewertung vgl. Achleitner, Paul/ Dresig, Tilo: Unternehmensbewertung, marktorientierte, Sp. 2432 ff.; Ballwieser, Wolfgang/ Coenenberg, Adolf G./ Schultze, Wolfgang: Unternehmensbewertung, erfolgsorientierte, Sp. 2412 ff.; Drukarczyk, Jochen/ Schwetzler, Bernhard: Unternehmensbewertung; Künnemann, Martin: Objektivierte Unternehmensbewertung.

dem Wert des Unternehmens gleichgesetzt (= Substanzwertmethode in der einfachsten denkbaren Variante).

b) Es wird eine Sonderbilanz unter Auflösung der etwaigen in der Jahresbilanz versteckten Reserven aufgestellt und der sich daraus ergebende Wert des Eigenkapitals dem Wert des Unternehmens gleichgesetzt (= verbesserte Substanzwertmethode).

c) Es wird, sofern es sich beim anderen Unternehmen um eine börsennotierte Aktiengesellschaft handelt, vom Kurswert der Aktie ausgegangen und dieser mit der Zahl der ausgegebenen Aktien gleicher Stückelung multipliziert. Der sich dabei ergebende Betrag wird dem Wert des Unternehmens gleichgesetzt (= Kurswertverfahren).

d) Es werden die durch die handels- oder steuerrechtlichen Gewinn- und Verlustrechnungen des anderen Unternehmens ermittelten Gewinne der Vergangenheit in die Zukunft fortgeschrieben und mit Hilfe eines Kalkulationszinsfußes auf die Gegenwart abgezinst. Der sich dabei ergebende Barwert der künftigen Gewinne wird dem Wert des Unternehmens gleichgesetzt (= Erfolgswertmethode).

e) Es werden aus den handels- oder steuerrechtlichen Gewinn- und Verlustrechnungen des anderen Unternehmens die cash flows der Vergangenheit ermittelt, in die Zukunft fortgeschrieben und mit Hilfe eines Kalkulationszinsfußes auf die Gegenwart abgezinst. Der sich dabei ergebende Barwert der künftigen cash flows wird dem Wert des Unternehmens gleichgesetzt (= discounted cash flow-Methode in der einfachsten Variante[1]).

f) Es werden bestimmte künftige Einzahlungen und Auszahlungen, vor allem die Entgelteinzahlungen und –auszahlungen, des anderen Unternehmens geschätzt und ein etwaiger Einzahlungsüberschuss mit Hilfe eines Kalkulationszinsfußes auf die Gegenwart abgezinst, woraus sich der Barwert der künftigen Einzahlungsüberschüsse ergibt. Dieser Wert wird dem Wert des Unternehmens gleichgesetzt (= Einzahlungsüberschuss-Methode).

3) Im vorletzten Fall versucht man, über Aufwendungen und Erträge zu Auszahlungen und Einzahlungen zu gelangen. Im letzten Fall rechnet man von vornherein mit Auszahlungen und Einzahlungen; deswegen ist jedoch diese Methode nicht der anderen überlegen.

Überhaupt lässt sich nicht generell, sondern nur im Einzelfall bestimmen, welche Methode gegenüber anderen vorzuziehen ist. Im Allgemeinen wird sich ein Unternehmen auf die Kombination mehrerer Methoden stützen, z. B. auf die verbesserte Substanzwertmethode und eine Erfolgswertmethode unter Heranziehung auch des Kurswertverfahrens, sofern die Voraussetzungen dafür vorliegen.

---

[1] Vgl. Zur DCF-Methode vgl. Ballwieser, Wolfgang: Unternehmensbewertung mit Discounted Cash Flow-Verfahren, S. 81 ff.; Hachmeister, Dirk: Discounted Cash-Flow als Maßstab der Unternehmenswertsteigerung; Rappaport, Alfred: Shareholder Value, S. 40 ff.

7. Berücksichtigung von Einzahlungen und Auszahlungen beim Rechnen mit anderen Größen

Einzahlungen und Auszahlungen sind nicht nur die Komponenten von Geldbestands- und Geldbewegungsrechnungen, sondern gehen auch in andere Rechnungen ein.

Berücksichtigung von Einzahlungen und Auszahlungen beim Rechnen mit Aufwendungen und Erträgen

1) Alle Einzahlungen und Auszahlungen werden als Geldbestandsänderungen und damit als Vermögensbewegungen in der Bilanz erfasst; sie sind also stets bilanzwirksam.

Zum Teil gehen mit Einzahlungen und Auszahlungen nicht nur Geldbestandsänderungen, sondern auch Veränderungen anderer Vermögensposten einher, z. B. bei Barverkauf und bei Barkauf von Grundstücken. Insoweit kann von aktivatauschenden Einzahlungen und Auszahlungen gesprochen werden.

Zum Teil gehen mit Einzahlungen und Auszahlungen Veränderungen von Passivposten einher, z. B. bei Darlehenserhalt und Darlehenstilgung, was zu Bilanzverlängerungen bzw. Bilanzverkürzungen führt. Insoweit kann von bilanzverlängernden Einzahlungen und bilanzverkürzenden Auszahlungen gesprochen werden.

Eine Reihe von Einzahlungen und Auszahlungen berühren die Gewinn- und Verlustrechnung, sie sind erfolgswirksamer Art, identisch mit Erträgen und Aufwendungen, z. B. Barverkauf von eben hergestellten Erzeugnissen und Bareinkauf von eben verbrauchten Rohstoffen.

Zudem stehen manche Einzahlungen und Auszahlungen, die in der abgelaufenen Periode lediglich bilanzwirksam waren, im Zusammenhang mit Erfolgsvorgängen in Vorperioden oder Nachperioden. Ihnen können Erträge und Aufwendungen vorangegangen sein oder nachfolgen.

Berücksichtigt man alle diese Gesichtspunkte, kommt man zu einer insgesamt recht differenzierten Einteilung der Einzahlungen und Auszahlungen (vgl. Abbildung 7).

2) Unter Bezugnahme auf die vorher vorgenommene Einteilung der Einzahlungen und Auszahlungen in Kapitalzahlungen, Güterzahlungen und Ergebniszahlungen kann man sagen:

Einzahlungen des passiven Kapitalverkehrs (wie Erhalt von Bareinlagen und von Darlehen) sind ausschließlich bilanzwirksamer, und zwar bilanzverlängernder Art; die entsprechenden Auszahlungen (wie Rückgewähr von Bareinlagen und Tilgung von Darlehen) sind ebenfalls ausschließlich bilanzwirksamer, aber bilanzverkürzender Art.

Auszahlungen des aktiven Kapitalverkehrs (wie Erbringen von Bareinlagen und Gewährung von Darlehen) sind bilanzwirksamer, und zwar aktivatauschender Art, ebenso die entsprechenden Einzahlungen (wie Rückerhalt von Bareinlagen und von Darlehen). Die Letztgenannten könnten allerdings ganz oder teilweise ausfallen; dann würde ausnahmsweise auch die Gewinn- und Verlustrechnung berührt werden.

Güterauszahlungen (wie Kauf von Gebäuden, Maschinen, Roh-, Hilfs- und Betriebsstoffen) und Gütereinzahlungen (wie Verkauf von Erzeugnissen) sind bilanzwirksam und zum Teil gleichzeitig erfolgswirksam, zum Teil zeitversetzt erfolgswirksam. Eine Ausnahme bilden Auszahlungen für den Kauf von Grundstücken und Einzahlungen aufgrund des Verkaufs von Grundstücken zum Buchwert.

3) Solche Aufbereitungen der Einzahlungen und Auszahlungen nach ihrer Bilanzwirksamkeit sowie ihrer etwaigen Erfolgswirksamkeit können nur unternehmensintern vorgenommen werden. Außenstehenden bleibt nichts anderes übrig, als umgekehrt vorzugehen und aus den veröffentlichten Bilanzen sowie Gewinn- und Verlustrechnungen auf Einzahlungen und Auszahlungen zurückzuschließen. Dies geschieht vor allem (vgl. den Abschnitt über die Bilanzanalyse):

a) durch Analyse der Gewinn- und Verlustrechnung zur Ermittlung des positiven oder negativen erfolgswirksamen cash flow;

b) durch Analyse der Bilanzveränderungen zweier aufeinander folgender Jahre zur Ermittlung des positiven oder negativen erfolgsunwirksamen cash flow.

Berücksichtigung von Einzahlungen und Auszahlungen beim Rechnen mit Kosten und Leistungen

1) Die Einzahlungen und Auszahlungen werden auch in der kalkulatorischen Bilanz als Vermögensbewegungen erfasst. Sie lassen sich, ebenso wie eben nach ihrer Ertrags- bzw. Aufwandswirksamkeit, nach ihrer Erlös- bzw. Kostenwirksamkeit analysieren.

2) Umgekehrt wird auch in der Kostenrechnung zwischen auszahlungswirksamen und nicht-auszahlungswirksamen Kosten differenziert. Dies geschieht insbesondere im Rahmen der stufenweisen Fixkostendeckungsrechnung von Agthe und Mellerowicz sowie in der Einzelkosten- und Deckungsbeitragsrechnung von Riebel.[1]

---

[1] Vgl. Agthe, Klaus: Stufenweise Fixkostendeckung, S. 742 ff.; Mellerowicz, Konrad: Kosten- und Kostenrechnung, S. 177; Riebel, Paul: Einzelkosten- und Deckungsbeitragsrechnung, S. 151 f.

Abbildung 7:
Einzahlungen und Auszahlungen nach ihrer Ertrags- bzw. Aufwandsabhängigkeit

Einzahlungen	Auszahlungen
1. **ertragsunabhängige Einzahlungen**	1. **aufwandsunabhängige Auszahlungen**
1.1. aktivatauschende Einzahlungen z. B. Rückerhalt von Bareinlagen, Rückerhalt von Darlehen, Verkauf von Grundstücken zum Buchwert	*1.1. aktivatauschende Auszahlungen* z. B. Erbringen von Bareinlagen, Gewährung von Darlehen, Kauf von Grundstücken
1.2. bilanzverlängernde Einzahlungen z. B. Erhalt von Bareinlagen, Erhalt von Darlehen	*1.2. bilanzverkürzende Auszahlungen* z. B. Rückgewähr von Bareinlagen, Tilgung von Darlehen
2. **ertragsabhängige Einzahlungen**	2. **aufwandsabhängige Auszahlungen**
2.1. aktivatauschende und ertragsgleiche Einzahlungen z. B. Barverkauf von in der laufenden Periode hergestellten Erzeugnissen	*2.1. aktivatauschende und aufwandsgleiche Auszahlungen* z. B. Bareinkauf von in der laufenden Periode verbrauchten Rohstoffen
2.2. aktivatauschende und Erträgen nachfolgende Einzahlungen z. B. Erhalt des Kaufpreises für in Vorperioden hergestellte und auf Kredit verkaufte Erzeugnisse	*2.2. bilanzverkürzende und Aufwendungen nachfolgende Auszahlungen* z. B. Begleichung des Kaufpreises für in Vorperioden auf Kredit eingekaufte und verbrauchte Rohstoffe
2.3. bilanzverlängernde und Erträgen vorausgehende Einzahlungen z. B. Erhalt einer Anzahlung für in Nachperioden noch herzustellende Erzeugnisse	*2.3. aktivatauschende und Aufwendungen vorausgehende Auszahlungen* z. B. Tätigen einer Anzahlung für in Nachperioden noch zu erhaltende Rohstoffe

Dritter Teil:
Die Einnahmen- und Ausgabenrechnung sowie die Geld- und Kreditbestandsrechnung

1. Begriffe der Einnahmen und Ausgaben

1) Einnahmen und Ausgaben wurden ursprünglich in der Betriebswirtschaftslehre und in der Wirtschaftspraxis Einzahlungen und Auszahlungen gleichgesetzt. Im Laufe der Zeit hat sich jedoch in der Betriebswirtschaftslehre eine Differenzierung und eine Erweiterung der Begriffe der Einnahmen und Ausgaben durchgesetzt. Sie werden heute nicht mehr nur auf Geldbewegungen, sondern auch auf Kreditbewegungen bezogen. Dem ist der Sprachgebrauch der Praxis allerdings noch nicht gefolgt.

2) Die Rechengrößen der Einnahmen und Ausgaben in diesem erweiterten Sinne werden häufig wie folgt definiert:[1]

a) Einnahmen =
Einzahlungen, Forderungszunahmen sowie Schuldenabnahmen;

b) Ausgaben =
Auszahlungen, Schuldenzunahmen sowie Forderungsabnahmen.

3) Wenn man mit den so definierten Einnahmen und Ausgaben rechnen will, treten allerdings Schwierigkeiten auf, wie hier am Beispiel ausgewählter Fremdkapitaltransaktionen gezeigt sei:

- Bei Erhalt eines Darlehens liegt eine Einzahlung vor und, folgt man der obigen Definition, wegen der Einzahlung auch eine Einnahme. Gleichzeitig entsteht mit dem Erhalt des Darlehens eine Schuld und, folgt man der obigen Definition, auch eine Ausgabe. Ein und derselbe Vorgang würde also sowohl als Einnahme wie auch als Ausgabe erfasst werden, was nicht sinnvoll wäre.

- Bei Tilgung des erhaltenen Darlehens liegt eine Auszahlung vor und wegen der Auszahlung auch eine Ausgabe. Gleichzeitig kommt es zu einem Schuldenabgang und damit auch zu einer Einnahme.

- Bei Gewährung eines Darlehens liegt eine Auszahlung vor und wegen der Auszahlung auch eine Ausgabe. Gleichzeitig entsteht eine Forderung und damit eine Einnahme.

---

[1] Vgl. Lücke, Wolfgang: Finanzplanung und Finanzkontrolle, S. 15; Wöhe, Günter/ Döring, Ulrich, Einführung in die Allgemeine Betriebswirtschaftslehre, S. 828.

- Bei Rückerhalt des gewährten Darlehens liegt eine Einzahlung vor und wegen der Einzahlung auch eine Einnahme. Gleichzeitig kommt es zu einem Forderungsabgang und damit auch zu einer Ausgabe.

Jede der genannten Fremdkapitaltransaktionen würde also durch zwei einander entgegengesetzte Rechengrößen erfasst werden, was unsinnig ist. Im Übrigen besteht gar keine Notwendigkeit, Fremdkapitaltransaktionen noch durch Einnahmen und Ausgaben abbilden zu wollen, da sie durch Einzahlungen und Auszahlungen bereits hinreichend erfasst werden.

4) Anderes als für die Fremdkapitaltransaktionen gilt für die Eigenkapitaltransaktionen, d.h. für den Erhalt und die Rückgewähr von Bareinlagen sowie für das Erbringen und den Rückerhalt von Bareinlagen. Diese können nicht nur durch Einzahlungen und Auszahlungen, sondern auch durch Einnahmen und Ausgaben im weiter vorne definierten Sinne erfasst werden. Aber verfährt man so, reißt man Zusammengehöriges, nämlich Fremdkapital- und Eigenkapitaltransaktionen, auseinander. Daher verzichtet man besser darauf, Kapitaltransaktionen durch Einnahmen und Ausgaben abbilden zu wollen und beschränkt sich zu ihrer Erfassung auf Einzahlungen und Auszahlungen.

5) Wenn man mit den weiter vorne definierten Einnahmen und Ausgaben Gütertransaktionen erfassen will, treten ebenfalls Schwierigkeiten auf, wie hier am Beispiel des Verkaufs von Gütern gezeigt sei.

- Wird ein Produkt bar verkauft, liegt eine Einzahlung und damit eine Einnahme vor.

- Wird ein Produkt auf Kredit verkauft, entsteht eine Forderung und damit eine Einnahme. Bei Erhalt des Kaufpreises in einer nachfolgenden Periode kommt es jedoch wegen dieser Einzahlung noch mal zu einer Einnahme im oben definierten Sinne. Damit wird ein Verkauf sowohl in der laufenden Periode als auch in der nachfolgenden Periode jeweils als Einnahme ausgewiesen. In der nachfolgenden Periode kommt es zwar wegen des Erlöschens der Forderung auch zu einer Ausgabe, so dass die Einnahme dieser Periode kompensiert und der Saldo zwischen Einnahmen und Ausgaben nicht verfälscht wird. Aber die Einnahmen und Ausgaben einer Periode werden im Vergleich zu denjenigen einer anderen Periode zu hoch ausgewiesen.

- Bei Erhalt einer Vorauszahlung für ein Produkt, liegt eine Einzahlung und somit eine Einnahme vor. Gleichzeitig kommt es wegen der entstandenen Schuld zu einer Ausgabe, die die genannte Einnahme kompensiert. Der gleiche Vorgang wird also sowohl als Einnahme wie auch als Ausgabe erfasst, was nicht sinnvoll ist. Bei Auslieferung des Produkts in einer nachfolgenden Periode kommt es wegen des Erlöschens der Schuld noch mal zu einer Einnahme.

6) Entsprechendes gilt bei Einkauf von Gütern.

- Wird ein Rohstoff bar eingekauft, liegt eine Auszahlung und damit eine Ausgabe vor.

1. Begriffe der Einnahmen und Ausgaben   41

- Wird ein Rohstoff auf Kredit eingekauft, entsteht eine Schuld und damit eine Ausgabe. Bei Begleichung des Kaufpreises in der nachfolgenden Periode kommt es jedoch wegen dieser Auszahlung erneut zu einer Ausgabe. Damit wird ein Einkauf in zwei aufeinander folgenden Perioden jeweils als Ausgabe ausgewiesen. In der zweiten Periode kommt es zwar wegen des Erlöschens der Schuld auch zu einer Einnahme, so dass die Ausgabe dieser Periode kompensiert und der Saldo zwischen Einnahmen und Ausgaben nicht verfälscht wird. Aber die Einnahmen und die Ausgaben werden jeweils zu hoch ausgewiesen.

- Wird eine Vorauszahlung für einen Rohstoff geleistet, liegt eine Auszahlung und somit eine Ausgabe im oben definierten Sinne vor. Gleichzeitig kommt es wegen der entstandenen Forderung zu einer Einnahme, die die genannte Ausgabe kompensiert. Der gleiche Vorgang wird also sowohl als Ausgabe wie auch als Einnahme erfasst, was unsinnig ist. Bei Erhalt des Rohstoffs in einer nachfolgenden Periode kommt es wegen des Erlöschens der Forderung noch mal zu einer Ausgabe.

7) Aus dieser Diskussion ergibt sich, dass Einnahmen und Ausgaben zur Erfassung von Gütertransaktionen, anders als zur Erfassung von Fremdkapitaltransaktionen, grundsätzlich geeignet sind, dass aber die üblichen Definitionen dieser Größen zu allgemein gehalten sind.

Diese Definitionen muss man, will man Doppelzählungen vermeiden, modifizieren. Solche Modifikationen kann man dadurch vornehmen, dass man alle drei Bestandteile der jeweiligen Definitionen einschränkt und wie folgt formuliert:

a) Einnahmen =

Einzahlungen, die nicht von Forderungsabnahmen oder Schuldenzunahmen (oder, allgemein ausgedrückt, von Veränderungen der Forderungen und Schulden) begleitet werden,

Forderungszunahmen, die nicht von Auszahlungen oder Schuldenabnahmen (oder von Veränderungen des Geldbestands und der Schulden) begleitet werden, sowie

Schuldenabnahmen, die nicht von Auszahlungen oder Forderungszunahmen (oder von Veränderungen des Geldbestands und der Forderungen) begleitet werden.

b) Ausgaben =

Auszahlungen, die nicht von Schuldenabnahmen oder Forderungszunahmen (oder, allgemein ausgedrückt, von Veränderungen der Schulden und Forderungen) begleitet werden,

Schuldenzunahmen, die nicht von Einzahlungen oder Forderungsabnahmen (oder von Veränderungen des Geldbestands und der Forderungen) begleitet werden, sowie

Forderungsabnahmen, die nicht von Einzahlungen oder Schuldenzunahmen (oder von Veränderungen des Geldbestands und der Schulden) begleitet werden.

8) Bei diesen modifizierten Definitionen handelt es sich allerdings um Negativabgrenzungen, die zudem recht umständlich sind. Positiv und kürzer kann man wie folgt formulieren:

a) Einnahmen =

Einzahlungen aufgrund des Barverkaufs von Gütern,

Zunahmen von Forderungen (vor allem der Forderungen aus Lieferungen und Leistungen) aufgrund des Kreditverkaufs von Gütern sowie

Abnahmen von Schulden (vor allem der erhaltenen Anzahlungen und Vorauszahlungen) aufgrund des Vorauszahlungsverkaufs von Gütern.

b) Ausgaben =

Auszahlungen aufgrund des Bareinkaufs von Gütern,

Zunahmen von Schulden (vor allem der Verbindlichkeiten aus Lieferungen und Leistungen) aufgrund des Krediteinkaufs von Gütern sowie

Abnahmen von Forderungen (vor allem der geleisteten Anzahlungen und Vorauszahlungen) aufgrund des Vorauszahlungseinkaufs von Gütern.

9) Zu den so definierten Einnahmen und Ausgaben als Bewegungsgrößen gehören bestimmte Bestandsgrößen. Dies sind:
- der Geldbestand, soweit er aus Güterverkäufen und -einkäufen resultiert;
- die Forderungen aus Lieferungen und Leistungen;
- die geleisteten Anzahlungen und Vorauszahlungen;
- die Verbindlichkeiten aus Lieferungen und Leistungen;
- die erhaltenen Anzahlungen und Vorauszahlungen.

10) Eine andere Möglichkeit, Einnahmen und Ausgaben zu definieren, ist die Folgende:

a) Einnahmen =

Erhöhungen des Geld- und Kreditbestands (d. h. Geldbestand zuzüglich Forderungen abzüglich Verbindlichkeiten);

b) Ausgaben =

Verminderungen des Geld- und Kreditbestands (d. h. Geldbestand zuzüglich Forderungen abzüglich Verbindlichkeiten).

Mit dieser Definition werden, anders als bei der unter 2) gegebenen ursprünglichen Definition, Mehrfachzählungen von vornherein vermieden.

Allerdings werden, anders als bei den unter 7) und 8) gegebenen Definitionen, Veränderungen des Eigenkapitals mit erfasst. Will man diese ausschließen, muss man formulieren:

a) Einnahmen =

Erhöhungen des Geld- und Kreditbestands durch Verkauf von Gütern;

b) Ausgaben =

Verminderungen des Geld- und Kreditbestands durch Einkauf von Gütern.

2. Rechnen mit Einnahmen und Ausgaben

1) Mit Einnahmen und Ausgaben wird selten gerechnet, Einnahmen- und Ausgabenrechnungen im definierten Sinne werden kaum erstellt.

2) Der Kapitalverkehr des Unternehmens mit anderen Wirtschaftssubjekten lässt sich durch Einnahmen und Ausgaben, wie gezeigt, nur unzureichend erfassen. Dies ist aber auch nicht erforderlich, da Kapitaltransaktionen, soweit sie geldlicher Art sind, durch Einzahlungen und Auszahlungen hinreichend abgebildet werden.

3) Anders als der Kapitalverkehr lässt sich der Güterverkehr des Unternehmens mit anderen Wirtschaftssubjekten durch Einnahmen und Ausgaben gut abbilden, besser als durch Einzahlungen und Auszahlungen. Denn die Einzahlungs- und Auszahlungsrechnung erfasst allein den baren Güterverkehr zeitgenau, den unbaren Güterverkehr jedoch nur zeitversetzt. Dagegen kann die Einnahmen- und Ausgabenrechnung den gesamten Güterverkehr zeitgenau abbilden: alle Verkäufe, gleich ob Bar-, Kredit- oder Vorauszahlungsverkäufe, jeweils im Zeitpunkt des Abgangs der Güter, sowie alle Einkäufe, gleich ob Bar-, Kredit- oder Vorauszahlungseinkäufe, jeweils im Zeitpunkt des Zugangs der Güter.

4) Die Einnahmen- und Ausgabenrechnung würde daher ein wichtiges Teilstück einer umfassenden Güterbestands- und Güterbewegungsrechnung darstellen (vgl. Abbildung 8).[1] Eine solche Rechnung, als Pendant zur Geldbestands- und Geldbewegungsrechnung, harrt aber noch der Entwicklung.

3. Berücksichtigung von Einnahmen und Ausgaben beim Rechnen mit anderen Größen

1) Einnahmen und Ausgaben gehen als Vermögens- und Kapitalbewegungen auf jeden Fall in die Bilanz ein, zum Teil auch als Erträge und Aufwendungen in die Gewinn- und Verlustrechnung.

Sind z.B. in der abgelaufenen Periode Zinsansprüche entstanden, die noch nicht abgegolten wurden, liegen einnahmengleiche Erträge vor. Entsprechendes gilt für die in der abgelaufenen Periode entstandene Zinsverpflichtungen, die noch nicht beglichen worden sind. Es liegen dann ausgabengleiche Aufwendungen vor.

Sind in der abgelaufenen Periode Grundstücke, Gebäude, Maschinen über Buchwert auf Kredit verkauft worden, ist es zu einnahmengleichen Erträgen gekommen. Im Beispielsfall wird oft von realisierten Erträgen gesprochen im Unterschied zu unrealisierten Erträgen oder einnahmenverschiedenen Erträgen, wie sie bei Zuschreibungen oder bei Erhöhungen des Bestands an fertigen und unfertigen Erzeugnissen vorliegen.

---

[1] Vgl. Weber, Helmut Kurt: Güterbestands- und Güterbewegungsrechnung, S. 261 ff.

2) In einem bestimmten Fall wird in der Gewinn- und Verlustrechnung systemwidrig sogar eine Einnahmengröße statt einer Ertragsgröße ausgewiesen. Bei den Umsatzerlösen handelt es sich für sich genommen um eine Einnahmengröße. Erst wenn man die im Gesamtkostenverfahren nachfolgenden Bestandsänderungen berücksichtigt, kann man den Ertragscharakter der Umsatzerlöse beurteilen.

Abbildung 8:
Güterbestands- und Güterbewegungsrechnung

1. Güterbestand zu Beginn der Periode	
2.1. Zugänge aufgrund von passiven Güterkapitalgeschäften Erhalt von Sacheinlagen von Eigentümern Erhalt von Gebrauchsgütern von Dritten zur Nutzung	*2.2. Abgänge aufgrund von passiven Güterkapitalgeschäften* Rückgewähr von Sacheinlagen an Eigentümer Rückgewähr von Gebrauchsgütern nach Nutzung an Dritte
3.1. Zugänge aufgrund von aktiven Güterkapitalgeschäften Rückerhalt von Sacheinlagen von anderen Unternehmen Rückerhalt von Gebrauchsgütern nach Nutzung von Dritten	*3.2. Abgänge aufgrund von aktiven Güterkapitalgeschäften* Sacheinlagen bei anderen Unternehmen Überlassung von Gebrauchsgütern zur Nutzung an Dritte
4.1. Zugänge aufgrund von Gütereinkäufen Bareinkauf, Krediteinkauf, Anzahlungseinkauf von immateriellen Gebrauchsgütern von nicht-abnutzbaren materiellen Gebrauchsgütern von abnutzbaren materiellen Gebrauchsgütern von materiellen Verbrauchsgütern von Handelswaren	*4.2. Abgänge aufgrund von Güterverkäufen* Barverkauf, Kreditverkauf Anzahlungsverkauf von Produkten von Handelswaren von nicht mehr benötigten Produktionsfaktoren
5.1. Zugänge durch Produktion Erstellung von fertigen und unfertigen Erzeugnissen Selbsterstellung von Sacheinlagen	*5.2. Abgänge durch Produktionseinsatz* Verbrauch von Gütern Gebrauch von Gütern
6.1. Zuschreibungen wegen Wertminderungen	*6.2. Abschreibungen* wegen Mengen- und Wertminderungen
7. Güterbestand am Ende der Periode	

Vierter Teil:
Die Aufwands- und Ertragsrechnung (Gewinn- und Verlustrechnung) sowie die Vermögens- und Kapitalrechnung (Bilanz)

I. Begriff und Arten von Bilanzen sowie Gewinn- und Verlustrechnungen

1) Die in diesem Teil zu behandelnde Aufwands- und Ertragsrechnung wird im Allgemeinen nach den Saldogrößen der Aufwendungen und Erträge als Gewinn- und Verlustrechnung bezeichnet, die zu ihr gehörende Vermögens- und Kapitalrechnung als Bilanz. Dabei wird häufig, auch wenn beide Rechnungen zusammen gemeint sind, nur von der Bilanz gesprochen, dieses Wort also pars pro toto verwendet.

2) Der Begriff der Bilanz hat demnach im Betriebswirtschaftlichen Rechnungswesen eine zweifache Bedeutung.

    a) Bilanz im engen Sinne =
Gegenüberstellung von Aktiva und Passiva oder, besser ausgedrückt, Gegenüberstellung von Vermögen und Kapital oder, noch besser ausgedrückt, Gegenüberstellung von Rohvermögen und Schulden zur Ermittlung des Reinvermögens;

    b) Bilanz im weiten Sinne =
Bilanz im engen Sinne + Gegenüberstellung von Aufwendungen und Erträgen zur Ermittlung des Gewinns oder Verlusts.

3) Der Begriff der Bilanz ist so populär geworden, dass er in der Betriebswirtschaftslehre auch für Rechnungen und Gegenüberstellungen ganz anderer Art verwendet wird.

So wird von der Bewegungsbilanz gesprochen, womit die Gegenüberstellung der Veränderungen von Vermögens- und Kapitalposten zwischen zwei Bilanzstichtagen gemeint ist.

So wird ferner von der Sozialbilanz gesprochen, womit nicht einmal mehr eine Rechnung, sondern nur ein Bericht über die Beziehungen des einzelnen Unternehmens zur Gesellschaft und zur Umwelt gemeint ist. Diese könnte kulminieren in einer Gegenüberstellung der vom jeweiligen Unternehmen verursachten social costs und bewirkten social benefits.

4) Im Volkswirtschaftlichen Rechnungswesen wird das Wort „Bilanz" in einer Reihe von Wortzusammensetzungen gebraucht, wie Handelsbilanz oder Warenverkehrsbilanz (für die Gegenüberstellung der Warenimporte und Warenexporte einer Volkswirtschaft), wie Dienstleistungsbilanz (für die Gegenüberstellung der importierten und exportierten Dienstleistungen), wie Kapitalverkehrsbilanz (für die Gegenüberstellung der Kapitalimporte und Kapitalexporte), wie Zahlungsbilanz (= als Oberbegriff für die genannten Teilbilanzen).[1] Mit „Bilanz" sind hierbei nicht Bestandsrechnungen, sondern Bewegungsrechnungen gemeint, und zwar Gegenüberstellungen von Einzahlungen und Auszahlungen.

5) Hier soll der Begriff der Bilanz zunächst der Einfachheit halber im weiten Sinne, d. h. für die Vermögens- und Kapitalrechnung sowie die Aufwands- und Ertragsrechnung gebraucht werden, später nur noch auf die Vermögens- und Kapitalrechnung bezogen werden.

6) Geht man von der einzelnen Unternehmung aus und nimmt man einen idealtypischen Lebenslauf an, so lassen sich entsprechend den einzelnen Lebensphasen folgende Arten von Bilanzen unterscheiden (vgl. auch Abbildung 9):

a) die bei Beginn der Unternehmenstätigkeit aufzustellende Gründungs- oder Eröffnungsbilanz;[2]

b) die bei freiwilliger Beendigung der Unternehmenstätigkeit aufzustellende Abwicklungs- oder Liquidationsbilanz bzw. die bei unfreiwilliger Beendigung der Unternehmenstätigkeit wegen Insolvenz und des Scheiterns einer Sanierung aufzustellende Bilanz;[3]

c) die zwischen beiden Zeitpunkten in regelmäßigen zeitlichen Abständen aufzustellenden Bilanzen;

d) die zwischen beiden Zeitpunkten unregelmäßig, bei bestimmten Anlässen aufzustellenden Bilanzen.

7) Zu den regelmäßigen Bilanzen gehören:

a) die für jedes abgelaufene Geschäftsjahr nach handelsrechtlichen Vorschriften zu erstellende Bilanz (= Handelsbilanz) des einzelnen Unternehmens sowie, sofern es sich um das Mutterunternehmen eines Konzerns handelt, die nach HGB, IAS oder US-GAAP zu erstellende Konzernbilanz;[4]

b) die für jedes abgelaufene Geschäftsjahr nach steuerrechtlichen Vorschriften zu erstellende Bilanz (= Steuerbilanz);

---

[1] Vgl. Jarchow, Hans-Joachim/ Rühmann, Peter: Monetäre Außenwirtschaft, S. 16 ff.
[2] Vgl. Schiller, Andreas: Gründungsrechnungslegung.
[3] Vgl. Veit, Klaus-Rüdiger: Die Konkursrechnungslegung.
[4] Vgl. Zwingmann, Lorenz: Die Abbildung ökonomischer Beziehungen zwischen Mutter- und Tochterunternehmen im Jahresabschluß des Konzerns.

I. Begriff und Arten von Bilanzen sowie Gewinn- und Verlustrechnungen

c) die für kürzere vergangene Perioden aufgestellten Bilanzen (Zwischenbilanzen genannt);[1]

d) die für künftige Geschäftsjahre aufgestellten Bilanzen (Planbilanzen genannt).[2]

Abbildung 9:
Arten von Bilanzen bezogen auf einen bestimmten Wirtschaftsbetrieb

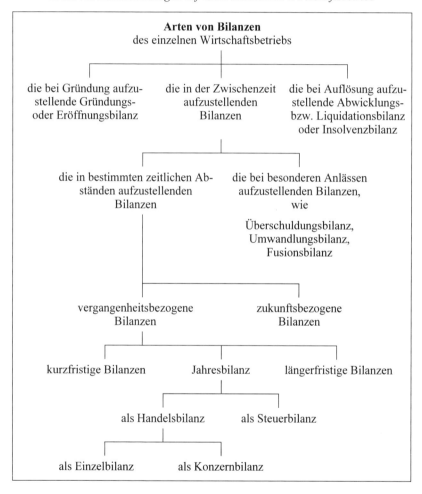

---

[1] Vgl. Grosse, Heinz-Walter: Die kurzfristige Erfolgsrechnung in den USA; Müller, Eckhard: Probleme kurzfristiger Rechnungslegung.

[2] Neumann, Renate: Prognosegewinn- und Prognoseverlustrechnung sowie Prognosebilanz der Industrie-Aktiengesellschaft für das kommende Geschäftsjahr.

48   4. Teil: Die Aufwands- und Ertragsrechnung sowie die Vermögens- und Kapitalrechnung

8) Zu den unregelmäßig, bei bestimmten Anlässen aufzustellenden Bilanzen gehören:

a) die bei drohender Überschuldung zur Ermittlung einer etwaigen eingetretenen Überschuldung zu erstellende Bilanz (vereinfachend Überschuldungsbilanz genannt);

b) die bei Insolvenz, sei es wegen Überschuldung oder wegen akuter oder drohender Zahlungsunfähigkeit, zu erstellenden Bilanzen, wie Insolvenzeröffnungsbilanz, Insolvenzzwischenbilanz, Insolvenzschlussbilanz);

c) die bei Änderung der Rechtsform zu erstellende Bilanz (= Umwandlungsbilanz);

d) die bei Verschmelzung oder Fusion mit einem anderen Unternehmen zu erstellende Bilanz (= Verschmelzungs- oder Fusionsbilanz);

e) die bei Verkauf des Unternehmens u. U. zur Ermittlung des Substanzwerts des Unternehmens zu erstellende Bilanz.

9) Geht man von einer bestimmten Bilanz, z. B. von der Handelsbilanz, aus, dann lassen sich entsprechend den jeweils bilanzierenden Unternehmen folgende Arten von Bilanzen unterscheiden:

a) nach der ökonomischen Betätigung des Unternehmens

aa) die Handelsbilanz des Industriebetriebs, welche nach den allgemeinen Vorschriften des HGB zu erstellen ist;

ab) die Handelsbilanz des Handelsbetriebs, welche ebenfalls nach den allgemeinen Vorschriften des HGB zu erstellen ist;

ac) die Handelsbilanz des Bankbetriebs, welche nach den allgemeinen Vorschriften des HGB sowie nach ergänzenden Vorschriften des HGB für Kreditinstitute und Finanzdienstleistungsinstitute und nach weiteren wirtschaftszweigspezifischen Vorschriften, wie denjenigen des Kreditwesengesetzes (KWG), zu erstellen ist;

ad) die Handelsbilanz des Versicherungsbetriebs, welche nach den allgemeinen Vorschriften des HGB sowie nach den ergänzenden Vorschriften des HGB für Versicherungsunternehmen und nach weiteren wirtschaftszweigspezifischen Vorschriften, wie denjenigen des Versicherungsaufsichtsgesetzes (VAG) zu erstellen ist;

b) nach der Rechtsform des Unternehmens

ba) die Handelsbilanz des Einzelkaufmanns, der OHG, der KG, welche jeweils nach den für alle Kaufleute geltenden Vorschriften des HGB zu erstellen ist;

bb) die Handelsbilanz der GmbH, der AG, der KGaA, welche jeweils nach den für alle Kaufleute geltenden Vorschriften des HGB sowie nach den ergänzenden Vorschriften des HGB für Kapitalgesellschaften und den rechtsformspezifischen Vorschriften des GmbHG bzw. des AktG zu erstellen ist;

I. Begriff und Arten von Bilanzen sowie Gewinn- und Verlustrechnungen 49

bc) die Handelsbilanz der Genossenschaft, welche nach den für alle Kaufleute geltenden Vorschriften des HGB sowie nach den ergänzenden Vorschriften des HGB für Genossenschaften und den rechtsformspezifischen Vorschriften des GenG zu erstellen ist;

c) nach der Größe des Unternehmens

ca) die Handelsbilanz des nach dem Publizitätsgesetz kleinen Einzelkaufmanns, die Handelsbilanz der nach dem Publizitätsgesetz kleinen Personenhandelsgesellschaft, welche jeweils nach den für alle Kaufleute geltenden Vorschriften aufzustellen ist;

bzw. die Handelsbilanz des nach dem Publizitätsgesetz großen Einzelkaufmanns, die Handelsbilanz der nach dem Publizitätsgesetz großen Personenhandelsgesellschaft, welche jeweils nach ähnlichen für Kapitalgesellschaften geltenden Vorschriften zu erstellen ist;

cb) die Handelsbilanz der nach HGB kleinen Kapitalgesellschaft,

bzw. die Handelsbilanz der nach HGB mittelgroßen Kapitalgesellschaft,

bzw. die Handelsbilanz der nach HGB großen Kapitalgesellschaft;

d) nach der Börsennotierung etwaiger vom Unternehmen emittierter Wertpapiere

da) die Handelsbilanz der kleinen und mittelgroßen Kapitalgesellschaften ohne Börsennotierung;

db) die Handelsbilanz der kleinen und mittelgroßen Kapitalgesellschaft mit Börsennotierung, welche nach den für große Kapitalgesellschaften geltenden Vorschriften zu erstellen ist;

e) nach der etwaigen Konzernzugehörigkeit des Unternehmens

ea) die Handelsbilanz des nicht konzerngebundenen Unternehmens;

eb) die Handelsbilanz des einzelnen konzerngebundenen Unternehmens und, sofern es sich dabei um das Mutterunternehmen des Konzerns handelt, die vom Mutterunternehmen aufzustellende Konzernbilanz.

10) Unter den genannten Arten von Bilanzen soll hier im Vordergrund der Betrachtung stehen:

- die für jedes abgelaufene Geschäftsjahr aufzustellende Bilanz (= Jahresbilanz);
- die nach den handelsrechtlichen Vorschriften aufzustellende Bilanz, sog. Handelsbilanz (welche auch für die Steuerbilanz maßgebend ist);
- die von einer Kapitalgesellschaft, die eine große Kapitalgesellschaft nach HGB ist, aufzustellende Bilanz (für welche die strengsten Vorschriften gelten);
- die von einer Aktiengesellschaft aufzustellende Bilanz (für welche die präzisesten Vorschriften gelten);

50   4. Teil: Die Aufwands- und Ertragsrechnung sowie die Vermögens- und Kapitalrechnung

- die für das einzelne Unternehmen aufzustellende Bilanz (sog. Einzelbilanz, welche bei Konzerngebundenheit des Unternehmens zusammen mit anderen Einzelbilanzen die Grundlage für die Konzernbilanz bildet);
- die von einem industriellen Unternehmen aufzustellende Bilanz (auf welche die generellen handelsrechtlichen Vorschriften abstellen, wie aus den für die Bilanzpositionen gewählten Bezeichnungen ablesbar).

11) Anhand dieses wichtigsten Bilanztyps sollen die grundlegenden Bilanzierungsprobleme und ihre Lösungsmöglichkeiten unter Beachtung der rechtlichen Vorschriften diskutiert werden. Dies geschieht unter dem Stichwort des handelsrechtlichen Jahresabschlusses.[1] Die Ergebnisse sind mit entsprechenden Modifikationen auch auf die anderen Bilanztypen übertragbar.

II. Die handelsrechtliche Bilanz sowie Gewinn- und Verlustrechnung (Der handelsrechtliche Jahresabschluss)

1. Begriff des Jahresabschlusses

1) Der Begriff des Jahresabschlusses wird vom Gesetzgeber in zwei Fassungen gebraucht, in einer engen Fassung generell für Kaufleute sowie in einer weiten Fassung speziell für Kapitalgesellschaften und Genossenschaften:

a) Unter dem Jahresabschluss des Kaufmanns schlechthin werden in § 242 HGB subsumiert: die Bilanz zum Schluss des abgelaufenen Geschäftsjahrs sowie die Gewinn- und Verlustrechnung für das abgelaufene Geschäftsjahr.

b) Unter dem Jahresabschluss der Kapitalgesellschaft und der Genossenschaft werden in § 264 bzw. § 336 HGB subsumiert: die Bilanz, die Gewinn- und Verlustrechnung sowie der Anhang.

2) Diese Sprachregelung führt immer wieder zu Missverständnissen und ist umständlich, weil man nicht vom Jahresabschluss schlechthin sprechen kann. Die enge Fassung des Begriffs des Jahresabschlusses wäre besser auch für Kapitalgesellschaften und Genossenschaften beibehalten worden. Durch Ausdehnung des für diese Unternehmen geltenden Begriffs des Jahresabschlusses auf den Anhang fehlt ein zusammenfassender Begriff für die Bilanz sowie die Gewinn- und Ver-

---

[1] Zum Jahresabschluss vgl. Adler/Düring/Schmaltz: Rechnungslegung und Prüfung der Unternehmen; Berger, Axel u. a. (Hrsg.): Beck´scher Bilanz-Kommentar; Institut der Wirtschaftsprüfer in Deutschland e. V. (Hrsg.): Wirtschaftsprüfer-Handbuch 2000, Bd. I; Küting, Karlheinz/ Weber, Claus-Peter (Hrsg.): Handbuch der Rechnungslegung, Einzelabschluss; Winnefeld, Robert: Bilanz-Handbuch; Wysocki, Klaus von/ Schulze-Osterloh, Joachim/ Hennrichs, Joachim (Hrsg.): Handbuch des Jahresabschlusses.

lustrechnung. Als solcher soll hier derjenige der Jahresabschlussrechnungen verwendet werden.

3) In ähnlicher Weise werden im angloamerikanischen Rechnungswesen unter dem Begriff der accounting statements zusammengefasst die Bilanz (traditionell balance sheet, neuerdings statement of financial position genannt) sowie die Gewinn- und Verlustrechnung (traditionell profit or loss statement, neuerdings income statement genannt).

2. Verpflichtung zur Aufstellung des Jahresabschlusses

1) Kaufleute sind nach § 238 HGB zur Buchführung verpflichtet. Dabei werden unter Kaufleuten Handelsgewerbetreibende verstanden und unter Handelsgewerbetreibenden solche Gewerbetreibende, bei denen Art und Umfang des Gewerbes einen in kaufmännischer Weise eingerichteten Geschäftsbetrieb erfordern (vgl. § 1 HGB). Die Begriffsbestimmung der Kaufleute nimmt also auf Handelsgewerbetreibende Bezug und diejenige der Handelsgewerbetreibenden auf das kaufmännisch Erforderliche. Die Begriffsbestimmungen drehen sich daher im Kreis. Sie sind wenig hilfreich. Warum wird im Handelsrecht nicht, wie im Steuerrecht, schon die Buchführungspflicht von Größenmerkmalen abhängig gemacht?

2) Kaufleute sind nach § 242 HGB naturgemäß auch zu einem Jahresabschluss verpflichtet. Damit ist gemeint:

a) ein Jahresabschluss im engen Sinne, sofern es sich um Einzelkaufleute und um Personenhandelsgesellschaften handelt;

b) ein Jahresabschluss im weiten Sinne, sofern es sich um Personenhandelsgesellschaften ohne eine natürliche Person als Vollhafter, um Kapitalgesellschaften und um Genossenschaften handelt.

3) Die Art des Jahresabschlusses im engen Sinne, zu denen die erste Gruppe von Kaufleuten verpflichtet ist, hängt nach Publizitätsgesetz von deren Größe ab (vgl. Abbildung 10).

Als Größenmerkmale werden herangezogen: die Bilanzsumme, die Umsatzerlöse und die Zahl der Arbeitnehmer.

Es werden nur zwei Größenklassen gebildet. Dabei ist die Klasse der kleinen Einzelkaufleute und Personenhandelsgesellschaften sehr breit abgegrenzt worden; dadurch beginnt die Klasse der großen Einzelkaufleute und Personenhandelsgesellschaften erst jenseits der für große Kapitalgesellschaften gezogenen Grenze.

Die großen Einzelkaufleute und Personenhandelsgesellschaften haben schon einen den Kapitalgesellschaften ähnlichen Jahresabschluss aufzustellen.

4) Die Art des Jahresabschlusses im weiten Sinne, zu denen die zweite Gruppe von Kaufleuten verpflichtet ist, hängt nach HGB ebenfalls von deren Größe ab (vgl. Abbildung 11).

Abbildung 10:
Größenklassen von Einzelkaufleuten und
Personenhandelsgesellschaften nach § 1 PublG

Größen- klassen Größen- merkmale	kleine Einzelkaufleute sowie Personenhandels- gesellschaften	große Einzelkaufleute sowie Personenhandels- gesellschaften
	(sofern mindestens zwei der drei genannten Größen- merkmale in den genannten Ausprägungen am Ab- schlussstichtag sowie an zwei darauf folgenden Ab- schlussstichtagen erfüllt sind)	
Bilanzsumme	bis einschl. 65 Mio. €	über 65 Mio. €
Umsatzerlöse (in den 12 Monaten vor dem Abschlussstichtag)	bis einschl. 130 Mio. €	über 130 Mio. €
Zahl der Arbeitnehmer (als Durchschnitt der letzten 12 Monate)	bis einschl. 5.000 Personen	über 5.000 Personen

Dabei werden im HGB die gleichen Größenmerkmale wie im Publizitätsgesetz herangezogen: die Bilanzsumme, die Umsatzerlöse und die Zahl der Arbeitnehmer.

Die Bilanzsumme lässt ein anlagenintensives Unternehmen größer erscheinen als ein arbeitsintensives. Umgekehrt lässt die Zahl der Arbeitnehmer ein arbeitsintensives Unternehmen größer erscheinen als ein anlagenintensives. Den Schwächen des einen Merkmals wird also durch das andere Merkmal entgegengewirkt.

Die Höhe der Bilanzsumme ist allerdings nicht nur von realen Gegebenheiten abhängig, sondern auch von der Bilanzierungsmethode, insbesondere von der Art der Ausnutzung der Bilanzierungswahlrechte. Bei Ausweis nicht eingeforderter ausstehender Einlagen auf der Aktivseite ist die Bilanzsumme höher als bei deren Berücksichtigung auf der Passivseite.

Die Bilanzsumme ist ein zeitpunktbezogenes Merkmal, auf das sich Zufälligkeiten stärker auswirken als auf ein zeitraumbezogenes Merkmal, wie die Umsatzerlöse. Bei der Zahl der Arbeitnehmer handelt es sich zwar auch um ein zeitpunktbezogenes Merkmal, aber hier wird auf den jahresdurchschnittlichen Wert abgestellt. Im Übrigen ist bei allen Merkmalen ohnehin nicht nur der gegenwärtige, sondern auch der vorhergehende Abschlussstichtag maßgebend.

Bei den Umsatzerlösen handelt es sich zwar, wie erwähnt, um ein zeitraumbezogenes Merkmal, aber die Umsatzerlöse lassen ein Unternehmen am Ende einer Wirtschaftsstufe (z. B. einen Leder verarbeitenden Betrieb) größer erscheinen als einen Betrieb am Anfang derselben Stufe (z. B. einen Leder erzeugenden Betrieb).

II. Die handelsrechtliche Bilanz sowie Gewinn- und Verlustrechnung   53

Denn in die Umsatzerlöse des erstgenannten Unternehmens gehen die Umsatzerlöse des zweitgenannten Unternehmens ein. Daher hätte der Gesetzgeber besser auf die Nettoumsatzerlöse statt auf die Bruttoumsatzerlöse abgestellt. Dazu müssten die Bruttoumsatzerlöse nur um die Materialaufwendungen vermindert werden. Anhand der genannten Größenmerkmale werden drei Größenklassen gebildet: kleine, mittelgroße und große Kapitalgesellschaften bzw. Genossenschaften.

Abbildung 11:
Größenklassen von Kapitalgesellschaften
nach § 267 HGB [1]

Größenklassen / Größenmerkmale	kleine Kapitalgesellschaften	mittelgroße Kapitalgesellschaften	große Kapitalgesellschaften [2]
	(sofern mindestens zwei der drei genannten Größenmerkmale in den genannten Ausprägungen am Abschussstichtag und am vorhergehenden Abschlussstichtag erfüllt sind) [3]		
Bilanzsumme (abzüglich eines etwaigen auf der Aktivseite ausgewiesenen Fehlbetrags)	bis einschl. 3,438 Mio. € (3,65 Mio. €)	über 3,438 Mio. € (3,65 Mio. €) bis einschl. 13,75 Mio. € (14,6 Mio. €)	über 13,75 Mio. € (14,6 Mio. €)
Umsatzerlöse (in den 12 Monaten vor dem Abschlussstichtag)	bis einschl. 6,875 Mio. € (7,3 Mio. €)	über 6,875 Mio. € (7,3 Mio. €) bis einschl. 27,5 Mio. € (29,2 Mio. €)	über 27,5 Mio. € (29,2 Mio. €)
Zahl der Arbeitnehmer (als Durchschnitt aus den Zahlen zum 31.3., 30.6., 30.9. und 31.12.)	bis einschl. 50 Personen	über 50 Personen bis einschl. 250 Personen	über 250 Personen

---

[1] In Klammern die Werte gemäß Richtlinie 2003/38/EG vom 13.5.2003, abgedruckt in: Fachnachrichten 2003, S. 290.
[2] Eine Kapitalgesellschaft gilt stets als große, wenn sie einen organisierten Markt im Sinne des § 2 Abs. 5 des Wertpapierhandelsgesetzes durch von ihr ausgegebene Wertpapiere im Sinne des § 2 Abs. 1 Satz 1 des Wertpapierhandelsgesetzes in Anspruch nimmt oder die Zulassung zum Handel an einem organisierten Markt beantragt worden ist (§ 267 Abs. 3 Satz 2 HGB).
[3] Im Falle der Umwandlung oder Neugründung treten die Rechtsfolgen schon am ersten Abschlussstichtag nach der Umwandlung oder Neugründung ein (§ 267 Abs. 4 Satz 2 HGB).

Die erste Größenklasse ist sehr eng, die zweite Größenklasse immer noch eng und die dritte Größenklasse sehr breit abgegrenzt worden. Daher sind die nach dieser Klassenbildung kleinen Unternehmen nach allgemeinen Maßstäben sehr kleine Unternehmen, die sog. mittelgroßen Unternehmen immer noch relativ kleine Unternehmen und die sog. großen Unternehmen gelten keinesfalls sonst schon als große Unternehmen. Im Übrigen hätte es keiner drei Größenklassen bedurft, zwei hätten genügt.

5) Ergänzend ist darauf aufmerksam zu machen, dass Aktiengesellschaften, die kleine Kapitalgesellschaften im Sinne der Rechnungslegungsvorschriften sind, nicht gleichzusetzen sind den kleinen Aktiengesellschaften des Gesetzes für kleine Aktiengesellschaften und zur Deregulierung des Aktienrechts. Durch das genannte Gesetz wurde die sog. kleine Aktiengesellschaft eingeführt, für welche eine Reihe von Erleichterungen gegenüber der normalen Aktiengesellschaft gelten. Auf eine Bestimmung des Begriffs der kleinen Aktiengesellschaft anhand von Größenmerkmalen wurde jedoch merkwürdigerweise verzichtet. Es kann sich also ergeben, dass die kleine Aktiengesellschaft im Sinne des genannten Gesetzes eine kleine Kapitalgesellschaft, eine mittelgroße Kapitalgesellschaft oder gar eine große Kapitalgesellschaft im Sinne der Rechnungslegungsvorschriften des HGB ist. Ein Begriffswirrwarr, den man leicht hätte vermeiden können, wenn man im genannten Gesetz statt von einer kleinen Aktiengesellschaft von einer Aktiengesellschaft vereinfachter Art gesprochen hätte.

6) Die für den Jahresabschluss im engen und weiten Sinn geltenden Vorschriften sind nunmehr nach Übernahme einer Reihe von EG-Richtlinien durch das Bilanzrichtliniengesetz von 1985 hauptsächlich im HGB enthalten (vgl. Drittes Buch: Handelsbücher). Dort werden unterschieden:

a) Vorschriften für alle Kaufleute (Erster Abschnitt des Dritten Buches);

b) Ergänzende Vorschriften für Kapitalgesellschaften (Zweiter Abschnitt des Dritten Buches);

c) Ergänzende Vorschriften für eingetragene Genossenschaften (Dritter Abschnitt des Dritten Buches);

d) Ergänzende Vorschriften für Unternehmen bestimmter Geschäftszweige, wie Kreditinstitute und Finanzdienstleistungsinstitute sowie Versicherungsunternehmen (Vierter Abschnitt des Dritten Buches).

Hinzu kommen nur noch wenige rechtsformabhängige Vorschriften des AktG, GmbHG, GenG.

7) Neben den genannten handelsrechtlichen Vorschriften werden für die Aufstellung des Jahresabschlusses zunehmend relevant:

a) die vom Deutschen Standardisierungsrat (DSR) herausgegebenen Deutschen Rechnungslegungsstandards (DRS), die zwar primär den Konzernabschluss betreffen, aber sich auch auf den Einzelabschluss auswirken;

II. Die handelsrechtliche Bilanz sowie Gewinn- und Verlustrechnung

b) die vom International Accounting Standards Board (IASB) herausgegebenen International Accounting Standards (IAS), künftig International Financial Reporting Standards (IFRS);

c) die Generally Accepted Accounting Principles der USA (US-GAAP genannt), deren Weiterentwicklung nunmehr dem Financial Accounting Standards Board (FASB) obliegt und zu denen u. a. gehören: die Statements (FAS), Interpretations (FIN) und EITF Abstracts des FASB, die APB Opinions (APB) und die Accounting Research Bulletins (ARB) des AICPA sowie die Empfehlungen (z. B. SOP des AICPA, Technical Bulletins des FASB), die Bilanzierungsregeln einzelner Branchen sowie die konzeptionelle Veröffentlichungen (z. B. CON des FASB).[1]

8) Die Aufstellung des Jahresabschlusses ist bei den genannten Kaufleuten von folgenden Personen bzw. Organen vorzunehmen:

a) bei den Einzelkaufleuten vom Einzelkaufmann selbst;

b) bei den Offenen Handelsgesellschaften von den vertretungsberechtigten Gesellschaftern;

c) bei den Kommanditgesellschaften von den Komplementären;

d) bei den Gesellschaften mit beschränkter Haftung von den gesetzlichen Vertretern, d. h. von der Geschäftsführung;

e) bei den Aktiengesellschaften vom Vorstand;

f) bei den eingetragenen Genossenschaften vom Vorstand.

9) Innerhalb folgender Fristen hat die Aufstellung des Jahresabschlusses zu erfolgen:

a) bei Einzelkaufleuten und Personenhandelsgesellschaften innerhalb der einem ordnungsmäßigen Geschäftsgang entsprechenden Zeit (§ 243 HGB);

b) bei kleinen Kapitalgesellschaften spätestens binnen sechs Monaten nach dem Abschlussstichtag (§ 264 HGB);

c) bei mittelgroßen und großen Kapitalgesellschaften binnen drei Monaten nach dem Abschlussstichtag (§ 264 HGB);

d) bei Genossenschaften binnen fünf Monaten nach dem Abschlussstichtag (§ 336 HGB).

Bei Einzelkaufleuten und Personenhandelsgesellschaften hätte der Gesetzgeber besser eine bestimmte statt einer unbestimmten Frist vorgesehen, etwa sechs Monate (wie bei den kleinen Kapitalgesellschaften) oder allenfalls neun Monate. Im übrigen ist die Abstufung der Fristen wenig einsichtig.

---

[1] Zu dem sog. „House of GAAP" vgl. KPMG Deutsche Treuhand Gesellschaft (Hrsg.): Rechnungslegung nach US-amerikanischen Grundsätzen, S. 3; Schildbach, Thomas: US-GAAP, S. 29 ff.

3. Zwecke des Jahresabschlusses

1) Über den Zweck des Jahresabschlusses des Kaufmanns schlechthin findet man im HGB keine Aussage. Dagegen könnte man in der folgenden den Jahresabschluss der Kapitalgesellschaft betreffenden Vorschrift, die nach § 336 HGB auch für Genossenschaften gilt, eine Aussage über den Zweck dieses Jahresabschlusses sehen. In § 264 Absatz 2 Satz 1 HGB heißt es, dass der Jahresabschluss der Kapitalgesellschaft unter Beachtung der Grundsätze ordnungsmäßiger Buchführung ein den tatsächlichen Verhältnissen entsprechendes Bild der Vermögens-, Finanz- und Ertragslage der Kapitalgesellschaft zu vermitteln hat.

2) Zu dieser Vorschrift ist teils erläuternd, teils kritisch zu sagen:

a) Dass der Jahresabschluss ein Bild der Vermögenslage zu vermitteln hat, ist eigentlich selbstverständlich; denn er schließt eine Bilanz ein und eine Bilanz ist eine Vermögens- und Kapitalrechnung. Was anderes sollte eine Rechnung, die teilweise aus einer Vermögensrechnung besteht, vermitteln als ein Bild der Vermögenslage? Wenn aber schon von der Vermögenslage und nicht von der Reinvermögenslage gesprochen wird, dann müsste der Vollständigkeit halber auch die Schuldenlage bzw. die Kapitallage erwähnt werden.

b) Dass der Jahresabschluss ein Bild der Ertragslage zu vermitteln hat, ist ebenfalls selbstverständlich; denn er schließt eine Gewinn- und Verlustrechnung ein, und eine solche Rechnung ist eine Aufwands- und Ertragsrechnung. Was anders sollte eine teilweise aus einer Ertragsrechnung bestehende Rechnung vermitteln als ein Bild der Ertragslage? Wenn aber schon von der Ertragslage gesprochen wird, dann müsste der Vollständigkeit halber auch die Aufwandslage erwähnt werden. Im Übrigen würde statt von der Ertragslage besser von der Ertragsentwicklung die Rede sein, denn beim Ertrag handelt es sich nicht um eine Bestandsgröße wie beim Vermögen und Kapital, sondern um eine Bewegungsgröße.

c) Aus den genannten Gründen müsste es in § 264 HGB zumindest heißen, dass der Jahresabschluss ein Bild der Vermögens- und Kapitallage am Ende des abgelaufenen Geschäftsjahrs sowie der Aufwands- und Ertragsentwicklung während des abgelaufenen Geschäftsjahrs zu vermitteln hat. Gleichwohl wird damit nur etwas über den Inhalt, aber nicht über den Zweck der Jahresabschlussrechnungen gesagt.

d) Allein dem Zusatz, dass der Jahresabschluss „ein den tatsächlichen Verhältnissen entsprechendes Bild" der Vermögens- und Ertragslage zu vermitteln hat, kann ein Aussagewert zuerkannt werden. Aber dieser Zusatz muss im Zusammenhang mit dem anderen Zusatz gesehen werden, dass der Jahresabschluss „unter Beachtung der Grundsätze ordnungsmäßiger Buchführung" ein den tatsächlichen Verhältnissen entsprechendes Bild der Vermögens- und Ertragslage zu vermitteln hat.

Da unter den Grundsätzen ordnungsmäßiger Buchführung derjenige der Vorsicht einer der wichtigsten ist, lautet die obige Aussage genau genommen wie folgt:

II. Die handelsrechtliche Bilanz sowie Gewinn- und Verlustrechnung

„Der Jahresabschluss hat unter Beachtung der GoB, insbesondere des Grundsatzes der Vorsicht, ein den tatsächlichen Verhältnissen entsprechendes Bild zu vermitteln." Das eine (Vermittlung eines vorsichtigen Bildes) lässt sich jedoch mit dem anderen (Vermittlung eines den tatsächlichen Verhältnissen entsprechenden Bildes) schwer vereinbaren. Man könnte allenfalls sagen, dass der Jahresabschluss grundsätzlich ein den tatsächlichen Verhältnissen entsprechendes Bild zu vermitteln hat, dass aber im Zweifelsfall vorsichtig zu bilanzieren ist.

e) Im ersten Zusatz „Vermittlung eines den tatsächlichen Verhältnissen entsprechenden Bildes der Lage" wird die Übernahme des englischen „true and fair view" gesehen. Was mit dieser Betrachtungsweise gemeint sein soll, ist allerdings schwer zu erkennen. Im Übrigen scheint ein „true view" doch von einem „fair view" zu differieren.

f) Dem zweiten Zusatz „Vermittlung eines Bildes unter Beachtung der Grundsätze ordnungsmäßiger Buchführung" kommt die größere praktische Bedeutung zu. Daher hätte man es beim Hinweis auf die GoB belassen und etwa formulieren können: Der Jahresabschluss hat unter Beachtung der Grundsätze ordnungsmäßiger Buchführung ein Bild der Vermögens- und Kapitallage am Abschlussstichtag sowie ein Bild der Aufwands- und Ertragsentwicklung während des abgelaufenen Geschäftsjahres zu vermitteln.

g) Während sich die Forderungen nach der Vermittlung eines Bildes der Vermögenslage und der Ertragslage von selbst verstehen, gilt das nicht für diejenige nach der Vermittlung eines Bildes der Finanzlage. Allein mit dieser Forderung wird über eine Inhaltsangabe des Jahresabschlusses hinausgegangen und ein dem Jahresabschluss übergeordnetes Aussageziel genannt. Ob diesem Ziel die Jahresabschlussvorschriften entsprechen, soll im weiteren Verlauf beurteilt werden.

3) Die eben diskutierte Vorschrift des § 264 Abs. 2 Satz 1 HGB, dass der Jahresabschluss unter Beachtung der GoB ein den tatsächlichen Verhältnissen entsprechendes Bild der Vermögens-, Finanz- und Ertragslage zu vermitteln hat, wird allerdings im Satz 2 des gleichen Absatzes unseres Erachtens stark relativiert. Dort heißt es nämlich: „Führen besondere Umstände dazu, dass der Jahresabschluss ein den tatsächlichen Verhältnissen entsprechendes Bild im Sinne des Satzes 1 nicht vermittelt, so sind im Anhang zusätzliche Angaben zu machen." Damit wird von vornherein eingeräumt, dass etwas, was erreicht werden soll, u. U. gar nicht erreichbar ist.

4) In den Vorschriften des § 264 Abs. 2 HGB kann also nur bedingt eine Aussage über den Zweck des Jahresabschlusses der Kapitalgesellschaft gesehen werden. Zu Erkenntnissen über den Zweck des Jahresabschlusses gelangt man vielmehr erst, wenn man auch noch die rechtformspezifischen Gesetze, z. B. das AktG, heranzieht. Dies soll hier aber erst im Zusammenhang mit den anhand des Jahresabschlusses zu treffenden Entscheidungen geschehen.

4. Grundsätze bei Aufstellung des Jahresabschlusses

1) Bei der Aufstellung des Jahresabschlusses sind von allen Kaufleuten neben den ins Einzelne gehenden Rechnungslegungsvorschriften die sog. Grundsätze ordnungsmäßiger Buchführung (GoB) zu beachten. Auf sie wird im HGB mehrmals verwiesen. So heißt es:

- in § 238 HGB, dass jeder Kaufmann verpflichtet ist, Bücher zu führen und in diesen seine Handelsgeschäfte und die Lage seines Vermögens „nach den Grundsätzen ordnungsmäßiger Buchführung" ersichtlich zu machen;

- in § 243 HGB, dass der Jahresabschluss (gemeint ist derjenige des Kaufmanns) „nach den Grundsätzen ordnungsmäßiger Buchführung" aufzustellen ist;

- in § 264 HGB, dass der Jahresabschluss der Kapitalgesellschaft „unter Beachtung der Grundsätze ordnungsmäßiger Buchführung" ein den tatsächlichen Verhältnissen entsprechendes Bild der Vermögens-, Finanz- und Ertragslage der Kapitalgesellschaft zu vermitteln hat.

2) Aber was sind nun die Grundsätze ordnungsmäßiger Buchführung und wie lauten sie?

Bei den Grundsätzen ordnungsmäßiger Buchführung handelt es sich um Rechnungslegungsnormen allgemeiner Art, die teils kodifiziert, teils nicht kodifiziert sind. Sie haben sich entwickelt zum einen durch Beobachtung des Handelsbrauchs ordentlicher Kaufleute, auf sog. induktive Weise. Zum anderen sind sie gewonnen worden durch Ableitung aus Rechnungszwecken und Bilanztheorien, auf sog. deduktive Weise.[1]

3) Als solche Grundsätze gelten gemeinhin mindestens folgende:

a) das Prinzip der Bilanzwahrheit;

b) das Prinzip der Bilanzvorsicht;

c) das Prinzip der Bilanzklarheit;

d) das Prinzip der Bilanzkontinuität.

4) Zu diesen vier Prinzipien ist teils erläuternd, teils kritisch zu bemerken:

a) Nach dem Prinzip der Bilanzwahrheit hat die Bilanz einschließlich der Gewinn- und Verlustrechnung wahr zu sein. Die Wahrheit ist allerdings schwer zu bestimmen. Auf jeden Fall müsste man davon ausgehen, dass es nur eine Wahrheit geben kann.

Das bedeutet, dass das Vermögen nach einem bestimmten Kriterium abzugrenzen wäre, dass die Gegenstände, die diesem Kriterium entsprechen, vollständig ausgewiesen werden müssten, dass aber keine anderen Gegenstände ausgewiesen

---

[1] Vgl. Baetge, Jörg/ Kirsch, Hans-Jürgen (Küting/Weber, 5. Aufl.), Kap. 4 Anm. 1 ff.; Kruse, Heinrich Wilhelm: Grundsätze ordnungsmäßiger Buchführung; Leffson, Ulrich: Die Grundsätze ordnungsmäßiger Buchführung; Moxter, Adolf: Grundsätze ordnungsmäßiger Buchführung, Sp. 1041 ff.

II. Die handelsrechtliche Bilanz sowie Gewinn- und Verlustrechnung

werden dürften. Die Schulden müssten nach einem korrespondierenden Kriterium abgegrenzt und ausgewiesen werden. Entsprechendes hätte für die Aufwendungen und Erträge zu gelten. Aus dem Prinzip der Wahrheit wären also abzuleiten: das Prinzip der Einheitlichkeit der Abgrenzung und der Bestimmtheit des Ausweises.

Das bedeutet ferner, dass die Vermögensgegenstände durchgängig mit einem bestimmten Wert (und zwar mit dem Tageswert) bewertet werden müssten. Entsprechendes hätte für die Schulden sowie für die Bemessung der Aufwendungen und Erträge zu gelten. Aus dem Prinzip der Wahrheit wären also abzuleiten: das Prinzip der Einheitlichkeit und der Bestimmtheit der Bewertung.

Ein solches Vorgehen, wie eben skizziert, ist aber gerade nicht üblich. Ihm stehen andere Bilanzierungsprinzipien entgegen, ebenso die Bilanzierungsvorschriften. Daher lässt sich unseres Erachtens das Prinzip der Bilanzwahrheit nicht als Grundsatz ordnungsmäßiger Buchführung aufrechterhalten.

Das Prinzip der Bilanzwahrheit wird allerdings auch noch anders interpretiert, als es eben geschehen ist. Danach würde Bilanzwahrheit bedeuten, dass die Bilanz einschließlich der Gewinn- und Verlustrechnung wahr im Sinne der Bilanzierungsvorschriften sowie der anderen Bilanzierungsnormen zu sein hat. Aber dabei würde man von vornherein auf anderes verweisen und aus dem Prinzip der Wahrheit selbst überhaupt nichts ableiten. Ein solches Prinzip jedoch, welches lediglich auf andere Prinzipien und Normen verweist, ist überflüssig.

b) Nach dem Prinzip der Bilanzvorsicht hat der Bilanzierende Vorsicht beim Ansatz und bei der Bewertung von Vermögen und Kapital sowie beim Ansatz und bei der Bemessung von Aufwendungen und Erträgen walten zu lassen. Vorsicht beim Ansatz und bei der Bewertung von Vermögen führt zu einem anderen Ergebnis als Vorsicht beim Ansatz und bei der Bewertung von Schulden. Vermögen und Schulden sind also ungleich, imparitätisch zu behandeln. Entsprechendes gilt für Erträge und Aufwendungen. Das bedeutet im Einzelnen etwa folgendes:

Bestehen Zweifel, ob ein Vermögensgegenstand vorliegt, wird ein Vermögensgegenstand ausgeschlossen. Bestehen dagegen Zweifel, ob eine Schuld vorliegt, wird eine Schuld angenommen. Damit werden eher zu wenige als zu viele Vermögensgegenstände ausgewiesen und umgekehrt eher zu viele als zu wenige Schulden. Ein Vermögensgegenstand wird im Zweifel eher zu niedrig als zu hoch bewertet (= Niederstwertprinzip). Eine Schuld wird umgekehrt im Zweifel eher zu hoch als zu niedrig bemessen. In Analogie zum Niederstwertprinzip könnte man hier vom Höchstwertprinzip sprechen, aber darunter versteht man im Allgemeinen leider etwas anderes, nämlich dass die Anschaffungskosten den höchsten Wert für die Bewertung der Vermögensgegenstände bilden.

Bestehen Zweifel, ob ein Ertrag erwirtschaftet wurde, wird ein Ertrag ausgeschlossen. Bestehen Zweifel, ob ein Aufwand entstanden ist, wird ein Aufwand angenommen. Ein Ertrag wird im Zweifel eher zu niedrig als zu hoch bemessen. Ein Aufwand wird umgekehrt im Zweifel eher zu hoch als zu niedrig bemessen. Ein sich abzeichnender Gewinn bleibt unberücksichtigt bis zu seiner Realisierung (Prinzip der Gewinnrealisation). Ein sich abzeichnender Verlust wird bereits vor seiner Realisierung berücksichtigt (Prinzip der Verlustantizipation[1]). Beide zusammen machen das Imparitätsprinzip aus.

Eine solche Behandlung von Vermögen und Schulden, Ertrag und Aufwand, Gewinn und Verlust ist üblich. Ihr entsprechen im Großen und Ganzen die Bilanzierungsvorschriften. Beim Prinzip der Bilanzvorsicht unterstellt man also nicht die Kenntnis der Wahrheit (wie beim Prinzip der Bilanzwahrheit), sondern man geht davon aus, dass Unsicherheit in Bezug auf die Wahrheit besteht, und man verhält sich dieser Erkenntnis entsprechend vorsichtig. Beide Prinzipien können daher nicht nebeneinander aufrechterhalten werden. Das eine Prinzip schließt das andere aus. Als Grundsatz ordnungsmäßiger Buchführung hat sich das Prinzip der Vorsicht durchgesetzt gegenüber demjenigen der Wahrheit. Dies mag man kritisieren, aber die Dominanz des Vorsichtsprinzips ist nicht zu bestreiten.

c) Das Prinzip der Bilanzklarheit bezieht sich auf die Darstellung der Bilanzgrößen, nicht - wie das Prinzip der Bilanzvorsicht - auf deren Ansatz und Bewertung. Insofern kann es als formelles Prinzip dem materiellen Prinzip der Bilanzvorsicht gegenübergestellt werden. Es gebietet u. a. eindeutige Bezeichnungen und homogene Abgrenzungen von Bilanzpositionen sowie eine übersichtliche Anordnung der Bilanzpositionen. Es verbietet u. a. das Aufrechnen, das Saldieren von einander entgegengesetzten Größen, wie von Vermögen und Schulden, von Erträgen und Aufwendungen.

d) Das Prinzip der Bilanzkontinuität kann als materielles ebenso wie als formelles Bilanzprinzip gedeutet werden. Es verlangt:

- Identität der Zahlen der Anfangsbilanz des abgelaufenen Geschäftsjahrs mit den Zahlen der Schlussbilanz des Vorjahrs;

- Beibehaltung der Methoden bei der Ermittlung der Bilanzgrößen, insbesondere Beibehaltung der Bewertungsmethoden;

- Beibehaltung der Methoden bei der Darstellung der Bilanzgrößen, insbesondere Beibehaltung der Gliederungen von Bilanz sowie Gewinn- und Verlustrechnung.

Dadurch soll die Vergleichbarkeit der Bilanzen eines Unternehmens, die sich auf verschiedene Geschäftsjahre beziehen, erreicht werden.

5) Als Ergebnis dieser Diskussion der eingangs genannten vier Prinzipien ist festzuhalten: Das Prinzip der Bilanzwahrheit lässt sich nicht als Grundsatz ordnungsmäßiger Buchführung aufrechterhalten. Somit verbleiben als solche Grundsätze: das Prinzip der Bilanzvorsicht, das der Bilanzklarheit und das der Bilanzkontinuität.

Diese drei Prinzipien sollten unseres Erachtens allerdings ergänzt werden, und zwar durch ein Prinzip der Bilanzeinheitlichkeit, das auf die Vergleichbarkeit der Bilanzen verschiedener Unternehmen abstellt, so wie das Prinzip der Bilanzkontinuität auf die Vergleichbarkeit der Bilanzen verschiedener Jahre ein und desselben

---

[1] Vgl. Heinen, Edmund: Handelsbilanzen, S. 168 f.

II. Die handelsrechtliche Bilanz sowie Gewinn- und Verlustrechnung

Unternehmens abstellt. Den Bilanzierungsvorschriften liegt durchaus die Absicht zugrunde, die Bilanzen verschiedener Unternehmen vergleichbar zu machen. Dies zeigt sich in den einheitlichen Ansatz- und Bewertungs- sowie Gliederungsvorschriften. Dennoch hat sich ein Prinzip der Bilanzeinheitlichkeit bedauerlicherweise noch nicht als Grundsatz ordnungsmäßiger Buchführung herausgebildet.

6) Im HGB sucht man vergebens nach einer konzentrierten und abschließenden Aufzählung der Grundsätze ordnungsmäßiger Buchführung. Man findet aber an einer Reihe von Stellen Vorschriften, die entweder selbst Grundsätze darstellen oder die sich unter Grundsätze subsumieren lassen. Dies sind in der Reihenfolge des Gesetzes:

a) das Gebot der Klarheit und Übersichtlichkeit, § 243 Abs. 2 HGB;

b) das Gebot der Vollständigkeit des Ansatzes von Vermögensgegenständen, Schulden, Rechnungsabgrenzungsposten, Aufwendungen und Erträgen, § 246 Abs. 1 HGB;

c) das Verbot der Verrechnung von Aktiva mit Passiva und von Aufwendungen mit Erträgen, § 246 Abs. 2 HGB (gegen das der Gesetzgeber allerdings selbst verstößt);

d) der Grundsatz der Identität der Wertansätze in der Anfangsbilanz des Geschäftsjahrs mit denen der Schlussbilanz des Vorjahrs, § 252 Abs. 1 Nr. 1 HGB (sog. Bewertungsstetigkeit in formeller Hinsicht);

e) der Grundsatz, bei der Bewertung von der Fortführung der Unternehmenstätigkeit auszugehen, § 252 Abs. 1 Nr. 2 HGB, (sog. going concern-Prinzip);

f) der Grundsatz der Bewertung von Vermögen und Kapital zum Abschlussstichtag, sog. Stichtagsprinzip, § 252 Abs. 1 Nr. 3 HGB (die Notwendigkeit dazu ergibt sich allerdings schon aus der Natur der Sache, da es sich beim Vermögen und Kapital um Bestandsgrößen handelt);

g) der Grundsatz der Einzelbewertung von Vermögensgegenständen und Schulden, § 252 Abs. 1 Nr. 3 HGB;

h) der Grundsatz der vorsichtigen Bewertung, § 252 Abs. 1 Nr. 4 HGB;

i) der Grundsatz, Aufwendungen und Erträge unabhängig von den Zahlungszeitpunkten zu berücksichtigen, § 252 Abs. 1 Nr. 5 HGB (die Notwendigkeit dazu ergibt sich allerdings schon aus dem Wesen der Aufwendungen und Erträge);

k) der Grundsatz der Beibehaltung von Bewertungsmethoden, § 252 Abs. 1 Nr. 6 HGB (sog. Bewertungsstetigkeit in materieller Hinsicht);

l) der speziell für Kapitalgesellschaften und Genossenschaften geltende Grundsatz der Beibehaltung der Form der Darstellung, insbesondere der Gliederung der aufeinanderfolgenden Bilanzen sowie Gewinn- und Verlustrechnungen, § 265 Abs. 1 HGB.

7) Im angloamerikanischen Rechnungswesen gelten ebenfalls neben den speziellen Normen der Rechnungslegung, auf die hier von Fall zu Fall hingewiesen werden soll, generelle Normen.

Diese generellen Normen sind zahlreich und vielfältig. In der Literatur werden sie zum Teil einfach aneinander gereiht, zum Teil gegliedert in:[1]

a) basic assumptions,
b) basic principles,
c) basic modifiers.

8) Die Grundannahmen sind:

- the business entity concept, nach welchem das Unternehmen als eine Einheit getrennt von seinen Eigentümern zu sehen ist;

- the accounting period concept, nach welchem eine Periodenabgrenzung nützlich und notwendig ist, auch wenn sie nicht genau vorgenommen werden kann;

- the going concern concept, nach welchem von einem dauerhaften Fortbestand des Unternehmens auszugehen ist;

- the stable dollar concept, nach welchem von einem gleichbleibenden Geldwert auszugehen ist.

9) Die Grundprinzipien sind:

- the cost principle, nach welchem von den entstehenden Kosten auszugehen ist;

- the matching principle, nach welchem den expenses die entsprechenden revenues gegenüberzustellen sind;

- the revenues recognition principle, nach welchem revenues je nach ihrer Art zeitlich abzugrenzen sind: nach der point of sale method, der installment sales method, der percentage of complettion method oder der production method;

- the expense recognition principle, nach welchem expenses unterschiedlich je nach ihrer Art zeitlich abzugrenzen sind;

- the full disclosure principle, nach welchem alle signifikanten Informationen offen zu legen sind;

- the consistency principle (or comparability principle), nach welchem die Informationen von Periode zu Periode und von Unternehmen zu Unternehmen vergleichbar sein müssen.

10) Als modifizierende Grundsätze werden genannt:

- materiality, wonach eine Beschränkung auf Wichtiges, Wesentliches gestattet ist;

- conservatism, wonach vorsichtig zu bilanzieren ist;

- industry practices, wonach branchenübliche Geflogenheiten berücksichtigt werden dürfen.

---

[1] Vgl. Smith, Jack L./ Keith, Robert M./ Stephens, William L.: Accounting Principles, S. 1216 ff.

5. Vorgehen bei Aufstellung des Jahresabschlusses

1) Mit welcher der beiden Rechnungen soll bei der Aufstellung des Jahresabschlusses begonnen werden, mit der Bilanz oder mit der Gewinn- und Verlustrechnung? Die Gewinn- und Verlustrechnung bezieht sich auf das ganze abgelaufene Geschäftsjahr, die Bilanz auf das Ende des abgelaufenen Geschäftsjahrs. Deswegen könnte man dazu neigen zu sagen, dass mit der Aufstellung der Gewinn- und Verlustrechnung begonnen werden muss.

Dabei würde man allerdings unberücksichtigt lassen, dass die meisten Fragen, die bei Aufstellung des Jahresabschlusses zu klären sind, die meisten rechenökonomischen Entscheidungen, die zu treffen sind, sowohl die Gewinn- und Verlustrechnung als auch die Bilanz berühren. Soll z. B. die Höhe der in der Gewinn- und Verlustrechnung anzusetzenden Materialaufwendungen ermittelt werden, bedarf es einer Festlegung des Wertes der in der Bilanz anzusetzenden Roh-, Hilfs- und Betriebsstoffe. Mit der Festlegung eines solchen Wertes wird uno actu über die Höhe der Materialaufwendungen entschieden. Beide Rechnungen müssen also in engem Zusammenhang miteinander aufgestellt werden. Es wäre müßig, vorab eine Reihenfolge festlegen zu wollen.

2) Anderes gilt für die Niederlegung der Vorschriften für den Jahresabschluss in Gesetzen. Hierbei ist es zweckmäßig, sich zunächst der einen Rechnung zuzuwenden, dann der anderen Rechnung. Entsprechendes gilt für die Behandlung des Jahresabschlusses in der Literatur.

Da im HGB zuerst die Erstellung der Bilanz, dann diejenige der Gewinn- und Verlustrechnung geregelt wird, soll auch hier zuerst die Bilanz, dann die Gewinn- und Verlustrechnung behandelt werden. Anderenfalls müsste man viele für die Bilanz konzipierten Vorschriften schon bei Behandlung der Gewinn- und Verlustrechnung vorwegnehmen.

6. Aufstellung der Bilanz

6.1. Begriff der Bilanz

1) In § 242 HGB wird die für den Schluss eines jeden Geschäftsjahrs aufzustellende Bilanz definiert als ein das Verhältnis von Vermögen und Schulden darstellender Abschluss.

2) Statt nichtssagend vom Abschluss wäre besser von einer Gegenüberstellung oder Rechnung die Rede. Als Komponenten werden zwar das Vermögen und die Schulden genannt, unerwähnt bleibt jedoch der Saldo, das Reinvermögen oder Eigenkapital.

3) Gegenüber dieser Legaldefinition sind daher die folgenden, schon weiter vorne gebrachten, Definitionen vorzuziehen:

a) Bilanz = Gegenüberstellung von Vermögen und Kapital;

b) Bilanz = Gegenüberstellung von Rohvermögen und Schulden zur Ermittlung des Reinvermögens.

4) Abweichend von der in § 242 HGB gegebenen Definition der Bilanz wird in § 247 HGB als Inhalt der Bilanz angegeben: das Anlage- und Umlaufvermögen, das Eigenkapital, die Schulden sowie die Rechnungsabgrenzungsposten. In § 247 HGB wird also mit der Erwähnung des Eigenkapitals nachgeholt, was in § 242 HGB versäumt wurde. Zudem werden in Erweiterung des § 242 HGB die Rechnungsabgrenzungsposten genannt, die jedoch, sofern sie aktiver Art sind, unter dem Vermögen subsumiert werden müssten und, sofern sie passiver Art sind, unter den Schulden.

5) In den Vordergrund stellt der Gesetzgeber die Jahresschlussbilanz, d. h. die Bilanz zum Ende eines Kalenderjahrs oder zum Ende eines vom Kalenderjahr abweichenden Geschäftsjahrs. Die Jahresanfangsbilanz, mit deren Erstellung die Rechnungslegung eines Jahres beginnt, wird selten ausdrücklich genannt. Sie ist freilich identisch mit der Schlussbilanz des Vorjahrs.

Während des Jahres bedarf es der laufenden Aufzeichnung der Geschäftsvorfälle, d. h. der Vermögens- und Kapitalbewegungen sowie der Aufwendungen und Erträge. Am Ende des Jahres ist die Gewinn- und Verlustrechnung zu erstellen, womit die Aufstellung der Jahresschlussbilanz weitgehend einhergeht. Schließlich ist das Ergebnis der Gewinn- und Verlustrechnung in die Jahresendbilanz zu übernehmen.

6) Im angloamerikanischen Rechnungswesen wird die Bilanz traditionell als balance sheet, neuerdings als statement of financial position bezeichnet.

6.2. Grundlegende Bilanzierungsfragen

1) Bei der Aufstellung einer Bilanz (sei es eine Jahresanfangsbilanz oder eine Jahresschlussbilanz) sind folgende Fragen zu klären:

a) Was ist als Vermögen, was ist als Kapital anzusetzen?

b) Wie ist das Mengengerüst des Vermögens zu erfassen und zu bewerten? Wie ist das Kapital zu bemessen?

c) Wie ist das Vermögen, wie ist das Kapital auszuweisen und zu gliedern?

2) Bei der ersten Frage handelt es sich um die Ansatzfrage, bezogen auf das Vermögen um die Aktivierungsfrage, bezogen auf das Kapital um die Passivierungs-

frage. Die zweite Frage ist die Mengenerfassungs- und Bewertungsfrage oder die Inventur- und Bewertungsfrage. Die dritte Frage ist die Ausweis- und Gliederungsfrage.

3) Nach diesen drei Fragen soll hier vorgegangen werden, nicht nach den Rechnungslegungsvorschriften, wie sie im HGB aufeinander folgen. Diese sind schon deswegen unübersichtlich, weil zunächst auf Kaufleute schlechthin, dann auf Kapitalgesellschaften abgestellt wird. Zudem vermischt der Gesetzgeber die genannten drei Fragen trotz solcher Überschriften, wie Ansatzvorschriften, Bewertungsvorschriften, immer wieder miteinander.

4) Als Hintergrund für die Behandlung der genannten Fragen sei hier gleich das Gliederungsschema der Bilanz der großen Kapitalgesellschaft gebracht (vgl. Abbildung 12). Ihm liegt das Gliederungsschema nach § 266 HGB zugrunde. Dieses enthält aber bedauerlicherweise nicht alle vom Gesetzgeber im laufenden Text vorgesehenen Bilanzpositionen und wurde daher entsprechend ergänzt. Dies hat zur Folge, dass die Bezifferung von derjenigen in § 266 HGB abweicht.

5) Zudem seien hier Schemata einer Bilanz nach IAS sowie einer Bilanz nach US-GAAP wiedergegeben (vgl. Abbildungen 13 und 14).

6.3. Ansatz des Bilanzvermögens

1) Mit Vermögen ist in der Bilanz, solange dieser Begriff ohne Zusatz gebraucht wird, das Roh- oder Bruttovermögen gemeint, nicht das Rein- oder Nettovermögen, das sich durch Subtraktion der Schulden vom Rohvermögen ergibt und das dem Eigenkapital entspricht.

2) Neben dem Begriff des Vermögens wird in der Bilanz derjenige der Aktiva gebraucht, zum Teil in gleicher, zum Teil in anderer Bedeutung. Unseres Erachtens empfiehlt sich, zwischen beiden Begriffen zu unterscheiden, denjenigen der Aktiva im formalen Sinn zu verwenden, denjenigen des Vermögens im materiellen Sinn.

3) Die Aktiva werden gemeinhin den Posten auf der linken Seite der kontoförmigen Bilanz gleichgesetzt, was nicht ganz zutreffend ist. Denn unter bestimmten Umständen ist nach § 268 HGB ein „Nicht durch Eigenkapital gedeckter Fehlbetrag" auf der linken Seite der Bilanz nach den Aktiva auszuweisen. Dabei handelt es sich, wie noch zu begründen sein wird, um einen Korrekturposten zu den Passiva.

4) Als Aktiva sind vor allem Vermögensposten auszuweisen, zu denen unseres Erachtens auch die Rechnungsabgrenzungsposten i. e. S. gehören, die vom Gesetzgeber nach dem Anlagevermögen und dem Umlaufvermögen aufgeführt werden.

Abbildung 12:
Bilanz der großen Kapitalgesellschaft nach HGB

Aktivseite

A. Ausstehende Einlagen auf das Gezeichnete Kapital
   - davon eingefordert
   (soweit nicht die eingeforderten ausstehenden Einlagen unter den Forderungen ausgewiesen und die nicht eingeforderten ausstehenden Einlagen auf der Passivseite vom Gezeichneten Kapital offen abgesetzt werden; § 272 Abs. 1 Satz 3 HGB)

B. Aufwendungen für die Ingangsetzung und Erweiterung des Geschäftsbetriebs

C. Anlagevermögen
   I. Immaterielle Vermögensgegenstände
      1. Konzessionen, gewerbliche Schutzrechte und ähnliche Rechte und Werte sowie Lizenzen an solchen Rechten und Werten
      2. Geschäfts- oder Firmenwert
      3. Geleistete Anzahlungen
   II. Sachanlagen
      1. Grundstücke, grundstücksgleiche Rechte und Bauten einschließlich der Bauten auf fremden Grundstücken
      2. Technische Anlagen und Maschinen
      3. Andere Anlagen, Betriebs- und Geschäftsausstattung
      4. Geleistete Anzahlungen und Anlagen im Bau
   III. Finanzanlagen
      1. Anteile an verbundenen Unternehmen
      2. Ausleihungen an verbundene Unternehmen
      3. Beteiligungen
      4. Ausleihungen an Unternehmen, mit denen ein Beteiligungsverhältnis besteht
      5. Wertpapiere des Anlagevermögens
      6. Sonstige Ausleihungen

D. Umlaufvermögen
   I. Vorräte
      1. Roh-, Hilfs- und Betriebsstoffe
      2. Unfertige Erzeugnisse, unfertige Leistungen
      3. Fertige Erzeugnisse und Waren; ggf. fertige Leistungen
      4. Geleistete Anzahlungen
      (erhaltene Anzahlungen auf Bestellungen können offen von den Vorräten abgesetzt werden, sofern sie nicht unter den Verbindlichkeiten gesondert ausgewiesen werden; § 268 Abs. 5 Satz 2 HGB)

II. Forderungen und sonstige Vermögensgegenstände
(der Betrag der Forderungen mit einer Restlaufzeit von mehr als einem Jahr ist bei jedem gesondert ausgewiesenen Posten zu vermerken; § 268 Abs. 4 Satz 1 HGB)
1. Forderungen aus Lieferungen und Leistungen
   - davon mit einer Restlaufzeit von mehr als einem Jahr
2. Forderungen gegen verbundene Unternehmen
   - davon mit einer Restlaufzeit von mehr als einem Jahr
3. Forderungen gegen Unternehmen, mit denen ein Beteiligungsverhältnis besteht
   - davon mit einer Restlaufzeit von mehr als einem Jahr
4. Eingeforderte ausstehende Einlagen auf das Gezeichnete Kapital
   (wenn gleichzeitig die nicht eingeforderten ausstehenden Einlagen auf der Passivseite offen vom Gezeichneten Kapital abgesetzt werden; § 272 Abs. 1 Satz 3 HGB)
5. Sonstige Vermögensgegenstände
   - davon Forderungen mit einer Restlaufzeit von mehr als einem Jahr
   (unter Nr. 5 ausgewiesene Beträge für Vermögensgegenstände, die erst nach dem Abschlussstichtag rechtlich entstehen, müssen, sofern sie einen größeren Umfang haben, im Anhang erläutert werden; § 268 Abs. 4 Satz 2 HGB)

III. Wertpapiere
1. Anteile an verbundenen Unternehmen
2. Eigene Anteile
3. Sonstige Wertpapiere

IV. Kassenbestand, Bundesbankguthaben, Guthaben bei Kreditinstituten und Schecks

E. Rechnungsabgrenzungsposten
1. Rechnungsabgrenzungsposten i. e. S.
2. Disagio

F. Aktive latente Steuern

G. Nicht durch Eigenkapital gedeckter Fehlbetrag

Passivseite

A. Eigenkapital

I. Gezeichnetes Kapital
(das zum Nennbetrag anzusetzen ist; § 283 HGB;
dabei sind von Aktiengesellschaften in der Bilanz bzw. im Anhang gesondert anzugeben:
die Zahl bzw. der Nennbetrag der Aktien jeder Gattung [Stammaktien, Vorzugsaktien] sowie die Gesamtstimmenzahl der Mehrstimmrechtsaktien und der übrigen Aktien; § 152 Abs. 1 AktG i. V. m. § 160 Abs. 1 Nr. 3 AktG;
ferner sind im Anhang gesondert anzugeben:
die Aktien, die bei einer bedingten Kapitalerhöhung oder einem genehmigten Kapital im Geschäftsjahr gezeichnet wurden; § 160 Abs. 1 Nr. 3 AktG;
sowie das genehmigte Kapital zum Nennbetrag; § 160 Abs. 1 Nr. 4 AktG)

./. u. U. **nicht eingeforderte ausstehende Einlagen**
(wenn gleichzeitig die eingeforderten ausstehenden Einlagen auf der Aktivseite unter den Forderungen gesondert ausgewiesen werden; § 272 Abs. 1 Satz 3 HGB)

= u. U. **eingefordertes Kapital**
(§ 272 Abs. 1 Satz 3, 2. Halbsatz HGB)

./. u. U. **Kapitalrückzahlung**
(der Nennbetrag oder der rechnerische Wert von nach § 71 Abs. 1 Nr. 6 oder 8 AktG zur Einziehung erworbenen Aktien ist in der Vorspalte offen von dem Posten Gezeichnetes Kapital als Kapitalrückzahlung abzusetzen; § 272 Abs. 1 Satz 4 HGB)

II. Kapitalrücklagen
(in die eingestellt werden müssen:
Agios auf Anteile und Bezugsanteile,
Agios auf Wandel- und Optionsschuldverschreibungen,
Zuzahlungen auf gewährte Vorzüge,
sonstige Zuzahlungen von Gesellschaftern;
wobei ein gesonderter Ausweis nicht erforderlich ist; § 272 Abs. 2 HGB)

III. Gewinnrücklagen
(die nur aus dem Gewinn des abgelaufenen Geschäftsjahrs oder eines früheren Geschäftsjahrs gebildet werden dürfen; § 272 Abs. 3 HGB)
1. Gesetzliche Rücklage
2. Rücklage für eigene Anteile
3. Satzungsmäßige Rücklage
4. Andere Gewinnrücklagen
    (mit den anderen Gewinnrücklagen ist der Unterschiedsbetrag zwischen dem Nennbetrag oder rechnerischen Wert und dem Kaufpreis der nach § 71 Abs. 1 Nr. 6 oder 8 AktG erworbenen Aktien zu verrechnen; § 272 Abs. 1 Satz 6 HGB)

IV. Gewinnvortrag/Verlustvortrag (aus dem Vorjahr)

V. Jahresüberschuss/Jahresfehlbetrag (des abgelaufenen Jahres)

II. Die handelsrechtliche Bilanz sowie Gewinn- und Verlustrechnung 69

B. Sonderposten mit Rücklageanteil
(die allein nach steuerrechtlichen Vorschriften vorgenommenen Abschreibungen sind, getrennt nach Anlage- und Umlaufvermögen, gesondert im Anhang anzugeben, unabhängig davon, ob sie direkt auf der Aktivseite abgesetzt oder indirekt vorgenommen, d. h. in den Sonderposten mit Rücklageanteil eingestellt werden; § 281 Abs. 2 Satz 1 HGB)

C. Rückstellungen
1. Rückstellungen für Pensionen und ähnliche Verpflichtungen
2. Steuerrückstellungen
3. Rückstellungen für latente Steuern
4. Sonstige Rückstellungen
   (die in der Bilanz unter dem Posten Sonstige Rückstellungen nicht gesondert ausgewiesenen Rückstellungen sind im Anhang zu erläutern, wenn sie einen nicht unerheblichen Umfang haben; § 285 Nr. 12 HGB)

D. Verbindlichkeiten
(der Betrag der Verbindlichkeiten mit einer Restlaufzeit bis zu einem Jahr ist bei jedem gesondert ausgewiesenen Posten zu vermerken; § 268 Abs. 5 Satz 1 HGB;
der Betrag der Verbindlichkeiten mit einer Restlaufzeit von mehr als fünf Jahren ist bei jedem gesondert ausgewiesenen Posten in der Bilanz oder im Anhang anzugeben; § 285 Nr. 1a i. V. m. § 285 Nr. 2 HGB;
der Gesamtbetrag der Verbindlichkeiten mit einer Restlaufzeit von mehr als fünf Jahren ist im Anhang anzugeben; § 285 Nr. 1a HGB;
der Betrag der durch Pfandrechte oder ähnliche Rechte gesicherten Verbindlichkeiten ist unter Angabe von Art und Form der Sicherheiten für jeden gesondert ausgewiesenen Posten entweder in der Bilanz oder im Anhang anzugeben; § 285 Nr. 1b i. V. m. § 285 Nr. 2 HGB;
der Gesamtbetrag der durch Pfandrechte oder ähnliche Rechte gesicherten Verbindlichkeiten ist unter Angabe von Art und Form der Sicherheiten im Anhang anzugeben; § 285 Nr. 1b HGB);
Verbindlichkeiten, die erst nach dem Abschlussstichtag rechtlich entstehen, sind im Anhang zu erläutern, sofern sie einen größeren Umfang haben; § 268 Abs. 5 Satz 3 HGB)

1. Anleihen
   - davon konvertibel
   - davon mit einer Restlaufzeit von bis zu einem Jahr
   - davon mit einer Restlaufzeit von mehr als fünf Jahren
   - davon durch ... gesichert

2. Verbindlichkeiten gegenüber Kreditinstituten
   - davon mit einer Restlaufzeit von bis zu einem Jahr
   - davon mit einer Restlaufzeit von mehr als fünf Jahren
   - davon durch ... gesichert

3. Erhaltene Anzahlungen auf Bestellungen
   (soweit nicht erhaltene Anzahlungen auf Bestellungen von Vorräten auf der Aktivseite abgesetzt werden; § 268 Abs. 5 Satz 2 HGB)
   - davon mit einer Restlaufzeit von bis zu einem Jahr
   - davon mit einer Restlaufzeit von mehr als fünf Jahren
   - davon durch ... gesichert
4. Verbindlichkeiten aus Lieferungen und Leistungen
   - davon mit einer Restlaufzeit von bis zu einem Jahr
   - davon mit einer Restlaufzeit von mehr als fünf Jahren
   - davon durch ... gesichert
5. Verbindlichkeiten aus der Annahme gezogener Wechsel und der Ausstellung eigener Wechsel
   - davon mit einer Restlaufzeit von bis zu einem Jahr
   - davon mit einer Restlaufzeit von mehr als fünf Jahren
   - davon durch ... gesichert
6. Verbindlichkeiten gegenüber verbundenen Unternehmen
   - davon mit einer Restlaufzeit von bis zu einem Jahr
   - davon mit einer Restlaufzeit von mehr als fünf Jahren
   - davon durch ... gesichert
7. Verbindlichkeiten gegenüber Unternehmen, mit denen ein Beteiligungsverhältnis besteht
   - davon mit einer Restlaufzeit von bis zu einem Jahr
   - davon mit einer Restlaufzeit von mehr als fünf Jahren
   - davon durch ... gesichert
8. Sonstige Verbindlichkeiten
   - davon aus Steuern
   - davon im Rahmen der sozialen Sicherheit
   - davon mit einer Restlaufzeit von bis zu einem Jahr
   - davon mit einer Restlaufzeit von mehr als fünf Jahren
   - davon durch ... gesichert

E. Rechnungsabgrenzungsposten

Abbildung 13:
Beispielformat einer Bilanz nach IAS (IAS 1 Appendix)

Assets (Vermögen)	Equity and Liabilities (Eigenkapital und Schulden)
Non-current assets (Langfristiges Vermögen)	Capital and reserves (Gezeichnetes Kapital und Rücklagen)
- Property, plan and equipment (Sachanlagevermögen)	- Issued capital (Gezeichnetes Kapital)
- Goodwill (Positiver Firmenwert)	- Reserves (Rücklagen)
- Manufacturing licences (Lizenzen)	- Accumulated profits/losses (Gewinn- oder Verlustvorträge)
- Investments in associates (Finanzanlagen in assoziierte Unternehmen)	Minority Interest (Minderheitenanteile)
- Other financial assets (Sonstiges finanzielles Vermögen)	Non-current liabilities (Langfristige Schulden)
Current assets (Kurzfristiges Vermögen)	- Interest bearing borrowing (Verzinsliche Verbindlichkeiten)
- Inventories (Vorräte)	- Deferred tax (Latente Steuern)
- Trade and other receivables (Forderungen aus Lieferungen und Leistungen sowie sonstige Forderungen)	- Retirement benefit obligation (Aufgelaufene Rentenverpflichtungen)
- Prepayments (Geleistete Anzahlungen)	Current liabilities (Kurzfristige Schulden)
- Cash and cash equivalents (Liquide Mittel)	- Trade and other payables (Verbindlichkeiten aus Lieferung und Leistung sowie sonstige Verbindlichkeiten)
	- Short-term borrowings (Kurzfristige Verbindlichkeiten)
	- Current portion of interest-bearing borrowing (Anteil der verzinslichen Verbindlichkeiten)
	- Warranty provision (Garantierückstellungen)

Quelle: Coenenberg, Adolf Gerhard: Jahresabschluss und Jahresabschlussanalyse, S. 132

Abbildung 14:
Mindestgliederung der Bilanz nach US-GAAP (Regulation S-X)

Assets (Vermögen)	Equity and Liabilities (Eigenkapital und Schulden)
Current assets (Kurzfristiges Vermögen) - Cash and cash equivalents (Liquide Mittel) - Marketable securities (Wertpapiere des Umlaufvermögens) - Accounts and notes receivable (Forderungen und Besitzwechsel) - minus: allowance for doubtful accounts (Wertberichtigungen auf zweifelhafte Forderungen) - Inventories (Vorräte) - Prepaid expenses (Aktive transitorische Rechnungsabgrenzungsposten) - Other current assets (Sonstige Gegenstände des Umlaufvermögens) Non-current assets (Langfristiges Vermögen) - Securities and indebtness of related parties (Wertpapiere und Beteiligungen an verbundenen Unternehmen) - Property, plan and equipment (Sachanlagevermögen) - Accumulated depreciation, depletion and amortization of property, plant and equipment (Kumulierter Betrag der Abschreibungsaufwendungen der Anlagegegenstände) - Intangible assets (Immaterielles Anlagevermögen) - Accumulated depreciation and amortization of intangible assets (Kumulierter Betrag des Amortisationsaufwands des immateriellen Anlagevermögens) - Other assets (Sonstige langfristige Posten)	Current liabilities (Kurzfristige Schulden) - Accounts and notes payable (Kurzfristige Verbindlichkeiten) - Other current liabilities (Andere kurzfristige Verbindlichkeiten) Non-current liabilities (Langfristige Schulden) - bonds, mortgages and other long-term debts (Langfristige Darlehen) - Indebtness to related parties - noncurrent (Langfristige Verbindlichkeiten gegenüber verbundenen Unternehmen oder Personen) - Other liabilities (Sonstige langfristige Verbindlichkeiten) - Commitments and contingent liabilities (Ungewisse Verpflichtungen) - Deferred credit (Rückstellungen mit längerfristigem Charakter) - Minority interests in consolidated subsidiaries (Anteile von Minderheitsgesellschaftern) Equity (Eigenkapital) - Preferred stocks - redeemable (Mit Kündigungsrecht ausgestattete Vorzugsaktien) - Preferred stocks - non-redeemable (Vorzugsaktien ohne Kündigungsrecht) - Common Stocks (Stammaktien) - Other stockholders' equity (Sonstiges Eigenkapital)

Quelle: Coenenberg, Adolf Gerhard: Jahresabschluss und Jahresabschlussanalyse, S. 133

Daneben können als Aktiva in der Bilanz nach § 266 HGB ausgewiesen sein: Posten, die ihrem Wesen nach Bilanzierungshilfen, genauer: Aktivierungshilfen, sind (z. B. aktivierte Aufwendungen der Ingangsetzung und Erweiterung des Geschäftsbetriebs), Korrekturposten im Sinne von Abzugsposten zu den Passiva (z. B. Ausstehende Einlagen auf das Gezeichnete Kapital) sowie Korrekturposten im Sinne von Ergänzungsposten zu den Passiva (wie Erhaltene Anzahlungen auf Bestellungen, die von den Vorräten offen abgesetzt werden dürfen).

5) Demnach ist insgesamt folgende Abstufung vorzunehmen:

Posten auf der linken Seite der Bilanz =

a) Aktiva

aa) Vermögensposten einschließlich der aktiven Rechnungsabgrenzungsposten;

ab) Bilanzierungs- bzw. Aktivierungshilfen;

ac) Korrekturposten zu Passiva;

aca) Abzugsposten;

acb) Ergänzungsposten;

b) nicht-aktivische Posten.

6) Die Vermögensposten bezeichnen Teile des Vermögens, im Handelsrecht Vermögensgegenstände genannt. Im Steuerrecht wird dagegen der Begriff des Wirtschaftsguts demjenigen des Vermögensgegenstands vorgezogen.[1] Konsequenterweise müsste dann im Steuerrecht von der Summe der Wirtschaftsgüter gesprochen werden, wenn das Vermögen gemeint ist.

Abgesehen davon, dass es unnötig ist, einen neuen Begriff einzuführen, ist der Begriff des Wirtschaftsguts missverständlich. Er steht im Widerspruch zum allgemeinen wirtschaftswissenschaftlichen Begriff des Gutes, der Sachleistungen und Dienstleistungen einschließt, aber sich nicht auf Forderungen und auf Anteile an anderen Unternehmen erstreckt, die auch zum Vermögen gehören.

Zudem wird der Begriff des Wirtschaftsgutes im Steuerrecht nicht nur in einer engen Fassung gleichbedeutend mit Vermögensgegenstand gebraucht, sondern auch noch in einer weiten Fassung auf Schulden ausgedehnt. Es wird dann zwischen positiven und negativen Wirtschaftsgütern unterschieden. Solch gegensätzliche Tatbestände unter ein und denselben Begriff zusammenzufassen, ist jedoch nicht sinnvoll.

7) Im angloamerikanischen Rechnungswesen wird nicht zwischen Aktiva und Vermögen unterschieden, sondern einheitlich von assets gesprochen.[2]

---

[1] Vgl. Federmann, Rudolf: Bilanzierung nach Handelsrecht und Steuerrecht, S. 204 ff.; Jacobs, Otto H.: Vermögensgegenstand/Wirtschaftsgut, Sp. 2499 ff.; Wöhe, Günter: Bilanzierung und Bilanzpolitik, S. 232 f.

[2] Vgl. Wagner, Franz W.: Assets, Sp. 101 ff.

8) Was ist nun als Vermögen in der Bilanz nach HGB anzusetzen?

a) Eine Definition des Vermögens wird im HGB nicht versucht. Allerdings darf man eine solche, weil schwer zu geben, auch nicht erwarten.

b) Eine abschließende Aufzählung der Vermögensgegenstände unterbleibt ebenfalls.

In § 240 HGB, der das Inventar betrifft, heißt es zwar, dass jeder Kaufmann zu Beginn seines Handelsgewerbes und zum Schluss eines jeden Geschäftsjahrs seine Grundstücke, seine Forderungen und Schulden, den Betrag seines baren Geldes sowie seine sonstigen Vermögensgegenstände zu verzeichnen hat; aber diese Aufzählung bleibt wegen der Formulierung „sonstige Vermögensgegenstände" offen.

In § 246 HGB, der den Jahresabschluss betrifft, werden als Bestandteile sämtliche Vermögensgegenstände, Schulden, Rechnungsabgrenzungsposten, Aufwendungen und Erträge genannt. Aber was sind „sämtliche Vermögensgegenstände"? Die getrennt aufgeführten Rechnungsabgrenzungsposten gehören, soweit aktiver Art, ohnehin dazu.

Am ehesten kann eine Aufzählung der Vermögensgegenstände im Gliederungsschema der Aktivseite der Bilanz nach § 266 HGB gesehen werden (vgl. Abbildung 10), aber auch diese bleibt wegen des Postens „sonstige Vermögensgegenstände" offen. Zudem ist sie lückenhaft, denn in das Gliederungsschema sind nicht einmal alle nach dem Gesetz aktivierungspflichtigen und aktivierungsfähigen Posten aufgenommen worden.

c) Ausdrückliche Regelungen der Aktivierungen sind nur in einzelnen strittigen Fällen getroffen worden; sie bleiben also unvollständig. Einen Überblick über sie gibt Abbildung 15, in der den handelsrechtlichen Regelungen gleich die entsprechenden steuerrechtlichen Regelungen gegenübergestellt wurden. In der anschließenden Abbildung 16 sind den handelsrechtlichen Regelungen diejenigen nach IAS und US-GAAP gegenübergestellt worden.

9) In Anbetracht dessen bleibt nichts anderes übrig, als zu versuchen, aus den einzelnen Vorschriften des HGB unter Berücksichtigung der GoB sowie unter Bezugnahme auf das allgemeine betriebswirtschaftliche Gedankengut abzuleiten, was als Vermögen in der Bilanz angesetzt werden soll.

10) Dabei sind zwei Fragen auseinander zu halten:

a) Welche Gegenstände haben aufgrund ihrer Natur Vermögenscharakter?

b) Unter welchen Voraussetzungen gehören Gegenstände mit Vermögenscharakter zum Vermögen eines betrachteten Unternehmens, unter welchen zum Vermögen eines anderen Unternehmens?

Auf diese beiden Fragen soll hier nacheinander eingegangen werden.

II. Die handelsrechtliche Bilanz sowie Gewinn- und Verlustrechnung 75

Abbildung 15:
Aktivierungsregelungen nach Handelsrecht und Steuerrecht

Aktiva	Regelung im Handelsrecht	Regelung im Steuerrecht
A. Generelle Regelung		
sämtliche Vermögensgegenstände und Rechnungsabgrenzungsposten	Aktivierungsgebot (§ 246 Abs. 1 HGB)	Aktivierungsgebot (§ 5 Abs. 1 EStG i. V. m. § 140 AO)
B. Spezielle Regelungen		
1) Ausstehende Einlagen auf das Gezeichnete Kapital	Ansatzgebot für Kapitalgesellschaften (§ 272 Abs. 1 HGB)	Ansatzgebot (BFH-Urteil vom 8.2.1980)
davon eingeforderte ausstehende Einlagen	Ausweiswahlrecht (§ 272 Abs. 1 HGB)	
2) Aufwendungen für Gründung und Eigenkapitalbeschaffung	Aktivierungsverbot (§ 248 Abs. 1 HGB)	Aktivierungsverbot (§ 5 Abs. 1 EStG)
3) Aufwendungen für Ingangsetzung und Erweiterung des Geschäftsbetriebs	Aktivierungswahlrecht für Kapitalgesellschaften (§ 269 Satz 1 HGB) gesonderter Ausweis vor dem Anlagevermögen (§ 269 Satz 2 HGB) Ausschüttungssperre (§ 269 Satz 3 HGB) beschleunigte Abschreibung in Höhe von mindestens 25 % pro Jahr (§ 282 HGB)	Aktivierungsverbot (BFH-Urteil vom 28.1.1954)
4) nicht entgeltlich erworbene (= originäre) immaterielle Anlagegegenstände	Aktivierungsverbot (§ 248 Abs. 2 HGB)	Aktivierungsverbot (§ 5 Abs. 2 EStG i. V. m. Abschn. 31a Abs. 3 EStR)
5) entgeltlich erworbene (= derivative) immaterielle Anlagegegenstände	Aktivierungsgebot (§ 248 Abs. 2 i. V. m. § 246 Abs. 1 HGB)	Aktivierungsgebot (§ 5 Abs. 2 EStG i. V. m. Abschn. 31a Abs. 2 EStR)

Aktiva	Regelung im Handelsrecht	Regelung im Steuerrecht
6) originärer Geschäfts- oder Firmenwert	Aktivierungsverbot (§ 248 Abs. 2 HGB)	Aktivierungsverbot (§ 5 Abs. 1 EStG)
7) derivativer Geschäfts- oder Firmenwert	Aktivierungswahlrecht (§ 255 Abs. 4 HGB) Abschreibung in Höhe von mindestens 25 % pro Jahr oder Abschreibung über die Nutzungsdauer (§ 255 Abs. 4 HGB)	Aktivierungsgebot (BFH-Urteil vom 25.11.1981, 24.3.1983) lineare AfA auf betriebs- gewöhnliche Nutzungs- dauer von 15 Jahren (§ 7 Abs. 1 Satz 3 i. V. m. § 6 Abs. 1 EStG)
8) Verschmelzungs- mehrwert	keine ausdrückliche Regelung bei Ansatz von Buch- werten Aktivierung nicht zulässig bei Ansatz von Zeit- werten Aktivierung u. U. zulässig	Aktivierungsverbot (§ 12 Abs. 2 Satz 1 UmwStG)
9) Rechnungsab- grenzungsposten		
a) Ausgaben vor dem Abschlussstichtag, soweit sie Auf- wand für eine be- stimmte Zeit nach diesem Tag dar- stellen	Aktivierungsgebot (§ 250 Abs. 1 Satz 1 HGB)	Aktivierungsgebot (§ 5 Abs. 5 Satz 1 Nr. 1 EStG)
b) als Aufwand be- rücksichtigte Zölle und Verbrauch- steuern, soweit sie auf am Abschluss- stichtag auszuwei- sende Gegenstän- de des Vorrats- vermögens entfal- len	Aktivierungswahlrecht (§ 250 Abs. 1 Satz 2 Nr. 1 HGB)	Aktivierungsgebot (§ 5 Abs. 5 Satz 2 Nr. 1 EStG)

II. Die handelsrechtliche Bilanz sowie Gewinn- und Verlustrechnung

Aktiva	Regelung im Handelsrecht	Regelung im Steuerrecht
c) als Aufwand berücksichtigte Umsatzsteuer auf am Abschlussstichtag auszuweisende oder von den Vorräten offen abgesetzte Anzahlungen	Aktivierungswahlrecht (§ 250 Abs. 1 Satz 2 Nr. 2 HGB)	Aktivierungsgebot (§ 5 Abs. 5 Satz 2 Nr. 2 EStG)
d) Disagio bei Darlehensaufnahme	Aktivierungswahlrecht (§ 250 Abs. 3 HGB)	Aktivierungsgebot (Abschn. 37 EStR i. V. m. § 5 Abs. 5 Satz 1 Nr. 1 EStG)
10) aktive latente Steuern	Aktivierungswahlrecht für Kapitalgesellschaften (§ 274 Abs. 2 Satz 1 HGB) Ausweis in einer gesonderten Position und Erläuterung im Anhang (§ 274 Abs. 2 Satz 3 HGB) Ausschüttungssperre (§ 274 Abs. 2 Satz 3 HGB)	entfällt
11) kleinwertige Wirtschaftsgüter (Anschaffungskosten bis zu 60 €)	nach Handelsbrauch keine Aktivierung	Verzicht auf Aktivierung möglich (Abschn. 31 Abs. 3 EStR)
12) geringwertige Wirtschaftsgüter (Anschaffungskosten bis zu 410 €)	nach Handelsbrauch Aktivierung und Sofortabschreibung	Aktivierungsgebot und entweder Sofortabschreibung oder Abschreibung über Nutzungsdauer (§ 6 Abs. 2 EStG)

Abbildung 16:
Aktivierungsregelungen nach HGB, IAS und US-GAAP

Aktiva	HGB	IAS	US-GAAP
Ausstehende Einlagen auf das Gezeichnete Kapital	Aktivierungsgebot für Kapitalgesellschaften (§ 272 Abs. 1 HGB)	Angabe der ausgegebenen und voll eingezahlten sowie der ausgegebenen und nicht voll eingezahlten Aktien in der Bilanz oder in den notes (IAS 1.74)	Angabe der ausstehenden Einlagen in der Bilanz oder in den notes
Aufwendungen für Gründung und Eigenkapitalbeschaffung	Aktivierungsverbot (§ 248 Abs. 1 HGB)	Gründungskosten: Aktivierungsverbot (IAS 38.57) Kosten für Eigenkapitalbeschaffung: keine explizite Regelung	Gründungskosten: u. U. Aktivierung (FAS 7.10) Kosten für Eigenkapitalbeschaffung: keine explizite Regelung
Aufwendungen für Ingangsetzung und Erweiterung des Geschäftsbetriebs	Aktivierungswahlrecht für Kapitalgesellschaften (§ 269 Satz 1 HGB)	Aktivierungsverbot; Aufwendungen in der Periode, in der sie angefallen sind (IAS 38.57)	Aktivierungsverbot (SOP 98-5)
Aufwendungen für Forschung und Entwicklung	Aktivierungsverbot (§ 248 Abs. 2 HGB)	Forschungskosten: Aktivierungsverbot (IAS 38.42) Entwicklungskosten: Aktivierungspflicht, wenn zusätzliche Ansatzkriterien erfüllt sind (IAS 38.45)	Aktivierungsverbot; Periodenaufwand (FAS 2.12) Ausnahmen für bestimmte Softwareentwicklungskosten (FAS 86, SOP 98-1)

Aktiva	HGB	IAS	US-GAAP
Originäre immaterielle Vermögensgegenstände	Aktivierungsverbot für unentgeltlich erworbene immaterielle Vermögensgegenstände des Anlagevermögens (§ 248 Abs. 2 HGB)	Aktivierungspflicht, wenn Definitionskriterien eines immateriellen Vermögensgegenstandes sowie bestimmte Ansatzkriterien erfüllt sind (IAS 38.7 und 38.19) Aktivierungsverbot für selbst geschaffene Markennamen, Drucktitel, Verlagsrechte, Kundenlisten sowie ihrem Wesen nach ähnliche Sachverhalte (IAS 38.51)	Aktivierungspflicht, wenn der Vermögensgegenstand aus vertraglichen oder anderen Rechten entstanden ist oder wenn er separiert und verwertet werden kann sowie zusätzliche Kriterien erfüllt sind (FAS 142.10 i. V. m. APB 17.24)
Originärer Geschäfts- oder Firmenwert	Aktivierungsverbot (§ 248 Abs. 2 HGB)	Aktivierungsverbot (IAS 38.36)	Aktivierungsverbot (FAS 142.10)
Derivativer Geschäfts- oder Firmenwert	Aktivierungswahlrecht (§ 255 Abs. 4 HGB)	Aktivierungspflicht bei Unternehmenszusammenschluss durch asset deal (IAS 22.1, 22.4 und 22.6)	Aktivierungspflicht bei Unternehmenszusammenschluss durch asset deal (FAS 141.43)
Rechnungsabgrenzungsposten i. e. S.	Aktivierungsgebot (§ 250 Abs. 1 Satz 1 HGB)	Aktivierungsgebot (IAS 1.26)	gemäß matching-principle Aktivierungsgebot (CON 6.146)
als Aufwand berücksichtigte Zölle und Verbrauchsteuern	Aktivierungswahlrecht (§ 250 Abs. 1 Satz 2 Nr. 1 HGB)	Teil der Anschaffungs- oder Herstellungskosten der Gegenstände des Vorratsvermögens (IAS 2.8)	Teil der Anschaffungs- oder Herstellungskosten der Gegenstände des Vorratsvermögens (ARB 43 ch. 4)
als Aufwand berücksichtigte Umsatzsteuer	Aktivierungswahlrecht (§ 250 Abs. 1 Satz 2 Nr. 2 HGB)	Aktivierungsverbot; erfolgsneutrale Behandlung (IAS 2.8)	Aktivierungsverbot; erfolgsneutrale Behandlung (ARB 43 ch. 4)

Aktiva	HGB	IAS	US-GAAP
Disagio	Aktivierungswahlrecht (§ 250 Abs. 3 HGB)	Aktivierungsgebot und Verteilung über die Laufzeit der Verbindlichkeit (IAS 23.5b i. V. m. IAS 23.7)	Aktivierungsverbot; offener Abzug von der Darlehensverbindlichkeit (APB 21.16)
Aktive latente Steuern	Aktivierungswahlrecht für Kapitalgesellschaften nach timing-concept (§ 274 Abs. 2 Satz 1 HGB)	Aktivierungspflicht nach temporary-concept (IAS 12)	Aktivierungspflicht nach temporary-concept (FAS 109)

6.3.1. Abgrenzung des Vermögens nach der Natur der Gegenstände

6.3.1.1. Geld

1) Vermögenscharakter hat auf jeden Fall Geld, sofern ihm neben seinem nominellen Wert auch ein realer Wert zukommt, d. h. sofern dafür Güter erhältlich sind.

2) Geld wird üblicherweise definiert als das gesetzlich vorgeschriebene bzw. als das allgemein anerkannte Zahlungsmittel (vgl. Abschnitt 1 des Zweiten Teils). Dies sind im Euro-Währungsgebiet: die Euromünzen und die Eurobanknoten (= Eurobargeld) sowie die auf Euro lautenden täglich fälligen Guthaben bei Banken (= Euro-Buchgeld oder Euro-Giralgeld). Hinzukommen u. U. auch Münzen und Banknoten sowie täglich fällige Guthaben anderer Währungen, sofern diesen ein Wert gemessen in Euro zuzuerkennen ist.

3) In der Bilanz der Kapitalgesellschaft nach § 266 HGB ist Geld im Umlaufvermögen auszuweisen unter der Position „Kassenbestand, Bundesbankguthaben, Guthaben bei Kreditinstituten und Schecks". Von den genannten Posten stellen Guthaben bei Kreditinstituten nur insoweit Zahlungsmittel dar, als sie täglich fällig sind. Schecks stellen keine Zahlungsmittel, sondern nur Zahlungsanweisungen dar.

Wünschenswert wäre daher gewesen, der Gesetzgeber hätte die genannte Position enger abgegrenzt und für sie die prägnante Bezeichnung „Geld" gewählt. In der Praxis wird statt der umständlichen vom Gesetzgeber vorgenommenen Aufzählung der einzelnen Bestandteile oft zusammenfassend von flüssigen Mitteln gesprochen; dieser Begriff ist aber unscharf und keinesfalls demjenigen des Geldes vorzuziehen.

4) Nach IAS 1.57c und nach US-GAAP (FAS 95.8) lautet die entsprechende Position cash and cash equivalents. Darunter dürfen bedauerlicherweise sogar Wertpapiere mit einer Restlaufzeit bis zu drei Monaten ausgewiesen werden.

6.3.1.2. Forderungen

1) Vermögenscharakter haben ferner Forderungen des Unternehmens, sofern sie als einbringlich anzusehen sind.

2) Forderungen lassen sich definieren als Ansprüche des jeweiligen Unternehmens gegenüber anderen Wirtschaftssubjekten auf Erhalt von Geld, von Sachleistungen oder von Dienstleistungen.

3) Forderungen beruhen meistens auf Verträgen, z. B. auf Kaufverträgen, Dienstverträgen, Arbeitsverträgen oder Kreditverträgen. Bereits bei Abschluss eines solchen Vertrags, z. B. über den Verkauf eines Produkts, entsteht ein Anspruch, im Beispielsfall auf Erhalt des Kaufpreises. Ein solcher Anspruch ist jedoch nach allgemeiner Auffassung nicht bilanzierungsfähig. Ein abgeschlossener Vertrag wird

bilanziell noch als schwebendes Geschäft behandelt. Erst bei teilweiser Erfüllung des Vertrags, im Beispielsfall bei Auslieferung des zugesagten Produkts, wird ein Anspruch bilanzierungsfähig.[1] Daher könnte man formulieren: Forderungen sind Ansprüche des Unternehmens aus Verträgen nach einseitiger Vertragserfüllung durch das Unternehmen.

4) Die Forderungen sind vielfältiger Art. Sie lassen sich unterscheiden:

a) nach dem Entstehungsgrund

aa) Forderungen aus erbrachten Sachleistungen (die als Forderungen aus Lieferungen und Leistungen auszuweisen sind);

ab) Forderungen aus erbrachten Dienstleistungen (die ebenfalls zu den Forderungen aus Lieferungen und Leistungen gehören);

ac) Forderungen aus gewährten Darlehen (wie Ausleihungen);

ad) Forderungen aus Schadensersatz;

b) nach dem Inhalt bzw. nach dem bestimmungsgemäßen Auflösungsgrund

ba) Forderungen auf Geld (wie Forderungen aus Lieferungen und Leistungen sowie Ausleihungen);

bb) Forderungen auf Sachleistungen (wie geleistete Anzahlungen auf Roh-, Hilfs- und Betriebsstoffe);

bc) Forderungen auf Arbeitsleistungen (die unter den aktiven Rechnungsabgrenzungsposten auszuweisen sind);

bd) Forderungen auf andere Dienstleistungen (die ebenfalls unter den aktiven Rechnungsabgrenzungsposten auszuweisen sind).

c) nach der Person des Schuldners

ca) Forderungen gegenüber Abnehmern (wie Forderungen aus Lieferungen und Leistungen);

cb) Forderungen gegenüber Lieferanten (wie geleistete Anzahlungen auf Anlagen; geleistete Anzahlungen des Umlaufvermögens);

cc) Forderungen gegenüber Arbeitskräften (die unter den aktiven Rechnungsabgrenzungsposten auszuweisen sind);

cd) Forderungen gegenüber Kreditinstituten (die, anders als Verbindlichkeiten gegenüber Kreditinstituten, nicht gesondert auszuweisen sind);

ce) Forderungen gegenüber verbundenen Unternehmen (vgl. Pos. B.II.2. der Bilanz nach § 266 HGB);

cf) Forderungen gegenüber Unternehmen, mit denen ein Beteiligungsverhältnis besteht (vgl. Pos. B.II.3.);

---

[1] Vgl. Bieg, Hartmut: Schwebende Geschäfte in Handels- und Steuerbilanz; Friederich, Hartmut: Grundsätze ordnungsmäßiger Bilanzierung für schwebende Geschäfte.

II. Die handelsrechtliche Bilanz sowie Gewinn- und Verlustrechnung 83

cg) Forderungen gegenüber Vorstands- und Aufsichtsratsmitgliedern (vgl. Anhang gem. § 285 Nr. 9c HGB);

d) nach der Fristigkeit

da) kurzfristige Forderungen (wie Ausleihungen des Umlaufvermögens, die unter den Sonstigen Vermögensgegenständen auszuweisen sind);

db) langfristige Forderungen (wie Ausleihungen des Anlagevermögens);

e) nach der Verzinslichkeit

ea) festverzinsliche Forderungen;

eb) variabel verzinsliche Forderungen;

f) nach der Beurkundung

fa) verbriefte Forderungen (wie Besitzwechsel, verzinsliche Wertpapiere);

fb) nicht verbriefte Forderungen (wie Forderungen aus Lieferungen und Leistungen, soweit über sie kein Wechsel ausgestellt wurde);

g) nach der Sicherung

ga) durch Verpfändung von Grundstücken, beweglichen Sachen, Wertpapieren, Forderungen und anderen Rechten gesicherte Forderungen;

gb) durch Sicherungsübereignung von Grundstücken, beweglichen Sachen, Wertpapieren, Forderungen und anderen Rechten gesicherte Forderungen;

gc) durch Eigentumsvorbehalt gesicherte Forderungen;

gd) durch Bürgschaft gesicherte Forderungen;

ge) nicht gesicherte Forderungen.

5) In der Bilanz nach § 266 HGB sind Forderungen, wie schon angedeutet wurde, zum Teil unter so bezeichneten Positionen auszuweisen, aber zum Teil auch unter anders lautenden Positionen, deren Forderungscharakter auf den ersten Blick nicht erkenntlich ist.

Zudem sind Forderungen nicht nur in Positionen reinen Forderungscharakters auszuweisen, sondern auch in anderen Positionen, vermischt mit anderen Vermögensgegenständen. Dies hat bedauerlicherweise zur Folge, dass die Summe der Forderungen des Unternehmens anhand der Bilanz gar nicht genau ermittelbar ist. Schließlich gibt es neben Positionen, die unstreitig Forderungscharakter haben, auch solche, deren Forderungscharakter strittig ist.

6) Reine Forderungspositionen sind in der Reihenfolge des Gliederungsschemas

a) im Anlagenvermögen:

aa) die Geleisteten Anzahlungen auf immaterielle Vermögensgegenstände (Pos. A.I.3.);

ab) die Ausleihungen an verbundene Unternehmen (Pos. A.III.2.);

ac) die Ausleihungen an Unternehmen, mit denen ein Beteiligungsverhältnis besteht (Pos. A.III.4.);

84   4. Teil: Die Aufwands- und Ertragsrechnung sowie die Vermögens- und Kapitalrechnung

ad) die Sonstigen Ausleihungen (Pos. A.III.6.);

b) im Umlaufvermögen:

ba) die Geleisteten Anzahlungen (Pos. B.I.4.);

bb) die Forderungen aus Lieferungen und Leistungen (Pos. B.II.1.);

bc) die Forderungen gegen verbundene Unternehmen (Pos. B.II.2.);

bd) die Forderungen gegen Unternehmen, mit denen ein Beteiligungsverhältnis besteht (Pos. B.II.3.).

7) Gemischte Positionen, die u. U. Forderungen einschließen, sind in der Reihenfolge des Gliederungsschemas

a) im Anlagevermögen:

aa) die Geleisteten Anzahlungen und Anlagen im Bau (Pos. A.II.4.);

ab) die Wertpapiere (Pos. A.III.5.), sofern diese Wertpapiere Forderungen verbriefen, wie Obligationen;

b) im Umlaufvermögen:

ba) die Sonstigen Wertpapiere (Pos. B.III.3.), sofern diese Wertpapiere Forderungen verbriefen;

bb) die Sonstigen Vermögensgegenstände (Pos. B.II.4.), sofern kurzfristige Ausleihungen vorgenommen wurden;

bc) der Kassenbestand, die Bundesbankguthaben, die Guthaben bei Kreditinstituten und die Schecks (Pos. B.IV.), sofern Terminguthaben und Schecks gehalten werden.

8) Im angloamerikanischen Rechnungswesen werden Forderungen als accounts receivable oder kurz als receivables bezeichnet, Besitzwechsel als notes receivable.

9) Positionen, deren Forderungscharakter strittig ist, sind in der Reihenfolge des Gliederungsschemas:

a) die Eingeforderten ausstehenden Einlagen und die Ausstehenden Einlagen schlechthin sowie

b) die Aktiven Rechnungsabgrenzungsposten (Positionengruppe C).

Ausstehende Einlagen

1) Den ausstehenden Einlagen wird oft ein doppelter Charakter zuerkannt. Rechtlich gesehen würde es sich um Forderungen der Gesellschaft an ihre Gesellschafter handeln, wirtschaftlich gesehen um einen Korrekturposten zum Gezeichneten Kapital.[1] Aber mit solchen Erklärungen kommt man nicht weit. Will man das

---

[1] Vgl. Institut der Wirtschaftsprüfer in Deutschland e. V. (Hrsg.): Wirtschaftsprüfer-Handbuch 2000, Bd. I, F Anm. 135 f.

Vermögen oder das Eigenkapital anhand der Bilanz ermitteln, muss man sich für das eine oder andere entscheiden.

2) Bei den ausstehenden Einlagen handelt es sich um Einlagen, die von Eigentümern zugesagt, aber noch nicht erbracht worden sind. Ein vergleichbarer Fall liegt vor, wenn Kreditgeber Darlehen zugesagt, aber noch nicht ausbezahlt haben. Solche zugesagten Darlehen erhöhen nach allgemeiner Auffassung keinesfalls die Forderungen und das Fremdkapital. Ebenso wenig dürfen unseres Erachtens zugesagte Einlagen die Forderungen und das Eigenkapital erhöhen. Die ausstehenden Einlagen stellen also keine Forderungen und damit auch keine Vermögensgegenstände dar, sondern Korrekturposten zum Gezeichneten Kapital. Am besten wäre, das HGB würde vorschreiben, dass ausstehende Einlagen stets auf der Passivseite vom Gezeichneten Kapital offen abzusetzen sind.

3) Den Ausweis ausstehender Einlagen auf der Passivseite lässt der Gesetzgeber als Alternative zum Ausweis auf der Aktivseite aber nur unter bestimmten Umständen zu. Wenn ein Teil der ausstehenden Einlagen eingefordert worden ist, dürfen die nicht eingeforderten ausstehenden Einlagen entweder auf der Aktivseite ausgewiesen oder auf der Passivseite vom Gezeichneten Kapital offen abgesetzt werden (vgl. § 272 HGB). Bei Wahl des passivischen Ausweises der nicht eingeforderten ausstehenden Einlagen sind die eingeforderten ausstehenden Einlagen unter den Forderungen des Umlaufvermögens gesondert auszuweisen (vgl. § 272 HGB). Den eingeforderten ausstehenden Einlagen erkennt der Gesetzgeber damit eindeutig Forderungscharakter zu, was unseres Erachtens jedoch nicht gerechtfertigt ist. Denn durch die Einforderung ändert sich das Wesen der ausstehenden Einlagen nicht, ebenso wenig wie das Bestehen auf einer Darlehenszusage eine solche zu einer Forderung macht.

4) Nach IAS 1.74 ist ein Ausweis ausstehender Einlagen auf der Aktivseite nicht vorgesehen. Im angloamerikanischen Rechnungswesen ist es üblich, die ausstehenden Einlagen offen vom capital stock abzusetzen.[1]

Aktive Rechnungsabgrenzungsposten

1) Als Rechnungsabgrenzungsposten auf der Aktivseite sind nach § 250 HGB auszuweisen: Ausgaben vor dem Abschlussstichtag, soweit sie Aufwand für eine bestimmte Zeit nach diesem Tag darstellen. Gemeint sind mit dieser nebulösen und umständlichen Formulierung geleistete Vorauszahlungen, z. B. von noch nicht fälligen Mieten, Zinsen, Löhnen und Gehältern. Man hätte daher einfach von geleisteten Vorauszahlungen sprechen und auf die hochtrabende Bezeichnung Rechnungsabgrenzungsposten verzichten können.

Geleistete Vorauszahlungen haben jedenfalls Forderungscharakter; es handelt sich um Forderungen auf von Dritten noch zu erbringende Leistungen. Sie wären daher auch besser in das Umlaufvermögen eingefügt worden. Von den Geleisteten An-

---

[1] Vgl. Coenenberg, Adolf Gerhard: Jahresabschluss und Jahresabschlussanalyse, S. 268 f.

zahlungen des Umlaufvermögens sind sie ohnehin schwer abzugrenzen. Ihre Sonderstellung außerhalb des Vermögens ist keinesfalls gerechtfertigt.

2) Nach IAS ist ebenso wie nach US-GAAP statt eines Ausweises von aktiven Rechnungsabgrenzungsposten ein solcher von assets vorgesehen;[1] falls sie wesentlich sind in einer Position prepayments oder prepaid expenses.

3) Über die Vorauszahlungen hinaus, die hier als Rechnungsabgrenzungsposten im engen Sinne bezeichnet werden sollen, dürfen nach § 250 HGB als Rechnungsposten auf der Aktivseite ausgewiesen werden:

- als Aufwand berücksichtigte Zölle und Verbrauchsteuern, soweit sie auf am Abschlussstichtag auszuweisende Vermögensgegenstände des Vorratsvermögens entfallen (§ 250 Abs. 1 Satz 2 Nr. 1 HGB), sowie

- als Aufwand berücksichtigte Umsatzsteuer auf am Abschlussstichtag auszuweisende oder von den Vorräten offen abgesetzte Anzahlungen (§ 250 Abs. 1 Satz 2 Nr. 2 HGB).

Diese Möglichkeiten des Ausweises hat der Gesetzgeber im Hinblick auf die Einheitlichkeit von Handelsbilanz und Steuerbilanz eingeräumt; sie sind gleichwohl nicht gerechtfertigt. Die Zölle und Verbrauchsteuern gehören zu den Anschaffungs- bzw. Herstellungskosten der jeweiligen Gegenstände und sollten stets als solche ausgewiesen werden. Die Umsatzsteuer sollte wie sonst auch nach HGB als durchlaufender Posten behandelt werden. Um Forderungen handelt es sich jedenfalls weder bei den genannten Zöllen und Verbrauchsteuern noch bei der genannten Umsatzsteuer.

4) Nach IAS 2.8 sind als Aufwand verrechnete Zölle und Verbrauchsteuern bei den inventories zu aktivieren, die Umsatzsteuer ist erfolgsneutral zu behandeln.

5) In die aktiven Rechnungsabgrenzungsposten darf nach § 250 HGB auch aufgenommen werden der Unterschiedsbetrag zwischen dem Ausgabebetrag (im Sinne von Auszahlungsbetrag) und dem höheren Rückzahlungsbetrag einer Verbindlichkeit, das sog. Disagio.[2] Dieses kann entweder sofort als Zinsaufwand verbucht oder zunächst aktiviert und dann planmäßig abgeschrieben werden. Das aktivierte Disagio lässt sich als eine Zinsvorauszahlung und damit als eine Forderung deuten.

6) Nach IAS 23.5b i. V. m. IAS 23.7 wird ein Disagio, das zu den „Fremdkapitalkosten" zählt, über die Laufzeit der entsprechenden Verbindlichkeit erfolgswirksam verteilt. Im Gegensatz dazu wird nach US-GAAP die Verbindlichkeit um diesen Betrag vermindert (APB 21.16).

7) Unter den Rechnungsabgrenzungsposten können schließlich aktive latente Steuern gesondert ausgewiesen werden, weil der Gesetzgeber in Bezug auf sie in § 274 HGB von einem Abgrenzungsposten spricht.

---

[1] Vgl. Coenenberg, Adolf Gerhard: Jahresabschluss und Jahresabschlussanalyse, S. 381 f.
[2] Vgl. Veit, Klaus-Rüdiger: Die Behandlung eines Disagios in Handels- und Steuerbilanz, S. 165 f.

Unter den aktiven latenten Steuern[1] ist der Betrag zu verstehen, um den der Steueraufwand im Geschäftsjahr zu hoch ausgewiesen ist, weil der nach den steuerrechtlichen Vorschriften zu versteuernde Gewinn höher ist als das handelsrechtliche Ergebnis, und um den sich folglich der Steueraufwand der nachfolgenden Geschäftsjahre voraussichtlich verkürzt. Man könnte die latenten Steuern als eine Art Steuervorauszahlung deuten. Der Gesetzgeber gestattet ihre Aktivierung als eine Bilanzierungshilfe und verhängt bei Aktivierung eine Ausschüttungssperre.

8) Für aktive latente Steuern besteht sowohl nach IAS 12 als auch nach US-GAAP (FAS 109) eine Aktivierungspflicht. Zugrunde gelegt wird dabei das bilanzorientierte Temporary-Konzept. Danach werden alle Bilanzierungs- und Bewertungsdifferenzen zwischen Handelsbilanz und Steuerbilanz berücksichtigt, unabängig davon, ob sie erfolgswirksam oder erfolgsneutral sind. Das HGB geht dagegen vom GuV-orientierten Timing-Konzept aus. Danach werden nur die Bilanzierungs- und Bewertungsunterschiede einbezogen werden, die sich bei ihrer Entstehung und Auflösung auf die Gewinn- und Verlustrechnung auswirken.[2]

6.3.1.3. Unternehmensanteile

1) Vermögenscharakter haben weiterhin Einlagen des Unternehmens bei anderen Unternehmen, sofern Aussicht auf Rückerhalt besteht, oder, anders ausgedrückt, Vermögenscharakter haben weiterhin Anteile des Unternehmens an anderen Unternehmen, sofern sie veräußerbar sind.

2) Statt umständlich von Anteilen an anderen Unternehmen sprechen zu müssen, wäre es besser, man könnte kurz von Beteiligungen sprechen. Aber bedauerlicherweise verwendet der Gesetzgeber diesen allgemeinen Begriff in einem recht engen, speziellen Sinn.

Nach § 271 HGB sind Beteiligungen „Anteile an anderen Unternehmen, die bestimmt sind, dem eigenen Geschäftsbetrieb durch Herstellung einer dauernden Verbindung zu jenen Unternehmen zu dienen. Dabei ist es unerheblich, ob die Anteile in Wertpapieren verbrieft sind oder nicht. Als Beteiligung gelten im Zweifel Anteile an einer Kapitalgesellschaft, deren Nennbeträge insgesamt den fünften Teil des Nennkapitals dieser Gesellschaft überschreiten. Die Mitgliedschaft in einer eingetragenen Genossenschaft gilt nicht als eine Beteiligung."

3) Bei den Beteiligungen im allgemeinen Sinne kann eine Reihe von Differenzierungen vorgenommen werden, wie etwa:

   a) nach der Rechtsform des Unternehmens, an dem die Beteiligung besteht,

      aa) Beteiligung an einer Gesellschaft bürgerlichen Rechts;

---

[1] Vgl. Euler, Roland: Latente Steuern, Sp. 1471 ff.; Karrenbrock, Holger: Latente Steuern in Bilanz und Anhang; Neumann, Patrik: Die Steuerabgrenzung im handelsrechtlichen Jahresabschluß; Rohatschek, Roman: Bilanzierung latenter Steuern im Einzel- und Konzernabschluss.
[2] Vgl. zu diesen Konzepten Coenenberg, Adolf Gerhard: Jahresabschluss und Jahresabschlussanalyse, S. 383 ff.

ab) Beteiligung an einer Personenhandelsgesellschaft;
ac) Beteiligung an einer Kapitalgesellschaft;
ad) Beteiligung an bzw. Mitgliedschaft in einer Genossenschaft;
b) nach dem Grad der Beteiligung, z. B. einer Aktiengesellschaft an einer anderen Aktiengesellschaft,

ba) Beteiligung von unter 5 % (das beteiligte Unternehmen hat, sofern es Stammaktien hält, Stimmrecht und Dividendenrecht);

bb) Beteiligung von 5 % und mehr (das beteiligte Unternehmen hat zusätzlich zu Stimmrecht und Dividendenrecht u. a. das Recht, vom Vorstand die Einberufung einer außerordentlichen Hauptversammlung zu verlangen, sowie das Recht, den Beschluss der Hauptversammlung über die Verwendung des Bilanzgewinns anzufechten);

bc) Beteiligung von 10 % und mehr (das beteiligte Unternehmen hat zusätzlich zu den genannten Rechten u. a. das Recht, die Bestellung eines anderen Abschlussprüfers bei Gericht zu beantragen);

bd) Beteiligung von 25 % und mehr (das beteiligte Unternehmen kann Satzungsänderungen verhindern; sog. Sperrminorität);

be) Beteiligung von über 50 % (das beteiligte Unternehmen kann seinen Willen durchsetzen bei der Wahl der Anteilseignervertreter in den Aufsichtsrat, bei der Beschlussfassung über die Entlastung von Aufsichtsrat und Vorstand, bei der Beschlussfassung über die Gewinnverwendung; u. U. bildet es dann zusammen mit dem Beteiligungsunternehmen einen faktischen Konzern);

bf) Beteiligung von 75 % und mehr (das beteiligte Unternehmen kann Satzungsänderungen durchsetzen, z. B. eine Kapitalerhöhung oder -herabsetzung; es kann ferner den Abschluss eines Vertrags zur Beherrschung des Beteiligungsunternehmens herbeiführen, woraufhin ein Vertragskonzern entsteht);

bg) Beteiligung von 95 % und mehr (das beteiligte Unternehmen kann eine Eingliederung des Beteiligungsunternehmens herbeiführen, woraufhin ein institutioneller Konzern entsteht; das beteiligte Unternehmen kann auch ein sog. squeeze out, d. h. einen Ausschluss der Minderheitsaktionäre, herbeiführen);

bh) Beteiligung von 100 %;

c) nach der etwaigen Rückbeteiligung, z. B. der Beteiligungsaktiengesellschaft an der beteiligten Aktiengesellschaft,

ca) Beteiligung von 25 % des anderen Unternehmens, an dem das betrachtete Unternehmen mit 25 % oder weniger beteiligt ist (= gegenseitige Beteiligung);

cb) Beteiligung von über 25 % des anderen Unternehmens, an dem das betrachtete Unternehmen mit über 25 % beteiligt ist (= wechselseitige Beteiligung nach § 19 AktG, mit der Konsequenz, dass die Stimmrechte von dem Unternehmen, dem als erstes das Bestehen der wechselseitigen Beteiligung bekannt geworden ist oder das eine Mitteilung nach § 20 oder § 21 AktG erhalten hat, auf 25 % beschränkt sind (§ 328 AktG);

d) nach dem Zweck der Beteiligung

    da) Beteiligung, die nur der Geldanlage dient;

    db) Beteiligung, um Einfluss auf das andere Unternehmen auszuüben und um die eigenen Ziele durch das andere Unternehmen besser erreichen zu können (subordinative Beteiligung);

    dc) Beteiligung, um Einfluss auf das andere Unternehmen auszuüben und um gemeinsame Ziele mit dem anderen Unternehmen besser erreichen zu können (kooperative Beteiligung);

e) nach der vorgesehenen Dauer der Beteiligung

    ea) vorübergehende Beteiligung;

    eb) auf Dauer angelegte Beteiligung.

4) In der Bilanz nach § 266 HGB sind Unternehmensanteile in Positionen unter der Bezeichnung Anteile bzw. Beteiligungen auszuweisen, aber auch in völlig anders lautenden Positionen. Sie sind überdies nicht nur in Positionen mit reinem Anteilscharakter auszuweisen, sondern auch in anderen Positionen, vermischt mit anderen Vermögensgegenständen. Als Folge davon ist bedauerlicherweise die Summe der Unternehmensanteile anhand der Bilanz gar nicht genau ermittelbar.

5) Reine Unternehmensanteilspositionen in der Reihenfolge des Gliederungsschemas nach § 266 HGB sind:

    a) die Anteile an verbundenen Unternehmen des Anlagevermögens (Pos. A.III.1., in welcher Anteile an solchen Unternehmen auszuweisen sind, die nach § 271 Abs. 2 HGB als Mutter- oder Tochterunternehmen in den Konzernabschluss eines Mutterunternehmens nach den Vorschriften über die Vollkonsolidierung einzubeziehen sind, sofern diese Anteile auf Dauer gehalten werden sollen);

    b) die Beteiligungen (Pos. A.III.3., in welcher Anteile an nicht-verbundenen Unternehmen auszuweisen sind, die nach § 271 HGB „der Herstellung einer dauernden Verbindung" zu jenen Unternehmen dienen, worunter im Zweifel über 20 % hinausgehende Anteile an Kapitalgesellschaften fallen);

    c) die Anteile an verbundenen Unternehmen des Umlaufvermögens (Pos. B.III.1., in welcher Anteile an verbundenen Unternehmen auszuweisen sind, sofern sie nicht auf Dauer gehalten werden sollen).

6) Gemischte Positionen, die u. U. Unternehmensanteile einschließen, sind:

    a) die Wertpapiere des Anlagevermögens (Pos. A.III.5.), sofern diese Wertpapiere weder Anteile an verbundenen Unternehmen noch Beteiligungen verbriefen, sondern Anteile an anderen Unternehmen, die auf Dauer gehalten werden sollen;

b) die Sonstigen Wertpapiere des Umlaufvermögens (Pos. B.III.3.), sofern diese Wertpapiere Anteile an Unternehmen verbriefen, die nicht auf Dauer gehalten werden sollen;

c) die Sonstigen Vermögensgegenstände des Umlaufvermögens (Pos. B.II.4.), sofern Anteile, die keine Beteiligungen im Sinne von § 271 HGB sind, an nichtverbundenen Personengesellschaften und Gesellschaften mit beschränkter Haftung langfristig oder kurzfristig gehalten werden und sofern Mitgliedschaften an Genossenschaften bestehen.

7) Wie die Aufzählungen zeigen, ist der Ausweis der Unternehmensanteile unsystematisch geregelt. Es wird weder nach einem bestimmten Kriterium konsequent vorgegangen noch werden mehrere Kriterien sauber miteinander kombiniert.

8) Auch nach IAS und US-GAAP müssen die Unternehmensanteile nicht getrennt von anderen Vermögensgegenständen ausgewiesen werden. Unter investments werden sowohl Eigenkapitalbeteiligungen als auch Darlehen subsumiert. Unter securities dürfen securities, die Unternehmensanteile verbriefen, mit securities, die Darlehensforderungen verbriefen, zusammengefasst werden.

6.3.1.4. Eigene Anteile

1) Für eigene Anteile ist im Gliederungsschema der Bilanz nach § 266 HGB eigens eine Position im Rahmen des Umlaufvermögens vorgesehen. Aber kann eigenen Anteilen Vermögenscharakter zuerkannt werden?

Mit eigenen Anteilen sind Anteile einer Kapitalgesellschaft an sich selbst gemeint. Aber kann ein Unternehmen sich an sich selbst beteiligen? Bei einer Personengesellschaft ist eine Eigenbeteiligung mangels selbständiger Rechtsfähigkeit der Gesellschaft ausgeschlossen. Bei einer Kapitalgesellschaft ist sie wegen selbständiger Rechtsfähigkeit der Gesellschaft zwar rechtlich denkbar, aber ökonomisch widersinnig. Denn eine Kapitalgesellschaft kann bei sich selbst keine Einlagen erbringen und kann für sich selbst keine Haftung übernehmen. Daher sollte eine Eigenbeteiligung bei einer Kapitalgesellschaft untersagt sein.

2) Immerhin lässt der Gesetzgeber nicht zu, dass schon bei Emission von Anteilen eigene Anteile von Kapitalgesellschaften übernommen werden, sondern er gestattet nur den Rückerwerb eigener Anteile. Zudem unterwirft er den Rückerwerb und das Halten von eigenen Anteilen einer Reihe von Beschränkungen:

a) Der Erwerb eigener Anteile ist einer AG nach § 71 AktG nur unter bestimmten Voraussetzungen und nur für bestimmte Zwecke erlaubt, z. B. um einen schweren unmittelbar bevorstehenden Schaden von der Gesellschaft abzuwenden, um Arbeitnehmern Aktien anbieten zu können, um Aktionäre abzufinden, um Aktien einzuziehen.

b) Das Halten eigener Anteile ist i. d. R. auf 10 % des Grundkapitals einer AG begrenzt.

c) Aus den eigenen Anteilen stehen einer AG keine Rechte zu, also weder ein Stimmrecht noch ein Dividendenrecht.

3) Die Bilanzierung der eigenen Anteile ist unterschiedlich je nach Zweck des Rückerwerbs geregelt.

a) Werden eigene Aktien zum Zweck der Einziehung erworben (vgl. § 71 Abs. 1 Nr. 6 und Nr. 8 AktG), sind sie nicht als Eigene Anteile auf der Aktivseite auszuweisen, sondern auf der Passivseite in Höhe des Nennbetrags bzw. des rechnerischen Werts vom Gezeichneten Kapital als Kapitalrückzahlung offen abzusetzen (§ 272 HGB); eine Regelung, die sinnvoll ist.

b) Werden eigene Aktien aus anderen, und zwar aus den in § 71 Abs. 1 Nr. 1 bis 5 und Nr. 7 AktG genannten Gründen erworben, sind sie auf der Aktivseite als Eigene Anteile in der Positionengruppe der Wertpapiere auszuweisen; eine Regelung, die unbefriedigend ist. Denn in Höhe der eigenen Anteile ist Eigenkapital zurückgewährt worden, ist Eigenkapital nicht mehr im Unternehmen investiert. Daher sollten auch diese eigenen Anteile auf der Passivseite vom Gezeichneten Kapital offen abgesetzt werden müssen und nicht wie Vermögen behandelt werden dürfen.

Immerhin hat der Gesetzgeber in § 272 HGB vorgeschrieben, dass in Höhe der auf der Aktivseite ausgewiesenen Eigenen Anteile eine Rücklage aus dem Gewinn oder aus frei verfügbaren Rücklagen zu bilden ist. Damit wird allerdings nur eine entsprechende Gewinnausschüttung blockiert, nicht jedoch ein zu hoher Vermögensausweis verhindert.

4) Nach IAS 1.74 sind shares in the enterprise held by the enterprise itself in der Bilanz oder im Anhang anzugeben. In welcher Weise die Angabe in der Bilanz erfolgen soll, bleibt offen. Nach SIC 16.4 sind sie als treasury shares vom Eigenkapital offen abzusetzen. Auch nach US-GAAP (APB 6.12) sind zurückerworbene eigene Aktien als treasury stock vom stock offen abzusetzen.

6.3.1.5. Materielle Güter

1) Vermögenscharakter haben selbstverständlich materielle Güter, sofern sie veräußerbar, d. h. gegen Geld verkäuflich, sind.

2) Statt von materiellen Gütern könnte man auch von Waren sprechen, wenn man diesen Begriff, wie sonst in den Wirtschaftswissenschaften, als Gegenbegriff zu demjenigen der Dienstleistungen verwenden würde. In bilanziellen Zusammenhängen allerdings werden unter Waren üblicherweise nur Handelswaren verstanden, d. h. Güter, die ein Betrieb einkauft, um sie ohne eine Bearbeitung oder Verarbeitung weiterzuverkaufen. Statt von materiellen Gütern könnte man auch von Sachen sprechen, wenn man diesen Begriff, wie in den Rechtswissenschaften, als Oberbegriff für Mobilien und Immobilien verwenden würde.

3) Die materiellen Güter eines Industriebetriebs lassen sich einteilen in: Produkte und Produktionsfaktoren.

Bei den Produkten handelt es sich um vom Betrieb hergestellte Güter. Sie sind in der Regel unmittelbar zum Absatz bestimmt (wie die fertigen Erzeugnisse) oder zunächst noch zu einer weiteren Bearbeitung und dann zum Absatz (wie die unfertigen Erzeugnisse). Ausnahmsweise sind sie zum Einsatz im eigenen Betrieb vorgesehen (wie selbst erstellte Werkzeuge, Maschinen und Gebäude).

Bei den Produktionsfaktoren handelt es sich in der Regel um von Dritten erworbene Güter. Eine Ausnahme gilt für die eben erwähnten selbst erstellten Werkzeuge und Maschinen, die in einer Periode Produkte, in der nachfolgenden Periode Produktionsfaktoren darstellen.

Die Produktionsfaktoren können nach ihrem Verhalten im Produktionsprozess eingeteilt werden in: nicht abnutzbare Gebrauchsgüter (wie Grundstücke, die keinen Vorrat an Urstoffen bergen), abnutzbare Gebrauchsgüter (wie Gebäude, Maschinen, Werkzeuge) und Verbrauchsgüter (wie Roh-, Hilfs- und Betriebsstoffe).[1]

4) Bei einem Betrieb, der nicht reinen industriellen Charakter hat, kommen zu den genannten materiellen Gütern u. U. hinzu: Handelswaren sowie Grundstücke und Gebäude, die nicht dem Produktionsprozess dienen sollen, sondern zur Verpachtung bzw. Vermietung vorgesehen sind.

5) In der Bilanz nach § 266 HGB wird auf die genannten ökonomischen Kategorien von Gütern kaum Bezug genommen. Materielle Güter sind hauptsächlich unter der Positionengruppe der Sachanlagen sowie unter der Positionengruppe der Vorräte zu finden. Unvermischt sind sie nur in drei Positionen auszuweisen: in Pos. A.II.2. „technische Anlagen und Maschinen", in Pos. A.II.3. „andere Anlagen sowie Betriebs- und Geschäftsausstattung", in Pos. B.I.1. „Roh-, Hilfs- und Betriebsstoffe".

Dagegen sind in Pos. A.II.1. die Grundstücke und Bauten zusammen mit grundstücksgleichen Rechten auszuweisen, in Pos. A.II.4. die Anlagen im Bau zusammen mit Anzahlungen (also mit Forderungen), in Pos. B.I.2. die unfertigen Erzeugnisse zusammen mit unfertigen Leistungen (also mit immateriellen Gütern).

Daneben können materielle Güter auch in den „Sonstigen Vermögensgegenständen" (Pos. B.II.4.) enthalten sein.

6) Die Summe der materiellen Güter des Unternehmens ist daher anhand der Bilanz ebenso wenig genau ermittelbar wie die Summe des Geldes, die Summe der Forderungen, die Summe der Unternehmensanteile.

7) Die materiellen Güter werden im angloamerikanischen Rechnungswesen als tangible goods bezeichnet.

---

[1] Vgl. Weber, Helmut Kurt: Zum System produktiver Faktoren, S. 1056 ff.

6.3.1.6. Immaterielle Güter

1) Den immateriellen Gütern müsste ebenso wie den materiellen Gütern Vermögenscharakter zuerkannt werden, sofern sie veräußerbar sind. Dies geschieht jedoch nur in bestimmten Fällen. Immaterielle Güter werden in der deutschen Bilanzlehre von jeher ungleich zu den materiellen Gütern behandelt, vor allem wohl deswegen, weil die Existenz dieser Güter schwerer feststellbar ist als diejenige jener und daher eine besondere Vorsicht geboten erscheint.

2) Unter immateriellen Gütern werden in der deutschsprachigen Betriebswirtschaftslehre generell Dienstleistungen verstanden, wie Handelsleistungen, Lager- oder Zeitüberbrückungsleistungen, Transport- oder Raumüberbrückungsleistungen, Versicherungsleistungen, Beratungsleistungen.

Die Frage eines Ausweises der genannten Dienstleistungen als solche in der Bilanz wird selten relevant. Bei Inspruchnahme einer Dienstleistung von einem Dritten entsteht, sofern nicht Barzahlung erfolgt, eine Verbindlichkeit aus Lieferungen und Leistungen. Bei Erbringen einer Dienstleistung gegenüber einem Dritten und sofortiger Inrechnungstellung entsteht, sofern nicht Barzahlung erfolgt, eine Forderung aus Lieferungen und Leistungen.

Allein bei noch ausstehender Inrechnungstellung ist die erbrachte Dienstleistung per se zu aktivieren: entweder unter der Position B.I.3. „fertige Erzeugnisse und Waren" (deren Bezeichnung dann um „fertige Leistungen" erweitert werden sollte) oder, wenn die Dienstleistung noch nicht vollständig erbracht worden ist, unter der Position B.I.2. „unfertige Erzeugnisse, unfertige Leistungen".

3) In der angloamerikanischen Betriebswirtschaftslehre werden die gemeinten Dienstleistungen als services bezeichnet. Für ihren Ausweis in der Bilanz gilt grundsätzlich das Gleiche, wie eben dargestellt.

4) Speziell in der deutschen Bilanzlehre wird der Begriff der immateriellen Vermögensgegenstände als Sammelbegriff für eine Reihe von einzelnen nicht immer genau bestimmbaren Gegenständen verwendet.

So trägt in der Bilanz nach § 266 HGB eine Positionengruppe innerhalb des Anlagevermögens die Bezeichnung „Immaterielle Vermögensgegenstände". Dazu gehören: die Pos. A.I.3. „Geleistete Anzahlungen" (bei denen es sich allerdings nicht um immaterielle Güter, sondern um Forderungen handelt), die Pos. A.I.2. „Geschäfts- oder Firmenwert" (bei dem es sich ebenfalls nicht um ein immaterielles Gut handelt, worauf noch einzugehen ist) sowie die Pos. A.I.1. „Konzessionen, gewerbliche Schutzrechte und ähnliche Rechte und Werte sowie Lizenzen an solchen Rechten und Werten" (die allein zu Recht der genannten Positionengruppe zugeordnet wurden).

5) Unter Konzessionen fallen staatliche Genehmigungen zum Betreiben von bestimmten Gewerben und von bestimmten Anlagen sowie vom Staat verliehene subjektive Rechte an einer öffentlichen Sache, wie Bodennutzungsrechte und Wassernutzungsrechte. Die gewerblichen Schutzrechte umfassen Patente, Gebrauchsmuster, Geschmacksmuster, Marken sowie sonstige Urheberechte an Wer-

ken der Literatur, der Tonkunst und der bildenden Künste. Als ähnliche Rechte gelten u. a. Brenn- und Braurechte, als ähnliche Werte geheim gehaltene Erfindungen, Rezepte, EDV-Software. Mit Lizenzen sind Rechte zur Nutzung der vorher genannten Rechte und Werte anderer gemeint. Zusammenfassend könnte man von Immaterialgüterrechten und ähnlichen Werten sprechen.

6) Auf die genannten Gegenstände der Position A.I.1. ist wohl das Aktivierungsverbot von § 248 HGB zu beziehen. Nach diesem darf für immaterielle Vermögensgegenstände des Anlagevermögens, die nicht entgeltlich erworben wurden, kein Aktivposten angesetzt werden. Aus diesem Verbot ergibt sich indirekt das Gebot, für immaterielle Vermögensgegenstände des Anlagevermögens, die entgeltlich erworben wurden, einen Aktivposten anzusetzen. Aus dem genannten Aktivierungsverbot kann ferner - in Verbindung mit dem Vollständigkeitsgebot in § 242 HGB - abgeleitet werden, dass immaterielle Vermögensgegenstände im Umlaufvermögen auch bei nicht entgeltlichem Erwerb zu aktivieren sind, wie die vorher erwähnten erbrachten, aber noch nicht abgerechneten Dienstleistungen.

7) Im angloamerikanischen Rechnungswesen werden die immateriellen Vermögensgegenstände als intangible assets bezeichnet. Nach FAS 141.39 sind sie aktivierungspflichtig, wenn der Vermögensgegenstand aus vertraglichen oder anderen Rechten entstanden oder wenn er separiert und verwertet werden kann, unabhängig davon, ob der immaterielle Vermögensgegenstand erworben oder selbst erstellt wurde. Selbst erstellte immaterielle Vermögensgegenstände müssen aber zusätzliche Kriterien erfüllen, um aktivierungspflichtig zu sein (FAS 142.10 i. v. m. APB 17.24): sie müssen identifizierbar sein, ihre begrenzte Nutzungsdauer muss verlässlich bestimmt werden können, und sie müssen vom übrigen Unternehmen getrennt werden können. Neben dieser allgemeinen Regelung gibt es eine Reihe von fallweisen Regelungen für bestimmte immaterielle Vermögensgegenstände.[1]

Nach IAS sind selbst geschaffene immaterielle Vermögensgegenstände grundsätzlich ebenso aktivierungspflichtig wie entgeltlich erworbene. Voraussetzung ist, dass sie die Definition eines immateriellen Vermögenswertes (sog. abstrakte Bilanzierungsfähigkeit) und die in IAS 38 genannten Ansatzkriterien (sog. konkrete Bilanzierungsfähigkeit) erfüllen.[2] Ein immaterieller Vermögenswert ist nach IAS 38.7 ein identifizierbarer, nicht monetärer Vermögenswert ohne physische Substanz, der für die Herstellung von Erzeugnissen oder Erbringung von Dienstleistungen, die Vermietung an Dritte oder für Zwecke der eigenen Verwaltung genutzt wird. Die Ansatzkriterien, die kumulativ erfüllt sein müssen, sind (IAS 38.19): Wahrscheinlichkeit eines künftigen wirtschaftlichen Nutzens aus dem Vermögenswert und zuverlässige Bestimmbarkeit der Anschaffungs- oder Herstellungskosten. Ausdrückliche Bilanzierungsverbote bestehen nach IAS 38.51 für selbst geschaffene Markennamen, Drucktitel, Verlagsrechte, Kundenlisten sowie ihrem Wesen nach ähnliche Sachverhalte.

---

[1] Vgl. Coenenberg, Adolf Gerhard: Jahresabschluss und Jahresabschlussanalyse, S. 140 ff.
[2] Vgl. Baetge, Jörg/ Keitz, Isabel von: IAS 38 Immaterielle Vermögenswerte (Intangible Assets), Anm. 46 ff.

6.3.1.7. Ungüter

1) Nach Behandlung der materiellen und immateriellen Güter liegt die Frage nahe, ob und wie gegebenenfalls Ungüter in die Bilanz einzubeziehen sind.

2) Unter Ungütern ist das Gegenteil von Gütern zu verstehen. Güter stiften Nutzen, Ungüter dagegen Schaden. Oder vorsichtiger ausgedrückt: Güter verursachen Aufwendungen bzw. Kosten und erbringen Erträge bzw. Erlöse, die die Aufwendungen bzw. Kosten übersteigen. Ungüter verursachen ebenfalls Aufwendungen bzw. Kosten, erbringen aber entweder überhaupt keine Erträge bzw. Erlöse oder nur Erträge bzw. Erlöse, die die Aufwendungen bzw. Kosten unterschreiten.

3) Zu den Ungütern eines industriellen Unternehmens gehören: der bei der Produktion von Gütern entstandene Ausschuss und Abfall, die zur Produktion von Gütern eingesetzten Güter, die ausgedient haben und belastet sind, sowie zurückgenommene Altprodukte. Wir wollen uns hier auf den Abfall konzentrieren. Da es sich hierbei auch um Ergebnisse des Produktionsprozesses handelt, wenngleich um unerwünschte, soll von Abfallprodukten gesprochen werden; die Güter als die erwünschten Ergebnisse sollen Produkte schlechthin genannt werden.

4) Die Abfallprodukte umfassen Abfälle stofflicher Art (in festem, flüssigem oder gasförmigem Aggregatzustand) und Abfälle energetischer Art (wie Abwärme, Abstrahlungen).

5) Bei einer Reihe dieser Abfallprodukte kommt es gar nicht zu einer Bestandsbildung, weil sie gleich im Zeitpunkt ihres Entstehens in Gewässer oder in die Luft eingebracht werden, so dass sich die Frage ihrer Berücksichtigung in der Bilanz am Ende des Geschäftsjahrs erübrigt.

Anderes gilt, wenn Abfallprodukte am Jahresende noch auf Lager liegen. Man könnte meinen, dass sie wertlos seien und ihnen deswegen kein Vermögenscharakter zukommt. Vermögenscharakter ist ihnen tatsächlich abzusprechen, aber sie als wertlos zu bezeichnen, wäre verfehlt, da sie im Allgemeinen mit einem negativen Wert behaftet sind.

Der negative Wert der Abfallprodukte am Bilanzstichtag bemisst sich nach den Aufwendungen bzw. Kosten, die bei Behandlung der Abfallprodukte nach dem Bilanzstichtag voraussichtlich anfallen werden.

6) Die Höhe dieser Aufwendungen bzw. Kosten ist abhängig von der Art der Abfallbehandlung.

Wenn die Abfallprodukte im eigenen Betrieb als Sekundärstoffe wieder eingesetzt werden sollen, bedürfen sie im Allgemeinen vorher einer Aufbereitung, wofür Aufwendungen entstehen. Diese vermindern sich unter Umständen um Ersparnisse beim Einsatz von Primärstoffen.

Wenn die Abfallprodukte an andere Betriebe zum Einsatz in deren Produktionsprozess abgegeben werden, entstehen Aufwendungen z. B. für das Sammeln, Sortieren, Lagern, Transportieren. Diese vermindern sich, sofern bei der Abgabe ein

Entgelt erzielt werden kann. Diese erhöhen sich, sofern sogar Zuzahlungen für die Bereitschaft zur Abnahme geleistet werden müssen.

Wenn die Abfallprodukte vom eigenen Betrieb direkt an die Natur abgegeben werden, entstehen Aufwendungen für eigene Deponien, Kläranlagen, Müllverbrennungsanlagen.

Wenn die Abfallprodukte an andere Betriebe abgegeben werden, die auf die Abfallbehandlung spezialisiert sind, entstehen ebenfalls Aufwendungen zumindest in Höhe der an diese Betriebe zu entrichtenden Gebühren.

7) Die bei jeder der genannten Arten der Abfallbehandlung voraussichtlich entstehenden Aufwendungen machen den negativen Wert der Ungüter für den Betrieb aus. Von den etwaigen zusätzlich entstehenden negativen externen Effekten (auch social costs oder volkswirtschaftliche Kosten genannt) sei hier abgesehen, da sie ohnehin außerhalb der bilanziellen Rechnungen bleiben.

Anderes gilt für die vorher genannten Aufwendungen, die den negativen Wert der Ungüter ausmachen. Sie müssen in die Bilanz einbezogen werden. Zwei Möglichkeiten kommen hierfür in Betracht:

a) Die Ungüter werden mit ihrem negativen Wert vom positiven Wert der Güter auf der Aktivseite der Bilanz offen abgesetzt.

b) In Höhe des negativen Werts der Ungüter werden Rückstellungen auf der Passivseite der Bilanz gebildet.

Die Alternative a) würde bedeuten, dass eine Rechnung in der Rechnung vorgenommen werden müsste, was unübersichtlich und vielleicht sogar verwirrend wäre. Die Alternative b) ist mit dem üblichen Bilanzbild besser vereinbar und eleganter. Sie ist vorzuziehen.

Die Frage der bilanziellen Berücksichtigung der Ungüter hätte daher auch erst im Zusammenhang mit dem Ansatz von Rückstellungen aufgeworfen werden können, wo sie auf jeden Fall erneut aufgegriffen werden muss. Bei den gemeinten Rückstellungen handelt es sich um solche, die sich aus der öffentlich-rechtlichen Verpflichtung heraus ergeben, für die Abfallprodukte zu sorgen. Wenn von Abfallentsorgung gesprochen wird, so wird verkannt, dass Abfallprodukte auf Dauer Sorgen bereiten. Wenn von Abfallbeseitigung gesprochen wird, so wird darüber hinweggetäuscht, dass Abfallprodukte in dieser oder jener Form erhalten bleiben.

6.3.1.8. Sonstige Aktiva

Fraglich ist, ob über die genannten Gegenstände (Geld, Forderungen, Beteiligungen, materielle und immaterielle Güter) hinaus weitere Posten aktiviert werden sollen.[1] Zu denken ist hierbei vor allem an Auszahlungen des abgelaufenen Geschäftsjahrs, die nicht zu Forderungen, Beteiligungen, materiellen oder immate-

---

[1] Vgl. Freericks, Wolfgang: Bilanzierungsfähigkeit und Bilanzierungspflicht in Handels- und Steuerbilanz.

riellen Gütern geführt haben, die aber über das Geschäftsjahr hinaus einen Nutzen stiften, wie solche für Marktforschung, für technische Forschung und Entwicklung, für Werbung, für Kundendienst, für Schulung des Personals, für Umgestaltung der Organisation.

statische - dynamische Bilanztheorie

1) Die Aktivierung von langfristig wirksamen Auszahlungen wird häufig unter Bezugnahme auf die sog. dynamische Bilanztheorie[1] gefordert. Nach dieser Theorie sollten Auszahlungen einer abgelaufenen Periode, die sich auf mehrere Perioden positiv auswirken, nicht allein die abgelaufene Periode belasten, sondern auf die Perioden ihrer Wirksamkeit verteilt werden. Sie müssten also in der abgelaufenen Periode aktiviert und dann abgeschrieben werden. Auf diese Weise würde der Ausweis eines periodengerechten Gewinns erreicht werden.

Dagegen wird unter Bezugnahme auf die sog. statische Bilanztheorie[2] eingewandt, dass solche Aktiva nicht zur Deckung von Schulden herangezogen werden können, da sie sich nicht wie Güter und Beteiligungen verkaufen, nicht wie Forderungen abtreten lassen. Sie bieten daher Dritten keine Sicherheit. Der Vermögensausweis erweckt einen falschen Eindruck.

2) Die dynamische und die statische Bilanztheorie führen also im Fall der Behandlung langfristig wirksamer Auszahlungen zu gegensätzlichen Ergebnissen, während sie in den Fällen der Behandlung von Geld, von Forderungen, von Beteiligungen, von materiellen und immateriellen Gütern jeweils zum gleichen Ergebnis kommen. Es handelt sich um Aktivierungs- und Passivierungstheorien, während z. B. die organische Bilanztheorie eine Bewertungstheorie darstellt.[3]

3) Unseres Erachtens ist im vorliegenden Fall, der Behandlung langfristig wirksamer Auszahlungen, die statische Bilanztheorie gegenüber der dynamischen Bilanztheorie vorzuziehen. Maßgebend sollte nicht sein, ob Auszahlungen langfristig einen Nutzen stiften, sondern allein, ob sie zu einem veräußerbaren Gegenstand geführt haben, der den Gläubigern als Sicherheit dienen kann.

Lehre vom Wirtschaftsgut

1) Im Zusammenhang mit diesem strittigen Fall der Aktivierung langfristig wirksamer Auszahlungen sei auf die steuerrechtliche Lehre vom Wirtschaftsgut eingegangen, die stärker ausgeprägt ist als die handelsrechtliche Lehre vom Vermögensgegenstand.

2) Der Begriff des Wirtschaftsguts wird im Steuerrecht allerdings, wie bereits erwähnt, als Oberbegriff sowohl für Aktiva als auch für bestimmte Passiva, nämlich für Schulden, gebraucht. Im einen Fall handelt es sich um positive, im ande-

---

[1] Zur dynamischen Bilanztheorie vgl. Schmalenbach, Eugen: Dynamische Bilanz, S. 57 ff.
[2] Zur statischen Bilanztheorie vgl. Moxter, Adolf: Bilanzlehre Bd. 1, S. 5 f.
[3] Zu Bilanztheorien vgl. Baetge, Jörg/ Kirsch, Hans-Jürgen/ Thiele, Stefan: Bilanzen, S. 12 ff.; Siegel, Theodor: Bilanztheorie, Sp. 195 ff.

ren Fall um negative Wirtschaftsgüter. Positives und Negatives unter ein und denselben Begriff zusammenzufassen, ist unseres Erachtens jedoch wenig sinnvoll.

3) Die Erfordernisse eines positiven Wirtschaftsguts werden in der Steuerliteratur unter Berufung auf höchstrichterliche Entscheidungen wie folgt formuliert:[1]

a) Wirtschaftsgüter müssen nicht auf Sachen oder Rechte beschränkt sein; auch sonstige Gegebenheiten, Zustände, Möglichkeiten und Vorteile können zu Wirtschaftsgütern werden.

b) Wirtschaftsgüter müssen durch eine Geldleistung oder durch Aufwendungen erworben worden sein.

c) Wirtschaftsgüter müssen selbständig bewertbar sein.

d) Wirtschaftsgüter müssen einen über die Dauer eines Wirtschaftsjahrs hinausgehenden Wert im Sinne eines Nutzens für das Unternehmen stiften.

e) Wirtschaftsgüter müssen einzeln oder im Zusammenhang mit dem Betrieb übertragbar sein.

4) Zu diesen Erfordernissen ist kritisch zu sagen: Das erste Erfordernis ist völlig unbestimmt und damit ohne Nutzen. Von Auszahlungen oder Aufwendungen lässt sich noch nicht, wie das zweite Erfordernis unterstellt, auf das Vorhandensein eines Gutes schließen, denn Auszahlungen und Aufwendungen werden für viele Zwecke getätigt. Zudem erweist sich ein Teil der Auszahlungen oder Aufwendungen oft als nutzlos.

Von selbständiger Bewertbarkeit lässt sich ebenfalls noch nicht, wie das dritte Erfordernis unterstellt, auf die Existenz eines Gutes schließen, denn auch Ereignisse und Handlungen sind für sich genommen bei einem differenzierten Rechnungswesen bewertbar.

Nicht nur Güter vermögen einen langfristigen Nutzen zu stiften, wie die vierte Erfordernis unterstellt, sondern auch unternehmerische Entscheidungen und Maßnahmen. Zudem verkennt dieses Erfordernis, dass es auch Güter gibt, die nur kurzfristig einen Nutzen stiften.

Die Einzelübertragbarkeit ist für sich genommen ein sinnvolles Kriterium; dieses wird aber durch die Erweiterung um die Übertragbarkeit im Zusammenhang mit dem Betrieb verwässert.

5) Die steuerrechtliche Lehre vom Wirtschaftsgut ist also wenig ergiebig. Unter den genannten Erfordernissen vermisst man insbesondere das Erfordernis der selbständigen Verkehrsfähigkeit oder Veräußerbarkeit. Es wird zwar als mögliches Erfordernis diskutiert,[2] aber dann doch gegenüber dem Erfordernis der selbständigen Bewertbarkeit zurückgestellt.

---

[1] Vgl. Federmann, Rudolf: Bilanzierung nach Handelsrecht und Steuerrecht, S. 205 f.; Wöhe, Günter, Bilanzierung und Bilanzpolitik, S. 232.

[2] Vgl. Kußmaul, Heinz (Küting/Weber, 5. Aufl.), Kap. 6 Anm. 1 ff.; Lutz, Günter (HdJ), Abt. I/4, Anm. 25 ff.; Tiedchen, Susanne: Der Vermögensgegenstand im Handelsbilanzrecht, S. 28 ff.

II. Die handelsrechtliche Bilanz sowie Gewinn- und Verlustrechnung   99

Gerade die Veräußerbarkeit ist unseres Erachtens jedoch das maßgebende Aktivierungskriterium. Denn ob einem Gegenstand Vermögenscharakter zuzuerkennen ist, hängt davon ab, ob begründet angenommen werden kann, dass Dritte bereit sind, ihn zu erwerben und einen Preis dafür zu bezahlen. So wie in der Marktwirtschaft der Wert eines Vermögensgegenstands vom Veräußerungspreis bestimmt wird, ist die Veräußerbarkeit wesensbestimmend für die Existenz eines Vermögensgegenstands.

Aufwendungen für Gründung und Eigenkapitalbeschaffung

1) Im HGB findet sich keine generelle Aussage bezüglich der Auszahlungen, die über das abgelaufene Geschäftsjahr hinaus einen Nutzen stiften. Stattdessen werden zwei Einzelregelungen getroffen, die widersprüchlich sind.

2) Für Aufwendungen für die Gründung des Unternehmens und für die Beschaffung des Eigenkapitals gilt nach § 248 HGB ein Aktivierungsverbot. Dieses ist unseres Erachtens voll gerechtfertigt, da die genannten Aufwendungen keinen Vermögensgegenstand begründen.[1]

In § 248 HGB wird zwar ausdrücklich nur von Aufwendungen für die Eigenkapitalbeschaffung gesprochen, aber daraus darf nicht auf die Aktivierungsfähigkeit von Aufwendungen für die Beschaffung von Fremdkapital geschlossen werden. Zulässig ist nur die Aktivierung eines Disagios für Darlehensaufnahme sowie unter bestimmten Umständen die Einbeziehung der Zinsen für Fremdkapital in die Herstellungskosten.

3) Auch nach IAS 38.57 besteht für pre-opening costs ein Aktivierungsverbot. Dagegen werden nach US-GAAP Ausgaben für die Versammlung von Gründern, Eigentümern, Geschäftsführern sowie Gebühren für Urkunden und Satzungen als assets aktiviert und planmäßig abgeschrieben.[2]

Aufwendungen für Ingangsetzung und Erweiterung des Geschäftsbetriebs

1) Für Aufwendungen der Ingangsetzung und Erweiterung des Geschäftsbetriebs gilt nach § 269 HGB ein Aktivierungswahlrecht. Dieses ist unseres Erachtens nicht gerechtfertigt.

2) Der Gesetzgeber erkennt den genannten Aufwendungen zwar keinen Vermögenscharakter zu, sondern spricht nur von einer Bilanzierungshilfe[3] und schreibt vor, die genannten Aufwendungen vor dem Anlagevermögen auszuweisen. Aber Bilanzierungshilfen sind grundsätzlich abzulehnen. Den Unternehmen darf nicht dazu verholfen werden, sich reicher zu rechnen, als sie es sind. Den Bilanzlesern darf kein falscher Eindruck vermittelt werden.

---

[1] Vgl. auch Veit, Klaus-Rüdiger: Die bilanzielle Behandlung von Gründungsausgaben und von Ausgaben zur Beschaffung des Eigenkapitals, S. 219 ff.

[2] Vgl. Coenenberg, Adolf Gerhard: Jahresabschluss und Jahresabschlussanalyse, S. 146 f.

[3] Zu Bilanzierungshilfen vgl. Veit, Klaus-Rüdiger: Die Funktionen von Bilanzierungshilfen, S. 101 ff.; Veit, Klaus-Rüdiger: Bilanzpolitik, S. 89 ff.

3) Immerhin schreibt der Gesetzgeber in § 282 HGB vor, dass die genannten Aufwendungen bei Aktivierung beschleunigt abzuschreiben sind (mit mindestens 25 % pro Jahr). Zudem hat er für den Fall der Aktivierung der genannten Aufwendungen in § 269 HGB eine Ausschüttungssperre verhängt, nach welcher Gewinne nur ausgeschüttet werden dürfen, wenn die nach der Ausschüttung verbleibenden, jederzeit auflösbaren Gewinnrücklagen zuzüglich eines Gewinnvortrags und abzüglich eines Verlustvortrags dem aktivierten Betrag mindestens entsprechen.

4) Als Aufwendungen der Ingangsetzung des Geschäftsbetriebs gelten Aufwendungen für die Aufnahme der Tätigkeiten des Einkaufs, der Fertigung, des Verkaufs, z. B. für die Einstellung und Einarbeitung von Arbeitskräften, für die Anbahnung von Kontakten zu Lieferanten und Abnehmern, für die Werbung zur Einführung der Produkte, für Produktionsversuche und Probeläufe.

Zu den Ingangsetzungsaufwendungen zählen keinesfalls typische Aufwendungen für Gründung und Eigenkapitalbeschaffung, z. B. Aufwendungen für Gründerversammlungen, für die Rechts- und Wirtschaftsberatung der Gründer, für die Feststellung der Satzung, für die Ausgabe von Anteilen, für die Bestellung von Aufsichtsrat und Vorstand, für den Gründungsbericht, für die Eintragung in das Handelsregister. Unter den Aufwendungen der Ingangsetzung des Geschäftsbetriebs dürfen ferner nicht die laufenden Aufwendungen für Einkauf, Fertigung und Verkauf subsumiert werden.

Als Aufwendungen der Erweiterung des Geschäftsbetriebs[1] gelten Aufwendungen für die Vergrößerung der bestehenden Produktionsstätte, für die Errichtung neuer Produktionsstätten an anderen Orten, für die Erschließung neuer Märkte.

5) Statt von Aufwendungen würde man besser jeweils von Auszahlungen oder von Ausgaben sprechen. Denn gerade dann, wenn eine Aktivierung vorgenommen wird, entstehen im Jahr der Aktivierung noch keine Aufwendungen. Solche kommen erst durch Abschreibungen in den folgenden Jahren zustande.

6) Nach IAS 38.57 sind pre-operating costs ausschließlich der Periode ihres Anfalls zuzurechnen, also nicht aktivierungsfähig. Entsprechendes gilt nach US-GAAP nunmehr für die costs of start up activities (SOP 98-5) sowie für die advertising costs (SOP 93-7).[2]

---

[1] Vgl. Selchert, Friedrich Wilhelm: Der Bilanzansatz von Aufwendungen für die Erweiterung des Geschäftsbetriebs, S. 977 ff.

[2] Vgl. KPMG Deutsche Treuhand Gesellschaft (Hrsg.): Rechnungslegung nach US-amerikanischen Grundsätzen, S. 81.

Aufwendungen für Forschung und Entwicklung

1) Die Aufwendungen für Forschung und Entwicklung werden im HGB nicht ausdrücklich für aktivierungsfähig erklärt. Daher ist von einem Aktivierungsverbot auszugehen.[1]

2) Nach IAS wird unterschieden zwischen research costs, die nicht aktivierungsfähig sind (IAS 38.42), und development costs, die unter bestimmten Umständen sogar aktivierungspflichtig sind (IAS 38.45). Nach US-GAAP (FAS 2.12) unterliegen Kosten für Forschung und Entwicklung einem Aktivierungsverbot.

derivativer Geschäfts- oder Firmenwert

1) Für den sog. derivativen Geschäfts- oder Firmenwert gilt nach § 255 HGB ein Aktivierungswahlrecht. Unter diesem Wert ist nach § 255 HGB zu verstehen: der Unterschiedsbetrag, um den die für die Übernahme eines Unternehmens bewirkte Gegenleistung den Wert der einzelnen Vermögensgegenstände des Unternehmens abzüglich der Schulden im Zeitpunkt der Übernahme übersteigt. Kürzer ausgedrückt: Der derivative Geschäfts- oder Firmenwert ist der Betrag, um den der für das übernommene Unternehmen bezahlte Preis das Reinvermögen des übernommenen Unternehmens übersteigt.

2) Ein solcher Preis dürfte nicht in stillen Reserven begründet sein, da diese bei Übernahme eines Unternehmens aufgelöst werden müssen. Das nach Auflösung der stillen Reserven ermittelte Reinvermögen entspricht dann dem Substanzwert des übernommenen Unternehmens. Ein solcher Preis dürfte vielmehr häufig darauf zurückzuführen sein, dass der Erfolgswert des übernommenen Unternehmens höher eingeschätzt wird als sein Substanzwert. Allerdings könnte ein solcher Preis auch zustande gekommen sein wegen mangelnder Information über das andere Unternehmen, wegen voreiligen Handelns, wegen ungeschickter Verhandlungsführung.

3) Unabhängig von diesen möglichen Gründen für das Entstehen eines derivativen Geschäfts- oder Firmenwerts: das handelsrechtliche Aktivierungswahlrecht ist zu bedauern, erst recht das steuerrechtliche Aktivierungsgebot. Denn beim derivativen Geschäfts- oder Firmenwert handelt es sich nicht um einen isoliert veräußerbaren Gegenstand. Nur bei Wiederverkauf des eben übernommenen Unternehmens als Ganzes könnte ein solcher Wert vielleicht noch einmal erzielt werden, nicht jedoch, wenn einzelne Vermögensgegenstände verkauft und zur Schuldendeckung herangezogen werden sollen.

4) Dem aktivierten Geschäfts- oder Firmenwert erkennt der Gesetzgeber sogar Vermögenscharakter zu, anders als den aktivierten Ingangsetzungs- und Erweiterungsaufwendungen, da er für den genannten Wert eine Position im Rahmen der immateriellen Gegenstände des Anlagevermögens vorsieht. Es wäre besser gewe-

---

[1] Vgl. auch Veit, Klaus-Rüdiger: Die bilanzielle Behandlung von Forschungs- und Entwicklungsausgaben, S. 453 ff.; Veit, Klaus-Rüdiger: Forschung und Entwicklung, S. 224 ff.

sen, wenn er nur von einer Bilanzierungshilfe gesprochen hätte, auch wenn solche grundsätzlich abzulehnen sind.

In § 255 HGB heißt es zunächst, dass der aktivierte Betrag in jedem folgenden Geschäftsjahr zu mindestens einem Viertel durch Abschreibungen zu tilgen ist, dann jedoch im nachfolgenden Satz, dass die Abschreibung auch planmäßig auf die Geschäftsjahre verteilt werden kann, in denen er voraussichtlich genutzt wird. Abgesehen von der Widersprüchlichkeit zwischen beiden Vorschriften ist zu monieren, dass von einer Nutzungsdauer bei einem solchen Wert, anders als etwa bei einem gewerblichen Schutzrecht, gar nicht gesprochen werden kann.

5) Nach IAS 22.41 besteht für den derivativen goodwill sogar ein Aktivierungsgebot. Auch nach US-GAAP ist der derivative goodwill zu aktivieren (FAS 141.43). Bis vor kurzem musste er planmäßig abgeschrieben werden. Seit 1.7.2001 gilt der Firmenwert nicht mehr als abnutzbarer Vermögensgegenstand. Damit entfällt eine planmäßige Abschreibung. Allerdings muss seine Werthaltigkeit laufend überprüft (sog. Impairment-Test) und gegebenenfalls eine außerplanmäßige Abschreibung vorgenommen werden (FAS 142).

Der Impairment-Test ist in der Form eines sog. two-step-approach vorzunehmen (FAS 142).[1] Im ersten Schritt wird auf der Ebene von reporting units überprüft, ob ein impairment dem Grunde nach vorliegt, indem der fair value der reporting unit mit ihrem bilanziellen Eigenkapital einschließlich goodwill verglichen wird. Ist der fair value geringer, ist im zweiten Schritt die Höhe des impairment zu bestimmen. Dazu wird der implizite fair value des goodwill mit dem Buchwert des goodwill verglichen. Ist der fair value geringer, muss eine außerplanmäßige Abschreibung vorgenommen werden; ist er höher, wird weiterhin der Buchwert angesetzt.

originärer Geschäfts- oder Firmenwert

1) Für den sog. originären Geschäfts- oder Firmenwert gilt ein Aktivierungsverbot, das sich indirekt aus § 255 HGB ergibt. Unter dem genannten Wert könnte der Goodwill, das Image, das Ansehen des jeweiligen Unternehmens bei Kunden, Lieferanten, Kreditgebern, Arbeitskräften und anderen Wirtschaftssubjekten verstanden werden.

2) Das Aktivierungsverbot ist zu begrüßen, denn wie sollte ein solcher Wert vom jeweiligen Unternehmen festgestellt werden können. Dies käme einer Selbsteinschätzung gleich, mit der stets die Gefahr der Überschätzung verbunden ist. Zudem: Ein solcher Wert mag sich einmal ergeben, wenn das Unternehmen als Ganzes verkauft werden sollte, aber er könnte nicht vorher isoliert von den anderen Vermögensgegenständen veräußert werden.

3) Auch nach IAS 38.36 und FAS 142.10 besteht für den originären goodwill ein Aktivierungsverbot.

---

[1] Vgl. Pellens, Bernhard / Sellhorn, Thorsten: Goodwill-Bilanzierung nach SFAS 141 und 142 für deutsche Unternehmen, S. 1683 ff.

Verschmelzungsmehrwert

1) Für den Verschmelzungsmehrwert, der dem derivativen Geschäfts- oder Firmenwert vergleichbar ist, bestand früher ebenfalls ein Aktivierungswahlrecht (§ 348 Abs. 2 AktG 1985, § 27 Abs. 2 KapErhG 1985). Die genannten Paragraphen wurden jedoch durch das UmwBerG aufgehoben. Seit 1.1.1995 ist § 24 UmwG maßgebend. Danach dürfen die bei einer Verschmelzung übergehenden Vermögensgegenstände und Schulden entweder zu Buchwerten oder zu Zeitwerten angesetzt werden.[1]

2) Wenn Buchwerte angesetzt werden und die übergehenden Posten die Gegenleistung unterschreiten, ist der Unterschiedsbetrag als Umwandlungsverlust in der Gewinn- und Verlustrechnung auszuweisen. Eine Aktivierung ist nicht mehr zulässig.

3) Wenn Zeitwerte angesetzt werden und die übergehenden Werte die Gegenleistung unterschreiten, darf der Unterschiedsbetrag im Allgemeinen aktiviert werden.

6.3.1.9. Nicht durch Eigenkapital gedeckter Fehlbetrag

1) Nach § 268 HGB ist, sofern das Eigenkapital durch Verluste aufgebraucht ist und sich ein Überschuss der Passivposten über die Aktivposten ergibt, ein „Nicht durch Eigenkapital gedeckter Fehlbetrag" auf der Aktivseite am Schluss der Bilanz auszuweisen.

2) Den Ausweis eines solchen Postens, der kein Aktivum ist, auf der Aktivseite vorzusehen, ist widersinnig. Fasst man den Fehlbetrag mit den Aktiva zusammen, erhält man eine Summe, die der Summe der Passiva entspricht. Die Bilanz scheint ausgeglichen zu sein. Dabei handelt es sich aber nur um eine formale Ausgeglichenheit. Sie ergibt sich durch Addition von Größen, die miteinander unvereinbar, die gegensätzlicher Natur sind.

3) In Wahrheit liegt bei Ausweis eines solchen Fehlbetrags auf der Aktivseite eine materiell unausgeglichene Bilanz, eine Verlustbilanz vor. Diesen Tatbestand sollte man nicht verschleiern, sondern durch eine in diesem Fall andere Gestaltung der Bilanz deutlich machen (vgl. den Abschnitt über die Gliederung).

6.3.1.10. Zusammenfassende Beurteilung und alternativer Vorschlag

1) Die vorhergehende Diskussion hat ergeben, dass Vermögensgegenstände nach HGB sind:

  a) Geld;
  b) Forderungen,

---

[1] Vgl. IDW, HFA Stellungnahme 2/1997: Zweifelsfragen der Rechnungslegung bei Verschmelzungen, S. 235 ff.; Knop, Wolfgang/ Küting, Karlheinz (Küting/Weber, 4. Aufl.), § 255 Anm. 493 ff.

einschließlich der eingeforderten ausstehenden Einlagen, ausschließlich der geleisteten Vorauszahlungen, die in den Rechnungsabgrenzungsposten enthalten sind;
c) Anteile an anderen Unternehmen;
d) eigene Anteile, sofern nicht zur Einziehung erworben;
e) materielle Güter;
f) immaterielle Güter, d. h. erbrachte aber noch nicht abgerechnete Dienstleistungen; sowie Immaterialgüterrechte, sofern derivativer Art;
g) fakultativ ein Geschäfts- oder Firmenwert, sofern derivativer Art.

2) Zu den genannten Vermögensgegenständen kommen als Aktiva nach HGB hinzu:

i) nicht eingeforderte ausstehende Einlagen auf das Gezeichnete Kapital;

k) fakultativ Aufwendungen der Ingangsetzung und Erweiterung des Geschäftsbetriebs;

l) teils obligatorisch, teils fakultativ Rechnungsabgrenzungsposten,

fakultativ einschließlich eines aktivierten Disagio,

fakultativ einschließlich aktivierter latenter Steuern.

3) Zu den genannten Vermögensgegenständen und Aktiva kommt nach HGB auf der linken Seite der kontoförmigen Bilanz unter Umständen hinzu ein Nicht durch Eigenkapital gedeckter Fehlbetrag.

4) Diese mehrfache Abstufung von Rechengrößen auf der linken Seite der kontoförmigen Bilanz ist verwirrend. Der Bilanzleser erwartet hier Rechengrößen einheitlicher Art.

Der Nicht durch Eigenkapital gedeckte Fehlbetrag ist auf der linken Seite der kontoförmigen Bilanz fehl am Platz. Das Gleiche gilt für die Ausstehenden Einlagen auf das Gezeichnete Kapital und die Eigenen Anteile, die jeweils Abzugsposten zu den Passiva darstellen, sowie für die Erhaltenen Anzahlungen auf Bestellungen. Die Posten auf der linken Seite der kontoförmigen Bilanz sollten Aktiva gleichgesetzt werden können und die Aktiva wiederum Vermögensgegenständen.

Bilanzierungshilfen, wie sie durch das Aktivierungswahlrecht für die Aufwendungen der Ingangsetzung und Erweiterung des Geschäftsbetriebs gewährt werden, sind abzulehnen. Auf Aktivierungswahlrechte, wie u. a. für den derivativen Geschäfts- oder Firmenwert, ist, weil sie die Vergleichbarkeit der Bilanzen beeinträchtigen, zu verzichten.

Für Vermögensgegenstände müsste Aktivierungspflicht gelten. Kein Vermögenscharakter sollte dem eben erwähnten derivativen Geschäfts- oder Firmenwert zuerkannt werden, weil es sich dabei nicht um einen isoliert veräußerbaren Gegenstand handelt. Dagegen sollte Vermögenscharakter zugesprochen werden den sog. aktiven Rechnungsabgrenzungsposten i. e. S., weil es sich dabei um geleistete Vorauszahlungen und damit um Forderungen handelt, sowie den originären Immaterialgüterrechten, weil es sich dabei um isoliert veräußerbare Gegenstände handelt.

5) Demnach sollten als Aktiva und als Vermögensposten in der Bilanz angesetzt werden:

   a) Geld;

   b) Forderungen;

   c) Anteile an anderen Unternehmen;

   d) materielle Güter;

   e) immaterielle Güter.

6) In der Bilanz sind allerdings nicht alle Tatbestände und Sachverhalte erfassbar, die ein Unternehmen kennzeichnen, wie der Auftragsbestand, die Kapazitätsauslastung, der technische Stand der Anlagen, das know how, die Qualifikation der Arbeitskräfte, das Betriebsklima, die Güte der Organisation, die Leistungsfähigkeit des Rechnungswesens, der Kundenstamm, die Lieferfähigkeit, das Image bzw. der Goodwill des Unternehmens.

Diese Faktoren tragen zwar zum Gesamtwert des Unternehmens bei. Sie müssen auch im Fall des Verkaufs des ganzen Unternehmens berücksichtigt werden. Es wäre aber verfehlt, sie in eine laufende Rechnung einbeziehen zu wollen. Sie sind schwer quantifizierbar und vor allem nicht isoliert veräußerbar.

6.3.2. Abgrenzung des Vermögens nach der Zugehörigkeit der Gegenstände

1) Ob die behandelten Gegenstände mit Vermögenscharakter dem Vermögen eines betrachteten Unternehmens zuzurechnen sind, ist nicht immer eindeutig. Zweifel entstehen z. B. im Fall von Gegenständen, die das Unternehmen als Sicherheit für einen Kredit verpfändet hat, von denen es zwar noch Eigentümer, aber nicht mehr Besitzer ist. Sollen diese Gegenstände ihm oder dem anderen Unternehmen zugerechnet werden? Ähnliche Zweifel entstehen im Fall von Gegenständen, die das Unternehmen als Sicherheit für einen Kredit einem anderen Unternehmen übereignet hat, von denen es zwar noch Besitzer, aber nicht mehr Eigentümer ist. Sollen diese Gegenstände ihm oder dem anderen Unternehmen zugerechnet werden?

2) Zur Lösung solcher Zweifelsfälle könnte nach zwei verschiedenen Prinzipien vorgegangen werden:

   a) Dem Vermögen eines Unternehmens werden jeweils diejenigen Gegenstände mit Vermögenscharakter zugerechnet, die sich in seinem Eigentum befinden.

106 4. Teil: Die Aufwands- und Ertragsrechnung sowie die Vermögens- und Kapitalrechnung

b) Dem Vermögen eines Unternehmens werden jeweils diejenigen Gegenstände mit Vermögenscharakter zugerechnet, die sich in seinem Besitz befinden. Weder das eine noch das andere Prinzip hat sich bei der Bilanzierung von Vermögensgegenständen durchgesetzt.

Eindeutig scheint zunächst nur, dass Gegenstände, die sich sowohl in Eigentum als auch im Besitz eines Unternehmens befinden, dem Vermögen dieses Unternehmens zuzurechnen sind. Aber selbst diese mögliche Regel hat sich nicht durchweg durchgesetzt. Einen Ausnahmefall stellt die gleich noch zu behandelnde Einkaufskommission dar.

Es ist zu kasuistischen Lösungen gekommen, die in der Literatur erarbeitet, durch die Rechtsprechung erhärtet und inzwischen teilweise auch ins Gesetz aufgenommen worden sind (§ 246 HGB). Sie werden im folgenden dargestellt und beurteilt.

6.3.2.1. Unter Eigentumsvorbehalt stehende Gegenstände

1) Gegenstände, die das Unternehmen von einem Lieferanten bezogen, aber noch nicht bezahlt hat und an denen sich der Lieferant bis zur Zahlung des Kaufpreises das Eigentum vorbehalten hat (vgl. § 255 BGB), sind bereits dem Vermögen des Unternehmens zuzurechnen, also dem Besitzer, aber Noch-nicht-Eigentümer.

Dass solche Gegenstände wie dem Unternehmen gehörende ausgewiesen werden dürfen, ist jedoch nicht unbedenklich. Denn der Lieferant kann unter bestimmten Umständen seinen Eigentumsvorbehalt geltend machen und im Fall der Insolvenz des Unternehmens Aussonderung der Gegenstände verlangen und sie damit dem Zugriff der anderen Gläubiger entziehen.

Die Alternative des Nichtausweises dieser Gegenstände beim Unternehmen ist jedoch ebenfalls nicht befriedigend, denn dann würde ein Gegenposten zu den entstandenen und auf der Passivseite auszuweisenden Verbindlichkeiten aus Lieferungen und Leistungen fehlen.

Als Ausweg aus diesem Dilemma bietet sich an, die betreffenden Gegenstände zwar beim Unternehmen auszuweisen, sie aber mit dem Vermerk zu versehen „unter Eigentumsvorbehalt stehend". Einen weniger deutlichen Weg hat der Gesetzgeber gewählt, indem er in § 285 HGB vorschreibt, dass bei den Verbindlichkeiten diejenigen, die durch Pfandrechte oder ähnliche Rechte gesichert sind, entweder in der Bilanz oder im Anhang anzugeben sind.

2) Für Gegenstände, die das Unternehmen an einen Abnehmer geliefert hat, ohne schon den Kaufpreis erhalten zu haben und an denen es sich das Eigentum vorläufig vorbehalten hat, gilt Umgekehrtes. Sie sind nicht mehr dem Vermögen des Unternehmens zuzurechnen.

6.3.2.2. Kommissionsgegenstände

1) Gegenstände, mit deren Einkauf das Unternehmen (Kommittent) einen anderen (Kommissionär) beauftragt hat (sog. Einkaufskommission), sind schon vom

II. Die handelsrechtliche Bilanz sowie Gewinn- und Verlustrechnung 107

Unternehmen zu bilanzieren, selbst wenn sie sich noch nicht in seinem Eigentum und Besitz befinden, sondern noch im Eigentum und Besitz des anderen.

2) Für Gegenstände, mit deren Verkauf das Unternehmen einen anderen beauftragt hat (sog. Verkaufskommission), gilt nicht etwa das Umgekehrte. Sie sind noch vom Unternehmen zu bilanzieren, das noch Eigentümer, aber nicht mehr Besitzer ist.

6.3.2.3. Pfandgegenstände

1) Gegenstände (wie bewegliche Sachen oder Wertpapiere), die das Unternehmen als Sicherheit für einen Kredit einem Kreditgeber verpfändet und in Besitz übergeben hat (vgl. §§ 232-240 BGB sowie §§ 1204-1258 BGB), sind nach wie vor vom Unternehmen (dem Pfandgeber und Eigentümer) zu bilanzieren.

Dieser Ausweis von verpfändeten Gegenständen ist zwar weniger bedenklich als der Ausweis von unter Eigentumsvorbehalt stehenden Gegenständen. Denn das Unternehmen ist immerhin Eigentümer; dennoch ist es in seiner Verfügungsmacht über die betreffenden Gegenstände eingeschränkt. Zudem kann der Pfandnehmer unter bestimmten Umständen sein Pfandrecht geltend machen und im Fall der Insolvenz des Unternehmens Absonderung der Gegenstände verlangen und sie damit dem Zugriff der anderen Gläubiger entziehen. Wiederum wäre bei den betreffenden Gegenständen ein Vermerk wünschenswert „davon verpfändet". Dieser wäre vorzuziehen gegenüber der in § 285 HGB vorgeschriebenen Angabe bei den Verbindlichkeiten: durch Pfandrechte oder ähnliche Rechte gesichert.

2) Umgekehrt sind Gegenstände (wie bewegliche Sachen oder Wertpapiere), die das Unternehmen als Sicherheit für einen Kredit in Pfand und Besitz genommen hat, nicht vom Unternehmen zu bilanzieren.

3) Entsprechende Regelungen gelten:
- für Grundstücke, die das Unternehmen als Sicherheit für einen Kredit einem Kreditgeber durch Eintragung einer Hypothek oder Grundschuld in das Grundbuch verpfändet hat (vgl. §§ 232-240 sowie §§ 1113-1203 BGB) bzw. für Grundstücke, die das Unternehmen als Sicherheit für einen Kredit in Pfand genommen hat, sowie
- für Forderungen, die das Unternehmen als Sicherheit für einen Kredit unter pflichtgemäßer Anzeige gegenüber dem Schuldner verpfändet hat (vgl. § 1279 BGB) bzw. für Forderungen, die das Unternehmen als Sicherheit für einen Kredit in Pfand genommen hat.

6.3.2.4. Sicherungsübereignete Gegenstände

1) Gegenstände (wie bewegliche Sachen oder Wertpapiere), die das Unternehmen als Sicherheit für einen Kredit einem Kreditgeber übereignet hat (im BGB

nicht geregelt), sind nach wie vor vom Unternehmen (dem Sicherungsgeber und Nur-noch-Besitzer) zu bilanzieren.

Dieser Ausweis ist bedenklicher als der Ausweis von verpfändeten Gegenständen. Denn das Unternehmen ist nicht einmal mehr Eigentümer, also in seiner Verfügungsmacht über die betreffenden Gegenstände stark eingeschränkt. Der Sicherungsnehmer kann unter bestimmten Umständen sein Recht zur Verwertung geltend machen und im Fall der Insolvenz des Unternehmens Absonderung der Gegenstände verlangen und sie damit dem Zugriff der anderen Gläubiger entziehen. Wiederum wäre ein entsprechender Vermerk bei den betreffenden Gegenständen vorzuziehen gegenüber den in § 285 HGB vorgeschriebenen Angaben bei den Verbindlichkeiten: durch Pfandrechte oder ähnliche Rechte gesichert.

2) Umgekehrt sind Gegenstände (wie bewegliche Sachen und Wertpapiere), die das Unternehmen als Sicherheit für einen Kredit übereignet erhalten hat, nicht vom Unternehmen (dem Eigentümer) zu bilanzieren.

3) Entsprechende Regelungen gelten:

- für sicherungsübereignete Grundstücke (falls bei solchen überhaupt die Sicherungsübereignung statt der Verpfändung gewählt werden sollte) sowie

- für sicherungsübereignete Forderungen, bei denen es, anders als bei verpfändeten Forderungen, keiner Anzeige gegenüber dem Schuldner bedarf (weswegen die Sicherungsübereignung gegenüber der Verpfändung vorgezogen werden könnte).

6.3.2.5. Miet- und Pachtgegenstände

1) Gegenstände, die das Unternehmen gemietet oder gepachtet hat, sind nicht dem Vermögen des Unternehmens, des Besitzers, zuzurechnen.

Die Alternative wäre, diese Gegenstände doch in der Bilanz des Unternehmens auszuweisen und sie mit dem Vermerk „gemietet oder gepachtet" zu versehen. Als Gegenposten müsste dann auf der Passivseite die Verpflichtung zur Rückgabe dieser Gegenstände aufgenommen werden. Da es sich bei der Miete bzw. Pacht ökonomisch gesehen um einen Güter-Güter-Kredit handelt, würde man dann ähnlich wie bei einem Darlehen, einem Geld-Geld-Kredit, verfahren.

2) Gegenstände, die das Unternehmen vermietet oder verpachtet hat, sind nach wie vor dem Vermögen des Unternehmens, des Eigentümers, zuzurechnen.

6.3.2.6. Leasing-Gegenstände

1) Die Frage, wie Gegenstände zu bilanzieren sind, die das Unternehmen im Rahmen eines Leasing-Verhältnisses nutzt, lässt sich nicht generell beantworten. Denn unter einem Leasing-Verhältnis wird recht Unterschiedliches verstanden.

Manche sog. Leasing-Verträge sind dem Inhalt nach reine Mietverträge. In diesem Fall gilt für die Bilanzierung der Leasing-Gegenstände das Gleiche wie für diejenigen der Mietgegenstände. Manche sog. Leasing-Verträge sind dem Inhalt nach reine Teilzahlungskaufverträge. In diesem Fall gilt für die Bilanzierung der Leasing-Gegenstände das Gleiche wie für diejenigen der unter Eigentumsvorbehalt gekauften Gegenstände.

Nur bei einer Reihe von Leasingverträgen handelt es sich um echte Leasing-Verträge, d. h. um gemischte Verträge mit Mietelementen ebenso wie mit Teilzahlungskaufelementen. In diesem Fall ist auf die überwiegenden Vertragsbestandteile abzustellen. Bei Überwiegen der erstgenannten Elemente gilt für die Bilanzierung der Leasing-Gegenstände das Gleiche wie für diejenige der Mietgegenstände, bei Überwiegen der zweitgenannten Elemente das Gleiche wie für die Bilanzierung der unter Eigentumsvorbehalt gekauften Gegenstände.

2) Umgekehrtes gilt für Gegenstände, die das Unternehmen im Rahmen eines Leasing-Verhältnisses anderen überlassen hat.

3) In der Praxis besteht die Neigung, sich in der Handelsbilanz einfach an der steuerrechtlichen Regelung für Finanzierungsleasingverträge zu orientieren, die allerdings kompliziert ist.

Darunter werden verstanden Verträge mit langer Laufzeit und unkündbarer Grundmietzeit, die einen erheblichen Teil der Nutzungsdauer des Leasinggegenstandes ausmacht. Demgegenüber werden unter Operating-Leasing-Verträgen verstanden Verträge mit kurzer Laufzeit, die kündbar sind und bei denen die Risiken nicht auf den Leasingnehmer überwälzt werden.[1]

Innerhalb der Finanzierungsleasingverträge wird unterschieden zwischen Vollamortisationsverträgen und Teilamortisationsverträgen.[2] Bei den Vollamortisationsverträgen decken die akkumulierten Leasingraten die Anschaffungs- bzw. Herstellungskosten sowie die Nebenkosten. Bei den Teilamortisationsverträgen werden die genannten Kosten nur zeitanteilig gedeckt. Zudem wird danach unterschieden, ob eine Mietverlängerungsoption, eine Kaufoption oder keine solche Option vorliegt. Bei der Bilanzierung unter Berücksichtigung der genannten und weiterer Kriterien wird schließlich noch differenziert zwischen Grundstücken, Gebäuden und beweglichen Gütern (vgl. Abbildung 17).

Abgesehen davon, dass diese Regelung, wie bereits kritisiert, kompliziert ist; sie ist auch wenig einleuchtend. Warum sollen z. B. bewegliche Güter bei einer Grundmietzeit über 90 % der betriebsgewöhnlichen Nutzungszeit vom Leasingnehmer bilanziert werden, bei einer Grundmietzeit von 40-90 % abwechselnd vom Leasingnehmer und Leasinggeber, bei einer Grundmietzeit unter 40 % jedoch wiederum vom Leasingnehmer.

4) Das Problem der Bilanzierung von Leasing-Gegenständen würde an Schärfe verlieren, wenn man sich generell zu der bei den Mietgegenständen vorgeschlage-

---

[1] Vgl. Gelhausen, Friedrich/ Weiblen, Stefan (HdJ), Abt. I/5 Anm. 2 ff.
[2] Vgl. Gelhausen, Friedrich/ Weiblen, Stefan (HdJ), Abt. I/5 Anm. 31 ff.

nen Alternative durchringen könnte: Aktivierung der Gegenstände unter Hinweis auf das Leasing-Verhältnis und Passivierung der Verpflichtung zur Rückgabe dieser Gegenstände.

Abbildung 17:
Bilanzierung von Finanzierungsleasingverträgen in der Steuerbilanz

Art des Leasingvertrags	Art des Leasinggegenstands	Bewegliche Güter	Gebäude	Grundstücke
			Bilanzierung bei	
Vollamortisationsvertrag				
Grundmietzeit unter 40 % der betriebsgewöhnlichen Nutzungsdauer				
- ohne Option		Nehmer	Nehmer	Geber
- mit Kaufoption		Nehmer	Nehmer	Nehmer
- mit Mietverlängerungsoption		Nehmer	Nehmer	Geber
Grundmietzeit 40-90 % der betriebsgewöhnlichen Nutzungsdauer				
- ohne Option		Geber	Geber	Geber
mit Kaufoption, wenn				
-- Kaufpreis < Restbuchwert		Nehmer	Nehmer	Nehmer
-- Kaufpreis > Restbuchwert		Geber	Geber	Geber
mit Mietverlängerungsoption, wenn				
-- Miete Restnutzungsdauer < Restbuchwert bzw. Anschlussmiete < 75 % der ortsüblichen Miete		Nehmer	Nehmer	Geber
-- Miete Restnutzungsdauer > Restbuchwert bzw. Anschlussmiete > 75 % der ortsüblichen Miete		Geber	Geber	Geber
Grundmietzeit über 90 % der betriebsgewöhnlichen Nutzungsdauer				
- ohne Option		Nehmer	Nehmer	Geber
- mit Kaufoption		Nehmer	Nehmer	Nehmer
- mit Mietverlängerungsoption		Nehmer	Nehmer	Geber

Art des Leasingvertrages / Art des Leasinggegenstands	Bewegliche Güter	Gebäude	Grundstücke
Teilamortisationsvertrag			
bei Immobilien grundsätzlich		Geber	Geber
Ausnahmen:			
- mit Kaufoption, wenn -- Kaufpreis < Restbuchwert -- Grundmietzeit > 90 % der betriebsgewöhnlichen Nutzungsdauer		Nehmer Nehmer	Nehmer Nehmer
- mit Mietverlängerungsoption, wenn -- Anschlussmiete < 75 % der ortsüblichen Miete -- Grundmietzeit > 90 % der betriebsgewöhnlichen Nutzungsdauer		Nehmer Nehmer	Nehmer Nehmer
- zusätzlich zur Option besondere Verpflichtungen, z. B. Gefahr des zufälligen Untergangs bei Leasingnehmer		Nehmer	Nehmer
bei Mobilien sowie Grundmietzeit 40-90 % der betriebsgewöhnlichen Nutzungsdauer			
- Andienungsrecht Leasinggeber; kein Optionsrecht Leasingnehmer	Geber		
- Verkauf nach Grundmietzeit; Aufteilung des Mehrerlöses -- Beteiligung Leasinggeber < 25 % -- Beteiligung Leasinggeber > 25 %	Nehmer Geber		
- Anrechnung des Veräußerungserlöses auf Schlusszahlung des Lesingnehmers bei kündbarem Mietvertrag	Geber		

Quelle: BMF-Schreiben vom 19.4.1971 - IV B/2 - S 2170 - 31/71; BMF-Schreiben vom 21.3.1972 - F/IV B 2 - S 2170 - 11/72; BMF-Schreiben vom 22.12.1975 - IV B 2 - S 2170 - 161/75; BMF-Schreiben vom 23.12.1991 - IV B 2 - S 2170 - 115/91

6.3.2.7. In wirtschaftlichem Eigentum stehende Gegenstände

1) Da weder nach dem Kriterium des Eigentums noch nach dem Kriterium des Besitzes das Vermögen eines Unternehmens eindeutig abgegrenzt werden kann, ist versucht worden, ein drittes, zwischen Eigentum und Besitz liegendes, Kriterium einzuführen, das sog. wirtschaftliche Eigentum. Demnach wären dem Vermögen des Unternehmers diejenigen Gegenstände zuzurechnen, die sich in seinem wirtschaftlichen Eigentum befinden.

2) Die Lehre vom wirtschaftlichen Eigentum ist im Steuerrecht entstanden. Nach einem beispielgebenden Urteil[1] des damaligen Reichsfinanzhofs ist wirtschaftlicher Eigentümer einer Sache, wer nach Ansicht der Beteiligten wie ein Eigentümer schalten und walten soll und das auch tut.

Diese Definition ist freilich wenig brauchbar. Denn was soll unter „schalten und walten" verstanden werden? Es handelt sich dabei um völlig unbestimmte Begriffe. Was soll ferner unter schalten und walten „wie ein Eigentümer" verstanden werden? Man stellt hiermit eine Parallelität zum rechtlichen Eigentümer her, ohne sonst viel zu sagen. Zudem ist diese Gleichsetzung unzutreffend, denn der rechtliche Eigentümer kann Eigentum übertragen anders als der sog. wirtschaftliche Eigentümer.

3) Nach Gerhard Seeliger ist wirtschaftlicher Eigentümer, wer die tatsächliche Herrschaft über ein Wirtschaftsgut in der Weise ausübt, dass dadurch der nach bürgerlichem Recht Berechtigte auf Dauer von der Einwirkung auf das Wirtschaftsgut rechtlich oder wirtschaftlich ausgeschlossen ist.[2] Der nach bürgerlichem Recht Berechtigte sei dann rechtlich oder wirtschaftlich von der Einwirkung ausgeschlossen, wenn ihm kein oder nur ein praktisch bedeutungsloser Herausgabeanspruch zusteht oder wenn er das Wirtschaftsgut herauszugeben verpflichtet ist.

Abgesehen davon, dass diese Definition recht kompliziert geraten ist, bleibt sie dennoch unbestimmt und offen. Denn was soll unter einem „praktisch bedeutungslosen" Herausgabeanspruch verstanden werden, was unter der „Einwirkung" auf ein Wirtschaftsgut? Es fällt schwer, diese Formulierungen auf konkrete Fälle anzuwenden. Soll etwa derjenige, der ein Gut unter dem Vorbehalt des Eigentums verkauft hat, keinen oder nur einen praktisch bedeutungslosen Herausgabeanspruch haben, soll er auf Dauer von der Einwirkung auf das Gut ausgeschlossen sein? Unter bestimmten Umständen hat er eben doch einen Herausgabeanspruch und damit eine Einwirkungsmöglichkeit auf das Gut.

4) Die von Seeliger erarbeitete Formulierung hat neuerdings sogar Eingang in das Gesetz gefunden. So heißt es in § 39 AO, dass dann, wenn ein anderer als der Eigentümer die tatsächliche Herrschaft über ein Wirtschaftsgut in der Weise ausübt, dass er den Eigentümer im Regelfall für die gewöhnliche Nutzungsdauer von der

---

[1] Vgl. RFH vom 07.04.1923, Bd. 12, S. 301.
[2] Vgl. Seeliger, Gerhard: Der Begriff des wirtschaftlichen Eigentums im Steuerrecht, S. 46 f.

Einwirkung auf das Wirtschaftsgut wirtschaftlich ausschließen kann, das Wirtschaftsgut ihm zuzurechnen ist. Hiermit ist der wirtschaftliche Eigentümer gemeint, wenngleich dieser Begriff nicht verwendet wird. Die Art und Weise, wie der gemeinte Eigentümer umschrieben wird, ist aus den gleichen Gründen, wie sie oben angeführt wurden, wenig hilfreich.

5) Angesichts der Schwierigkeiten, den wirtschaftlichen Eigentümer zu definieren, drängt sich die Frage auf: Sind nicht die Definitionsversuche von vornherein zum Scheitern verurteilt, ist nicht schon der Begriff des wirtschaftlichen Eigentümers verfehlt?

Dadurch, dass man das wirtschaftliche Eigentum neben das rechtliche Eigentum stellt, erweckt man den Eindruck, als sei das rechtliche Eigentum wirtschaftlich irrelevant. Dieser Eindruck ist jedoch falsch. Denn an das rechtliche Eigentum sind ökonomisch höchst bedeutsame Konsequenzen geknüpft. Allein der rechtliche Eigentümer kann Eigentum auf andere übertragen, kann anderen Nutzungsmöglichkeiten einräumen.

Zudem wird in den Rechtswissenschaften zwischen Eigentum als der rechtlichen Herrschaft über eine Sache und Besitz als der tatsächlichen Herrschaft über eine Sache unterschieden. Daneben ist jedoch etwas Drittes, wie ein wirtschaftliches Eigentum, nicht mehr denkbar. Man kann zwar nach Varianten des Eigentums und Varianten des Besitzes differenzieren sowie Kombinationen zwischen Eigentum und Besitz bilden, aber nichts mehr konstruieren, was auf die gleiche Ebene wie Eigentum und Besitz zu stellen wäre.

Daher ist der Weg, der mit der Schaffung des Begriffs des wirtschaftlichen Eigentums eingeschlagen wurde, ein Irrweg.

6.3.2.8. Zusammenfassung

1) Zur Abgrenzung des Vermögens kann man vom Kriterium des Eigentums ausgehen, allerdings muss man dann eine Reihe von Modifikationen vornehmen unter Berücksichtigung auch des Kriteriums des Besitzes.

2) In diesem Sinne lässt sich sagen, dass das Vermögen des einzelnen Unternehmens besteht aus:

a) Gegenständen, die sich im Eigentum und Besitz des Unternehmens befinden;

b) Gegenständen, die sich im Eigentum des Unternehmens befinden und verpachtet oder vermietet sind;

c) Gegenständen, die sich im Eigentum des Unternehmens befinden und mit deren Verkauf Kommissionäre beauftragt sind;

d) Gegenständen, die sich im Eigentum des Unternehmens befinden und verpfändet sind;

e) Gegenständen, die sich im Besitz des Unternehmens befinden und sicherungsübereignet sind;

f) Gegenständen, die sich im Besitz des Untennehmens befinden und noch unter dem Vorbehalt des Eigentums anderer stehen;

g) Gegenständen, die sich weder im Eigentum noch im Besitz des Unternehmens befinden, aber von Kommissionären für das Unternehmen eingekauft wurden.

3) In den Fällen der Diskrepanz zwischen Eigentum und Besitz wäre ein entsprechender Vermerk bei den jeweiligen Vermögensgegenständen in der Bilanz wünschenswert.

6.3.3. Abgrenzung des Vermögens nach sonstigen Kriterien

1) Unter Hinweis auf den Handelsbrauch wird es für zulässig gehalten, Anlagegegenstände mit Anschaffungs- bzw. Herstellungskosten bis 60 € (sog. kleinwertige oder geringstwertige Wirtschaftsgüter) nicht zu aktivieren, sondern die „Kosten" (gemeint sind mit Kosten in diesem Fall Ausgaben) für diese Gegenstände sofort als Aufwendungen auszuweisen. Diese handelsrechtliche Praxis wird auch von der Finanzverwaltung anerkannt (Abschn. 31 Abs. 3 EStR).

2) Ferner wird es unter Hinweis auf den Handelsbrauch für zulässig gehalten, abnutzbare bewegliche Anlagegegenstände mit Anschaffungs- bzw. Herstellungskosten bis zu 410 € (sog. geringwertige Wirtschaftsgüter) nach Aktivierung sofort abzuschreiben (§ 6 Abs. 2 EStG).

6.4. Gliederung des Bilanzvermögens

1) Große und mittelgroße Kapitalgesellschaften müssen ihre Bilanz nach dem in § 266 HGB vorgegebenen Schema aufstellen. Kleine Kapitalgesellschaften dürfen ihre Bilanz in einem verkürzten Schema darstellen.

2) Den Einzelkaufleuten und Personenhandelsgesellschaften ist kein Gliederungsschema vorgegeben. Ihnen ist aber auferlegt, in der Bilanz das Anlage- und das Umlaufvermögen, das Eigenkapital, die Schulden sowie die Rechnungsabgrenzungsposten gesondert auszuweisen und hinreichend aufzugliedern (§ 247 Abs. 1 HGB). Im Übrigen haben sie, wie allerdings auch die Kapitalgesellschaften, die Grundsätze ordnungsmäßiger Buchführung zu beachten. Unter diesen sind für die Gliederung vor allem diejenigen der Klarheit und Übersichtlichkeit (§ 243 Abs. 2 HGB) sowie das Verrechnungsverbot (§ 246 Abs. 2 HGB) relevant.

3) Für Genossenschaften gilt nach § 336 HGB weitgehend das Gleiche wie für Kapitalgesellschaften.

4) Hier soll auf das in § 266 HGB vorgegebene Schema der Bilanz abgestellt werden (vgl. Abbildung 18).

Abbildung 18:
Gliederung der Bilanz nach HGB

Aktivseite		
A. Ausstehende Einlagen auf das gezeichnete Kapital		
B. Aufwendungen für die Ingangsetzung und Erweiterung des Geschäftsbetriebs		
C. Anlagevermögen	I. Immaterielle Anlagen	1. Konzessionen, gewerbliche Schutzrechte und ähnliche Rechte und Werte sowie Lizenzen an solchen Rechten und Werten
		2. Geschäfts- oder Firmenwert
		3. Geleistete Anzahlungen
	II. Sachanlagen	1. Grundstücke, grundstücksgleiche Rechte und Bauten einschließlich der Bauten auf fremden Grundstücken
		2. Technische Anlagen und Maschinen
		3. Andere Anlagen, Betriebs- und Geschäftsausstattung
		4. Geleistete Anzahlungen und Anlagen im Bau
	III. Finanzanlagen	1. Anteile an verbundenen Unternehmen
		2. Ausleihungen an verbundene Unternehmen
		3. Beteiligungen
		4. Ausleihungen an Unternehmen, mit denen ein Beteiligungsverhältnis besteht
		5. Wertpapiere des Anlagevermögens
		6. Sonstige Ausleihungen

D. Umlaufvermögen	I. Vorräte	1. Roh-, Hilfs- und Betriebsstoffe
		2. Unfertige Erzeugnisse, unfertige Leistungen
		3. Fertige Erzeugnisse und Waren
		4. Geleistete Anzahlungen
	II. Forderungen und sonstige Vermögensgegenstände	1. Forderungen aus Lieferungen und Leistungen
		2. Forderungen gegen verbundene Unternehmen
		3. Forderungen gegen Unternehmen, mit denen ein Beteiligungsverhältnis besteht
		4. Sonstige Vermögensgegenstände
		5. Eingeforderte ausstehende Einlagen
	III. Wertpapiere	1. Anteile an verbundenen Unternehmen
		2. Eigene Anteile
		3. Sonstige Wertpapiere
	IV. Kassenbestand, Bundesbankguthaben, Guthaben bei Kreditinstituten und Schecks	
E. Rechnungsabgrenzungsposten i. w. S.	I. Rechnungsabgrenzungsposten i. e. S.	
	II. Disagio	
F. Aktive latente Steuern		
G. Nicht durch Eigenkapital gedeckter Fehlbetrag		

Passivseite

A. Eigenkapital	I. Gezeichnetes Kapital	
	II. Kapitalrücklage	
	III. Gewinnrücklagen	1. Gesetzliche Rücklage
		2. Rücklage für eigene Anteile
		3. Satzungsmäßige Rücklage
		4. Andere Gewinnrücklagen
	IV. Gewinnvortrag/Verlustvortrag	
	V. Jahresüberschuss/Jahresfehlbetrag	
B. Sonderposten mit Rücklageanteil		
C. Rückstellungen	1. Rückstellungen für Pensionen und ähnliche Verpflichtungen	
	2. Steuerrückstellungen	
	3. Rückstellungen für latente Steuern	
	4. Sonstige Rückstellungen (für ungewisse Verbindlichkeiten, Verlustrückstellungen, Aufwandsrückstellungen)	
D. Verbindlichkeiten	1. Anleihen	
	2. Verbindlichkeiten gegenüber Kreditinstituten	
	3. Erhaltene Anzahlungen auf Bestellungen	
	4. Verbindlichkeiten aus Lieferungen und Leistungen	
	5. Verbindlichkeiten aus der Annahme gezogener Wechsel und der Ausstellung eigener Wechsel	
	6. Verbindlichkeiten gegenüber verbundenen Unternehmen	
	7. Verbindlichkeiten gegenüber Unternehmen, mit denen ein Beteiligungsverhältnis besteht	
	8. Sonstige Verbindlichkeiten a) davon aus Steuern b) davon im Rahmen der sozialen Sicherheit	
E. Rechnungsabgrenzungsposten		

6.4.1. Einteilung in Anlagevermögen und Umlaufvermögen

1) Die beherrschende Einteilung auf der Aktivseite der Bilanz nach § 266 HGB ist diejenige in Anlagevermögen (Nr. A) und Umlaufvermögen (Nr. B).

2) Das Anlagevermögen wird in § 247 HGB definiert als das Vermögen, das dauernd dem Geschäftsbetrieb der Gesellschaft zu dienen bestimmt ist. Aus dem Wort „dauernd" ergibt sich, dass ein Kriterium für die Abgrenzung des Anlagevermögens vom Umlaufvermögen die vorgesehene Dauer des Verbleibens der Gegenstände beim Unternehmen ist. Seine Beachtung bereitet allerdings bei dem vorgegebenen Gliederungsschema Schwierigkeiten. Hat das Unternehmen z. B. ein Grundstück erworben, das es bald wieder verkaufen will, handelt es sich bei diesem Grundstück nach der obigen Definition nicht um einen Gegenstand des Anlagevermögens. Das Grundstück müsste im Umlaufvermögen ausgewiesen werden. Da dort jedoch eine eigene Position für Grundstücke fehlt, bliebe nur der Ausweis unter den Sonstigen Vermögensgegenständen.

3) Ergibt sich aus der Formulierung „dem Geschäftsbetrieb der Gesellschaft zu dienen", dass die vorgesehene Art der Verwendung der Gegenstände ein weiteres Kriterium für die Abgrenzung des Anlagevermögens vom Umlaufvermögen sein soll? Dessen Beachtung würde bei dem vorgegebenen Gliederungsschema zu ähnlichen Schwierigkeiten führen, wie sie eben dargestellt wurden. Hat das Unternehmen ein Grundstück erworben, das es nicht für seine industriellen Zwecke verwenden, sondern verpachten will, würde es sich bei diesem Grundstück ebenfalls nicht um einen Gegenstand des Anlagevermögens handeln. Es müsste bei Fehlen einer eigenen Position für Grundstücke im Umlaufvermögen unter den Sonstigen Vermögensgegenständen des Umlaufvermögens ausgewiesen werden.

4) Ein normaler Bilanzleser dürfte jedoch kaum damit rechnen, dass dann, wenn die Bilanz eine Position für Grundstücke enthält, Grundstücke auch unter anderen Positionen ausgewiesen sind. Deswegen dürften auch die bilanzierenden Unternehmen dazu neigen, Grundstücke ausnahmslos unter der so bezeichneten Position in der Bilanz auszuweisen, unter Missachtung der Legaldefinition des Anlagevermögens.

5) Um den bilanzierenden Unternehmen solche Ausweisschwierigkeiten und den Bilanzlesern solche Interpretationsschwierigkeiten zu ersparen, wie sie hier am Beispiel der Grundstücke aufgezeigt wurden, hätte der Gesetzgeber entweder, bei Beibehaltung der Definition des Anlagevermögens in § 247 HGB, mehr Parallelpositionen im Anlagevermögen und im Umlaufvermögen vorsehen müssen oder, bei Beibehaltung des Gliederungsschemas nach § 266 HGB, auf die restriktive Definition des Anlagevermögens verzichten müssen und die Begriffe des Anlagevermögens und des Umlaufvermögens lediglich als Sammelbezeichnungen für bestimmte einzelne Positionen verwenden dürfen.

Der zweite Weg wäre gegenüber dem ersten vorzuziehen gewesen. Danach wären Vermögensgegenstände wie Grundstücke, Gebäude, Maschinen immer unter den so bezeichneten Positionen im Anlagevermögen auszuweisen. Bei anderen Vermögensgegenständen wie Ausleihungen, Forderungen, Wertpapieren hätte eine Unterscheidung nur nach der Fristigkeit ausgereicht; die langfristigen wären im Anlagevermögen, die kurzfristigen im Umlaufvermögen auszuweisen.

6) Nach IAS und US-GAAP werden die Vermögensgegenstände eingeteilt in: fixed oder non current assets und current assets. Die fixed assets sind nach IAS vor den current assets auszuweisen. Die US-GAAP sehen die umgekehrte Reihenfolge vor.

6.4.2. Unterteilung des Anlagevermögens

1) Innerhalb des Anlagevermögens wird in der Bilanz nach § 266 HGB eine Dreiteilung vorgenommen in: Immaterielle Vermögensgegenstände (Nr. I), Sachanlagen (Nr. II) und Finanzanlagen (Nr. III). Diese Einteilung entspricht der unterschiedlichen Natur der Gegenstände.

2) Die immateriellen Vermögensgegenstände umfassen drei Positionen: Konzessionen, gewerbliche Schutzrechte und ähnliche Rechte und Werte sowie Lizenzen an solchen Rechten und Werten (Nr. 1), Geschäfts- oder Firmenwert (Nr. 2), Geleistete Anzahlungen (Nr. 3).

Allerdings handelt es sich nur bei den erstgenannten Gegenständen tatsächlich um immaterielle Anlagegüter. Dem Geschäfts- oder Firmenwert ist überhaupt kein Vermögenscharakter zuzuerkennen. Die geleisteten Anzahlungen stellen Forderungen dar.

3) Die Sachanlagen umfassen vier Positionen: Grundstücke, grundstücksgleiche Rechte und Bauten einschließlich der Bauten auf fremden Grundstücken (Nr. 1), Technische Anlagen und Maschinen (Nr. 2), Andere Anlagen, Betriebs- und Geschäftsausstattung (Nr. 3), Geleistete Anzahlungen und Anlagen im Bau (Nr. 4).

Die Grundstücke hätte man, da sie normalerweise nicht abnutzbar sind und daher keiner planmäßigen Abschreibung bedürfen, von den Bauten trennen können. Die technischen Anlagen und Maschinen sind von den anderen Anlagen sowie der Betriebs- und Geschäftsausstattung schwer abzugrenzen. Die geleisteten Anzahlungen stellen Forderungen dar und wären daher besser bei jenen eingeordnet worden.

4) Die Finanzanlagen erstrecken sich über sechs Positionen: Anteile an verbundenen Unternehmen (Nr. 1), Ausleihungen an verbundene Unternehmen (Nr. 2), Beteiligungen (Nr. 3), Ausleihungen an Unternehmen, mit denen ein Beteiligungsverhältnis besteht (Nr. 4), Wertpapiere des Anlagevermögens (Nr. 5), sonstige Ausleihungen (Nr. 6).

Die ersten vier Positionen sind eindeutig bezeichnet und homogenen Inhalts, anders als die fünfte. Denn als „Wertpapiere des Anlagevermögens" sind auszuweisen: sowohl solche Wertpapiere, die Anteile an Unternehmen verbriefen, wie Aktien (allerdings ausschließlich der unter die Positionen 1 und 3 fallenden Aktien), als auch Wertpapiere, die Ausleihungen verbriefen, wie Obligationen (allerdings ausschließlich der unter die Positionen 2 und 3 fallenden Obligationen). Daher hätte diese Position zumindest mit „Sonstigen Wertpapieren" überschrieben werden müssen, entsprechend der Bezeichnung für die nachfolgende Position mit „Sonstigen Ausleihungen". Für diese sechste Position verbleiben Ausleihungen an Wirtschaftssubjekte, die weder zu den verbundenen Unternehmen noch zu den Unternehmen, mit denen ein Beteiligungsverhältnis besteht, gehören und die nicht in Wertpapieren verbrieft sind.

Trotz dieses scheinbar differenzierten Ausweises der Finanzanlagen fehlt eine eigene Position für Anteile an Unternehmen, die weder verbundene Unternehmen noch Unternehmen im Beteiligungsverhältnis sind, die nicht in Wertpapieren verbrieft sind und die langfristig gehalten werden sollen (wie bestimmte Anteile an Personengesellschaften und an Gesellschaften mit beschränkter Haftung sowie Mitgliedschaften in Genossenschaften), ebenso wie eine eigene Position für langfristige Forderungen aus Lieferungen und Leistungen.

5) Offen bleibt bei den Finanzanlagen die Frist, nach welcher die Ausleihungen und die Wertpapiere mit Forderungscharakter von den entsprechenden Gegenständen des Umlaufvermögens abgegrenzt werden sollen. Im Anlagevermögen sind keine Vermerke über die Laufzeiten vorgesehen wie im Umlaufvermögen und wie bei den Verbindlichkeiten. Daher müsste man von der allgemeinen Definition des Anlagevermögens auszugehen versuchen, die allerdings wenig hilfreich ist.

Besser orientieren kann man sich an den für die Forderungen des Umlaufvermögens sowie für die Verbindlichkeiten vorgeschriebenen Vermerken über die Restlaufzeiten. Bei den Forderungen müssen solche mit einer Restlaufzeit von mehr als einem Jahr gesondert angegeben werden. Daraus ergibt sich, dass auch Forderungen mit einer längeren Restlaufzeit im Umlaufvermögen ausgewiesen werden dürfen. Bei den Verbindlichkeiten müssen solche mit einer Restlaufzeit von mehr als fünf Jahren gesondert angegeben werden. In Analogie dazu dürften Ausleihungen mit einer Restlaufzeit von mehr als fünf Jahren auf jeden Fall unter den Finanzanlagen auszuweisen sein.

Anders als bei den Ausleihungen ist bei den Wertpapieren mit Forderungscharakter nicht allein auf die Restlaufzeit abzustellen, sondern auch, wie lange sie vom Unternehmen gehalten werden sollen.

6.4.3. Unterteilung des Umlaufvermögens

1) Innerhalb des Umlaufvermögens wird in der Bilanz nach § 266 HGB eine Vierteilung vorgenommen in: Vorräte (Nr. I), Forderungen und sonstige Vermögensgegenstände (Nr. II), Wertpapiere (Nr. III) sowie Kassenbestand, Bundesbankguthaben, Guthaben bei Kreditinstituten und Schecks (Nr. IV). Diese Einteilung wird der unterschiedlichen Natur der jeweiligen Gegenstände kaum gerecht.

II. Die handelsrechtliche Bilanz sowie Gewinn- und Verlustrechnung

2) Die Vorräte (Nr. I) umfassen vier Positionen: Roh-, Hilfs- und Betriebsstoffe (Nr. 1), Unfertige Erzeugnisse, unfertige Leistungen (Nr. 2), Fertige Erzeugnisse und Waren (Nr. 3), Geleistete Anzahlungen (Nr. 4).

Unter den Rohstoffen sind zu verstehen: materielle Verbrauchsgüter, die zu Hauptbestandteilen der Produkte bestimmt sind; unter den Hilfsstoffen materielle Verbrauchsgüter, die zu Nebenbestandteilen der Produkte bestimmt sind; unter den Betriebsstoffen materielle Verbrauchsgüter, die zum Einsatz im Produktionsprozess, aber nicht zu Produktbestandteilen bestimmt sind. Für andere materielle Verbrauchsgüter (wie für Büromaterial, Werbematerial) fehlt eine Position.

Die Zusammenfassung der unfertigen Erzeugnisse und der unfertigen Leistungen (Nr. 2) ist vertretbar. Dementsprechend hätten mit den fertigen Erzeugnissen (Nr. 3) auch die fertigen Leistungen zu einer Position zusammengefasst werden können, deren Ausweis offen bleibt, die aber im Bedarfsfall am besten bei den fertigen Erzeugnissen mit ausgewiesen werden unter entsprechender Erweiterung der Positionsbezeichnung. Die Waren hätte man von den fertigen Erzeugnissen trennen können; dann bestünde Vergleichbarkeit zwischen den in der Bilanz ausgewiesenen Beständen an fertigen und unfertigen Erzeugnissen mit den in der Gewinn- und Verlustrechnung ausgewiesenen Änderungen der Bestände an fertigen und unfertigen Erzeugnissen.

Die Geleisteten Anzahlungen (Nr. 4) stellen Forderungen dar und wären besser bei jenen statt bei Vorräten eingeordnet worden.

3) Dass von den Vorräten die Erhaltenen Anzahlungen auf Bestellungen von Vorräten nach § 268 Abs. 5 HGB offen abgesetzt werden dürfen, ist wenig sinnvoll. Es handelt sich dabei um Verbindlichkeiten, die ausschließlich auf der Passivseite ausgewiesen werden sollten.

4) Die Forderungen und sonstigen Vermögensgegenstände (Nr. II) umfassen vier Positionen: Forderungen aus Lieferungen und Leistungen (Nr. 1), Forderungen gegen verbundene Unternehmen (Nr. 2), Forderungen gegen Unternehmen, mit denen ein Beteiligungsverhältnis besteht (Nr. 3), sonstige Vermögensgegenstände (Nr. 4).

Unter den Forderungen aus Lieferungen und Leistungen (Nr. 1) sind auf jeden Fall solche kurzfristiger Art auszuweisen, wohl aber auch solche langfristiger Art, weil für langfristige Forderungen aus Lieferungen und Leistungen keine Position im Anlagevermögen vorgesehen ist.

Bei den Forderungen gegen verbundene Unternehmen (Nr. 2) kann es sich sowohl um solche aus Lieferungen und Leistungen als auch um solche aufgrund von Ausleihungen handeln. Streng genommen müssten auch geleistete Anzahlungen hier mit ausgewiesen werden.

Entsprechendes gilt für die Forderungen gegen Unternehmen, mit denen ein Beteiligungsverhältnis besteht (Nr. 3).

Für die „Sonstigen Vermögensgegenstände" (Nr. 4) verbleiben solch heterogene Bestandteile, wie:

- Anteile an Unternehmen, die weder verbundene Unternehmen noch Unternehmen in einem Beteiligungsverhältnis sind, die nicht in Wertpapieren verbrieft sind und die langfristig gehalten werden sollen;
- Anteile an Unternehmen, die weder verbundene Unternehmen noch Unternehmen in einem Beteiligungsverhältnis sind, die nicht in Wertpapieren verbrieft sind und die kurzfristig gehalten werden sollen;
- kurzfristige Ausleihungen an Wirtschaftssubjekte, die weder verbundene Unternehmen noch Unternehmen in einem Beteiligungsverhältnis sind;
- materielle Verbrauchsgüter, die keine Roh-, Hilfs- oder Betriebsstoffe sind;
- u. U. Grundstücke, Gebäude, Maschinen, Fahrzeuge, die erworben wurden, aber nicht auf Dauer dem Geschäftsbetrieb der Gesellschaft zu dienen bestimmt sind.

5) Bei jedem dieser gesondert ausgewiesenen Posten muss nach § 268 Abs. 4 Satz 1 HGB der Betrag der Forderungen mit einer Restlaufzeit von mehr als einem Jahr vermerkt werden. Fraglich ist, ob damit nur solche Positionen gemeint sind, die als Forderungen bezeichnet werden, oder auch solche, die zum Teil Forderungscharakter aufweisen, wie die Positionen der Sonstigen Vermögensgegenstände und der Sonstigen Wertpapiere.[1]

6) Dass in einer zusätzlichen Position zu den Forderungen und sonstigen Wertpapieren die eingeforderten ausstehenden Einlagen auf das Gezeichnete Kapital ausgewiesen werden dürfen, ist nicht gerechtfertigt. Denn die ausstehenden Einlagen stellen, gleich ob eingefordert oder nicht, nur einen Korrekturposten zum Gezeichneten Kapital dar.

7) Die Wertpapiere (Nr. III) umfassen drei Positionen: die Anteile an verbundenen Unternehmen (Nr. 1), die Eigenen Anteile (Nr. 2) und die Sonstigen Wertpapiere (Nr. 3).

Unter den Anteilen an verbundenen Unternehmen (Nr. 1) sind auf jeden Fall die verbrieften Anteile an Unternehmen dieser Art auszuweisen; wohl aber auch die nicht verbrieften, selbst wenn dies der Einordnung der genannten Position in die Positionengruppe der Wertpapiere widerspricht, denn andernfalls bliebe nur der Ausweis unter den Sonstigen Vermögensgegenständen. Besser wäre es gewesen, der Gesetzgeber hätte in erster Linie nach Unternehmensanteilen sowie Forderungen differenziert und erst in zweiter Linie ihre Verbriefung berücksichtigt.

Dass die Eigenen Anteile (Nr. 2) in einer Vermögensposition ausgewiesen werden dürfen, ist nicht gerechtfertigt, denn sie stellen nur einen Korrekturposten zum Gezeichneten Kapital dar.

Für die „Sonstigen Wertpapiere" (Nr. 3) verbleiben: solche Wertpapiere, die Anteile an nicht-verbundenen Unternehmen verbriefen (wie Aktien) und die kurzfristig gehalten werden sollen, sowie solche Wertpapiere, die Ausleihungen verbrie-

---

[1] Vgl. Ellrott, Helmut (Beck Bil-Komm.), § 268 Anm. 91; Knop, Wolfgang (Küting/Weber, 4. Aufl.), § 268 Anm. 198.

II. Die handelsrechtliche Bilanz sowie Gewinn- und Verlustrechnung

fen (wie Obligationen) und die kurzfristig gehalten werden sollen. Allein bei dieser Position von allen drei sog. Wertpapierpositionen stimmen Bezeichnung, Inhalt und Einordnung überein.

8) Der Kassenbestand, die Bundesbankguthaben, die Guthaben bei Kreditinstituten und die Schecks (Nr. IV) sind in einer Position zusammengefasst. Die Bezeichnung ist äußerst umständlich. Die ursprünglich im Laufe des Gesetzgebungsverfahrens vorgesehene Kurzbezeichnung „Flüssige Mittel" wurde wieder fallen gelassen. Bedauerlich ist, dass man sich nicht zu einer reinen Geldposition entschließen konnte. Einer der wichtigsten ökonomischen Begriffe und einer der jedem Laien verständlichen Begriffe, nämlich derjenige des Geldes, kommt in der Bilanz überhaupt nicht vor.

6.4.4. Sonstige Positionen

1) Neben den Positionengruppen des Anlagevermögens und des Umlaufvermögens sind eine Reihe von Posten auf der Aktivseite der Bilanz gesondert auszuweisen. Damit wird das der Einteilung in Anlagevermögen und Umlaufvermögen zugrunde liegende Prinzip durchbrochen.

2) Bei diesen Posten handelt es sich in der Reihenfolge ihres Ausweises in der Bilanz nach § 266 HGB um:

a) die Ausstehenden Einlagen auf das Gezeichnete Kapital (die nicht im Gliederungsschema enthalten sind, die aber nach § 272 HGB vor dem Anlagevermögen gesondert ausgewiesen werden können);

b) die Aufwendungen für die Ingangsetzung und Erweiterung des Geschäftsbetriebs (die ebenfalls nicht im Gliederungsschema enthalten sind, die bei Aktivierung nach § 269 HGB gesondert vor dem Anlagevermögen auszuweisen sind);

c) die Rechnungsabgrenzungsposten (die als Positionengruppe C im Gliederungsschema enthalten sind);

d) den durch das Eigenkapital nicht gedeckten Fehlbetrag (der ebenfalls nicht im Gliederungsschema enthalten ist, aber nach § 268 HGB am Schluss der Bilanz auf der Aktivseite auszuweisen ist).

3) Zu diesen Posten ist jeweils zu bemerken:

a) Das Ausweiswahlrecht bei den Ausstehenden Einlagen auf das Gezeichnete Kapital führt dazu, dass die Bilanzen verschiedener Unternehmen nicht unmittelbar miteinander vergleichbar sind. Am besten wäre vorgeschrieben worden, dass die nicht eingeforderten ebenso wie die eingeforderten ausstehenden Einlagen auf der Passivseite offen vom Gezeichneten Kapital abgesetzt werden müssen.

b) Wenngleich die Aktivierungsfähigkeit der Aufwendungen für die Ingangsetzung und Erweiterung des Geschäftsbetriebs nicht gerechtfertigt ist, so ist anzuerkennen, dass die genannten Aufwendungen gesondert ausgewiesen werden müssen.

124   4. Teil: Die Aufwands- und Ertragsrechnung sowie die Vermögens- und Kapitalrechnung

c) Die Rechnungsabgrenzungsposten sind missverständlich bezeichnet, denn nicht nur sie dienen der Rechnungsabgrenzung, sondern auch Forderungen, Verbindlichkeiten, Rückstellungen. Die Vorauszahlungen unter den sog. Rechnungsabgrenzungsposten hätten ebenso gut in die Forderungen des Umlaufvermögens einbezogen werden können.

d) Der durch das Eigenkapital nicht gedeckte Fehlbetrag sollte als negatives Eigenkapital auf der Passivseite ausgewiesen werden müssen.

6.4.5. Zusammenfassende Beurteilung und alternativer Vorschlag

1) Zu den einzelnen auf der Aktivseite der Bilanz vorgesehenen Positionen ist zu sagen:

a) Für einige Positionen hätten kürzere Bezeichnungen gewählt werden können, so für die „Konzessionen, gewerblichen Schutzrechte und ähnlichen Rechte und Werte sowie Lizenzen an solchen Rechten und Werten" die zusammenfassende Bezeichnung „Immaterialgüterrechte", für „Kassenbestand, Bundesbankguthaben, Guthaben bei Kreditinstituten und Schecks" die zusammenfassende Bezeichnung „Geld", einhergehend mit einer engeren Abgrenzung dieser Position.

b) Einige Positionen hätten deutlicher bezeichnet werden können, so die „Rechnungsabgrenzungsposten" als geleistete Vorauszahlungen, einhergehend mit einer engeren Abgrenzung dieser Position.

c) Manche Positionen erscheinen außerhalb des Vermögens, obwohl ihnen Vermögenscharakter zukommt, wie die eben erwähnten Rechnungsabgrenzungsposten.

d) Andere Positionen werden in das Anlagevermögen oder Umlaufvermögen einbezogen, obwohl ihnen kein Vermögenscharakter zukommt, so der „Geschäfts- oder Firmenwert", die „Eingeforderten ausstehenden Einlagen auf das Gezeichnete Kapital", die „Eigenen Anteile".

e) In vielen Positionen werden Vermögensgegenstände recht unterschiedlicher Kategorien miteinander vermengt: so die Grundstücke (die nicht abnutzbar sind) mit Gebäuden (die abnutzbar sind); die Geleistete Anzahlungen auf Anlagen (die Forderungscharakter haben) mit Anlagen im Bau (d. h. mit materiellen Gütern); die Wertpapiere, die Unternehmensanteile verbriefen, mit Wertpapieren, die Forderungen verbriefen; die Forderungen mit Geld. Das hat u. a. zur Folge, dass sich anhand der Bilanz nicht getrennt voneinander ermitteln lassen: der Geldbestand, der Forderungsbestand, der Bestand an Unternehmensanteilen, der Bestand an materiellen Gütern.

f) Eine Reihe von Positionen sind schwer untereinander abzugrenzen, so die technischen Anlagen von den anderen Anlagen (eine von beiden Positionen ist ohnehin überflüssig); die Beteiligungen von mehreren anderen Positionen; die Wertpapiere des Anlagevermögens von den Wertpapieren des Umlaufvermögens, die Geleisteten Anzahlungen des Umlaufvermögens von den Aktiven Rechnungsabgrenzungsposten.

g) Für bestimmte Vermögensgegenstände fehlen eigene Positionen, so für Anteile an Unternehmen, die weder zu den verbundenen Unternehmen gehören noch zu den Unternehmen, mit denen ein Beteiligungsverhältnis besteht, die nicht in Wertpapieren verbrieft sind und die langfristig gehalten werden sollen; für Anteile an Unternehmen, die keine verbundenen Unternehmen sind, die nicht in Wertpapieren verbrieft sind und die nur kurzfristig gehalten werden sollen; für Forderungen aus Lieferungen und Leistungen langfristiger Art; für Ausleihungen kurzfristiger Art; für materielle Verbrauchsgüter, die keine Roh-, Hilfs- oder Betriebsstoffe sind; für fertige Leistungen.

2) Zu den auf der Aktivseite der Bilanz gebildeten Positionengruppen ist zu sagen:

a) Durch die Zweiteilung in Anlagevermögen und Umlaufvermögen wirkt die Aktivseite übersichtlich. Allerdings bereitet die Anwendung der Legaldefinition des Anlagevermögens bei dem gegebenen Gliederungsschema Schwierigkeiten. Vor allem sind die Unterteilungen des Anlagevermögens und des Umlaufvermögens nur mangelhaft aufeinander abgestimmt. Wegen dieser Schwierigkeiten dürften langfristig gebundene Vermögensteile oft im Umlaufvermögen und umgekehrt kurzfristig gebundene oft im Anlagevermögen ausgewiesen werden. Daher ist der Aussagewert der Unterscheidung nach Anlagevermögen und Umlaufvermögen nicht hoch zu veranschlagen.

b) Innerhalb des Anlagevermögens verdient die Positionengruppe der immateriellen Vermögensgegenstände nicht ihre Bezeichnung.

c) Innerhalb des Umlaufvermögens sind die Positionengruppen „Forderungen und sonstige Vermögensgegenstände" sowie „Wertpapiere" unscharf voneinander abgegrenzt und jeweils wenig ergiebig unterteilt.

3) Abschließend sei noch ein Vorschlag für eine zu § 266 HGB alternative Gliederung der Aktivseite der Bilanz gemacht (vgl. Abbildung 19).

a) Dabei wird nach den Kategorien von Vermögensgegenständen gegliedert, nach denen hier bei der Abgrenzung des Bilanzvermögens vorgegangen wurde, d. h. nach Geld, Forderungen, Unternehmensanteilen, materiellen und immateriellen Gütern.

b) Bei den Forderungen wird eine Trennung vorgenommen nach Geldforderungen und Güterforderungen, da sich diese in bezug auf ihre Geldnähe und Verwertbarkeit stark unterscheiden. Die Rechnungsabgrenzungsposten einschließlich des aktivierten Disagios werden unter den Güterforderungen subsumiert.

c) Bei den materiellen und immateriellen Gütern wird getrennt nach Produkten (d. h. Gütern, die vom betrachteten Betrieb produziert wurden) und anderen Gütern, die weitgehend als Produktionsfaktoren dienen und hier vereinfachend als Einsatzgüter bezeichnet werden.

d) Ausgeklammert bleiben: die Ausstehenden Einlagen (gleich ob eingefordert oder nicht), die Ingangsetzungs- oder Erweiterungsaufwendungen, der Geschäfts- oder Firmenwert, die Eigenen Anteile, die Zölle und Verbrauchsteuern sowie die Umsatzsteuer unter den Rechnungsabgrenzungsposten, da ihnen kein Vermögenscharakter zukommt.

e) Auf die Unterscheidung nach Anlagevermögen und Umlaufvermögen wird verzichtet, da diese nur von geringem Aussagewert ist. Stattdessen wird vorgeschlagen, nach Ermittlung der Summe des Vermögens in Unterspalten jeweils das langfristig und das kurzfristig gebundene Vermögen auszuweisen. Bei Verzicht auf die Unterscheidung nach Anlagevermögen und Umlaufvermögen würde die vom Gesetzgeber gewählte Grundlage für die Differenzierung der Bewertungsvorschriften entfallen. Es ist allerdings noch zu fragen, ob es sich hierbei um eine geeignete Grundlage handelt.

Abbildung 19:
Vorschlag für eine zu § 266 HGB alternative Gliederung
der Aktivseite der Bilanz

I. Geld
1. Bargeld (Münzen und Banknoten)
2. Buchgeld (Guthaben bei Zentralbank, Giro- und Sichtguthaben bei Banken)
= Summe des Geldvermögens

II. Geldforderungen
1. Schecks
2. Wechselforderungen
3. Terminguthaben bei Banken
4. Verbriefte Darlehensforderungen (verzinsliche Wertpapiere)
5. Nicht verbriefte Darlehensforderungen
6. Forderungen aus Lieferungen
7. Forderungen aus Dienstleistungen
8. Sonstige Geldforderungen
= Summe des Geldforderungsvermögens
- davon mit einer Restlaufzeit bis zu einem Jahr
- davon mit einer Restlaufzeit von mehr als einem Jahr bis zu fünf Jahren
- davon mit einer Restlaufzeit von mehr als fünf Jahren
- davon gesichert durch Pfandrechte oder ähnliche Rechte
- davon gegenüber verbundenen Unternehmen

III. **Güterforderungen**
1. Geleistete Vorauszahlungen für materielle Güter und Immaterialgüterrechte
2. Geleistete Vorausz>hlungen für Dienst- und Arbeitsleistungen
3. Sonstige Güterforderungen
= Summe des Güterforderungsvermögens
- davon gegenüber verbundenen Unternehmen

IV. **Anteile an anderen Unternehmen**
1. Mehrheitsbeteiligungen an Kapitalgesellschaften
2. Andere Beteiligungen an Kapitalgesellschaften
3. Beteiligungen an Unternehmen anderer Rechtsformen
= Summe des Anteilsvermögens (besser wäre: Beteiligungsvermögen)
- davon Anteile an verbundenen Unternehmen

V. **Materielle und immaterielle Einsatzgüter**
1. Grundstücke und grundstücksgleiche Rechte
2. Bodenschätze
3. Bauten
4. Maschinen, Werkzeuge, Fahrzeuge
5. Andere abnutzbare Gebrauchsgüter
6. Immaterialgüterrechte
7. Roh-, Hilfs- und Betriebsstoffe
8. Andere Verbrauchsgüter
9. Handelswaren
10. Sonstige Güter
= Summe des Einsatzgütervermögens

VI. **Materielle und immaterielle Produkte**
1. Unfertige Erzeugnisse und Leistungen
2. Fertige Erzeugnisse und Leistungen
= Summe des Produktvermögens

VII. **Summe des Vermögens (I bis VI)**
- davon langfristig gebunden
- davon kurzfristig gebunden

6.5. Anlagenbewegungsrechnung (Anlagenspiegel)

1) Die Entwicklung der einzelnen Posten des Anlagevermögens und des Postens „Aufwendungen für die Ingangsetzung und Erweiterung des Geschäftsbetriebs" während des Geschäftsjahrs ist nach § 268 Abs. 2 HGB entweder in der Bilanz oder im Anhang darzustellen.

Eine solche Darstellung wird „Anlagenspiegel" oder „Anlagengitter" genannt.[1] Beide Begriffe sind allerdings wenig aussagekräftig. Da eine Darstellung der Veränderungen oder der Bewegungen der Gegenstände des Anlagevermögens während des Geschäftsjahrs gemeint ist, kann von einer Anlagenveränderungs- oder Anlagenbewegungsrechnung für das Geschäftsjahr gesprochen werden, im Unterschied zur Anlagenbestandsrechnung zum Ende des Geschäftsjahrs im Rahmen der Bilanz.

2) Für die Darstellung der zeitlichen Entwicklung des Anlagevermögens ist nach § 268 Abs. 2 HGB auszugehen von den „gesamten" Anschaffungs- und Herstellungskosten. Da damit die „ursprünglichen" Anschaffungs- oder Herstellungskosten gemeint sind, hätte man gleich von solchen sprechen sollen.

3) Dazu sind nach § 268 Abs. 2 HGB anzugeben (vgl. auch Abbildung 20):

a) die Zugänge des Geschäftsjahrs,

b) die Abgänge des Geschäftsjahrs,

c) die Umbuchungen des Geschäftsjahrs,

d) die Zuschreibungen des Geschäftsjahrs,

e) die Abschreibungen „in ihrer gesamten Höhe" (womit die „kumulierten" Abschreibungen gemeint sind, weswegen man gleich von solchen hätte sprechen können).

4) Darüber hinaus sind in der Bilanz oder im Anhang anzugeben (vgl. ebenfalls Abbildung 20):

- die Abschreibungen des Geschäftsjahrs (§ 268 Abs. 2 HGB),

- die außerplanmäßigen Abschreibungen nach § 253 Abs. 2 Satz 3 und § 253 Abs. 3 Satz 3 HGB (§ 277 Abs. 3 HGB),

- die speziell nach steuerrechtlichen Vorschriften vorgenommenen Abschreibungen des Geschäftsjahrs (vgl. § 281 Abs. 2 Satz 1 HGB).

---

[1] Zum Anlagenspiegel vgl. Göllert, Kurt/ Ringling, Wilfried: Anlagenbuchhaltung nach neuem Bilanzrecht, S. 4109 ff.; Hoffmann, Wolf-Dieter: Einführung in die Brutto-Entwicklung des Anlagevermögens nach dem Bilanzrichtlinien-Gesetz, S. 1398 ff.; Keßler, Walter: Anlagenspiegel nach § 268 HGB, Buchungstechnik und Kontenrahmen, S. 249 ff.; Schäfer, Bernd: Anlagespiegel, Sp. 69 ff.

Abbildung 20:
Anlagenspiegel nach § 268 Abs. 2 HGB

Bestand	Zugänge	Abgänge	Um-buchungen	Zuschrei-bungen	gesamte Abschrei-bungen	Bestand	Bestand	Abschrei-bungen
zu Beginn des Geschäfts-jahrs	während des Geschäfts-jahrs	während des Geschäfts-jahrs	während des Geschäfts-jahrs	des Geschäfts-jahrs	seit Anschaf-fung oder Herstellung bis zum Ende des Ge-schäftsjahrs	am Ende des Geschäfts-jahrs	am Ende des vorher-gehenden Geschäfts-jahrs	des Geschäfts-jahrs
angesetzt zu ursprüng-lichen An-schaffungs-/ Herstellungs-kosten	angesetzt zu ursprüng-lichen An-schaffungs-/ Herstellungs-kosten	angesetzt zu ursprüng-lichen An-schaffungs-/ Herstellungs-kosten	angesetzt zu ursprüng-lichen An-schaffungs-/ Herstellungs-kosten		(nach Ver-rechnung mit den Zu-schreibungen der Vorjahre)	angesetzt zum Buch-wert	angesetzt zum Buch-wert	
	+	-	+/-	+	-	=		

5) Zu den geforderten Angaben ist zu sagen:

a) Die im Rahmen der Darstellung der zeitlichen Entwicklung zu machenden Angaben über die einzelnen Vorgänge sind nicht unmittelbar vergleichbar. Diejenigen über Zugänge und Abgänge, Umbuchungen sowie Zuschreibungen beziehen sich auf das abgelaufene Geschäftsjahr, diejenigen über Abschreibungen auf alle Geschäftsjahre. Die Abschreibungen des abgelaufenen Geschäftsjahrs brauchen nur nachrichtlich angegeben zu werden. Besser wäre, sie müssten von vornherein in die laufende Rechnung einbezogen werden. Dann könnte der Rechengang von einem Bilanzleser leichter nachvollzogen werden.

b) Die über die einzelnen Vorgänge zu machenden Angaben bleiben unvollständig. Es fehlen Angaben über die kumulierten Zuschreibungen. Wenn man von den ursprünglichen Anschaffungs- oder Herstellungskosten ausgeht, müsste man u. a. die kumulierten Abschreibungen abziehen und die kumulierten Zuschreibungen hinzuzählen können. Die Zuschreibungen brauchen jedoch nicht wie die Abschreibungen in ihrer gesamten Höhe angegeben zu werden. Damit kann das Zustandekommen des Buchwerts von einem Bilanzleser nicht nachvollzogen werden.

6) Der vom Gesetzgeber vorgesehene Anlagenspiegel weist also mehrere Mängel auf. Will man diese beheben, müsste man von den bilanzierenden Unternehmen folgende Angaben verlangen (vgl. Abbildung 21):

a) Bestand zu Beginn des Geschäftsjahrs, angesetzt zu den ursprünglichen Anschaffungs- oder Herstellungskosten;

b) zuzüglich der Zugänge während des Geschäftsjahrs, angesetzt zu den ursprünglichen Anschaffungs- oder Herstellungskosten;

c) abzüglich der Abgänge während des Geschäftsjahrs, angesetzt zu den ursprünglichen Anschaffungs- oder Herstellungskosten;

d) zuzüglich oder abzüglich von Umbuchungen während des Geschäftsjahrs, angesetzt zu den ursprünglichen Anschaffungs- oder Herstellungskosten;

e) Bestand am Ende des Geschäftsjahrs, angesetzt zu den ursprünglichen Anschaffungs- oder Herstellungskosten;

f) abzüglich der kumulierten Abschreibungen seit Anschaffung oder Herstellung bis zum Beginn des Geschäftsjahrs;

g) zuzüglich der kumulierten Zuschreibungen seit Anschaffung oder Herstellung bis zum Beginn des Geschäftsjahrs;

h) abzüglich der Abschreibungen des Geschäftsjahrs, ausschließlich der Abschreibungen auf Abgänge während des Geschäftsjahrs;

i) zuzüglich der Zuschreibungen des Geschäftsjahrs;

k) Bestand am Ende des Geschäftsjahrs, angesetzt zum Buchwert.

Es handelt sich dabei um viele Rechengrößen, die aber alle einbezogen werden müssen, will man zu einem für die Bilanzleser nachvollziehbaren Ergebnis kommen.

Abbildung 21:
Vorschlag für einen zu § 268 Abs. 2 HGB alternativen Anlagenspiegel

Bestand	Zugänge	Abgänge	Umbuchungen	Bestand	kumulierte Zuschreibungen	kumulierte Abschreibungen	Zuschreibungen	Abschreibungen	Bestand
zu Beginn des Geschäftsjahrs	während des Geschäftsjahrs	während des Geschäftsjahrs	während des Geschäftsjahrs	am Ende des Geschäftsjahrs	seit Anschaffung oder Herstellung bis zum Beginn des Geschäftsjahrs	seit Anschaffung oder Herstellung bis zum Beginn des Geschäftsjahrs	des Geschäftsjahrs	des Geschäftsjahrs auf noch vorhandene Vermögensgegenstände	am Ende des Geschäftsjahrs
angesetzt zu ursprünglichen Anschaffungs-/Herstellungskosten	angesetzt zu ursprünglichen Anschaffungs-/Herstellungskosten	angesetzt zu ursprünglichen Anschaffungs-/Herstellungskosten	angesetzt zu ursprünglichen Anschaffungs-/Herstellungskosten	angesetzt zu ursprünglichen Anschaffungs-/Herstellungskosten				(Abschreibungen des Geschäftsjahrs insgesamt - Abschreibungen auf Abgänge)	angesetzt zum Buchwert
	+	-	+/-	=	+	-	+	-	=

7) Diese Alternative ist aussagefähiger als der vom Gesetzgeber vorgesehene Anlagenspiegel, in dem die Anlagenbewegungen nur verkürzt wiedergegeben zu werden brauchen.

Immerhin stellt der Anlagenspiegel einen begrüßenswerten Ansatz zu einer Bewegungsrechnung dar, die nicht nur erfolgswirksame Vorgänge erfasst wie die Gewinn- und Verlustrechnung, sondern auch erfolgsunwirksame Vorgänge einbezieht. Eine Erweiterung vom Anlagevermögen auf alle Vermögensgegenstände sowie auf die Kapitalposten wäre wünschenswert.

8) Nach IAS 16.60 sind für jede Position der Sachanlagen anzugeben: der Bruttobuchwert und die kumulierten Abschreibungen zu Beginn und zum Ende des Geschäftsjahrs. Zudem ist die Entwicklung des Buchwerts vom Beginn bis zum Ende des Geschäftsjahrs darzustellen, unter Angabe von: Zugängen (additions), Abgängen (disposals), Erwerben durch Unternehmenszusammenschlüsse (acquisitions through business combinations), Erhöhungen oder Verminderungen aufgrund von Neubewertung (revaluations), Verminderungen des Buchwertes aufgrund von impairment losses sowie Zuschreibungen aufgrund der Aufholung von impairment losses, Abschreibungen (depreciation), Nettoumrechnungsdifferenzen und sonstige Veränderungen.[1]

9) Nach US-GAAP ist keine dem Anlagenspiegel vergleichbare Rechnung vorgesehen. Im Anhang sind jedoch für jede Position des Sachanlagevermögens anzugeben:[2]

a) die historischen Anschaffungs- bzw. Herstellungskosten;

b) die kumulierten Abschreibungen;

c) die Abschreibungen des Geschäftsjahrs und

d) die außerplanmäßigen Abschreibungen.

6.6. Bewertung des Bilanzvermögens

6.6.1. Ermittlung des Mengengerüsts

1) Wenn geklärt ist, was als Vermögen in der Bilanz anzusetzen ist, muss das Mengengerüst der Vermögensgegenstände ermittelt und die Bewertung vorgenommen werden.

2) Zur Ermittlung des Mengengerüsts bedarf es einer sog. Bestandsaufnahme oder Inventur.[3] Eine solche müsste zu Beginn des jeweiligen Geschäftsjahrs vor-

---

[1] Vgl. KPMG Deutsche Treuhand Gesellschaft (Hrsg.): Rechnungslegung nach US-amerikanischen Grundsätzen, S. 48 f.

[2] Vgl. Coenenberg, Adolf Gerhard: Jahresabschluss und Jahresabschlussanalyse, S. 186.

[3] Vgl. Farr, Wolf-Michael (HdJ), Abt. II/5; IDW, HFA Stellungnahme 1/1990: Zur körperlichen Bestandsaufnahme im Rahmen von Inventurverfahren; Kunz, Karlheinz: Inventur, Sp. 1238 ff.

genommen werden. Die ermittelten Bestandsmengen sind durch Erfassen der Zugänge und Abgänge während des Geschäftsjahrs fortzuschreiben (sog. Skontration), woraus sich ein errechneter Bestand ergibt. Am Ende des Geschäftsjahrs bedarf es erneut einer Inventur, mit Hilfe derer der tatsächliche Bestand festzustellen ist, der vom errechneten Bestand abweichen kann. Diese Inventur am Ende des Geschäftsjahrs ersetzt in einer fortlaufenden Rechnung die Inventur zu Beginn des nachfolgenden Geschäftsjahrs.

3) In Bezug auf die Bestandsaufnahme sind eine Reihe von Differenzierungen vorzunehmen (vgl. Abbildung 22).

Abbildung 22:
Möglichkeiten der Inventur nach HGB

nach der Art	körperliche Bestandsaufnahme
	buchmäßige Bestandsaufnahme
nach dem Umfang	Vollaufnahme
	Teilaufnahme (Stichprobenaufnahme)
nach der Häufigkeit	jährliche Bestandsaufnahme
	dreijährige Bestandsaufnahme
nach dem Zeitpunkt	Bilanzstichtagsinventur
	zeitlich ausgeweitete Stichtagsinventur
	vor- bzw. nachverlegte Stichtagsinventur
	permanente Inventur

4) Nach der Art der Bestandsaufnahme wird unterschieden:

a) die körperliche Bestandsaufnahme, die den Regelfall nach § 240 HGB bildet und die z. B. bei Maschinen, Vorräten, Wertpapieren, Bargeld geboten ist;

b) die buchmäßige Bestandsaufnahme, die nach § 241 Abs. 2 HGB ausnahmsweise zulässig ist, wenn die körperliche Aufnahme wegen der Natur der Gegenstände nicht möglich oder wirtschaftlich nicht zumutbar ist (z. B. bei Buchgeld, nicht verbrieften Forderungen).

5) Nach dem Umfang der Bestandsaufnahme ist zu unterscheiden:

a) die Vollaufnahme, die den Regelfall nach § 240 HGB bildet;

b) die Teilaufnahme, die nach § 241 Abs. 1 HGB ausnahmsweise zulässig ist.

So darf der Bestand nach Art, Menge und Wert mit Hilfe anerkannter mathematisch-statistischer Methoden aufgrund von Stichproben ermittelt werden, wenn das Verfahren den Grundsätzen ordnungsmäßiger Buchführung entspricht und der

Aussagewert des auf diese Weise aufgestellten Inventars dem Aussagewert eines aufgrund einer Vollaufnahme aufgestellten Inventars gleichkommt.

6) Nach der Häufigkeit der Bestandsaufnahme kann unterschieden werden:

a) die jährliche Bestandsaufnahme, die den Regelfall nach § 240 HGB bildet;

b) die Bestandsaufnahme im Abstand von mehreren Jahren, die ausnahmsweise im Rahmen der Festbewertung nach § 240 Abs. 3 HGB zulässig ist.

So dürfen Sachanlagen sowie Roh-, Hilfs- und Betriebsstoffe, wenn sie regelmäßig ersetzt werden, ihr Gesamtwert für das Unternehmen von nachrangiger Bedeutung ist sowie ihr Bestand in seiner Größe, seinem Wert und seiner Zusammensetzung nur geringen Veränderungen unterliegt, mit einer gleichbleibenden Menge und einem gleichbleibenden Wert in der Bilanz angesetzt werden (sog. Festbewertung, genauer: Festmengen-Festpreis-Ansatz, auch Eiserne-Bestands-Methode genannt). Jedoch muss ihr Bestand in der Regel alle drei Jahre durch eine körperliche Aufnahme überprüft werden. Hier wird also eine Inventurerleichterung zusammen mit einer Bewertungserleichterung zugestanden.

7) Nach dem Zeitpunkt der Bestandsaufnahme wird unterschieden:

a) die Bestandsaufnahme am Bilanzstichtag (sog. Stichtagsinventur), die den Regelfall nach § 240 HGB bildet;

b) die Bestandsaufnahme an einem anderen Tag, und zwar:

ba) die Aufnahme an einem Tag innerhalb einer Frist von 10 Tagen vor oder nach dem Bilanzstichtag (sog. zeitlich ausgeweitete Stichtagsinventur), die ausnahmsweise für zulässig erachtet wird, soweit durch Anwendung eines den Grundsätzen ordnungsmäßiger Buchführung entsprechenden Verfahrens gesichert ist, dass der Bestand nach Art, Menge und Wert für den Schluss eines Geschäftsjahrs festgestellt werden kann (Abschn. 30 Abs. 1 EStR);

bb) die Aufnahme an einem Tag innerhalb einer Frist von drei Monaten vor dem Bilanzstichtag bzw. von zwei Monaten nach dem Bilanzstichtag (sog. vorverlegte bzw. nachverlegte Stichtagsinventur), die nach § 241 Abs. 3 HGB ausnahmsweise zulässig ist, soweit durch Anwendung eines den Grundsätzen ordnungsmäßiger Buchführung entsprechenden Fortschreibungs- bzw. Rückrechnungsverfahrens gesichert ist, dass der am Schluss des Geschäftsjahrs vorhandene Bestand für diesen Zeitpunkt ordnungsgemäß bewertet werden kann;

bc) die Aufnahme an einem beliebigen Tag innerhalb des Geschäftsjahrs jeweils eines Teils der Vermögensgegenstände (missverständlicherweise als permanente Inventur bezeichnet), die nach § 241 Abs. 2 HGB ausnahmsweise zulässig ist, soweit durch Anwendung eines den Grundsätzen ordnungsmäßiger Buchführung entsprechenden Verfahrens gesichert ist, dass der Bestand nach Art, Menge und Wert für den Schluss eines Geschäftsjahrs festgestellt werden kann.

8) Den Regelfall der Inventur bildet unter Berücksichtigung aller eben unterschiedenen Möglichkeiten diejenige Bestandsaufnahme, die eine körperliche Aufnahme sowie eine vollständige Aufnahme ist und die jährlich jeweils am Bilanz-

stichtag stattfindet. Sobald in einer Hinsicht abgewichen werden darf, kann von einer Inventurerleichterung gesprochen werden.

9) Im HGB werden einige der genannten Inventurmöglichkeiten unter dem Stichwort „Inventar" in § 240 HGB und andere unter dem Stichwort „Inventurvereinfachungsverfahren" in § 241 HGB geregelt, was verwirrend ist.

Hinzu kommt, dass sich die Regelungen für einige der genannten Inventurmöglichkeiten nicht direkt, sondern nur indirekt aus dem Gesetz ergeben. Dies dürfte zum Teil darauf zurückzuführen sein, dass der Gesetzgeber auch bei einer Inventur, die nicht am Bilanzstichtag stattfindet, mit der Unterscheidung auszukommen versucht: Inventur zum Inventurzeitpunkt, Inventar zum Bilanzstichtag und Bilanz zum Bilanzstichtag. Demgegenüber sollte das Ergebnis einer Inventur stets als Inventar bezeichnet und somit unterschieden werden: Inventur und Inventar jeweils zum Inventurzeitpunkt, Inventar zum Bilanzstichtag, Bilanz zum Bilanzstichtag.

6.6.2. Bewertung des Mengengerüsts

1) Die Ermittlung des Mengengerüsts der Vermögensgegenstände ist vor allem ein technisch-organisatorisches Problem. Anderes gilt für die Bewertung des ermittelten Mengengerüsts.

2) Bei der Bewertung stellen sich folgende grundsätzliche Fragen:

a) Welche Wertansätze oder Bewertungsmaßstäbe kommen für die Vermögensgegenstände in Betracht?

b) Soll man sich auf einen Wertansatz beschränken oder mehrere Wertansätze vorsehen und soll man, im Fall mehrerer Wertansätze, diesen gleichen oder unterschiedlichen Rang zuerkennen?

c) Soll man die Bewertung der Vermögensgegenstände einheitlich oder unterschiedlich vornehmen und wie soll man, im Fall unterschiedlicher Bewertung, nach der Art der Vermögensgegenstände differenzieren?

Auf die gestellten Fragen sei hier in umgekehrter Reihenfolge eingegangen.

6.6.3. Bewertungsrelevante Differenzierung der Vermögensgegenstände

1) Im HGB wird bei der Regelung der Bewertung in § 253 HGB unterschieden: primär zwischen Gegenständen des Anlagevermögens und Gegenständen des Umlaufvermögens, sekundär, innerhalb des Anlagevermögens, zwischen Gegenständen mit zeitlich unbegrenzter Nutzung und Gegenständen mit zeitlich begrenzter Nutzung.

Speziell bei Kapitalgesellschaften und Genossenschaften wird bei der Regelung der Bewertung in § 279 HGB noch nach Finanzanlagen und anderen Anlagen differenziert.

136   4. Teil: Die Aufwands- und Ertragsrechnung sowie die Vermögens- und Kapitalrechnung

2) Damit ergibt sich bei Kapitalgesellschaften und Genossenschaften nach HGB insgesamt folgende Abstufung:

   a) Bewertung des Anlagevermögens;

      aa) Bewertung von Sachanlagen und immateriellen Anlagen;

         aaa) Bewertung von Anlagen mit zeitlich unbegrenzter Nutzung;

         aab) Bewertung von Anlagen mit zeitlich begrenzter Nutzung;

      ab) Bewertung von Finanzanlagen;

   b) Bewertung des Umlaufvermögens.

3) Dass bei der Regelung der Bewertung nach Vermögensgegenständen differenziert wird, ist zu begrüßen. Allerdings hätte man sich eine feinere Differenzierung gewünscht und zudem eine Differenzierung anderer Art, nämlich eine nach solchen Vermögenskategorien, wie sie hier bei der Abgrenzung des Vermögens gebildet worden sind, also nach Geld, Forderungen, Unternehmensanteilen, materiellen und immateriellen Gütern.

4) Anders als nach HGB wird bei der Bewertung nach IAS und US-GAAP nicht primär zwischen fixed assets und current assets unterschieden. Stattdessen werden davon abweichende Vermögensgruppen gebildet, wie property, plant and equipment, wie intangible assets, wie inventory, wie financial assets or securities.

6.6.4. Bewertung des Anlagevermögens

6.6.4.1. Überblick über die Wertansätze

1) Für Gegenstände des Anlagevermögens sind nach § 253 und § 254 HGB grundsätzlich folgende Wertansätze vorgesehen:

   a) die Anschaffungskosten;

   b) die Herstellungskosten;

   c) der dem Gegenstand am Abschlussstichtag beizulegende Wert;

   d) der Wert des vorhergehenden Abschlussstichtags;

   e) der steuerrechtlich zulässige Wert;

   f) der im Rahmen vernünftiger kaufmännischer Beurteilung liegende niedrigere Wert.

2) Zu den genannten Wertansätzen ist generell zu sagen:

   a) Von Anschaffungskosten lässt sich bei bestimmten Vermögensgegenständen sprechen, z. B. bei Grundstücken, Gebäuden, Maschinen, sofern sie fremdbezogen wurden. Dagegen passt dieser Begriff nicht für eine Reihe anderer Vermögensgegenstände, wie Geleistete Anzahlungen auf Anlagen, Ausleihungen des Anlagevermögens, gleichwohl muss er auf sie angewandt werden.

II. Die handelsrechtliche Bilanz sowie Gewinn- und Verlustrechnung

Bei Gegenständen mit zeitlich begrenzter Nutzung ist zu unterscheiden zwischen dem ursprünglichen Anschaffungswert und dem um planmäßige Abschreibungen verminderten ursprünglichen Anschaffungswert, der am besten als fortgeschriebener Anschaffungswert bezeichnet wird. Beim ursprünglichen Anschaffungswert handelt es sich um einen historischen Wert, beim fortgeschriebenen Anschaffungswert um einen von einem historischen Wert abgeleiteten Wert.

Ferner ist bei bestimmten Gegenständen, die sich der Einzelerfassung und Einzelbewertung entziehen, zu unterscheiden zwischen einem individuellen und einem generellen Anschaffungswert.

b) Die Herstellungskosten treten an Stelle der Anschaffungskosten bei selbst erstellten Vermögensgegenständen.

Auch bei den Herstellungskosten ist zwischen einem ursprünglichen Wert und einem fortgeschriebenen Wert zu unterscheiden sowie zwischen einem individuellen und einem generellen Wert.

c) Einen Wert, als den dem Gegenstand am Abschlussstichtag beizulegenden Wert, zu bezeichnen, kommt, wenn es um die Bewertung zum Abschlussstichtag geht, einer Tautologie gleich. Warum bedient man sich nicht wenigstens des überkommenen Begriffs des Tageswerts, wenngleich auch dieser nicht sehr aussagekräftig ist?

Gemeint sein müssten damit Wertansätze, die eine sinnvolle Alternative zu den vorher genannten Anschaffungskosten und Herstellungskosten darstellen, nämlich die Wiederbeschaffungskosten bzw. Wiederherstellungskosten, der Veräußerungswert sowie u. U. für bestimmte Vermögensgegenstände der Erfolgswert.

d) Den Wert eines vorhergehenden Abschlussstichtags in Betracht zu ziehen, steht im krassen Widerspruch zu dem Vorhaben, eine Bewertung zum gegenwärtigen Abschlussstichtag vorzunehmen.

e) Einen steuerrechtlich zulässigen Wert in der Handelsbilanz anzusetzen, ist systemwidrig.

f) Ein Wert, der niedriger als einer der vorher genannten bzw. gemeinten Werte ist, aber noch im Rahmen vernünftiger kaufmännischer Beurteilung liegen soll, ist nicht mehr vorstellbar.

3) Nach IAS sind grundsätzlich ebenso wie nach US-GAAP folgende Wertansätze vorgesehen:[1]

a) die historical cost, die den Anschaffungskosten entsprechen;

b) die current cost (auch replacement cost or reproduction cost genannt), die dem Wiederbeschaffungs- bzw. Wiederherstellungswert entsprechen;

c) der realizable value (auch recoverable amount oder market value genannt), der dem Veräußerungswert entspricht;

---

[1] Vgl. Bieg, Hartmut/ Kußmaul, Heinz: Externes Rechnungswesen, S. 465 f.; Coenenberg, Adolf Gerhard: Jahresabschluss und Jahresabschlussanalyse, S. 93 f.

d) der fair value;
e) der present value of future cash flows, also ein Barwert.

6.6.4.2. Rangordnung der Wertansätze

1) Die genannten Wertansätze sind nach HGB (§§ 253, 254, 279, 280 HGB) nicht gleichrangig. Für sie gilt die nachfolgend skizzierte Rangordnung (vgl. auch Abbildung 23).

2) Grundsätzlich ist ein Gegenstand des Anlagevermögens zum Anschaffungswert anzusetzen. Dabei kann es sich handeln um einen ursprünglichen oder einen fortgeschriebenen, einen individuellen oder einen generellen Anschaffungswert.

Am Abschlussstichtag bedarf es der Feststellung des sog. dem Gegenstand am Abschlussstichtag beizulegenden Werts.

a) Ist der Wert des Abschlussstichtags höher als der Anschaffungswert, muss nach wie vor der Anschaffungswert angesetzt werden. Der Anschaffungswert bildet die Obergrenze. Man kann deswegen vom Primat des Anschaffungswerts sprechen.

b) Ist der Wert des Abschlussstichtags niedriger als der Anschaffungswert und handelt es sich voraussichtlich um eine dauernde Wertminderung, muss der Wert des Abschlussstichtags angesetzt werden.

c) Ist der Wert des Abschlussstichtags niedriger als der Anschaffungswert und handelt es sich voraussichtlich um eine vorübergehende Wertminderung, darf der Wert des Abschlussstichtags von Kapitalgesellschaften und Genossenschaften im Fall von Finanzanlagen angesetzt werden, dagegen nicht im Fall von Sachanlagen und immateriellen Anlagen. Von Einzelkaufleuten und Personenhandelsgesellschaften darf bei einer voraussichtlich vorübergehenden Wertminderung der Wert des Abschlussstichtags auch im Fall von Sachanlagen und immateriellen Anlagen angesetzt werden.

3) Für den Herstellungswert gilt Entsprechendes wie für den Anschaffungswert.

4) Der Wert des vorhergehenden Abschlussstichtags darf, solange er den Wert des gegenwärtigen Abschlussstichtags unterschreitet, nur noch von Einzelkaufleuten und Personenhandelsgesellschaften angesetzt werden. Für sie besteht handelsrechtlich ein Beibehaltungswahlrecht. Für Kapitalgesellschaften und Genossenschaften gilt dagegen ein Wertaufholungsgebot. Das für sie vorgesehene Beibehaltungswahlrecht aus steuerlichen Gründen ist praktisch entfallen.

Von Einzelkaufleuten und Personenhandelsgesellschaften darf der Wert des vorhergehenden Abschlussstichtags auch angesetzt werden, wenn er den Wert des gegenwärtigen Abschlussstichtags überschreitet, solange er den Anschaffungsbzw. Herstellungswert unterschreitet und keine dauerhafte Wertminderung vorliegt. Für Kapitalgesellschaften und Genossenschaften gilt dies nur im Fall von Finanzanlagen.

5) Der steuerrechtlich zulässige Wert darf, solange er den Anschaffungs- oder Herstellungswert sowie den Wert des Abschlussstichtags unterschreitet, von Kapitalgesellschaften und Genossenschaften nur angesetzt werden, sofern seine Anerkennung in der Steuerbilanz von seinem Ansatz in der Handelsbilanz abhängig ist. Von Einzelkaufleuten und Personengesellschaften darf er ohne eine solche Einschränkung angesetzt werden.

6) Der gegenüber den vorher genannten Werten niedrigere, aber noch im Rahmen vernünftiger kaufmännischer Beurteilung liegende Wert darf nur von Einzelkaufleuten und Personenhandelsgesellschaften angesetzt werden.

7) Zur skizzierten Rangordnung ist zu sagen:

a) Das Verbot, bei der Bewertung den Anschaffungs- bzw. Herstellungswert zu überschreiten, lässt sich mit dem Vorsichtsprinzip rechtfertigen. Dieses Prinzip konkretisiert sich hier im Niederstwertprinzip, nach welchem von mehreren in Betracht kommenden Werten der niedrigere anzusetzen ist. Da bei Gegenständen des Anlagevermögens der niedrigere Wert nur im Fall der voraussichtlich dauernden Wertminderung angesetzt werden muss, wird von einem gemilderten Niederstwertprinzip gesprochen.

Was unter voraussichtlich dauernder bzw. vorübergehender Wertminderung verstanden werden soll, lässt der Gesetzgeber offen. Nahe liegend ist es, auf den nächsten Bilanzstichtag abzustellen und eine Wertminderung, die über diesen Zeitpunkt voraussichtlich nicht hinausgeht, als vorübergehend einzustufen, eine Wertminderung, die über diesen Zeitpunkt hinaus voraussichtlich anhält, als dauerhaft. In der Literatur allerdings wird es für vertretbar gehalten, auf mehrere nachfolgende Bilanzstichtage abzustellen. So wird bei abnutzbaren Vermögensgegenständen eine Wertminderung als dauerhaft eingestuft, wenn sie länger als die halbe Restnutzungsdauer besteht.[1]

Abgesehen von der Unbestimmtheit der maßgebenden Frist ist zu kritisieren, dass mit der Differenzierung nach voraussichtlich vorübergehender und dauernder Wertminderung unnötig ein prognostisches Element in die Jahresabschlussrechnung eingeführt wird. Am besten wäre es, vorzuschreiben, dass bei einer eingetretenen Wertminderung stets der niedrigere Wert des Abschlussstichtags anzusetzen ist.

b) Im Verbot, bei der Bewertung den Anschaffungs- bzw. Herstellungswert zu überschreiten, kann auch eine Ausprägung des Realisationsprinzips gesehen werden, genauer, des Prinzips der Gewinnrealisation, das das Pendant zum Prinzip der Verlustantizipation bildet. Danach hat der Ausweis von Gewinnen zu unterbleiben, so lange sie noch nicht realisiert sind. Dagegen würde man jedoch verstoßen bei Ansatz von Werten, die höher sind als der Anschaffungs- bzw. Herstellungswert, wenn man die entsprechende Zuschreibung als Ertrag in der Gewinn- und Verlustrechnung ausweist. Man könnte allerdings eine solche Zuschreibung auch durch Einstellung in eine Wertsteigerungsrücklage neutralisieren.

---

[1] Vgl. Berger, Axel/ Ring, Maximilian (Beck Bil-Komm.), § 253 Anm. 295; Döring, Ulrich/ Buchholz, Rainer (Küting/Weber, 5. Aufl.). § 253 Anm. 165.

Abbildung 23:
Bewertung des Anlagevermögens nach HGB

Wertansätze	Rangordnung der Wertansätze	
	für Einzelkaufleute und Personenhandelsgesellschaften	für Kapitalgesellschaften und Genossenschaften
1a. die ursprünglichen Anschaffungs- oder Herstellungskosten	die bei Vermögensgegenständen mit *zeitlich unbegrenzter Nutzung* normalerweise anzusetzen sind und stets die Obergrenze bilden § 253 Abs. 1 Satz 1 HGB	die bei Vermögensgegenständen mit *zeitlich unbegrenzter Nutzung* normalerweise anzusetzen sind und stets die Obergrenze bilden § 253 Abs. 1 Satz 1 HGB
1b. die fortgeschriebenen Anschaffungs- oder Herstellungskosten	die bei Vermögensgegenständen mit *zeitlich begrenzter Nutzung* an die Stelle der ursprünglichen Anschaffungskosten- oder Herstellungskosten treten § 253 Abs. 2 Satz 1 und 2 HGB	die bei Vermögensgegenständen mit *zeitlich begrenzter Nutzung* an die Stelle der ursprünglichen Anschaffungskosten- oder Herstellungskosten treten § 253 Abs. 2 Satz 1 und 2 HGB
2. der Wert des gegenwärtigen Abschlussstichtags	der nur in Betracht kommt, wenn er niedriger als (1) ist a) bei voraussichtlich *vorübergehender* Wertminderung kann er angesetzt werden (= Möglichkeit der außerplanmäßigen Abschreibung) § 253 Abs. 2 Satz 3, Halbsatz 1 HGB b) bei voraussichtlich *dauernder* Wertminderung muss er angesetzt werden (= Gebot der außerplanmäßigen Abschreibung) § 253 Abs. 2 Satz 3, Halbsatz 2 HGB	der nur in Betracht kommt, wenn er niedriger als (1) ist a) bei voraussichtlich *vorübergehender* Wertminderung kann er bei Finanzanlagen (dagegen nicht bei Sachanlagen und immateriellen Anlagen) angesetzt werden (= Möglichkeit der außerplanmäßigen Abschreibung bei Finanzanlagen sowie Verbot der außerplanmäßigen Abschreibung bei Sachanlagen und imm. Anlagen) § 253 Abs. 2 Satz 3, Halbsatz 1 i. V. m. § 279 Abs. 1 Satz 2 HGB b) bei voraussichtlich *dauernder* Wertminderung muss er angesetzt werden (= Gebot der außerplanmäßigen Abschreibung) § 253 Abs. 2 Satz 3, Halbsatz 2 HGB

II. Die handelsrechtliche Bilanz sowie Gewinn- und Verlustrechnung

Wertansätze	Rangordnung der Wertansätze	
	für Einzelkaufleute und Personenhandelsgesellschaften	für Kapitalgesellschaften und Genossenschaften
3. der Wert des vorhergehenden Abschlussstichtags	a) der beibehalten werden darf, wenn er niedriger als (1) und (2) ist (= Beibehaltungswahlrecht) § 253 Abs. 5 HGB	a) der nicht beibehalten werden darf, wenn er niedriger als (1) und (2) ist (= Wertaufholungsgebot) § 280 Abs. 1 HGB
	b) der auch beibehalten werden darf, wenn er niedriger als (1) und vorübergehend höher als (2) ist (= Beibehaltungswahlrecht) § 253 Abs. 5 HGB	b) der bei Finanzanlagen angesetzt werden darf, wenn er niedriger als (1) und vorübergehend höher als (2) ist (= Abschreibungswahlrecht) § 279 Abs. 1 HGB
4. der Steuerwert	der nur in Betracht kommt, wenn er niedriger als (1) und (2) ist er darf ohne Einschränkung angesetzt werden (= Möglichkeit der außerplanmäßigen Abschreibung) § 254 HGB	der nur in Betracht kommt, wenn er niedriger als (1) und (2) ist er darf nur angesetzt werden, wenn seine Anerkennung bei der steuerrechtlichen Gewinnermittlung vom Ansatz in der Handelsbilanz abhängig ist (= eingeschränkte Möglichkeit der außerplanmäßigen Abschreibung) § 254 i. V. m. § 279 Abs. 2 HGB) stattdessen kann auch der Wert des gegenwärtigen Abschlussstichtags angesetzt und der Differenzbetrag in den Sonderposten mit Rücklageanteil eingestellt werden § 281 Abs. 1 i. V. m. § 254 und § 279 Abs. 2 HGB
5. der gegenüber den vorhergehenden Werten niedrigere Wert	der angesetzt werden darf, wenn er im Rahmen vernünftiger kaufmännischer Beurteilung liegt (= Möglichkeit der außerplanmäßigen Abschreibung) § 253 Abs. 4 HGB	der nicht angesetzt werden darf (= Verbot des Ansatzes) § 279 Abs. 1 Satz 1 HGB

c) Mit dem Verbot, einen höheren Wert als den Anschaffungs- bzw. Herstellungswert anzusetzen, ist aber u. U. der gravierende Nachteil verbunden, dass Vermögensgegenstände in der Bilanz zu historischen, längst überholten Werten angesetzt werden, dass stille Reserven entstehen, die bei einer AG nur dem Vorstand bekannt sind, nicht den Aktionären, nicht den Gläubigern.

d) Mit dem Verbot, einen höheren Wert als den Anschaffungs- bzw. Herstellungswert anzusetzen, ist ein weiterer gravierender Nachteil verbunden, der vor allem bei Gegenständen mit zeitlich begrenzter Nutzung auftritt. Die akkumulierten planmäßigen Abschreibungen reichen im Fall fortgesetzt steigender Preise nicht dazu aus, um den abgeschriebenen und abgenutzten Vermögensgegenstand wieder zu beschaffen. Der Jahr für Jahr ermittelte Gewinn enthält einen Scheingewinn. Es müssen zu hohe Gewinnsteuern an den Staat abgeführt werden. Zudem besteht die Gefahr zu hoher Gewinnausschüttungen an die Eigentümer. Die Substanzerhaltung im Unternehmen ist nicht gewährleistet.

8) Wegen der in den Abschnitten c) und d) genannten Nachteile ist zu überlegen, ob nicht doch die Berücksichtigung von Werten, die höher sind als der Anschaffungs- bzw. Herstellungswert, in bestimmten Fällen zugelassen werden sollte.

9) Nach IAS sind Sachanlagen (property, plant and equipment) sowie immaterielle Anlagen (intangibles) grundsätzlich mit ihren historical cost zu bewerten und gegebenenfalls planmäßig abzuschreiben.[1]

Sofern am Bilanzstichtag indications einer Wertminderung vorliegen, ist nach IAS 36.8 der sog. impairment test durchzuführen. Bestätigen sich die Anzeichen, ist statt des jeweiligen Buchwerts (carrying amount) der erlösbare Wert (realizable value, recoverable amount) oder der sog. fair value anzusetzen. Warum nicht einfach gesagt wird, dass bei einer Wertminderung der niedrigere Wert anzusetzen ist, stattdessen umständlich und hochtrabend von einem impairment test gesprochen wird, vermag man nicht einzusehen.

Sofern am Bilanzstichtag Anzeichen einer Werterhöhung vorliegen, ist nach dem sog. benchmark treatment der niedrigere Buchwert beizubehalten. Nach dem sog. allowed alternative treatment darf ein höherer Wert (der sog. fair value) angesetzt werden (IAS 38.64 und IAS 16.29). Bei immateriellen Anlagen gilt dies nur, wenn ein aktiver Markt vorliegt. Der zugeschriebene Betrag ist aber nicht als Zuschreibung in der Gewinn- und Verlustrechnung auszuweisen, sondern direkt in eine Neubewertungsrücklage (revaluation surplus) in der Bilanz einzustellen, es sei denn, es handelt sich nur um eine Rückgängigmachung zuvor erfolgswirksam erfasster Abschreibungen (IAS 38.76 und IAS 16.38).

Nach US-GAAP sind die genannten Gegenstände ebenfalls mit ihren historical cost zu bewerten und gegebenenfalls planmäßig abzuschreiben. Ein höherer Wert als die ursprünglichen bzw. fortgeschriebenen Anschaffungskosten darf allerdings nicht angesetzt werden. Die Bildung einer Neubewertungsrücklage entfällt.[2]

---

[1] Vgl. Coenenberg, Adolf Gerhard: Jahresabschluss und Jahresabschlussanalyse, S. 157 f.
[2] Vgl. Coenenberg, Adolf Gerhard: Jahresabschluss und Jahresabschlussanalyse, S. 158.

II. Die handelsrechtliche Bilanz sowie Gewinn- und Verlustrechnung

10) Die finanziellen Vermögensgegenstände (financial assets) sind nach IAS unabhängig von ihrer Zugehörigkeit zu den non current assets oder zu den current assets, aber in Abhängigkeit von dem mit ihrem Erwerb verfolgten Zweck zu bewerten (IAS 39.69):[1]

- die securities held to maturity at cost,
- die securities held for trading zum fair value,
- die securities available for sale ebenfalls zum fair value.

Wenn bei securities held to maturity der fair value über den Anschaffungskosten liegt, ist die Werterhöhung sofort erfolgswirksam über die Gewinn- und Verlustrechnung zu erfassen (IAS 39.103a). Bei securities available for sale können die Werterhöhungen entweder auch sofort erfolgswirksam erfasst oder zunächst erfolgsneutral in das Eigenkapital eingestellt werden (IAS 39.103b). Es ist aber zu erwarten, dass der erfolgswirksame Ausweis zukünftig nicht mehr zulässig sein wird (E-IAS 39.103b).[2]

Liegt der fair value unter den Anschaffungskosten, muss bei allen securities eine außerplanmäßige Abschreibung vorgenommen werden. Diese wird grundsätzlich erfolgswirksam ausgewiesen, es sei denn, es wurden zuvor Werterhöhungen erfolgsneutral im Eigenkapital erfasst (IAS 39.103 und IAS 39.108).

Ähnliches gilt nach US-GAAP (FAS 115), wobei aber Werterhöhungen von securities available for sale zwingend erfolgsneutral ausgewiesen werden müssen.

6.6.4.3. Wertansätze im Einzelnen

6.6.4.3.1. Anschaffungskosten

1) Die Anschaffungskosten sind, wie erwähnt, für fremdbezogene Vermögensgegenstände vorgesehen. Sie werden in § 255 HGB definiert als „Aufwendungen, die geleistet werden, um einen Vermögensgegenstand zu erwerben und ihn in einen betriebsbereiten Zustand zu versetzen, soweit sie dem Vermögensgegenstand einzeln zugeordnet werden können." Weiterhin heißt es in § 255 HGB, dass zu den Anschaffungskosten auch die Nebenkosten sowie die nachträglichen Anschaffungskosten gehören und dass Anschaffungspreisminderungen abzusetzen sind.

2) Da der Gesetzgeber die Anschaffungskosten als Aufwendungen definiert, hätte er gleich von Anschaffungsaufwendungen sprechen können. Zutreffender als diese beiden Begriffe ist allerdings derjenige der Anschaffungsausgaben. Denn im Zeitpunkt der Anschaffung eines Vermögensgegenstands durch Kauf (sei es ein Bareinkauf oder ein Krediteinkauf) entstehen auf jeden Fall Ausgaben. Dagegen entstehen Aufwendungen und Kosten erst dann, wenn der gekaufte Vermögensgegenstand abgenutzt und abgeschrieben wird.

---

[1] Vgl. Bellavite-Hövermann, Yvette/ Barckow, Andreas: IAS 39 Finanzinstrumente: Ansatz und Bewertung (Financial Instruments: Recognition and Measurement), Anm. 56 ff.

[2] Vgl. Coenenberg, Adolf Gerhard: Jahresabschluss und Jahresabschlussanalyse, S. 250 f.

3) Als Bestandteile der Anschaffungskosten nennt der Gesetzgeber nur die Nebenkosten sowie die nachträglichen Anschaffungskosten. Den Hauptbestandteil, nämlich den Anschaffungspreis, lässt er unerwähnt.

4) Zur Ermittlung der Anschaffungskosten ist auf jeden Fall vom Anschaffungspreis als einem Bruttopreis auszugehen. Davon abzusetzen sind die sog. Anschaffungspreisminderungen, d. h. die Skonti, Rabatte, Boni. Es verbleibt der Nettopreis.

Hinzuzuzählen sind die Anschaffungsnebenkosten, soweit sie sich dem Vermögensgegenstand einzeln zuordnen lassen. Diese können externer oder interner Art sein, wie Frachten bzw. Kosten für den Transport in eigener Regie, Abladekosten, Materialprüfungskosten, Versicherungsprämien, Provisionen, Rechtsanwalts-, Notariats- und Gerichtsgebühren, Zölle, Steuern, Fundamentierungskosten, Montagekosten. Außer Acht haben solche Anschaffungsnebenkosten zu bleiben, die sich dem Vermögensgegenstand nicht einzeln zuordnen lassen, z. B. Anteile an den Beschaffungsgemeinkosten oder an den Verwaltungsgemeinkosten. Als Summe ergeben sich die Anschaffungskosten „im" Zeitpunkt der Anschaffung.

Hinzuzuzählen sind die sog. nachträglichen Anschaffungskosten, z. B. nachträgliche Erhöhung des Kaufpreises durch gerichtliche Entscheidung, nachträgliche Erhöhung von Gebühren und Steuern. Deren ausdrücklicher Erwähnung im Gesetz hätte es nicht bedurft. Als Summe ergeben sich schließlich die Anschaffungskosten „zum" Zeitpunkt der Anschaffung. Vgl. auch Abbildung 24.

Abbildung 24:
Umfang der Anschaffungskosten nach Handelsrecht und Steuerrecht

Bestandteile	Handelsrecht § 255 Abs. 1 HGB	Steuerrecht Abschn. 32a EStR
Anschaffungspreis	Einbeziehungsgebot	Einbeziehungsgebot
./. Anschaffungspreisminderungen	Absetzungsgebot	Absetzungsgebot
+ Anschaffungsnebenkosten, soweit einzeln zuordenbar	Einbeziehungsgebot	Einbeziehungsgebot
+ nachträgliche Anschaffungskosten	Einbeziehungsgebot	Einbeziehungsgebot
= Anschaffungskosten		

5) Nach IAS und US-GAAP sind die historical cost in der Regel genauso wie die Anschaffungskosten nach HGB abzugrenzen. Unterschiede ergeben sich u. U. durch die Berücksichtigung von „Fremdkapitalkosten" für den Erwerb von sog. qualifying assets. Nach FAS 34.8 besteht für diese eine Aktivierungspflicht; nach

IAS 23.7 sind Fremdkapitalkosten zwar grundsätzlich als Aufwand der Periode zu verrechnen (benchmark-Methode), können aber unter bestimmten Voraussetzungen auch aktiviert werden (allowed alternative treatment).[1]

6.6.4.3.2. Herstellungskosten

Die Herstellungskosten sind, wie erwähnt, für selbst erstellte Vermögensgegenstände vorgesehen. Im Rahmen des Anlagevermögens sind sie zur Bewertung der selbst erstellten Sachanlagen heranzuziehen. Da ihnen aber für die Bewertung der fertigen und unfertigen Erzeugnisse noch größere Bedeutung zukommt, wollen wir auf sie erst im Rahmen des Umlaufvermögens eingehen.

6.6.4.3.3. Wert des gegenwärtigen Abschlussstichtags

1) Der niedrigere Wert des gegenwärtigen Abschlussstichtags ist für fremdbezogene ebenso wie für selbst erstellte Vermögensgegenstände vorgesehen. Er stellt das Korrektiv zu den Anschaffungskosten ebenso wie zu den Herstellungskosten dar.

2) Der Gesetzgeber spricht in § 253 Abs. 2 Satz 3 HGB von dem den Vermögensgegenständen „am Abschlussstichtag beizulegenden Wert". Er lässt aber sonst offen, welcher Wert damit gemeint sein könnte. Der Wert des Abschlussstichtags wird von ihm also nur in zeitlicher, nicht auch in sachlicher Hinsicht bestimmt, anders als der Anschaffungswert und der Herstellungswert.

3) Zur sachlichen Bestimmung des Wertes des Abschlussstichtags kommen, je nach Art der Vermögensgegenstände, in Betracht:

    a) der Veräußerungswert,

    b) der Wiederbeschaffungswert bzw. der Wiederherstellungswert,

    c) der Erfolgswert.

4) Der Veräußerungswert ist als Korrektiv zu den Anschaffungs- oder Herstellungskosten vor allem bei solchen Gegenständen des Anlagevermögens heranzuziehen, die zum Verkauf vorgesehen sind, wie nicht mehr benötigte Grundstücke, Gebäude, Maschinen, Patente. Zu seiner Feststellung ist auszugehen von dem bei angenommener Veräußerung zum Abschlussstichtag erzielbaren Verkaufspreis, nicht etwa von einem in Zukunft erzielbaren Preis. Davon sind die Aufwendungen bzw. Kosten abzuziehen, die bei einer Veräußerung entstehen würden.

5) Der Wiederbeschaffungswert bzw. Wiederherstellungswert ist als Korrektiv zu den Anschaffungs- oder Herstellungskosten bei solchen Gegenständen des Anlagevermögens heranzuziehen, die zum Gebrauch im eigenen Betrieb bestimmt sind, wie für weiterhin benötigte Grundstücke, Gebäude, Maschinen, Patente.

---

[1] Vgl. Schönbrunn, Norbert: IAS 23 Fremdkapitalkosten (Borrowing Costs), Anm. 11 ff.

Zur Feststellung des Wiederbeschaffungswerts ist auszugehen von dem bei angenommener Beschaffung zum Abschlussstichtag zu entrichtenden Einkaufspreis. Hinzuzuzählen sind die Aufwendungen bzw. Kosten, die bei der Beschaffung entstehen würden.

Der so ermittelte Wiederbeschaffungswert (oft Wiederbeschaffungsneuwert genannt) dürfte sich bei einem Teil dieser Gegenstände (wie bei Grundstücken) kaum von einem etwaigen Veräußerungswert unterscheiden. Bei einem anderen Teil dieser Gegenstände (wie bei Maschinen) ist der zunächst ermittelte Wiederbeschaffungswert noch um planmäßige Abschreibungen zu vermindern, damit die Abnutzung berücksichtigt wird, die eingetreten wäre, wenn der Gegenstand von Anfang an zum abweichenden Wert zur Verfügung gestanden hätte. Der so ermittelte fortgeschriebene Wiederbeschaffungswert (oft Wiederbeschaffungszeitwert genannt; besser wäre es, ihn als Wiederbeschaffungsaltwert zu bezeichnen) ist mit einem Gebrauchtwarenpreis vergleichbar. Sollte ein solcher existieren, ist er als Marktpreis gegenüber dem errechneten Wiederbeschaffungswert sogar vorzuziehen.

Entsprechendes wie für den Wiederbeschaffungswert gilt für den Wiederherstellungswert.

6) Der Erfolgswert kann als Korrektiv zu den Anschaffungs- oder Herstellungskosten nur bei solchen Vermögensgegenständen herangezogen werden, die jeweils für sich, unabhängig von den übrigen Vermögensgegenständen, einen dauerhaften Ertrag abwerfen, wie verpachtete Grundstücke, vermietete Gebäude, vergebene derivativ erworbene Lizenzen.[1]

Zur Feststellung eines solchen Werts, z. B. eines verpachteten Grundstücks, ist auszugehen von den in Zukunft erwarteten jährlichen Einzahlungen (z. B. durchschnittlich 15.000 €) und von den in Zukunft erwarteten jährlichen Auszahlungen, etwa für die Pflege und Verwaltung des Grundstücks (z. B. 5.000 €). Ergibt sich ein Einzahlungsüberschuss (z. B. von 10.000 €), ist dieser unter Zugrundelegung eines angemessenen Zinssatzes (z. B. von 10 %) zu diskontieren, wodurch man den Barwert erhält.

Nimmt man unbegrenzte Fortdauer des genannten Vertragsverhältnisses an, ergibt sich ein Betrag von 100.000 €, nach der Formel:

$$B = \ddot{U} \cdot \frac{100}{p} \qquad \text{oder} \qquad B = \ddot{U} \div \frac{p}{100}$$

wobei:

B = Barwert
Ü = Überschuss der Einzahlung über die Auszahlungen
$\frac{100}{p}$ = Kapitalisierungsfaktor $\qquad \frac{p}{100}$ = Kapitalisierungszinsfuß.

---

[1] Vgl. Mansch, Helmut: Ertragswerte in der Handelsbilanz, S. 52 f.

II. Die handelsrechtliche Bilanz sowie Gewinn- und Verlustrechnung 147

Ein solcher Barwert ist freilich ein recht ungewisser Wert. Daher ist auch ihm gegenüber der vermutliche Veräußerungswert vorzuziehen.

Der hier gemeinte Erfolgswert soll der Deutlichkeit halber als isolierter Erfolgswert bezeichnet werden, zur Unterscheidung von dem später noch im Zusammenhang mit dem Teilwert zu behandelnden anteiligen Erfolgswert.

8) Unter den genannten Werten des Abschlussstichtags (Veräußerungswert, Wiederbeschaffungs- bzw. Wiederherstellungswert, isolierter Erfolgswert) gebührt dem Veräußerungswert der Vorzug. Der Veräußerungswert wäre sogar gegenüber dem Anschaffungswert vorzuziehen. Denn so wie in einer Marktwirtschaft nur veräußerbaren Gegenständen Vermögenscharakter zuerkannt werden sollte, sollte allein der Veräußerungswert für die Vermögensbewertung maßgebend sein. Dem grundsätzlichen Ansatz des Veräußerungswertes stehen jedoch entgegen: das Fortführungs- oder going concern-Prinzip (bei Anlagen, die Spezialanfertigungen für den Betrieb sind) sowie das Vorsichtsprinzip (wenn der Anschaffungswert niedriger ist).

9) Die behandelten Ausprägungen des Wertes des Abschlussstichtags nach HGB lassen sich den nach IAS und US-GAAP vorgesehenen Wertansätzen gut zuordnen:

a) der Veräußerungswert dem net realizable value oder dem market value;

b) der Wiederbeschaffungs- bzw. Wiederherstellungswert dem replacement value bzw. reproduction value;

c) der Erfolgswert dem present value of future cash flows.

10) Als Oberbegriff dieser Wertansätze kann nach IAS der fair value[1] aufgefasst werden.

Der fair value wird definiert als: the amount at which that asset (or liability) could be bought (or incurred) or sold (or settled) in a current transaction between willing parties, that is, other than in a forced or liquidation sale (IAS 17.3, CON 7).

Übersetzt ist der fair value der Wert eines Vermögensgegenstands oder einer Schuld, zu dem zwei voneinander unabhängige Parteien mit Sachverstand und Abschlusswillen bereit wären, den Vermögensgegenstand zu tauschen bzw. die Schuld zu begleichen.

Das ist eine Definition, mit der man nun gar nichts anfangen kann. Es wird vom Wert eines Vermögensgegenstands oder einer Schuld gesprochen. Aber ist es denn sinnvoll, für zwei so unterschiedliche, ja gegensätzliche Tatbestände, wie Vermögensgegenstände und Schulden, einen gemeinsamen Wertbegriff einführen zu wollen? Dieses Vorhaben erinnert an die unsinnige steuerrechtliche Lehre eines Wirtschaftsguts positiver und negativer Art.

---

[1] Zum fair value vgl. Pfitzer, Norbert/ Dutzi, Andreas: Fair Value, Sp. 749 ff.

148 *4. Teil: Die Aufwands- und Ertragsrechnung sowie die Vermögens- und Kapitalrechnung*

Es wird von zwei voneinander unabhängigen Parteien gesprochen, aber solche sind bei Einkauf und Verkauf selten gegeben. Lieferanten von Gütern sind von Abnehmern abhängig und Abnehmer von Lieferanten.

Es wird von Parteien mit Sachverstand gesprochen. Aber bei einer Reihe von Preisen kann man bezweifeln, ob sie durch Entscheidungen von Parteien mit Sachverstand zustande gekommen sind, z. B. bei Börsenkursen; gleichwohl sind sie zustande gekommen und deswegen maßgebend.

Es wird von Parteien mit Abschlusswillen gesprochen, als würde eine einseitige Beziehung zwischen Abschlusswille und Preis bestehen, der Preis vom Abschlusswillen abhängig sein. Tatsächlich besteht jedoch eine zweiseitige Beziehung, der Abschlusswille ist auch vom Preis abhängig.

Im Laufe der Zeit sind eine Reihe konkreter Wertbegriffe für Vermögensgegenstände entwickelt worden, wie: der Wiederbeschaffungs- bzw. Wiederherstellungswert, der Veräußerungswert, der Ertrags- bzw. Erfolgswert. Entsprechendes gilt für Schulden. Es wäre also besser, auf einen solchen Wert Bezug zu nehmen, als wiederum einen neuen, noch dazu nebulösen Wertbegriff einführen zu wollen.

Im Übrigen erscheint es uns anmaßend, geradezu unfair, einen bestimmten Wert als fair zu bezeichnen, weil damit nach normalem Sprachverständnis impliziert wird, dass alle anderen Werte unfair seien.

6.6.4.3.4. Wert des vorhergehenden Abschlussstichtags

Der Wert des vorhergehenden Abschlussstichtags ergibt sich aus der Bilanz des Vorjahrs und müsste der Veräußerungswert, der Wiederbeschaffungswert, der Erfolgswert oder der Steuerwert des vorhergehenden Abschlussstichtags gewesen sein, sofern er nicht bereits im Vorjahr aus der Bilanz des damaligen Vorjahrs übernommen wurde.

6.6.4.3.5. Steuerwert

1) Beim steuerrechtlich zulässigen Wert kann es sich handeln:

   a) entweder um die fortgeschriebenen Anschaffungs- oder Herstellungskosten der Steuerbilanz, die aufgrund steuerlicher Sonderabschreibungen oder erhöhter Absetzungen niedriger sind als die fortgeschriebenen Anschaffungs- oder Herstellungskosten der Handelsbilanz,

   b) oder um den Teilwert.

2) Als Beispiele für steuerliche Sonderabschreibungen und erhöhte Absetzungen seien genannt: Sonderabschreibungen zur Förderung kleiner und mittlerer Betriebe (§ 7g EStG), Sonderabschreibungen für Handels- und Seefischereischiffe sowie Luftfahrzeuge (§ 82f EStDV), erhöhte Absetzungen für Wirtschaftsgüter, die dem Umweltschutz dienen (§ 7d EStG), erhöhte Absetzungen von Herstellungskosten

und Sonderbehandlung von Erhaltungsaufwand für bestimmte Anlagen und Einrichtungen bei Gebäuden (§ 82a EStDV).[1]

3) Der Teilwert ist nach § 6 Abs. 1 Nr. 1 Satz 3 EStG der Betrag, den ein Erwerber des ganzen Betriebs mit der Absicht der Fortführung des Betriebs im Rahmen des Gesamtkaufpreises für das einzelne Wirtschaftsgut ansetzen würde.[2] Es handelt sich dabei um einen fiktiven Wert. Denn woher soll man einen Gesamtkaufpreis nehmen und wie soll man diesen, nach Erhöhung um die Schulden, auf die einzelnen Vermögensgegenstände verteilen? Ein Marktpreis für ein ganzes Unternehmen liegt selten vor. Daher müsste man einen Wert für das ganze Unternehmen errechnen, um zu Teilwerten für die einzelnen Vermögensgegenstände zu kommen.

Wie ein solcher Wert errechnet werden könnte, wurde schon im Zweiten Teil skizziert. Hier soll nur noch auf das Substanzwertverfahren, das Erfolgswertverfahren und die Einzahlungsüberschussmethode im Hinblick auf die Ableitung von Teilwerten eingegangen werden.

4) Beim Substanzwertverfahren[3] ist einerseits der Wert des Roh- oder Bruttovermögens zu ermitteln, andererseits derjenige der Schulden. Die Differenz, das Netto- oder Reinvermögen, entspricht dem Wert des Unternehmens. Um den Wert des Roh- oder Bruttovermögens zu ermitteln, müssen alle Vermögensgegenstände erfasst und bewertet werden.

Man benötigt also schon Wertmaßstäbe für die einzelnen Vermögensgegenstände, um einen Gesamtwert zu erhalten. Einen solchen Gesamtwert anschließend auf die Vermögensgegenstände wieder aufzuteilen, um den Wert der einzelnen Gegenstände zu erhalten, wäre absurd.

Das Substanzwertverfahren eignet sich also nicht für den hier verfolgten Zweck.

5) Beim Erfolgswertverfahren geht man häufig von den in der Vergangenheit erzielten Jahreserfolgen aus, extrapoliert diese in die Zukunft und zinst sie auf die Gegenwart ab. Den sich ergebenden Barwert setzt man dem Wert des Unternehmens gleich.

Die Jahreserfolge werden im allgemeinen anhand einer Gewinn- und Verlustrechnung ermittelt, d. h. aufgrund einer Gegenüberstellung von Aufwendungen und Erträgen. In den Aufwendungen sind u. a. die Materialaufwendungen sowie die Abschreibungen von Sachanlagen enthalten. Um die Materialaufwendungen ermitteln zu können, müssen vorher die Materialvorräte bewertet werden. Um die Abschreibungen ermitteln zu können, müssen vorher die Sachanlagen bewertet werden.

---

[1] Vgl. Federmann, Rudolf: Bilanzierung nach Handelsrecht und Steuerrecht, S. 379.
[2] Zum Teilwert vgl. Federmann, Rudolf: Bilanzierung nach Handelsrecht und Steuerrecht, S. 338 ff.; Knobbe-Keuk, Brigitte: Bilanz- und Unternehmenssteuerrecht, S. 174 ff.; Wöhe, Günter: Bilanzierung und Bilanzpolitik, S. 407 ff.
[3] Zum Substanzwert vgl. Hebertinger, Martin: Substanzwert, Sp. 2334 f.

Das bedeutet wiederum, dass man schon Wertmaßstäbe für die einzelnen Vermögensgegenstände benötigt, um einen Gesamtwert zu erhalten. Das Erfolgswertverfahren in der eben skizzierten Variante eignet sich also auch nicht, um aus einem Gesamtwert Teilwerte abzuleiten.

6) Beim Erfolgswertverfahren kann man auch versuchen, die künftigen Einzahlungen und Auszahlungen zu schätzen sowie sich ergebende Einzahlungsüberschüsse auf die Gegenwart abzuzinsen. Den ermittelten Barwert setzt man dem Wert des Unternehmens gleich.

Allein ein auf diese Weise ermittelter Gesamtwert setzt nicht bereits den Ansatz von Werten für die Vermögensgegenstände voraus, könnte also den Ausgangspunkt für die Ableitung von Teilwerten bilden.

Wie aber soll nun ein solcher Gesamtwert (u. U. nach Berücksichtigung der Schulden, soweit diese nicht bereits bei den Auszahlungen einbezogen wurden) auf die einzelnen Vermögensgegenstände aufgeteilt werden? Dazu müsste festgestellt werden, in welchem Maße ein bestimmter Vermögensgegenstand im Verhältnis zu einem anderen Vermögensgegenstand zum Erfolg des Unternehmens beiträgt. Dies ist aber unmöglich. Zudem tragen nicht nur die Vermögensgegenstände, sondern auch andere Faktoren (wie das Personal, die Organisation, das Betriebsklima, die Marktgeltung) zum Erfolg des Unternehmens bei. Ein anteiliger Erfolgswert für die einzelnen Vermögensgegenstände ist also nicht errechenbar.

Mit Hilfe dieser Variante der Erfolgswertmethode erhält man zwar einen von der Bewertung der Vermögensgegenstände unabhängigen Gesamtwert, aber man gelangt nicht vom Gesamtwert zu Teilwerten.

7) Als Fazit ist festzuhalten: Alle Versuche zur Ermittlung eines Teilwertes im Sinne der weiter vorne wiedergegebenen Legaldefinition schlagen fehl. Daher muss man schon die dieser Definition zugrunde liegende Konzeption als verfehlt beurteilen.

8) Neuerdings darf der Teilwert nur noch angesetzt werden, wenn voraussichtlich eine dauerhafte Wertminderung vorliegt (§ 6 Abs. 1 Nr. 1 Satz 2 bzw. Nr. 2 Satz 2 EStG). Dies wird unterstellt, „wenn der Wert des Wirtschaftsguts die Bewertungsgrenze während eines erheblichen Teils der voraussichtlichen Verweildauer im Unternehmen nicht erreichen wird"[1]. Wann dies gegeben ist, hängt von der Art des Vermögensgegenstandes ab.[2]

9) Im Bemühen, an der Idee des Teilwerts festzuhalten, sind in der Steuerliteratur und Steuerrechtsprechung sog. Teilwertvermutungen[3] aufgestellt worden. Nach

---

[1] Bundesministerium der Finanzen: Schreiben vom 25.2.2000, S. 372.
[2] Vgl. Rogler, Silvia: Einfluß ausgewählter steuerrechtlicher Änderungen zur Gewinnermittlung auf den handelsrechtlichen Jahresabschluß sowie die Bilanzpolitik, S. 414.
[3] Vgl. Federmann, Rudolf: Bilanzierung nach Handelsrecht und Steuerrecht, S. 340 f.; Wöhe, Günter: Bilanzierung und Bilanzpolitik, S. 412 f.

diesen soll die Finanzverwaltung verfahren, solange der Steuerpflichtige sie nicht widerlegen kann. Sie lauten:

a) Im Zeitpunkt der Anschaffung oder Herstellung eines Wirtschaftsgutes entspricht der Teilwert den tatsächlichen Anschaffungs- oder Herstellungskosten, die gewöhnlich den Wiederbeschaffungskosten gleichzusetzen sind. Das gilt auch dann, wenn der Betrieb für das beschaffte Wirtschaftsgut einen höheren Preis bezahlt hat, als ein Dritter ohne betrieblichen Anlass bezahlt haben würde, da anzunehmen ist, dass ein Betrieb für ein Wirtschaftsgut kaum größere Aufwendungen machen wird, als ihm das Gut wert ist.

b) Bei nicht abnutzbaren Wirtschaftsgütern des Anlagevermögens entspricht der Teilwert den Anschaffungskosten, am Abschlussstichtag ebenso wie an späteren Stichtagen.

c) Bei abnutzbaren Wirtschaftsgütern des Anlagevermögens entspricht der Teilwert den um die Absetzungen für Abnutzung verminderten Anschaffungs- oder Herstellungskosten. Sind die Wiederbeschaffungskosten inzwischen gesunken, so kann von ihnen ausgegangen werden.

d) Für die Güter des Umlaufvermögens, die einen Börsen- oder Marktpreis haben, entspricht der Teilwert den Wiederbeschaffungskosten, die i. d. R. dem Börsen- oder Marktpreis gleichzusetzen sind.

e) Die obere Grenze des Teilwerts wird grundsätzlich von den Wiederbeschaffungskosten gebildet. Die untere Grenze des Teilwerts wird bei Gegenständen des Anlagevermögens vom Einzelveräußerungspreis (abzüglich eventuell entstehender Verkaufskosten) gebildet.

10) Zu den genannten Teilwertvermutungen ist kritisch zu bemerken:
- Sie zeigen nicht etwa Wege zur Ermittlung des Teilwerts im Sinne von § 6 EStG auf, sondern ersetzen den Teilwert praktisch völlig durch andere Wertmaßstäbe, wie durch die Anschaffungskosten, die Wiederbeschaffungskosten, den Börsen- oder Marktpreis, den Einzelveräußerungspreis.

- Sie verweisen nicht nur auf andere Wertansätze, sondern verändern auch die im EStG ausdrücklich festgelegte Rangordnung der Wertansätze dadurch, dass sie z. B. eine Gleichsetzung von Teilwert und Anschaffungswert vornehmen.

11) Wegen dieser Schwierigkeiten bei der Ermittlung eines Teilwerts wäre es schon längst besser gewesen, die Konzeption des Teilwerts ganz aufzugeben, als sich immer noch mühsam an sie zu klammern. Bei dem steuerrechtlich zulässigen Wert, der der Idee nach ein Teilwert sein soll, dürfte es sich faktisch handeln um: die Anschaffungs- oder Herstellungskosten, die Wiederbeschaffungskosten, den Veräußerungspreis, den Börsen- oder Marktpreis.

6.6.4.3.6. Im Rahmen vernünftiger kaufmännischer Beurteilung liegender niedrigerer Wert

1) Einen Wert, der sich von den bereits behandelten Werten noch unterscheidet, niedriger und gleichwohl vernünftig sein soll, kann man sich nicht mehr vorstellen. Auch in der Literatur findet man kaum Beispiele für einen solchen Wert.

2) In der Literatur werden allenfalls Gründe für zusätzliche Abschreibungen genannt, wie Abschreibungen wegen fehlender Rentabilität oder wegen allgemeiner politischer Länderrisiken, sowie Zwecke für die Bildung stiller Reserven, wie Vorsorge für ein Nachlassen der Konjunktur oder Selbstversicherung für schwer vorhersehbare Risiken.[1] Diese Beispiele zeigen allerdings deutlich, wie fragwürdig der gegenüber den vorhergehenden Werten niedrigere Wertansatz ist.

6.6.5. Bewertung des Umlaufvermögens

6.6.5.1. Überblick über die Wertansätze

1) Für Gegenstände des Umlaufvermögens sind nach HGB (§§ 253, 254, 279, 280 HGB) grundsätzlich folgende Wertansätze vorgesehen:

    a) die Anschaffungskosten;

    b) die Herstellungskosten;

    c) der Börsen- oder Marktpreis am Abschlussstichtag;

    d) sofern ein Börsen- oder Marktpreis nicht feststellbar ist, der dem Gegenstand am Abschlussstichtag beizulegende Wert;

    e) der Wert des vorhergehenden Abschlussstichtags;

    f) der künftige Wertschwankungen berücksichtigende Wert;

    g) der steuerrechtlich zulässige Wert;

    h) der im Rahmen vernünftiger kaufmännischer Beurteilung liegende niedrigere Wert.

2) Zu diesen Wertansätzen bleibt nach den Ausführungen zu den Wertansätzen des Anlagevermögens noch zu sagen:

    a) Der Begriff der Anschaffungskosten passt für Roh-, Hilfs- und Betriebsstoffe sowie für Handelswaren, dagegen nicht für Forderungen aus Lieferungen und Leistungen sowie für Ausleihungen.

Die Unterscheidung nach ursprünglichen und fortgeschriebenen Anschaffungskosten entfällt bei Gegenständen des Umlaufvermögens; diejenige nach individuellen und generellen Anschaffungskosten ist dagegen bei Gegenständen des Umlauf-

---

[1] Vgl. Berger, Axel/ Schramm, Marianne/ Ring, Maximilian (Beck Bil-Komm.), § 253 Anm. 641 ff.; Adler/Düring/Schmaltz, § 253 Anm. 529 f.

vermögens von noch größerer Bedeutung als bei Gegenständen des Anlagevermögens.

b) Die Herstellungskosten sind vor allem für die Bewertung von fertigen und unfertigen Erzeugnissen relevant.

c) Der Börsen- oder Marktpreis am Abschlussstichtag stellt einen Spezialfall des dem Gegenstand am Abschlussstichtag beizulegenden Werts dar. Liegt ein Börsen- oder Marktpreis vor, d. h. wird ein Gegenstand an Börsen oder vergleichbaren Märkten gehandelt, dürften der Wiederbeschaffungspreis und der Veräußerungspreis weitgehend identisch sein. Liegt ein Börsen- oder Marktpreis nicht vor, kommen als dem Gegenstand am Abschlussstichtag beizulegende Werte in Betracht: der Wiederbeschaffungspreis und, im Allgemeinen abweichend davon, der Veräußerungspreis. Der Erfolgswert dürfte kaum relevant werden.

d) Einen Wert, der künftige Wertschwankungen berücksichtigt, also einen Wert eines nachfolgenden Abschlussstichtags, anzusetzen, steht im Widerspruch zum Vorhaben, eine Bewertung zum vorliegenden Abschlussstichtag vorzunehmen, ebenso wie der Ansatz des Werts eines vorhergehenden Abschlussstichtags.

3) Nach IAS kommen für die Bewertung des Umlaufvermögens die gleichen Wertansätze in Betracht wie für die Bewertung des Anlagevermögens. Entsprechendes gilt für die Bewertung des Umlaufvermögens nach US-GAAP.

6.6.5.2. Rangordnung der Wertansätze

1) Für die genannten Wertansätze gilt nach HGB (§§ 253, 254, 279 und 280 HGB) die nachstehend skizzierte Rangordnung (vgl. auch Abbildung 25):

2) Grundsätzlich ist ein Gegenstand des Umlaufvermögens zum Anschaffungswert anzusetzen.

Am Abschlussstichtag bedarf es der Feststellung des dem Gegenstand am Abschlussstichtag beizulegenden Werts.

a) Ist dieser Wert höher, muss der Anschaffungs- bzw. Herstellungswert beibehalten werden (= Primat des Anschaffungswerts).

b) Ist dieser Wert niedriger, muss er statt des Anschaffungs- oder Herstellungswerts angesetzt werden. Ob es sich dabei um eine voraussichtlich vorübergehende oder voraussichtlich dauernde Wertminderung handelt, ist irrelevant, anders als im Fall eines Gegenstands des Anlagevermögens.

3) Für den Herstellungswert gilt Entsprechendes wie für den Anschaffungswert.

4) Der Wert des vorhergehenden Abschlussstichtags darf, solange er den Wert des vorliegenden Abschlussstichtags unterschreitet, nur noch von Einzelkaufleuten und Personenhandelsgesellschaften angesetzt werden. Für sie gilt ein Beibehaltungswahlrecht, für Kapitalgesellschaften und Genossenschaften ein Wertaufholungsgebot.

Abbildung 25:
Bewertung des Umlaufvermögens nach HGB

Wertansätze	Rangordnung der Wertansätze	
	für Einzelkaufleute und Personenhandelsgesellschaften	für Kapitalgesellschaften und Genossenschaften
1. die Anschaffungs- oder Herstellungskosten	die normalerweise anzusetzen sind und in jedem Fall die Obergrenze bilden § 253 Abs. 1 Satz 1 HGB	die normalerweise anzusetzen sind und in jedem Fall die Obergrenze bilden § 253 Abs. 1 Satz 1 HGB
2. der Börsen- oder Marktpreis des gegenwärtigen Abschlussstichtags bzw., sofern ein solcher nicht feststellbar ist, der Wert des gegenwärtigen Abschlussstichtags	der angesetzt werden muss, wenn er niedriger als (1) ist (= Gebot der außerplanmäßigen Abschreibung) § 253 Abs. 3 Satz 1 HGB	der angesetzt werden muss, wenn er niedriger als (1) ist (= Gebot der außerplanmäßigen Abschreibung) § 253 Abs. 3 Satz 1 HGB
3. der Wert des vorhergehenden Abschlussstichtags	der nur beibehalten werden darf, wenn er niedriger als (1) und (2) ist (= Beibehaltungswahlrecht) § 253 Abs. 5 HGB	der nicht beibehalten werden darf, wenn er niedriger als (1) und (2) ist (= Wertaufholungsgebot) § 280 Abs. 1 HGB
4. der Wert eines nachfolgenden Abschlussstichtags	der nur in Betracht kommt, wenn er niedriger als (1) und (2) ist er kann angesetzt werden, um zu verhindern, dass der Wertansatz des Vermögensgegenstands aufgrund von Wertschwankungen in der nächsten Zukunft geändert werden muss (= Möglichkeit der außerplanmäßigen Abschreibung) § 253 Abs. 3 Satz 3 HGB	der nur in Betracht kommt, wenn er niedriger als (1) und (2) ist er kann angesetzt werden, um zu verhindern, dass der Wertansatz des Vermögensgegenstands aufgrund von Wertschwankungen in der nächsten Zukunft geändert werden muss (= Möglichkeit der außerplanmäßigen Abschreibung) § 253 Abs. 3 Satz 3 HGB

II. Die handelsrechtliche Bilanz sowie Gewinn- und Verlustrechnung   155

Wertansätze	Rangordnung der Wertansätze	
	für Einzelkaufleute und Personenhandelsgesellschaften	für Kapitalgesellschaften und Genossenschaften
5. der Steuerwert	der nur in Betracht kommt, wenn er niedriger als (1) und (2) ist er darf ohne Einschränkung angesetzt werden (= Möglichkeit der außerplanmäßigen Abschreibung) § 254 HGB	der nur in Betracht kommt, wenn er niedriger als (1) und (2) ist er darf nur angesetzt werden, wenn seine Anerkennung bei der steuerrechtlichen Gewinnermittlung vom Ansatz in der Handelsbilanz abhängig ist (= eingeschränkte Möglichkeit der außerplanmäßigen Abschreibung) § 254 i. V. m. § 279 Abs. 2 HGB stattdessen kann auch der Wert des gegenwärtigen Abschlussstichtags angesetzt und der Differenzbetrag in den Sonderposten mit Rücklageanteil eingestellt werden § 281 Abs. 1 i. V. m. § 254 und § 279 Abs. 2 HGB
6. der gegenüber den vorhergehenden Werten niedrigere Wert	der angesetzt werden darf, wenn er im Rahmen vernünftiger kaufmännischer Beurteilung liegt (= Möglichkeit der außerplanmäßigen Abschreibung) § 253 Abs. 4 HGB	der nicht angesetzt werden darf (= Verbot des Ansatzes) § 279 Abs. 1 Satz 1 HGB

Der Wert des vorhergehenden Abschlussstichtags darf nicht angesetzt werden, sobald er den Wert des vorliegenden Abschlussstichtags überschreitet, da im Umlaufvermögen das strenge Niederstwertprinzip gilt.

5) Der voraussichtliche Wert eines nachfolgenden Abschlussstichtags darf, solange er den Wert des vorliegenden Abschlussstichtags unterschreitet, angesetzt werden, soweit dies nach vernünftiger kaufmännischer Beurteilung notwendig ist, um zu verhindern, dass in der nächsten Zukunft der Wertsatz aufgrund von Wertschwankungen geändert wird.

Was unter vernünftiger kaufmännischer Beurteilung verstanden werden soll, bleibt auch in diesem Zusammenhang offen. Dieser einschränkend gedachten Formulierung kommt unseres Erachtens kein Aussagewert zu.
Was unter der nächsten Zukunft verstanden werden soll, bleibt ebenfalls offen. Uns erscheint es sinnvoll, bei der Interpretation dieser unbestimmten Frist, auf den nächsten Bilanzstichtag abzustellen. In der Literatur allerdings wird die nächste Zukunft sogar auf einen Zeitraum von zwei Jahren ausgedehnt.[1]

6) Der steuerrechtlich zulässige Wert darf, solange er die Anschaffungs- oder Herstellungskosten sowie den Wert des Abschlussstichtags unterschreitet, von Kapitalgesellschaften und Genossenschaften nur angesetzt werden, sofern seine Anerkennung in der Steuerbilanz von seinem Ansatz in der Handelsbilanz abhängig ist. Von Einzelkaufleuten und Personenhandelsgesellschaften darf er ohne eine solche Einschränkung angesetzt werden.

7) Der gegenüber den vorher genannten Werten niedrigere, aber noch im Rahmen vernünftiger kaufmännischer Beurteilung liegende Wert darf nur von Einzelkaufleuten und Personengesellschaften angesetzt werden.

8) Zur skizzierten Rangordnung ist zu sagen:

Das Gebot, den niedrigeren Wert des Abschlussstichtags auch bei voraussichtlich vorübergehender Wertminderung anzusetzen, entspricht dem strengen Niederstwertprinzip. Sonst gilt das Gleiche, was schon beim Anlagevermögen ausgeführt wurde.

9) Nach IAS 2.6 sind die Vorräte (inventories) grundsätzlich mit ihren historical costs zu bewerten.

Sofern am Bilanzstichtag der Nettoveräußerungswert unter den historical costs liegt, muss eine außerplanmäßige Abschreibung vorgenommen werden (IAS 2.6).[2] Die Abwertung ist bei Roh- Hilfs- und Betriebsstoffen nicht vorzunehmen, wenn die Fertigerzeugnisse, in die die Stoffe eingehen, mindestens zu ihren Herstellungskosten oder darüber verkauft werden können (IAS 2.29). In den Folgeperioden ist die Abschreibung rückgängig zu machen, wenn der Grund dafür entfällt (IAS 2.30).

Sofern am Bilanzstichtag die historical costs überschritten werden, darf keine Zuschreibung vorgenommen werden. Ein alternative treatment ist nicht vorgesehen.

Nach US-GAAP sind die genannten Gegenstände ebenfalls mit ihren historical costs zu bewerten (ARB 43 ch. 4 statement 3).

Bei Wertminderungen gilt die kompliziert anmutende lower of cost or market rule (ARB 43 ch. 4 statement 6). Zunächst bedürfen die historical cost des Vergleichs mit dem current replacement cost. Diese sind anzusetzen, sofern sie die historical cost unterschreiten sowie zwischen dem net realizable value (ceiling) und dem net

---

[1] Vgl. Ellrott, Helmut/ Ring, Stephan (Beck Bil-Komm.), § 253 Anm. 620.
[2] Vgl. dazu auch Jacobs, Otto H.: IAS 2 Vorräte (Inventories), Anm. 54 ff.

realizable value minus average profit margin (floor) liegen. Sofern die replacement cost sich außerhalb des genannten Rahmens bewegen, ist der ihnen am nächsten liegende Wert (ceiling oder floor) zum Vergleich mit den historical cost heranzuziehen und anzusetzen, wenn er nieriger ist als jene.[1] Zuschreibungen bei Wegfall der Abschreibungsgründe sind, im Gegensatz zu IAS, nicht zulässig.

Bei Werterhöhungen sind die historical cost beizubehalten. Eine Ausnahme gilt nach der mark to market rule für Gegenstände mit Börsenpreisen oder mit bekannten Marktpreisen, z. B. bei Edelmetallen (ARB 43 ch. 4 statement 9).

10) Für die Wertpapiere (securities), die zu den current assets gehören, gilt nach IAS und US-GAAP das Gleiche wie für diejenigen, die zu den non current assets gehören.

6.6.5.3. Wertansätze im Einzelnen

Was die einzelnen Wertansätze angeht, so sei hier allein auf den für Gegenstände des Umlaufvermögens besonders bedeutsamen Wertansatz der Herstellungskosten eingegangen.

Herstellungskosten

1) Die Herstellungskosten werden in § 255 HGB als „Aufwendungen" definiert. Daher hätte der Gesetzgeber gleich von Herstellungsaufwendungen sprechen können. Dieser Begriff ist auch zutreffend, anders als derjenige der Anschaffungsaufwendungen bzw. der Anschaffungskosten.

2) Dadurch, dass der Gesetzgeber die Herstellungskosten als Aufwendungen definiert, stellt er klar, dass die sog. kalkulatorischen Kosten außer Ansatz zu bleiben haben. Dies ist wegen des Prinzips der Gewinnrealisation gerechtfertigt. Würden kalkulatorische Kosten zur Aktivierung herangezogen werden, wären in der Gewinn- und Verlustrechnung Erträge auszuweisen, denen keine Aufwendungen entsprechen.

3) Herstellungskosten sind nach § 255 HGB solche Aufwendungen, „die durch den Verbrauch von Gütern und die Inanspruchnahme von Diensten für die Herstellung eines Vermögensgegenstands, seine Erweiterung oder für eine über seinen ursprünglichen Zustand hinausgehende wesentliche Verbesserung entstehen". Dabei handelt es sich um eine umständliche Definition, die zudem nur bedingt zutreffend ist, denn Aufwendungen entstehen nicht nur durch den Verbrauch von Gütern, sondern auch durch den Gebrauch von Gütern, und Dienstleistungen gehören ohnehin zu den Gütern.

---

[1] Vgl. Coenenberg, Adolf Gerhard: Jahresabschluss und Jahresabschlussanalyse, S. 212 f.; KPMG Deutsche Treuhand Gesellschaft (Hrsg.): Rechnungslegung nach US-amerikanischen Grundsätzen, S. 48 f.

4) Als Hauptbestandteile der Herstellungskosten werden in § 255 HGB ausdrücklich genannt: die Materialkosten, die Fertigungskosten und die Sonderkosten der Fertigung. Aufgrund der gewählten Begriffe der Materialkosten und der Fertigungskosten müsste man annehmen, dass der Gesetzgeber damit sowohl die jeweiligen Einzelkosten als auch die jeweiligen Gemeinkosten meint. Aus dem nachfolgenden Gesetzestext ergibt sich jedoch, dass der Gesetzgeber zunächst nur an die Einzelkosten gedacht hat.

So heißt es nämlich in § 255 HGB weiter, dass in die Herstellungskosten auch eingerechnet werden dürfen: angemessene Teile der notwendigen Materialgemeinkosten, der notwendigen Fertigungsgemeinkosten und des Wertverzehrs des Anlagevermögens, soweit er durch die Fertigung veranlasst wird. Diese Ergänzungen wären überflüssig, hätte der Gesetzgeber von vornherein mit den Materialkosten und den Fertigungskosten sowohl die jeweiligen Einzelkosten als auch die jeweiligen Gemeinkosten gemeint.

Der Wertverzehr des Anlagevermögens hätte nicht ausdrücklich erwähnt zu werden brauchen, da die ihm entsprechenden Abschreibungen ohnehin zu den Fertigungsgemeinkosten gehören. Die Einschränkung, dass die genannten Gemeinkosten nur insoweit berücksichtigt werden dürfen als sie auf den Zeitraum der Herstellung entfallen, ist überflüssig, da es selbstverständlich ist, nur solche Kosten zur Bewertung heranzuziehen.

5) In die Herstellungskosten brauchen nach § 255 HGB nicht eingerechnet zu werden: Kosten der allgemeinen Verwaltung sowie Aufwendungen für soziale Einrichtungen des Betriebs, für freiwillige soziale Leistungen und für betriebliche Altersversorgung. Sie dürfen nur insoweit berücksichtigt werden als sie auf den Zeitraum der Herstellung entfallen. Statt von Kosten der allgemeinen Verwaltung hätte der Gesetzgeber besser, wie in der Kostenrechnung üblich, von Verwaltungsgemeinkosten gesprochen.

6) In die Herstellungskosten dürfen dagegen nach § 255 HGB nicht die Vertriebskosten eingerechnet werden. Dieses Verbot bedarf einer differenzierten Beurteilung.

Sind selbst erstellte Gebäude, Maschinen oder Werkzeuge im Rahmen des Anlagevermögens zu bewerten, entstehen ohnehin keine Vertriebskosten. Sind für Dritte bestimmte fertige und unfertige Erzeugnisse im Rahmen des Umlaufvermögens zu bewerten, entstehen Vertriebskosten zum Teil erst bei Auslieferung (z. B. Transportkosten). Solche im Zeitpunkt der Bewertung noch nicht angefallene Vertriebskosten dürften allerdings ohnehin nicht berücksichtigt werden. Ein Teil der Vertriebskosten entsteht jedoch schon vor der Auslieferung der Erzeugnisse, z. B. für Marktforschung, für Werbung. Solche Vertriebskosten sollten auch zur Bewertung herangezogen werden dürfen. Denn diese Kosten tragen ebenso zum Wert der Erzeugnisse bei wie die Material-, Fertigungs- und Verwaltungskosten. Einer Überprüfung im Hinblick auf den Verkaufspreis bedürfen die Kosten ohnehin. Das generelle Verbot der Berücksichtigung der Vertriebskosten ist also teils überflüssig, teils nicht gerechtfertigt.

7) Zu den Herstellungskosten gehören nach § 255 HGB auch nicht die Zinsen für Fremdkapital, es sei denn, das Fremdkapital wird zur Finanzierung der Herstellung eines Vermögensgegenstands verwendet. Sie dürfen berücksichtigt werden, soweit sie auf den Zeitraum der Herstellung entfallen.

8) Bei der Abgrenzung der Herstellungskosten besteht also (anders als z. B. bei der Abgrenzung der Anschaffungskosten) ein großer Spielraum (vgl. auch Abbildung 26):

a) Die untere Grenze bildet der Ansatz der Materialeinzelkosten, der Fertigungseinzelkosten und der Sondereinzelkosten der Fertigung, also derjenige der Einzelkosten im üblichen Sinne (mit Ausnahme der Vertriebseinzelkosten).

b) Die obere Grenze bildet der Ansatz der Materialeinzelkosten, der Fertigungseinzelkosten, der Sondereinzelkosten der Fertigung, der anteiligen Materialgemeinkosten, der anteiligen Fertigungsgemeinkosten (einschließlich der Abschreibungen), der anteiligen Verwaltungskosten (einschließlich derjenigen für soziale Einrichtungen, für freiwillige soziale Leistungen, für betriebliche Altersversorgung sowie der Zinsen für Fremdkapital, das zur Finanzierung der Herstellung des Vermögensgegenstands verwendet wird), also der Ansatz der vollen Kosten im üblichen Sinne mit Ausnahme der Vertriebskosten.

9) Dazwischen liegen etwa folgende Möglichkeiten (vgl. ebenfalls Abbildung 26):

a) Ansatz der variablen Kosten, d. h. der Materialeinzelkosten, der variablen Materialgemeinkosten, der Fertigungseinzelkosten, der variablen Fertigungsgemeinkosten, der variablen Verwaltungskosten;

b) Ansatz der variablen Kosten mit Ausnahme der variablen Verwaltungskosten;

c) Ansatz der variablen und fixen Kosten mit Ausnahme der variablen und fixen Verwaltungskosten.

10) Alle genannten Möglichkeiten der Abgrenzung der Herstellungskosten wird man wegen der offenen Formulierung des § 255 HGB für zulässig ansehen müssen.

Gegen den Ansatz der vollen Herstellungskosten werden allerdings eine Reihe von Einwendungen erhoben:[1]

a) Bei einer Bewertung des Bestands an Erzeugnissen mit Vollkosten wirken sich Änderungen des Bestands, anders als bei einer Bewertung mit Teilkosten, nicht erfolgsneutral aus.

b) Die Bewertung mit Vollkosten widerspricht dem Verursachungsprinzip und damit dem Prinzip der Bilanzwahrheit.

c) Die Bewertung mit Vollkosten widerspricht dem Realisationsprinzip.

---

[1] Vgl. Kilger, Wolfgang/ Pampel, Jochen/ Vikas, Kurt: Flexible Plankostenrechnung und Deckungsbeitragsrechnung, S. 572 f.

d) Bei einer Bewertung mit Vollkosten werden Kosten der Unterbeschäftigung aktiviert.

11) Zu diesen Argumenten ist erläuternd und kritisch zu sagen:

a) Mit erfolgsneutral ist nicht etwa erfolgsunwirksam gemeint. Die Bewertung von Erzeugnissen in der Bilanz wirkt sich ebenso wie diejenige von selbst erstellten Sachanlagen auf die Gewinn- und Verlustrechung nach dem Gesamtkostenverfahren aus, ist also erfolgswirksam.

Mit erfolgsneutral ist gemeint, dass Änderungen des Bestands nicht den Gewinn oder Verlust beeinflussen.[1] Dies trifft allerdings nur unter bestimmten Umständen zu. Wurde z. B. in einer Periode nur auf Lager produziert, führt allein die Bewertung mit Vollkosten (sieht man von den Vertriebskosten ab), nicht jedoch diejenige mit Teilkosten, zu einer ausgeglichenen Gewinn- und Verlustrechnung. Wurde umgekehrt in einer Periode nur vom Lager verkauft, führt dies weder bei einer Bewertung mit Vollkosten noch bei einer Bewertung mit Teilkosten zu einer ausgeglichenen Gewinn- und Verlustrechnung. Wurde in einer Periode sowohl produziert als auch verkauft, ist der Gewinn bei einer Bewertung mit Vollkosten, ebenso wie bei einer Bewertung mit Teilkosten, umso niedriger, je weniger verkauft wurde. Der Gewinn ist aber bei einer Bewertung mit Teilkosten allein von der Verkaufsmenge abhängig, während er bei einer Bewertung mit Vollkosten sowohl von der Verkaufsmenge als auch von der Produktionsmenge abhängt. Statt von einem erfolgsneutralen Verhalten des Gewinns würde man aber besser von einem verkaufsmengen- oder umsatzproportionalen Verhalten des Gewinns sprechen.

Eine solche Erfolgsneutralität oder Umsatzproportionalität stellt jedoch für sich genommen noch kein Bilanzierungs- oder Bewertungsprinzip dar, so dass nach den damit verbundenen Vorteilen zu fragen ist. Diese werden in der leichteren Ermittelbarkeit und Interpretierbarkeit des Erfolgs gesehen. Die genannten Vorzüge sind allerdings nicht inhaltlich-materieller Art, so dass ihnen kein großes Gewicht beigemessen werden kann. Zudem ist der Erfolg bei einer Bewertung zu Teilkosten nur geringfügig leichter errechenbar und interpretierbar als bei einer Bewertung mit Vollkosten. Würde man z. B. jeweils nur den Gewinn zweier aufeinander folgender Perioden kennen, kann man bei einem Gewinnrückgang auf einen Umsatzrückgang schließen, sofern die Bewertung jeweils mit Teilkosten vorgenommen wurde. Dies gilt allerdings nur, wenn die Preise, die variablen Kosten pro Mengeneinheit und die fixen Kosten pro Periode gleichgeblieben sind. Sofern die Bewertung mit Vollkosten vorgenommen wurde, kann ein Gewinnrückgang auch auf einen Produktionsrückgang zurückzuführen sein. Es muss also nur eine Variable mehr in die Analyse einbezogen werden.

---

[1] Zu Zahlenbeispielen vgl. Weber, Helmut Kurt: Einzel- und Gemeinkosten sowie variable und fixe Kosten, S. 90 ff.; zur algebraischen Darstellung dieser Zusammenhänge vgl. Hummel, Siegfried: Die Auswirkungen von Lagerbestandsveränderungen auf den Periodenerfolg, S. 155 f.; zur schematischen Darstellung dieser Zusammenhänge vgl. Schweitzer, Marcell/ Küpper, Hans-Ulrich: Systeme der Kostenrechnung, S. 427 f.

b) In der Bewertung mit Vollkosten wird deswegen ein Verstoß gegen das Verursachungsprinzip gesehen, weil sich die Fixkosten den produzierten Mengeneinheiten nicht verursachungsgerecht zuordnen ließen. Dabei wird unterstellt, dass dies in bezug auf die variablen Kosten möglich sei. Was unter einer verursachungsgerechten Verrechnung der Kosten genau verstanden werden soll, bleibt meistens offen. Offenbar ist gemeint, dass die Kosten zum Teil durch die Produktion, zum Teil durch Investitionen verursacht werden und dass nur die durch die Produktion verursachten Kosten den produzierten Mengeneinheiten zuordnenbar sind.

Ein kausaler Zusammenhang, ein Ursache-Wirkungs-Verhältnis zwischen der Produktion und einem Teil der Kosten, besteht jedoch nicht. Es kann zwar nicht ohne Kosten produziert werden, aber Kosten fallen auch an, wenn die beabsichtigte Produktion misslingt. Die Kosten gehen in jedem Fall der Produktion voraus. Daher kann allenfalls von einem finalen Zusammenhang, einem Mittel-Zweck-Verhältnis, zwischen Kosten und Produktion gesprochen werden. Ein solcher Zusammenhang besteht jedoch nicht nur zwischen einem Teil der Kosten und der Produktion, sondern zwischen allen Kosten und der Produktion. Die fixen Kosten sind ebenso wie die variablen Kosten ein Mittel, um den Zweck der Produktion zu erreichen.[1] Auf das Verursachungsprinzip kann man sich also nicht berufen, wenn man die Bewertung mit Vollkosten ablehnt.

c) Einen Verstoß gegen das Realisationsprinzip kann man in der Bewertung mit Vollkosten nur sehen, wenn man einen bestimmten Gewinnbegriff unterstellt, nämlich den Begriff des Bruttogewinns, der die Differenz aus dem Preis und den variablen Kosten darstellt. Solange man nur die variablen Kosten aktiviert, würde man keine noch nicht realisierten Gewinnbestandteile vorwegnehmen. Sobald man jedoch auch fixe Kosten aktiviert, würde man noch nicht realisierte Gewinnbestandteile vorwegnehmen. Aber dabei handelt es sich keinesfalls um den bilanzüblichen Gewinnbegriff und um einen selbst in der Kostenrechnung problematischen Gewinnbegriff.

Zu diesem Zusammenhang wird auch angeführt, dass die Fixkosten einer Periode nicht durch die Aktivierung auf die nächste Periode überwälzt werden dürften, sondern von der sie verursachenden Periode zu tragen seien. Abgesehen davon, dass die Bezugnahme auf das Verursachungsprinzip problematisch ist: von einer Periode werden Kosten keinesfalls verursacht. Zudem bestehen die sog. Fixkosten einer Periode nur zum Teil aus Kosten, die genau für diese Periode fix sind; zum Teil bestehen sie aus Kosten, die für mehrere Perioden fix sind und die auf die einzelnen Perioden anteilig verrechnet werden. Wenn also ein Teil der Fixkosten schon auf mehrere Perioden verteilt wurde, fällt die Überwälzung der Fixkosten von der abgelaufenen Periode auf die nachfolgende Periode auch nicht mehr ins Gewicht.

Anders als die Fixkosten dürfen offenbar die variablen Kosten einer Periode auf die nächste Periode überwälzt werden. Dies erscheint nur sinnvoll, wenn man da-

---

[1] Vgl. Weber, Helmut Kurt: Einzel- und Gemeinkosten sowie variable und fixe Kosten, S. 39 f.

von ausgeht, dass die variablen Kosten beim Verkauf gedeckt werden. Man unterstellt also, dass die variablen Kosten die Preisuntergrenze bilden. Aber dies ist unzutreffend. Denn beim Verkauf liegt die Preisuntergrenze nicht mehr bei den Kosten, die vielleicht noch zum Zeitpunkt der Herstellung variabel waren, sondern erheblich darunter, nämlich bei den Kosten, die allein durch den Verkauf entstehen würden. Daher kann man sich auch nicht auf das Realisationsprinzip berufen, wenn man eine Bewertung mit Vollkosten ablehnt.[1]

d) Wegen der Aktivierung von Kosten der Unterbeschäftigung eine Bewertung mit Vollkosten abzulehnen, wäre nur im Fall der Unterbeschäftigung, aber nicht generell gerechtfertigt. Im übrigen bleibt zu fragen, ob der Fall der Unterbeschäftigung und der gedrückten Preise nicht schon dadurch hinreichend berücksichtigt wird, dass die zunächst ermittelten Herstellungskosten noch überprüft und mit dem Stichtagswert verglichen werden müssen.

12) Unseres Erachtens sind also die Einwendungen, die generell gegen den Ansatz von vollen Herstellungskosten erhoben werden, ungerechtfertigt. Zudem ist die Gefahr der Überbewertung durch den Ansatz der vollen Herstellungskosten gering, weil die Herstellungskosten ohnehin noch des Vergleichs mit dem Stichtagswert bedürfen. Ist der Stichtagswert niedriger, muss er bei Sachanlagen bei voraussichtlich dauernder Wertminderung, bei fertigen und unfertigen Erzeugnissen unabhängig von der Dauer der Wertminderung angesetzt werden.

Demgegenüber ist die Gefahr der Unterbewertung durch Ansatz von Teilherstellungskosten groß. Der Spielraum, der den einzelnen Unternehmen bei Abgrenzung der Herstellungskosten überlassen bleibt, ist erheblich, die Vergleichbarkeit der Bilanzen dadurch stark beeinträchtigt.

13) Nach IAS (IAS 2.7) sind ebenso wie nach US-GAAP (ARB 43 ch. 4 statement 3) die vollen Herstellungskosten zur Bewertung der Erzeugnisse und von anderen selbst erstellten Vermögensgegenständen heranzuziehen (vgl. Abbildung 26). Dazu gehören auch Verwaltungskosten, die auf den Produktionsbereich entfallen.

---

[1] Vgl. Weber, Helmut Kurt: Einzel- und Gemeinkosten sowie variable und fixe Kosten, S. 90.

II. Die handelsrechtliche Bilanz sowie Gewinn- und Verlustrechnung 163

Abbildung 26:
Umfang der Herstellungskosten nach
Handelsrecht, Steuerrecht und IAS/US-GAAP

Arten von aufwands-gleichen Kosten	HGB § 255 Abs. 2 und 3	EStR Abschn. 33	IAS/US-GAAP IAS 2.10 ARB 43 ch. 4
Materialeinzelkosten	Gebot	Gebot	Gebot
Materialgemeinkosten	Wahlrecht	Gebot	Gebot
Fertigungseinzelkosten	Gebot	Gebot	Gebot
Fertigungsgemeinkosten einschließlich	Wahlrecht	Gebot	Gebot
Wertverzehr des Anlagevermögens, soweit durch Fertigung veranlasst	Wahlrecht	Gebot	Gebot
Zinsen für Fremdkapital, das zur Finanzierung der Herstellung eines Vermögensgegenstands verwendet wird	Wahlrecht	Wahlrecht	Wahlrecht (IAS) Gebot (US-GAAP), falls qualifying asset
Sondereinzelkosten der Fertigung	Gebot	Gebot	Gebot
Verwaltungsgemeinkosten einschließlich Aufwendungen für soziale Einrichtungen Aufwendungen für freiwillige soziale Leistungen Aufwendungen für betriebliche Altersversorgung	Wahlrecht	Wahlrecht	Gebot, sofern herstellungsbezogen Verbot, sofern nicht herstellungsbezogen
Vertriebsgemeinkosten	Verbot	Verbot	Verbot
Sondereinzelkosten des Vertriebs	Verbot	Verbot	Verbot

6.6.6. Zusammenfassende Beurteilung und alternativer Vorschlag

1) Für die Bewertung von Vermögensgegenständen kommen grundsätzlich zwei Möglichkeiten in Betracht:

a) Die Vermögensgegenstände werden immer zum Wert ihrer Anschaffung angesetzt.

b) Die Vermögensgegenstände werden immer zu ihrem gegenwärtigen Wert, zum Tageswert, angesetzt.

Der Anschaffungswert der Vermögensgegenstände ist leicht feststellbar und einfach zu überprüfen, aber von geringem Aussagewert. Der Tageswert der Vermögensgegenstände ist schwer feststellbar und schwer zu überprüfen, aber von hohem Aussagewert. Daher ist bei Beschränkung auf die genannten Alternativen die Alternative b) der Alternative a) vorzuziehen.

2) Die handelsrechtliche Regelung stellt eine Art Mittelweg zwischen den beiden klaren Alternativen a) und b) dar. Es ist vorgeschrieben, jeweils den niedrigeren von den beiden genannten Werten anzusetzen, den niedrigeren Anschaffungswert oder den niedrigeren Tageswert, sieht man von den anderen zulässigen Wertansätzen ab. Dieses sog. Niederstwertprinzip gilt in strenger Form für das Umlaufvermögen, in abgemilderter Art und Weise für das Anlagevermögen.

3) Im Niederstwertprinzip drückt sich nach allgemeiner Auffassung eine vorsichtige Bewertung aus; man könnte darin jedoch auch eine übervorsichtige, eine übertrieben vorsichtige Bewertung sehen. Jedenfalls ließe sich eine vorsichtige Bewertung auch noch auf andere Weise als durch die übliche Art der Anwendung des Niederstwertprinzips erreichen.

4) Mit der Bewertung nach dem Niederstwertprinzip sind zwei gravierende Nachteile verbunden, auf die weiter vorne schon hingewiesen wurde:

a) Eine Reihe von Vermögensgegenständen werden in der Bilanz zu historischen, längst überholten Werten angesetzt, das Vermögen wird insgesamt zu niedrig angesetzt; es entstehen stille Reserven, die sich dem Einblick des Bilanzlesers entziehen.

b) Bei einer Reihe von Vermögensgegenständen sind die für ihren Einsatz in der Gewinn- und Verlustrechnung angesetzten Aufwendungen (Materialaufwendungen, Abschreibungsaufwendungen) nicht ausreichend, um eine Ersatzbeschaffung vornehmen zu können. Die Substanzerhaltung ist nicht gewährleistet.[1] Die ermittelten Gewinne enthalten Scheingewinne. Es müssen zu hohe gewinnabhängige Steuern an den Staat abgeführt werden. Zudem besteht die Gefahr zu hoher Gewinnausschüttungen.

5) Um den unter 4a) genannten Nachteil des Niederstwertprinzips so gering wie möglich zu halten, sollte vorgesehen werden, dass wenigstens solche Vermögens-

---

[1] Zur Substanzerhaltung vgl. Hax, Karl: Die Substanzerhaltung der Betriebe; Schmidt, Fritz: Die organische Bilanz im Rahmen der Wirtschaft.

II. Die handelsrechtliche Bilanz sowie Gewinn- und Verlustrechnung 165

gegenstände, bei denen ein Tageswert leicht feststellbar ist, stets mit ihrem Tageswert zu bewerten sind. Dazu gehören unseres Erachtens Grundstücke, börsengängige Wertpapiere, die Forderungen verbriefen, und börsengängige Wertpapiere, die Unternehmensanteile verbriefen, sowie an Börsen gehandelte Rohstoffe. Für die anderen Vermögensgegenstände könnte es beim Niederstwertprinzip bleiben.

Mit dieser Einschränkung des Ansatzes von Tageswerten auf bestimmte Vermögensgegenstände würde man immer noch dem Vorsichtsprinzip, wenngleich in einer etwas anderen als der üblichen Auslegung, Rechnung tragen.

6) Um den unter 4b) genannten Nachteil des Niederstwertprinzips so gering wie möglich zu halten, sollte vorgesehen werden, dass wenigstens für abnutzbare Gegenstände des Anlagevermögens eine steuerfreie Ersatzbeschaffungsrücklage[1] gebildet werden darf.

Man könnte denken, der gleiche Effekt ließe sich auch durch Ansatz von Tageswerten für die genannten Vermögensgegenstände erreichen. Aber dies trifft nicht zu. Denn wenn Abschreibungen auf einen zu Beginn des Jahres festgestellten Tageswert vorgenommen werden und der Tageswert bis zum Ende des Jahres gestiegen ist, reichen die vorgenommenen Abschreibungen nicht für die Ersatzbeschaffung aus. Man hätte noch Nachholabschreibungen vorzunehmen.[2] Im Übrigen müssten bei Ansatz von Tageswerten für die genannten Vermögensgegenstände zunächst Zuschreibungen, dann wieder Abschreibungen vorgenommen, die Wertansätze und die Abschreibungspläne immer wieder geändert werden.

Daher sollte bei den genannten Vermögensgegenständen vom Ansatz von Tageswerten abgesehen, aber die Bildung von Ersatzbeschaffungsrücklagen zugelassen werden.

7) Beide Vorschläge, der partielle Ansatz von Tageswerten und die partielle Zulässigkeit von Ersatzbeschaffungsrücklagen bedürfen noch der Erläuterung. Zunächst zum ersten Vorschlag.

8) Wenn man in der Bilanz bestimmte Vermögensgegenstände, wie Grundstücke und Wertpapiere, zu einem Tageswert ansetzen will, der den Anschaffungswert übersteigt, müsste man in der Gewinn- und Verlustrechnung streng genommen einen Ertrag aus Zuschreibung ausweisen. Damit erhöht sich der Gewinn, der versteuert werden muss und ausgeschüttet werden kann. Durch die Besteuerung und die Ausschüttung wird aber dem Unternehmen Liquidität entzogen, obwohl gar kein liquiditätswirksamer Ertrag vorliegt, obwohl es sich bei dem entsprechend erhöhten Gewinn nur um einen Buchgewinn handelt.

---

[1] Anderer Art ist die steuerrechtliche Rücklage für Ersatzbeschaffung, die gebildet werden darf, wenn ein Wirtschaftsgut aufgrund höherer Gewalt oder zur Vermeidung eines behördlichen Eingriffs ausscheidet (Abschn. 35 EStR).

[2] Vgl. Schmidt, Simone: Bewertung von Vermögen zum Tageswert, S. 112 f.

Man müsste also, wenn man einen Vermögensgegenstand zum höheren Tageswert ansetzt, die Konsequenzen der Besteuerung und der Ausschüttung zu vermeiden suchen. Dafür bietet sich die Bildung einer Wertsteigerungsrücklage an.

9) Zur Bildung einer Wertsteigerungsrücklage können mehrere Wege eingeschlagen werden:[1]

a) Man bildet die Wertsteigerungsrücklage unter Umgehung der Gewinn- und Verlustrechnung direkt in der Bilanz.

Es wird kein Ertrag aus Zuschreibung in der Gewinn- und Verlustrechnung ausgewiesen. In der entsprechenden Höhe ergibt sich kein Gewinn, der versteuert werden muss und der nach Versteuerung ausgeschüttet werden kann.

Die erwünschte Wirkung, Vermeidung von Besteuerung und Ausschüttung, wird erreicht, aber der Zusammenhang zwischen Bilanz sowie Gewinn- und Verlustrechnung wird aufgegeben.

Daher weicht man mit diesem Weg, den IAS 16 im Rahmen des sog. alternative treatment vorsieht, von den deutschen Bilanzierungsgepflogenheiten stark ab.

b) Man weist doch einen Ertrag aus Zuschreibung in der Gewinn- und Verlustrechnung aus, aber man neutralisiert diesen Ertrag noch vor Ermittlung des Gewinns oder Verlusts durch gleichzeitigen Ansatz eines Postens zur Bildung einer Wertsteigerungsrücklage. Ein solcher Posten hätte die Wirkung eines Aufwandspostens, obwohl betriebswirtschaftlich gesehen kein Aufwand vorliegt.

Die gewünschte Wirkung wird erreicht, aber normalerweise erfolgt die Rücklagenbildung über den Gewinn, nicht wie hier über einen Aufwand.

Nach HGB allerdings ist dieser Weg für die Einstellungen in die Sonderposten mit Rücklageanteil vorgesehen.

c) Man weist einen Ertrag aus Zuschreibung in der Gewinn- und Verlustrechnung aus, ermittelt eine Art Vorgewinn oder einen Gewinn I und bildet aus diesem die Wertsteigerungsrücklage. Der Ertrag aus Zuschreibung wirkt sich dann nicht auf den verbleibenden Gewinn aus, der als Endgewinn oder Gewinn II bezeichnet werden könnte.

Dieser Restgewinn entspricht dem handelsrechtlichen Gewinn und mit Einschränkung dem steuerrechtlichen Gewinn. Die gewünschte Wirkung wird erreicht, aber es sind nun zwei Gewinngrößen auseinander zu halten.

Zudem entsteht hier, anders als bei den Methoden a) und b) das Problem: wie soll verfahren werden, wenn sich statt eines Vorgewinns ein Vorverlust ergibt, weil die Aufwendungen die Erträge einschließlich des Ertrags aus Zuschreibung übersteigen.

Im Fall eines solchen Vorverlusts könnten folgende Wege eingeschlagen werden:

ca) Man widmet eine bereits vorhandene Rücklage um, löst eine Gewinnrücklage auf und stellt den entsprechenden Betrag in eine Wertsteigerungsrückla-

---

[1] Vgl. Lücke, Alexander: Wertsteigerungsrücklagen und Ersatzbeschaffungsrücklagen, S. 24 ff.

ge ein. Die Gewinnrücklage erhält allerdings bereits versteuerte Gewinne, während die Wertsteigerungsrücklage steuerfrei bleiben sollte.

cb) Man setzt trotz des Verlusts eine Wertsteigerungsrücklage an, indem man den Vorverlust entsprechend erhöht, womit die vorherige Verkürzung des Vorverlusts durch den Ertrag aus Zuschreibung wieder rückgängig gemacht wird.

Es ergibt sich ein entsprechender hoher Endverlust, der dem handelsrechtlichen Verlust und mit Einschränkung dem steuerrechtlichen Verlust entspricht. Dieser erhöhte Verlust ist auf die folgenden Geschäftsjahre vorzutragen und aus dann hoffentlich erzielten Gewinnen zu decken. Damit würde die Wertsteigerungsrücklage nachträglich aus einem Gewinn gespeist werden.

Beim Weg ca) wird die Wertsteigerungsrücklage im Rückgriff auf Gewinne vergangener Jahre dotiert, beim Weg cb) im Vorgriff auf Gewinne künftiger Jahre.

Aber beide bei einem Verlust einzuschlagenden Wege sind nicht voll befriedigend. Daher sei noch auf eine weitere Alternative zu a), b) und c) eingegangen.

d) Man schaltet der eigentlichen Gewinn- und Verlustrechnung eine Rechnung vor, die man als Wertänderungsrechnung am ruhenden Vermögen bezeichnen könnte. In dieser weist man eine positive Wertänderung aus unter gleichzeitiger Bildung einer Wertsteigerungsrücklage in der Bilanz. Die eigentliche Gewinn- und Verlustrechnung bleibt davon zunächst unberührt.

Wird später der im Wert gestiegene Vermögensgegenstand verkauft, ist die Wertsteigerungsrücklage in der Bilanz über die Wertänderungsrechnung aufzulösen und ein Ertrag in der Gewinn- und Verlustrechnung auszuweisen. Bei diesem Ertrag handelt es sich um einen realisierten, liquiditätswirksamen Ertrag, der zu Recht den zu versteuernden und den ausschüttungsfähigen Gewinn erhöht.

10) Unter den skizzierten Alternativen ist bei einer Wertsteigerung die letzte den anderen unseres Erachtens vorzuziehen.

Vor einer endgültigen Entscheidung muss allerdings noch geklärt werden, wie verfahren werden soll, wenn statt einer Wertsteigerung eine Wertminderung vorliegt.

Wenn im Fall 9a) der Wert eines Vermögensgegenstands nach Wertsteigerung und Bildung einer entsprechenden Rücklage sinkt, dann ist die außerhalb der Gewinn- und Verlustrechnung gebildete Wertsteigerungsrücklage aufzulösen. Die Gewinn- und Verlustrechnung wird vorläufig nicht berührt. Erst bei Verkauf des Vermögensgegenstands zum gesunkenen Wert ist ein Verlust aus dem Abgang von Vermögensgegenständen in der Gewinn- und Verlustrechnung auszuweisen.

Im Fall 9b) ist eine außerplanmäßige Abschreibung in der Gewinn- und Verlustrechnung vorzunehmen, die aber durch Ansatz eines Postens „Auflösung der Wertsteigerungsrücklage" neutralisiert wird. Ein solcher Posten hätte die Wirkung eines Ertragspostens, obwohl betriebswirtschaftlich gesehen kein Ertrag vorliegt.

Im Fall 9c) ist eine außerplanmäßige Abschreibung in der Gewinn- und Verlustrechnung vorzunehmen und ein Ergebnis I festzustellen. Im Anschluss daran wird die Wertsteigerungsrücklage aufgelöst, womit sich das Ergebnis II verbessert.

Im Fall 9d) ist in der Wertänderungsrechnung eine negative Wertänderung auszuweisen unter gleichzeitiger Auflösung der zuvor gebildeten Wertsteigerungsrücklage. Die eigentliche Gewinn- und Verlustrechnung bleibt davon unberührt. Erst dann, wenn man den im Wert gesunkenen Vermögensgegenstand verkauft, ist ein Aufwand in der Gewinn- und Verlustrechnung auszuweisen.

11) Berücksichtigt man die Wertminderung und entsprechende Auflösung der Wertsteigerungsrücklage, dann kommen wir endgültig zum Ergebnis, dass die Möglichkeit 9d) gegenüber allen anderen vorzuziehen ist.

12) Wenn man für bestimmte Vermögensgegenstände, wie Maschinen und Werkzeuge, eine Ersatzbeschaffungsrücklage bilden will,[1] dann kann dies nicht unter Umgehung der Gewinn- und Verlustrechnung geschehen. Die unter 9a) für die Bildung einer Wertsteigerungsrücklage dargestellte Möglichkeit scheidet aus, weil sich der Wert des Vermögensgegenstands nicht erhöht.

Die Bildung einer Ersatzbeschaffungsrücklage kann auch nicht in einer der Gewinn- und Verlustrechnung vorgeschalteten Rechnung vorgenommen werden. Der unter 9d) für die Bildung einer Wertsteigerungsrücklage präferierte Weg scheidet ebenfalls aus.

Die Bildung einer Ersatzbeschaffungsrücklage könnte in der Gewinn- und Verlustrechnung noch vor Ermittlung des Gewinns oder Verlusts durch Ansatz eines Aufwandspostens vorgenommen werden, ähnlich wie unter 9b) für die Bildung einer Wertsteigerungsrücklage erörtert. Aber die Rücklagenbildung sollte aus dem Gewinn und nicht über einen Aufwand erfolgen.

Daher bleibt nur die unter 9c) dargestellte Möglichkeit. Es wird zunächst ein Gewinn I ermittelt und aus diesem die Bildung der Wertsteigerungsrücklage vorgenommen. Es verbleibt ein Gewinn II, der nunmehr den handels- und steuerrechtlichen Gewinn darstellt. Die Bildung der Ersatzbeschaffungsrücklage würde also steuerfrei erfolgen.

13) Abgesehen davon, dass man nun zwei Gewinngrößen auseinander zu halten hat, entsteht das Problem, wie bei einem Verlust verfahren werden soll.

Es kommen wiederum die schon weiter vorne unter anderen Vorzeichen diskutierten Auswege in Betracht:

a) Man widmet eine bereits vorhandene Rücklage um, indem man eine Gewinnrücklage auflöst und den entsprechenden Betrag in eine Ersatzbeschaffungsrücklage einstellt. die Gewinnrücklage enthält allerdings bereits versteuerte Gewinne, während die Ersatzbeschaffungsrücklage steuerfrei bleiben sollte.

b) Man setzt trotz des Verlusts eine Ersatzbeschaffungsrücklage an, wodurch sich der Verlust noch erhöht. Der erhöhte Verlust wird auf die folgenden Geschäftsjahre vorgetragen, bis er aus einem Gewinn gedeckt werden kann. Damit würde zwar der erstrebte Effekt vorläufig nicht erreicht, aber das Jahresergebnis in der zutreffenden Höhe ausgewiesen werden.

---

[1] Vgl. Lücke, Alexander: Wertsteigerungsrücklagen und Ersatzbeschaffungsrücklagen, S. 164 ff.

14) Zur Behandlung der Ersatzbeschaffungsrücklage nach vorgenommener Ersatzbeschaffung kommen folgende Möglichkeiten in Betracht:

a) Die Ersatzbeschaffungsrücklage wird zugunsten des Gewinns aufgelöst. Damit würde sie aber nachträglich zu versteuern sein. Die steuerentlastende Wirkung wäre nur eine solche steueraufschiebender Art, keine steuerverkürzender Art.

b) Die Ersatzbeschaffungsrücklage wird in eine Gewinnrücklage umgebucht. Die dort eingestellten Gewinne sind allerdings bereits versteuert worden. Würde man nun den Gewinnrücklagen einen Betrag zur Ausschüttung entnehmen, kämen auch unversteuerte Gewinne zur Ausschüttung.

c) Die Rücklage für Ersatzbeschaffung wird umgewidmet in eine „Rücklage nach Ersatzbeschaffung", die nicht zur Ausschüttung, sondern nur zur Deckung etwaiger Verluste verwendet werden darf.

Unter den genannten Möglichkeiten ist die letzte vorzuziehen.

15) Mit der Verwirklichung dieser beiden Vorschläge würde die Bewertung der Vermögensgegenstände wenigstens partiell zu realistischeren Ergebnissen führen und würde der Ausweis, die Besteuerung sowie die Ausschüttung von Scheingewinnen wenigstens partiell vermieden werden.

16) Nach IAS sowie US-GAAP, die für bestimmte Vermögensgegenstände eine Bewertung zum höheren Tageswert vorsehen, bestehen folgende Möglichkeiten zum Ausweis der Werterhöhungen:

a) Sie werden in der gleichen Periode als Ertrag in der Gewinn- und Verlustrechnung ausgewiesen. Dies ist vorgeschrieben bei financial assets held for trading (IAS 39.103a sowie FAS 115.13).

b) Sie werden zunächst erfolgsneutral in das Eigenkapital eingestellt und erst bei ihrer Realisation erfolgswirksam ausgewiesen. Dieser Ausweis ist nach US-GAAP für financial asstes available for sale vorgeschrieben (FAS 115.13). Nach IAS besteht für diese Vermögensgegenstände zur Zeit ein Wahlrecht, sie erfolgswirksam (vgl. Punkt a) oder zunächst erfolgsneutral zu behandeln (IAS 39.103b). Es ist aber zu erwarten, dass der erfolgswirksame Ausweis zukünftig nicht mehr zulässig sein wird (E-IAS 39.103b).[1]

c) Sie werden erfolgsneutral in eine Neubewertungsrücklage eingestellt und bei ihrer Realisation erfolgsneutral in die Gewinnrücklagen umgebucht. Dieser Ausweis ist für Sachanlagen (IAS 16.37, 38.39) sowie immaterielle Anlagen (IAS 38.76, 38.78), bei denen im Rahmen des allowed alternative treatment eine Neubewertung vorgenommen wird. In den US-GAAP ist dieser Ausweis nicht vorgesehen.

---

[1] Vgl. Coenenberg, Adolf Gerhard, Jahresabschluss und Jahresabschlussanalyse, S. 250 f.

6.6.7. Sonderproblem der Ermittlung des fortgeschriebenen Anschaffungswerts (Abschreibungsmethoden)

1) Bei Gegenständen des Anlagevermögens mit zeitlich begrenzter Nutzung ist, wie schon angedeutet, die Unterscheidung zwischen dem ursprünglichen Anschaffungswert und dem fortgeschriebenen Anschaffungswert relevant. Die Ermittlung des ursprünglichen Anschaffungswertes wurde im Abschnitt über die Bewertung des Anlagevermögens behandelt. Die Ermittlung des fortgeschriebenen Anschaffungswertes gehört sachlich in den gleichen Abschnitt. Wegen ihres Umfangs wurde sie dort jedoch ausgeklammert.

2) Entsprechendes wie für den fortgeschriebenen Anschaffungswert gilt für den fortgeschriebenen Herstellungswert. Im folgenden sei der Einfachheit halber nur vom Anschaffungswert die Rede.

3) Der fortgeschriebene Anschaffungswert wird mit Hilfe der sog. planmäßigen Abschreibungen ermittelt. Von diesen sind andere Arten von Abschreibungen zu unterscheiden. Daher sei ein kurzer Überblick über die Abschreibungen generell gegeben (vgl. auch Abbildung 27), bevor wir uns den Methoden der planmäßigen Abschreibungen zuwenden.

6.6.7.1. Überblick über die Arten von Abschreibungen

1) Abschreibungen[1] sind kennzeichnend für die Aufwands- und Ertragsrechnung sowie für die Kosten- und Leistungsrechnung. Dementsprechend wird zwischen bilanziellen und kalkulatorischen Abschreibungen unterschieden. Dagegen sind der Einzahlungs- und Auszahlungsrechnung sowie der Einnahmen- und Ausgabenrechnung Abschreibungen wesensfremd.

2) Die bilanziellen Abschreibungen können je nach Art der Aufwands- und Ertragsrechnung handelsrechtlicher oder steuerrechtlicher Natur sein. Handelsrechtlich ist zu unterscheiden zwischen planmäßigen und außerplanmäßigen Abschreibungen. Steuerrechtlich wird feiner differenziert zwischen Absetzungen für gewöhnliche Abnutzung, Absetzungen für außergewöhnliche Abnutzung, Teilwertabschreibungen, Sonderabschreibungen und erhöhten Absetzungen.

Die genannten Arten handelsrechtlicher und steuerrechtlicher Abschreibungen verhalten sich etwa wie folgt zueinander:

    a) Den planmäßigen Abschreibungen des Handelsrechts entsprechen im Steuerrecht die Absetzungen für Substanzverringerung (= AfS) bzw. die Absetzungen für gewöhnliche technische und wirtschaftliche Abnutzung (= AfA).

    b) Die außerplanmäßigen Abschreibungen des Handelsrechts umfassen:

---

[1] Zu Abschreibungen vgl. Böcking, Hans-Joachim/ Orth, Christian: Abschreibungen, Sp. 12 ff.; Kosiol, Erich: Anlagenrechnung; Küpper, Hans-Ulrich: Abschreibungen, Sp. 15 ff.; Ruchti, Hans: Die Abschreibung.

ba) die Absetzungen für außergewöhnliche Substanzverringerung (= AfaS) sowie für außergewöhnliche technische und wirtschaftliche Abnutzung (= AfaA) des Steuerrechts;

bb) die Abschreibungen im Sinne des Herabgehens auf den niedrigeren Teilwert (= Teilwertabschreibungen) des Steuerrechts;

bc) die Sonderabschreibungen des Steuerrechts;

bd) die erhöhten Absetzungen des Steuerrechts.

Wünschenswert wäre, im Handelsrecht in ähnlicher Weise wie im Steuerrecht zu differenzieren.

3) Planmäßig abzuschreiben sind nur bestimmte Vermögensgegenstände, und zwar:

a) Grundstücke, die einen Vorrat an Urstoffen bergen, wie Sandgruben, Kiesgruben (= Abschreibung wegen Substanzabbau, Substanzverringerung);

b) Gebäude, Maschinen und andere Sachanlagen, die sich im Laufe der Zeit abnutzen (= Abschreibung wegen Abnutzung; im Angloamerikanischen als depreciation bezeichnet);

c) Patente, Lizenzen und andere Immaterialgüterrechte, die nur für eine begrenzte Zeit Rechtsschutz gewähren (= Abschreibung wegen Fristablauf; im Angloamerikanischen als amortization bezeichnet).

4) Außerplanmäßige Abschreibungen (im Angloamerikanischen write offs) sind gegebenenfalls bei allen Vermögensgegenständen vorzunehmen, aus recht verschiedenartigen Gründen. Bei grober Betrachtung lassen sich unterscheiden:

a) außerplanmäßige Abschreibungen wegen Beeinträchtigungen des Mengengerüsts, der Substanz des jeweiligen Gegenstands (wie Beschädigung, im Extremfall Vernichtung),

b) außerplanmäßige Abschreibungen wegen Minderungen allein der Wertkomponente des jeweiligen Gegenstands.

5) Besondere Fälle von Abschreibungen stellen dar:

a) die Sofortabschreibungen oder Vollabschreibungen von geringwertigen Wirtschaftsgütern (die genannten Güter werden zwar bei Erwerb aktiviert, aber noch im Jahr des Erwerbs voll abgeschrieben);

b) die beschleunigten Abschreibungen der aktivierten Aufwendungen der Ingangsetzung und Erweiterung des Geschäftsbetriebs (in Höhe von mindestens 25 % pro Jahr);

c) die Abschreibungen eines aktivierten derivativen Geschäfts- oder Firmenwerts oder eines aktivierten Verschmelzungsmehrwerts (entweder innerhalb von vier Jahren oder innerhalb einer längeren Nutzungsdauer);

d) die Abschreibungen eines aktivierten Disagios (die auf die Laufzeit des aufgenommenen Darlehens verteilt werden können).

6) Nach der Berücksichtigung der Abschreibungen in der Bilanz wird unterschieden:

a) direkte Abschreibung, bei welcher die Werte der Vermögensgegenstände auf der Aktivseite jeweils vermindert um die Abschreibungen ausgewiesen werden;

b) indirekte Abschreibung, bei welcher die Vermögensgegenstände mit ihren ursprünglichen Werten auf der Aktivseite ausgewiesen und für die Abschreibungen „Wertberichtigungen" auf der Passivseite gebildet werden.

Nach HGB ist in der Regel erfreulicherweise nur die direkte Abschreibung zulässig. Eine Ausnahme gilt für die in der Handelsbilanz aus steuerrechtlichen Gründen vorgenommenen Mehrabschreibungen; sie dürfen von Kapitalgesellschaften und Genossenschaften auch indirekt vorgenommen und in die Sonderposten mit Rücklageanteil eingestellt werden.

7) Nach dem Ausweis der Abschreibungen auf Vermögensgegenstände des Umlaufvermögens in der Gewinn- und Verlustrechnung werden unterschieden:

a) übliche Abschreibungen;

b) unübliche Abschreibungen.

Die unüblichen Abschreibungen werden in der Gewinn- und Verlustrechnung nach dem Gesamtkostenverfahren in einer eigenen Position ausgewiesen, die üblichen Abschreibungen zusammen mit dem normalen Verbrauch.

8) Den Gegensatz zu den Abschreibungen bilden die Zuschreibungen. Sie wären u. a. dann vorzunehmen, wenn man Tageswerte, die die Anschaffungswerte überschreiten, ansetzen dürfte. Da aber die Anschaffungswerte die Obergrenze bilden, sind Zuschreibungen auf den Fall der Rückgängigmachung früherer Abschreibungen beschränkt.

Zuschreibungen könnte man für angebracht halten, wenn werterhöhende Veränderungen der vorhandenen Grundstücke, Gebäude oder Maschinen vorgenommen wurden. In diesen Fällen wird in der Literatur jedoch empfohlen, von der vom Gesetzgeber eingeräumten Möglichkeit der nachträglichen Erhöhung der Anschaffungskosten Gebrauch zu machen.

Die genannten Zuschreibungen sind ihrem Wesen nach außerplanmäßiger Art. Planmäßige Zuschreibungen wären allenfalls bei solchen Gegenständen denkbar, die einen Reifeprozess im Laufe der Zeit durchmachen und dadurch wertvoller werden, wie Hölzer, Leder, Käse, Weine. Aber da es sich hierbei um unfertige bzw. fertige Erzeugnisse handelt, bedarf es keiner Zuschreibungen, sondern nur einer Erhöhung der Herstellungskosten.

Abbildung 27:
Arten von Abschreibungen

nach der Art der zugehörigen Rechnung	bilanzielle A.	handelsrechtliche A.
		steuerrechtliche A.
	kalkulatorische A.	
nach der Regelmäßigkeit	im Handelsrecht:	im Steuerrecht:
	planmäßige A.	Absetzung für Abnutzung und Absetzung für Substanzverringerung
	außerplanmäßige A.	Absetzung für außergewöhnliche Abnutzung und Absetzung für außergewöhnliche Substanzverringerung
		Teilwertabschreibung
		Sonderabschreibungen
		erhöhte Absetzungen
nach dem abzuschreibenden Gegenstand und den Abschreibungsgründen	planmäßige A. von bestimmten Grundstücken primär wegen Substanzabbaus	
	planmäßige A. von anderen Sachanlagen primär wegen Abnutzung	
	planmäßige A. von immateriellen Anlagen primär wegen Fristablaufs	
	außerplanmäßige A. von allen Vermögensgegenständen wegen Beeinträchtigung der Substanz sowie wegen Minderung allein des Wertes	
nach der Berücksichtigung in der Bilanz	direkte A.	
	indirekte A.	
nach dem Ausweis in der GuV	übliche A. auf Vermögensgegenstände des Umlaufvermögens	
	unübliche A. auf Vermögensgegenstände des Umlaufvermögens	
nach der Methode	kalenderzeitabhängige A.	lineare A.
		degressive A.
		progressive A.
	nutzungsabhängige A.	

6.6.7.2. Planmäßige Abschreibung

1) Nach diesem kurzen Überblick über Abschreibungen generell, wollen wir uns nun konzentrieren auf die planmäßigen Abschreibungen von Gebäuden, Maschinen und ähnlichen Sachanlagen.

2) Die planmäßige Abschreibung als Vorgang lässt sich definieren:

 a) entweder unter Bezugnahme auf die Vermögens- und Kapitalrechnung als Verringerung der ursprünglichen Anschaffungskosten von Vermögensgegenständen nach einer bestimmten Methode Periode für Periode

 b) oder unter Bezugnahme auf die Aufwands- und Ertragsrechnung als Verteilung der Auszahlungen bzw. Ausgaben für einen Vermögensgegenstand nach einer bestimmten Methode auf mehrere Perioden.

3) Dementsprechend können die planmäßigen Abschreibungen als Ergebnis dieses Vorgangs definiert werden:

 a) entweder als Teile der ursprünglichen Anschaffungskosten eines Vermögensgegenstands, die nach einer bestimmten Methode Periode für Periode von den gesamten ursprünglichen Anschaffungskosten in der Bilanz abgesetzt werden

 b) oder als Teile der Auszahlungen bzw. Ausgaben für einen Vermögensgegenstand, die nach einer bestimmten Methode Periode für Periode als Aufwendungen in die Gewinn- und Verlustrechnung übernommen werden.

4) Wie die planmäßigen Abschreibungen vorzunehmen sind, lässt das Gesetz weitgehend offen. In § 253 Abs. 2 Satz 2 HGB heißt es nur, dass ein Plan die Anschaffungs- oder Herstellungskosten auf die Geschäftsjahre verteilen muss, in denen der Vermögensgegenstand voraussichtlich genutzt werden kann.

5) Grundsätzlich ist zu sagen: Die planmäßige Abschreibung von abnutzbaren Vermögensgegenständen müsste entsprechend der Abnutzung des jeweiligen Gegenstands vorgenommen werden. Da diese kaum feststellbar ist, müsste sie zumindest entsprechend der Nutzung des jeweiligen Gegenstands vorgenommen werden. Da selbst diese nicht immer feststellbar ist, bleibt häufig nichts anderes übrig, als sie einfach entsprechend dem Ablauf der Kalenderzeit vorzunehmen.

Dementsprechend sollen hier folgende Möglichkeiten unterschieden und nacheinander behandelt werden:

 a) kalenderzeitabhängige Abschreibung;

 b) nutzungsabhängige Abschreibung;

 c) Kombination von kalenderzeitabhängiger und nutzungsabhängiger Abschreibung.

6.6.7.3. Kalenderzeitabhängige Abschreibung

1) Bei kalenderzeitabhängiger Abschreibung ist wie folgt vorzugehen:
   a) Festlegung des abzuschreibenden Wertes.

   b) Schätzung der Nutzungsdauer des abzuschreibenden Gegenstands in Kalenderzeiteinheiten (im Allgemeinen in Jahren).

   c) Festlegung der Methode, nach welcher der abzuschreibende Wert auf die geschätzte Nutzungsdauer verteilt werden soll, womit man den Abschreibungsbetrag pro Periode erhält.

   d) Nach Ablauf der ersten Periode Verminderung des ursprünglichen Anschaffungswerts um den Abschreibungsbetrag dieser Periode, was den fortgeschriebenen Anschaffungswert für die Bilanz ergibt, während der Abschreibungsbetrag als Aufwand in die Gewinn- und Verlustrechnung zu übernehmen ist. Ebenso ist in den folgenden Perioden zu verfahren, bis der Gegenstand voll bzw. auf den Restwert abgeschrieben ist.

2) Der abzuschreibende Wert ist i. d. R. der Anschaffungswert, der sich aus dem Anschaffungspreis, abzüglich der Anschaffungspreisminderungen, und den Anschaffungsnebenkosten sowie nachträglichen Anschaffungskosten zusammensetzt. Unter Umständen ist der Anschaffungswert um einen erwarteten Restwert zu verkürzen.

3) Bei der Schätzung der Nutzungsdauer ist nicht auf die technisch-maximale, sondern auf die ökonomisch sinnvolle Nutzungsdauer abzustellen (im angloamerikanischen Rechnungswesen useful life genannt). Das heißt, dass die bei zunehmender Nutzungsdauer u. U. zunehmenden Aufwendungen für Ersatzteile und Reparaturen sowie u. U. abnehmenden Erträge wegen zu hohen Ausschusses und zu geringer Qualität zu berücksichtigen sind.

Mit der Schätzung der Nutzungsdauer wird im Übrigen notgedrungen ein prognostisches Element in die vergangenheitsbezogene Rechnung einbezogen.

4) Zur Verteilung des abzuschreibenden Wertes auf die geschätzte Nutzungsdauer kommen folgende Methoden in Betracht:[1]

   a) gleichmäßige (lineare) Verteilung, womit man gleiche Abschreibungsbeträge für jede Periode erhält;

   b) ungleichmäßige und zwar degressive Verteilung, womit man von Periode zu Periode abnehmende Abschreibungsbeträge erhält;

   ba) arithmetisch-degressive Verteilung, die um eine gleiche Differenz abnehmende Abschreibungsbeträge ergibt;

---

[1] Zu den einzelnen Methoden vgl. auch Castan, Edgar: Rechnungslegung der Unternehmung, S. 120 ff.; Eisele, Wolfgang: Technik des betrieblichen Rechnungswesens, S. 334 ff.; Wedell, Harald: Grundlagen des Rechnungswesens, Bd. 2: Kosten- und Leistungsrechnung, S. 90 ff.

bb) geometrisch-degressive Verteilung, die um einen gleichen Prozentsatz abnehmende Abschreibungsbeträge ergibt;

c) ungleichmäßige und zwar progressive Verteilung, womit man von Periode zu Periode zunehmende Abschreibungsbeträge erhält;

ca) arithmetisch-progressive Verteilung;

cb) geometrisch-progressive Verteilung.

Methoden kalenderzeitabhängiger Abschreibung

1) Die lineare Abschreibung ist die einfachste der genannten Methoden. Der Anschaffungswert A, ggf. abzüglich Restwert R (z. B. 150.000 € - 30.000 € = 120.000 €), wird durch die Zahl der Jahre der Nutzungsdauer n (z. B. 5 Jahre) dividiert, was den Abschreibungsbetrag pro Jahr a (hier 20.000 €) ergibt.

2) Bei der arithmetisch-degressiven Abschreibung wird die gleichbleibende Differenz (d) benötigt, um die sich die Abschreibungsbeträge von Jahr zu Jahr vermindern sollen. Dazu kann man entweder vom Abschreibungsbetrag des ersten Jahres (a_1) oder von demjenigen des letzten Jahres (a_n) ausgehen. Geht man vom Abschreibungsbetrag des ersten Jahres aus, muss dieser so gewählt werden, dass er den Betrag bei linearer Abschreibung (hier 20.000 €) überschreitet und das Doppelte des Betrags bei linearer Abschreibung (hier 40.000 €) unterschreitet. Er sei hier mit 30.000 € angenommen.

Die gleichbleibende Differenz errechnet sich dann nach der Formel:

$$d = \frac{2(n \cdot a_1 - (A - R))}{n(n-1)}$$

in unserem Beispiel $d = \frac{2 \,(6 \cdot 30.000 - 120.000)}{6 \,(6-1)} = 4.000 \text{ €}$.

Um diese Differenz ist der Abschreibungsbetrag des zweiten Jahres niedriger als derjenige des ersten Jahres, etc.

3) Als Sonderform der arithmetisch-degressiven Abschreibung hat sich in der Praxis die sog. digitale Abschreibung entwickelt. Dabei werden die gleichbleibende Differenz (d) und der Abschreibungsbetrag des letzten Jahres (a_n) einander gleichgesetzt.

Man rechnet dann entweder nach der Formel:

$$d = a_n = \frac{A - R}{1 + 2 + \ldots + n}$$

in unserem Beispiel $d = a_6 = \frac{120.000}{1 + 2 + 3 + 4 + 5 + 6} \approx 5.714{,}29 \text{ €}$.

Oder man rechnet nach der Formel:

$$d = a_n = \frac{2(A-R)}{n(n+1)}$$

in unserem Beispiel $\quad d = a_6 = \frac{2 \cdot 120.000}{6(6+1)} \approx 5.714{,}29 \ €$.

4) Bei der geometrisch-degressiven Abschreibung wird der gleichbleibende Prozentsatz (p) benötigt, um den sich die Abschreibungsbeträge von Jahr zu Jahr verändern sollen. Diesen muss man so wählen, dass er den Prozentsatz bei linearer Abschreibung (hier 16,7 %) überschreitet. Er sei hier mit 20 % angenommen. Der Abschreibungsbetrag des letzten Jahrs errechnet sich dann nach der Formel:

$$a_n = (A-R) \cdot \frac{q-1}{q^n - 1}$$

wobei $\quad q = 1 + \dfrac{p}{100}$

in unserem Beispiel $\quad a_6 = 120.000 \cdot \dfrac{1{,}2 - 1}{1{,}2^6 - 1} \approx 12.084{,}69 \ €$.

Die Abschreibungsbeträge der anderen Jahre erhält man nach der Formel:

$a_i = a_n \cdot q^{n-i}$ bzw. $a_i = a_{i+1} \cdot q$,

in unserem Beispiel $a_1 = 12.084{,}69 \cdot 1{,}2^{6-1} = 30.071 \ €$

$a_2 = 12.084{,}69 \cdot 1{,}2^{6-2} = 25.059 \ €$

$a_3 = 12.084{,}69 \cdot 1{,}2^{6-3} = 20.882 \ €$

$a_4 = 12.084{,}69 \cdot 1{,}2^{6-4} = 17.402 \ €$

$a_5 = 12.084{,}69 \cdot 1{,}2^{6-5} = 14.502 \ €$.

5) Als Sonderform der geometrisch-degressiven Abschreibung hat sich in der Praxis die sogenannte Buchwertabschreibung entwickelt. Dabei wird mit einem gleichbleibenden Prozentsatz vom jeweiligen Buchwert abgeschrieben.

Auf diese Weise erreicht man allerdings nie eine volle Abschreibung des ursprünglichen Anschaffungswertes. Wollte man der vollen Abschreibung möglichst nahe kommen, müsste man einen außergewöhnlich hohen Abschreibungssatz wie etwa 90 % wählen. Die Abschreibungsbeträge der ersten Jahre wären dann sehr hoch, diejenigen der späteren Jahre sehr niedrig.

Daher ist die Buchwertabschreibung nur sinnvoll, wenn der abzuschreibende Gegenstand nicht auf Null oder annähernd Null abgeschrieben werden soll, d. h. wenn ein erheblicher Gebrauchtwarenerlös oder Schrotterlös (R) erwartet wird (wie hier von 30.000 €). Der Abschreibungsprozentsatz errechnet sich dann nach der folgenden Formel:

$$p = 100 \cdot \left(1 - \sqrt[n]{\frac{R}{A}}\right)$$

in unserem Beispiel $\quad p = 100 \cdot \left(1 - \sqrt[6]{\frac{30.000}{150.000}}\right) \approx 23{,}53\,\%$.

Die Abschreibungsbeträge der einzelnen Jahre ergeben sich wie folgt:

$$a_i = R_{i-1} \cdot \frac{p}{100}$$

in unserem Beispiel $\quad a_1 = 150.000 \cdot 0{,}2353 = 35.291$ €

$\qquad\qquad\qquad\quad\; a_2 = 114.709 \cdot 0{,}2353 = 26.988$ €

$\qquad\qquad\qquad\quad\; a_3 = 87.721 \cdot 0{,}2353 = 20.639$ €

$\qquad\qquad\qquad\quad\; a_4 = 67.082 \cdot 0{,}2353 = 15.783$ €

$\qquad\qquad\qquad\quad\; a_5 = 51.299 \cdot 0{,}2353 = 12.069$ €

$\qquad\qquad\qquad\quad\; a_6 = 39.230 \cdot 0{,}2353 = 9.230$ €.

Im Übrigen wird häufig zunächst eine geometrisch-degressive Abschreibung gewählt und dann auf eine lineare Abschreibung übergegangen, wenn der Betrag der linearen Abschreibung den Betrag der geometrisch-degressiven Abschreibung übersteigt. Auf diese Weise wird eine Totalabschreibung erreicht.

6) Eine weitere Sonderform ist die Abschreibung mit fallenden Staffelsätzen. Dabei wird die Gesamtnutzungsdauer in mehrere Zeitabschnitte unterteilt, für die jeweils abnehmende Abschreibungssätze gelten. Beispielsweise jeweils 10 % im Jahr der Fertigstellung und in den folgenden 3 Jahren, jeweils 5 % in den darauf folgenden 3 Jahren und jeweils 2,5 % in den darauf folgenden 18 Jahren (§ 7 Abs. 5 EStG). Die Abschreibungssätze beziehen sich auf den Anschaffungswert, ggf. vermindert um einen Restwert.

7) Für die progressiven Abschreibungsmöglichkeiten gilt das Umgekehrte wie für die entsprechenden Möglichkeiten degressiver Abschreibung.

8) Die Formeln für die besprochenen Methoden werden noch einmal in Abbildung 28 zusammengestellt.

9) Wie sich nach diesen verschiedenen Methoden der gleiche Anschaffungswert auf die gleiche Zahl von Jahren verteilt, zeigt ein Beispiel in Abbildung 29.

Abbildung 28:
Formeln für die Methoden kalenderzeitabhängiger Abschreibung

---

1. lineare Abschreibung:

$$a_i = \frac{A-R}{n}$$

2.1. Normalform der arithmetisch-degressiven Abschreibung:

$$a_i = a_1 - (i-1)d \qquad d = \frac{2(n \cdot a_1 - (A-R))}{n(n-1)}$$

a_1 wird festgesetzt unter den Bedingungen: $a_1 > \dfrac{A-R}{n}$ und $a_1 < 2 \cdot \dfrac{A-R}{n}$

2.2. Sonderform der arithmetisch-degressiven Abschreibung (digitale Abschreibung):

$$a_i = (n - i + 1)d \qquad d = \frac{2(A-R)}{n(n+1)}$$

3.1. Normalform der geometrisch-degressiven Abschreibung:

$$a_i = a_n \cdot q^{n-i}$$

entweder a_n wird festgesetzt unter der Bedingung: $a_n < \dfrac{A-R}{n}$

und p wird ermittelt aus: $\dfrac{A-R}{a_n} = \dfrac{q^n - 1}{q - 1}$; wobei $p = 100(q-1)$

oder p wird festgesetzt

und a_n wird ermittelt aus: $\dfrac{A-R}{a_n} = \dfrac{q^n - 1}{q - 1}$; wobei $p = 100(q-1)$

3.2. Sonderform der geometrisch-degressiven Abschreibung (Buchwertabschreibung):

$$a_i = R_{i-1} \cdot \frac{p}{100} \qquad p = 100 \cdot \left(1 - \sqrt[n]{\frac{R}{A}}\right)$$

4.1. Normalform der arithmetisch-progressiven Abschreibung:

$$a_i = a_1 + (i-1)d \qquad d = \frac{2((A-R) - n \cdot a_1)}{n(n-1)}$$

a_1 wird festgesetzt unter der Bedingung: $a_1 < \dfrac{A-R}{n}$

4.2. Sonderform der arithmetisch-progressiven Abschreibung (in Umkehrung der digitalen Abschreibung):

$$a_i = d \cdot i \qquad d = \frac{2(A-R)}{n(n+1)}$$

5.1. Normalform der geometrisch-progressiven Abschreibung:

$$a_i = a_1 \cdot q^{i-1}$$

entweder a_1 wird festgesetzt unter der Bedingung: $a_1 < \dfrac{A-R}{n}$

und p wird ermittelt aus: $\dfrac{A-R}{a_1} = \dfrac{q^n - 1}{q - 1}$; wobei $p = 100\,(q-1)$

oder p wird festgesetzt

und a_n wird ermittelt aus: $\dfrac{A-R}{a_1} = \dfrac{q^n - 1}{q - 1}$; wobei $p = 100\,(q-1)$

5.2. Sonderform der geometrisch-progressiven Abschreibung (in Umkehrung der Buchwertabschreibung):

Kein mathematisches Gegenstück zu 3.2.; Ermittlung der Abschreibungsbeträge, wie auch schon bei 4.1., 4.2., 5.1. möglich, durch Umkehrung der zeitlichen Reihenfolge der entsprechenden degressiven Abschreibungsformeln

Symbole:

A	=	Anschaffungswert
R	=	Restwert
n	=	Nutzungsdauer
a_i	=	Abschreibungsbetrag im Jahre i
d	=	Differenz zwischen zwei aufeinanderfolgenden Abschreibungsbeträgen
p	=	Abschreibungsprozentsatz in %
q	=	$1 + \dfrac{p}{100}$
$\dfrac{q^n - 1}{q - 1}$	=	nachschüssiger Renten-Endwertfaktor

Abbildung 29:
Beispiel für die Methoden kalenderzeitabhängiger Abschreibung

Ausgangsdaten:							
Anschaffungswert	150.000 €						
Restwert	30.000 €						
Nutzungsdauer	6 Jahre						

Methode der kalenderzeitabhängigen A.	Abschreibungsbeträge der einzelnen Jahre						
	1	2	3	4	5	6	Summe
1. Lineare A.	20.000	20.000	20.000	20.000	20.000	20.000	120.000
2. arithmetisch-degressive A.							
2.1. Normalform	30.000	26.000	22.000	18.000	14.000	10.000	120.000
2.2. Sonderform (digitale A.)	34.286	28.571	22.857	17.143	11.429	5.714	120.000
3. geometrisch-degressive A.							
3.1. Normalform	30.071	25.059	20.882	17.402	14.502	12.084	120.000
3.2. Sonderform (Buchwert-A.)	35.291	26.988	20.639	15.783	12.069	9.230	120.000
4. arithmetisch-progressive A.							
4.1. Normalform	10.000	14.000	18.000	22.000	26.000	30.000	120.000
4.2. Sonderform (umgekehrte digitale A.)	5.714	11.429	17.143	22.857	28.571	34.286	120.000
5. geometrisch-progressive A.							
5.1. Normalform	12.084	14.502	17.402	20.882	25.059	30.071	120.000
5.2. Sonderform (umgekehrte Buchwert-A.)	9.230	12.069	15.783	20.639	26.988	35.291	120.000

Beurteilung der kalenderzeitabhängigen Abschreibung

1) Wie ist die kalenderzeitabhängige Abschreibung insgesamt, wie sind die einzelnen Methoden der kalenderzeitabhängigen Abschreibung zu beurteilen?

2) Die kalenderzeitabhängige Abschreibung ist die universelle Abschreibungsmethode; sie kommt für alle abzuschreibenden Vermögensgegenstände in Betracht und ist einfach anzuwenden.

3) Unter den einzelnen Methoden der kalenderzeitabhängigen Abschreibung wiederum ist die lineare die einfachste. Zugunsten dieser Methode lässt sich ferner anführen, dass der Gebrauchswert eines Vermögensgegenstands vom Anfang bis zum Ende der Nutzung im Allgemeinen relativ konstant bleibt.

4) Dagegen nimmt der Veräußerungswert eines Vermögensgegenstands gleich nach Ingebrauchnahme stark ab, was für die degressive Abschreibung spricht. Zu bedenken ist allerdings, dass durch die planmäßige Abschreibung nur der fortgeschriebene Anschaffungswert ermittelt werden soll, der anschließend noch der Überprüfung durch den Tageswert bedarf. Gegebenenfalls muss also zusätzlich zur planmäßigen eine außerplanmäßige Abschreibung vorgenommen werden.

Zugunsten der degressiven Abschreibung wird ferner oft angeführt, dass die im Laufe der Nutzung abnehmenden Abschreibungsbeträge zusammen mit den im Laufe der Nutzung zunehmenden Reparaturaufwendungen eine gleichmäßige Belastung der Gewinn- und Verlustrechnung ergeben. Zu bedenken ist allerdings auch hier, dass durch die planmäßige Abschreibung primär der fortgeschriebene Anschaffungswert ermittelt werden soll.

Zugunsten der degressiven Abschreibung kann allenfalls noch angeführt werden, dass durch eine möglichst schnelle Abschreibung das mit dem Vermögensgegenstand verbundene Risiko zeitlich begrenzt wird.

Unter den einzelnen Methoden der degressiven Abschreibung ist die Buchwertabschreibung relativ einfach, aber mit dem Nachteil verbunden, dass man nicht auf einen Wert von Null abschreiben kann. Noch einfacher ist deshalb die digitale Abschreibung.

5) Die progressive Abschreibung ließe sich allenfalls rechtfertigen, wenn die Nutzung eines Vermögensgegenstands anfänglich noch beeinträchtigt ist und nur langsam das gewünschte Niveau erreicht wird.

Zulässigkeit der Methoden der kalenderzeitabhängigen Abschreibung

1) Zu den einzelnen Methoden planmäßiger Abschreibung findet man im HGB keine Aussage. In § 253 Abs. 2 Satz 2 HGB heißt es nur, wie bereits erwähnt, dass ein Plan die Anschaffungs- oder Herstellungskosten auf die Geschäftsjahre verteilen muss, in denen der Vermögensgegenstand voraussichtlich genutzt werden kann. Die Anforderungen eines solchen Plans werden unseres Erachtens durch alle behandelten Methoden kalenderzeitabhängiger Abschreibung erfüllt. Auch wenn ein Restwert nicht ausdrücklich erwähnt wird, dürfte seine Berücksichtigung zulässig sein.

2) Neben der genannten Vorschrift sind die Grundsätze ordnungsmäßiger Buchführung zu beachten. So werden oft unter Berufung auf das Vorsichtsprinzip die progressiven Abschreibungsmethoden verworfen; aber dann müsste man konsequenterweise auch die lineare Abschreibung ablehnen und dürfte nur die degressiven Abschreibungsmethoden gelten lassen.

Aus den Grundsätzen ordnungsmäßiger Buchführung ergibt sich unseres Erachtens nicht, dass manche Methoden generell gegenüber anderen Methoden vorzuziehen sind. Aus ihnen lässt sich allenfalls ableiten, dass die Abschreibungen nicht willkürlich vorgenommen werden dürfen, sondern einer bestimmten Methode folgen müssen.

3) Die bilanzierenden Unternehmen sind also frei in der Wahl der Abschreibungsmethode (vgl. Abbildung 30). Durch dieses Wahlrecht wird, da die Abschreibungsbeträge von Methode zu Methode stark variieren, die Vergleichbarkeit der Bilanzen stark beeinträchtigt. Besser wäre es also gewesen, der Gesetzgeber hätte wenigstens eine Einschränkung des Wahlrechts vorgenommen. So hätte er vorsehen können, dass bei kalenderzeitabhängiger Abschreibung, die ohnehin relativ schematisch ist, normalerweise linear abgeschrieben werden muss, dass aber in besonders begründeten Fällen auch degressiv abgeschrieben werden darf.

4) Nach IAS ist ebenso wie nach US-GAAP jede systematische Abschreibung erlaubt.[1] Die lineare Abschreibung wird als straight line method bezeichnet, die digitale Abschreibung als sum of the years digits, die geometrisch-degressive Abschreibung als declining balance method.

6.6.7.4. Nutzungsabhängige Abschreibung

1) Bei nutzungsabhängiger Abschreibung ist wie folgt vorzugehen:

a) Festlegung des abzuschreibenden Wertes, i. d. R. der Anschaffungswert, ggf. vermindert um einen Restwert.

b) Festlegung einer Größe zur Messung der Nutzung des abzuschreibenden Gegenstands.

c) Schätzung des Nutzungspotentials des abzuschreibenden Gegenstands.

d) Festlegung der Methode, nach welcher der abzuschreibende Wert auf das Nutzungspotential verteilt werden soll, womit man den Abschreibungsbetrag pro Nutzungseinheit erhält.

e) Nach Ablauf der ersten Periode Feststellung der vom abzuschreibenden Gegenstand abgegebenen Nutzungseinheiten und Multiplikation mit dem Abschreibungsbetrag pro Nutzungseinheit, was den Abschreibungsbetrag pro Periode ergibt. Ebenso ist in den folgenden Perioden zu verfahren, bis der Gegenstand voll bzw. bis zum Restwert abgeschrieben ist (vgl. auch das Beispiel in Abbildung 31).

---

[1] Vgl. Coenenberg, Adolf Gerhard: Jahresabschluss und Jahresabschlussanalyse, S. 172.

4. Teil: Die Aufwands- und Ertragsrechnung sowie die Vermögens- und Kapitalrechnung

Abbildung 30:
Zulässigkeit der Abschreibungsmethoden nach Handelsrecht und Steuerrecht

Abschreibungsmethoden	Handelsrecht	Steuerrecht
kalenderzeitabhängige A.		
1. Lineare A.		Regelmethode für abnutzbare Wirtschaftsgüter des Anlagevermögens § 7 Abs. 1 Satz 1 EStG
2. arithmetisch-degressiven A.		nicht erwähnt, daher unzulässig
3.1. Normalform der geometrisch-degressiven A.		nicht erwähnt, daher unzulässig
3.2. Buchwert-A.	In § 253 Abs. 2 Satz 2 HGB heißt es nur, dass ein Plan die Anschaffungs- oder Herstellungskosten auf die Geschäftsjahre verteilen muss, in denen der Vermögensgegenstand voraussichtlich genutzt werden kann. Daher können alle Methoden für zulässig erachtet werden.	ausnahmsweise zulässig für abnutzbare bewegliche Wirtschaftsgüter des Anlagevermögens § 7 Abs. 2 EStG Abschreibungsprozentsatz höchstens das Zweifache des linearen Satzes, maximal 20 % § 7 Abs. 2 Satz 2 EStG AfaA nicht gleichzeitig zulässig § 7 Abs. 2 Satz 4 EStG Wechsel zur linearen Methode zulässig § 7 Abs. 3 EStG
3.3. stufendegressive A.		ausnahmsweise zulässig für Gebäude § 7 Abs. 5 EStG
4. arithmetisch-progressive A.		nicht erwähnt, daher unzulässig
5. geometrisch-progressive A.		nicht erwähnt, daher unzulässig
nutzungsabhängige A.		ausnahmsweise zulässig für abnutzbare bewegliche Wirtschaftsgüter des Anlagevermögens § 7 Abs. 1 Satz 5 EStG

Abbildung 31:
Beispiel einer nutzungsabhängigen Abschreibung

Ausgangsdaten:
Anschaffungswert der Maschine (A) 150.000 €
Restwert der Maschine (R) 30.000 €
erwartete Gesamtlaufzeit der Maschine (L) 25.000
tatsächliche Laufzeit der Maschine in den einzelnen Jahren (l_i),
wobei i = 1, ..., n
l_1 = 3.000 Stunden l_4 = 5.000 Stunden
l_2 = 4.000 Stunden l_5 = 4.500 Stunden
l_3 = 5.000 Stunden l_6 = 3.500 Stunden.

Abschreibungsbetrag pro Stunde:
bei gleichmäßiger Verteilung des abzuschreibenden Wertes auf die Gesamtlaufzeit errechnet sich der Abschreibungsbetrag pro Stunde (a_i) nach der Formel:

$$a_1 = \frac{A-R}{L},$$

in unserem Beispiel $a_1 = \frac{150.000 - 30.000}{25.000} = 4{,}80 \text{ €/Std.}$

Abschreibungsbetrag pro Jahr:
der Abschreibungsbetrag pro Jahr ermittelt sich nach der Formel:
$a_i = a_1 \cdot l_i$ mit i = 1, ..., n,
in unserem Beispiel a_1 = 3.000 · 4,80 = 14.400 €
    a_2 = 4.000 · 4,80 = 19.200 €
    a_3 = 5.000 · 4,80 = 24.000 €
    a_4 = 5.000 · 4,80 = 24.000 €
    a_5 = 4.500 · 4,80 = 21.600 €
    a_6 = 3.500 · 4,80 = 16.800 €.

2) Als Maßstab der Nutzung kommt in Betracht, z. B. bei einem Pkw die Zahl der gefahrenen Kilometer, bei einem Lkw die Zahl der gefahrenen Kilometer sowie die beförderte Last in Gewichtseinheiten, bei einer Fertigungsmaschine die Zahl der gefertigten Mengeneinheiten eines Erzeugnisses oder die Laufzeit in Stunden. Im letztgenannten Fall würde man auch zeitabhängig, aber eben nicht kalenderabhängig abschreiben.

3) Bei Schätzung des Nutzungspotentials ist, je nach gewähltem Maßstab der Nutzung, bei einem Pkw die Gesamtzahl der Kilometer zu bestimmen, die bis zur Erreichung der Wirtschaftlichkeit gefahren werden können, bei einer Fertigungsmaschine die Gesamtzahl der Mengeneinheiten eines Erzeugnisses, die bis zur Erreichung der Wirtschaftlichkeitsgrenze gefertigt werden können.

4) Als Methode zur Verteilung des abzuschreibenden Wertes auf das Nutzungspotential wird im Allgemeinen die lineare gewählt, womit man den gleichen Abschreibungsbetrag für jede Nutzungseinheit erhält. Aber auch die anderen bei der kalenderzeitabhängigen Abschreibungen erwähnten Methoden kommen grundsätzlich in Betracht.

5) Die nutzungsabhängige Abschreibung ist eine spezielle Abschreibungsmethode; sie kommt nicht für alle Vermögensgegenstände in Betracht, z. B. nicht für Gebäude, weil sich für diese kein geeigneter Nutzungsmaßstab finden lässt.

Ist die nutzungsabhängige Abschreibung anwendbar, ist ihre Anwendung mit einem höheren Aufwand verbunden als diejenige der kalenderzeitabhängigen Abschreibung, weil ein Nutzungsmaßstab gefunden werden muss und weil Periode für Periode die vom abzuschreibenden Gegenstand abgegebenen Nutzungseinheiten ermittelt werden müssen. Aber mit der nutzungsabhängigen Abschreibung kommt man dem Ziel, eine Abschreibung wegen der Abnutzung vorzunehmen, näher als mit der kalenderzeitabhängigen Abschreibung. Allerdings berücksichtigt die nutzungsabhängige Abschreibung nicht, dass eine Abnutzung auch bei Nichtnutzung entsteht. Daher erhebt sich die Frage, ob nicht eine Kombination mit der kalenderzeitabhängigen Abschreibung angestrebt werden soll (vgl. Abschnitt 6.6.7.5.).

6) Ist die nutzungsabhängige Abschreibung nach HGB überhaupt zulässig? In § 253 Abs. 2 Satz 2 HGB heißt es, wie bereits erwähnt, dass ein Plan die Anschaffungs- oder Herstellungskosten auf die Geschäftsjahre verteilen muss, in denen der Vermögensgegenstand voraussichtlich genutzt werden kann.

Die Anforderungen eines solchen Plans werden bei kalenderzeitabhängiger Abschreibung, die die Abschreibungsbeträge für die einzelnen Jahre im voraus festlegt, voll erfüllt. Bei nutzungsabhängiger Abschreibung lässt sich nur der Abschreibungsbetrag pro Nutzungseinheit im voraus festlegen. Damit werden die Anforderungen eines solchen Plans nur teilweise erfüllt. Dennoch lässt sich u. E. auch in diesem Fall noch von einem Abschreibungsplan sprechen.

Besser wäre es jedoch gewesen, der Gesetzgeber hätte solche Zweifel gar nicht erst aufkommen lassen und in § 253 Abs. 2 Satz 2 HGB statt von einem „Plan" von einer „Methode" gesprochen.

Im Übrigen hätte sich auch die steuerrechtliche Regelung zur Übernahme in das HGB geeignet. Nach ihr ist die nutzungsabhängige Abschreibung von beweglichen abnutzbaren Wirtschaftsgütern des Anlagevermögens zulässig, wenn der auf das einzelne Jahr entfallende Umfang der Leistung nachgewiesen wird (vgl. § 7 Abs. 1 Satz 5 EStG).

7) Nach IAS ist ebenso wie nach US-GAAP eine nutzungsabhängige Abschreibung möglich.[1] Sie wird als sum of the units method bzw. als units of production method bezeichnet.

---

[1] Vgl. Coenenberg, Adolf Gerhard: Jahresabschluss und Jahresabschlussanalyse, S. 173.

6.6.7.5. Kombination von kalenderzeitabhängiger und nutzungsabhängiger Abschreibung

1) Die nutzungsabhängige Abschreibung berücksichtigt die Abnutzung des abzuschreibenden Gegenstands durch Nutzung, dagegen nicht die Abnutzung auch bei Nichtnutzung durch Einwirken von Luft, Feuchtigkeit und ähnlichen Umständen sowie durch Altwerden. Daher ist zu überlegen, mit der nutzungsabhängigen Abschreibung eine kalenderzeitabhängige Abschreibung zu verbinden.

2) Wie kann eine solche Kombination von nutzungsabhängiger und kalenderzeitabhängiger Abschreibung vorgenommen werden?

Folgende zwei Wege könnten eingeschlagen werden:

a) Man versucht, den abzuschreibenden Gegenstand gedanklich zu zerlegen in: Teile, die sich stark durch Gebrauch abnutzen (oft vereinfachend Verschleißteile genannt) und andere Teile. Dementsprechend wird der Anschaffungswert aufgespalten. Der eine Teilbetrag wird nutzungsabhängig, der andere Teilbetrag kalenderzeitabhängig abgeschrieben.

b) Man sieht vor, den Gegenstand grundsätzlich nutzungsabhängig abzuschreiben, legt jedoch Mindestabschreibungsbeträge pro Periode aufgrund einer kalenderzeitabhängigen Abschreibung fest.

Dem ersten Weg haftet etwas Künstliches an. Ihm gegenüber ist daher der zweite Weg vorzuziehen.

3) Grundsätzlich bleibt jedoch noch zur Kombination nutzungsabhängiger und kalenderzeitabhängiger Abschreibung im Rahmen der planmäßigen Abschreibung zu sagen: Abzuschreibende Gegenstände, wie Maschinen, werden angeschafft, um gebraucht zu werden. Dabei nutzen sie sich ab. Die planmäßige Abschreibung sollte also nutzungsabhängig vorgenommen werden (ebenso wie beim Verbrauch von Rohstoffen Materialaufwendungen angesetzt werden). Stellt sich heraus, dass die abzuschreibenden Maschinen nicht wie vorgesehen verwendet werden, ist trotzdem eine Abschreibung vorzunehmen, wegen der Abnutzung durch Einwirken äußerer Faktoren sowie wegen des Altwerdens. Diese Abschreibung kann der Kalenderzeit nach bestimmt werden; sie ist aber ihrem Wesen nach eine außerplanmäßige Abschreibung. Ebenso bedürfen Rohstoffe, die nicht im Produktionsprozess zum Einsatz kommen, einer Abschreibung.

6.6.8. Sonderproblem der Ermittlung des generellen Anschaffungswerts (Sammelbewertungsmethoden)

1) Bei bestimmten Vermögensgegenständen ist, wie schon angedeutet, die Unterscheidung zwischen individuellem und generellem Anschaffungswert relevant. Bisher wurde nur die Ermittlung des individuellen Anschaffungswerts behandelt. Auf die Ermittlung des generellen Anschaffungswerts wäre sowohl im Abschnitt über die Bewertung des Anlagevermögens als auch in demjenigen über die Be-

wertung des Umlaufvermögens einzugehen gewesen. Wegen ihres Umfangs wurde sie jedoch dort jeweils ausgeklammert.

2) Entsprechendes wie für den generellen Anschaffungswert gilt für den generellen Herstellungswert. Im Folgenden sei der Einfachheit halber nur vom Anschaffungswert die Rede.

3) Der generelle Anschaffungswert wird mit Hilfe der sog. Sammelbewertungsverfahren ermittelt.[1] Da man die Sammelbewertung der Einzelbewertung gegenüberstellt, sei zunächst etwas zu diesem Gegensatz gesagt. Da man ferner die Sammelbewertungsverfahren zu den Bewertungserleichterungen zählt, sei auch ein Überblick über jene gegeben. Erst daran anschließend sollen die Verfahren der Sammelbewertung behandelt werden.

6.6.8.1. Einzelerfassung und -bewertung versus Sammelerfassung und -bewertung

1) Die Vermögensgegenstände sind nach § 252 Abs. 1 Nr. 3 HGB zum Abschlussstichtag „einzeln zu bewerten" (= sog. Grundsatz der Einzelbewertung). Genau genommen müsste gesagt werden, dass sie einzeln zu erfassen und zu bewerten sind. Dementsprechend sollte vollständigerweise von einem Grundsatz der Einzelerfassung und -bewertung gesprochen werden.

2) Die Frage, wie die Vermögensgegenstände einzeln erfasst und bewertet werden sollen, führt zurück zu der Frage: was ist überhaupt ein einzelner Vermögensgegenstand?

Diese Frage lässt sich bei Stückgütern noch relativ leicht beantworten. Produziert ein Unternehmen Fernsehgeräte, kann jedes Fernsehgerät als ein einzelner Vermögensgegenstand betrachtet werden. Bezieht dieses Unternehmen Fernsehröhren zum Einbau in seine Geräte, könnte noch jede Röhre als ein einzelner Vermögensgegenstand angesehen werden.

Anderes gilt jedoch bei Schüttgütern, Flüssigkeiten und Gasen. Bezieht ein Unternehmen Kohle zur Verfeuerung und befindet sich ein Teil der erhaltenen Lieferungen noch auf einer Halde, dann kann kaum jeweils eine im Voraus bestimmte Menge, z. B. jeweils 1 Tonne, als ein einzelner Vermögensgegenstand behandelt werden. Stattdessen muss man wohl die gesamte auf einer Halde befindliche Menge als einen einzelnen Vermögensgegenstand gelten lassen.

3) Der Begriff des einzelnen Vermögensgegenstands passt also nur für bestimmte Güter und muss auf andere Güter und Vermögensgegenstände sinnvoll übertragen

---

[1] Zur Sammelbewertung vgl. von Ahsen, Helge Bernd: Sammelbewertung des Vorratsvermögens; Buchner, Robert/ Adam, Elmar: Die Bewertung gleichartiger Vorratsgüter mit Hilfe der Fiktion beschaffungspreisbestimmter Verbrauchsfolgen, S. 173 ff.; Coenenberg, Adolf Gerhard: Jahresabschluss und Jahresabschlussanalyse, S. 217 ff.; Wöhe, Günter: Bilanzierung und Bilanzpolitik, S. 476 ff.

werden. Schon dadurch wird der Grundsatz der Einzelerfassung und -bewertung relativiert.

Wie soll nun jeder Vermögensgegenstand einzeln erfasst und bewertet werden? Bleiben wir beim einfachen Fall der Stückgüter. Hat die erwähnte Fernsehgerätefabrik Fernsehröhren mehrmals während des Jahres zu unterschiedlichen Preisen bezogen und liegt ein Teil dieser Menge am Ende des Jahres noch auf Lager, dann könnte jede Röhre bei Zählung einzeln erfasst werden. Aber die Bewertung mit den jeweiligen Anschaffungskosten ist nur möglich, wenn man die Fernsehröhren getrennt nach eingegangenen Lieferungen lagern oder wenn man gar jede einzelne Röhre mit ihrem Zugangsdatum kennzeichnen und dieses bei der Inventur mit erfassen würde. Sowohl das eine als auch das andere wäre mit einem nicht mehr vertretbaren Aufwand verbunden.

Die Einzelbewertung bereitet also größere Probleme als die Einzelerfassung. Sie wäre nur mit einem unverhältnismäßig hohen Aufwand bei Lagerhaltung und Inventur realisiertbar.

4) In Anbetracht der genannten Schwierigkeiten der Einzelbewertung können folgende Auswege in Betracht gezogen werden:

a) Man ersetzt in bestimmten Fällen die individuellen Anschaffungs- bzw. Herstellungskosten durch generelle Anschaffungs- bzw. Herstellungskosten.

b) Man verzichtet in bestimmten Fällen auf die Bewertung mit Anschaffungs- bzw. Herstellungskosten und nimmt die Bewertung ausschließlich mit Tageswerten vor.

Mit dem Ausweg a) wird das Prinzip der Einzelbewertung durchbrochen, mit dem Ausweg b) wird der Primat des Anschaffungswerts partiell aufgehoben. Der Gesetzgeber hat sich für den Ausweg a) entschieden, d. h. für die Sammelbewertung.

6.6.8.2. Mengenerfassungs- und Bewertungserleichterungen

1) Mit der Sammelbewertung hat der Gesetzgeber den bilanzierenden Unternehmen eine Bewertungserleichterung zugestanden, insofern als sie nicht die individuellen Anschaffungswerte ermitteln müssen, sondern die generellen Anschaffungswerte ansetzen dürfen. Ihr liegt eine Mengenerfassungserleichterung zugrunde, insofern als die Unternehmen bei der Inventur nur die Bestandsmengen festzustellen brauchen und nicht noch ermitteln müssen, welche Teile des Bestands zu welchen Zeitpunkten jeweils angeschafft wurden. Bei der Sammelbewertung handelt es sich also um eine kombinierte Mengenerfassungs- und Bewertungserleichterung.

2) Neben der Sammelbewertung hat der Gesetzgeber den bilanzierenden Unternehmen eine weitere Mengenerfassungs- und Bewertungserleichterung zugestanden, die allerdings von anderer Art ist, der sog. Festbewertung.

Nach § 240 Abs. 3 HGB dürfen Sachanlagen sowie Roh-, Hilfs- und Betriebsstoffe, die regelmäßig ersetzt werden und deren Gesamtwert für das Unternehmen von nachrangiger Bedeutung ist, mit einer gleichbleibenden Menge und einem gleichbleibenden Wert angesetzt werden, sofern ihr Bestand in seiner Größe, seinem Wert und seiner Zusammensetzung nur geringen Veränderungen unterliegt. Eine körperliche Bestandsaufnahme braucht in diesem Fall nur alle drei Jahre vorgenommen zu werden.

Hier wird also unter bestimmten Bedingungen der Ansatz einer festen Menge zu einem festen Preis zugelassen. Daher müsste von einem Festmengen-Festpreis-Ansatz gesprochen werden. Da hierbei die Unternehmen jedoch erst feststellen müssen, ob die genannten Bedingungen zutreffen, d. h. ob der Bestand „in seiner Größe, seinem Wert und seiner Zusammensetzung" nur geringen Veränderungen unterliegt, ist die Erleichterung nur eine Scheinbare.

3) Eine reine Bewertungserleichterung in der Weise, dass zwar die Bestandsmenge am Ende der Jahre jeweils genau festgestellt werden muss, dass diese aber mit einem gleichbleibenden Preis bewertet werden darf (= Festpreisbewertung), wird vom Gesetzgeber nicht zugestanden. Eine solche wäre sinnvoller als die sog. Festbewertung.

4) Reine vom Gesetzgeber zugestandene Mengenerfassungserleichterungen sind, wenn man davon ausgeht, dass eigentlich eine körperliche Vollaufnahme jeweils am Bilanzstichtag vorzunehmen ist: die buchmäßige Bestandsaufnahme, die Teilaufnahme aufgrund von Stichproben, die permanente Inventur, die vor- und nachgelagerte Stichtagsinventur sowie die zeitlich ausgeweitete Stichtagsinventur.

5) Die genannten reinen und gemischten Mengenerfassungs- und Bewertungserleichterungen sind, obwohl eng zusammengehörig, an recht unterschiedlichen Stellen im Gesetz geregelt, zum Teil unter dem Stichwort „Inventar" in § 240 HGB, zum Teil unter dem Stichwort „Inventurvereinfachungsverfahren" in § 241 HGB und zum Teil unter dem Stichwort „Bewertungsvereinfachungsverfahren" in § 256 HGB.

6.6.8.3. Methoden der Sammelbewertung

1) Wie die Sammelbewertung vorzunehmen ist, d. h. wie die generellen Anschaffungskosten zu ermittelt sind, geht aus dem HGB nicht eindeutig hervor. Daher wollen wir nach den logisch denkbaren und sinnvollen Möglichkeiten fragen und deren Zulässigkeit von Fall zu Fall erörtern.

2) Das Ausgangsproblem lautet: Von einem Vermögensgegenstand, z. B. von einem Rohstoff, wurden mehrmals während des Jahres bestimmte Mengen zu unterschiedlichen Preisen eingekauft; ein Teil der Gesamtmenge liegt am Jahresende noch auf Lager; es ist jedoch nicht möglich oder wirtschaftlich vertretbar festzustellen, wann diese Teilmenge zu welchem Preis eingekauft wurde.

Die naheliegende Lösungsmöglichkeit besteht darin, die durchschnittlich bezahlten Preise als generelle Anschaffungskosten zur Bewertung des Lagerbestands heranzuziehen. Dabei ist der gewogene Durchschnitt gegenüber dem einfachen Durchschnitt vorzuziehen.

3) Davon abzuweichen, ist nur in zwei Fällen gerechtfertigt:

- Besteht Grund zur Annahme, dass die auf Lager liegende Menge hauptsächlich aus den zuletzt bezogenen Mengen stammt, weil die zuerst bezogenen Mengen zuletzt verbraucht wurden, dann könnten auch die zuletzt bezahlten Preise als generelle Anschaffungskosten zur Bewertung des Lagerbestands herangezogen werden.

- Besteht Grund zu der umgekehrten Annahme, dass die auf Lager liegende Menge hauptsächlich aus den zuerst bezogenen Mengen stammt, weil die zuerst bezogenen Mengen zuletzt verbraucht wurden, dann könnten auch die zuerst bezahlten Preise als generelle Anschaffungskosten zur Bewertung des Lagerbestands herangezogen werden.

4) In der Literatur wird es allerdings für vertretbar gehalten, neben den genannten, zuletzt oder zuerst bezahlten Preisen als generelle Anschaffungskosten heranzuziehen:

- die höchsten während des Jahres bezahlten Preise;
- die niedrigsten während des Jahres bezahlten Preise.

Ebenso gut oder ebenso schlecht wäre es unseres Erachtens, diejenigen Preise zur Bewertung heranzuziehen, die jeweils für die der Menge oder dem Wert nach größten erhaltenen Lieferungen bezahlt wurden.

5) Dementsprechend sollen hier folgende Möglichkeiten der Sammelbewertung unterschieden und nacheinander behandelt werden:

a) Durchschnittspreismethode;

b) beschaffungszeitbestimmte Methoden, wie fifo- und lifo-Methode;

c) beschaffungspreisbestimmte Methoden, wie hifo- und lofo-Methode;

d) beschaffungsmengenbestimmte Methoden;

e) beschaffungswertbestimmte Methoden.

6) Die hiermit angedeuteten Möglichkeiten der Ermittlung genereller Anschaffungskosten sollen nun im Einzelnen dargestellt sowie im Hinblick auf ihre Zulässigkeit und Zweckmäßigkeit beurteilt werden. Entsprechendes gilt für die Ermittlung genereller Herstellungskosten. Vgl. auch die Beispiele in der Abbildung 32.

6.6.8.3.1. Durchschnittspreismethode

1) Wenn aus unterschiedlichen Preisen, die für bestimmte Mengen eines Vermögensgegenstands während des Jahres bezahlt wurden, ein gewogener Durchschnittspreis errechnet werden soll, kann dies geschehen

a) entweder erst am Jahresende

b) oder bereits vor jedem Lagerabgang während des Jahrs.

Im Fall a) spricht man von einem Perioden-Durchschnittsverfahren (besser: Abschlussstichtags-Durchschnittsverfahren oder kurz Stichtags-Durchschnittsverfahren), im Fall b) von einem gleitenden bzw. permanenten Durchschnittsverfahren. Die Ergebnisse beider Verfahren stimmen nur unter bestimmten Umständen überein. Das Stichtagsverfahren ist unseres Erachtens vorzuziehen. Denn es erleichtert die Bewertung stärker als das gleitende Verfahren und in der Bewertungserleichterung besteht der Sinn der Sammelbewertung.

Wir wollen daher hier ebenso wie im folgenden Kapitel jeweils auf das Stichtagsverfahren abstellen.

2) Die Anwendung der Methode des gewogenen Durchschnitts ist nach § 240 Abs. 4 HGB und Abschnitt 36 Abs. 3 EStR grundsätzlich zulässig. Ob mit dem gewogenen Durchschnitt in den genannten Vorschriften ein am Abschlussstichtag oder ein laufend ermittelter gemeint ist, bleibt offen. Daher darf man annehmen, dass beide Varianten zulässig sind.

3) Sind mit Hilfe der Methode des gewogenen Durchschnitts die generellen Anschaffungskosten des Bestands am Jahresende ermittelt worden, bedürfen diese noch der Überprüfung durch den Wert des Abschlussstichtags. Ist der Wert des Abschlussstichtags höher, muss der Bestand in der Bilanz zu den generellen Anschaffungskosten angesetzt werden. Ist der Wert des Abschlussstichtags niedriger, muss der Bestand in der Bilanz zum Wert des Abschlussstichtags angesetzt werden. Von anderen u. U. noch in Betracht kommenden Werten, wie etwa dem Steuerwert, sei hier abgesehen. In Höhe der Differenz zwischen den generellen Anschaffungskosten und dem Wert des Abschlussstichtags muss eine außerplanmäßige Abschreibung vorgenommen werden.

4) Ist die Bewertung des Bestands in der Bilanz vorgenommen worden, ergeben sich die Aufwendungen für die Gewinn- und Verlustrechnung als Differenz aus dem Wert des Anfangsbestands und dem Wert der Zugänge einerseits und dem Wert des Endbestands andererseits. Je höher der Wert des Endbestands in der Bilanz ist, um so geringer sind die Aufwendungen in der Gewinn- und Verlustrechnung und umgekehrt.

5) Sind die Beschaffungspreise während des Geschäftsjahrs stetig gestiegen, kann die gleiche Menge, die verbraucht worden ist, für den Betrag der Aufwendungen nicht nachgekauft werden. Der Gewinn wird zu hoch ausgewiesen. Er enthält einen Scheingewinn. Es müssen zu hohe Steuern an den Staat abgeführt werden. Zudem besteht die Gefahr einer zu hohen Gewinnausschüttung. Die Substanzerhaltung ist beeinträchtigt.

Sind umgekehrt die Beschaffungspreise während des Geschäftsjahrs stetig gesunken, kann eine größere Menge, als verbraucht worden ist, für den Betrag der Aufwendungen nachgekauft werden. Es wird eine Übersubstanzerhaltung erzielt.

6) Die Durchschnittspreismethode ist handelsrechtlich nach § 240 HGB, der das Inventar betrifft, zulässig. In Abs. 4 heißt es umständlich, dass gleichartige Vermögensgegenstände des Vorratsvermögens sowie andere gleichartige oder annähernd gleichwertige bewegliche Vermögensgegenstände und Schulden jeweils zu

einer Gruppe zusammengefasst und mit dem gewogenen Durchschnittswert angesetzt werden dürfen. In § 256 HGB, der für den Jahresabschluss gilt, wird auf § 240 HGB verwiesen.

7) Die Anwendung der Methode des gewogenen Durchschnitts ist, wie angedeutet, nach § 240 Abs. 4 HGB auf bestimmte Vermögensgegenstände beschränkt, und zwar auf:

a) gleichartige Gegenstände des Vorratsvermögens sowie

b) andere gleichartige oder annähernd gleichwertige bewegliche Vermögensgegenstände.

Der Begriff der gleichartigen Vermögensgegenstände ist weiter gezogen als derjenige der gleichen Vermögensgegenstände. Unter gleichartigen Vermögensgegenständen werden in der Literatur[1] Gegenstände gleicher Gattung und annähernd gleichen Werts oder gleicher Funktion und annähernd gleichen Werts verstanden. Die Wertgleichheit lässt sich unseres Erachtens jedoch nur bedingt unter „Gleichartigkeit" subsumieren. Auch der Gesetzgeber trennt diese beiden Gegenstandsmerkmale. So spricht er von anderen gleichartigen „oder" annähernd gleichwertigen Vermögensgegenständen.

Gleichartigkeit zwischen Gegenständen kann in technologischer (chemischer, physikalischer) Hinsicht und in funktioneller Hinsicht bestehen. Die Frage erhebt sich, ob Gleichartigkeit in einer Beziehung ausreicht oder ob Gleichartigkeit in mehrfacher Hinsicht vorliegen muss. Diese Frage lässt sich allerdings generell nicht befriedigend beantworten. Es müsste wohl eine Gleichartigkeit in wesentlicher Hinsicht gegeben sein.

Im Unterschied zur Gleichartigkeit ist die Gleichwertigkeit von Vermögensgegenständen leicht zu bestimmen. Dabei ist es unerheblich, ob man die Wertigkeit nach den Anschaffungs- bzw. Herstellungskosten oder nach dem Veräußerungspreis bemisst. Es muss nur jeweils der gleiche Wertmaßstab zugrunde gelegt werden. Als noch gleichwertig dürften Gegenstände anzusehen sein, deren Werte sich etwa um 10 % voneinander unterscheiden.

Der Begriff des Vorratsvermögens ergibt sich aus der Bilanz. Mit den anderen beweglichen Vermögensgegenständen dürften alle Gegenstände des Anlage- und des Umlaufvermögens gemeint sein, ausgenommen die Grundstücke, die Gebäude sowie fest installierte Vorrichtungen und Maschinen. Der Begriff der Beweglichkeit ist allerdings bei den immateriellen Anlagen, Finanzanlagen und Forderungen wenig angemessen. Daher wäre es besser gewesen, der Gesetzgeber hätte auch hier auf Bilanzpositionen Bezug genommen.

8) Steuerrechtlich ist die Sammelbewertung überhaupt nur bei Vorräten zulässig. In der Regel ist die Durchschnittspreismethode anzuwenden (vgl. Abschnitt 36 Abs. 3 EStR). Außerdem ist nach Abschn. 36 Abs. 4 EStR eine Gruppenbewer-

---

[1] Vgl. Förschle, Gerhart/ Kropp, Manfred (Beck Bil-Komm.), § 256 Anm. 25 ff. und Hense, Burkhard/ Philipps, Holger (Beck Bil-Komm.), § 240 Anm. 135 ff.; Knop, Wolfgang (Küting/Weber, 4. Aufl.), § 240 Anm. 74 f.; Mayer-Wegelin, Eberhard (Küting/Weber, 5. Aufl.), § 256 Anm. 27 ff.

tung zulässig, für die ein Durchschnittswert bekannt sein muss. Unklar ist aber, woher dieser Durchschnittswert stammt.

9) Die Durchschnittsmethode ist nach US-GAAP zulässig (ARB 43 ch. 4 statement 4); nach IAS 2.21 ist sie eine der beiden benchmark-Methoden.

6.6.8.3.2. Beschaffungszeitbestimmte Methoden

fifo-Methode

1) Bei Anwendung der first in-first out Methode wird angenommen, dass die während eines Jahres zuerst bezogenen Mengen zuerst verbraucht werden. Diese Annahme ist realistisch bei verderblichen Gütern sowie bei Schüttgütern, die in einem Behälter gelagert werden, der von oben gefüllt und von unten entleert wird.

2) Zur Ermittlung der generellen Anschaffungskosten der am Jahresende noch auf Lager liegenden Mengen werden also die Anschaffungskosten herangezogen, die für die zuletzt bezogenen Mengen angefallen sind. Im übrigen ist so, wie bei der Durchschnittsbewertung ausgeführt, zu verfahren.

3) Wenn die Beschaffungspreise während des Geschäftsjahrs stetig gestiegen sind, ergibt sich ein höherer Wert für den Bestand in der Bilanz und ein niedrigerer Aufwand für die Gewinn- und Verlustrechnung als bei der Durchschnittsbewertung. Die Substanzerhaltung ist noch stärker als bei jener beeinträchtigt.

Wenn die Beschaffungspreise während des Geschäftsjahrs stetig gesunken sind, wird eine Übersubstanzerhaltung erzielt, die diejenige bei der Durchschnittsbewertung noch übertrifft.

4) Die fifo-Bewertung ist handelsrechtlich nach § 256 HGB bei gleichartigen Gegenständen des Vorratsvermögens zulässig.

Steuerrechtlich wird sie für zulässig erachtet, wenn glaubhaft gemacht werden kann, dass ihr die tatsächliche Verbrauchsfolge i. d. R. entspricht (in Analogie zu der bezüglich der lifo-Bewertung in Abschnitt 36 Abs. 4 EStR getroffenen Regelung).

5) Die fifo-Methode ist nach US-GAAP (ARB 43 ch. 4 statement 4) ebenso wie nach IAS (IAS 2.21) anwendbar; nach IAS bildet sie die benchmark-Methode neben der Durchschnittsmethode.

lifo-Methode

1) Bei Anwendung der last in-first out Methode wird angenommen, dass die während des abgelaufenen Jahres zuerst beschafften Mengen zuletzt verbraucht werden oder - anders ausgedrückt, wie es üblich ist - dass die zuletzt beschafften Mengen zuerst verbraucht werden. Diese Annahme kommt der Wirklichkeit nahe bei Schüttgütern, die auf Halde gelagert werden.

2) Zur Ermittlung der generellen Anschaffungskosten der am Jahresende noch auf Lager liegenden Mengen werden also die Anschaffungskosten herangezogen,

die für die zuerst bezogenen Mengen angefallen sind. Im übrigen ist so, wie bei der Durchschnittsbewertung ausgeführt, zu verfahren.

3) Sind die Beschaffungspreise während des Geschäftsjahrs stetig gestiegen, ergibt sich ein niedrigerer Wert für den Bestand in der Bilanz und ein höherer Aufwand für die Gewinn- und Verlustrechnung als bei der Durchschnittsbewertung. Die Substanzerhaltung ist in geringerem Maße als bei jener beeinträchtigt.

Sind die Beschaffungspreise während des Geschäftsjahrs stetig gesunken, ist die erzielte Übersubstanzerhaltung geringer als bei der Durchschnittsbewertung.

4) Die lifo-Bewertung ist handelsrechtlich nach § 256 HGB bei gleichartigen Gegenständen des Vorratsvermögens zulässig.

Steuerrechtlich ist sie zulässig, sofern sie mit dem betrieblichen Geschehen nicht völlig unvereinbar ist (vgl. Abschn. 36a Abs. 2 EStR).

5) Als Methode der Lifo-Bewertung wird die sog. Layer-Bewertung steuerrechtlich für zulässig erklärt. Sie ist damit wohl auch handelsrechtlich zulässig. Bei der Layer-Bewertung wird ein Mehrbestand nicht mit dem Anfangsbestand zu einem Gesamtwert zusammengefasst, sondern getrennt nach den Anschaffungspreisen und Anschaffungszeitpunkten weitergeführt und für jede Schicht (Layer) getrennt der Niederstwerttest durchgeführt. Der mit der Sammelbewertung verfolgte Zweck der Vereinfachung wird dadurch nicht mehr voll erreicht.

6) Die lifo-Methode ist nach IAS 2.23 nur im Rahmen des alternative treatment wählbar. Bei ihrer Anwendung ist einer Reihe von Angabepflichten nachzukommen. Nach US-GAAP ist die lifo-Methode ohne Einschränkung anwendbar (ARB 43 ch. 4 statement 4).

6.6.8.3.3. Beschaffungspreisbestimmte Methoden

hifo-Methode

1) Bei Anwendung der highest in-first out Methode wird angenommen, dass die zu den höchsten Anschaffungskosten bezogenen Mengen zuerst verbraucht wurden. Diese Annahme dürfte allerdings bei ein und demselben Rohstoff kaum je der Wirklichkeit entsprechen.

2) Zur Ermittlung der generellen Anschaffungskosten der am Jahresende noch auf Lager liegenden Mengen werden also die niedrigsten Anschaffungskosten herangezogen.

3) Das bedeutet: Sind die Beschaffungspreise während des Geschäftsjahrs stetig gestiegen, ergibt sich der gleiche Wert für den Bestand in der Bilanz und der gleiche Aufwand für die Gewinn- und Verlustrechnung wie bei stetig gesunkenen Preisen.

4) Der Wert für den Bestand ist niedriger, der Aufwand höher als bei der Durchschnittsbewertung. Sind die Beschaffungspreise während des Geschäftsjahrs gestiegen, ist die Substanzerhaltung in geringerem Maße als bei der Durchschnitts-

bewertung beeinträchtigt. Sind die Beschaffungspreise während des Geschäftsjahrs gesunken, ist die erzielte Übersubstanzerhaltung höher als bei der Durchschnittsbewertung. Oder anders ausgedrückt: Bei stetig gestiegenen Preisen gilt für die hifo-Bewertung das Gleiche wie für die lifo-Bewertung, bei stetig gesunkenen Preisen das Gleiche wie für die fifo-Bewertung.

5) Ob die hifo-Bewertung noch durch § 256 HGB gedeckt wird, ist strittig. Nach der genannten Vorschrift darf unterstellt werden, dass die zuerst oder dass die zuletzt angeschafften Vermögensgegenstände oder hergestellten Vermögensgegenstände zuerst oder in einer sonstigen bestimmten Folge verbraucht oder veräußert worden sind.

Diese Formulierung lässt sich wie folgt zerlegen:[1]

a) Es darf unterstellt werden, dass die zuerst angeschafften Gegenstände zuerst verbraucht werden.

b) Es darf unterstellt werden, dass die zuletzt angeschafften Gegenstände zuerst verbraucht werden.

c) Es darf unterstellt werden, dass die zuerst angeschafften Gegenstände in einer sonstigen bestimmten Folge verbraucht werden.

d) Es darf unterstellt werden, dass die zuletzt angeschafften Gegenstände in einer sonstigen bestimmten Folge verbraucht werden.

Die ersten beiden Unterstellungen ergeben einen klaren Sinn. Die Unterstellung a) entspricht der fifo-Methode, die Unterstellung b) der lifo-Methode. Beide Methoden sind also eindeutig zulässig. Die letzten beiden Unterstellungen sind schwer verständlich, wegen der Formulierung „sonstige bestimmte Folge". Eine beschaffungszeitbestimmte Folge kann damit nicht gemeint sein, da fifo und lifo bereits durch die ersten beiden Unterstellungen abgedeckt sind. Also müsste damit eine beschaffungspreisbestimmte oder beschaffungsmengenbestimmte Folge gemeint sein. Angenommen, es sei eine beschaffungspreisbestimmte Folge gemeint, müsste man die dritte und die vierte Unterstellung wie folgt formulieren:

c) Die zuerst angeschafften Gegenstände werden nach der Höhe ihrer Beschaffungspreise verbraucht.

d) Die zuletzt angeschafften Gegenstände werden nach der Höhe ihrer Beschaffungspreise verbraucht.

Keine dieser beiden Formulierungen ergibt einen Sinn. Denn eine Lagerabgangsfolge kann nicht sowohl nach der Beschaffungszeit als auch nach dem Beschaffungspreis bestimmt werden. Man steht also vor einem schwer lösbaren Dilemma: Entweder lässt man die Formulierung „sonstige bestimmte Folge" ganz außer Acht und nimmt an, der Gesetzgeber habe sich dabei nichts gedacht. Oder man nimmt an, die Formulierung „sonstige bestimmte Folge" ist schlecht in den Zusammenhang eingefügt, der Gesetzgeber habe eine sprachlich unzulässige Ver-

---

[1] Vgl. Buchner, Robert/ Adam, Elmar: Die Bewertung gleichartiger Vorratsgüter mit Hilfe der Fiktion beschaffungspreisbestimmter Verbrauchsfolgen, S. 184 ff.

kürzung des gemeinten Sachverhalts vorgenommen, der § 256 HGB müsse richtig wie folgt lauten: Es darf unterstellt werden, dass die zuerst oder dass die zuletzt angeschafften oder hergestellten Gegenstände zuerst verbraucht oder veräußert worden sind oder „dass die angeschafften oder hergestellten Gegenstände" in einer sonstigen bestimmten Folge verbraucht oder veräußert worden sind.

Mit dem zweiten Ausweg wird man dem Gesetzgeber vielleicht eher gerecht als mit dem ersten. Daher neigen wir diesem zu. Demnach wären auch andere Sammelbewertungsverfahren als die fifo- und lifo-Methode handelsrechtlich zulässig.

6) Steuerrechtlich ist die hifo-Bewertung eindeutig nicht zulässig, da sie in den Einkommensteuerrichtlinien nicht ausdrücklich genannt wird.

7) Die hifo-Methode darf nach IAS 2, anders als nach US-GAAP, nicht angewandt werden. Nach US-GAAP ist sie zulässig, sofern sie der tatsächlichen Verbrauchsfolge ungefähr entspricht (ARB 43 ch. 4.6).

lofo-Methode

1) Bei Anwendung der lowest in-first out Methode wird angenommen, dass die zu den niedrigsten Anschaffungskosten bezogenen Mengen zuerst verbraucht wurden. Diese Annahme dürfte ebenfalls kaum je der Wirklichkeit entsprechen.

2) Zur Ermittlung der generellen Anschaffungskosten der am Jahresende noch auf Lager liegenden Mengen werden also die höchsten während des Jahrs angefallenen Anschaffungskosten herangezogen.

3) Das bedeutet, dass sich bei gestiegenen Preisen der gleiche Wert für den Bestand in der Bilanz und der gleiche Aufwand für die Gewinn- und Verlustrechnung ergibt wie bei gesunkenen Preisen.

4) Der Wert für den Bestand ist höher, der Aufwand niedriger als bei der Durchschnittsbewertung. Sind die Beschaffungspreise während des Geschäftsjahrs stetig gestiegen, ist die Substanzerhaltung stärker als bei der Durchschnittsbewertung beeinträchtigt. Sind die Beschaffungspreise stetig gesunken, wird eine Übersubstanzerhaltung erzielt, die geringer ist als bei der Durchschnittsbewertung. Oder anders ausgedrückt: Für die lofo-Bewertung gilt bei gestiegenen Preisen das Gleiche wie für die fifo-Bewertung, bei gesunkenen Preisen das Gleiche wie für die lifo-Bewertung.

5) Die handelsrechtliche Zulässigkeit der lofo-Bewertung ist wegen der missglückten Formulierung des § 256 HGB ebenso strittig wie diejenige der hifo-Bewertung.

6) Steuerrechtlich ist die lofo-Bewertung nicht zulässig, da sie in den Einkommensteuerrichtlinien unerwähnt bleibt.

7) Die lofo-Methode darf nach IAS 2, anders als nach US-GAAP, nicht angewandt werden. Nach US-GAAP ist sie zulässig, wenn sie der tatsächlichen Verbrauchsfolge ungefähr entspricht (ARB 43 ch. 4.6).

Abbildung 32:
Beispiele zur Sammelbewertung eines Rohstoffs

1. Ausgangsdaten

	Annahme stetig steigender Preise			Annahme stetig sinkender Preise			Annahme schwankender Preise		
	Menge in t	Preis in €/t	Wert in €	Menge in t	Preis in €/t	Wert in €	Menge in t	Preis in €/t	Wert in €
Jahresanfangsbestand	5	8,-	40,-	5	12,-	60,-	5	9,-	45,-
Zugang Februar	+ 15	9,-	135,-	+ 15	11,-	165,-	+ 15	12,-	180,-
Abgang März	- 20			- 20			- 20		
Zugang April	+ 20	10,-	200,-	+ 20	10,-	200,-	+ 20	10,-	200,-
Abgang Juni	- 15			- 15			- 15		
Zugang Juli	+ 15	11,-	165,-	+ 15	9,-	135,-	+ 15	8,-	120,-
Abgang August	- 10			- 10			- 10		
Zugang September	+ 5	12,-	60,-	+ 5	8,-	40,-	+ 5	11,-	55,-
Abgang Dezember	- 5			- 5			-5		
Jahresanfangsbestand + Zugänge	60		600,-	60		600,-	60		600,-
Jahresendbestand (lt. Inventur)	10			10			10		
Jahresverbrauch	50			50			50		

2. Anwendung der Methoden der abschlussstichtagsbezogenen Sammelbewertung

Bewertungsmethoden	Annahme stetig steigender Preise		Annahme stetig sinkender Preise		Annahme schwankender Preise	
	Wert des Endbestands für die Bilanz in €	Wert des Verbrauchs für die GuV in €	Wert des Endbestands für die Bilanz in €	Wert des Verbrauchs für die GuV in €	Wert des Endbestands für die Bilanz in €	Wert des Verbrauchs für die GuV in €
Durchschnittsmethode	100,-	500,-	100,-	500,-	100,-	500,-
beschaffungszeitbestimmte Methoden						
First in - first out	115,-	485,-	85,-	515,-	95,-	505,-
Last in - first out	85,-	515,-	115,-	485,-	105,-	495,-
Layer-Verfahren	40,- + 45,-	515,-	60,- + 55,-	485,-	45,- + 60,-	495,-
beschaffungspreisbestimmte Methoden						
Highest in - first out	85,-	515,-	85,-	515,-	80,-	520,-
Lowest in - first out	115,-	485,-	115,-	485,-	120,-	480,-
beschaffungsmengenbestimmte Methoden						
Most in - first out	100,-	500,-	100,-	500,-	100,-	500,-
Least in - first out	100,-	500,-	100,-	500,-	100,-	500,-
beschaffungswertbestimmte Methoden						
Highest value in - first out	100,-	500,-	100,-	500,-	100,-	500,-
Lowest value in - first out	100,-	500,-	100,-	500,-	100,-	500,-

3. Anwendung der wichtigsten Methoden der gleitenden Sammelbewertung

Bewertungs-methoden	Annahme stetig steigender Preise		Annahme stetig sinkender Preise		Annahme schwankender Preise	
	Wert des Endbe-stands für die Bilanz in €	Wert des Ver-brauchs für die GuV in €	Wert des Endbe-stands für die Bilanz in €	Wert des Ver-brauchs für die GuV in €	Wert des Endbe-stands für die Bilanz in €	Wert des Ver-brauchs für die GuV in €
Durchschnitts-methode	111,67	488,33	88,33	511,67	93,33	506,67
beschaffungs-zeitbestimmte Methoden						
First in - first out	115,-	485,-	85,-	515,-	95,-	505,-
Last in - first out	105,-	495,-	95,-	505,-	90,-	510,-
beschaffungs-preisbestimmte Methoden						
Highest in - first out	105,-	495,-	85,-	515,-	80,-	520,-
Lowest in - first out	115,-	485,-	95,-	505,-	105,-	495,-

6.6.8.3.4. Beschaffungsmengen- und beschaffungswertbestimmte Methoden

1) Ebenso wie unterstellt wird, dass die Rohstoffbezüge mit den höchsten Preisen zuerst verbraucht werden (oder umgekehrt), könnte angenommen werden, dass die der Menge nach größten Rohstoffbezüge zuerst verbraucht werden (oder umgekehrt) sowie dass die unter Berücksichtigung von Preis und Menge höchsten Rohstoffbezüge zuerst verbraucht werden (oder umgekehrt).

2) Beide Annahmen sind unüblich. Sie sind aber nicht weniger unrealistisch als die der hifo- und der lofo-Bewertung zugrundeliegenden Unterstellungen. Mit einer entsprechenden Bewertung läst sich allerdings die Substanzerhaltung nicht so beeinflussen wie mit der Wahl des lifo-Verfahrens bei gestiegenen Preisen.

6.6.8.3.5. Zusammenfassung

1) Als Sammelbewertungsmethode ist bei gleichartigen oder annähernd gleichwertigen beweglichen Vermögensgegenständen, die keine Vorräte sind, nur die gewogene Durchschnittsbewertung zulässig (§ 256 i. V. m. § 240 HGB). In Betracht kommt sie vor allem für Werkzeuge, Wertpapiere, ausländisches Geld. Denn innerhalb der genannten Gegenstände besteht am ehesten Gleichartigkeit oder Gleichwertigkeit. Zudem ist bei ihnen das Problem eines mehrmaligen Zugangs während des Jahrs und eines teilweisen Abgangs bis zum Jahresende aktuell.

2) Bei gleichartigen Gegenständen des Vorratsvermögens (also bei Roh-, Hilfs- und Betriebsstoffen, unfertigen und fertigen Erzeugnissen sowie Waren) sind als Sammelbewertungsmethoden nach § 240 und § 256 HGB unbestritten zulässig: die gewogene Durchschnittsbewertung sowie das fifo-Verfahren und das lifo-Verfahren. Zweifelhaft ist, ob auch noch andere Verfahren, wie das hifo-Verfahren und das lofo-Verfahren, zulässig sind.

Wünschenswert wäre gewesen, der Gesetzgeber hätte im HGB grundsätzlich die Durchschnittsbewertung vorgeschrieben sowie ausnahmsweise das fifo- und das lifo-Verfahren dann gestattet, wenn der bei diesen Verfahren angenommenen Lagerabgangsfolge die tatsächliche ungefähr entspricht (vgl. auch Abbildung 33).

3) Die Wahl zwischen den zulässigen Sammelbewertungsmethoden bleibt den einzelnen bilanzierenden Unternehmen überlassen. Zwar sind bei der Sammelbewertung nach § 256 HGB die Grundsätze ordnungsmäßiger Buchführung zu beachten, aber es ist schwer, von den GoB aus einen Zusammenhang zu einem bestimmten Verfahren herzustellen. Ginge man allein vom Vorsichtsprinzip aus, könnte man argumentieren: Anzuwenden ist das Verfahren, das zu den niedrigsten generellen Anschaffungskosten bzw. Herstellungskosten des Bestands führt. Im Falle steigender Preise wären dies das lifo-Verfahren sowie das hifo-Verfahren, im Falle sinkender Preise das fifo-Verfahren sowie ebenfalls das hifo-Verfahren. Die Durchschnittsbewertung würde dann jedoch weder im einen noch im anderen Fall in Betracht kommen. Diese Argumentationsweise ist daher abzulehnen.

4) Für das einzelne bilanzierende Unternehmen besteht also ein großer Spielraum bei der Ermittlung der generellen Anschaffungskosten bzw. Herstellungskosten. Die Anwendung des einen oder anderen Verfahrens kann zu recht unterschiedlichen Ergebnissen bei gleichen Gegebenheiten führen. Die Vergleichbarkeit der Bilanzen wird dadurch stark beeinträchtigt.

Immerhin müssen Kapitalgesellschaften im Anhang nach § 284 Abs. 2 Nr. 4 HGB bei Anwendung einer Bewertungsmethode nach § 240 Abs. 4, § 256 Satz 1 HGB die Unterschiedsbeträge pauschal für die jeweilige Gruppe ausweisen, wenn die Bewertung im Vergleich zu einer Bewertung auf der Grundlage des letzten vor dem Abschlussstichtag bekannten Börsenkurses oder Marktpreises einen erheblichen Unterschied aufweist. Dies mag im Fall steigender Preise bei Anwendung des lifo- und des hifo-Verfahrens relevant werden.

Abbildung 33:
Zulässigkeit der Sammelbewertungsmethoden nach Handelsrecht und Steuerrecht

Sammelbewertungs-methoden	Handelsrecht	Steuerrecht
1. Durchschnitts-preismethode	zulässig für gleichartige Vermögensgegenstände des Vorratsvermögens sowie für andere gleichartige oder annähernd gleichwertige bewegliche Vermögensgegenstände § 256 i. V. m. § 240 Abs. 4 HGB	zulässig für Wirtschaftsgüter des Vorratsvermögens Abschn. 36 Abs. 3 Satz 3 EStR Gruppenbewertung für gleichartige Wirtschaftsgüter des Vorratsvermögens zulässig Abschn. 36 Abs. 4 EStR
2. beschaffungs-zeitbestimmte Methoden		
a) fifo-Methode	zulässig für gleichartige Vermögensgegenstände des Vorratsvermögens § 256 HGB	nicht erwähnt; Zulässigkeit wird in Analogie zu lifo gem. Abschn. 36 Abs. 4 Satz 6 EStR bei tatsächlicher Verbrauchsfolge abgeleitet
b) lifo-Methode	zulässig für gleichartige Vermögensgegenstände des Vorratsvermögens § 256 HGB	zulässig für gleichartige Wirtschaftsgüter des Vorratsvermögens bei tatsächlicher und bei unterstellter Verbrauchsfolge § 6 Abs. 1 Nr. 2a EStG i. V. m. Abschn. 36 Abs. 4 Satz 6 und 7 EStR
3. beschaffungs-preisbestimmte Methoden		
a) hifo-Methode	strittig, ob zulässig für gleichartige Vermögensgegenstände des Vorratsvermögens nach § 256 HGB	nicht erwähnt; daher unzulässig
b) lofo-Methode	strittig, ob zulässig für gleichartige Vermögensgegenstände des Vorratsvermögens nach § 256 HGB	nicht erwähnt; daher unzulässig

5) Bei der Wahl zwischen den zulässigen Verfahren kann das einzelne Unternehmen nach folgenden Kriterien vorgehen:

a) Es wird das einfachste Verfahren vorgezogen. Dies ist die Durchschnittsbewertung.

b) Es wird jeweils das Verfahren vorgezogen, dessen fingierte Verbrauchsfolge wahrscheinlich am ehesten der tatsächlichen Verbrauchsfolge entspricht. Dies ist entweder das fifo- oder das lifo-Verfahren.

c) Es wird im Fall steigender Preise das Verfahren vorgezogen, mit dessen Hilfe sich die stärksten Substanzerhaltungseffekte erzielen lassen. Dies sind das hifo- und das lifo-Verfahren. Im Fall sinkender Preise wird das Verfahren vorgezogen, das zur geringsten Übersubstanzerhaltung führt. Dies sind das lofo- und das lifo-Verfahren.

6.7. Ansatz des Bilanzkapitals

6.7.1. Begriff des Bilanzkapitals und weitere Kapitalbegriffe

1) Dem behandelten Bilanzvermögen wird im Allgemeinen das Bilanzkapital gegenübergestellt. Beim Bilanzvermögen und Bilanzkapital handelt es sich allerdings nicht um solche gegensätzlichen Rechengrößen wie z. B. bei den Erträgen und den Aufwendungen. Den Erträgen und den Aufwendungen vergleichbare gegensätzliche Rechengrößen stellen das Vermögen und die Schulden dar.

2) Da der Begriff des Kapitals nicht nur in bilanziellen, sondern auch in anderen Zusammenhängen gebraucht wird, und zwar jeweils in unterschiedlicher Bedeutung, sei hier ein kurzer Überblick über die wirtschaftswissenschaftlichen Kapitalbegriffe gegeben:[1]

a) In der volkswirtschaftlichen Lehre von den Produktionsfaktoren ist Kapital der dritte Produktionsfaktor neben Boden und Arbeit. Dabei sind mit Kapital produzierte Güter gemeint, d. h. Güter, die mit Hilfe von Boden und Arbeit hergestellt wurden, wie Gebäude, Maschinen, Werkzeuge, Rohstoffe (soweit nicht naturgegeben), Hilfsstoffe und Betriebsstoffe.

Der Begriff des Kapitals wird also in der Produktionsfaktorlehre für bestimmte Vermögensgegenstände und damit in einem zur Bilanzlehre genau entgegengesetzten Sinne verwendet. Man kann von einem Kapital im produktionsökonomischen Sinn sprechen, von einem Realkapital, einem Sachkapital oder einem Güterkapital.

b) In der Betriebs- und Unternehmensverfassungslehre herrscht eine die tatsächlichen Verhältnisse stark vereinfachende Zweiteilung der Produktionsfaktoren

---

[1] Vgl. Eisele, Wolfgang: Kapital, Sp. 1063 ff.; Weber, Helmut Kurt: Der Begriff des Kapitals in der Betriebswirtschaftslehre, S. 47 ff.

in Arbeit und Kapital vor.[1] Dabei meint man mit Arbeit den überwiegenden Teil der Arbeitskräfte, die sog. Arbeitnehmer, mit Kapital den maßgeblichen Teil der Kapitalgeber, die Eigenkapitalgeber. Es lässt sich von einem Kapital im personellen, im personalökonomischen Sinne sprechen. Zum Kapital im bilanziellen Sinne besteht kein unmittelbarer Zusammenhang.

c) In der Finanzierungslehre ist Kapital ein zentraler Begriff. Oft wird die Finanzierung der Kapitalbeschaffung gleichgesetzt. Dabei meint man mit der Beschaffung von Kapital die Beschaffung von Geld von Eigentümern und von Darlehensgebern. Dieses Kapital geht als Einlagengeld und Darlehensgeld in den Geldbestand auf der Vermögensseite der Bilanz ein. Nur die Herkunft dieses Geldes, die erhaltenen Einlagen und Darlehen, erfasst man als Eigenkapital und Fremdkapital auf der Passivseite der Bilanz, neben anderen Eigenkapital- und Fremdkapitalposten.

Die Kapitalbeschaffung findet ihre Fortsetzung in der Kapitalverwendung. Damit meint man die Verwendung des erhaltenen Geldes, die Geldanlage, die Investition, also Vorgänge, die allein die Vermögensseite der Bilanz berühren.

Der Kapitalbegriff der Finanzierungslehre (man kann von einem Kapital im finanziellen, finanzökonomischen Sinn sprechen oder kurz vom Finanzkapital) deckt sich demnach nicht mit dem Kapitalbegriff der Bilanzlehre.

d) In der Bilanzlehre ist mit Kapital nicht etwa ein bestimmter Produktionsfaktor gemeint, nicht etwa eine bestimmte Personengruppe, nicht etwa Geld bestimmter Herkunft oder Geld für bestimmte Zwecke, sondern das Pendant zum Vermögen. Man kann von einem Kapital im bilanziellen, bilanzökonomischen Sinn sprechen oder eben kurz vom Bilanzkapital.

3) Die in der betriebswirtschaftlichen Literatur zu findenden Definitionen des Kapitals lassen sich nicht immer eindeutig einer der eben unterschiedenen Kapitalkategorien zuordnen. In den folgenden ausgewählten Definitionen dürfte jedoch das Bilanzkapital gemeint sein. So ist nach Erich Gutenberg das Kapital der in Geldeinheiten ausgedrückte Wert aller zum Bestand eines Unternehmens gehörenden Güter, die Investitionssumme.[2] Er definiert also das Kapital unter Bezugnahme auf das Vermögen. Ähnlich verfährt Erich Schäfer, wenn er zunächst zwischen dem Real- oder Sachkapital einerseits sowie dem Nominalkapital andererseits unterscheidet und dann das Nominalkapital als die abstrakten, in Geld bezifferten Anteilsrechte auf das Real- oder Sachkapital bezeichnet.[3] Ohne Bezugnahme auf das Vermögen kommt Günter Wöhe aus, wenn er das Kapital als Summe aller vom Unternehmer bzw. von Gesellschaftern zur Verfügung gestellten Mittel (Eigenkapital) und aller von Dritten dem Betrieb überlassenen Mittel (Fremdkapital) definiert.[4] Unklar bleibt hier, was unter Mitteln zu verstehen ist.

---

[1] Vgl. Weber, Helmut Kurt: Das Verhältnis von Kapital zu Arbeit im Unternehmen, S. 607 ff.
[2] Vgl. Gutenberg, Erich: Einführung in die Betriebswirtschaftslehre, S. 99.
[3] Vgl. Schäfer, Erich: Die Unternehmung, S. 21.
[4] Vgl. Wöhe, Günter: Bilanzierung und Bilanzpolitik, S. 29.

Die hier offenbar werdenden Schwierigkeiten der Definition des Bilanzkapitals sind unseres Erachtens auf die Zusammenfassung von Eigenkapital und Fremdkapital unter einem Begriff zurückzuführen, deren Zweckmäßigkeit auch aus anderen, später noch zu behandelnden Gründen, überprüfenswert erscheint.

4) Neben dem Begriff des Kapitals wird in der Bilanz derjenige der Passiva gebraucht, zum Teil in gleicher, zum Teil in abweichender Bedeutung. Unseres Erachtens empfiehlt es sich, einen Unterschied zwischen Passiva und Bilanzkapital zu machen, den Begriff der Passiva im formalen Sinn zu verwenden, den Begriff des Bilanzkapitals im materiellen Sinn.

5) Die Passiva und die Posten auf der rechten Seite der kontoförmigen Bilanz nach § 266 HGB können einander gleichgesetzt werden, anders als die Aktiva und die Posten auf der linken Seite der kontoförmigen Bilanz.

6) Als Passiva sind ausnahmslos Kapitalposten auszuweisen, wenn man auch den Rechnungsabgrenzungsposten Kapitalcharakter zuerkennt, wie es unseres Erachtens angebracht ist. Passiva, die Korrekturposten zur Aktiva darstellen, lägen bei Ausweis von Wertberichtigungen auf der Passiva vor; ein Ausweis, der aber nach HGB nicht zulässig ist. Passiva mit dem Charakter von Bilanzierungshilfen sind, anders als Aktiva mit einem solchen Charakter, schwer vorstellbar.

7) Aggregiert man die Kapitalposten auf der Passivseite, erhält man jedoch noch nicht das Bilanzkapital. Zusätzlich müssen die auf der Aktivseite der Bilanz ausgewiesenen Korrekturposten zu den Passiven berücksichtigt werden, die entweder subtraktiver Art sind (wie die Ausstehende Einlagen, die Eigenen Anteile, der Nicht durch Eigenkapital gedeckte Fehlbetrag) oder additiver Art (wie die Erhaltenen Anzahlungen auf Bestellungen).

8) Im angloamerikanischen Rechnungswesen wird nicht zwischen Passiva und Kapital unterschieden. Es wird nicht einmal versucht, die Posten auf der rechten Seite der kontoförmigen Bilanz unter einem Oberbegriff zusammenzufassen. Stattdessen werden, wenn eine Summenbildung stattfindet, nebeneinander genannt: liabilities und equity.

9) Was ist nun als Kapital in der Bilanz nach HGB anzusetzen?

a) Eine Definition des Kapitals wird im HGB nicht gegeben.

b) Aufzählungen von Kapitalposten werden an verschiedenen Stellen im HGB vorgenommen; sie sind jedoch mangelhaft aufeinander abgestimmt und bleiben unvollständig. In § 246 HGB werden Schulden und getrennt davon Rechnungsabgrenzungsposten aufgeführt. In § 247 HGB wird zusätzlich das Eigenkapital genannt. Im Gliederungsschema nach § 266 HGB wird nicht mehr von Schulden, sondern von Rückstellungen und Verbindlichkeiten gesprochen.

c) Ausdrückliche Regelungen der Passivierung sind nur in strittigen Fällen getroffen worden, so in Bezug auf Rückstellungen und Sonderposten mit Rücklageanteil. Über sie gibt Abbildung 34 einen Überblick. In ihr sind den handelsrechtlichen Regelungen gleich die steuerrechtlichen gegenübergestellt worden. In der anschließenden Abbildung 35 sind den handelsrechtlichen Regelungen diejenigen nach IAS und US-GAAP gegenübergestellt worden.

10) In Anbetracht dessen bleibt wiederum nichts anderes übrig, als zu versuchen, aus den einzelnen Vorschriften des HGB unter Berücksichtigung der GoB sowie unter Einbeziehung allgemeiner betriebswirtschaftlicher Überlegungen abzuleiten, was als Kapital in der Bilanz angesetzt werden soll. Dabei wollen wir, anders als in der Bilanz nach § 266 HGB, mit dem Fremdkapital beginnen.

Abbildung 34:
Passivierungsregelungen nach Handelsrecht und Steuerrecht

Passiva	Regelung im Handelsrecht	Regelung im Steuerrecht
A. *Generelle Regelung*		
sämtliche Schulden und Rechnungsabgrenzungsposten sowie das Eigenkapital	Aktivierungsgebot (§ 246 Abs. 1 i. V. m. § 247 Abs. 1 HGB)	Aktivierungsgebot (§ 5 Abs. 1 EStG bzw. § 5 Abs. 5 EStG)
B. *Spezielle Regelungen*		
1) Rückstellungen für ungewisse Verbindlichkeiten darunter	Passivierungsgebot (§ 249 Abs. 1 HGB)	Passivierungsgebot (§ 5 Abs. 1 EStG)
- Rückstellungen für Pensionen und ähnliche Verpflichtungen	Passivierungsgebot für unmittelbare Zusagen, die nach dem 31.12.86 gegeben wurden (Neuzusagen) (§ 249 Abs. 1 HGB i. V. m. Art. 28 Abs. 1 Satz 1 EGHGB)	Passivierungsgebot (§ 6a EStG i. V. m. § 5 Abs. 1 EStG)
	Passivierungswahlrecht für unmittelbare Zusagen, die vor dem 31.12.86 gegeben wurden (Altzusagen) (§ 249 Abs. 1 HGB i. V. m. Art. 28 Abs. 1 Satz 1 EGHGB)	Passivierungsgebot, wenn in der Handelsbilanz angesetzt (§ 6a EStG i. V. m. § 5 Abs. 1 EStG)
	Passivierungswahlrecht von Erhöhungen nach dem 31.12.86 von Zusagen unmittelbarer Art, die vor dem 31.12.86 gegeben wurden	Passivierungsgebot, wenn in der Handelsbilanz angesetzt (§ 6a EStG i. V. m. § 5 Abs. 1 EStG)

Passiva	Regelung im Handelsrecht	Regelung im Steuerrecht
	(§ 249 Abs. 1 HGB i. V. m. Art. 28 Abs. 1 Satz 1 EGHGB) Passivierungswahlrecht für mittelbare Zusagen, unabhängig vom Zeitpunkt der Zusage (§ 249 Abs. 1 HGB i. V. m. Art. 28 Abs. 1 Satz 2 EGHGB)	Passivierungsverbot (BMF-Schreiben vom 13.3.87)
- Steuerrückstellungen	Passivierungsgebot (§ 249 Abs. 1 Satz 1 HGB)	Passivierungsgebot (§ 5 Abs. 1 EStG)
- Rückstellungen für latente Steuern	Passivierungsgebot für Kapitalgesellschaften (§ 274 Abs. 1 Satz 1 HGB)	entfällt
2) Rückstellungen für drohende Verluste aus schwebenden Geschäften	Passivierungsgebot (§ 249 Abs. 1 Satz 1 HGB)	Passivierungsverbot (§ 5 Abs. 4a EStG)
3) Rückstellungen für Gewährleistungen, die ohne rechtliche Verpflichtung erbracht werden	Passivierungsgebot (§ 249 Abs. 1 Satz 2 Nr. 2 HGB)	Passivierungsgebot (§ 5 Abs. 1 EStG)
4) Rückstellungen für im Geschäftsjahr unterlassene Aufwendungen für Instandhaltung	Passivierungsgebot, wenn die Aufwendungen im folgenden Geschäftsjahr innerhalb von 3 Monaten nachgeholt werden (§ 249 Abs. 1 Satz 2 Nr. 1 HGB)	Passivierungsgebot (§ 5 Abs. 1 EStG i. V. m. Abschn. 31c Abs. 1 und 11 EStR)
	Passivierungswahlrecht, wenn die Aufwendungen im folgenden Geschäftsjahr nach 3 Monaten nachgeholt werden (§ 249 Abs. 1 Satz 3 HGB)	Passivierungsverbot (Abschn. 31c Abs. 11 EStR)

Passiva	Regelung im Handelsrecht	Regelung im Steuerrecht
5) Rückstellungen für im Geschäftsjahr unterlassene Aufwendungen für Abraumbeseitigung	Passivierungsgebot, wenn die Aufwendungen im folgenden Geschäftsjahr nachgeholt werden (§ 249 Abs. 1 Satz 2 Nr. 1 HGB)	Passivierungsgebot (§ 5 Abs. 1 EStG i. V. m. Abschn. 31c Abs. 1 und 11 EStR)
6) Rückstellungen für ihrer Eigenart nach genau umschriebene, dem Geschäftsjahr oder einem früheren Geschäftsjahr zuzuordnende Aufwendungen, die am Abschlussstichtag wahrscheinlich oder sicher, hinsichtlich Höhe oder Eintrittszeitpunkt aber unbestimmt sind	Passivierungswahlrecht (§ 249 Abs. 2 HGB)	Passivierungsverbot (BFH-GrS vom 3.2.69)
7) Sonderposten mit Rücklageanteil	Passivierungswahlrecht (§ 247 Abs. 3 HGB) für Kapitalgesellschaften nur, wenn das Steuerrecht die Anerkennung des Wertansatzes bei der steuerrechtlichen Gewinnermittlung davon abhängig macht, dass der Sonderposten in der Bilanz gebildet wird (§ 247 Abs. 3 i. V. m. § 273 Satz 1 HGB)	Passivierungswahlrecht (z. B. § 6b Abs. 3 EStG, Abschn. 35 Abs. 4 EStR)
8) Rechnungsabgrenzungsposten	Passivierungsgebot (§ 250 Abs. 2 HGB)	Passivierungsgebot (§ 5 Abs. 5 Satz 1 Nr. 2 EStG)

Abbildung 35:
Passivierungsregelungen nach HGB, IAS und US-GAAP

Passiva	HGB	IAS	US-GAAP
Rückstellungen für ungewisse Verbindlichkeiten darunter	Passivierungsgebot (§ 249 Abs. 1 Satz 1 HGB)	Passivierungsgebot als provisions (IAS 37.14)	Passivierungsgebot, sofern Kriterien einer liability erfüllt (FAS 5.3)
Pensionsrückstellungen	Passivierungsgebot für unmittelbare Neuzusagen Passivierungswahlrecht für unmittelbare Altzusagen und deren Erhöhungen Passivierungswahlrecht für mittelbare Zusagen (§ 249 Abs. 1 HGB i. V. m. Art. 28 Abs. 1 EGHGB)	Passivierungsgebot bei defined benefit plans (IAS 19.48) keine Rückstellungsbildung erforderlich bei defined contribution plans (IAS 19.43)	Passivierungsgebot bei defined benefit plans (FAS 87.54) keine Rückstellungsbildung erforderlich bei defined contribution plans (FAS 87.63)
Steuerrückstellungen	Passivierungsgebot (§ 249 Abs. 1 Satz 1 HGB)	Passivierungsgebot als provisions (IAS 12 i. V. m. IAS 37.14)	Passivierungsgebot, sofern Kriterien einer liability erfüllt (FAS 109 i. V. m. FAS 5.3)
Rückstellungen für latente Steuern	Passivierungsgebot nach dem Timing-Konzept für Kapitalgesellschaften (§ 274 Abs. 1 Satz 1 HGB)	Passivierungsgebot nach dem Temporary-Konzept (IAS 12.15)	Passivierungsgebot nach dem Temporary-Konzept (FAS 109)

Passiva	HGB	IAS	US-GAAP
Rückstellungen für drohende Verluste aus schwebenden Geschäften	Passivierungsgebot (§ 249 Abs. 1 Satz 1 HGB)	Passivierungsgebot, sofern keine Abschreibung von aktivierten Vermögensgegenständen (IAS 37.66)	Passivierungsgebot (SOP 81-1.87)
Rückstellungen für Gewährleistungen, die ohne rechtliche Verpflichtung erbracht werden	Passivierungsgebot (§ 249 Abs. 1 Satz 2 Nr. 2 HGB)	Passivierungsgebot, sofern faktische Verpflichtung, der sich das Unternehmen nicht entziehen kann (IAS 37 Anhang C Beispiel 1)	Passivierungsgebot, sofern faktische Verpflichtung, der sich das Unternehmen nicht entziehen kann (FAS 5.3)
Aufwandsrückstellungen	z. T. Passivierungsgebot, z. T. Passivierungswahlrecht (§ 249 Abs. 1 HGB)	Passivierungsverbot, da keine Verpflichtung gegenüber Dritten	Passivierungsverbot, da keine Verpflichtung gegenüber Dritten
Sonderposten mit Rücklageanteil	Passivierungswahlrecht (§ 247 HGB)	entfällt	entfällt
Rechnungsabgrenzungsposten	Passivierungsgebot (§ 250 Abs. 2 HGB)	Passivierungsgebot (IAS 1.26)	gemäß matching-principle Passivierungsgebot (CON 6.146)

6.7.2. Bestandteile des Bilanzkapitals

6.7.2.1. Verbindlichkeiten

1) Um Kapitalposten handelt es sich ohne Zweifel bei den Verbindlichkeiten. Sie lassen sich definieren als Verpflichtungen des jeweiligen Unternehmens gegenüber anderen Wirtschaftssubjekten zur Erbringung von Geld-, Sach- oder Dienstleistungen.

2) In den meisten Fällen beruhen Verbindlichkeiten ebenso wie Forderungen auf Verträgen, wie Kaufverträgen, Mietverträgen, Kreditverträgen. Bereits bei Abschluss eines solchen Vertrags, z. B. über den Einkauf von Rohstoffen, entstehen Pflichten, im Beispielsfall auf Zahlung des Kaufpreises. Solche Pflichten sind jedoch nach allgemeiner Auffassung nicht bilanzierungsfähig. Erst bei teilweiser Erfüllung des Vertrags, im Beispielsfall bei Erhalt des eingekauften Rohstoffs, entsteht eine Verpflichtung, die zu bilanzieren ist. Daher könnte man in diesen Fällen formulieren: Verbindlichkeiten sind Verpflichtungen des Unternehmens aus Verträgen nach einseitiger Vertragserfüllung durch den Vertragspartner.

3) Verbindlichkeiten können sich aber auch aus Gesetzen, Verordnungen oder Verwaltungsakten ergeben, z. B. aus den Vorschriften zum Schutz der Umwelt. Dann handelt es sich nicht um privat-rechtliche, sondern um öffentlich-rechtliche Verpflichtungen gegenüber dem Staat, einer Gemeinde, einer Körperschaft oder Anstalt des öffentlichen Rechts.

4) Die Verbindlichkeiten lassen sich, ähnlich wie die Forderungen, einteilen:

a) nach dem Entstehungsgrund in Darlehensverbindlichkeiten und Verbindlichkeiten aus Lieferungen und Leistungen,

b) nach dem Inhalt bzw. nach der bestimmungsgemäßen Auflösung in Geldverbindlichkeiten und Nichtgeldverbindlichkeiten,

c) nach der Person des Gläubigers,

d) nach der Fristigkeit,

e) nach der Verzinslichkeit,

f) nach der Beurkundung,

g) nach der Sicherung.

5) In der Bilanz nach § 266 HGB sind Verbindlichkeiten hauptsächlich in der mit Verbindlichkeiten bezeichnenden Positionengruppe C auszuweisen. Diese umfasst folgende einzelne Positionen:

a) Anleihen (Pos. 1), z. B. Teilschuldverschreibungen, Wandelschuldverschreibungen, Gewinnschuldverschreibungen, dagegen nicht Schuldscheindarlehen;

b) Verbindlichkeiten gegenüber Kreditinstituten (Pos. 2);

c) Erhaltene Anzahlungen auf Bestellungen (Pos. 3), sofern sie nicht von den Vorräten auf der Aktivseite offen abgesetzt werden;

d) Verbindlichkeiten aus Lieferungen und Leistungen (Pos. 4);

e) Verbindlichkeiten aus der Annahme gezogener Wechsel und der Ausstellung eigener Wechsel (Pos. 5);

f) Verbindlichkeiten gegenüber verbundenen Unternehmen (Pos. 6);

g) Verbindlichkeiten gegenüber Unternehmen, mit denen ein Beteiligungsverhältnis besteht (Pos. 7);

h) Sonstige Verbindlichkeiten (Pos. 8), z. B. Schuldscheindarlehen; Darlehen von Wirtschaftssubjekten, die keine Kreditinstitute sind; Steuerschulden; Lohn- und Gehaltsverbindlichkeiten.

6) Im angloamerikanischen Rechnungswesen werden die Begriffe debts und liabilities in gleicher Bedeutung gebraucht. Üblich ist derjenige der liabilities, der in einem weiten Sinne für Schulden, d. h. für Verbindlichkeiten und Rückstellungen, sowie in einem engen Sinne, d. h. nur für Verbindlichkeiten, verwendet wird.

Verbindlichkeiten aus Lieferungen und Leistungen werden accounts payable genannt, Wechselverbindlichkeiten notes payable.

Passive Rechnungsabgrenzungsposten

1) Ein Posten, dessen Verbindlichkeitscharakter strittig ist, ist der passive Rechnungsabgrenzungsposten.

2) Als Rechnungsabgrenzungsposten auf der Passivseite sind nach § 250 HGB auszuweisen: Einnahmen vor dem Abschlussstichtag, soweit sie Ertrag für eine bestimmte Zeit nach diesem Tag darstellen. Gemeint sind damit erhaltene Vorauszahlungen, z. B. von noch nicht fälligen Mieten, Pachten, Zinsen. Gegenüber Dritten wird das Erbringen der entsprechenden Gegenleistung geschuldet. Daher kommt den erhaltenen Vorauszahlungen Verbindlichkeitscharakter zu. Die erhaltenen Vorauszahlungen sind den erhaltenen Anzahlungen auf Bestellungen vergleichbar und hätten daher mit jenen zu einer Position im Rahmen der Positionengruppe der Verbindlichkeiten zusammengefasst werden können.

3) Nach US-GAAP stellen die erhaltenen Vorauszahlungen unearned income dar, das unter die liabilities fällt. Auch nach IAS ist statt eines Ausweises von passiven Rechnungsabgrenzungsposten ein solcher von liabilities vorgesehen.

6.7.2.2. Rückstellungen

1) Um Kapitalposten handelt es sich ferner bei den Rückstellungen. Da sie häufig mit den Rücklagen verwechselt werden, sei gleich auf den wesentlichen Unterschied hingewiesen: Die Rückstellungen werden aus dem Aufwand gebildet, die Rücklagen dagegen werden aus dem Gewinn oder aus Einlagen gespeist. Daher haben nach HGB die Rückstellungen Fremdkapitalcharakter, die Rücklagen Ei-

genkapitalcharakter. Ob den Rückstellungen auch in betriebswirtschaftlicher Hinsicht Fremdkapitalcharakter zukommt, bedarf noch der Untersuchung.

2) Die Rückstellungen nach HGB sind jedenfalls äußerst heterogen. Zudem werden im HGB wechselnde Einteilungen der Rückstellungen vorgenommen.

a) Dem Inhalt nach sind auseinander zu halten (§ 249 HGB):

aa) Rückstellungen für ungewisse Verbindlichkeiten;

ab) sog. Kulanzrückstellungen;

ac) sog. Aufwandsrückstellungen;

ad) sog. Verlustrückstellungen.

b) Nach der Regelung der Passivierung sind zu unterscheiden:

ba) passivierungspflichtige oder obligatorische Rückstellungen, wie die Rückstellungen für ungewisse Verbindlichkeiten, die Kulanzrückstellungen, die Verlustrückstellungen, ein Teil der Aufwandsrückstellungen;

bb) passivierungsfähige oder fakultative Rückstellungen, wie ein Teil der Aufwandsrückstellungen.

c) Beim Ausweis in der Bilanz (der hier allerdings erst im Abschnitt 6.8. behandelt werden soll) sind zu trennen (§§ 266, 274 HGB):

ca) Pensionsrückstellungen;

cb) Steuerrückstellungen;

cc) Rückstellungen für latente Steuern;

cd) Sonstige Rückstellungen.

3) Die nach § 249 Abs. 1 HGB passivierungspflichtigen Rückstellungen für ungewisse Verbindlichkeiten sind Rückstellungen für Verbindlichkeiten, die dem Grunde, dem Betrag oder dem Fälligkeitszeitpunkt nach unbestimmt sind. Daher könnte man, statt umständlich von Rückstellungen für ungewisse Verbindlichkeiten, gleich kurz und deutlich von ungewissen Verbindlichkeiten sprechen.

Das Gegenstück zu den ungewissen Verbindlichkeiten, die ungewissen Forderungen, findet man nicht in der Bilanz. Denn sobald Forderungen ungewiss werden, müssen sie abgeschrieben werden. Ungewisse Verbindlichkeiten und ungewisse Forderungen werden also ungleich, imparitätisch behandelt, entsprechend dem Vorsichtsprinzip.

4) Unter die Rückstellungen für ungewisse Verbindlichkeiten fallen: die wichtigen Pensionsrückstellungen, die Steuerrückstellungen, die Rückstellungen für Prozessrisiken, die Rückstellungen für Garantien und Gewährleistungen aufgrund rechtlicher Verpflichtung, die Rückstellungen für anstehende Abfallbehandlung.

Am Beispiel der Garantierückstellungen sei auf die Probleme bei Bildung und Auflösung von Rückstellungen hingewiesen.

Eine Garantierückstellung kann gebildet werden: entweder über eine bestimmte Aufwandsgüterart (z. B. über Lohn- und Gehaltsaufwendungen, wenn abzusehen ist, dass bei Eintritt des Garantiefalls Arbeitsleistungen zu erbringen sind) oder über Sonstige betriebliche Aufwendungen.

Im ersten Fall (der Bildung über eine bestimmte Aufwandsgüterart) erfolgt die bestimmungsgemäße Auflösung der Garantierückstellung ergebnisunwirksam durch Verringerung des Geldbestands für Lohn- und Gehaltszahlungen.

Im zweiten Fall (der Bildung über Sonstige betriebliche Aufwendungen) kommen für die bestimmungsgemäße Auflösung zwei Möglichkeiten in Betracht: ntweder die ergebnisunwirksame Auflösung, in dem der Geldbestand für Lohn- und Gehaltszahlungen verringert wird (was zur Folge hat, dass die Aufwandsgüterarten stets zu niedrig erscheinen), oder die ergebniswirksame Auflösung, indem ein Sonstiger betrieblicher Ertrag verbucht und gleichzeitig damit die Aufwandsgüterart Lohn und Gehalt belastet wird (was zur Folge hat, dass die Sonstigen betrieblichen Erträge um buchtechnische Erträge aufgebläht werden).

Am besten wäre daher, die Bildung und die Auflösung von Rückstellungen jeweils unter eigenen so bezeichneten Aufwands- bzw. Ertragspositionen vorzunehmen.

Die nicht-bestimmungsgemäße Auflösung einer Rückstellung oder die Herabsetzung einer zu hoch gebildeten Rückstellung erfolgt im Allgemeinen über Sonstige betriebliche Erträge. Am besten wäre, auch sie müsste über eine eigene so bezeichnete Ertragsposition vorgenommen werden.

In den Fällen der Pensionsrückstellungen und der Steuerrückstellungen sind die Verhältnisse einfacher. Die Bildung der Pensionsrückstellungen ist über die Unterposition der Aufwendungen für Altersversorgung vorzunehmen, die Bildung der Steuerrückstellungen über die Position der Steuern vom Einkommen und Ertrag bzw. über die Position der Sonstigen Steuern.

5) Im Zusammenhang mit den Steuerrückstellungen sind die passiven latenten Steuern zu nennen. Darunter ist nach § 274 Abs. 1 HGB der Betrag zu verstehen, um den der Steueraufwand im Geschäftsjahr zu niedrig ausgewiesen ist (weil der nach den steuerrechtlichen Vorschriften zu versteuernde Gewinn niedriger ist als das handelsrechtliche Ergebnis) und um den sich der Steueraufwand der nachfolgenden Geschäftsjahre erhöht. Dieser Betrag könnte als eine Art erwartete Steuerschuld gedeutet werden.

In Höhe der passiven latenten Steuern muss nach § 274 HGB eine Rückstellung für latente Steuern gebildet werden. Da also die passiven latenten Steuern passivierungspflichtig sind, die aktiven latenten Steuern nur aktivierungsfähig, liegt wiederum eine ungleiche, eine imparitätische Behandlung von Aktivposten und Passivposten vor, gemäß dem Vorsichtsprinzip.

6) Mit den nach § 249 Abs. 1 Satz 2 HGB passivierungspflichtigen Kulanzrückstellungen sind die Rückstellungen für Gewährleistungen gemeint, die ohne rechtliche Verpflichtungen erbracht werden. Sie sind also den vorhin erwähnten Rückstellungen für Gewährleistungen aufgrund rechtlicher Verpflichtung insofern ähnlich, als auch sie für Leistungen gegenüber Dritten gebildet werden.

7) Aufwandsrückstellungen sind:
- die nach § 249 Abs. 1 Satz 2 HGB passivierungspflichtigen Rückstellungen für unterlassene Aufwendungen der Instandhaltung, die innerhalb der ersten drei Monate des folgenden Geschäftsjahrs nachgeholt werden;
- die nach § 249 Abs. 1 Satz 3 HGB passivierungsfähigen Rückstellungen für unterlassene Aufwendungen der Instandhaltung, die nach Ablauf von drei Monaten im folgenden Geschäftsjahr nachgeholt werden sowie
- die nach § 249 Abs. 1 Satz 1 HGB passivierungspflichtigen Rückstellungen für Abraumbeseitigung, die im folgenden Geschäftsjahr nachgeholt werden.

Dass von Aufwandsrückstellungen bzw. von Rückstellungen für unterlassene Aufwendungen gesprochen wird, ist höchst missverständlich. Denn gerade durch die Bildung von Rückstellungen entstehen im abgelaufenen Jahr Aufwendungen. Die Inanspruchnahme der gebildeten Rückstellungen im darauf folgenden Jahr führt dagegen nicht mehr zu Aufwendungen. Man müsste also von unterlassenen Auszahlungen für Instandhaltung bzw. Abraumbeseitigung sprechen oder kurz von unterlassener Instandhaltung bzw. Abraumbeseitigung.

Die Bildung der genannten Rückstellungen lässt sich nur unter Bezugnahme auf die dynamische Bilanztheorie rechtfertigen, die eine periodengerechte Gewinnermittlung anstrebt und dazu eine entsprechende Abgrenzung der Aufwendungen und Erträge vornehmen will. Folgt man einer solchen Auffassung, müsste man allerdings auch noch für eine Reihe anderer Zwecke Rückstellungen vorsehen. Dagegen ist nach der statischen Bilanztheorie die Bildung von Rückstellungen nur gerechtfertigt für ungewisse Verbindlichkeiten gegenüber Dritten oder allenfalls noch für Leistungen, die gegenüber Dritten erbracht werden sollen. Der statischen Bilanztheorie ist unseres Erachtens auch bei Fragen der Passivierung ebenso wie bei Fragen der Aktivierung der Vorzug zu geben.

Die Aufwandsrückstellungen sind jedenfalls anderer Natur als die Rückstellungen für ungewisse Verbindlichkeiten und haben unseres Erachtens nicht wie jene Fremdkapitalcharakter, sondern Eigenkapitalcharakter.

8) Zu den Aufwandsrückstellungen werden auch gerechnet die nach § 249 Abs. 2 HGB passivierungsfähigen Rückstellungen „für ihrer Eigenart nach genau umschriebene, dem Geschäftsjahr oder einem früheren Geschäftsjahr zuzuordnende Aufwendungen, die am Abschlussstichtag wahrscheinlich oder sicher, aber hinsichtlich ihrer Höhe oder Zeitpunkts ihres Eintritts unbestimmt sind".

Was mit den letztgenannten Aufwendungen gemeint sein soll, bleibt offen.[1] Diese Regelung ist daher noch kritischer zu beurteilen als die Vorschriften über die Rückstellungen für Instandhaltung und Abraumbeseitigung. Den Unternehmen wird damit ein umfassendes Wahlrecht eingeräumt, das die Vergleichbarkeit der Bilanzen erheblich beeinträchtigt.

---

[1] Vgl. Veit, Klaus-Rüdiger: Generelle Aufwandsrückstellungen (§ 249 Abs. 2 HGB) als Bilanzierungshilfe?, S. 2045 ff.

In Anbetracht dieser offenen Regelung mutet die in § 249 Abs. 3 HGB nachfolgende Vorschrift, dass für andere als die in den vorhergehenden Absätzen bezeichneten Zwecke Rückstellungen nicht gebildet werden dürfen, wie Hohn an.

9) Mit den nach § 249 Abs. 1 HGB passivierungspflichtigen Verlustrückstellungen sind die Rückstellungen für drohende Verluste aus schwebenden Geschäften gemeint.

Unter schwebenden Geschäften im bilanziellen Sinn werden abgeschlossene Verträge verstanden, die weder vom einen noch vom anderen Vertragspartner erfüllt worden sind. Wird der Vertrag zuerst vom bilanzierenden Unternehmen erfüllt, entstehen Forderungen; bei anschließender Erfüllung durch den Vertragspartner vollzieht sich ein Aktivtausch. Wird der Vertrag zuerst vom Vertragspartner erfüllt, entstehen Verbindlichkeiten; bei anschließender Erfüllung durch das Unternehmen vollzieht sich eine Bilanzverkürzung.

Verluste aus schwebenden Geschäften drohen, wenn z. B. ein Vertrag über den Einkauf eines Gegenstandes (eines Grundstücks, eines Gebäudes, einer Maschine, eines Roh-, Hilfs- und Betriebsstoffs) zu einem bestimmten Preis abgeschlossen wurde und sich vor Erhalt des Gegenstandes am Bilanzstichtag herausstellt, dass der Gegenstand zu einem niedrigeren Preis erhältlich wäre. Bleibt der Preis auf dem niedrigen Niveau, müsste sofort bei Erhalt des Gegenstands eine außerplanmäßige Abschreibung vorgenommen werden. Durch Bildung einer Rückstellung am Bilanzstichtag wird eine solche außerplanmäßige Abschreibung vorweggenommen.

Das Passivierungsgebot für Rückstellungen für drohende Verluste aus schwebenden Geschäften wird überwiegend mit dem Vorsichtsprinzip begründet, aus dem sich auch die Ungleichbehandlung von Gewinnen und Verlusten ableiten lässt. Verluste werden allerdings ohnehin schon anders als Gewinne behandelt. Ist z. B. eine Wertminderung von Vermögensgegenständen eingetreten, wird diese nach dem Prinzip der Verlustantizipation im allgemeinen sofort ausgewiesen. Ist dagegen eine Wertsteigerung von Vermögensgegenständen eingetreten, wird diese nach dem Prinzip der Gewinnrealisation im allgemeinen erst bei Realisierung ausgewiesen. Wenn nun sogar für Wertminderungen von zwar gekauften, aber noch nicht einmal vorhandenen Vermögensgegenständen Rückstellungen gebildet werden müssen, verstärkt dies die Ungleichbehandlung von Gewinnen und Verlusten. Es entsteht die Frage, ob das Vorsichtsprinzip damit nicht zu weit ausgedehnt wird.

Die Rückstellungen für drohende Verluste werden zwar wie diejenigen für ungewisse Verbindlichkeiten aus dem Aufwand gebildet, sind aber dennoch anderer Natur. Sie werden nicht wie jene im Hinblick auf etwaige Verpflichtungen gegenüber Dritten angesetzt. Daher haben sie unseres Erachtens nicht wie jene Fremdkapitalcharakter. Sie sind steuerfreien Rücklagen vergleichbar, die für einen bestimmten Zweck gebildet werden. Daher haben sie eher Eigenkapitalcharakter.

10) Dadurch, dass die Rückstellungen nicht auf solche für ungewisse Verbindlichkeiten beschränkt geblieben sind, sondern im Laufe der Zeit um Kulanzrück-

stellungen, Aufwandsrückstellungen und Verlustrückstellungen erweitert worden sind, können sie nicht mehr einheitlich interpretiert werden. Sie umfassen Kapitalposten mit Fremdkapitalcharakter ebenso wie Kapitalposten mit Eigenkapitalcharakter.

Die Interpretation der Rückstellungen in der Bilanz wird noch dadurch erschwert, dass ihr Ausweis nicht getrennt nach den eben behandelten Arten von Rückstellungen erfolgen muss (vgl. Abschnitt 6.8.).

11) Im angloamerikanischen Rechnungswesen werden die Rückstellungen, sofern sie überhaupt von den gewöhnlichen liabilities unterschieden werden, als contingent liabilities oder provisions bezeichnet, speziell die Pensionsrückstellungen als provisions für retirement payments oder als retirement obligations, die Garantierückstellungen als waranty provisions.

In IAS 37 wird zwischen provisions und contingent liabilities unterschieden.[1] Provisions sind Verpflichtungen, die bezüglich ihrer Höhe oder ihrer Fälligkeit ungewiß sind. Sie sind in der Bilanz anzusetzen, wenn die folgenden Kriterien erfüllt sind (IAS 37.14): gegenwärtige rechtliche oder faktische Verpflichtung, Abfluss von Ressourcen mit wirtschaftlichem Nutzen wahrscheinlich, verlässliche Schätzung der Höhe möglich. Ist ein Kriterium nicht erfüllt, handelt es sich um contingent liabilities, die nur in den notes zu erläutern sind (IAS 37.27 i. V. m. 37.86).

In den US-GAAP wird der Begriff der loss contingencies verwendet (FAS 5).[2] Dieser Begriff deckt sowohl Rückstellungen als auch Eventualverbindlichkeiten im Sinne des HGB ab. Für den Ansatz in der Bilanz sind drei Stufen der Wahrscheinlichkeit maßgeblich: als probable eingestufte Verpflichtungen sind zu passivieren, sofern der Wert vernünftig schätzbar ist (FAS 5.8); Verpflichtungen mit der Einstufung reasonable possible sind nur in den notes zu erläutern (FAS 5.10); werden Verpflichtungen als remote angesehen, erfolgt weder eine Passivierung noch eine Erläuterung in den notes (FAS 5.10 und 5.12).

Die Aufwandsrückstellungen sind weder nach US-GAAP noch nach IAS passivierungsfähig, da es sich nicht um Verpflichtungen gegenüber Dritten handelt.

6.7.2.3. Eventualverbindlichkeiten

1) Die sog. Eventualverbindlichkeiten sind nicht als Kapitalposten in der Bilanz auszuweisen, sondern nach § 251 und § 268 Abs. 7 HGB entweder unter dem Bilanzstrich zu vermerken oder im Anhang anzugeben.

2) Zu den Eventualverbindlichkeiten gehören nach § 251 HGB:

   a) Verbindlichkeiten aus der Begebung und Übertragung von Wechseln;

---

[1] Vgl. Förschle, Gerhart/ Kroner, Matthias/ Heddäus, Birgit: Ungewisse Verpflichtungen nach IAS 37 im Vergleich zum HGB, S. 41 ff.
[2] Vgl. Schildbach, Thomas: US-GAAP, S. 83 ff.

b) Verbindlichkeiten aus Bürgschaften, Wechsel- und Scheckbürgschaften (d. h. Haftung für die Schulden eines Dritten gegenüber dessen Gläubigern);

c) Verbindlichkeiten aus Gewährleistungsverträgen (d. h. sowohl Garantien für eigene Leistungen, die nur dann als vermerk- oder angabepflichtig angesehen werden, wenn sie den gesetzlichen oder branchenüblichen Umfang überschreiten, als auch Garantien für fremde Leistungen, die ohne Rücksicht auf ihren Umfang als vermerk- oder angabepflichtig gelten);

d) Haftung aus der Bestellung von Sicherheiten für fremde Verbindlichkeiten.

3) Eine zusammenfassende Definition ist schwer zu geben. Es handelt sich um potentielle oder latente Verpflichtungen des Unternehmens gegenüber anderen Wirtschaftssubjekten. Sie sind noch ungewisser als die ungewissen Verbindlichkeiten. Oder anders ausgedrückt: Bei ihnen ist die Wahrscheinlichkeit des Übergangs in tatsächliche Verpflichtungen geringer als bei jenen. Insgesamt bestehen also folgende Abstufungen: Verbindlichkeiten, ungewisse Verbindlichkeiten, Eventualverbindlichkeiten. Die Übergänge sind freilich fließend.

4) Würde man die Eventualverbindlichkeiten etwa mit Hinweis auf das Vorsichtsprinzip als Passiva in die Bilanz aufnehmen, ergäbe sich ein zu starkes Ungleichgewicht zwischen Forderungen und Verbindlichkeiten. Die Forderungen werden ohnehin schon ungleich den Verbindlichkeiten behandelt, insofern als ungewisse Forderungen bilanziell unberücksichtigt bleiben, während für ungewisse Verbindlichkeiten Rückstellungen gebildet werden. Würde man, um dieses Ungleichgewicht zu vermeiden, sowohl ungewisse Forderungen als auch Eventualverbindlichkeiten in die Bilanz aufnehmen, ergäbe sich eine Aufblähung der Bilanz und eine Verminderung ihres Aussagewerts. Daher hat man mit dem Vermerk der Eventualverbindlichkeiten unter dem Bilanzstrich oder ihrer Angabe im Anhang einen guten Ausweg aus dem Dilemma gefunden, sie entweder in die Bilanz aufzunehmen oder sie überhaupt nicht aufzudecken.

6.7.2.4. Sonstige finanzielle Verpflichtungen

1) Die sonstigen finanziellen Verpflichtungen sind weder als Kapitalposten in der Bilanz auszuweisen noch unter dem Bilanzstrich zu vermerken. Nach § 285 HGB sind sie nur im Anhang in einer Summe anzugeben, sofern diese Angabe für die Beurteilung der Finanzlage Bedeutung hat.

2) Unter die Sonstigen finanziellen Verpflichtungen fallen: mehrjährige Verpflichtungen aus Miet- und Leasingverträgen, Verpflichtungen aus künftigen Großreparaturen, Verpflichtungen aus begonnenen Investitionsvorhaben, Verpflichtungen aus notwendig werdenden Umweltschutzmaßnahmen.[1]

---

[1] Vgl. Ellrott, Helmut (Beck Bil-Komm.), § 285 Anm. 68.

II. Die handelsrechtliche Bilanz sowie Gewinn- und Verlustrechnung 219

6.7.2.5. Sonderposten mit Rücklageanteil

1) Um Kapitalposten handelt es sich bei den sog. Sonderposten mit Rücklageanteil. Sie werden ebenso wie die Rückstellungen aus dem Aufwand gebildet und haben daher nach HGB Fremdkapitalcharakter.

2) Da sie heterogener Art sind, lassen sich kaum generelle Aussagen über sie machen. Zumindest zwei Gruppen sind nach HGB zu unterscheiden:

a) die Sonderposten mit Rücklageanteil nach § 247 und § 273 HGB sowie

b) die Sonderposten mit Rücklageanteil nach § 281 HGB.

Sonderposten nach § 247 und § 273 HGB

1) Nach § 247 Abs. 3 HGB dürfen von Kaufleuten Sonderposten mit Rücklageanteil in der Handelsbilanz gebildet werden, soweit solche für Zwecke der Steuern von Einkommen und vom Ertrag in der Steuerbilanz zulässig sind. Sie müssen in der Handelsbilanz nach Maßgabe des Steuerrechts aufgelöst werden.

Nach § 273 HGB dürfen von Kapitalgesellschaften Sonderposten mit Rücklageanteil in der Handelsbilanz nur insoweit gebildet werden, als das Steuerrecht die Anerkennung solcher Posten in der Steuerbilanz von ihrer Aufnahme in die Handelsbilanz abhängig macht.

2) Solche Sonderposten sind:[1]

a) die Rücklage bei Veräußerung bestimmter Anlagegüter (§ 6b EStG),

b) die Rücklage für Ersatzbeschaffung (Abschn. 35 EStR),

c) die Rücklage für Anlagenzuschüsse (Abschn. 34 Abs. 4 EStR).

3) Wie diese Aufzählung erkennen lässt, werden die Sonderposten nach § 247 und § 273 HGB nicht deswegen angesetzt, weil Verpflichtungen gegenüber Dritten vorliegen oder weil Leistungen gegenüber Dritten erbracht werden sollen. Insofern ist ihnen kein Fremdkapitalcharakter zuzuerkennen.

Die Sonderposten werden zwar über Aufwendungen im Sinne der handelsrechtlichen Gewinn- und Verlustrechnung gebildet, aber dabei handelt es sich kaum um Aufwendungen im betriebswirtschaftlichen Sinne. Dementsprechend werden die Sonderposten innerhalb bestimmter Fristen zwar über Erträge im Sinne der handelsrechtlichen Gewinn- und Verlustrechnung aufgelöst, aber auch dabei handelt es sich kaum um Erträge im betriebswirtschaftlichen Sinne.

5) In der Literatur werden die Sonderposten nach § 247 HGB häufig als Mischposten bezeichnet. Zum Teil würden sie Eigenkapital darstellen, zum Teil Fremdkapital, weil sich bei ihrer Auflösung die Steuerlast erhöhe.[2]

---

[1] Vgl. Berger, Axel/ Gutike, Hans-Jochen (Beck Bil-Komm.), § 247 Anm. 604 ff.; Federmann, Rudolf: Bilanzierung nach Handelsrecht und Steuerrecht, S. 254; Institut der Wirtschaftsprüfer in Deutschland e. V. (Hrsg.): Wirtschaftsprüfer-Handbuch 2000, Bd. I, E Anm. 75.

[2] So z. B. Coenenberg, Adolf Gerhard: Jahresabschluss und Jahresabschlussanalyse, S. 292.

Im Jahr der Bildung der Sonderposten ist die Steuerlast niedriger, als sie es sonst wäre. Im Jahr der Auflösung ist die Steuerlast höher, als sie es sonst wäre, sofern überhaupt ein Gewinn erreicht wurde. Insgesamt ergibt sich unter dieser Voraussetzung eine steueraufschiebende Wirkung. Wurde im Jahr der Auflösung kein Gewinn erzielt, entfällt eine Steuerzahlung, sieht man von Vor- und Rückrechnungen ab. Insgesamt ergibt sich dann eine steuerverkürzende Wirkung. Bei Auflösung der Sonderposten erhöht sich also die Steuerlast nur unter bestimmten Umständen. Zudem handelt es sich bei den anfallenden Steuern um Gewinnsteuern, nicht um Aufwandsteuern. Daher kann den Sonderposten mit Rücklageanteil unseres Erachtens insgesamt Eigenkapitalcharakter zuerkannt werden. Besser wäre es freilich gewesen, der Gesetzgeber hätte statt der Sonderposten mit Rücklageanteil nach § 247 HGB eine steuerfreie Rücklage eingeführt.

Sonderposten nach § 281 HGB

1) Nach § 281 HGB dürfen von Kapitalgesellschaften die nach § 254 zulässigen Abschreibungen in der Handelsbilanz auch in der Weise vorgenommen werden, dass der Unterschiedsbetrag zwischen der nach § 253 i. V. m. § 279 HGB zulässigen Bewertung und der nach § 254 HGB zulässigen Bewertung in den Sonderposten mit Rücklageanteil eingestellt wird.

2) Mit dem Unterschiedsbetrag ist in dieser umständlichen Formulierung des Gesetzgebers der Betrag gemeint, um den die steuerrechtlichen Abschreibungen höher sind als die handelsrechtlichen. Man kann kurz von steuerrechtlichen Mehrabschreibungen sprechen. Es handelt sich dabei vor allem um Sonderabschreibungen und erhöhte Absetzungen, die z. T. auslaufend sind, wie:[1]

a) Sonderabschreibungen zur Förderung kleiner und mittlerer Betriebe (§ 7g EStG),

b) Erhöhte Absetzungen für Wirtschaftsgüter, die dem Umweltschutz dienen (§ 7d EStG),

c) Erhöhte Absetzungen von Herstellungskosten und Sonderbehandlung von Erhaltungsaufwand für bestimmte Anlagen und Einrichtungen bei Gebäuden (§ 82a EStDV).

3) Die genannten Sonderabschreibungen und erhöhten Absetzungen dürfen auch in der Handelsbilanz vorgenommen werden. Sie können entweder von den jeweiligen Vermögensgegenständen direkt abgesetzt oder eben in die Sonderposten eingestellt werden. Die in die Sonderposten eingestellten Mehrabschreibungen bezeichnet der Gesetzgeber in § 281 HGB als Wertberichtigungen. Tatsächlich liegen solche nur dann vor, wenn sie betriebswirtschaftlich gerechtfertigt sind. Dann stellen diese Sonderposten auch Korrekturposten zur Aktivseite dar. Besteht keine betriebswirtschaftliche Rechtfertigung für Wertberichtigungen, haben die genannten Sonderposten eher den Charakter einer steuerfreien Rücklage.

---

[1] Vgl. Federmann, Rudolf: Bilanzierung nach Handelsrecht und Steuerrecht, S. 379; Institut der Wirtschaftsprüfer in Deutschland e. V. (Hrsg.): Wirtschaftsprüfer-Handbuch 2000, Bd. I, E Anm. 316 ff.

Die Sonderposten sind nach § 281 HGB insoweit aufzulösen, als sie durch handelsrechtliche Abschreibungen ersetzt werden.

4) In der Bilanz müssen die Sonderposten mit Rücklageanteil vor den Rückstellungen ausgewiesen werden. Sie brauchen nicht untergliedert zu werden in Sonderposten nach § 247 HGB und Sonderposten nach § 281 HGB. Aber die Vorschriften, nach denen sie jeweils angesetzt werden, müssen in der Bilanz oder im Anhang angegeben werden.

6.7.2.6. Gezeichnetes Kapital

1) Im Rahmen des Eigenkapitals ist zunächst das sog. Gezeichnete Kapital anzusetzen. Von der Bezeichnung dieses Kapitalpostens lässt sich allerdings nur ungefähr auf seinen Inhalt schließen.

2) Man kann sagen, dass mit dem Gezeichneten Kapital bei einer AG das Grundkapital, bei einer GmbH das Stammkapital gemeint ist. Aber die Begriffe des Grundkapitals und des Stammkapitals sind völlig aussagelos.

Dagegen ist der Begriff des Gezeichneten Kapitals nicht aussagelos, aber irreführend. Denn beim Gezeichneten Kapital handelt es sich bei einer AG nicht etwa nur um das von den Aktionären zugesagte Kapital, wie man vermuten könnte, sondern zum Teil auch um das bereits von den Aktionären zur Verfügung gestellte Kapital.

3) Immerhin liegt eine Legaldefinition des Gezeichneten Kapitals vor. Nach § 272 HGB ist das Gezeichnete Kapital das Kapital, auf das die Haftung der Gesellschafter für die Verbindlichkeiten der Kapitalgesellschaft gegenüber den Gläubigern beschränkt ist.

Diese Definition passt zwar zum vom Gesetzgeber gewählten Begriff des Gezeichneten Kapitals, sie erfasst aber den Inhalt dieses Kapitalpostens nur unzureichend. Denn sie stellt allein auf die übernommene Haftung ab und lässt die erbrachten Einlagen unerwähnt.

Nimmt man diese Einseitigkeit hin, so ist selbst in Bezug auf die Haftungsübernahme die Definition nach § 272 HGB nicht korrekt. Im Fall, dass eine AG von ihr emittierte Aktien später zurückkauft, kann sie diese unter bestimmten Umständen als Eigene Anteile auf der Aktivseite ausweisen; sie muss sie nicht vom Gezeichneten Kapital absetzen. Damit kann das Gezeichnete Kapital nicht mehr der von den Gesellschaftern übernommenen Haftung gleichgesetzt werden. Denn die AG kann schließlich nicht für sich selbst haften.

4) Am einfachsten und am besten wäre es, man könnte sagen, dass das Gezeichnete Kapital einer AG der von den Aktionären übernommenen Haftung und der von ihnen erbrachten Einlagen entspricht.

a) Die Gleichsetzung von Gezeichnetem Kapital und übernommener Haftung lässt sich, wie eben dargestellt, jedoch nicht aufrecht erhalten, wenn Eigene Anteile auf der Aktivseite der Bilanz ausgewiesen sind.

b) Die Gleichsetzung von Gezeichnetem Kapital und erbrachten Einlagen lässt sich jedoch ebenfalls nicht aufrecht erhalten:

- wenn Eigene Anteile auf der Aktivseite ausgewiesen sind (denn in Höhe solcher Anteile sind Einlagen, die zunächst von den Aktionären erbracht worden waren, wieder zurückgewährt worden);
- wenn Einlagen noch ausstehen und entweder als Ausstehende Einlagen auf der Aktivseite vor dem Anlagevermögen ausgewiesen sind oder als Eingeforderte ausstehende Einlagen im Rahmen des Umlaufvermögens angesetzt sind;
- wenn Nennwertaktien zu einem höheren Wert als ihrem Nennwert bzw. wenn Stückaktien zu einem höheren Wert als ihrem rechnerischen Wert emittiert wurden (denn der höhere Wert der Einlagen ist jeweils in die Kapitalrücklagen einzustellen);
- wenn eine Kapitalerhöhung aus Gesellschaftsmitteln stattgefunden hat.

5) Treffen alle unter 4a) und 4b) genannten Fälle zusammen, lässt sich kaum mehr eine griffige Definition des Gezeichneten Kapitals geben.

Hat man nur den Fall der Überpari-Emission zu berücksichtigen, könnte man sagen: das Gezeichnete Kapital sind die von den Aktionären erbrachten Einlagen bis zur Höhe des Nennwerts bzw. bis zur Höhe des rechnerischen Werts der ausgegebenen Aktien.

Hat man auch den Fall der Kapitalerhöhung aus Gesellschaftsmitteln zu berücksichtigen, müsste man sagen: das Gezeichnete Kapital sind die von den Aktionären bis zur eben bestimmten Höhe erbrachten Einlagen und umgewandelten Rücklagen.

Hat man den Fall der ausstehenden Einlagen zu berücksichtigen, muss man statt auf die erbrachten Einlagen auf die übernommene Haftung abstellen und formulieren: das Gezeichnete Kapital ist die von den Aktionären übernommene Haftung.

Den Fall der eigenen Anteile zu berücksichtigen, gelingt weder bei Bezugnahme auf die erbrachten Einlagen noch bei Bezugnahme auf die übernommene Haftung. Er vor allem macht jeden Versuch einer vernünftigen Erklärung des Gezeichneten Kapitals zunichte.

6) Da das Halten eigener Anteile kaum verboten werden wird, obwohl es dafür gute Gründe gäbe, könnte als erste Kapitalgröße statt eines Gezeichneten Kapitals ein Aktienkapital ausgewiesen werden, das sich definieren ließe als Summe der ausgegebenen Aktien bzw. Anteile.

Von diesem Aktienkapital wären dann eigene Anteile offen abzusetzen; als verbleibende Kapitalgröße könnte ein Haftungskapital ausgewiesen werden, das sich definieren ließe als Summe der von den Aktionären bzw. Eigentümern übernommenen Haftung.

Von diesem Haftungskapital wären dann ausstehende Einlagen (deren Verbot ebenfalls nicht zu erwarten ist, obwohl es auch dafür gute Gründe gäbe) offen abzusetzen; als verbleibende Kapitalgröße könnte ein Einlagenkapital ausgewiesen werden, das sich definieren ließe als Summe der von den Aktionären bzw. Eigentümern erbrachten Einlagen.

Wenn weder eigene Anteile gehalten werden noch ausstehende Einlagen vorliegen, wäre ein Haftungs- und Einlagenkapital auszuweisen.

7) Von diesen de lege ferenda Vorschlägen zurück zur de lege lata Situation!

8) Vom Gezeichneten Kapital im Sinne des HGB dürfen nach § 272 HGB die nicht eingeforderten ausstehenden Einlagen offen abgesetzt werden, wenn die eingeforderten ausstehenden Einlagen im Rahmen des Umlaufvermögens angesetzt werden. Der nach Abzug der ausstehenden Einlagen auf der Passivseite verbleibende Betrag muss dann nach § 272 HGB als Eingefordertes Kapital ausgewiesen werden.

Diese Bezeichnung ist wiederum irreführend. Denn sie erweckt den unzutreffenden Eindruck, als wären überhaupt noch keine Einlagen von den Gesellschaftern geleistet worden. Bei dem „Eingeforderten Kapital" handelt es sich jedoch zum Teil um eingebrachtes Kapital. Daher hätte zumindest die Bezeichnung „Eingebrachtes und eingefordertes Kapital" gewählt werden müssen.

9) Vom Gezeichneten Kapital im Sinne des HGB müssen die nach § 71 Abs. 1 Nr. 6 oder 8 AktG erworbenen eigenen Anteile als Kapitalrückzahlung offen abgesetzt werden. Für den nach Abzug der eigenen Anteile auf der Passivseite verbleibenden Betrag hat der Gesetzgeber keine Bezeichnung vorgesehen.

10) Beim Gezeichneten Kapital im Sinne des HGB sind von Aktiengesellschaften nach § 152 und § 160 AktG die gesamten Nennbeträge der Aktien jeder Gattung in der Bilanz gesondert anzugeben, d. h. die Gesamtnennbeträge der Stammaktien, der Vorzugsaktien. Zudem ist das bedingte Kapital in der Bilanz, das genehmigte Kapital im Anhang zu verzeichnen.

11) Dem Gezeichneten Kapital entspricht nach IAS das issued capital oder das issued share capital, nach US-GAAP der capital stock oder einfach der stock als Summe aus common stocks und preferred stocks.[1]

6.7.2.7. Rücklagen

1) Im Rahmen des Eigenkapitals sind ferner die sog. Rücklagen anzusetzen.

2) Der Begriff der „Rücklagen" ist missverständlich. Denn er erweckt die Vorstellung, dass es sich dabei nicht nur um einen Posten auf der Passivseite handelt, sondern um einen Posten, dem auch Geld oder flüssige Mittel auf der Aktivseite entsprechen, mit anderen Worten, dass durch die Bildung von Rücklagen Geld zurückgelegt wird, über das durch die Auflösung von Rücklagen verfügt werden kann.

---

[1] Vgl. Coenenberg, Adolf Gerhard: Jahresabschluss und Jahresabschlussanalyse, S. 267 f.

Diese Vorstellung ist natürlich nicht zutreffend. Sofern bei Bildung von Rücklagen dem Unternehmen überhaupt Geld zugeflossen ist, wird es im Allgemeinen nicht in der Kasse oder auf Bankkonten gehalten, sondern gleich wieder ausgegeben, z. B. für den Erwerb anderer Vermögensgegenstände. In diesen bleibt es gebunden. Durch Auflösung der Rücklagen allein wird dieses Geld nicht frei.

Daher sollte man, um solche Missverständnisse von vornherein zu vermeiden, den Begriff der Rücklagen durch einen oder mehrere andere ersetzen, wie sie hier nach Behandlung des Inhalts der Bilanzposten der Rücklagen vorgeschlagen werden.

3) Die Rücklagen sind nach HGB von vornherein in zwei Posten auszuweisen: als Kapitalrücklagen sowie Gewinnrücklagen.

4) In die sog. Kapitalrücklagen müssen nach § 272 eingestellt werden:

- Beträge, die bei der Ausgabe von Anteilen, einschließlich von Bezugsanteilen, über den Nennbetrag oder, falls ein Nennbetrag nicht vorhanden ist, über den rechnerischen Wert hinaus erzielt werden;

- Beträge, die bei der Ausgabe von Schuldverschreibungen für Wandlungsrechte und Optionsrechte zum Erwerb von Anteilen erzielt werden;

- Beträge von Zuzahlungen, die Gesellschafter gegen Gewährung eines Vorzugs für ihre Anteile leisten;

- Beträge von anderen Zuzahlungen, die Gesellschafter in das Eigenkapital leisten.

Zusammenfassend kann man sagen: Bei den Kapitalrücklagen handelt es sich um Einlagen von Gesellschaftern, die über den Nennwert oder rechnerischen Wert der von ihnen übernommenen Anteile hinausgehen.

5) In die sog. Gewinnrücklage dürfen nach § 272 HGB nur Beträge aus dem Ergebnis eingestellt werden. Insoweit handelt es sich bei den Gewinnrücklagen um einbehaltene Gewinne.

6) Dass im HGB nach Kapitalrücklagen und Gewinnrücklagen differenziert wird, ist grundsätzlich zu begrüßen. Denn es handelt sich hierbei um zwei verschiedene Arten der Kapitalaufbringung. Aber die Begriffe sind unglücklich gewählt. Dadurch, dass die einen Rücklagen als Kapitalrücklagen bezeichnet werden, könnte der Eindruck entstehen, als hätten die anderen Rücklagen, die Gewinnrücklagen, keinen Kapitalcharakter, was falsch wäre. Daher würde man statt von Kapitalrücklagen besser von Einbezahlten Rücklagen sprechen oder, um aus dem eingangs angeführten Grund den Begriff der Rücklagen ganz zu vermeiden, von zusätzlichen Einlagen der Eigentümer und statt von Gewinnrücklagen von Einbehaltenen Gewinnen.

7) Die Kapitalrücklagen und die Gewinnrücklagen unterscheiden sich also nach ihrer Entstehung. Hinsichtlich ihrer Auflösung hat der Gesetzgeber keine so deutliche Grenzziehung vorgenommen. Die Kapitalrücklagen dürfen im Großen und Ganzen nur zur Deckung von Verlusten, genauer nur zur Aufrechnung gegen Ver-

luste, herangezogen werden. Die Gewinnrücklagen dürfen zum Teil auch zur Ausschüttung herangezogen werden.

8) Die Kapitalrücklagen brauchen nicht differenziert in der Bilanz nach § 266 HGB ausgewiesen zu werden.

Bei den Gewinnrücklagen dagegen müssen nach § 266 HGB getrennt ausgewiesen werden:

- gesetzliche Rücklagen,
- Rücklagen für eigene Anteile,
- satzungsmäßige Rücklagen sowie
- andere Gewinnrücklagen.

Ferner haben Aktiengesellschaften nach § 58 Abs. 2a AktG den in die anderen Gewinnrücklagen eingestellten Eigenkapitalanteil von Wertaufholungen und von bei der steuerrechtlichen Gewinnermittlung gebildeten Passivposten, die nicht im Sonderposten mit Rücklageanteil ausgewiesen werden dürfen, in der Bilanz oder im Anhang gesondert anzugeben.

9) Den Rücklagen entsprechen nach IAS die reserves, i. d. R. unterteilt in capital reserves, revenue reserves und other reserves. Zu den other reserves zählt die Neubewertungsrücklage, der revaluation surplus, die eine Besonderheit nach IAS bildet (IAS 16.37 und 38.76).[1]

Die US-GAAP differenzieren von vornherein zwischen additional paid-in capital, retained earnings und accumulated other comprehensive income.[2]

Rücklagen für eigene Anteile sind, da die eigenen Anteile keine assets darstellen, weder nach IAS noch nach US-GAAP zu bilden.

Stille Reserven

1) Die in der Bilanz ausgewiesenen Rücklagen werden oft als offene Rücklagen bezeichnet. Ihnen werden die stillen Rücklagen oder stillen Reserven gegenübergestellt. Unter diesen ist das nicht in der Bilanz ausgewiesene Eigenkapital zu verstehen. Gelegentlich wird den stillen Reserven teilweise Fremdkapitalcharakter zuerkannt, weil sich bei ihrer Auflösung die Steuerlast erhöht. Abgesehen davon, dass dies von den Umständen der Auflösung abhängig ist, handelt es sich dabei um eine gewinnabhängige Steuerlast.

2) Die stillen Reserven entstehen einerseits durch unvollständigen Ansatz von Vermögensgegenständen und durch Unterbewertung der angesetzten Vermögensgegenstände (= aktivische stille Reserven), andererseits durch überzogenen Ansatz von Schulden und durch Überbewertung der angesetzten Schulden (= passivische stille Reserven).

---

[1] Vgl. Coenenberg, Adolf Gerhard: Jahresabschluss und Jahresabschlussanalyse, S. 290.
[2] Vgl. Coenenberg, Adolf Gerhard: Jahresabschluss und Jahresabschlussanalyse, S. 275 f.

3) Manche stillen Reserven kommen unabsichtlich zustande, z. B. durch irrtümlich zu kurz angesetzte Nutzungsdauer von planmäßig abzuschreibenden Sachanlagen. Andere stille Reserven werden absichtlich gebildet, z. B. durch bewusst zu kurz angesetzte Nutzungsdauer von planmäßig abzuschreibenden Sachanlagen.

4) Unter Berücksichtigung der gesetzlichen Vorschriften lassen sich unterscheiden:

a) vom Gesetzgeber erzwungene stille Reserven, die z. B. dadurch entstehen, dass selbst geschaffene Patente nicht aktiviert werden dürfen, dass Vermögensgegenstände nur mit ihren Anschaffungskosten bewertet werden dürfen, selbst wenn der Stichtagswert höher ist;

b) vom Gesetzgeber geduldete stille Reserven, die z. B. dadurch entstehen, dass fertige Erzeugnisse im Rahmen des Bewertungsmethodenwahlrechts nur mit einem Teil ihrer Herstellungskosten bewertet werden können;

c) vom Gesetzgeber verbotene stille Reserven, die z. B. dann entstehen würden, wenn die Aktivierung von aktivierungspflichtigen Gegenständen unterbliebe.

Im Fall c) würde bei einer AG eine Unterbewertung im Sinne von § 256 Abs. 5 AktG vorliegen, die Nichtigkeit des Jahresabschlusses zur Folge hat, wenn durch die Unterbewertung die Vermögens- und Ertragslage der Gesellschaft vorsätzlich unrichtig wiedergegeben oder verschleiert wird.[1]

5) Die Auflösung der stillen Reserven kann automatisch vor sich gehen, z. B. wenn wegen zu kurz angesetzter Nutzungsdauer von Sachanlagen bei weiterer Nutzung die planmäßigen Abschreibungen entfallen, die sonst den Umsatzerlösen gegenüberzustellen wären. Sie kann aber auch absichtlich herbeigeführt werden, z. B. durch Zuschreibung oder durch Verkauf eines unterbewerteten Vermögensgegenstands.

Im ersten Fall erfolgt die Auflösung der in einem Bilanzposten steckenden stillen Reserven indirekt, über andere Bilanzposten. Im zweiten Fall erfolgt die Auflösung der in einem Bilanzposten steckenden stillen Reserven direkt, auf den jeweiligen Bilanzposten bezogen.

6) Die Auflösung stiller Reserven führt manchmal nur zu einem Buchertrag (z. B. bei Vornahme einer Zuschreibung), ein andermal zu einem realisierten und liquiditätswirksamen Ertrag (z. B. bei Verkauf des Vermögensgegenstands zu einem höheren Wert als dem Buchwert).

7) Zu einer Auflösung stiller Reserven kommt es auch, wenn das Unternehmen zu einem Wert verkauft wird, der den Wert seines bilanziellen Reinvermögens überschreitet.

8) Im angloamerikanischen Rechnungswesen werden die stillen Reserven hidden reserves, concealed reserves oder undisclosed reserves genannt.

---

[1] Zur Nichtigkeit vgl. Heidel, Thomas: § 256 Anm. 28 ff.

6.7.2.8. Gewinn bzw. Verlust

1) Schließlich sind im Rahmen der Positionengruppe des Eigenkapitals die Gewinn- bzw. Verlustpositionen anzusetzen. Dabei kann es sich handeln:
- um einen etwaigen Gewinnvortrag oder Verlustvortrag aus dem vorhergehenden Geschäftsjahr sowie
- um den Jahresüberschuss oder Jahresfehlbetrag des abgelaufenen Geschäftsjahrs.

2) Allerdings darf die Bilanz nach § 268 Abs. 1 HGB auch unter Berücksichtigung der vollständigen oder teilweisen Verwendung des Jahresergebnisses aufgestellt werden. Wird die Bilanz unter Berücksichtigung der teilweisen Verwendung des Jahresergebnisses aufgestellt, tritt an Stelle der beiden Posten „Gewinnvortrag/Verlustvortrag" und „Jahresüberschuss/Jahresfehlbetrag" der Posten „Bilanzgewinn/Bilanzverlust". Ein Gewinnvortrag bzw. Verlustvortrag ist dann entweder in der Bilanz oder im Anhang gesondert anzugeben.

3) Eine wesentliche positive Neuerung des HGB von 1985 gegenüber dem AktG von 1965 stellt der Ansatz der Posten „Verlustvortrag" und „Jahresfehlbetrag" (bzw. der Ansatz des Postens „Bilanzverlust") auf der Passivseite der Bilanz dar. Der frühere aktivische Ausweis des Verlusts führte immer wieder zu Missverständnissen und Irrtümern. Oft wurde als Vermögenssumme einfach die Summe der Aktiva übernommen, also übersehen, den Verlust abzuziehen. Auch bei Ermittlung des Eigenkapitals wurde oft übersehen, den auf der Aktivseite ausgewiesenen Verlust negativ zu berücksichtigen. Durch den nunmehr vorgeschriebenen passivischen Ausweis des Verlusts wird solchen Irrtümern vorgebeugt.

4) Allerdings ist der Gesetzgeber nicht völlig konsequent verfahren. Denn auf der Aktivseite muss u. U. nach wie vor ein Verlustposten ausgewiesen werden, nämlich der Nicht durch Eigenkapital gedeckte Fehlbetrag. Ein solcher Fehlbetrag ergibt sich nach der Formulierung des Gesetzgebers in § 268 Abs. 3 HGB dann, wenn das Eigenkapital durch Verluste aufgebraucht ist und ein Überschuss der Passivposten über die Aktivposten vorliegt. Die Formulierung „Überschuss der Passivposten über die Aktivposten" wäre am besten ganz vermieden worden. Und statt der Formulierung „ist das Eigenkapital durch Verluste aufgebraucht", hätte man besser die folgende gewählt: „Wenn die positiven Eigenkapitalposten auf der Passivseite (d. h. das Gezeichnete Kapital und die Rücklagen) von negativen Eigenkapitalposten auf der Passivseite (d. h. von einem Verlustvortrag und einem Jahresfehlbetrag) übertroffen werden".
Bei dem Fehlbetrag handelt es sich also um einen Verlust, den man auch als einen solchen hätte bezeichnen sollen. Im Übrigen hätte man durchaus vorsehen können, auch diesen Verlust auf der Passivseite auszuweisen.

5) Nach US-GAAP wird der im abgelaufenen Geschäftsjahr erzielte und im profit or loss statement festgestellte Gewinn nicht als solcher in die Bilanz übernommen,

sondern in die retained earnings eingestellt.[1] Der auszuschüttende Gewinn wird dann nach Bekanntgabe des Beschlusses in die liabilities umgebucht. Der im abgelaufenen Geschäftsjahr zustande gekommene Verlust wird gegen die retained earnings aufgerechnet.

Vergleichbares gilt für einen IAS-Abschluss. Bestandteile der retained earnings sind die thesaurierten Vorjahresergebnisse und das Ergebnis des Geschäftsjahres.[2] Die vorgeschlagene oder beschlossene Dividende ist nach IAS 1.85 in der Bilanz oder in den notes auszuweisen.

6.7.2.9. Zusammenfassung

1) Diese vorhergehende Diskussion hat gezeigt, dass Passiva nach HGB sind:
   a) die Verbindlichkeiten;
   b) die Rechnungsabgrenzungsposten;
   c) die Rückstellungen für ungewisse Verbindlichkeiten;
   d) die Rückstellungen für passive latente Steuern;
   e) die Kulanzrückstellungen;
   f) die teils obligatorischen, teils fakultativen Aufwandsrückstellungen;
   g) die Verlustrückstellungen;
   h) fakultativ die Sonderposten mit Rücklageanteil;
   i) das Gezeichnete Kapital;
   k) die Kapitalrücklagen;
   l) die Gewinnrücklagen,
   m) der Gewinnvortrag bzw. Verlustvortrag;
   n) der Jahresüberschuss bzw. Jahresfehlbetrag.

2) Fast alle diese Passiva haben nach HGB auch Kapitalcharakter. Eine Ausnahme gilt für die Rechnungsabgrenzungsposten, wie man in Analogie zu den aktiven Rechnungsabgrenzungsposten annehmen muss. Da der Gesetzgeber jene nicht als Vermögensgegenstände behandelt, dürfte er auch in den passiven Rechnungsabgrenzungsposten keine Kapitalposten sehen. Dies ist nicht gerechtfertigt, wie weiter vorne ausgeführt, da es sich bei den passiven Rechnungsabgrenzungen um erhaltene Vorauszahlungen, also um Verbindlichkeiten, handelt.

3) Zusätzlich zu den genannten Passiva bzw. Kapitalposten auf der rechten Seite der kontoförmigen Bilanz sind noch Korrekturposten auf der linken Seite der kontoförmigen Bilanz zu berücksichtigen, wie:

---

[1] Vgl. KPMG Deutsche Treuhand Gesellschaft (Hrsg.): Rechnungslegung nach US-amerikanischen Grundsätzen, S. 123.
[2] Vgl. Coenenberg, Adolf Gerhard: Jahresabschluss und Jahresabschlussanalyse, S. 287

II. Die handelsrechtliche Bilanz sowie Gewinn- und Verlustrechnung   229

- die Ausstehenden Einlagen, die vom Gezeichneten Kapital abzuziehen sind;
- die Eigenen Anteile, die auch vom Gezeichneten Kapital abzuziehen sind;
- die Erhaltenen Anzahlungen auf Bestellungen, die den Verbindlichkeiten hinzuzuzählen sind;
- der Nicht durch Eigenkapital gedeckte Fehlbetrag.

4) Dieser verstreute Ausweis der Kapitalposten ist sehr bedauerlich. Er erschwert den Einblick in die Kapitallage. Der Bilanzleser erwartet zusammengehörige Rechengrößen an der gleichen Stelle.

Alle Kapitalposten sollten als Passiva auf der rechten Seite der kontoförmigen Bilanz auszuweisen sein.

Für Kapitalposten müsste Passivierungspflicht gelten. Die Passivierungswahlrechte beeinträchtigen die Vergleichbarkeit der Bilanz. Für die Aufwandsrückstellungen und die Verlustrückstellungen müsste, weil ihnen keine Verpflichtungen gegenüber Dritten zugrunde liegen, ein Passivierungsverbot gelten.

5) Demnach sollten als Kapitalposten und als Passiva in der Bilanz angesetzt werden:

a) die Verbindlichkeiten
   einschließlich der Rechnungsabgrenzungsposten;
b) die Rückstellungen bzw. die ungewissen Verbindlichkeiten;
c) das Haftungs- und Einlagenkapital der Eigentümer
   abzüglich der Ausstehenden Einlagen und
   abzüglich der Eigenen Anteile;
d) die Kapitalrücklagen bzw. die zusätzlichen Einlagen der Eigentümer;
e) die Gewinnrücklagen bzw. die Einbehaltenen Gewinne
   zuzüglich eines Gewinnvortrags,
   abzüglich eines Verlustvortrags;
f) der Jahresgewinn
   oder der Jahresverlust.

6.8. Gliederung des Bilanzkapitals

6.8.1. Heraushebung des Eigenkapitals

1) Auf der Passivseite der Bilanz wird keine solche beherrschende Einteilung vorgenommen wie auf der Aktivseite in Anlagevermögen und Umlaufvermögen, obwohl eine solche in Eigenkapital und Fremdkapital nahe gelegen hätte.

2) Immerhin werden mehrere Positionen zur Positionengruppe des Eigenkapitals (Nr. A) zusammengefasst. Dies sind: das Gezeichnete Kapital (Nr. I), die Kapital-

rücklagen (Nr. II), die Gewinnrücklagen (Nr. III), der Gewinnvortrag bzw. Verlustvortrag (Nr. IV) sowie der Jahresüberschuss bzw. Jahresfehlbetrag (Nr. V). Aggregiert man lediglich diese Posten, erhält man allerdings noch nicht den richtigen Betrag des Eigenkapitals.

Ist ein Nicht durch Eigenkapital gedeckter Fehlbetrag auf der linken Seite der Bilanz ausgewiesen, muss dieser negativ berücksichtigt werden.

Sind ausstehende Einlagen auf der Aktivseite der Bilanz ausgewiesen, müssten diese unseres Erachtens vom Gezeichneten Kapital abgezogen werden. Das Gleiche gilt, wenn Eigene Anteile auf der Aktivseite der Bilanz ausgewiesen sind.

Den genannten Posten müssten unseres Erachtens hinzugefügt werden: ganz oder teilweise die Sonderposten mit Rücklageanteil sowie die Aufwandsrückstellungen und die Verlustrückstellungen.

3) Dem Eigenkapital ist im angloamerikanischen Rechnungswesen die Größe gleichzusetzen, die abwechselnd bezeichnet wird als capital schlechthin, als equity oder als net worth (womit der Residualcharakter des Eigenkapitals am stärksten betont wird).

6.8.2. Verbleibende Positionen

1) Im Anschluss an die Positionengruppe des Eigenkapitals sind nach § 273 HGB die im Gliederungsschema nicht enthaltenen Sonderposten mit Rücklageanteil auszuweisen. Der üblichen Auffassung würde es entsprechen, sie aufzuspalten und den voraussichtlichen Steueranteil dem Fremdkapital, den verbleibenden Anteil dem Eigenkapital zuzurechnen. Unseres Erachtens könnte man sie auch ganz dem Eigenkapital zuordnen, weil sich bei ihrer Auflösung die Steuerlast nur unter bestimmten Umständen erhöht und weil die anfallenden Steuern Gewinnsteuern und nicht Aufwandsteuern sind.

2) Im Gliederungsschema folgen der Positionengruppe des Eigenkapitals die Rückstellungen (Nr. B). Da es sich bei ihnen zum großen Teil um ungewisse Verbindlichkeiten handelt, ist ihr Ausweis vor den gewissen Verbindlichkeiten wenig einleuchtend.

Innerhalb der Rückstellungen wird eine Dreiteilung vorgenommen in: Rückstellungen für Pensionen und ähnliche Verpflichtungen (Pos. 1); Steuerrückstellungen (Pos. 2); Sonstige Rückstellungen (Pos. 3).

Die Rückstellungen für latente Steuern sind nicht ins Gliederungsschema aufgenommen worden. Sie müssen nach § 274 HGB entweder in der Bilanz oder im Anhang gesondert angegeben werden. Vorzuziehen wäre ihr Ausweis in einer eigenen Position nach Steuerrückstellungen.

Die Heraushebung der Pensionsrückstellungen (Pos. 1) und der Steuerrückstellungen (Pos. 2) ist wegen ihrer Bedeutung gerechtfertigt. Aber unbefriedigend ist, dass unter den Sonstigen Rückstellungen (Pos. 3) so verschiedenartige Rückstellungen zusammengefasst werden dürfen wie: Rückstellungen für solche ungewisse Verbindlichkeiten, die keine Pensionsrückstellungen oder Steuerrückstellungen sind; Rückstellungen für drohende Verluste aus schwebenden Geschäften; Rückstellungen für Gewährleistungen ohne rechtliche Verpflichtung; Rückstellungen für unterlassene Aufwendungen der Instandhaltung; Rückstellungen für unterlassene Aufwendungen der Abraumbeseitigung; Rückstellungen für ihrer Eigenart nach genau umschriebene, dem Geschäftsjahr oder einem früheren Geschäftsjahr zuzuordnende Aufwendungen. Die Sonstigen Rückstellungen müssen zwar, „wenn sie einen nicht unerheblichen Umfang haben", nach § 285 Nr. 12 HGB im Anhang erläutert werden. Aber solche Erläuterungen fallen selten informativ aus.

Bei der Regelung des Ausweises der Rückstellungen hätte es nahe gelegen, auf die im Rahmen der Ansatzvorschriften unterschiedenen Arten von Rückstellungen abzustellen und jeweils Positionen vorzusehen für Rückstellungen für ungewisse Verbindlichkeiten, für Kulanzrückstellungen, für Verlustrückstellungen, für Aufwandsrückstellungen. Man könnte dann die Rückstellungen für ungewisse Verbindlichkeiten sowie für Leistungen gegenüber Dritten (Kulanzrückstellungen) dem Fremdkapital, die Verlustrückstellungen sowie die Aufwandsrückstellungen dem Eigenkapital zurechnen.

3) Die Verbindlichkeiten (Nr. C) sind recht detailliert in acht Positionen auszuweisen, die der Gesetzgeber allerdings nach wechselnden Kriterien abgegrenzt hat, so dass sich mannigfache Überschneidungen ergeben.

Nach der Person des Gläubigers sind abgegrenzt: die Pos. 2 „Verbindlichkeiten gegenüber Kreditinstituten", die Pos. 6 „Verbindlichkeiten gegenüber verbundenen Unternehmen" und die Pos. 7 „Verbindlichkeiten gegenüber Unternehmen, mit denen ein Beteiligungsverhältnis besteht". Unter diesen Positionen sind die verschiedenen gegenüber den jeweiligen Gläubigern bestehenden Verbindlichkeiten auszuweisen, was die Bilanzanalyse erschwert.

Nach dem Entstehungsgrund und dem Auflösungsgrund sind abgegrenzt: die Pos. 3 „Erhaltene Anzahlungen auf Bestellungen" und die Pos. 4 „Verbindlichkeiten aus Lieferungen und Leistungen".

Nach der Beurkundung sind abgegrenzt: die Pos. 1 „Anleihen" (bei denen es sich um verbriefte Darlehensverbindlichkeiten handelt) und die Pos. 5 „Verbindlichkeiten aus der Annahme gezogener Wechsel und der Ausstellung eigener Wechsel" (bei denen es sich sowohl um Verbindlichkeiten aus Lieferungen und Leistungen als auch um Darlehensverbindlichkeiten handeln kann).

Für Verbindlichkeiten aus Darlehen, die nicht bei Kreditinstituten, verbundenen Unternehmen oder Unternehmen, mit denen ein Beteiligungsverhältnis besteht, aufgenommen wurden und die nicht verbrieft sind, fehlt eine eigene Position. Sie müssen mit unter den Sonstigen Verbindlichkeiten der Pos. 8 ausgewiesen werden.

Für die Pos. 8 „Sonstige Verbindlichkeiten" verbleiben aufgrund der sich überschneidenden Abgrenzungen recht unterschiedliche Arten von Verbindlichkeiten, wie die bereits erwähnten Darlehensverbindlichkeiten, ferner die Lohn- und Gehaltsverbindlichkeiten sowie die Steuerschulden.

Wegen des mehrfachen Wechsels der Abgrenzungskriterien kann der Bilanzleser nicht die Summe der Geldverbindlichkeiten einerseits, die Summe der Nichtgeldverbindlichkeiten andererseits ermitteln, wie für eine Liquiditätsbetrachtung wünschenswert.

4) Zu den Verbindlichkeiten sind folgende Angaben in der Bilanz oder Angaben im Anhang zu machen (§§ 268, 285 HGB):

   a) der Betrag der Verbindlichkeiten mit einer Restlaufzeit bis zu einem Jahr ist bei jedem Verbindlichkeitsposten zu vermerken;

   b) der Betrag der Verbindlichkeiten mit einer Restlaufzeit von mehr als fünf Jahren ist für jeden Verbindlichkeitsposten zu vermerken oder im Anhang anzugeben;

   c) der Gesamtbetrag der Verbindlichkeiten mit einer Restlaufzeit von mehr als fünf Jahren ist zudem im Anhang anzugeben;

   d) der Betrag der durch Pfandrechte oder ähnliche Rechte gesicherten Verbindlichkeiten ist unter Bezeichnung von Art und Form der Sicherheiten für jeden Verbindlichkeitsposten zu vermerken oder im Anhang anzugeben;

   e) der Gesamtbetrag der durch Pfandrechte oder ähnliche Rechte gesicherten Verbindlichkeiten ist unter Bezeichnung von Art und Form der Sicherheiten im Anhang anzugeben.

Durch die genannten Vermerke und Angaben ist die Darstellung der Verbindlichkeiten in der Bilanz nach § 266 HGB nicht nur bezüglich der Laufzeit, sondern auch in anderer Hinsicht aussagekräftig.

5) Als letzter Posten auf der Passivseite sind die Rechnungsabgrenzungsposten (Nr. D) auszuweisen. Da sie ihrer Natur nach Verbindlichkeiten darstellen, wären sie besser als erhaltene Vorauszahlungen in die Positionengruppe der Verbindlichkeiten einbezogen worden.

6) Im angloamerikanischen Rechnungswesen bilden die genannten Posten zusammen die liabilities. Von capital wird in Bezug auf sie nicht gesprochen. Ein dem deutschen Fremdkapital vergleichbarer Begriff existiert nicht.

Dadurch, dass die genannten Posten alle unter diesen einen Begriff der liabilities zusammengefasst werden, ist die rechte Seite der kontoförmigen Bilanz deutlich zweigeteilt in liabilities einerseits und equity andererseits.

6.8.3. Zusammenfassung

1) Zu den einzelnen auf der Passivseite der Bilanz vorgesehenen Positionen ist zu sagen:

   a) Die erste und wichtigste Eigenkapitalposition ist mit „Gezeichnetem Kapital" irreführend bezeichnet. Einhergehend mit einer schärferen Abgrenzung sollte vom Haftungs- und Einlagenkapital gesprochen werden oder von der Haftungs- und Einlagensumme der Eigentümer.

b) Eine Reihe von Positionen hätten deutlicher bezeichnet werden können: so die Kapitalrücklagen als zusätzliche Einlagen, die Gewinnrücklagen als Einbehaltene Gewinne, die Rückstellungen als ungewisse Verbindlichkeiten, die Rechnungsabgrenzungsposten als erhaltene Vorauszahlungen.

c) In einigen Positionen werden Kapitalposten recht unterschiedlichen Charakters miteinander vermengt, so in der Position der Sonstigen Rückstellungen die Rückstellungen für ungewisse Verbindlichkeiten mit Aufwandsrückstellungen und mit Verlustrückstellungen.

2) Zu den auf der Passivseite der Bilanz gebildeten Positionengruppen ist zu sagen:

a) Die Zusammenfassung einer Reihe von Positionen zur Positionengruppe des Eigenkapitals ist grundsätzlich zu begrüßen. Allerdings bleibt der Ausweis des Eigenkapitals unvollständig.

b) Dass andere Positionen nicht zur Positionengruppe des Fremdkapitals zusammengefasst wurden, ist inkonsequent. Dies zu tun, bleibt dem Bilanzleser überlassen. Ihm wird ein wenig aussagefähiger und wenig übersichtlicher Ausweis des Bilanzkapitals präsentiert.

c) Bei den Rückstellungen werden zwar die wichtigen Pensionsrückstellungen und Steuerrückstellungen herausgehoben, aber sonst die Rückstellungen für ungewisse Verbindlichkeiten mit den Aufwandsrückstellungen und Verlustrückstellungen vermischt.

d) Die Verbindlichkeiten werden stark untergliedert, allerdings kommt es zu einer Vermischung von Geldverbindlichkeiten und Nichtgeldverbindlichkeiten. Begrüßenswert sind die vorgeschriebenen Vermerke zu den Verbindlichkeiten, vor allem diejenigen über die Restlaufzeiten.

e) Dass die Rechnungsabgrenzungsposten nicht entsprechend ihrem Wesen als erhaltene Vorauszahlungen in die Verbindlichkeiten einbezogen werden, ist bedauerlich.

3) Abschließend sei eine zu § 266 HGB alternative Gliederung der Passivseite vorgeschlagen (vgl. Abbildung 36).

a) Dabei wird eine schärfere Grenzziehung zwischen dem Eigenkapital und dem Fremdkapital versucht. Auf den Begriff des Kapitals wird allerdings weitgehend verzichtet, um von vornherein auszuschließen, dass das bilanzielle Kapital in einem finanziellen Sinne missverstanden wird. Statt vom Fremdkapital wird von Schulden, statt vom Eigenkapital vom Reinvermögen gesprochen.

b) Innerhalb der Schulden wird unterschieden nach gewissen Verbindlichkeiten und ungewissen Verbindlichkeiten (die den derzeitigen Rückstellungen für ungewisse Verbindlichkeiten entsprechen). Bei den gewissen Verbindlichkeiten wird ähnlich wie bei den Forderungen getrennt nach Geldverbindlichkeiten und Güterverbindlichkeiten. Die letztgenannten schließen die Rechnungsabgrenzungsposten ein.

c) Innerhalb des Reinvermögens wird vom Aktienkapital ausgegangen, das dem Gezeichneten Kapital entspricht. Davon werden offen abgesetzt die eigenen Anteile in Höhe des Nennbetrags bzw. des rechnerischen Werts, wodurch sich das Haftungskapital der Aktionäre ergibt. Anschließend werden die ausstehenden Einlagen (die eingeforderten ebenso wie die nicht eingeforderten) offen abgesetzt, womit man das Einlagenkapital, d. h. die Einlagen der Aktionäre bis zum Nennbetrag bzw. bis zum rechnerischen Wert der übernommenen Aktien, erhält.

Hinzu kommen die Einlagen der Gesellschafter, die über den Nennwert bzw. rechnerischen Wert der übernommenen Anteile hinausgehen. Sie entsprechen den Kapitalrücklagen.

Statt von Gewinnrücklagen wird von Einbehaltenen Gewinnen gesprochen. Neben diesen nach Besteuerung einbehaltenen Gewinnen werden unterschieden: die unversteuerten zurückgestellten Gewinne. Darunter werden die Rückstellungen für drohende Verluste aus schwebenden Geschäften sowie die Sonderposten mit Rücklageanteil subsumiert.

d) Ausgeklammert bleiben die Aufwandsrückstellungen, da diese weder als Schulden noch als Reinvermögen passivierungspflichtig bzw. passivierungsfähig sein sollten.

e) Es schließen sich wie üblich der Gewinnvortrag bzw. Verlustvortrag sowie der Jahresüberschuss bzw. Jahresfehlbetrag an.

f) Als letzter Posten ist ein Reinvermögen vorgesehen, wenn sich eine positive Summe aus den Einlagen, den zurückgestellten und einbehaltenen Gewinnen, dem Gewinnvortrag bzw. Verlustvortrag sowie dem Jahresüberschuss bzw. Jahresfehlbetrag ergibt. Im Fall einer negativen Summe kann von einem über die Einlagen, die zurückgestellten und einbehaltenen Gewinne hinausgehenden Verlust gesprochen werden (der dem nicht durch Eigenkapital gedeckten Fehlbetrag entspricht) oder von einer Überschuldung. Allerdings ist diese Überschuldung nicht identisch mit der insolvenzrechtlichen Überschuldung.

6.9. Bewertung des Bilanzkapitals

1) In § 253 Abs. 1 HGB wird die Bewertung der Schulden für Kaufleute schlechthin geregelt, in § 283 HGB die Bewertung des Eigenkapitals für Kapitalgesellschaften (vgl. auch Abbildung 37).

2) Da es sich bei den Schulden und beim Eigenkapital von vornherein um Wertgrößen handelt, würde man statt von Bewertung besser von Bemessung sprechen.

Abbildung 36:
Vorschlag für eine zu § 266 HGB alternative Gliederung
der Passivseite der Bilanz

I. Geldverbindlichkeiten
1. Wechselverbindlichkeiten
2. verbriefte Darlehensverbindlichkeiten
3. nicht verbriefte Verbindlichkeiten gegenüber Banken
4. sonstige nicht verbriefte Darlehensverbindlichkeiten
5. Verbindlichkeiten aus erhaltenen Lieferungen
6. Verbindlichkeiten aus beanspruchten Dienst- und Arbeitsleistungen
7. Steuerverbindlichkeiten
8. sonstige Geldverbindlichkeiten

= Summe der Geldverbindlichkeiten
- davon mit einer Restlaufzeit bis zu einem Jahr
- davon mit einer Restlaufzeit von mehr als einem Jahr bis zu fünf Jahren
- davon mit einer Restlaufzeit von mehr als fünf Jahren
- davon gesichert durch Pfandrechte oder ähnliche Rechte
- davon gegenüber verbundenen Unternehmen

II. Güterverbindlichkeiten
1. erhaltene Vorauszahlungen für Lieferungen
2. erhaltene Vorauszahlungen für Dienstleistungen
3. sonstige Güterverbindlichkeiten

= Summe der Güterverbindlichkeiten
- davon gegenüber verbundenen Unternehmen

III. Ungewisse Verbindlichkeiten
1. Pensionsrückstellungen
2. Steuerrückstellungen
3. sonstige Rückstellungen für Leistungen gegenüber Dritten

= Summe der ungewissen Verbindlichkeiten

IV. Summe der Schulden (I bis III)
- davon langfristige Schulden
- davon kurzfristige Schulden

V. **Aktienkapital**
  ./. eigene Anteile
  = Haftungskapital
  ./. eingeforderte ausstehende Einlagen
  ./. nicht eingeforderte ausstehende Einlagen
  = Einlagenkapital

VI. **zusätzliche Einlagen der Gesellschafter**

VII. **Einbehaltene Gewinne**
  1. gesetzlich einbehaltene Gewinne
  2. satzungsmäßig einbehaltene Gewinne
  3. fakultativ einbehaltene Gewinne
  oder **Vorgetragene Verluste**

VIII. **Jahresgewinn**
  oder **Jahresverlust**

IX. **Reinvermögen**
  oder **Überschuldung (V bis X)**

Abbildung 37:
Bewertung von Schulden und Eigenkapital nach HGB

Passiva	Wertansätze	
	für Einzelkaufleute und Personenhandelsgesellschaften	für Kapitalgesellschaften und Genossenschaften
Verbindlichkeiten	Rückzahlungsbetrag (§ 253 Abs. 1 HGB)	Rückzahlungsbetrag (§ 253 Abs. 1 HGB)
Renten-verpflichtungen	Barwert (§ 253 Abs. 1 HGB)	Barwert (§ 253 Abs. 1 HGB)
Rückstellungen	Betrag, der nach vernünftiger kaufmännischer Beurteilung notwendig ist (§ 253 Abs. 1 HGB)	Betrag, der nach vernünftiger kaufmännischer Beurteilung notwendig ist (§ 253 Abs. 1 HGB)
Gezeichnetes Kapital	-	Nennbetrag (§ 283 HGB)

6.9.1. Wertansatz der Schulden

Verbindlichkeiten

1) Die Verbindlichkeiten sind nach § 253 Abs. 1 HGB zu ihrem „Rückzahlungsbetrag" anzusetzen. Bei der Wahl des Begriffs des Rückzahlungsbetrags hat der Gesetzgeber offenbar nur an solche Verbindlichkeiten gedacht, die durch Geld entstanden und in Geld zu begleichen sind. Ihnen kommt zwar überragende Bedeutung zu, aber daneben gibt es noch andere Verbindlichkeiten. Statt von einem Rückzahlungsbetrag würde man daher besser allgemein von einem Erfüllungsbetrag[1] sprechen. Im Folgenden soll nach Arten von Verbindlichkeiten differenziert und auch auf andere Wertansätze eingegangen werden.

2) Bei Verbindlichkeiten, die durch eine Zahlung entstanden und auch durch eine Zahlung zu begleichen sind, aber nicht in Wertpapieren verbrieft sind (hier unverbriefte Darlehensverbindlichkeiten genannt), lassen sich unterscheiden: der Auszahlungsbetrag und der Rückzahlungsbetrag sowie der Barwert.

Zunächst zum Auszahlungsbetrag und zum Rückzahlungsbetrag. Drei Fälle sind auseinander zu halten:

a) Der Auszahlungsbetrag und der Rückzahlungsbetrag des aufgenommenen Darlehens stimmen überein. Der Wertansatz bereitet keine Schwierigkeiten.

b) Der Auszahlungsbetrag des aufgenommenen Darlehens ist niedriger als der Rückzahlungsbetrag, was häufig vorkommt. Die Verbindlichkeit muss nach § 253 Abs. 1 HGB zum höheren Rückzahlungsbetrag angesetzt werden. Zudem bedarf der negative Differenzbetrag, das sog. Disagio, noch der Berücksichtigung, bei dem es sich um eine Art Zinsvorauszahlung handelt. Es darf entweder im Jahr der Darlehensaufnahme voll als Zinsaufwand verbucht oder nach § 250 HGB unter den Rechnungsabgrenzungsposten aktiviert werden. Bei Aktivierung muss es planmäßig abgeschrieben werden entweder über die Laufzeit oder über einen kürzeren Zeitraum.

c) Der Auszahlungsbetrag des aufgenommenen Darlehens ist höher als der Rückzahlungsbetrag, was selten vorkommt. Die Verbindlichkeit muss nach § 253 Abs. 1 HGB zum niedrigeren Rückzahlungsbetrag angesetzt werden. Zudem bedarf der positive Differenzbetrag, das sog. Agio, noch der Berücksichtigung. Wie dies geschehen soll, bleibt im Gesetz offen. In Analogie zum Disagio könnte das Agio entweder im Jahr der Darlehensaufnahme voll als Zinsertrag verbucht oder unter den Rechnungsabgrenzungsposten passiviert werden. Bei Passivierung müsste es Jahr für Jahr über Zinserträge aufgelöst werden. Dem zweiten Weg wird in der Literatur der Vorzug gegenüber dem ersten Weg gegeben.[2]

---

[1] Vgl. Berger, Axel/ Ring, Maximilian (Beck Bil-Komm.), § 253 Anm. 51; Hüttemann, Ulrich (HdJ), Abt. III/8 Anm. 162.

[2] Vgl. Berger, Axel/ Ring, Maximilian (Beck Bil-Komm.), § 253 Anm. 91; Hüttemann, Ulrich (HdJ), Abt. III/8 Anm. 276.

Zum gleichen Ergebnis käme man, wenn man die Darlehensverbindlichkeit in diesem Fall zum Auszahlungsbetrag ansetzen dürfte. Der Auszahlungsbetrag müsste dann Jahr für Jahr über Zinserträge vermindert werden, bis er den Rückzahlungsbetrag erreicht. Daher wäre auch eine gesetzliche Regelung sinnvoll, die den Ansatz des Rückzahlungsbetrags vorsieht, wenn dieser höher ist als der Auszahlungsbetrag, und die den Ansatz des Auszahlungsbetrags vorsieht, wenn dieser höher ist als der Rückzahlungsbetrag.

3) Käme für den Ansatz der genannten unverbrieften Darlehensverbindlichkeiten neben dem Auszahlungsbetrag und dem Rückzahlungsbetrag auch der Barwert in Betracht, unter dem der abgezinste Rückzahlungsbetrag zu verstehen ist? Wenn wir der Einfachheit halber annehmen, dass der Rückzahlungsbetrag eines aufgenommenen Darlehens mit dem Auszahlungsbetrag übereinstimmt, dann wäre bei Ansatz der Verbindlichkeit zum Barwert der Betrag auf der Passivseite niedriger als derjenige auf der Aktivseite. Die Schuldenzunahme wäre geringer als die Geldbestandszunahme. Die obige Frage ist also zu verneinen.

4) Bei verbrieften Darlehensverbindlichkeiten ist neben den genannten Werten noch der Nennwert unterscheidbar. Der Nennwert stimmt häufig entweder mit dem Rückzahlungsbetrag oder mit dem Auszahlungsbetrag überein. Dann gilt das Gleiche wie eben ausgeführt. Wenn der Nennwert mit keinem der beiden Werte übereinstimmt, hat er Bedeutung nur für die Zinsbemessung sowie allenfalls für die Kursbildung. Als eigenständiger Wertansatz kommt er nicht in Betracht.

5) Bei verbrieften Darlehensverbindlichkeiten, die börsennotiert sind, ist neben den genannten Werten noch der Kurswert unterscheidbar. Als Wertansatz in der Bilanz des Schuldnerunternehmens kommt er jedoch nicht in Betracht. Anderes gilt unter Umständen bei einer verbrieften Darlehensforderung des Gläubigerunternehmens.

6) Bei Verbindlichkeiten, die durch eine in Anspruch genommene Sach- oder Dienstleistung entstanden und durch eine Zahlung zu begleichen sind (wie Verbindlichkeiten aus Lieferungen und Leistungen), ist der Begriff des „Rück"zahlungsbetrags nicht treffend. Der Sache nach entspricht ihm derjenige des geschuldeten Zahlungsbetrags, der in sinngemäßer Auslegung von § 253 HGB hier anzusetzen ist.

7) Bei Verbindlichkeiten, die durch eine Zahlung an das Unternehmen entstanden und durch eine Sach- oder Dienstleistung zu begleichen sind (wie erhaltene Anzahlungen und Vorauszahlungen), ist der Begriff des Rückzahlungsbetrags noch weniger zutreffend. Der Sache nach entspricht ihm derjenige des Werts der geschuldeten Sach- oder Dienstleistung, der in sinngemäßer Auslegung von § 253 HGB hier anzusetzen ist.

8) Nach IAS sind Verbindlichkeiten zum Rückzahlungsbetrag anzusetzen.[1] Für bestimmte Verbindlichkeiten gibt es Einzelregelungen, z. B. für Verbindlichkeiten

---

[1] Vgl. Coenenberg, Adolf Gerhard: Jahresabschluss und Jahresabschlussanalyse, S. 345.

aus investment property (IAS 40). Nach US-GAAP sollen Verbindlichkeiten, deren Laufzeit ein Jahr überschreitet, zum Barwert angesetzt werden (APB 21).

Rentenverpflichtungen

1) Unter den Schulden sind Rentenverpflichtungen, für die eine Gegenleistung nicht mehr zu erwarten ist, nach § 253 HGB zu ihrem Barwert anzusetzen. Unter Rentenverpflichtungen sind Verpflichtungen zu wiederkehrenden Zahlungen oder anderen Leistungen zu verstehen, wie Verpflichtungen zu Pensionszahlungen. Unter dem Barwert sind in diesem Fall die abgezinsten künftigen Auszahlungsbeträge zu verstehen.

2) Die künftigen Auszahlungsbeträge könnten auch in der Handelsbilanz, wie für die Steuerbilanz vorgeschrieben, anhand der Allgemeinen Deutschen Sterbetafeln nach versicherungsmathematischen Grundsätzen geschätzt werden. Die Abzinsung könnte auch in der Handelsbilanz mit Hilfe des für die Steuerbilanz vorgeschriebenen Zinssatzes von 6 % vorgenommen werden (vgl. § 6a Abs. 3 Satz 3 EStG).

3) Der Ansatz eines solchen Barwerts stellt eine Ausnahme von der Regel dar, Verbindlichkeiten bzw. Schulden zum Rückzahlungsbetrag anzusetzen. Diese Ausnahme wird im allgemeinen akzeptiert. Selten werden Begründungen für ihre Berechtigung gegeben. Es ließe sich anführen, dass die genannten Verpflichtungen nicht durch Zahlungen an das Unternehmen entstanden sind. Werden sie zum Barwert angesetzt, entsteht nicht das Problem, wie bei Darlehensverbindlichkeiten, dass der Wert auf der Passivseite niedriger ist als derjenige auf der Aktivseite. Ferner ließe sich anführen, dass für die genannten Verpflichtungen keine Zinsen fällig werden. Werden sie bei Entstehen zum Barwert angesetzt und wird dieser über Aufwand Jahr für Jahr erhöht, kommt dieser Aufwand den Zinsaufwendungen für andere Verbindlichkeiten gleich. Aber solche Argumente würden nicht nur bei den genannten Verpflichtungen, sondern auch bei anderen Verbindlichkeiten zugunsten des Ansatzes eines Barwerts sprechen. Daher bleibt die Ausnahme bedenklich.[1]

4) Nach IAS 19 sind ebenso wie nach FAS 87 Pensionsverpflichtungen zum Barwert anzusetzen. Vorgeschrieben ist nach IAS 19.50 bzw. FAS 87.40 jeweils die sog. projected unit credit method (Anwartschaftsbarwertverfahren), bei der Barwert der am Bewertungsstichtag verdienten Pensionsansprüche anzusetzen ist.[2] Die zukünftige Gehaltsentwicklung, unter Berücksichtigung von Inflation, Karrieretrends und Fluktuation, fließt dabei in die Bewertung ein. Zur Abzinsung sind Marktzinssätze zu verwenden. IAS 19.78 schreibt vor, dass der Zinssatz auf der Grundlage der Renditen zu bestimmen ist, die am Bilanzstichtag für erstrangige

---

[1] Ebenso, wenn auch mit anderer Begründung Leffson, Ulrich: Grundsätze ordnungsmäßiger Buchführung, S. 295 f.
[2] Zu Einzelheiten vgl. Coenenberg, Adolf Gerhard: Jahresabschluss und Jahresabschlussanalyse, S. 375 ff.; KPMG Deutsche Treuhand Gesellschaft (Hrsg.): Rechnungslegung nach US-amerikanischen Grundsätzen, S. 108 ff.

festverzinsliche Industrieanleihen am Markt erzielt werden. Nach FAS 87.44 ist ein Zinssatz zu verwenden, auf Basis dessen die Pensionsverpflichtungen effektiv abgefunden oder auf eine Versicherungsgesellschaft übertragen werden könnten.

Rückstellungen

1) Rückstellungen dürfen nach § 253 HGB nur in Höhe des Betrags angesetzt werden, der nach vernünftiger kaufmännischer Beurteilung notwendig ist.[1]

Im Fall von Rückstellungen, die gebildet werden für gegenüber Dritten zu leistende Zahlungen, ist der voraussichtliche Auszahlungsbetrag anzusetzen, im Fall von Rückstellungen, die gebildet werden für gegenüber Dritten zu erbringende Sach- oder Dienstleistungen, der voraussichtliche Wert dieser Leistungen.

Die vorgenommene Einschränkung auf das nach vernünftiger kaufmännischer Beurteilung Notwendige ist unbestimmt und von geringer praktischer Bedeutung.

2) Nach IAS sind Rückstellungen aufgrund gewissenhafter Schätzung zum best estimate anzusetzen. Darunter wird der Betrag verstanden, den das Unternehmen bei vernünftiger Betrachtung zur Erfüllung der Verpflichtung zum Bilanzstichtag oder zur Übertragung der Verpflichtung auf einen Dritten zu diesem Termin zahlen müsste (IAS 37.37).[2]

Der best estimate entspricht bei Rückstellungen, die eine große Zahl gleichartiger Fälle betreffen, dem statistischen Erwartungswert (expected value). Bei Einzelrückstellungen ist der best estimate entweder der Wert mit der höchsten Wahrscheinlichkeit (the individual most likely outcome) oder - bei gleichen Wahrscheinlichkeiten - das arithmetische Mittel (mid-point of the range). Es besteht ein Abzinsungsgebot (present value), wenn die Auswirkungen einer Abzinsung wesentlich sind (IAS 37.45). Zur Abzinsung sind dem Risiko und dem Zeitraum bis zur Erfüllung der Verpflichtung entsprechende (Vor-Steuer)-Marktzinssätze zu verwenden.

Nach US-GAAP sind Rückstellungen grundsätzlich mit dem wahrscheinlichsten Wert anzusetzen. Lassen sich keine objektiven Wahrscheinlichkeiten angeben, sind alle Werte als gleich wahrscheinlich einzustufen, und es ist der niedrigste Wert heranzuziehen. Es besteht kein generelles Abzinsungsgebot, aber für bestimmte Rückstellungen ist eine Abzinsung vorgesehen, z. B. nach FAS 143.9 für Abbruch- und Rekultivierungsverpflichtungen.

---

[1] Vgl. Herzig, Norbert/ Köster, Thomas (HdJ), Abt. III/5 Anm. 154.

[2] Vgl. Förschle, Gerhart/ Kroner, Matthias/ Heddäus, Birgit: Ungewisse Verpflichtungen nach IAS 37 im Vergleich zum HGB, S. 48 f.; Naumann, Klaus-Peter/ Breker, Norbert: Bewertungsprinzipien für die Rechnungslegung nach HGB, Bilanzsteuerrecht und IAS/IFRS, HdJ, Abt. I/7 (2003) Anm. 501 ff.

6.9.2. Wertansatz des Eigenkapitals

1) Das Gezeichnete Kapital ist nach § 283 HGB zum Nennbetrag anzusetzen. Unter dem Gezeichneten Kapital wird bei einer AG und KGaA das Grundkapital, bei einer GmbH das Stammkapital verstanden. Das Grundkapital ist der Summe der Nennbeträge oder der Summe der rechnerischen Werte der übernommenen Aktien gleichzusetzen, das Stammkapital der Summe der Nennbeträge der übernommenen Stammanteile.

2) In Höhe des Nennwerts bzw. des rechnerischen Wertes seiner Aktien hat ein Aktionär Haftung übernommen. In gleicher Höhe hat er eine Einlage (Bareinlage, Sacheinlage) geleistet oder noch zu leisten.

Der Nennwert bzw. der rechnerische Wert der Aktie dient in der Regel der Bemessung des Anteils des Aktionäres an der Gewinnausschüttung, des Bezugsrechts bei Kapitalerhöhungen, des Anteils am Liquidationserlös, des Stimmrechts. Ausnahmen gelten, wenn die Einlagen zum Teil noch ausstehen sowie für Vorzugsaktien.

Der Nennwert bzw. der rechnerische Wert der Aktie sagt jedoch nichts über deren tatsächlichen Wert aus. Dieser kommt eher zum Ausdruck: entweder im Bilanzwert der Aktie (worunter der Wert verstanden werden soll, der sich ergibt, wenn das gesamte Eigenkapital durch die Zahl der Aktien bei angenommener gleicher Stückelung dividiert wird) oder im Kurswert der Aktie (wenn sie an der Börse notiert wird).

3) Entsprechendes wie für den Nennwert bzw. rechnerischen Wert der Aktie gilt für den Nennwert des Gezeichneten Kapitals. Der Nennwert des Gezeichneten Kapitals kann der Haftungssumme der Aktionäre gleichgesetzt werden - allerdings nur dann, wenn die Gesellschaft keine eigenen Aktien hält. Der Nennwert des Gezeichneten Kapitals kann ferner der Summe der Einlagen der Aktionäre gleichgesetzt werden - allerdings nur dann, wenn die Gesellschaft keine eigenen Aktien hält, wenn keine Einlagen ausstehen und wenn die Aktien zu pari ausgegeben wurden.

Der Nennwert des Gezeichneten Kapitals sagt naturgemäß jedoch nichts über den tatsächlichen Wert des Eigenkapitals insgesamt aus. Um den Bilanzwert des Eigenkapitals bzw. des Unternehmens zu erhalten, muss man neben dem Nennwert des Gezeichneten Kapitals zumindest die Rücklagen sowie die Gewinne oder Verluste berücksichtigen. Um den Kurswert des Eigenkapitals bzw. des Unternehmens zu erhalten, muss man den Kurswert einer Aktie mit der Gesamtzahl der Aktien bei angenommen gleichem Nennwert multiplizieren.

4) Trotz der genannten Begrenzungen des Nennwerts ist der Ansatz des Gezeichneten Kapitals zum Nennbetrag sinnvoll. Das Korrektiv zu diesem Ausweis stellt derjenige der anderen Eigenkapitalpositionen dar. Sie sind nicht mit irgendeinem Nennbetrag, sondern mit ihrem tatsächlichen Wert anzusetzen. Dies bleibt zwar in § 283 HGB offen, versteht sich aber von selbst.

6.10. Gegenüberstellung des Bilanzvermögens und des Bilanzkapitals

1) Für die Bilanz nach § 266 HGB ist die Kontoform vorgeschrieben. Das bedeutet, dass die Aktiva und die Passiva horizontal einander gegenüberzustellen sind. Nur mit Einschränkungen lässt sich sagen, dass das Bilanzvermögen und das Bilanzkapital horizontal einander gegenüberzustellen sind, da die Aktiva bedauerlicherweise nicht dem Bilanzvermögen und die Passiva nicht dem Bilanzkapital gleichgesetzt werden können.

2) Die kontoförmige Darstellung ist problemlos, wenn die Eigenkapitalposten durchweg positiv sind. Sie bereitet jedoch Schwierigkeiten, wenn einzelne Eigenkapitalposten negativ sind und erst recht, wenn sich insgesamt ein negatives Eigenkapital ergibt.

Wenn früher nach AktG statt eines Gewinnvortrags und eines Jahresüberschusses ein Verlustvortrag und ein Jahresfehlbetrag vorlagen, so wurde ein Bilanzverlust als negativer Eigenkapitalposten auf der Aktivseite der Bilanz ausgewiesen und mit den Aktiva zur Bilanzsumme zusammengefasst; eine völlig unbefriedigende Regelung.

Heute nach HGB sind ein Verlustvortrag und ein Jahresfehlbetrag als negative Eigenkapitalposten auf der Passivseite der Bilanz auszuweisen und bei Ermittlung des Eigenkapitals negativ zu berücksichtigen, solange sie das Gezeichnete Kapital und die Rücklagen unterschreiten. Eine bessere, aber noch nicht voll befriedigende Darstellung. Denn sobald der Verlustvortrag und der Jahresfehlbetrag das Gezeichnete Kapital und die Rücklagen übersteigen, ist der sich ergebende Verlust immer noch auf der Aktivseite der Bilanz auszuweisen als „Nicht durch Eigenkapital gedeckter Fehlbetrag". Abgesehen davon, dass dies inkonsequent ist, führt ein solcher Ausweis auch in die Irre. Die Bilanz erscheint ausgeglichen; es handelt sich dabei jedoch nur um eine formale Ausgeglichenheit.

3) Der kontoförmigen Darstellung liegt wohl die Vorstellung zugrunde, dass es sich bei Vermögen und Kapital um zwei einander entgegengesetzte Größen handelt. Diese Vorstellung ist jedoch unzutreffend. Dem Vermögen ist nicht das gesamte Kapital, sondern allein das Fremdkapital entgegengesetzt. Das Kapital stellt nicht wie das Vermögen eine homogene Größe dar, sondern setzt sich aus zwei heterogenen Teilen zusammen, dem Fremdkapital und dem Eigenkapital. In beiden Fällen spricht man zwar von Kapital; es handelt sich jedoch um Unterschiedliches. Dies zeigte sich schon bei den Versuchen, den Begriff des Bilanzkapitals zu definieren. Im einen Fall handelt es sich um die Schulden, im anderen Fall um das Reinvermögen des Unternehmens. Beides unter dem Begriff des Kapitals wie in der Bilanz zusammenzufassen, ist missverständlich.

Die Zusammenfassung ist wohl auch deswegen üblich geworden, weil in finanziellen Zusammenhängen das Kapital nach Eigenkapital und Fremdkapital unterteilt wird. Aber das Bilanzkapital und das Finanzkapital sollten scharf auseinander gehalten werden (vgl. Abschnitt II.5.4.1.). Zwischen beiden bestehen zwar enge

Beziehungen, aber keine völlige Übereinstimmung. Wird z. B. ein Darlehen aufgenommen, dann handelt es sich dabei um Fremdkapital sowohl im bilanziellen als auch im finanziellen Sinne. Hat dagegen das Unternehmen einen von ihm verursachten Schaden zu ersetzen, dann ist eine Verbindlichkeit anzusetzen oder eine Rückstellung zu bilden. Dabei handelt es sich zwar um Fremdkapital im bilanziellen, nicht jedoch im finanziellen Sinne. Um falsche Analogien von vornherein zu vermeiden, könnte man auf den Begriff des Kapitals in bilanziellen Zusammenhängen ganz verzichten und von Schulden sprechen, wenn das bilanzielle Fremdkapital gemeint ist, sowie von Reinvermögen, wenn das bilanzielle Eigenkapital gemeint ist.

4) Der Auffassung, dass das Bilanzkapital keine dem Bilanzvermögen entgegengesetzte Größe ist, entspricht entweder eine strenge staffelförmige Darstellung der Bilanz oder eine abgewandelte kontoförmige (vgl. auch Abbildung 38).

Bei der strengen Staffelform ist von den Gegenständen des Brutto- oder Rohvermögens auszugehen (d. h. von Geld, Forderungen, Unternehmensanteilen, materiellen und immateriellen Gütern). Davon sind abzusetzen die Schulden (d. h. die Verbindlichkeiten, die Rechnungsabgrenzungsposten, die Rückstellungen, u. U. die Sonderposten mit Rücklageanteil). Als Differenz erhält man das Netto- oder Reinvermögen (d. h. das Gezeichnete Kapital, die Rücklagen, einen Gewinn oder Verlust). Der wahre Charakter des „Eigenkapitals" als ein Residuum würde dadurch offenbar werden.

Die Bilanz ließe sich, wie schon eingangs vorgeschlagen, definieren als eine Gegenüberstellung des Rohvermögens und der Schulden zur Ermittlung des Reinvermögens. Der Zweck der Bilanz würde dadurch klarer zum Ausdruck kommen als durch die Definition der Bilanz als einer Gegenüberstellung von Vermögen und Kapital.

Es ließe sich auch eine Parallele zur Gewinn- und Verlustrechnung ziehen und sagen: So wie in der Gewinn- und Verlustrechnung die Erträge und die Aufwendungen einander gegenübergestellt werden, um den Gewinn oder Verlust zu ermitteln, werden in der Bilanz das Rohvermögen und die Schulden zur Ermittlung des Reinvermögens einander gegenübergestellt. In der Gewinn- und Verlustrechnung versucht man immerhin nicht mehr, die Aufwendungen mit dem Gewinn zu einem gemeinsamen Begriff zusammenzufassen, was dem üblichen Vorgehen in der Bilanz entspräche, die Schulden und das Reinvermögen unter dem Begriff des Kapitals zu subsumieren.

5) Bei einer gegenüber der bisherigen Kontoform abgewandelten Kontoform könnte man auf gleicher Ebene das Rohvermögen und die Schulden einander gegenüberstellen und erst darunter das Reinvermögen ausweisen. Aber diese Darstellung bringt keine Vorteile gegenüber der streng staffelförmigen mit sich, da das Rohvermögen und die Schulden nur wenige Parallelen aufweisen (anders als etwa die Erträge und die Aufwendungen).

6) Die IAS geben für die Bilanz kein Mindestgliederungsschema vor. Es werden lediglich eine Reihe von Posten genannt, die in der Bilanz ausgewiesen werden

244   4. Teil: Die Aufwands- und Ertragsrechnung sowie die Vermögens- und Kapitalrechnung

müssen (IAS 1.66). Die Reihenfolge bleibt jedoch dem bilanzierenden Unternehmen überlassen (IAS 1.68). Auch die Wahl der Form der Bilanz ist den Unternehmen freigestellt.[1]

7) Auch aus den US-GAAP lässt sich kein bestimmtes Gliederungsschema ableiten, ebenso wenig wie eine bestimmte Form. Den Unternehmen steht es frei, ihre Bilanz in Kontoform (account form) oder Staffelform (report form) zu erstellen.[2] Den börsennotierten Unternehmen ist jedoch durch die Securities Exchange Commission (SEC) eine Mindestgliederung nach der Regulation S-X, Rule 5-02 vorgeschrieben, die von uns schon in Abschnitt II.6.3. wiedergegeben wurde.

Abbildung 38:
Vorschlag für eine zu § 266 HGB alternative Gliederung der Bilanz

A. Bruttovermögen, Rohvermögen
  I. Geld
  II. Geldforderungen
  III. Güterforderungen
  IV. Anteile an Unternehmen
  V. Materielle und immaterielle Einsatzgüter
  VI. Materielle und immaterielle Produkte
  VII. Summe des Vermögens (I bis VI)

B. Schulden
  I. Geldverbindlichkeiten
  II. Güterverbindlichkeiten
  III. Ungewisse Verbindlichkeiten
  IV. Summe der Schulden (I bis III)

C. Nettovermögen, Reinvermögen oder Überschuldung
  (Differenz aus A und B)
  I. Aktienkapital
     bzw. Haftungskapital
     bzw. Einlagenkapital
  II. Zusätzliche Einlagen der Gesellschafter
  III. Einbehaltene Gewinne
      oder Vorgetragene Verluste
  IV. Jahresgewinn oder Jahresverlust
  V. Summe des Reinvermögens oder der Überschuldung (I bis IV)

---

[1] Zur Gliederung nach IAS vgl. Lenz, Hansrudi/ Fiebiger, André (HdJ), Abt. I/6 Anm. 170 ff.
[2] Vgl. Coenenberg, Adolf Gerhard: Jahresabschluss und Jahresabschlussanalyse, S. 132.

7. Aufstellung der Gewinn- und Verlustrechnung

7.1. Begriff der Gewinn- und Verlustrechnung

1) Die von allen Kaufleuten zusammen mit der Bilanz aufzustellende Gewinn- und Verlustrechnung für das abgelaufene Geschäftsjahr wird in § 242 HGB als eine Gegenüberstellung der Aufwendungen und der Erträge des Geschäftsjahrs definiert.

2) Diese Legaldefinition ist auch die betriebswirtschaftlich zutreffende. Sie berechtigt zu folgenden Erwartungen hinsichtlich der Ausgestaltung der Gewinn- und Verlustrechnung durch den Gesetzgeber in §§ 275 ff. HGB:

a) In der Gewinn- und Verlustrechnung werden „ausschließlich" Aufwendungen und „ausschließlich" Erträge ausgewiesen.

b) In der Gewinn- und Verlustrechnung werden „alle" Aufwendungen und „alle" Erträge ausgewiesen.

c) In der Gewinn- und Verlustrechnung werden die Aufwendungen und die Erträge „des abgelaufenen Geschäftsjahrs" ausgewiesen.

d) In der Gewinn- und Verlustrechnung werden die Aufwendungen und die Erträge „einander gegenübergestellt".

3) Diese Erwartungen erfüllen sich leider nicht, wie schon hier, spätere Ausführungen vorwegnehmend, angedeutet sei:

a) In der Gewinn- und Verlustrechnung nach § 275 HGB ist mit den Umsatzerlösen eine Einnahmengröße statt einer entsprechenden Ertragsgröße auszuweisen. Immerhin folgen den Umsatzerlösen in der Gewinn- und Verlustrechnung nach dem Gesamtkostenverfahren die Bestandsänderungen, so dass man unter Berücksichtigung etwaiger Bestandsminderungen die Umsatzerlöse im Hinblick auf eine Ertragsgröße modifizieren kann. In der Gewinn- und Verlustrechnung nach dem Umsatzkostenverfahren dagegen unterbleibt der Ausweis von Bestandsänderungen, so dass die genannte Möglichkeit der Korrektur der Umsatzerlöse entfällt.

b) In der Gewinn- und Verlustrechnung nach dem Umsatzkostenverfahren werden Erträge aus der Erhöhung des Bestands an fertigen und unfertigen Erzeugnissen sowie aus der Selbsterstellung von Sachanlagen nicht ausgewiesen. Konsequenterweise unterbleibt auch der Ausweis der für die genannten Erträge entstandenen Aufwendungen. Aber damit fehlen sowohl wichtige Erträge als auch wichtige Aufwendungen.

c) In der Gewinn- und Verlustrechnung nach dem Umsatzkostenverfahren folgt dem Ausweis der Umsatzerlöse derjenige der Herstellungskosten der zur Erzielung der Umsatzerlöse erbrachten Leistungen. Bei diesen Herstellungskosten handelt es sich zwar, entgegen dem Wortlaut, um Aufwendungen, aber nicht durchweg um solche des abgelaufenen Geschäftsjahrs.

d) Weder in der Gewinn- und Verlustrechnung nach dem Gesamtkostenverfahren noch in derjenigen nach dem Umsatzkostenverfahren werden die Erträge auf der einen Seite und die Aufwendungen auf der anderen Seite einander gegenübergestellt. Stattdessen werden Erträge und Aufwendungen in mehrfachem Wechsel aneinandergereiht.

4) Im angloamerikanischen Rechnungswesen wird die Gewinn- und Verlustrechnung traditionell als profit or loss statement, neuerdings als income statement oder statement of earnings bezeichnet.

Die positiven Größen werden revenues, earnings or income genannt, die negativen Größen expenses or costs.

7.2. Verhältnis der Gewinn- und Verlustrechung zur Bilanz

1) Bevor wir uns nun der Gewinn- und Verlustrechnung im Einzelnen zuwenden, soll an die Bilanz angeknüpft und das Verhältnis der beiden Rechnungen zueinander umrissen werden (vgl. auch Abbildung 39).

Abbildung 39:
Verhältnis der Gewinn- und Verlustrechnung zur Bilanz

Rechnungen Kriterien	Gewinn- und Verlustrechnung	Bilanz
Rechengrößen	Wertgrößen	Wertgrößen
	Bewegungsgrößen	Bestandsgrößen
formale Bezeichnungen		Aktiva und Passiva
materielle Bezeichnungen	Aufwendungen und Erträge	Vermögen und Kapital
inhaltliche Erklärung	bestimmte Vermögens- und Kapitalbewegungen	alle Vermögens- und Kapitalbestände
Hauptziel der Rechnung	Ermittlung des Gewinns oder Verlusts als Differenz zwischen Erträgen und Aufwendungen	Ermittlung des Reinvermögens, des Eigenkapitals als Differenz zwischen dem Rohvermögen und den Schulden
Form der Rechnung	gesetzlich vorgeschrieben: Staffelform	gesetzlich vorgeschrieben: Kontoform

2) Die Gewinn- und Verlustrechnung hat Bewegungen von monetären Größen zum Inhalt, die Bilanz Bestände von monetären Größen; dabei handelt es sich allerdings nicht um Bestände und Bewegungen von ein und denselben Größen. In der Bilanz werden die Bestände von Vermögen und Kapital am Ende des Geschäftsjahrs erfasst. In der Gewinn- und Verlustrechnung werden bestimmte Bewegungen von Vermögen und Kapital als Aufwendungen und Erträge erfasst, z. B. der Verbrauch von Roh-, Hilfs- und Betriebsstoffen, die Abnutzung von Maschinen, dagegen nicht die Beschaffung von Roh-, Hilfs- und Betriebsstoffen, die Anschaffung von Maschinen, erst recht nicht die Aufnahme und die Tilgung von Darlehen, die Gewährung und der Rückerhalt von Darlehen.

Bei den Aufwendungen und Erträgen handelt es sich also um spezifische Vermögens- und Kapitalbewegungen, bei der Gewinn- und Verlustrechnung dementsprechend um eine partielle Vermögens- und Kapitalbewegungsrechnung.

3) In diesem Zusammenhang drängt sich die Frage nach einer totalen Vermögens- und Kapitalbewegungsrechnung auf. Eine solche Rechnung ist wünschenswert, liegt aber nicht vor.

Immerhin bestehen Ansätze zu einer solchen Rechnung. Dies sind, von der Gewinn- und Verlustrechnung selbst abgesehen: die Bewegungsbilanz, die Kapitalflussrechnung, der Anlagenspiegel sowie das statement of changes in equity im angloamerikanischen Rechnungswesen.

a) Die Bewegungsbilanz wird erstellt durch Vergleich der Zahlen der Schlussbilanz des abgelaufenen Jahrs mit den entsprechenden Zahlen der Schlussbilanz des Vorjahrs. Auf diese Weise lässt sich aber nur ermitteln, welche Veränderungen per Saldo stattgefunden haben, d. h. die Nettozunahmen oder Nettoabnahmen der Vermögens- und der Kapitalposten. Es handelt sich also um eine komparativ-statische, nicht um eine dynamische Rechnung.

b) Die Kapitalflussrechnung wird ebenfalls, soweit sie sich auf Bilanzpositionen bezieht, durch einen Vergleich der Zahlen des abgelaufenen Jahrs mit den Zahlen des Vorjahrs erstellt. Auch hierbei handelt es sich um eine komparativ-statische, nicht um eine dynamische Rechnung.

c) Anderes gilt für den Anlagenspiegel. In diesem werden nicht nur die Veränderungen per Saldo festgehalten, sondern auch bestimmte Arten von Bewegungen, wie Zugänge und Abgänge, Zuschreibungen und Abschreibungen. Insofern handelt es sich beim Anlagenspiegel um eine dynamische Rechnung; allerdings ist sie auf das Anlagevermögen sowie die aktivierten Ingangsetzungs- und Erweiterungsaufwendungen beschränkt. Das übrige Vermögen und das Kapital bleiben unberücksichtigt.

d) Ein statement of changes in equity ist Bestandteil des Jahresabschlusses nach IAS ebenso wie nach US-GAAP (IAS 1.7 bzw. APB 12.10 und Regulation S-X, Rule 3-04).[1] In diesem sind die Veränderungen aller Eigenkapitalpositionen

---

[1] Vgl. Kirsch, Hanno: Besonderheiten des Eigenkapitalausweises und der Eigenkapitalveränderungsrechnung nach IAS, S. 309 ff.

vom Beginn bis zum Ende des Geschäftsjahrs anzugeben. Zum Teil handelt es sich dabei um Angaben, die die Überleitungsrechnung nach HGB vorschreibt, die aber im profit or loss statement oder income statement nach IAS bzw. US-GAAP fehlen. Zum Teil handelt es sich dabei um Angaben, die über diejenigen der Überleitungsrechnung hinausgehen, wie Angaben über alle Kapitaltransaktionen des Unternehmens mit seinen Eigentümern. Ein diesem statement entsprechendes statement of change in liabilities ist bedauerlicherweise nicht vorgesehen.

4) Eine totale Vermögens- und Kapitalbewegungsrechnung ist also noch zu entwickeln. Aus ihr könnte dann auch die Gewinn- und Verlustrechnung als partielle Vermögens- und Kapitalbewegungsrechnung leicht abgeleitet werden.

7.3. Grundlegende Fragen bei Aufstellung der Gewinn- und Verlustrechnung

1) Bei Aufstellung einer Gewinn- und Verlustrechnung sind folgende Fragen zu klären:

a) Was ist als Aufwand, was ist als Ertrag anzusetzen?

b) Wie sind die Aufwendungen, wie sind die Erträge zu bemessen?

c) Wie sind die Aufwendungen, wie sind die Erträge auszuweisen und zu gliedern?

2) Die erste Frage ist die Ansatzfrage, die zweite Frage die Bemessungsfrage, die dritte Frage die Ausweis- und Gliederungsfrage.

3) Nach diesen drei Fragen soll hier vorgegangen werden, nicht nach den Rechnungslegungsvorschriften, wie sie im HGB aufeinanderfolgen.

7.4. Ansatz der Aufwendungen

1) Was als Aufwand in der Gewinn- und Verlustrechnung angesetzt werden soll, lässt sich dem HGB nicht direkt entnehmen. Eine Legaldefinition des Aufwands fehlt. Ebenso eine abschließende Aufzählung der Aufwendungen. Die Gliederungsschemata in § 275 HGB enthalten offene Positionen, wie „Sonstige betriebliche Aufwendungen" und „Sonstige betriebliche Erträge". Zudem bleiben die Gliederungsschemata trotz solch offener Positionen unvollständig, da sie gegebenenfalls um im laufenden Gesetzestext genannte Positionen erweitert werden müssen.

2) In Anbetracht dessen bleibt nichts anderes übrig, als zu versuchen, aus den einzelnen Vorschriften zur Gewinn- und Verlustrechnung abzuleiten, was als Aufwand angesetzt werden soll. Zusätzlich sind auch die Vorschriften zur Bilanz wegen ihrer Auswirkungen auf die Gewinn- und Verlustrechnung einzubeziehen.

II. Die handelsrechtliche Bilanz sowie Gewinn- und Verlustrechnung 249

3) Zur Klärung des Aufwandsbegriffs kann ausgegangen werden entweder von anderen schon behandelten Rechengrößen oder von ökonomischen Vorgängen.

Abgrenzung der Aufwendungen unter Bezugnahme auf andere Rechengrößen

1) Wenn man die Aufwendungen aus anderen Rechengrößen ableiten will, könnte man im äußersten Fall bis auf Auszahlungen zurückgehen. So definiert Erich Schäfer die Aufwendungen als periodenbezogene und periodengerecht verteilte leistungswirtschaftliche Ausgaben, wobei er mit Ausgaben Auszahlungen im Sinne der hier verwendeten Terminologie meint.[1] Die den leistungswirtschaftlichen Auszahlungen gegenüberstehenden finanzwirtschaftlichen Auszahlungen klammert er aus.

Seine Zweiteilung der Auszahlungen ist weitgehend identisch mit der hier im Zweiten Teil vorgenommenen Unterscheidung in Güterauszahlungen und Kapitalauszahlungen. Zwischen den Güterauszahlungen und den Aufwendungen besteht auch tatsächlich ein enger Zusammenhang, zwischen den Kapitalauszahlungen und den Aufwendungen nur ein loser (vgl. auch die Abbildung 7 im Zweiten Teil). Aber es ist schwer, von den genannten Kategorien von Auszahlungen ohne Bezugnahme auf ökonomische Vorgänge zu Aufwendungen zu gelangen, z. B. die von Schäfer geforderte leistungsgerechte Verteilung vorzunehmen. Daher kann man gleich auf die ökonomischen Vorgänge abstellen.

2) Will man die Aufwendungen von anderen Rechengrößen ableiten, könnte man auch nur auf Ausgaben zurückgehen.

Die Ausgaben wurden hier im Zweiten Teil letztlich definiert als Auszahlungen, Schuldenzunahmen und Forderungsabnahmen aufgrund des Einkaufs von Gütern. Sie gehen also im Allgemeinen den Aufwendungen voraus, anders als die Auszahlungen, die den Aufwendungen auch nachfolgen können. Aber auch von Ausgaben gelangt man ohne Bezugnahme auf ökonomische Vorgänge nur schwer zu Aufwendungen.

3) Zur Herleitung der Aufwendungen von anderen Rechengrößen könnte man schließlich an die Vermögens- und Kapitalbewegungen anknüpfen, da es sich bei den Aufwendungen um bestimmte Vermögens- und Kapitalbewegungen handelt. So definiert Günter Wöhe den Aufwand u. a. als Verminderung des Nettovermögens.[2]

a) Eine Reihe Vermögensabnahmen fallen auch tatsächlich mit Aufwendungen zusammen, wie die Abnahme von Roh-, Hilfs- und Betriebsstoffen wegen ihres Verbrauchs in der Produktion, die Abnahme von Maschinen wegen ihrer Abnutzung durch die Produktion, die Abnahme des Geldbestands wegen Bezahlung erbrachter Arbeitsleistungen. Dagegen können andere Vermögensabnahmen keinesfalls Aufwendungen gleichgesetzt werden, wie die Abnahme von fertigen Er-

---

[1] Vgl. Schäfer, Erich: Die Unternehmung, S. 161.
[2] Vgl. Wöhe, Günter: Bilanzierung und Bilanzpolitik, S. 19.

zeugnissen wegen Verkaufs, die Abnahme des Geldbestands wegen Tilgung eines erhaltenen Darlehens, die Abnahme des Geldbestands wegen Rückgewähr erhaltener Einlagen.

Man müsste daher, wenn man an Vermögensabnahmen anknüpfen will, wie folgt formulieren: Aufwendungen = Abnahme von Vermögensposten, sofern nicht gleichzeitig vorliegen Zunahmen von anderen Vermögensposten oder Abnahmen von Kapitalposten.

b) Ebenso wie eine Reihe von Vermögensabnahmen fallen auch eine Reihe von Kapitalzunahmen mit Aufwendungen zusammen, wie die Bildung von Pensionsrückstellungen, die Bildung von Steuerrückstellungen. Aber ebenso wenig wie alle Vermögensabnahmen können alle Kapitalzunahmen Aufwendungen gleichgesetzt werden, wie die Zunahme der Verbindlichkeiten aus Lieferungen und Leistungen wegen des Einkaufs von Roh-, Hilfs- und Betriebsstoffen auf Kredit, die Zunahme der Bankverbindlichkeiten wegen Erhalt eines Darlehens, wie Zunahme des Eigenkapitals wegen des Erhalts von Einlagen.

Man müsste daher bei Anknüpfen an Kapitalzunahmen formulieren: Aufwendungen = Zunahmen von Kapitalposten, sofern nicht gleichzeitig vorliegen Abnahmen von anderen Kapitalposten oder Zunahmen von Vermögensposten.

4) Fasst man beide Teilaussagen zusammen, müsste man formulieren:

Aufwendungen =

a) Abnahmen von Vermögensposten, die nicht begleitet werden von Zunahmen anderer Vermögensposten und von Abnahmen von Kapitalposten sowie

b) Zunahmen von Kapitalposten, die nicht begleitet werden von Abnahmen anderer Kapitalposten und von Zunahmen von Vermögensposten.

Oder kürzer:

Aufwendungen =

a) nicht kompensierte Abnahmen von Vermögensposten sowie

b) nicht kompensierte Zunahmen von Kapitalposten.

Diese Definitionen sind jedoch recht formal und bilanztechnisch, sie sind materiell wenig aussagekräftig und anschaulich. Daher soll noch ein weiterer Weg zur Abgrenzung der Aufwendungen eingeschlagen werden.

Abgrenzung der Aufwendungen unter Bezugnahme auf ökonomische Vorgänge

1) Als ökonomische Vorgänge können auseinander gehalten werden: güterwirtschaftliche und kapitalwirtschaftliche.

Die güterwirtschaftlichen Vorgänge sind einerseits solche des Zugangs und des Einsatzes von Gütern, andererseits solche der Hervorbringung und des Abgangs von Gütern. Sofern der Zugang durch Einkauf und der Abgang durch Verkauf erfolgt, wird er bereits durch die Rechengrößen der Einnahmen und der Ausgaben erfasst. Dagegen benötigt man noch Rechengrößen zur Erfassung des Einsatzes

II. Die handelsrechtliche Bilanz sowie Gewinn- und Verlustrechnung   251

und der Hervorbringung von Gütern. Hauptsächlich zu diesem Zweck sind die Rechengrößen der Aufwendungen und der Erträge entwickelt worden.

2) Der durch Aufwendungen zu erfassende Einsatz von Gütern geht, je nach Art der Güter, auf unterschiedliche Weise vor sich: bei bestimmten materiellen Gütern durch Verbrauch; bei anderen materiellen Gütern durch Gebrauch (sofern materielle Güter durch Gebrauch sich abnutzen, wie Gebäude, Maschinen, Werkzeuge, bedürfen sie der Abschreibung); bei Immaterialgüterrechten durch Nutzung (sofern die Nutzung nur befristet möglich ist, bedürfen sie ebenfalls der Abschreibung); bei Arbeitsleistungen und Dienstleistungen durch Inanspruchnahme.

Dementsprechend stellen planmäßige Aufwendungen dar: der bewertete Verbrauch von materiellen Gütern; die bewertete Abnutzung von materiellen Gütern; die bewertete befristete Nutzung von Immaterialgüterrechten; die bewertete Inanspruchnahme von Arbeitsleistungen; die bewertete Inanspruchnahme von Dienstleistungen (wie Kreditleistungen, Transportleistungen, Lagerleistungen, Versicherungsleistungen etc.).

3) Durch Aufwendungen sind allerdings auch außerplanmäßige Vorgänge zu erfassen, wie

- Wertminderungen von eingekauften Gütern, die nicht wie vorgesehen zum Einsatz gekommen sind; Wertminderungen von hergestellten Gütern, die nicht wie vorgesehen verkauft werden können; Wertminderungen von bei Kreditverkauf von Gütern entstandenen Forderungen, die nicht einbringlich sind;

- Einbußen bei kapitalwirtschaftlichen Vorgängen (wie negative Differenzen zwischen gewährten Darlehen und zurückerhaltenen Darlehen, negative Differenzen zwischen erbrachten Einlagen und zurückerhaltenen Einlagen);

- Mengen- und Wertminderungen von in Euro und in anderen Währungen gehaltenen Geldmitteln;

- Werte zu erfüllender Garantien und zu ersetzender Schäden; zu deckende Verluste anderer Unternehmen sowie an den Staat abzuführende Steuern (streng genommen nur soweit sie nicht vom Gewinn abhängig sind).

4) Die Rechengröße der Aufwendungen ist also vielschichtiger Art, ebenso wie die noch zu behandelnde Rechengröße der Erträge. Man kann nur eine aufzählende Definition geben. Für eine solche sei hier versucht, die genannten Fälle von Aufwendungen noch etwas stärker zusammenzufassen:

Aufwendungen =

a) Vermögensabnahmen wegen des Verbrauchs, der Abnutzung und der befristeten Nutzung von Gütern in der Produktion sowie wegen sonstiger Mengen- und Wertminderungen von Gütern, Forderungen, Beteiligungen und Geld sowie

b) Schuldenzunahmen wegen der Inanspruchnahme von Arbeitsleistungen und Dienstleistungen sowie wegen zu erfüllender Garantien, zu ersetzender Schäden, zu deckender Verluste anderer Unternehmen und an den Staat abzuführender Steuern gewinnunabhängiger Art.

5) Diese Definition der Aufwendungen im betriebswirtschaftlichen Sinne muss allerdings unter Berücksichtigung der Rechnungslegungsvorschriften des HGB noch um folgende Fälle erweitert werden:
- beschleunigte Abschreibungen der aktivierten Aufwendungen für die Ingangsetzung und Erweiterung des Geschäftsbetriebs;
- Abschreibungen eines derivativen Geschäfts- oder Firmenwerts;
- Bildung von Aufwands- und Verlustrückstellungen;
- Einstellungen in Sonderposten mit Rücklageanteil;
- gewinnabhängige Steuern.

7.5. Ansatz der Erträge

1) Was als Ertrag in der Gewinn- und Verlustrechnung angesetzt werden soll, lässt sich dem HGB ebenfalls nicht direkt entnehmen, sondern muss aus den einzelnen Vorschriften zur Gewinn- und Verlustrechnung sowie zur Bilanz abgeleitet werden.

2) Zur Klärung des Ertragsbegriffs kann wiederum ausgegangen werden: entweder von anderen schon behandelten Rechengrößen oder von ökonomischen Vorgängen.[1]

Abgrenzung der Erträge unter Bezugnahme auf andere Rechengrößen

1) Um die Erträge aus anderen Rechengrößen abzuleiten, könnte man bis auf Einzahlungen zurückgehen. So definiert Erich Schäfer die Erträge in Analogie zu seiner Definition der Aufwendungen als periodenbezogene und periodengerecht verteilte leistungswirtschaftliche Einnahmen, wobei er mit Einnahmen Einzahlungen im Sinne der hier verwendeten Terminologie meint.[2] Die periodengerechte Verteilung lässt sich allerdings nur unter Bezugnahme auf ökonomische Vorgänge vornehmen, wie sie später erfolgen soll.

2) Um die Erträge abzuleiten, könnte man auch nur auf Einnahmen zurückgehen. Aber auch hierbei kommt man nicht ohne Bezugnahme auf ökonomische Vorgänge aus.

3) Zur Herleitung der Erträge könnte man schließlich an die Vermögens- und Kapitalbewegungen anknüpfen. So definiert Martin Lohmann den Ertrag als den in Geld bewerteten Vermögenszugang innerhalb einer Periode.[3]

a) Tatsächlich fallen eine Reihe von Vermögenszunahmen mit Erträgen zusammen, wie die Zunahme der fertigen und unfertigen Erzeugnisse, die Zunahme

---

[1] Vgl. Weber, Helmut Kurt: Untersuchungen zum betriebswirtschaftlichen Ertragsbegriff, S. 11 ff.
[2] Vgl. Schäfer, Erich: Die Unternehmung, S. 161.
[3] Vgl. Lohmann, Martin: Einführung in die Betriebswirtschaftslehre, S. 74.

von selbsterstellten Sachanlagen. Allerdings können andere Vermögenszunahmen nicht Erträgen gleichgesetzt werden, wie die Zunahme von Roh-, Hilfs- und Betriebsstoffen wegen Einkaufs, die Zunahme des Geldbestands wegen Erhalt eines Darlehens oder wegen Erhalt von Bareinlagen.

Man müsste daher einschränkend wie folgt formulieren: Erträge = Zunahmen von Vermögensposten, sofern nicht gleichzeitig vorliegen Abnahmen von anderen Vermögensposten oder Zunahmen von Kapitalposten.

b) Ebenso wie eine Reihe von Vermögenszunahmen fallen auch mehrere Kapitalabnahmen mit Erträgen zusammen, so die Herabsetzung von nicht mehr benötigten Rückstellungen. Allerdings können nicht alle Kapitalabnahmen Erträgen gleichgesetzt werden, so die Abnahme der Verbindlichkeiten aus Lieferungen und Leistungen wegen Begleichung des geschuldeten Betrags, die Abnahme der Bankverbindlichkeiten wegen Tilgung, die Umwandlung einer Darlehensverbindlichkeit in eine Einlage.

Man müsste daher formulieren: Erträge = Abnahmen von Kapitalposten, sofern nicht gleichzeitig vorliegen Zunahmen von anderen Kapitalposten oder Zunahmen von Vermögensposten.

4) Fasst man beide Teilaussagen zusammen, könnte man verkürzt wie folgt formulieren:

Erträge =

a) nicht kompensierte Vermögenszunahmen, d. h. Zunahmen von Vermögensposten, sofern nicht gleichzeitig vorliegen Abnahmen von anderen Vermögensposten oder Zunahmen von Kapitalposten sowie

b) nicht kompensierte Kapitalabnahmen, d. h. Abnahmen von Kapitalposten, sofern nicht gleichzeitig vorliegen Zunahmen von anderen Kapitalposten oder Zunahmen von Vermögensposten.

Da diese Definition formaler und bilanztechnischer Art ist, soll eine weitere unter Bezugnahme auf ökonomische Vorgänge versucht werden.

Abgrenzung der Erträge unter Bezugnahme auf ökonomische Vorgänge

1) Parallel zur Erfassung des Einsatzes von Gütern durch Aufwendungen ist durch Erträge die Hervorbringung von Gütern zu erfassen. Dabei handelt es sich im Einzelnen um: die Produktion von fertigen und unfertigen Erzeugnissen, die Selbsterstellung von Gebäuden, Maschinen und Werkzeugen, die Selbstschaffung von Immaterialgüterrechten (sofern man diesen, anders als nach HGB, Vermögenscharakter zuerkennt) sowie die Erbringung von Dienstleistungen, die jeweils in Geldeinheiten auszudrücken sind.

2) Daneben sind durch Erträge zu erfassen: Wertsteigerungen von Gütern und anderen Vermögensgegenständen (wie Forderungen, Beteiligungen, Geld); Überschüsse bei kapitalwirtschaftlichen Vorgängen (wie positive Differenzen zwischen erbrachten und zurückerhaltenen Einlagen); zu erhaltene Gewinne, Garantie- und Schadensersatzleistungen sowie Subventionen; entfallende Schulden.

3) Fasst man die genannten Fälle stärker zusammen, erhält man folgende Definition:

Erträge =

a) Vermögenszunahmen wegen der Hervorbringung von Gütern sowie wegen sonstiger Wertsteigerungen von Gütern, Forderungen, Beteiligungen und Geld sowie

b) zu erhaltene Gewinne, Garantie- und Schadensersatzleistungen sowie Subventionen und entfallende Schulden.

4) Diese Definition der Erträge im betriebswirtschaftlichen Sinne muss unter Berücksichtigung der Vorschriften des HGB noch um folgende Fälle erweitert werden:

- Aktivierung von Aufwendungen für Ingangsetzung und Erweiterung des Geschäftsbetriebs;
- Herabsetzung von Aufwands- und Verlustrückstellungen;
- Auflösung von Sonderposten mit Rücklageanteil.

7.6. Gliederung der Aufwendungen und der Erträge

1) Große Kapitalgesellschaften müssen ihre Gewinn- und Verlustrechnung nach einem von zwei in § 275 HGB alternativ vorgegebenen Schemata aufstellen. Kleine und mittelgroße Kapitalgesellschaften dürfen ihre Gewinn- und Verlustrechnung verkürzt darstellen.

2) Den Einzelkaufleuten und Personenhandelsgesellschaften ist kein Gliederungsschema vorgegeben. Sie haben aber, wie die Kapitalgesellschaften, die Grundsätze ordnungsmäßiger Buchführung zu beachten. Unter diesen Grundsätzen sind für die Gliederung der Gewinn- und Verlustrechnung, ebenso wie für die Gliederung der Bilanz, vor allem diejenigen der Klarheit und Übersichtlichkeit (vgl. § 243 Abs. 2 HGB) relevant.

3) Für Genossenschaften gilt nach § 336 HGB weitgehend das Gleiche wie für Kapitalgesellschaften.

4) Hier sollen die beiden in § 275 HGB vorgesehenen Schemata der Gewinn- und Verlustrechnung behandelt werden. Das eine entspricht dem sog. Gesamtkostenverfahren, das andere dem sog. Umsatzkostenverfahren. Während nach dem AktG von 1965 allein das Gesamtkostenverfahren zulässig war, wurde durch das HGB von 1985 noch das Umsatzkostenverfahren eingeführt.

Die Wahl zwischen beiden Verfahren bleibt den einzelnen Unternehmen überlassen. Es besteht also ein erheblicher Spielraum bei der Gliederung der Gewinn- und Verlustrechnung, der die Vergleichbarkeit der Jahresabschlüsse stark beeinträchtigt.

II. Die handelsrechtliche Bilanz sowie Gewinn- und Verlustrechnung   255

5) Dass der Gesetzgeber von einem Gesamt"kosten"verfahren und einem Umsatz"kosten"verfahren im Rahmen der Gewinn- und Verlustrechnung spricht, ist wenig stimmig und konsequent, da es sich bei dieser Rechnung um eine Aufwands- und Ertragsrechnung handelt. Daher wäre besser von einem Gesamt"aufwands"verfahren und einem Umsatz"aufwands"verfahren die Rede.

6) Das Gesamtkostenverfahren und das Umsatzkostenverfahren unterscheiden sich in Bezug auf die Gliederung der Aufwendungen und der Erträge erheblich voneinander. Daher soll hier zuerst das eine Verfahren, dann das andere behandelt werden.

7) Die für beide Verfahren vorgegebenen Schemata sind jeweils staffelförmig gestaltet. Daher wäre es wenig sinnvoll, wie bei kontoförmiger Gestaltung, zuerst jeweils die Gliederung der Aufwendungen und dann diejenige der Erträge behandeln zu wollen. Man folgt am besten dem im Gesetz vorgesehenen Wechsel zwischen Ertragspositionen und Aufwandspositionen.

8) Das Gesamtkostenverfahren und das Umsatzkostenverfahren unterscheiden sich aber nicht nur in Bezug auf die Gliederung der einzelnen Rechengrößen, sondern auch in Bezug auf deren Abgrenzung und Bemessung, worauf hier jeweils von Fall zu Fall hingewiesen werden soll.

Erst nach Behandlung der Einzelheiten soll eine generelle Gegenüberstellung der Gemeinsamkeiten und Unterschiede zwischen beiden Verfahren versucht werden. Aber eine wichtige Gemeinsamkeit, die sich eigentlich von selbst versteht, sei vorab betont: Beide Verfahren führen zum gleichen Jahresüberschuss oder Jahresfehlbetrag.

9) Ebenso wie nach HGB besteht nach IAS die Wahl zwischen dem Gesamtkostenverfahren und dem Umsatzkostenverfahren (IAS 1.80 und 1.82). Dabei wird jeweils die Staffelform (report form) gegenüber der Kontoform (account form) vorgezogen. Den in USA börsennotierten Unternehmen ist durch die Securities Exchange Commission (Regulation S-X, Rule 5-03) das Umsatzkostenverfahren in Staffelform vorgeschrieben.[1]

7.6.1. Gliederung der Aufwendungen und Erträge im Rahmen des Gesamtkostenverfahren

1) Wir wollen hier nach dem für das Gesamtkostenverfahren in § 275 Abs. 2 HGB vorgeschriebenen Gliederungsschema vorgehen, das in Abbildung 40 wiedergegeben ist, erweitert um mehrere im laufenden Gesetzestext genannte Positionen.

---

[1] Vgl. Coenenberg, Adolf Gerhard: Jahresabschluss und Jahresabschlussanalyse, S. 437.

Abbildung 40:
Gewinn- und Verlustrechnung der großen Kapitalgesellschaft entsprechend dem Gesamtkostenverfahren nach HGB

1. Umsatzerlöse
2. Erhöhung oder Verminderung des Bestands an fertigen und unfertigen Erzeugnissen
3. Andere aktivierte Eigenleistungen
4. Sonstige betriebliche Erträge
   - davon Erträge aus der Auflösung des Sonderpostens mit Rücklageanteil
   (sofern nicht die Alternative gewählt wird, diese Erträge im Anhang gesondert anzugeben; § 281 Abs. 2 Satz 2 HGB)
5. Materialaufwand
   a) Aufwendungen für Roh-, Hilfs- und Betriebsstoffe und für bezogene Waren
   b) Aufwendungen für bezogene Leistungen
6. Personalaufwand
   a) Löhne und Gehälter
   b) Soziale Abgaben und Aufwendungen für Altersversorgung und für Unterstützung
   - davon für Altersversorgung
7. Abschreibungen
   a) auf immaterielle Vermögensgegenstände des Anlagevermögens und Sachanlagen sowie auf aktivierte Aufwendungen für die Ingangsetzung und Erweiterung des Geschäftsbetriebs
   - davon außerplanmäßige Abschreibungen auf einen den Gegenständen am Abschlussstichtag beigelegten niedrigeren Wert gem. § 253 Abs. 2 Satz 3 HGB
   (sofern nicht die Alternative gewählt wird, diese im Anhang gesondert anzugeben; § 277 Abs. 3 Satz 1 HGB)
   b) auf Vermögensgegenstände des Umlaufvermögens, soweit diese die in der Kapitalgesellschaft üblichen Abschreibungen überschreiten
   - davon außerplanmäßige Abschreibungen auf einen zukünftige Wertschwankungen berücksichtigenden Wert gem. § 253 Abs. 3 Satz 3 HGB
   (sofern nicht die Alternative gewählt wird, diese im Anhang gesondert anzugeben; § 277 Abs. 3 Satz 1 HGB)
8. Sonstige betriebliche Aufwendungen
   - davon Einstellungen in den Sonderpostens mit Rücklageanteil
   (sofern nicht die Alternative gewählt wird, diese im Anhang gesondert anzugeben; § 281 Abs. 2 Satz 2 HGB)
9. Erträge aus Beteiligungen
   - davon aus verbundenen Unternehmen

10. Erträge aus anderen Wertpapieren und Ausleihungen des Finanzanlagevermögens
    - davon aus verbundenen Unternehmen
11. Sonstige Zinsen und ähnliche Erträge
    - davon aus verbundenen Unternehmen
11a. Aufgrund einer Gewinngemeinschaft, eines Gewinnabführungs- oder eines Teilgewinnabführungsvertrags erhaltene Gewinne
    (diese sind nach § 277 Abs. 3 Satz 2 HGB gesondert auszuweisen; offen bleibt jedoch, an welcher Stelle des Gliederungsschemas der Gewinn- und Verlustrechnung der Ausweis erfolgen soll)
12. Abschreibungen auf Finanzanlagen und auf Wertpapiere des Umlaufvermögens
    - davon außerplanmäßige Abschreibungen auf einen den Finanzanlagen am Abschlussstichtag beigelegten niedrigeren Wert gem. § 253 Abs. 2 Satz 3 i. V. m. § 279 Abs. 1 Satz 2 HGB)
    - davon außerplanmäßige Abschreibungen auf einen zukünftige Wertschwankungen berücksichtigenden Wert der Wertpapiere des Umlaufvermögens gem. § 253 Abs. 3 Satz 3 HGB
      (sofern nicht die Alternative gewählt wird, diese im Anhang gesondert anzugeben; § 277 Abs. 3 Satz 1 HGB)
13. Zinsen und ähnliche Aufwendungen
    - davon aus verbundenen Unternehmen
13a. Aufwendungen aus Verlustübernahme
    (diese sind nach § 277 Abs. 3 Satz 2 HGB gesondert auszuweisen; offen bleibt jedoch, an welcher Stelle des Gliederungsschemas der Gewinn- und Verlustrechnung der Ausweis erfolgen soll)
14. Ergebnis der gewöhnlichen Geschäftstätigkeit
15. Außerordentliche Erträge
16. Außerordentliche Aufwendungen
17. Außerordentliches Ergebnis
18. Steuern vom Einkommen und vom Ertrag
    (die zu berechnen sind, entweder auf der Grundlage des Beschlusses über die Ergebnisverwendung, oder, falls dieser bei Feststellung des Jahresabschlusses noch nicht vorliegt, auf der Grundlage des Vorschlags zur Ergebnisverwendung; § 278 HGB);
    im Anhang ist anzugeben, wie die Steuern vom Einkommen und Ertrag das Ergebnis der gewöhnlichen Geschäftstätigkeit und das außerordentliche Ergebnis belasten; § 285 Nr. 6 HGB)
    (einschließlich der latenten Steuer"aufwendungen", nach Verrechnung mit den latenten Steuer-"erträgen")
    oder

18. Steuern vom Einkommen und Ertrag
(ausschließlich der mit den latenten Steuer"erträgen" verrechneten latenten Steuer-"aufwendungen")

18a. Latente Steuernettoaufwendungen
oder
latente Steuernettoerträge
(d. h. jeweils nach Verrechnung der latenten Steuerbrutto"aufwendungen" mit den latenten Steuerbrutto"erträgen")

oder

18. Steuern vom Einkommen und Ertrag
(ausschließlich der mit den latenten Steuer"erträgen" verrechneten latenten Steuer-"aufwendungen")

18a. Latente Steueraufwendungen (brutto)
(= Verminderung der Position „aktive latente Steuern" der Bilanz gem. § 274 Abs. 2 HGB sowie Einstellung in die „Rückstellung für latente Steuern" gem. § 274 Abs. 1 HGB)

18b. Latente Steuererträge (brutto)
(= Einstellung in die Position „aktive latente Steuern" der Bilanz gem. § 274 Abs. 2 HGB sowie „Ertrag" aus der Auflösung der „Rückstellung für latente Steuern" gem. § 274 Abs. 1 HGB)

19. Sonstige Steuern

19a. Erträge aus Verlustübernahme
(diese „Erträge" sind nach § 277 Abs. 3 Satz 2 HGB gesondert auszuweisen; offen bleibt jedoch, an welcher Stelle des Gliederungsschemas der Gewinn- und Verlustrechnung der Ausweis erfolgen soll; hier werden sie vor dem Jahresüberschuss/Jahresfehlbetrag so eingefügt, wie es nach dem AktG von 1965 vorgesehen war)

19b. Aufgrund einer Gewinngemeinschaft, eines Gewinnabführungs- oder eines Teilgewinnabführungsvertrags abgeführte Gewinne
(diese Gewinne sind nach § 277 Abs. 3 Satz 2 HGB gesondert auszuweisen; offen bleibt jedoch, an welcher Stelle des Gliederungsschemas der Gewinn- und Verlustrechnung der Ausweis erfolgen soll; hier werden sie vor dem Jahresüberschuss/Jahresfehlbetrag so eingefügt, wie es nach dem AktG von 1965 vorgesehen war)

20. Jahresüberschuss/Jahresfehlbetrag

2) Die IAS geben kein festes Mindestgliederungsschema für das Gesamtkostenverfahren vor. Es werden eine Reihe von Angaben verlangt, die in einer dem jeweils gewählten Verfahren entsprechenden Reihenfolge anzuordnen sind (IAS 1.75), vgl. auch Abbildung 41.

Die Frage nach einem Mindestgliederungsschema für das Gesamtkostenverfahren nach US-GAAP erübrigt sich, weil nur das Umsatzkostenverfahren vorgesehen ist.

Abbildung 41:
Mindestgliederungsvorschriften der Gewinn- und Verlustrechnung entsprechend dem Gesamtkostenverfahren nach IAS

Revenue (Umsatzerlöse)
Other operating income (Sonstige betriebliche Erträge)
Changes in inventories of finished goods and work in progress (Bestandsveränderungen)
Raw materials and consumables used (Materialaufwand)
Staff costs (Personalaufwendungen)
Depreciation and amortization expense (Abschreibungen)
Other operating expenses (Sonstige betriebliche Aufwendungen)
Profit or loss on sale of discontinuing operations (Ergebnis aus der Aufgabe von Geschäftsbereichen)
Operating profit (Betriebsergebnis)
Finance costs (Finanzergebnis ohne Equity-Gesellschaften)
Income from associates (Ergebnisbeiträge aus Equity-Gesellschaften)
Profit or loss before tax (Ergebnis vor Steuern)
Income tax expense (Ertragsteuern)
Profit or loss after tax (Ergebnis nach Steuern)
Minority interest (Anteil der Minderheitsgesellschafter am Ergebnis)
Profit or loss from ordinary activities (Ergebnis der gewöhnlichen Geschäftstätigkeit)
Extraordinary items (Außerordentliches Ergebnis)
Net profit or loss for the period (Ergebnis der Periode)
Earnings per share (Ergebnis je Aktie)

Quelle: Coenenberg, Adolf Gerhard: Jahresabschluss und Jahresabschlussanalyse, S. 442

7.6.1.1. Umsatzerlöse

1) Die Position 1 „Umsatzerlöse" ist dem Betrag nach im Allgemeinen die wichtigste der Gewinn- und Verlustrechnung.

2) Der Begriff der Umsatzerlöse ist zwar üblich, aber gleichwohl nicht fest umrissen. Daher ist grundsätzlich zu begrüßen, dass der Gesetzgeber eine Definition versucht hat. Nach § 277 Abs. 1 HGB sind als Umsatzerlöse auszuweisen: die Erlöse aus dem Verkauf und der Vermietung oder Verpachtung von für die gewöhnliche Geschäftstätigkeit der Kapitalgesellschaft typischen Erzeugnissen und Waren sowie aus von für die gewöhnliche Geschäftstätigkeit der Kapitalgesellschaft typischen Dienstleistungen nach Abzug von Erlösschmälerungen und der Umsatzsteuer.

3) Der Begriff der Umsatzerlöse wird also in § 277 HGB weit gefasst. Auch deswegen kommt den Umsatzerlösen im Vergleich zu den anderen Positionen eine so große Bedeutung zu. Diese weite Fassung ist dem Einblick in die Ertragsstruktur allerdings nicht förderlich, wie sich noch zeigen wird.

4) Die für die Umsatzerlöse gegebene Definition ist zudem nicht eindeutig. Es stellen sich drei Fragen:

a) Was sind Umsatzobjekte? Bei welchen Gütern kommt es zu Umsatzerlösen?

b) Was sind Umsatzvorgänge? Welche güterwirtschaftlichen Vorgänge stellen Umsätze dar?

c) Was sind Erlöse aus Umsätzen?

Diese Fragen sollen hier nacheinander behandelt werden, wenngleich sie sich nicht völlig getrennt voneinander beantworten lassen.

Umsatzobjekte

1) Umsatzobjekte sind nach der Legaldefinition in § 277 HGB:

a) die für die gewöhnliche Geschäftstätigkeit der Kapitalgesellschaft typischen „Erzeugnisse";

b) die für die gewöhnliche Geschäftstätigkeit der Kapitalgesellschaft typischen „Waren";

c) die für die gewöhnliche Geschäftstätigkeit der Kapitalgesellschaft typischen „Dienstleistungen".

2) Die Erzeugnisse werden sonst in fertige und unfertige unterteilt. Hier sind vor allem die fertigen Erzeugnisse gemeint, die zum Verkauf bestimmt sind. Die unfertigen Erzeugnisse sind dagegen zur Weiterverarbeitung bestimmt und dürften nur ausnahmsweise als solche verkauft werden.

Welche Erzeugnisse für die gewöhnliche Geschäftstätigkeit typisch sind, lässt sich nicht immer einfach sagen. Stellt ein Unternehmen des Kraftfahrzeugbaus regelmäßig Personenkraftwagen her, handelt es sich dabei um typische Erzeugnisse. Sollte es gelegentlich Schienenfahrzeuge herstellen, liegen wohl atypische Erzeugnisse vor. Sollte es gelegentlich Kleinkraftwagen oder Motorräder herstellen, wird die Grenzziehung schwierig.

Die Erlöse aus dem Verkauf von atypischen Erzeugnissen müssen, da die Position der Umsatzerlöse für den Ausweis definitionsgemäß ausscheidet, unter der Position „Sonstige betriebliche Erträge" ausgewiesen werden, obwohl es sich bei diesen Erlösen nicht immer um Erträge handelt.

3) Mit Waren sind in bilanziellen Zusammenhängen stets Handelswaren gemeint. Verkauft ein Unternehmen des Kraftfahrzeugbaus von anderen Unternehmen der gleichen Branche hergestellte Kraftfahrzeuge, handelt es sich dabei um für die gewöhnliche Geschäftstätigkeit typische Waren. Das Gleiche gilt wohl auch noch für fremdbezogene Autoreifen, Autoradios und andere Autoteile, dagegen nicht

mehr für Nahrungsmittel und Textilien, sollten solche im Rahmen eines Kompensationsgeschäfts bezogen worden sein.

Auch für Erlöse aus atypischen Handelswaren bleibt nur der Ausweis unter Sonstigen betrieblichen Erträgen.

4) Unter den Dienstleistungen sind in diesem Zusammenhang fertige und unfertige Leistungen im Sinne der Bilanz zu verstehen, die den fertigen und unfertigen Erzeugnissen ähnlich sind.

Für ein Unternehmen des Kraftfahrzeugbaus typische Dienstleistungen sind Reparaturleistungen, dagegen nicht etwa die Verpachtung von Grundstücken, die Vermietung von Gebäuden, die Gewährung von Krediten.

Umsatzvorgänge

1) Umsatzvorgänge sind nach der Legaldefinition in § 277 HGB:

    a) der Verkauf von Erzeugnissen und Waren,

    b) die Vermietung oder Verpachtung von Erzeugnissen und Waren,

    c) das Erbringen von Dienstleistungen.

2) Beim Verkauf von Erzeugnissen und Waren kann es sich handeln um einen Barverkauf (der mit einem Geldzugang verbunden ist), einen Kreditverkauf (der mit einer Forderungszunahme verbunden ist), einen Vorauszahlungsverkauf (der mit einer Schuldenabnahme verbunden ist). Bei Verkauf entstehen also in jedem Fall Einnahmen.

Diese Einnahmen aus dem Verkauf von Erzeugnissen können jedoch nicht Erträgen aus Erzeugnissen gleichgesetzt werden, deren Ausweis man eigentlich in der ersten Position einer Aufwands- und Ertragsrechnung erwarten würde. Denn inwieweit es sich bei diesen Einnahmen um Erträge handelt, hängt davon ab, wann die verkauften Erzeugnisse hergestellt worden sind. Wurden sie im abgelaufenen Geschäftsjahr hergestellt, entsprechen den Einnahmen in voller Höhe Erträge. Waren sie bereits im Vorjahr hergestellt worden, war ein Ertrag in Höhe der Herstellungskosten bereits im Vorjahr entstanden. Im abgelaufenen Geschäftsjahr ist ein Ertrag nur noch in Höhe der Differenz zwischen dem Verkaufserlös und den Herstellungskosten hinzugekommen.

Wann die verkauften Erzeugnisse jeweils hergestellt worden sind, lässt sich nur beurteilen, wenn neben den Umsatzerlösen die nachfolgende Position der Bestandsänderungen berücksichtigt wird.

3) Die Einnahmen aus dem Verkauf von Handelswaren können ebenfalls nicht Erträgen aus Handelsgeschäften gleichgesetzt werden. Inwieweit es sich bei diesen Einnahmen um Erträge handelt, kann man nur beurteilen, wenn man den Umsatzerlösen aus Handelswaren die entsprechenden Aufwendungen für die bezogenen Handelswaren gegenüberstellen könnte. Diese Aufwendungen werden aber vermischt mit denjenigen für Roh-, Hilfs- und Betriebsstoffe ausgewiesen.

4) Mit der Vermietung bzw. Verpachtung von Erzeugnissen und Waren kann ebenso wie mit dem Verkauf von Erzeugnissen und Waren verbunden sein: ein Geldzugang, eine Forderungszunahme oder eine Schuldenabnahme. In jedem Fall entstehen also Einnahmen, die in diesem Fall, da die Verpachtungs- bzw. Vermietungsleistung im abgelaufenen Jahr erbracht worden sein muss, Erträgen gleichgesetzt werden können.

5) Mit dem Erbringen anderer typischer Dienstleistungen sind ebenfalls Einnahmen verbunden, die Erträgen gleichgesetzt werden können.

Erlöse aus Umsätzen

1) Mit den Erlösen aus Umsätzen sind die Bruttoumsatzerlöse gemeint. Von diesen sind nach § 277 HGB abzuziehen: die Erlösschmälerungen und die Umsatzsteuer.

2) Unter den Erlösschmälerungen versteht man im Allgemeinen von vornherein gewährte Preisnachlässe (wie Skonti, Rabatte, Boni) sowie später zurückgewährte oder gutgeschriebene Entgelte (z. B. für Mängelrügen).

3) Daraus, dass die Umsatzsteuer von den Umsatzerlösen abzuziehen ist, ergibt sich, dass konsequenterweise auch die dazugehörigen Aufwendungen (wie vor allem die Materialaufwendungen) jeweils ohne Umsatzsteuer auszuweisen sind und dass in der Pos. 19 der Sonstigen Steuern die Umsatzsteuer außer Ansatz zu bleiben hat. Vgl. auch die Ausführungen zu Position 19.

Zusammenfassung

1) Zusammenfassend kann in Beantwortung der eingangs gestellten drei Fragen festgehalten werden, dass als Umsatzerlöse nach § 277 HGB auszuweisen sind (vgl. auch Abbildung 42):

a) die Nettoerlöse (d. h. die Erlöse abzüglich von Erlösschmälerungen und ausschließlich der Umsatzsteuer) aus Verkäufen (d. h. aus Barverkäufen, Kreditverkäufen, Vorauszahlungsverkäufen) von für die gewöhnliche Geschäftstätigkeit der Kapitalgesellschaft typischen fertigen und unfertigen Erzeugnissen;

b) die Nettoerlöse aus Verkäufen von für die gewöhnliche Geschäftstätigkeit der Kapitalgesellschaft typischen Handelswaren;

c) die Nettoerlöse aus der Vermietung und Verpachtung von für die gewöhnliche Geschäftstätigkeit der Kapitalgesellschaft typischen Erzeugnissen;

d) die Nettoerlöse aus der Vermietung und Verpachtung von für die gewöhnliche Geschäftstätigkeit der Kapitalgesellschaft typischen Handelswaren;

e) die Nettoerlöse aus von für die gewöhnliche Geschäftstätigkeit der Kapitalgesellschaft typischen Dienstleistungen.

Abbildung 42:
Umsatzerlöse nach HGB

Umfang der Erlöse	Umsatzvorgang	Umsatzobjekt
Bruttoerlöse ./. Erlösschmälerungen (Preisnachlässe, zurückgewährte Entgelte) ./. Umsatzsteuer = Nettoerlöse	aus Verkäufen (Barverkäufen, Kreditverkäufen Anzahlungsverkäufen	von Erzeugnissen sowie Waren
	aus der Vermietung/ Verpachtung	von Erzeugnissen sowie Waren
	aus dem Erbringen	von Dienstleistungen
		soweit diese Objekte jeweils für die gewöhnliche Geschäftstätigkeit der Kapitalgesellschaft typisch sind

2) Darüber hinaus sollen nach in der Literatur vertretenen Auffassungen unter Umsatzerlösen auch ausgewiesen werden dürfen:[1] Erlöse aus dem Verkauf von Abfällen, Erlöse aus dem Verkauf von nicht mehr benötigten Roh-, Hilfs- und Betriebsstoffen, Erlöse aus dem Verkauf von geringwertigen Wirtschaftsgütern, Erlöse aus dem Verkauf von im Festwert geführten Gegenständen des Anlagevermögens sowie Einnahmen aus Patent-, Lizenz- und Know-how-Verträgen.

Da es sich bei den genannten Gegenständen weder um Erzeugnisse noch um Handelswaren handelt, ist diese Ausdehnung des Begriffs der Umsatzerlöse kaum mit § 277 HGB vereinbar.

3) Nach unserer Beurteilung fasst schon der Gesetzgeber den Begriff der Umsatzerlöse zu weit, indem er ihn nicht auf Erzeugnisse beschränkt und allenfalls Handelswaren mit einbezieht, sondern um Dienstleistungen erweitert. Die Umsatzerlöse werden dadurch zu einer heterogenen und schwer zu interpretierenden Größe, was sich bei Diskussion der nachfolgenden Positionen noch deutlich erweisen wird.

4) Zudem handelt es sich nach unserer Beurteilung bei den Umsatzerlösen um eine der Aufwands- und Ertragsrechnung wesensfremde Größe, da die Umsatzerlöse durchweg Einnahmen darstellen und nur teilweise Erträgen gleichgesetzt werden können.

5) In Anbetracht der großen Bedeutung der Position „Umsatzerlöse" und wegen ihres heterogenen Inhalts ist die Vorschrift einer Aufgliederung der Umsatzerlöse

---

[1] Vgl. Förschle, Gerhart (Beck Bil-Komm.), § 275 Anm. 54 f.; Sigle, Hermann (Küting/Weber, 4. Aufl.) § 277 Anm. 51 ff.

nach Tätigkeitsbereichen sowie nach geographisch bestimmten Märkten im Anhang (§ 285 Nr. 4 HGB) sehr zu begrüßen.

Allerdings ist diese Vorschrift mit einer starken Einschränkung versehen. Eine solche Aufgliederung braucht nämlich nur dann vorgenommen zu werden, soweit sich, unter Berücksichtigung der Organisation des Verkaufs von für die gewöhnliche Geschäftstätigkeit der Kapitalgesellschaft typischen Erzeugnissen und der für die gewöhnliche Geschäftstätigkeit der Kapitalgesellschaft typischen Dienstleistungen, die Tätigkeitsbereiche und geographisch bestimmten Märkte untereinander erheblich unterscheiden (§ 285 Nr. 4 HGB).

Abgesehen davon, dass schwer zu bestimmen ist, wann sich die Tätigkeitsbereiche und die geographisch bestimmten Märkte erheblich voneinander unterscheiden, wäre eine Aufgliederung auch bei unerheblichen Unterschieden von großem Aussagewert.

Die Umsatzerlöse könnten etwa unterteilt werden:

a) nach Umsatzobjekten, wie Erzeugnisumsatzerlösen, Warenumsatzerlösen, Vermietungs- und Verpachtungserlösen, Dienstleistungserlösen, (speziell die Erzeugnisumsatzerlöse, noch genauer nach Umsatzerlösen in einzelnen Branchen oder bei einzelnen Produktgruppen);

b) nach Umsatzvorgängen, wie Barumsatzerlösen, Kreditumsatzerlösen;

c) nach Abnehmergruppen und Absatzmärkten, wie Inlandsumsatzerlösen, Auslandsumsatzerlösen.

Eine Aufspaltung nach allen diesen Gesichtspunkten wäre mit einer zu weitgehenden Offenlegung verbunden. Aber eine Aufspaltung etwa nach Branchen oder Produktgruppen wäre bei einem Mehrbranchenunternehmen zumutbar.

7.6.1.2. Bestandsänderungen

1) Der Position „Umsatzerlöse" folgt die mit ihr eng zusammenhängende Position „Erhöhung oder Verminderung des Bestands an fertigen und unfertigen Erzeugnissen".

2) Mit den fertigen und unfertigen Erzeugnissen müssen die für die gewöhnliche Geschäftstätigkeit der Kapitalgesellschaft typischen gemeint sein, damit Entsprechung zu den Umsatzerlösen besteht.

3) Unter Erhöhungen oder Verminderungen des Bestands sind nach § 277 Abs. 2 HGB sowohl Änderungen der Menge als auch solche des Wertes zu subsumieren.

4) Minderungen der Bestandsmenge ergeben sich plangemäß bei unfertigen Erzeugnissen durch Weiterverarbeitung zu fertigen Erzeugnissen, bei fertigen Erzeugnissen durch Verkauf.

Minderungen des Werts pro Mengeneinheit sind außerplanmäßiger Art. Sie ergeben sich, wenn die zunächst angesetzten Herstellungskosten durch die Werte zum Abschlussstichtag unterschritten werden. Es bedarf dann außerplanmäßiger Abschreibungen. Solche Abschreibungen dürfen allerdings nach § 277 Abs. 2 HGB in diese Position nur insoweit einbezogen werden, als sie die in der Kapitalgesellschaft sonst üblichen nicht überschreiten. Die unüblichen Abschreibungen auf Gegenstände des Umlaufvermögens müssen unter der Position 7b ausgewiesen werden.

5) Mehrungen der Bestandsmenge bei unfertigen und fertigen Erzeugnissen ergeben sich plangemäß durch Produktion. Mehrungen des Werts pro Mengeneinheit sind außerplanmäßiger Art. Ihnen entsprechend müssten Zuschreibungen vorgenommen werden. Dabei dürfen aber die ursprünglich angesetzten Herstellungskosten nicht überschritten werden. Zuschreibungen sind also nur insoweit zulässig, als sie frühere Abschreibungen rückgängig machen.

6) Verminderungen des Bestands an fertigen und unfertigen Erzeugnissen sind in die Berechnung des „Ergebnisses aus gewöhnlicher Geschäftstätigkeit" mit negativem Vorzeichen einzubeziehen wie Aufwendungen, obwohl sie keine Aufwendungen darstellen. Aber auf diese Weise wird berücksichtigt, dass den Umsatzerlösen in Höhe der Bestandsminderungen keine Erträge entsprechen. Besser wäre gewesen, der Gesetzgeber hätte vorgesehen, dass Bestandsminderungen von den Umsatzerlösen abzuziehen sind und der Saldo in der Gewinn- und Verlustrechnung eigens auszuweisen ist.

Ein positiver Saldo könnte, wenn sich die Umsatzerlöse wie die Bestandsänderungen nur auf Erzeugnisse bezögen, gedeutet werden als Summe aus:

a) Erträgen aufgrund der Herstellung von Erzeugnissen im abgelaufenen Geschäftsjahr und aufgrund des Verkaufs dieser Erzeugnisse (= Erträge in Höhe der Verkaufspreise) sowie

b) Erträgen aufgrund des Verkaufs von Erzeugnissen im abgelaufenen Geschäftsjahr, die vorher hergestellt worden waren (= Erträge in Höhe der Differenz zwischen den Verkaufspreisen des Geschäftsjahrs und den Herstellungskosten in Vorjahren).

Hierbei würde es sich jeweils um Erträge, wenngleich um solche unterschiedlicher Art, handeln. Bedauerlicherweise beziehen sich aber die Umsatzerlöse, anders als die Bestandsänderungen, nicht nur auf Erzeugnisse. Daher umfasst ein positiver Saldo zusätzlich zu den eben unter a) und b) genannten Erträgen:

c) Einnahmen aufgrund des Verkaufs von Handelswaren (um diese in Erträge zu überführen, müsste man die Bestandsminderungen von Handelswaren berücksichtigen);

d) einnahmengleiche Erträge aufgrund der Vermietung und Verpachtung von Erzeugnissen und Handelswaren;

e) einnahmengleiche Erträge aufgrund des Erbringens von Dienstleistungen.

Hierbei handelt es sich also zum Teil um Erträge, zum Teil um Einnahmen, noch dazu jeweils um solche unterschiedlichster Art.

7) Erhöhungen des Bestands an fertigen und unfertigen Erzeugnissen sind in die Berechnung des „Ergebnisses aus gewöhnlicher Geschäftstätigkeit" mit positivem

Vorzeichen einzubeziehen. Hierbei handelt es sich auch tatsächlich um Erträge, und zwar um Erträge aus der Herstellung von Erzeugnissen im abgelaufenen Geschäftsjahr auf Vorrat. Besser wäre wiederum gewesen, der Gesetzgeber hätte, wie im AktG von 1965, vorgesehen, dass die Bestandserhöhungen den Umsatzerlösen hinzuzuzählen sind und die sich ergebende Zwischensumme in der Gewinn- und Verlustrechnung eigens auszuweisen ist.

Die Zwischensumme könnte, bezögen sich die Umsatzerlöse wie die Bestandsänderungen nur auf Erzeugnisse, einfach gedeutet werden als Summe aus:

a) Erträgen aufgrund der Herstellung von Erzeugnissen im abgelaufenen Geschäftsjahr und aufgrund des Verkaufs dieser Erzeugnisse (= Erträge in Höhe der Verkaufspreise) und

b) Erträgen aufgrund der Herstellung von Erzeugnissen im abgelaufenen Geschäftsjahr, die zum Verkauf in Folgejahren bestimmt sind (= Erträge in Höhe der Herstellungskosten).

Da sich jedoch die Umsatzerlöse, anders als die Bestandsänderungen, nicht nur auf Erzeugnisse beziehen, ist die sich ergebende Zwischensumme schwer zu interpretieren.

7.6.1.3. Andere aktivierte Eigenleistungen

1) Die Position 3 ist mit „Anderen aktivierten Eigenleistungen" bezeichnet. Dadurch soll offenbar eine zweifache Abgrenzung zum Ausdruck gebracht werden: von aktivierten Eigenleistungen, die schon vorher auszuweisen sind (nämlich Erhöhungen des Bestands an fertigen und unfertigen Erzeugnissen in Pos. 2) sowie von nicht-aktivierten Eigenleistungen (nämlich Erlöse aus dem Verkauf von im abgelaufenen Geschäftsjahr hergestellten Erzeugnissen, die unter die Pos. 1 fallen).

2) Die hier auszuweisenden Eigenleistungen sind demnach:

a) die selbsterstellten Sachanlagen, die aktivierungspflichtig sind (im Gegensatz zu den nicht einmal aktivierungsfähigen selbsterstellten immateriellen Anlagen);

b) die Aufwendungen der Ingangsetzung und Erweiterung des Geschäftsbetriebs, die aktivierungsfähig sind.

3) In Anbetracht dieses Inhalts der Position 3 wäre es besser gewesen, der Gesetzgeber hätte die Bezeichnung „Selbsterstellte Sachanlagen" gewählt und vorgesehen, dass bei Bedarf die Bezeichnung um „Ingangsetzungs- und Erweiterungsaufwendungen" ergänzt werden muss.

7.6.1.4. Gesamtleistung

1) Die Zwischensumme „Gesamtleistung", die nach den Anderen aktivierten Eigenleistungen in der Gewinn- und Verlustrechnung nach dem AktG von 1965 vorgesehen war, ist bedauerlicherweise entfallen.

2) Die Bezeichnung dieser Position passte zwar eher in eine Kosten- und Leistungsrechnung als in eine Aufwands- und Ertragsrechnung. Auch der Aussagewert dieser Position war - vor allem als Folge des heterogenen Inhalts der Umsatzerlöse - nicht hoch zu veranschlagen. Aber statt diese Position ganz wegfallen zu lassen, hätte man versuchen sollen, die genannten Schwächen zu beheben. Es wäre insbesondere wünschenswert gewesen, diese Zwischensumme durch eine engere Abgrenzung der Umsatzerlöse an den Bruttoproduktionswert anzunähern.

7.6.1.5. Sonstige betriebliche Erträge

1) Unter der Pos. 4 „Sonstige betriebliche Erträge" sind vor allem auszuweisen:

a) die Erträge aus dem Abgang von Gegenständen des Anlagevermögens (die dadurch entstehen, dass der Veräußerungswert den Buchwert überschreitet) sowie die Zuschreibungen zu Gegenständen des Anlagevermögens;

b) die Erträge aus dem Abgang von Gegenständen des Umlaufvermögens (soweit es sich dabei nicht um Erzeugnisse und Waren handelt) sowie die Zuschreibungen zu Gegenständen des Umlaufvermögens;

c) die Erträge aus der Herabsetzung von Rückstellungen, u. U. auch Erträge aus der Auflösung von Rückstellungen;

d) die Erträge aus der Auflösung von Sonderposten mit Rücklageanteil (die in der Gewinn- und Verlustrechnung zu vermerken oder im Anhang anzugeben sind);

e) die Erträge aus Dienstleistungen, z. B. Erträge aus Lizenzverträgen, Erträge aus der Verpachtung und Vermietung von Grundstücken und Gebäuden, Erträge aus Transportleistungen, die für Dritte erbracht wurden, soweit es sich dabei jeweils um für die gewöhnliche Geschäftätigkeit der Gesellschaft atypische Dienstleistungen handelt (die Erträge aus den typischen Dienstleistungen müssen bei den Umsatzerlösen erfasst werden);

f) die Erlöse aus dem Verkauf und der Vermietung oder Verpachtung von Erzeugnissen und Waren, die für die gewöhnliche Geschäftätigkeit der Kapitalgesellschaft atypisch sind (die entsprechenden Erlöse aus typischen Erzeugnissen und Waren müssen als Umsatzerlöse erfasst werden).

2) Bei den Sonstigen betrieblichen Erträgen handelt es sich also um die verschiedenartigsten Erträge, die im Einzelnen schwer abzugrenzen sind von den Umsatzerlösen einerseits und von den Außerordentlichen Erträgen andererseits. Die Zusammenfassung so verschiedenartiger Erträge unter einer Position behindert den Einblick in die Ertragslage. Sie ist auch nicht dem postulierten Einblick

in die Finanzlage dienlich, denn einige der genannten Erträge sind liquiditätswirksamer Art, andere sind nicht liquiditätswirksamer Art. Eine cash flow-Analyse der Gewinn- und Verlustrechnung wird dadurch erschwert.

3) Nach § 277 Abs. 4 Satz 3 HGB sind Erträge und Aufwendungen, „die einem anderen Geschäftsjahr zuzurechnen sind", im Anhang zu erläutern, sofern sie für die Beurteilung der Ertragslage nicht von untergeordneter Bedeutung sind. In dieser Formulierung offenbart sich eine grundsätzlich falsche Auffassung von Erträgen und Aufwendungen. Denn in der Gewinn- und Verlustrechnung eines Geschäftsjahrs sind stets die Erträge und Aufwendungen dieses und nicht solche eines anderen Geschäftsjahrs auszuweisen. Was der Gesetzgeber gemeint haben könnte, ist unklar. Vielleicht hat er an Erträge gedacht, die nur Korrekturen des Aufwands früherer Perioden darstellen (z. B. aus der Herabsetzung von Rückstellungen) bzw. an Aufwendungen, die nur Korrekturen der Erträge früherer Perioden darstellen (z. B. aufgrund der Abschreibung einer Forderung).

Dem Gesetz ist nicht eindeutig zu entnehmen, ob sich die Pflicht zur Erläuterung der sog. periodenfremden Erträge und Aufwendungen nur auf die in den außerordentlichen Erträgen und Aufwendungen enthaltenen Beträge oder auf alle aperiodischen Posten bezieht. Für die enge Auslegung spricht, dass im gleichen Absatz die außerordentlichen Erträge und Aufwendungen definiert werden (Satz 1). Eine Erläuterungspflicht ergibt sich für diese aber bereits aus Satz 2. Es ist deshalb davon auszugehen, dass sie sich auf alle aperiodischen Posten bezieht, auch wenn diese nicht unter den außerordentlichen Positionen, sondern z. B. unter den sonstigen betrieblichen Erträgen oder Aufwendungen ausgewiesen werden.[1]

7.6.1.6. Materialaufwand

Bei der Pos. 5 „Materialaufwand" handelt es sich um die erste reine Aufwandsposition. Sie umfasst zwei Unterpositionen: die Pos. 5a „Aufwendungen für Roh-, Hilfs- und Betriebsstoffe sowie für bezogene Waren" und Pos. 5b „Aufwendungen für bezogene Leistungen".

Aufwendungen für Roh-, Hilfs- und Betriebsstoffe sowie für bezogene Waren

1) Die Unterposition 5a lautet: Aufwendungen für Roh-, Hilfs- und Betriebsstoffe sowie für bezogene Waren. Diese vom Gesetzgeber gewählten Begriffe lassen erkennen, dass er bei Gestaltung der Rechnungslegungsvorschriften den Industriebetrieb im Auge hat.

2) Die Roh-, Hilfs- und Betriebsstoffe bilden den Kreis der bei der industriellen Produktion eingesetzten Verbrauchsgüter. Die Rohstoffe sind die Hauptbestandteile, die Hilfsstoffe die Nebenbestandteile der herzustellenden Produkte. Die Be-

---

[1] Vgl. Förschle, Gerhart (Beck Bil-Komm.), § 277 Anm. 25; Isele, Horst (Küting/Weber, 4. Aufl.), § 277 Anm. 137.

II. Die handelsrechtliche Bilanz sowie Gewinn- und Verlustrechnung 269

triebsstoffe gehen nicht in ein Produkt ein, sondern werden zum Betrieb der eingesetzten Maschinen benötigt, wie Kohle, Heizöl, Strom, Gas.

3) Als Aufwendungen für Roh-, Hilfs- und Betriebsstoffe sind anzusetzen: der bewertete planmäßige Verbrauch, aber auch bewertete außerplanmäßige Mengenminderungen und Wertminderungen, z. B. durch Schwund, Verderb, Entbehrlichwerden, Preisverfall. Im Falle solcher Mengen- und Wertminderungen bedarf es außerplanmäßiger Abschreibungen. Solche dürfen allerdings nur insoweit in die Position 5a einbezogen werden, als sie im Rahmen des Üblichen liegen. Die unüblichen müssten in der Position 7b ausgewiesen werden.

4) Mit den bezogenen Waren sind wie sonst auch in bilanziellen Zusammenhängen Handelswaren gemeint. Als Aufwendungen für bezogene Waren sind anzusetzen der Einkaufswert, d. h. die Anschaffungskosten bzw. der Buchwert, der im abgelaufenen Jahr verkauften Handelswaren, aber auch bewertete außerplanmäßige Mengenminderungen und Wertminderungen, wie sie bei Lagerung auftreten können. Entsprechende außerplanmäßige Abschreibungen dürfen allerdings nur insoweit einbezogen werden, als sie im Rahmen des Üblichen liegen.

Nicht als Aufwendungen für bezogene Waren sind anzusetzen: die Aufwendungen, die für das Erbringen der Handelsleistung selbst anfallen (z. B. für Marktforschung, Werbung, Einkauf und Verkauf, Lagerung, Finanzierung). Diese Aufwendungen sind unter den Personalaufwendungen, Abschreibungsaufwendungen, Zinsaufwendungen zu erfassen.

5) Dadurch dass der Gesetzgeber hier von Aufwendungen für bezogene Waren spricht, bestätigt er, was er schon durch Einbeziehung der Erlöse aus dem Verkauf von Handelswaren in die Umsatzerlöse andeutet: Handelsgeschäfte sind brutto in der Gewinn- und Verlustrechnung abzubilden. Die verkauften Handelswaren sind einerseits mit ihrem vollen Verkaufswert als Umsatzerlöse zu berücksichtigen, andererseits mit ihrem Einkaufswert als Aufwendungen. Die denkbare Alternative, die Nettoabbildung, ist nicht nach HGB zulässig. Bei dieser wäre beim Verkauf von Waren zum einen ein Aktivtausch in der Bilanz zu verbuchen, zum anderen ein Umsatzerlös nur in Höhe der Differenz zwischen Verkaufswert und Einkaufswert.

Aufwendungen für bezogene Leistungen

1) Die Unterposition 5b lautet: Aufwendungen für bezogene Leistungen. Unter bezogenen Leistungen könnte man verstehen in Anspruch genommene Transport-, Lager-, Versicherungs- und andere Dienstleistungen, für deren Ausweis sonst keine eigene Position vorgesehen ist. Aber ein Ausweis unter der Position 5b würde im Widerspruch dazu stehen, dass die Oberposition 5 mit Materialaufwand bezeichnet ist. Für die genannten Aufwendungen bleibt also nur der Ausweis unter den Sonstigen betrieblichen Aufwendungen.

2) In einer Unterposition 5b könnte man, richtet man sich an der Bezeichnung der Oberposition mit Materialaufwand aus, solche Materialaufwendungen ausweisen, die nicht bereits durch die Position 5a erfasst werden, also Aufwendungen für

Stoffe, die keine Roh-, Hilfs- oder Betriebsstoffe oder bezogene Waren darstellen, wie Aufwendungen für Büromaterial, für Werbematerial. Aber dem steht wiederum entgegen, dass diese Unterposition mit Aufwendungen für bezogene Leistungen bezeichnet ist.

3) Es ergibt sich also ein Dilemma, das nicht befriedigend gelöst werden kann. Vertretbar erscheint es, unter der Position 5b vor allem solche bezogenen Leistungen auszuweisen, die den Bezug von Roh-, Hilfs- und Betriebsstoffen ersetzen, z. B. durch Dritte erbrachte Veredelungsleistungen von Rohstoffen, durch Dritte erbrachte Reparaturleistungen. Diesen dürfte allerdings eine vergleichsweise geringe Bedeutung zukommen. Auch deswegen ist die Einführung der Position 5b wenig glücklich.

7.6.1.7. Personalaufwand

Die Position 6 „Personalaufwand" umfasst ebenfalls zwei Unterpositionen: die Position 6a „Löhne und Gehälter" sowie die Position 6b „soziale Abgaben und Aufwendungen für Altersversorgung und für Unterstützung". In einem Davon-Vermerk zur Position 6b sind noch die Aufwendungen für Altersversorgung gesondert anzugeben. Daher hätte der Gesetzgeber besser insgesamt drei Unterpositionen vorgesehen, neben der Position 6a für Löhne und Gehälter, die Position 6b für soziale Abgaben und die Position 6c für Aufwendungen für Altersversorgung und Unterstützung.

Löhne und Gehälter

1) Unter den Aufwendungen für Löhne und Gehälter sind zu verstehen: die Bruttogeldbeträge für die Arbeitsleistungen der Arbeitskräfte des jeweiligen Betriebs.

Als Arbeitskräfte gelten in diesem Zusammenhang: die Arbeiter und Angestellten, die Auszubildenden, die Mitglieder des Vorstands (bei einer AG) bzw. die Mitglieder der Geschäftsführung (bei einer GmbH).

In die Arbeitsleistungen sind einzubeziehen: diejenigen, die im abgelaufenen Geschäftsjahr erbracht wurden; diejenigen, die im abgelaufenen Geschäftsjahr von den Arbeitskräften hätten erbracht werden müssen, aber wegen Krankheit und aus ähnlichen entschuldbaren Gründen nicht erbracht werden konnten, sowie diejenigen, die von den Arbeitskräften vereinbarungsgemäß angeboten, aber vom Betrieb mangels Aufträgen nicht genutzt werden konnten.

Die Bruttogeldbeträge umfassen: den Grundlohn bzw. das Grundgehalt, Zulagen und Zuschläge, Prämien und Gratifikationen, Weihnachts- und Urlaubsvergütungen und Ähnliches, einschließlich der Lohnsteuer und der Beiträge der Arbeitskraft zur Sozialversicherung.

2) Für die Erfassung als Aufwendungen ist der Zeitpunkt der Auszahlung der Bruttogeldbeträge unerheblich. Ist die Auszahlung im abgelaufenen Geschäftsjahr erfolgt, handelt es sich um auszahlungsgleiche Aufwendungen. Ist sie noch nicht erfolgt, ist eine Verbindlichkeit in der Bilanz anzusetzen. War sie bereits vor dem

Geschäftsjahr erfolgt, war damals eine Forderung bzw. ein aktiver Rechnungsabgrenzungsposten anzusetzen, der im abgelaufenen Geschäftsjahr entfiel. In den letzten beiden Fällen handelt es sich also nicht um auszahlungsgleiche, sondern nur um ausgabengleiche Aufwendungen.

3) Nicht zu den Löhnen und Gehältern gehören Erstattungen von Reisespesen sowie von Übernachtungs- und Bewirtungsspesen, weil es sich dabei nicht um Gegenleistungen für Arbeitsleistungen handelt. Die genannten Aufwendungen sind bei den Sonstigen betrieblichen Aufwendungen zu erfassen. Nicht zu den Löhnen und Gehältern zählen auch Provisionen für Vertreter, weil es sich dabei nicht um Arbeitskräfte der Gesellschaft handelt. Die genannten Aufwendungen sind ebenfalls bei den Sonstigen betrieblichen Aufwendungen zu erfassen.

Als Löhne und Gehälter werden im Allgemeinen auch Tantiemen von Vorstandsmitgliedern sowie etwaige Beteiligungen einzelner Arbeitnehmer am Gewinn der Gesellschaft ausgewiesen, obwohl es sich dabei nicht um Aufwendungen handelt. Die genannten Beträge wären wegen ihrer Gewinnabhängigkeit konsequenterweise erst nach dem Jahresüberschuss im Rahmen einer Gewinnverwendungsrechnung anzusetzen.

**Soziale Abgaben und
Aufwendungen für Altersversorgung und Unterstützung**

1) Unter den sozialen Abgaben werden verstanden: die Arbeitgeberanteile zu den gesetzlich vorgeschriebenen Sozialversicherungen, wie Alters-, Kranken-, Pflege-, Unfall-, Arbeitslosenversicherung. Ausgeschlossen bleiben die sog. freiwilligen sozialen Leistungen, die unter verschiedenen Positionen in der Gewinn- und Verlustrechnung ausgewiesen werden: teils unter Löhnen und Gehältern, teils unter Aufwendungen für Altersversorgung und Unterstützung, teils unter den Sonstigen betrieblichen Aufwendungen.

2) Mit den Aufwendungen für Unterstützung sind hauptsächlich Beihilfen gemeint, die gegenwärtigen oder früheren Arbeitskräften oder deren Hinterbliebenen unter besonderen Lebensumständen gewährt werden, wie Krankheits- und Unfallbeihilfen, Heirats- und Geburtsbeihilfen.

3) Die Aufwendungen für Altersversorgung umfassen: Zuwendungen an gegenwärtige Pensionäre im abgelaufenen Geschäftsjahr, soweit dafür keine Rückstellungen in Vorjahren gebildet worden waren; Einstellungen in Pensionsrückstellungen, Zuwendungen an Pensionskassen zugunsten künftiger Pensionäre, Übernahmen von Prämien zur Lebensversicherung zugunsten künftiger Pensionäre.

7.6.1.8. Abschreibungen

Die Position 7 Abschreibungen umfasst wiederum zwei Unterpositionen.

Abschreibungen auf immaterielle und materielle Anlagen

1) Die Unterposition 7a lautet umständlich wie folgt: „Abschreibungen auf immaterielle Vermögensgegenstände des Anlagevermögens und Sachanlagen sowie auf aktivierte Aufwendungen für die Ingangsetzung und Erweiterung des Geschäftsbetriebs". Dabei handelt es sich also um planmäßige Abschreibungen wegen Fristablauf und Abnutzung, beschleunigte Abschreibungen sowie etwaige außerplanmäßige Abschreibungen.

2) Unter diesen Abschreibungen müssen allerdings die außerplanmäßigen Abschreibungen nach § 253 Abs. 2 Satz 3 HGB entweder in der Gewinn- und Verlustrechnung vermerkt oder im Anhang angegeben werden (§ 277 Abs. 3 HGB). Besser wäre daher gewesen, der Gesetzgeber hätte gleich einen getrennten Ausweis der planmäßigen und der außerplanmäßigen Abschreibungen in der Gewinn- und Verlustrechnung vorgesehen. Auch die steuerrechtlichen Abschreibungen müssen im Anhang angegeben werden, soweit sie sich nicht aus der Gewinn- und Verlustrechnung oder aus der Bilanz (d. h. aus dem Anlagenspiegel) ergeben (§ 281 Abs. 2 HGB).

unübliche Abschreibungen auf Umlaufvermögen

1) Die Position 7b lautet ebenfalls etwas umständlich: „Abschreibungen auf Vermögensgegenstände des Umlaufvermögens, soweit diese die in der Kapitalgesellschaft üblichen überschreiten." Dabei handelt es sich also ausschließlich um außerplanmäßige Abschreibungen.

2) Unter diesen Abschreibungen müssen die Abschreibungen nach § 253 Abs. 3 Satz 3 HGB (d. h. diejenigen auf einen zukünftige Wertschwankungen berücksichtigenden Wert) entweder in der Gewinn- und Verlustrechnung vermerkt oder im Anhang angegeben werden (§ 277 Abs. 3 HGB). Auch die steuerrechtlichen Abschreibungen müssen im Anhang angegeben werden, soweit sie sich nicht aus der Gewinn- und Verlustrechnung ergeben (§ 281 Abs. 2 HGB).

3) Die genannten Abschreibungen der Pos. 7b sind nach den Gegenständen, auf die sie sich beziehen, und nach ihrer Art schwer abzugrenzen von etwaigen unter anderen Positionen auszuweisenden Abschreibungen.

So lautet die später nachfolgende Pos. 12 „Abschreibungen auf Finanzanlagen und auf Wertpapiere des Umlaufvermögens". Sie überschneidet sich also bezüglich der Wertpapiere des Umlaufvermögens mit der Pos. 7b, die sich auf alle Gegenstände des Umlaufvermögens erstreckt, die aber nur die unüblichen Abschreibungen erfasst.

Sollen nun die üblichen Abschreibungen auf Wertpapiere des Umlaufvermögens in Pos. 12 und die unüblichen Abschreibungen auf die gleichen Wertpapiere in Pos. 7b ausgewiesen werden? Auf diese Weise würden die zusammengehörigen Abschreibungen auf Wertpapiere des Umlaufvermögens auseinander gerissen werden. Zudem würden dann in Pos. 12 die üblichen Abschreibungen auf Wertpapiere des Umlaufvermögens vermischt werden mit üblichen und unüblichen Abschreibungen auf Finanzanlagen und in Pos. 7b die unüblichen Abschreibungen auf Wertpapiere des Umlaufvermögens mit unüblichen Abschreibungen auf andere Gegenstände des Umlaufvermögens.

Dieser Ausweis von Abschreibungen auf Wertpapiere des Umlaufvermögens in zwei verschiedene Positionen wäre jedoch wenig sinnvoll, so dass es vertretbar erscheint, sich nicht an die Bezeichnungen der beiden Positionen zu halten und sowohl die üblichen als auch die unüblichen Abschreibungen auf Wertpapiere des Umlaufvermögens in Pos. 12 zu erfassen.

Außerordentliche Abschreibungen bedürfen ohnehin noch der Aussonderung, da sie unter Außerordentlichen Aufwendungen auszuweisen sind.

4) Die unüblichen Abschreibungen der Pos. 7b sind auch noch von üblichen Abschreibungen auf andere Gegenstände des Umlaufvermögens schwer abzugrenzen:

a) von Abschreibungen auf fertige und unfertige Erzeugnisse, die, soweit sie die üblichen nicht überschreiten, unter der Pos. 2 „Erhöhung oder Verminderung des Bestands an fertigen und unfertigen Erzeugnissen" zu verrechnen sind;

b) von Abschreibungen auf Roh-, Hilfs- und Betriebsstoffe sowie bezogene Waren, die, soweit sie die üblichen nicht überschreiten, unter der Pos. 5a „Aufwendungen für Roh-, Hilfs- und Betriebsstoffe sowie für bezogene Waren" zu erfassen sind;

c) von Abschreibungen auf die verbleibenden Gegenstände des Umlaufvermögens (z. B. auf Forderungen, auf ausländisches und inländisches Geld), die, soweit sie die üblichen nicht überschreiten, in Ermangelung spezieller Aufwandspositionen unter der Pos. 8 „Sonstige betriebliche Aufwendungen" ausgewiesen werden müssen.

In allen diesen Fällen werden Abschreibungen auf ein und dieselben Vermögensgegenstände auseinander gerissen und zumindest in zwei verschiedenen Positionen ausgewiesen; denn schließlich könnten außerordentliche Abschreibungen noch in einer dritten Position unter den Außerordentlichen Aufwendungen auszuweisen sein.

5) Insgesamt wird im Gesetz eine mehrfache Einteilung der Abschreibungen vorgenommen: bei den Gegenständen des Anlagevermögens nach planmäßigen und außerplanmäßigen Abschreibungen, bei den Gegenständen des Umlaufvermögens (die ohnehin nur außerplanmäßig abzuschreiben sind) nach üblichen und unüblichen Abschreibungen, bei allen Vermögensgegenständen nach ordentlichen Abschreibungen und außerordentlichen Abschreibungen (die unter die Position 16 fallen). Diese Unterscheidungen, vor allem nach dem Maß der Abschreibung, erscheinen übertrieben und verwirrend. Besser wäre es gewesen, der Gesetzgeber hätte stattdessen stärker nach den abzuschreibenden Gegenständen differenziert.

7.6.1.9. Sonstige betriebliche Aufwendungen

1) Unter der Pos. 8 „Sonstige betriebliche Aufwendungen" sind vor allem auszuweisen:

a) die Wertminderungen von solchen Gegenständen des Umlaufvermögens, die keine fertigen oder unfertigen Erzeugnisse sowie keine Roh-, Hilfs- oder Betriebsstoffe oder bezogenen Waren sind, also z. B. von Forderungen, allerdings nur soweit sich diese Wertminderungen im üblichen Rahmen halten (denn die unüblichen sind in Position 7b einzustellen);

b) die negativen Differenzen zwischen Buchwert und Veräußerungswert bei Abgang von solchen Gegenständen des Umlaufvermögens, die keine fertigen und unfertigen Erzeugnisse oder Waren sind;

c) die negativen Differenzen zwischen Buchwert und Veräußerungswert bei Abgang von Gegenständen des Anlagevermögens;

d) die Einstellungen in Sonderposten mit Rücklageanteil (die wenigstens noch entweder in der Gewinn- und Verlustrechnung zu vermerken oder im Anhang anzugeben sind);

e) die Einstellung in Rückstellungen, mit Ausnahme derjenigen in Pensions- und Steuerrückstellungen;

f) die Aufwendungen für Dienstleistungen (für welche eine eigene Position fehlt), wie Lizenzgebühren, Miet- und Pacht- sowie Leasingraten, Lagergebühren, Frachtgebühren, Porti, Telefongebühren, Reise- und Bewirtungsspesen, Versicherungsprämien, Honorare für Rechts-, Steuer- und Wirtschaftsberatung sowie für externe Prüfungen, Beiträge zu Verbänden und Kammern.

2) Hierbei handelt es sich also um recht verschiedenartige Aufwendungen. Ihre Zusammenfassung unter eine Sammelposition ist weder dem Einblick in die Aufwandslage noch demjenigen in die Finanzlage dienlich. Im Hinblick auf Erläuterungspflichten gilt das Gleiche, wie bereits bei den Sonstigen betrieblichen Erträgen ausgeführt.

7.6.1.10. Zins- und Dividendenerträge

1) Die Position 9 ist überschrieben mit „Erträge aus Beteiligungen". Damit sind normale Dividendenerträge gemeint. Aufgrund eines Gewinnvertrags mit Beteiligungsunternehmen erhaltene Gewinne sind gesondert auszuweisen. Zuschreibungen zu Beteiligungen sind nicht hier, sondern bei den Sonstigen betrieblichen Erträgen zu erfassen.

In einer Unterposition müssen die Erträge aus Beteiligungen von verbundenen Unternehmen angegeben werden.

2) Die Position 10 ist bezeichnet mit „Erträge aus anderen Wertpapieren und Ausleihungen des Finanzanlagevermögens". Durch die Formulierung „aus anderen Wertpapieren" wird unterstellt, dass die in der vorhergehenden Position 9 ge-

nannten Beteiligungen in Wertpapieren verbrieft sind, was jedoch nicht zutreffen muss.

Auszuweisen sind hier (nach Vorwegnahme der Beteiligungserträge durch Position 9):

a) die normalen Dividendenerträge aus Anteilen an Unternehmen, die keine Beteiligungsunternehmen sind, sofern diese Anteile in Wertpapieren verbrieft sind und sofern sie zum Anlagevermögen gehören;[1]

b) die Zinserträge aus Wertpapieren mit Forderungscharakter des Anlagevermögens;

c) die Zinserträge aus Ausleihungen des Anlagevermögens.

Etwaige Zuschreibungen zu Wertpapieren sind nicht hier, sondern bei den Sonstigen betrieblichen Erträgen mit zu erfassen.

In einer Unterposition müssen die genannten Erträge von verbundenen Unternehmen angegeben werden.

3) Die Position 11 trägt die Bezeichnung „Sonstige Zinsen und ähnliche Erträge". Als solche verbleiben (nach Vorwegnahme bestimmter Dividenden- und Zinserträge durch die Positionen 9 und 10):

a) die Dividendenerträge aus Anteilen an Unternehmen, die keine Beteiligungsunternehmen sind, sofern diese Anteile nicht in Wertpapieren verbrieft sind, gleichgültig ob sie zum Anlagevermögen oder Umlaufvermögen gehören (z. B. Anteile an Gesellschaften mit beschränkter Haftung, an Kommanditgesellschaften);

b) die Dividendenerträge aus Anteilen an Unternehmen, die keine Beteiligungsunternehmen sind, sofern diese Anteile in Wertpapieren verbrieft sind und zum Umlaufvermögen gehören;

c) die Zinserträge aus Wertpapieren mit Forderungscharakter des Umlaufvermögens;

d) die Zinserträge aus Ausleihungen des Umlaufvermögens.

Etwaige Zuschreibungen zu entsprechenden Vermögensgegenständen sind wiederum nicht hier, sondern bei den Sonstigen betrieblichen Erträgen mit zu erfassen.

In einer Unterposition müssen die genannten Erträge von verbundenen Unternehmen angegeben werden.

4) Insgesamt ist zum Ausweis der Zins- und Dividendenerträge zu sagen: Durch die Positionen 9 und 10 werden jeweils nur bestimmte Zins- und Dividendenerträge ausgegliedert. Den Rest der Erträge hat die Position 11 aufzunehmen. Es findet also keine systematische Untergliederung statt.

---

[1] Für die Einbeziehung der Erträge aus Anteilen an verbundenen Unternehmen in die Beteiligungserträge sind Borchert, Dierk (Küting/Weber, 4. Aufl.), § 275 Anm. 78; Förschle, Gerhart (Beck Bil-Komm.), § 275 Anm. 175.

Sinnvoll mag noch die Ausgliederung der Erträge aus Beteiligungen in Position 9 sein, denn diese Erträge stehen auch in einem unmittelbaren Zusammenhang mit einer bestimmten Bilanzposition. Anderes gilt dagegen für die Erträge aus anderen Wertpapieren und Ausleihungen des Finanzanlagevermögens der Position 10, denn hierbei handelt es sich zum Teil um Dividendenerträge sowie zum Teil um Zinserträge aus einer Reihe von Gegenständen des Finanzanlagevermögens, aber nicht um die Erträge aus allen Gegenständen des Finanzanlagevermögens. Als Folge davon verbleiben für die Position 11 teils Dividendenerträge, teils Zinserträge, teils Erträge aus Gegenständen des Anlagevermögens, teils Erträge aus Gegenständen des Umlaufvermögens, also eine bunte Mischung.

Demgegenüber wäre es besser gewesen, die Erträge nach Dividendenerträgen und Zinserträgen sowie nach Erträgen aus Gegenständen des Anlagevermögens und Erträgen aus Gegenständen des Umlaufvermögens systematisch zu untergliedern.

7.6.1.11. Erhaltene Gewinne

Für die aufgrund einer Gewinngemeinschaft, eines Gewinnabführungs- oder Teilgewinnabführungsvertrags erhaltenen Gewinne ist keine Position im Gliederungsschema nach § 275 HGB vorgesehen. Nach § 277 Abs. 3 Satz 2 HGB müssen diese Gewinne jedoch gesondert ausgewiesen werden. Offen bleibt allerdings, an welcher Stelle des Gliederungsschemas dies geschehen soll. Wegen der Verwandtschaft dieser erhaltenen Gewinne mit den Dividenden- und Zinserträgen erscheint der Ausweis in ihrer Nähe (etwa als Position 11a) am besten.

7.6.1.12. Abschreibungen auf Finanzanlagen und Wertpapiere des Umlaufvermögens

1) Die zum Teil bereits besprochene Position 12 lautet „Abschreibungen auf Finanzanlagen und auf Wertpapiere des Umlaufvermögens".

Dass die Abschreibungen auf Finanzanlagen von solchen auf materielle und immaterielle Anlagen (Pos. 7a) getrennt werden, ist zu begrüßen. Dass die Abschreibungen auf Finanzanlagen mit solchen auf Gegenstände des Umlaufvermögens zusammengefasst werden, ist noch vertretbar. Aber unverständlich bleibt, warum nur Abschreibungen auf Wertpapiere des Umlaufvermögens einbezogen werden, nicht auch Abschreibungen auf Ausleihungen und andere Forderungen des Umlaufvermögens.

Damit werden ähnlich geartete Abschreibungen unterschiedlich behandelt: Die Abschreibungen auf Wertpapiere des Umlaufvermögens sind hier auszuweisen, diejenigen auf Ausleihungen und andere Forderungen des Umlaufvermögens bei den Sonstigen betrieblichen Aufwendungen. Dies gilt jedenfalls, solange die genannten Abschreibungen im üblichen Rahmen liegen. Sobald sie diesen überschreiten, müssten sie alle unter der Position 7b, wenn man sich strikt an deren Bezeichnung hält, ausgewiesen werden.

Wenn man sich an die Bezeichnung der Position 7b hält, bedeutet dies auch, dass in Pos. 12 die üblichen und unüblichen Abschreibungen auf Finanzanlagen nur mit den üblichen Abschreibungen auf Wertpapiere des Umlaufvermögens zusammenzufassen sind, was bereits kritisiert wurde.

2) Die Abschreibungen im Sinne von § 253 Abs. 2 Satz 3 HGB (d. h. diejenigen von Finanzanlagen auf einen niedrigeren Stichtagswert) müssen nach § 277 Abs. 3 HGB entweder in der Gewinn- und Verlustrechnung vermerkt oder im Anhang angegeben werden. In Anbetracht dieser Vorschrift fragt man sich, warum dann die Abschreibungen auf Finanzanlagen überhaupt mit denjenigen auf Wertpapiere des Umlaufvermögens zusammengefasst werden.

Die Abschreibungen im Sinne von § 253 Abs. 3 Satz 3 HGB (d. h. diejenigen von Wertpapieren des Umlaufvermögens auf einen zukünftige Wertschwankungen berücksichtigenden Wert) müssen nach § 277 Abs. 3 HGB entweder in der Gewinn- und Verlustrechnung vermerkt oder im Anhang angegeben werden.

Die steuerrechtlichen Abschreibungen sind nach § 281 Abs. 2 HGB ebenfalls in der Gewinn- und Verlustrechnung zu vermerken oder im Anhang anzugeben.

3) Aus alledem ergibt sich: Das bilanzierende Unternehmen hat einen komplizierten Ausweis der Abschreibungen auf Finanzlagen und der Abschreibungen auf entsprechende finanzielle Gegenstände des Umlaufvermögens vorzunehmen. Dem Bilanzleser wird ein verwirrendes, kaum enträtselbares Bild der Aufwandslage und der Finanzlage geboten.

7.6.1.13. Zinsaufwendungen

1) Während für die finanziellen Erträge drei, allerdings schlecht aufeinander abgestimmte, Positionen vorgesehen sind, müssen in der Position 13 alle „Zinsen und ähnlichen Aufwendungen" ausgewiesen werden.

Darunter fallen: Zinsen für Schuldverschreibungen, für Schuldscheindarlehen, für Bankkredite und für sonstige Darlehen, Verzugszinsen, Diskontbeträge für Wechsel, Kreditprovisionen, Kreditvermittlungsprovisionen, Besicherungsgebühren, Bürgschaftsgebühren. Auch die Abschreibungen eines aktivierten Disagio, die Zinsen entsprechen, müssen hier erfasst werden. Dagegen dürfen keinesfalls die Abschreibungen auf Finanzanlagen und auf finanzielle Gegenstände des Umlaufvermögens einbezogen werden.

Unter Zinsen und ähnlichen Aufwendungen werden im Allgemeinen auch gewinnabhängige Vergütungen für Kredite ausgewiesen, obwohl es sich dabei nicht um Aufwendungen handelt. Solche Beträge dürften konsequenterweise erst nach dem Jahresüberschuss im Rahmen einer Gewinnverwendungsrechnung angesetzt werden.

2) In einer Unterposition müssen die Zinsen und ähnlichen Aufwendungen gegenüber verbundenen Unternehmen angegeben werden.

278 4. Teil: Die Aufwands- und Ertragsrechnung sowie die Vermögens- und Kapitalrechnung

7.6.1.14. Aufwendungen aus Verlustübernahme

1) Für die Aufwendungen aus Verlustübernahme ist keine Position im Gliederungsschema nach § 275 HGB enthalten. Nach § 277 Abs. 3 HGB müssen sie wie die erhaltenen Gewinne gesondert ausgewiesen werden. Offen bleibt jedoch, an welcher Stelle des Gliederungsschemas dies geschehen soll. Wegen der engen Beziehung zu den Zinsen und ähnlichen Aufwendungen erscheint es am besten, sie in deren Nähe (etwa als Pos. 13a) auszuweisen.

2) Unter den Aufwendungen aus Verlustübernahme sind zu verstehen: Verluste anderer Unternehmen, die das betrachtete Unternehmen aufgrund einer Verpflichtung (z. B. aus einem Gewinnabführungsvertrag, einem Beherrschungsvertrag, einem Betriebspacht- oder Betriebsüberlassungsvertrag, einer Eingliederung[1]) oder freiwillig übernimmt.

7.6.1.15. Ergebnis aus gewöhnlicher Geschäftstätigkeit

1) Die Position 14 ist nunmehr für das erste Zwischenergebnis vorgesehen: das sog. Ergebnis der gewöhnlichen Geschäftstätigkeit.

2) Um dieses Ergebnis zu ermitteln, sind alle bis dahin in der Gewinn- und Verlustrechnung ausgewiesenen positiven Wertgrößen (teils Einnahmen, teils Erträge) und negativen Wertgrößen (zum großen Teil Aufwendungen) zu saldieren. Sind die positiven Wertgrößen höher, könnte von einem Gewinn aus gewöhnlicher Geschäftstätigkeit vor Steuern gesprochen werden, sind die negativen Wertgrößen höher, von einem Verlust aus gewöhnlicher Geschäftstätigkeit vor Steuern.

3) Der Aussagewert dieses Ergebnisses ist allerdings nicht hoch zu veranschlagen. Denn ihm folgen als Bruttogrößen nur noch die außerordentlichen Erträge und Aufwendungen sowie die Steuern.

7.6.1.16. Außerordentliche Erträge und Aufwendungen sowie außerordentliches Ergebnis

1) In Position 15 sind die außerordentlichen Erträge, in Position 16 die außerordentlichen Aufwendungen, in Position 17 ist das außerordentliche Ergebnis auszuweisen.

2) Die außerordentlichen Erträge und Aufwendungen werden in § 277 Abs. 4 HGB erklärt als solche Erträge und Aufwendungen, die außerhalb der gewöhnlichen Geschäftstätigkeit der Kapitalgesellschaft anfallen. Damit müssten solche Erträge und Aufwendungen gemeint sein, die im Zusammenhang mit Geschäften,

---

[1] Vgl. auch Veit, Klaus-Rüdiger: Unternehmensverträge und Eingliederung als aktienrechtliche Instrumente der Unternehmensverbindung; Veit, Klaus-Rüdiger: Aktienrechtliche Unternehmensverbindungen und ihre Verknüpfung durch gesetzliche Vermutungsregeln und Fiktionen, S. 368 ff.

wie sie normalerweise von der Gesellschaft nicht getätigt werden, anfallen. Damit dürften hingegen nicht solche Erträge und Aufwendungen gemeint sein, die im Rahmen normaler Geschäfte in abnormaler Höhe anfallen.

3) Da der Gesetzgeber schon bei der Abgrenzung der Umsatzerlöse in § 277 HGB von „für die gewöhnliche Geschäftstätigkeit der Kapitalgesellschaft typischen Erzeugnissen und Waren sowie ... Dienstleistungen" spricht, nimmt er offenbar insgesamt folgende Abstufungen vor, wie am Beispiel der Dienstleistungen gezeigt sei: für die gewöhnliche Geschäftstätigkeit der Gesellschaft typische Dienstleistungen (die Erlöse aus solchen sind als Umsatzerlöse auszuweisen); für die gewöhnliche Geschäftstätigkeit der Gesellschaft atypische Dienstleistungen (die Erlöse aus solchen sind unter den Sonstigen betrieblichen Erträgen auszuweisen); außerhalb der gewöhnlichen Geschäftstätigkeit erbrachte Dienstleistungen (die Erlöse aus solchen müssten hier als Außerordentliche Erträge ausgewiesen werden). Abgesehen davon, dass es schwer fällt, diese dreifache Abstufung nachzuvollziehen, erscheint sie wenig ergiebig.

4) In der Literatur[1] werden als Beispiele für außerordentliche Erträge und Aufwendungen genannt: Gewinne/Verluste aus dem Verkauf von Teilbetrieben oder von Beteiligungen, Verluste aus ungewöhnlichen Schadensfällen. Aber dabei handelt es sich nicht durchweg um Erträge und Aufwendungen, die außerhalb der normalen Geschäftstätigkeit, sondern auch um solche, die innerhalb der normalen Geschäftstätigkeit liegen.

Im Übrigen wird in der Literatur die Auffassung vertreten, dass die außerordentlichen Erträge und Aufwendungen eng abzugrenzen seien, so dass unter den Positionen 15 und 16 selten größere Beträge auszuweisen wären. Sollte der Gesetzgeber tatsächlich diese Absicht verfolgt haben, hätte er diese Positionen gar nicht einzuführen brauchen.

5) Soweit die Beträge der Positionen 15 und 16 für die Beurteilung der Ertragslage nicht von untergeordneter Bedeutung sind, müssen nach § 277 Abs. 4 Satz 2 HGB diese Positionen hinsichtlich ihres Betrags und ihrer Art im Anhang erläutert werden.

6) Die genannte Erläuterungspflicht gilt nach § 277 Abs. 4 Satz 3 HGB auch für „einem anderen Geschäftsjahr zuzurechnende" Erträge und Aufwendungen. Es gilt hier das Gleiche, wie bereits bei den Sonstigen betrieblichen Erträgen ausgeführt.

---

[1] Vgl. Eisele, Wolfgang: Aufwendungen und Erträge, außerordentliche, Sp. 159; Federmann, Rudolf: Außerordentliche Erträge und Aufwendungen in der GuV-Rechnung, S. 1071 ff.; Niehus, Rudolf J.: Aufwendungen und Erträge aus der „nicht gewöhnlichen Geschäftstätigkeit" der Kapitalgesellschaft: Abgrenzungsfragen zum Ausweis der außerordentlichen Posten nach neuem Recht, S. 1293 ff.

7.6.1.17. Steuern

1) Zu den Steuern vom Einkommen und Ertrag der Position 18 gehören bei einer Kapitalgesellschaft: die Körperschaftsteuer einschließlich der Kapitalertragsteuer und die Gewerbeertragsteuer.

Die Bemessungsgrundlage für die Körperschaftsteuer ist der Gewinn der steuerrechtlichen Jahresabschlussrechnung, für die Gewerbeertragsteuer der Gewinn verändert um Hinzurechnungen und Kürzungen. Die Körperschaftsteuer ist daher voll gewinnabhängig, die Gewerbeertragsteuer zum großen Teil gewinnabhängig. Insoweit als eine Gewinnabhängigkeit besteht, stellen die Steuern keine Aufwendungen im betriebswirtschaftlichen Sinne dar, obwohl die Steuern vom Gesetzgeber wie Aufwendungen in das Gliederungsschema eingefügt wurden.

2) Als Betrag der Steuern vom Einkommen und Ertrag sind unter der Position 18 auszuweisen:

a) der Betrag der steuerlichen Belastung des abgelaufenen Geschäftsjahrs, wie er sich aus der Steuerbilanz des abgelaufenen Geschäftsjahrs ergibt, der entweder schon an die Finanzbehörde abgeführt wurde (insoweit kam es zu einem Geldabgang) oder noch an die Finanzbehörde abzuführen ist (insoweit ist eine Steuerschuld unter den Sonstigen Verbindlichkeiten gesondert auszuweisen);

b) der Betrag der steuerlichen Belastung, der sich möglicherweise noch nachträglich für das abgelaufene Geschäftsjahr ergibt, für den eine Steuerrückstellung zu bilden und in der Bilanz gesondert auszuweisen ist;

c) der Betrag der steuerlichen Belastung früherer Geschäftsjahre, der sich nachträglich im abgelaufenen Geschäftsjahr ergeben hat, der im abgelaufenen Geschäftsjahr an die Finanzbehörde abgeführt wurde und für den vorher keine Steuerrückstellung gebildet worden war.

3) Die genannten Beträge dürfen nach allgemeiner Auffassung erhöht werden um die sog. Aufwendungen für latente Steuern (d. h. um die im abgelaufenen Geschäftsjahr gebildeten Rückstellungen für latente Steuern sowie die im abgelaufenen Geschäftsjahr aufgelösten aktiven latenten Steuern) und verkürzt werden um die sog. Erträge aus latenten Steuern (d. h. um die im abgelaufenen Geschäftsjahr aktivierten latenten Steuern sowie um die im abgelaufenen Geschäftsjahr aufgelösten Rückstellungen für latente Steuern).[1] Besser wäre es freilich, die latenten Steuern von den tatsächlichen Steuern getrennt zu halten und etwa in einer Position 18a zumindest den Saldo aus den latenten Steueraufwendungen und den latenten Steuererträgen auszuweisen. Noch besser wäre es, die latenten Steuern brutto auszuweisen, d. h. in einer Position 18a die latenten Steuerbruttoaufwendungen und in einer Position 18b die latenten Steuerbruttoerträge.

---

[1] Vgl. Förschle, Gerhart (Beck Bil-Komm.), § 275 Anm. 244 ff.; Adler/Düring/Schmaltz, § 274 Anm. 54.

II. Die handelsrechtliche Bilanz sowie Gewinn- und Verlustrechnung 281

4) Im Anhang muss nach § 285 Nr. 6 HGB angegeben werden, in welchem Umfang die Steuern vom Einkommen und Ertrag das Ergebnis der gewöhnlichen Geschäftstätigkeit und das außerordentliche Ergebnis belasten.

5) Unter die Sonstigen Steuern der Position 18 fallen:
   a) die Steuern vom Vermögen, z. B. die Grundsteuer;
   b) die Verkehrsteuern, z. B. die Kraftfahrzeugsteuer (dagegen nicht die Grunderwerbsteuer, die in die Anschaffungskosten eingeht);
   c) die Verbrauchsteuern, z. B. die Mineralölsteuer, die Biersteuer, die Kaffeesteuer (dagegen nicht die Umsatzsteuer, die der Gewinn- und Verlustrechnung ferngehalten wird).

Die Bemessungsgrundlage für die genannten Steuern ist nicht der Gewinn. Daher stellen diese Steuern Aufwendungen auch im betriebswirtschaftlichen Sinne dar.

7.6.1.18. Erträge aus Verlustübernahme oder abgeführte Gewinne

1) Für die „Erträge aus Verlustübernahme" enthält das Gliederungsschema nach § 275 HGB keine entsprechende Position. Die genannten Erträge müssen jedoch nach § 277 Abs. 3 Satz 2 HGB gesondert in der Gewinn- und Verlustrechnung ausgewiesen werden. Offen bleibt allerdings, an welcher Stelle des Gliederungsschemas dies geschehen soll. Im AktG von 1965 war eine entsprechende Position nach den Sonstigen Erträgen und vor dem Jahresüberschuss bzw. Jahresfehlbetrag vorgesehen.

Die „Erträge aus Verlustübernahme" stellen allerdings gar keine Erträge dar. Die Bezeichnung trifft nicht den zugrundeliegenden Sachverhalt, der folgender ist: Bei den betrachteten Unternehmen wurde nach Saldierung aller Erträge (mit Ausnahme der Erträge aus Verlustübernahme) und aller Aufwendungen ein Verlust festgestellt. Dieser muss von anderen Unternehmen übernommen werden, und zwar von einem Unternehmen, an das ein Gewinn abzuführen wäre, von einem beherrschenden Unternehmen oder - bei einer Eingliederung - von der Hauptgesellschaft. Statt von „Erträgen" müsste also von einer Deckung des Verlusts durch Dritte gesprochen werden. Dementsprechend sollte auch der Ausweis erst nach der Position 20 „Jahresüberschuss bzw. Jahresfehlbetrag" vorgenommen werden. Bedauerlicherweise verlangt dies der Gesetzgeber nicht. Daher wird man es für zulässig ansehen können, wenn der Ausweis - wie früher - vor dem Jahresergebnis erfolgt; aber er sollte - anders als früher - wenigstens unmittelbar vor der Position 20 erfolgen.

2) Für die „aufgrund einer Gewinngemeinschaft, eines Gewinnabführungs- und eines Teilgewinnabführungsvertrages abgeführten Gewinne" gilt Ähnliches wie für die „Erträge" aus Verlustübernahme. Das Gliederungsschema nach § 275 HGB enthält keine entsprechende Position. Die genannten Gewinne müssen jedoch nach § 277 Abs. 3 Satz 2 HGB gesondert in der Gewinn- und Verlustrechnung ausgewiesen werden. Offen bleibt wiederum, an welcher Stelle dies gesche-

hen soll. Im AktG von 1965 war eine entsprechende Position unmittelbar vor dem Jahresüberschuss bzw. Jahresfehlbetrag vorgesehen.

Die Bezeichnung trifft in diesem Fall den zugrundeliegenden Sachverhalt, der folgender ist: Bei dem betrachteten Unternehmen wurde nach Saldierung aller Erträge und aller Aufwendungen (selbstverständlich mit Ausnahme der abzuführenden Gewinne) ein Gewinn festgestellt. Dieser muss aufgrund einer Gewinngemeinschaft, eines Gewinnabführungs- oder Teilgewinnabführungsvertrags ganz oder zum Teil an andere Unternehmen abgeführt werden. Dementsprechend sollte der Ausweis erst nach der Pos. 20 „Jahresüberschuss bzw. Jahresfehlbetrag" vorgenommen werden. Der Gesetzgeber hat dies nicht vorgeschrieben. Daher wird man es für zulässig ansehen können, wenn der Ausweis, wie früher, unmittelbar vor der Position 20 erfolgt.

7.6.1.19. Jahresüberschuss/Jahresfehlbetrag

1) Der in Position 20 auszuweisende Jahresüberschuss bzw. Jahresfehlbetrag ergibt sich

a) entweder durch Gegenüberstellung aller positiven Bruttowertgrößen und aller negativen Bruttowertgrößen der Gewinn- und Verlustrechnung

b) oder unter Berücksichtigung der bereits ermittelten Zwischenergebnisse oder Nettowertgrößen (dem Ergebnis der gewöhnlichen Geschäftstätigkeit und dem außerordentlichen Ergebnis) sowie der Steuern und der „Erträge" aus Verlustübernahme bzw. der abgeführten Gewinne.

2) Die positiven Bruttowertgrößen haben bedauerlicherweise nicht durchweg Ertragscharakter, die negativen Bruttowertgrößen nicht durchweg Aufwandscharakter. Der Jahresüberschuss bzw. Jahresfehlbetrag entspricht daher nur bedingt dem Gewinn bzw. Verlust (als Saldo aus den Erträgen und Aufwendungen).

3) Der Aussagewert des Jahresüberschusses bzw. Jahresfehlbetrags ist insbesondere beeinträchtigt, wenn

a) Ingangsetzungs- und Erweiterungsaufwendungen im abgelaufenen Geschäftsjahr aktiviert bzw. vorher aktivierte Aufwendungen dieser Art im abgelaufenen Geschäftsjahr abgeschrieben wurden;

b) ein derivativer Geschäfts- oder Firmenwert im abgelaufenen Geschäftsjahr aktiviert bzw. ein vorher aktivierter Wert dieser Art abgeschrieben wurde;

c) Aufwandsrückstellungen im abgelaufenen Geschäftsjahr gebildet bzw. vorher gebildete Aufwandsrückstellungen im abgelaufenen Geschäftsjahr herabgesetzt wurden;

d) Verlustrückstellungen im abgelaufenen Geschäftsjahr gebildet bzw. vorher gebildete Verlustrückstellungen im abgelaufenen Geschäftsjahr herabgesetzt wurden;

e) Sonderposten mit Rücklageanteil im abgelaufenen Geschäftsjahr gebildet bzw. vorher gebildete im abgelaufenen Geschäftsjahr aufgelöst wurden;

f) aufgrund einer Gewinnbeteiligung im Rahmen des laufenden Geschäfts- und Lizenzverkehrs Gewinne an Kreditgeber, Lizenzgeber oder andere Wirtschaftssubjekte abgeführt und bei den Zinsen oder bei den Sonstigen betrieblichen Aufwendungen ausgewiesen wurden;

g) aufgrund einer Gewinnbeteiligung von Mitgliedern des Aufsichtsrats und des Vorstands bzw. der Geschäftsführung oder aufgrund einer Gewinnbeteiligung von einzelnen Arbeitnehmern Gewinne abgeführt und bei den Löhnen und Gehältern oder bei den Sonstigen betrieblichen Aufwendungen mit ausgewiesen wurden;

h) aufgrund einer Gewinngemeinschaft eines Gewinnabführungs- oder Teilgewinnabführungsvertrags Gewinne abgeführt wurden bzw. „Erträge aus Verlustübernahme" zu verzeichnen waren.

7.6.1.20. Zusammenfassende Beurteilung und alternativer Vorschlag

1) Zusammenfassend ist zu den einzelnen Positionen der Gewinn- und Verlustrechnung nach dem Gesamtkostenverfahren zu sagen:

a) Manche Positionen sind völlig unzutreffend bezeichnet, so die Position „Erträge aus Verlustübernahme".

b) Einige Positionen hätten aussagekräftiger bezeichnet werden können, so die „Anderen aktivierten Eigenleistungen" als selbsterstellte Sachanlagen.

c) Die Bezeichnung mancher Positionen widerspricht deren Einordnung, so die Bezeichnung der Pos. 5b „Aufwendungen für bezogene Leistungen" deren Einordnung bei der Pos. 5 „Materialaufwand".

d) Nicht alle Positionen haben entweder Aufwandscharakter oder Ertragscharakter. So handelt es sich bei den Umsatzerlösen nicht um eine Ertrags-, sondern um eine Einnahmengröße. Die Steuern vom Einkommen und vom Ertrag sind überwiegend gewinnabhängig und stellen insoweit keine Aufwendungen dar.

e) Einige Positionen sind zu weit abgegrenzt und damit zu heterogen, so die Umsatzerlöse, ferner die Sonstigen betrieblichen Erträge und die Sonstigen betrieblichen Aufwendungen.

f) Andere Positionen sind zu eng abgegrenzt, so die Aufwendungen für bezogene Leistungen, ferner die außerordentlichen Erträge und die außerordentlichen Aufwendungen.

g) Eine Reihe von Positionen sind schwer voneinander abzugrenzen, so die Umsatzerlöse (= Erlöse aus von für die gewöhnliche Geschäftstätigkeit der Gesellschaft „typischen" Erzeugnissen, Waren und Dienstleistungen) von den Sonstigen betrieblichen Erträgen (die die Erlöse aus von für die gewöhnliche Geschäftstätigkeit „atypischen" Erzeugnissen, Waren und Dienstleistungen einschließen) und diese wiederum von den Außerordentlichen Erträgen;

ferner die Pos. 7b „Abschreibungen auf Vermögensgegenstände des Umlaufvermögens, soweit diese die in der Kapitalgesellschaft üblichen Abschreibungen überschreiten" von den Positionen 2 „Erhöhung oder Verminderung des Bestands an fertigen und unfertigen Erzeugnissen", 5a „Aufwendungen für Roh-, Hilfs- und Betriebsstoffe und für bezogene Waren" und 8 „Sonstige betriebliche Aufwendungen", die jeweils die üblichen Abschreibungen einschließen.

h) Bei der Abgrenzung einer Reihe von Erträgen und Aufwendungen wird auf Bilanzpositionen Bezug genommen. Dies geschieht jedoch in inkonsequenter Art und Weise. So sind in Pos. 9 „Erträge aus Beteiligungen" und in Pos. 10 „Erträge aus anderen Wertpapieren und Ausleihungen des Finanzanlagevermögens" auszuweisen. Durch diese beiden Positionen werden aber nicht alle Erträge aus Finanzanlagen erfasst. Dementsprechend bezieht sich die verbleibende Pos. 11 „Sonstige Zinsen und ähnliche Erträge" nicht ausschließlich auf die finanziellen Gegenstände des Umlaufvermögens.

Ferner sind in Pos. 7a die Abschreibungen üblicher und unüblicher Art auf immaterielle Anlagen und Sachanlagen auszuweisen, während die Pos. 7b nur die unüblichen Abschreibungen auf Gegenstände des Umlaufvermögens erfasst.

Weiterhin sind in Pos. 12 die Abschreibungen auf Finanzanlagen und Wertpapiere des Umlaufvermögens auszuweisen, während für die Abschreibungen auf die anderen finanziellen Gegenstände des Umlaufvermögens nur der Ausweis unter den Sonstigen betrieblichen Aufwendungen bleibt.

i) Für bestimmte Arten von Erträgen und Aufwendungen fehlen eigene Positionen, so für die Zuschreibungen, für die Herabsetzung von Rückstellungen, für die positiven und negativen Wertdifferenzen beim Abgang von Gegenständen des Anlage- und Umlaufvermögens (außer Erzeugnissen und Waren), für die Erträge aus Dienstleistungen sowie für die Aufwendungen aus Dienstleistungen.

2) Zu den vorgenommenen Abstufungen und Unterscheidungen ist zu sagen:

a) Durch Einfügung der Pos. 15 „Außerordentliche Erträge" und der Pos. 16 „Außerordentliche Aufwendungen" macht der Gesetzgeber deutlich, dass in allen vorhergehenden Positionen 1 bis 14 ordentliche Erträge und Aufwendungen auszuweisen sind. Aber was soll unter ordentlichen bzw. außerordentlichen Erträgen und Aufwendungen verstanden werden?

Die in § 277 HGB gegebene Erklärung, dass außerordentliche Erträge bzw. Aufwendungen solche sind, die außerhalb der gewöhnlichen Geschäftstätigkeit der Kapitalgesellschaft anfallen, ist wenig hilfreich; die Unterscheidung überhaupt wenig ergiebig. Besser wäre gewesen, der Gesetzgeber hätte vorgesehen, dass Erträge aus dem Abgang von Gegenständen des Anlagevermögens und des Umlaufvermögens, insbesondere Erträge aus dem Verkauf von Beteiligungen über Buchwert, gesondert auszuweisen sind.

b) Innerhalb der ordentlichen Erträge und Aufwendungen werden herausgehoben: die betrieblichen Erträge (Positionen 1 bis 4) und die betrieblichen Aufwendungen (Positionen 5 bis 8). Für die verbleibenden Erträge und Aufwendungen findet man im Gesetz keinen Gegenbegriff. Man könnte von Finanzerträgen und Finanzaufwendungen sprechen.

Allerdings wird keine scharfe Grenze zwischen dem betrieblichen Bereich und dem finanziellen Bereich gezogen. So sind zwar Positionen vorgesehen für Zins- und Dividendenerträge, für Zinsaufwendungen sowie für Abschreibungen auf Finanzanlagen und Wertpapiere des Umlaufvermögens, nicht aber auch solche für Abschreibungen auf Ausleihungen des Umlaufvermögens, für Zuschreibungen zu Finanzanlagen und Wertpapieren des Umlaufvermögens, für positive und negative Wertdifferenzen beim Abgang von Finanzanlagen und von finanziellen Gegenständen des Umlaufvermögens. Die zuletzt genannten Erträge und Aufwendungen des finanziellen Bereichs müssen vielmehr unter den Sonstigen betrieblichen Erträgen und den Sonstigen betrieblichen Aufwendungen ausgewiesen werden.

Zudem werden die Personalaufwendungen nicht entsprechend aufgespalten, sondern allein dem betrieblichen Bereich zugeordnet.

c) Wenn neben den ordentlichen und den außerordentlichen Erträgen innerhalb der betrieblichen Erträge noch zwischen für die gewöhnliche Geschäftstätigkeit der Gesellschaft typischen Erträgen (siehe Umsatzerlöse) und für die gewöhnliche Geschäftstätigkeit atypischen Erträgen (siehe Sonstige betriebliche Erträge) unterschieden wird, ist dies übertrieben.

d) Ebenso übertrieben sind die Differenzierungen bei den Abschreibungen. Der Gesetzgeber beschränkt sich nicht auf die wichtige Unterscheidung zwischen planmäßigen und außerplanmäßigen Abschreibungen, sondern nimmt bei den außerplanmäßigen Abschreibungen noch eine Unterteilung nach üblichen und unüblichen Abschreibungen vor, neben den ohnehin schon generell eingeführten Kategorien der ordentlichen und der außerordentlichen Aufwendungen. Wie soll man nun noch unübliche Abschreibungen von außerordentlichen Abschreibungen abgrenzen?

3) Die Zusammengehörigkeit von bestimmten Erträgen und Aufwendungen (wie von betrieblichen Erträgen und Aufwendungen) gegenüber anderen Erträgen und Aufwendungen wird in der Gewinn- und Verlustrechnung nach dem Gesamtkostenverfahren nur angedeutet. Sie könnte unterstrichen werden durch die Bildung von entsprechenden Zwischenergebnissen, wie Betriebsergebnis, Finanzergebnis.

Der Gesetzgeber hat jedoch nur zwei Zwischenergebnisse vorgesehen, noch dazu nahe dem Ergebnis: das Ergebnis aus gewöhnlicher Geschäftstätigkeit in Pos. 14 und das außerordentliche Ergebnis in Pos. 17. Da das außerordentliche Ergebnis dem Betrag nach im Allgemeinen niedriger ist, unterscheidet sich das Ergebnis aus gewöhnlicher Geschäftstätigkeit nur noch durch die anschließend auszuweisenden Steuern vom Endergebnis.

Zusätzlich zu den genannten Zwischenergebnissen hätten etwa folgende vorgesehen werden können:

a) die Zwischensumme „Bruttoproduktionswert" (d. h. Erzeugnisumsatzerlöse abzüglich etwaiger Bestandsminderungen oder zuzüglich etwaiger Bestandserhöhungen plus selbsterstellter Sachanlagen);

b) den Zwischensaldo „Nettoproduktionswert I" (d. h. Bruttoproduktionswert minus Aufwendungen für Roh-, Hilfs- und Betriebsstoffe);

c) den Zwischensaldo „Nettoproduktionswert II oder Wertschöpfung" (d. h. Nettoproduktionswert I minus Abschreibungen);

d) den Zwischensaldo „Handelsergebnis" oder „Handelsspanne" (d. h. Warenumsatzerlöse minus Aufwendungen für bezogene Waren);

e) den Zwischensaldo „Finanzergebnis" oder „Finanzspanne" (d. h. Zins- und Dividendenerträge minus Zinsaufwendungen).

Die Bildung aussagefähiger Zwischenergebnisse dieser Art würde es allerdings erforderlich machen, eine Reihe von Aufwendungen und Erträgen schärfer von anderen Aufwendungen und Erträgen zu trennen.

4) Zu der für die Gewinn- und Verlustrechnung nach dem Gesamtkostenverfahren vorgeschriebenen Staffelform ist zu sagen:

Die bei der Staffelform sich anbietende Möglichkeit der Bildung von Zwischenergebnissen wird, wie eben dargelegt, vom Gesetzgeber kaum genutzt. Damit entfällt ein gewichtiges Argument zugunsten der Staffelform.

Die Nachteile der Staffelform gegenüber der Kontoform sind folgende:

a) Die Aufwendungen und die Erträge werden optisch nicht deutlich voneinander getrennt, was einem normalen Bilanzleser die Interpretation der einzelnen Positionen erschwert.

b) Die Aufwendungen und die Erträge werden nicht jeweils in einer Summe ausgewiesen, sondern die Ermittlung solcher Summen bleibt dem Bilanzleser überlassen, was Bilanzanalysen und Bilanzvergleiche unnötig erschwert.

Die genannten Nachteile sind unseres Erachtens gewichtiger als die Vorteile. Daher ist gegenüber der Staffelform die Kontoform für die Gewinn- und Verlustrechnung vorzuziehen.

5) Unter Berücksichtigung der mit der Gewinn- und Verlustrechnung verfolgten Zwecke ist festzustellen:

a) Der wichtigste Zweck einer vergangenheitsbezogenen Gewinn- und Verlustrechnung, den entstandenen Gewinn bzw. Verlust sowie sein Zustandekommen zu zeigen, wird durch die Gewinn- und Verlustrechnung nach § 275 HGB nur annähernd erreicht. Denn Gewinn- bzw. Verlustentstehungsvorgänge werden nicht scharf von Gewinnverwendungs- bzw. Verlustdeckungsvorgängen getrennt. Die gewinnabhängigen Steuern sind bereits vor dem Jahresüberschuss auszuweisen. Die aufgrund einer Gewinngemeinschaft, eines Gewinnabführungs- oder Teilgewinnabführungsvertrags abgeführten Gewinne dürfen vor dem Jahresüberschuss ausgewiesen werden. Die aufgrund von Verträgen im Rahmen des laufenden Geschäfts- und Finanzverkehrs abgeführten Gewinne dürfen sogar zusammen mit anderen Aufwendungen ausgewiesen werden. Ebenso die aufgrund einer Gewinnbeteiligung von Aufsichtsrats- und Vorstandsmitgliedern sowie von einzelnen Arbeitnehmern abgeführten Gewinne. Die von Dritten übernommenen Verluste dürfen als „Erträge" aus Verlustübernahme vor der Position 20 „Jahresüberschuss bzw. Jahresfehlbetrag" ausgewiesen werden.

b) Die vom Gesetzgeber erhobene Forderung, eine unter Beachtung der GoB den tatsächlichen Verhältnissen entsprechende Abbildung der Ertragslage vorzunehmen, wird von der Gewinn- und Verlustrechnung nach § 275 HGB nur teilweise erfüllt.

c) Entsprechendes gilt für die mögliche Forderung nach Abbildung einer unter Beachtung der GoB den tatsächlichen Verhältnissen entsprechenden Aufwandslage.

d) Auch der vom Gesetzgeber neu postulierte Zweck, eine unter Beachtung der GoB den tatsächlichen Verhältnissen entsprechende Abbildung der Finanzlage, wird durch die Gewinn- und Verlustrechnung nicht erreicht. Denn eine Reihe von liquiditätswirksamen Erträgen bzw. Aufwendungen dürfen mit nicht liquiditätswirksamen Erträgen bzw. Aufwendungen zusammengefasst werden.

e) Der Forderung einer Offenlegung der Beziehungen zu verbundenen Unternehmen wird die Gewinn- und Verlustrechnung nach § 275 HGB nur teilweise gerecht. Allein bei den Erträgen und Aufwendungen des finanziellen Bereichs sind Vermerke „davon von verbundenen Unternehmen" bzw. „davon an verbundene Unternehmen" vorgesehen, nicht dagegen bei den Umsatzerlösen und den Aufwendungen für Roh-, Hilfs- und Betriebsstoffe sowie für bezogene Waren.

6) Abschließend sei ein Vorschlag für eine vom gesetzlichen Schema abweichende Gewinn- und Verlustrechnung nach dem Gesamtkostenverfahren gemacht (vgl. Abbildungen 43 und 44).

Dabei wird darauf verzichtet, wie früher im Rahmen der Kontoform üblich, einen Gewinn den Aufwendungen bzw. einen Verlust den Erträgen hinzuzuzählen. Damit wurde ein Ausgleich der beiden Seiten erreicht. Es handelte sich dabei zwar nur um eine formale Ausgeglichenheit, sie barg aber gleichwohl die Gefahr von Missverständnissen in sich. Stattdessen wird trotz der gewählten Kontoform am Ende nur ein Saldo ausgewiesen.

Abbildung 43:
Gewinn- und Verlustrechnung nach dem Gesamtkostenverfahren unter Berücksichtigung der Positionen des HGB in Kontoform

Aufwendungen	Erträge
1. Materialaufwendungen	1. Umsatzerlöse
2. Personalaufwendungen	2. Erhöhung oder Verminderung des Bestands an fertigen und unfertigen Erzeugnissen
3. Abschreibungen	
4. Sonstige betriebliche Aufwendungen	Zwischensumme
5. Abschreibungen auf Finanzanlagen und auf Wertpapiere des Umlaufvermögens	3. Andere aktivierte Eigenleistungen
	4. Sonstige betriebliche Erträge
	5. Erträge aus Beteiligungen
6. Zinsen und ähnliche Aufwendungen	6. Erträge aus anderen Wertpapieren und Ausleihungen des Finanzanlagevermögens
7. Aufwendungen aus Verlustübernahme	
8. Außerordentliche Aufwendungen	7. Sonstige Zinsen und ähnliche Erträge
9. Steuern vom Einkommen und vom Ertrag	8. Erhaltene Gewinne
10. Sonstige Steuern	9. Außerordentliche Erträge
11. Abgeführte Gewinne	10. Erträge aus Verlustübernahme
Summe der Aufwendungen	Summe der Erträge
Jahresüberschuss bzw. Jahresfehlbetrag	

Abbildung 44:
Vorschlag für eine zu § 275 HGB alternative Gliederung der Gewinn- und Verlustrechnung nach dem Gesamtkostenverfahren

Aufwendungen	Erträge
1. planmäßige Abschreibungen 2. Materialaufwendungen 3. Dienstleistungsaufwendungen 4. Personalaufwendungen 5. Zinsaufwendungen 6. Verlustübernahmen 7. außerplanmäßige Abschreibungen 8. Mindererlöse bei Verkäufen von Vermögensgegenständen 9. Bildung von Rückstellungen 10. Sonstige Aufwendungen 11. Steueraufwendungen	1. Erträge durch Produktion und Absatz von Erzeugnissen ./. Einsatz von unfertigen Erzeugnissen 2. Erträge bei Lagerverkauf von Erzeugnissen 3. Erträge durch Vorratsproduktion von fertigen Erzeugnissen 4. Erträge durch Vorratsproduktion von unfertigen Erzeugnissen 5. Erträge durch Selbsterstellung von Einsatzgütern 6. Dienstleistungserträge 7. Zinserträge 8. Dividendenerträge 9. Zuschreibungen 10. Mehrerlöse bei Verkäufen von Vermögensgegenständen 11. Sonstige Erträge 12. Subventionen
Summe der Aufwendungen	Summe der Erträge
Jahresgewinn oder Jahresverlust	
bei Jahresgewinn: ./. gewinnabhängige Steuern = Gewinn nach Steuern ./. Gewinnbeteiligungen ./. aufgrund von Gewinnverträgen abgeführte Gewinne = disponibler Gewinn	
bei Jahresverlust: + aufgrund von Ergebnisverträgen erhaltene Verlustdeckungen = noch zu deckender Verlust	

7.6.2. Gliederung der Aufwendungen und der Erträge im Rahmen des Umsatzkostenverfahrens

1) Wir wollen hier nach dem für das Umsatzkostenverfahren in § 275 Abs. 3 HGB vorgeschriebenen Gliederungsschema vorgehen, das in Abbildung 45 nur von Position 1 bis Position 7 wiedergegeben ist, da die anderen Positionen genauso bezeichnet sind wie im Gesamtkostenverfahren.[1]

2) Anders als das HGB schreiben die IAS kein festes Gliederungsschema vor. Es werden jedoch eine Reihe von Angaben verlangt (IAS 1.75), die in einer dem gewählten Umsatzkostenverfahren entsprechenden Reihenfolge anzuordnen sind (vgl. Abbildung 46).

Auch aus den US-GAAP lässt sich kein bestimmtes Gliederungsschema ableiten. Den börsennotierten Unternehmen in den USA ist jedoch durch die Securities Exange Commission ein Gerüst vorgegeben (vgl. Abbildung 47).

Abbildung 45:
Gewinn- und Verlustrechnung der großen Kapitalgesellschaft
entsprechend dem Umsatzkostenverfahren nach HGB

---

1. Umsatzerlöse
2. Herstellungskosten der zur Erzielung der Umsatzerlöse erbrachten Leistungen
   (bei Wahl des Umsatzkostenverfahrens sind Materialaufwand und Personalaufwand des Geschäftsjahrs entsprechend der Gliederung der Gewinn- und Verlustrechnung nach dem Gesamtkostenverfahren gem. 275 Abs. 2 HGB im Anhang anzugeben; § 285 Nr. 8 HGB; die Abschreibungen auf Sachanlagen, auf immaterielle Gegenstände des Anlagevermögens und auf aktivierte Aufwendungen für die Ingangsetzung und Erweiterung des Geschäftsbetriebs gem. § 275 Abs. 2 Pos. 7a sind aus dem Anlagenspiegel gemäß § 268 Abs. 2 HGB ersichtlich)
3. Bruttoergebnis vom Umsatz
4. Vertriebskosten
5. Allgemeine Verwaltungskosten
6. Sonstige betriebliche Erträge
   - davon Erträge aus der Auflösung des Sonderpostens mit Rücklageanteil
7. Sonstige betriebliche Aufwendungen
   - davon Einstellungen in den Sonderpostens mit Rücklageanteil

(Fortsetzung siehe Position 9 der Gewinn- und Verlustrechnung entsprechend dem Gesamtkostenverfahren nach § 275 Abs. 2)

---

[1] Zum Umsatzkostenverfahren vgl. auch Rogler, Silvia: Gewinn- und Verlustrechnung nach dem Umsatzkostenverfahren.

Abbildung 46:
Mindestgliederungsvorschriften der Gewinn- und Verlustrechnung entsprechend dem Umsatzkostenverfahren nach IAS

Revenue (Umsatzerlöse)
Costs of sales (Kosten der umgesetzten Leistungen)
Gross profit (Bruttoergebnis vom Umsatz)
Other operating income (Sonstige betriebliche Erträge)
Distribution costs (Vertriebskosten)
Administrative expenses (Sonstige Verwaltungskosten)
Other operating expenses (Sonstige betriebliche Aufwendungen)
Profit or loss on sale of discontinuing operations (Ergebnis aus der Aufgabe von Geschäftsbereichen)
Operating profit (Betriebsergebnis)
Finance costs (Finanzergebnis ohne Equity-Gesellschaften)
Income from associates (Ergebnisbeiträge aus Equity-Gesellschaften)
Profit or loss before tax (Ergebnis vor Steuern)
Income tax expense (Ertragsteuern)
Profit or loss after tax (Ergebnis nach Steuern)
Minority interest (Anteil der Minderheitsgesellschafter am Ergebnis)
Profit or loss from ordinary activities (Ergebnis der gewöhnlichen Geschäftstätigkeit)
Extraordinary items (Außerordentliches Ergebnis)
Net profit or loss for the period (Ergebnis der Periode)
Earnings per share (Ergebnis je Aktie)

Quelle: Coenenberg, Adolf Gerhard: Jahresabschluss und Jahresabschlussanalyse, S. 442

Abbildung 47:
Mindestgliederungsvorschriften der Gewinn- und Verlustrechnung entsprechend dem Umsatzkostenverfahren nach US-GAAP

Operating Section (Betriebstätigkeit)
Net sales and gross revenues (Umsatzerlöse)
Costs and expenses applicable to sales (Kosten der umgesetzten Leistungen)
Other operating costs and expenses (Sonstige betriebliche Aufwendungen)
Selling, general and administrative expenes
(Vertriebs- und allgemeine Verwaltungskosten)
Provision for doubtful accounts and notes (Aufwand für zweifelhafte Forderungen)
Other general expenses (Sonstige Gemeinkosten)

Non-Operating Section (Betriebsfremde Tätigkeit)
Non-operating income (Sonstige (nicht-)betriebliche Erträge)
Interest and amortization of debt discount and expense
(Zinserträge und -aufwendungen)
Non-operating expenses (Sonstige (nicht-)betriebliche Aufwendungen)

Income or loss before income tax expenses and appropriate items below
(Ergebnis vor Steuern und anderen abzugrenzenden Positionen)
Income tax expense (Ertragsteuern)
Minority interest in income of consolidated subsidiaries
(Anteil der Minderheitsgesellschafter am Ergebnis)
Equity in earnings of unconsolidated subsidiaries and 50 % or less owned persons
(Anteil nicht konsolidierter Tochterunternehmen am Ergebnis)

Income or loss from continuing operations
(Ergebnis der gewöhnlichen Geschäftstätigkeit)
Discontinued operations (Ergebnis aus der Aufgabe von Geschäftsbereichen)

Income or loss before extraordinary items and cumulative effects of changes in accounting principles
(Ergebnis vor außerordentlichen Einflüssen und Auswirkungen durch den Wechsel der Bewertungsmethoden)
Extraordinary items, less applicable tax (Außerordentliches Ergebnis, abzüglich der gesondert auszuweisenden Ertragsteuern)
Cumulative effects of changes in accounting principles
(Gesamtauswirkung durch den Wechsel der Bewertungsmethoden)

Net income or loss (Ergebnis der Periode)
Earnings per share (Ergebnis je Aktie)

Quelle: Coenenberg, Adolf Gerhard: Jahresabschluss und Jahresabschlussanalyse, S. 443

II. Die handelsrechtliche Bilanz sowie Gewinn- und Verlustrechnung 293

7.6.2.1. Umsatzerlöse

An der Spitze steht beim Umsatzkostenverfahren, wie beim Gesamtkostenverfahren, die Position „Umsatzerlöse". Für die Abgrenzung der Umsatzerlöse gilt das Gleiche, was bereits dort ausgeführt wurde.

7.6.2.2. Herstellungskosten der zur Erzielung der Umsatzerlöse erbrachten Leistungen

1) Der Position Umsatzerlöse folgt beim Umsatzkostenverfahren nicht, wie beim Gesamtkostenverfahren, diejenige der Bestandsänderungen. Die Umsatzerlöse, die eine Einnahmengröße darstellen, werden also beim Umsatzkostenverfahren nicht, wie beim Gesamtkostenverfahren, im Hinblick auf eine Ertragsgröße korrigiert. Den Umsatzerlösen folgt vielmehr die Position „Herstellungskosten der zur Erzielung der Umsatzerlöse erbrachten Leistungen". Das Spezifische des Umsatzkostenverfahrens wird gerade in der Gegenüberstellung der Umsatzerlöse und der ihnen entsprechenden Aufwendungen gesehen.

2) Mit den Herstellungs"kosten" der zur Erzielung der Umsatzerlöse erbrachten Leistungen sind allerdings nicht Kosten im betriebswirtschaftlichen Sinne, sondern Aufwendungen gemeint. Denn es handelt sich hierbei um eine Position im Rahmen der Gewinn- und Verlustrechnung, die vom Gesetzgeber selbst in § 242 HGB als eine Aufwands- und Ertragsrechnung definiert wird.

3) Mit den Kosten der „Herstellung" könnte, wie im sog. Kalkulationsschema der Kostenrechnung, die Summe aus Materialkosten und Fertigungskosten gemeint sein. Die Materialkosten setzen sich zusammen aus Materialeinzelkosten (d. h. dem Wert des Rohstoffverbrauchs) und Materialgemeinkosten (d. h. den Kosten des Einkaufs und der Lagerung). Die Fertigungskosten bestehen ebenfalls aus Einzelkosten (im allgemeinen Fertigungslohnkosten) und Gemeinkosten (Hilfslohnkosten, Gehaltskosten, Hilfs- und Betriebsstoffkosten, Abschreibungskosten, etc.).[1]

Ausgeschlossen bleiben die Vertriebskosten (die unter der Position 4 auszuweisen sind) und die allgemeinen Verwaltungskosten (die unter der Position 5 auszuweisen sind). Solche Verwaltungskosten, die im Material- bzw. Einkaufsbereich oder im Fertigungsbereich anfallen, sind bei den Materialkosten bzw. bei den Fertigungskosten mit zu erfassen.

4) Mit den „erbrachten Leistungen" müssen, entsprechend der Abgrenzung der Umsatzerlöse, gemeint sein: die verkauften und vermieteten Erzeugnisse, die verkauften und vermieteten Handelswaren sowie die Dienstleistungen, soweit sie jeweils für die gewöhnliche Geschäftstätigkeit der Kapitalgesellschaft typisch sind.

---

[1] Vgl. auch Eichmann, Andreas Alexander: Industrielle Fertigungskostenrechnung, S. 19 ff.

5) Nur für einen Teil der genannten erbrachten Leistungen passt der Begriff der Herstellungskosten, nämlich für die verkauften Erzeugnisse. Für die anderen erbrachten Leistungen muss der Begriff der Herstellungskosten uminterpretiert werden, damit man eine entsprechend sinnvolle Kostengröße erhält.

Demnach sind unter den Herstellungskosten der zur Erzielung der Umsatzerlöse erbrachten Leistungen zu subsumieren:

a) die Herstellungskosten der verkauften Erzeugnisse, ausschließlich der Vertriebskosten und der allgemeinen Verwaltungskosten;

b) die Abschreibungen von Herstellungskosten der vermieteten Erzeugnisse, zuzüglich der im Betrieb für die Vermietung angefallenen Kosten, ausschließlich der Vertriebskosten und der allgemeinen Verwaltungskosten;

c) die Anschaffungskosten der verkauften Handelswaren, zuzüglich der im Betrieb für die Handelswaren angefallenen Kosten (z. B. der Lagerkosten), allerdings ausschließlich der Vertriebskosten und der allgemeinen Verwaltungskosten;

d) die Abschreibungen von Anschaffungskosten der vermieteten Handelswaren zuzüglich der im Betrieb für die Vermietung angefallenen Kosten, ausschließlich der Vertriebskosten und der allgemeinen Verwaltungskosten;

e) die Kosten für das Erbringen derjenigen Dienstleistungen, deren Erlöse unter den Umsatzerlösen ausgewiesen sind, ausschließlich der Vertriebskosten und der allgemeinen Verwaltungskosten.

Dabei handelt es sich um recht verschiedenartige Kosten bzw. Aufwendungen. Ihre Zusammenfassung unter eine Position ist wenig glücklich, aber eine Folge der weiten und heterogenen Abgrenzung der Umsatzerlöse.

Herstellungskosten der verkauften Erzeugnisse

Den wichtigsten Bestandteil der Herstellungskosten der zur Erzielung der Umsatzerlöse erbrachten Leistungen bilden im Allgemeinen diejenigen der verkauften Erzeugnisse. Sie setzen sich wiederum zusammen aus:

a) den Herstellungskosten der im abgelaufenen Geschäftsjahr verkauften und hergestellten Erzeugnisse;

b) den Herstellungskosten der im abgelaufenen Geschäftsjahr verkauften, aber vorher hergestellten Erzeugnisse.

Bei den genannten Herstellungskosten handelt es sich also zum Teil um Kosten des abgelaufenen Geschäftsjahrs, zum Teil um Kosten vorhergehender Geschäftsjahre. Dass sich die Herstellungskosten auf unterschiedliche Jahre beziehen, ist ein weiteres Spezifikum des Umsatzkostenverfahrens, in welchem man einen Verstoß gegen das Prinzip einer periodengerechten Abgrenzung sehen kann.

Herstellungskosten der im Geschäftsjahr verkauften und hergestellten Erzeugnisse

1) Wenden wir uns zunächst den Herstellungskosten der im abgelaufenen Geschäftsjahr verkauften und hergestellten Erzeugnisse zu. Was unter Herstellungs-

II. Die handelsrechtliche Bilanz sowie Gewinn- und Verlustrechnung

kosten in der Gewinn- und Verlustrechnung genau verstanden werden soll, bleibt im HGB offen. Es liegt nahe, wie schon gedeutet, diese Herstellungskosten den Herstellungskosten des Kalkulationsschemas der Kostenrechnung gleichzusetzen. Abweichend davon werden gelegentlich in der Literatur diese Herstellungskosten den Herstellungskosten gleichgesetzt, die nach § 255 HGB als Bewertungsmaßstab für Vermögensgegenstände dienen.[1]

Es stehen sich also zwei Auffassungen gegenüber:[2]

a) Herstellungskosten der Pos. 2 der Gewinn- und Verlustrechnung nach dem Gesamtkostenverfahren = Herstellungskosten des Kalkulationsschemas;

b) Herstellungskosten der Pos. 2 der Gewinn- und Verlustrechnung nach dem Umsatzkostenverfahren = Herstellungskosten der Bewertungsvorschrift des § 255 HGB.

2) Zugunsten der Interpretationsmöglichkeit b) könnte angeführt werden, dass der Gesetzgeber in der Gewinn- und Verlustrechnung den gleichen Begriff wie in § 255 HGB benutzt. Dies ist nicht zu bestreiten. Aber bedauerlicherweise sind in der Terminologie des Gesetzgebers öfter Unstimmigkeiten festzustellen, so wenn er die Gewinn- und Verlustrechnung als Aufwands- und Ertragsrechnung definiert, dann jedoch statt von Aufwendungen von Kosten spricht.

Gestützt wird die These einer terminologischen Nachlässigkeit des deutschen Gesetzgebers durch den englischen und französischen Text der den Vorschriften des HGB zugrunde liegenden 4. EG-Richtlinie, in dem unterschiedliche Begriffe für die Herstellungskosten im Rahmen der Bewertung und die Position 2 der Gewinn- und Verlustrechnung verwendet werden.

3) Zugunsten der Interpretationsmöglichkeit b) wird zudem angeführt,[3] dass der Gesetzgeber die Abgrenzung der Herstellungskosten in § 255 HGB nicht auf die Bestandsbewertung beschränkt. Sie gelte folglich auch für andere Zwecke. Es sei ohnehin eine einheitliche Bewertung in Bilanz sowie Gewinn- und Verlustrechnung vorzunehmen, da diese Rechnungen eine Einheit bildeten.

Dazu ist zu sagen, dass der Gesetzgeber die Abgrenzung der Herstellungskosten in § 255 HGB zusammen mit derjenigen der Anschaffungskosten vornimmt und dass die Anschaffungskosten ohne Zweifel lediglich einen Wertmaßstab darstellen. Gleiches muss man auch für die Herstellungskosten des § 255 HGB gelten lassen. Zudem wird die Abgrenzung der Anschaffungs- und Herstellungskosten im Rahmen der Vorschriften für die Bewertung von Vermögensgegenständen vorgenommen.

Die Forderung nach einem einheitlichen Vorgehen in Bilanz sowie Gewinn- und Verlustrechnung verkennt die Unterschiede, die zwischen der Bewertung eines

---

[1] Vgl. Förschle, Gerhart (Beck Bil-Komm.), § 275 Anm. 269.
[2] Vgl. Rogler, Silvia: Gewinn- und Verlustrechnung nach dem Umsatzkostenverfahren, S. 46 ff.; Rogler, Silvia: Herstellungskosten beim Umsatzkostenverfahren, S. 1459 ff.
[3] Vgl. Förschle, Gerhart (Beck Bil-Komm.), § 275 Anm. 269; Selchert, Friedrich Wilhelm: Herstellungskosten im Umsatzkostenverfahren, S. 2397 ff.

Vermögensgegenstands einerseits, der Bemessung von Erträgen und Aufwendungen andererseits bestehen. Die Vermögensgegenstände, vor allem die selbsterstellten, sollen in der Bilanz keinesfalls zu hoch bewertet werden. Entsprechendes gilt für die Bemessung der Erträge aufgrund der Selbsterstellung von Vermögensgegenständen, die allerdings nur in einer Gewinn- und Verlustrechnung nach dem Gesamtkostenverfahren angesetzt werden. Die gleiche Einstellung ist dagegen bei der Bemessung der Aufwendungen nicht angebracht. Sie sollen in ihrer tatsächlichen Höhe, im Zweifel jedoch eher zu hoch als zu niedrig angesetzt werden.

4) Gegen die Interpretationsmöglichkeit b) spricht unseres Erachtens insbesondere noch der große Spielraum, den der Gesetzgeber bei der Abgrenzung der Herstellungskosten als Wertansatz für Vermögensgegenstände eingeräumt hat. Dieser mag für den genannten Zweck wegen des Vorsichtsprinzips noch vertretbar sein. Keinesfalls wäre er jedoch gerechtfertigt bei der Abgrenzung der Herstellungskosten für die Gewinn- und Verlustrechnung.

5) Welche Konsequenzen würde es nun haben, die Herstellungskosten im Sinne der Möglichkeit b) zu interpretieren? Es bestünde ein Wahlrecht zwischen dem Ansatz der totalen Herstellungskosten und dem Ansatz von partiellen Herstellungskosten in Position 2.

Im Extremfall könnten nur die Einzelkosten der Herstellung, d. h. die Materialeinzelkosten und die Fertigungseinzelkosten sowie etwaige Sondereinzelkosten der Fertigung, in Position 2 angesetzt werden. Die verbleibenden Herstellungskosten müssten unter den Sonstigen betrieblichen Aufwendungen subsumiert werden. Auf diese Weise würde in Position 2, die immerhin mit Herstellungskosten bezeichnet ist, nur ein Teil der Herstellungskosten ausgewiesen werden, in einer anders lautenden Position der verbleibende Teil. Ein solcher Ausweis wäre völlig verwirrend.

Zudem wäre die Aufspaltung der Herstellungskosten nicht damit zu vereinbaren, dass unter Position 4 alle Vertriebskosten und unter Position 5 alle allgemeinen Verwaltungskosten ausgewiesen werden müssen. Denn ein weiteres Spezifikum des Umsatzkostenverfahrens nach § 275 HGB besteht gerade darin, die Kosten nach Funktionsbereichen auszuweisen. Dieses Prinzip würde durchbrochen werden durch den Ausweis eines Teils der Herstellungskosten unter den Herstellungskosten der Position 2 und des verbleibenden Teils der Herstellungskosten unter den Sonstigen betrieblichen Aufwendungen.

6) Aus den genannten Gründen ist es weder sinnvoll noch scheint es den Intentionen des Gesetzgebers zu entsprechen, die Herstellungskosten im Sinne der Möglichkeit b), d. h. im Sinne der Bewertungsvorschriften, zu interpretieren. Die im abgelaufenen Geschäftsjahr verkauften und hergestellten Erzeugnisse sind also mit ihren Herstellungskosten im kostenrechnerischen Sinne in die Position 2 einzubeziehen, d. h. mit ihren vollen Materialkosten und ihren vollen Fertigungskosten.

Herstellungskosten der im Geschäftsjahr verkauften, aber vorher hergestellten Erzeugnisse

1) Mit welchen Herstellungskosten sind nun die im abgelaufenen Geschäftsjahr verkauften, aber vorher hergestellten Erzeugnisse in die Position 2 einzubeziehen? Die genannten Erzeugnisse konnten in der Schlussbilanz des Vorjahres entsprechend den Bewertungsvorschriften für Vermögensgegenstände angesetzt worden sein:

a) mit ihren vollen Herstellungskosten (Fall 1);

b) mit einem Teil ihrer Herstellungskosten, z. B. mit ihren Herstellungseinzelkosten (Fall 2);

c) mit einem niedrigeren Stichtagswert, abgeleitet etwa von einem geschätzten Verkaufswert (Fall 3).

2) Der Fall a) ist problemlos. Die im abgelaufenen Jahr verkauften, im Vorjahr hergestellten und in der Vorjahresbilanz mit ihren vollen Herstellungskosten bewerteten Erzeugnisse sind mit ihren vollen Herstellungskosten in die Position 2 der Gewinn- und Verlustrechnung des abgelaufenen Jahrs zu übernehmen.

3) Im Fall b) stellt sich die Frage: Wie sollen die im abgelaufenen Jahr verkauften, im Vorjahr hergestellten und in der Vorjahresbilanz mit partiellen Herstellungskosten bewerteten Erzeugnisse in die Position 2 der Gewinn- und Verlustrechnung des abgelaufenen Jahrs einbezogen werden

- entweder mit den damals angesetzten partiellen Herstellungskosten (Alternative x)

- oder mit ihren jetzt noch nachträglich festzustellenden vollen Herstellungskosten (Alternative y)?

Verfährt man entsprechend der Alternative x, werden unter den Herstellungskosten der Position 2 Herstellungskosten zweierlei Art ausgewiesen: einerseits die vollen Herstellungskosten der im abgelaufenen Jahr hergestellten und verkauften Erzeugnisse, andererseits die partiellen Herstellungskosten der im Vorjahr hergestellten und im abgelaufenen Jahr verkauften Erzeugnisse. Die Position 2 wird schwer interpretierbar, ihr Aussagewert eingeschränkt.

Dies wirkt sich auf die Position 3, das Bruttoergebnis vom Umsatz, aus. Einer der Vorzüge des Umsatzkostenverfahrens wird gerade darin gesehen, die Umsatzerlöse und die Herstellungskosten unmittelbar einander gegenüberstellen und ein Bruttoergebnis vom Umsatz ermitteln zu können. Wie aber soll ein Ergebnis interpretiert werden, das zum Teil ein Ergebnis aus Umsatzerlösen abzüglich totalen Herstellungskosten und zum Teil ein Ergebnis aus Umsatzerlösen abzüglich partiellen Herstellungskosten ist? Je höher der Anteil der im Vorjahr hergestellten und im abgelaufenen Jahr verkauften Erzeugnisse, um so günstiger erscheint jeweils das Bruttoergebnis vom Umsatz.

Verfährt man entsprechend der Alternative y, ist der Aussagewert der Position 2 ebenso wie derjenige der Position 3 höher einzuschätzen. Man wird dem Umsatzkostenverfahren eher gerecht. Allerdings ergibt sich nun eine Diskrepanz zwischen dem Ansatz in der Bilanz des Vorjahrs und demjenigen in der Gewinn- und Verlustrechnung des abgelaufenen Jahrs: in Höhe der damals bei der Bewertung nicht berücksichtigten Herstellungskosten. Diese Diskrepanz bedarf des Ausgleichs, indem ein Ertrag in der Gewinn- und Verlustrechnung des abgelaufenen Jahrs ausgewiesen wird, wofür nur die Position der Sonstigen betrieblichen Erträge in Betracht kommt. Um einen Ertrag im materiellen Sinne handelt es sich dabei jedoch kaum. Dieser Ertrag ist allenfalls einer Zuschreibung vergleichbar, der Rückgängigmachung einer zu niedrigen früheren Bewertung.

Zudem musste in Höhe der damals bei der Bewertung nicht berücksichtigten Herstellungskosten ein Aufwand in der Gewinn- und Verlustrechnung des Vorjahrs ausgewiesen werden. Dieser würde nun in der Gewinn- und Verlustrechnung des abgelaufenen Jahrs, nach Neutralisierung durch einen entsprechenden Ertrag, nochmals als Aufwand erscheinen.

Die Alternative y ist also ebenso wenig befriedigend wie die Alternative x. Eine überzeugende Lösung ist angesichts der Ausgangslage überhaupt nicht möglich. Das Dilemma besteht darin, dass der Gesetzgeber das Umsatzkostenverfahren eingeführt hat unter Beibehaltung des großen Spielraums bei der Bewertung der fertigen Erzeugnisse. Dieser Spielraum lässt sich mit einem aussagefähigen Umsatzkostenverfahren nicht vereinbaren. Auf eines von beiden hätte verzichtet werden müssen. Da dies nicht geschehen ist und bei der gegebenen Rechtslage ein Ausweg gefunden werden muss, sind die Alternativen x und y gegeneinander abzuwägen. Das kleinere Übel scheint die Alternative x darzustellen, d. h. die im Vorjahr mit partiellen Herstellungskosten bewerteten Erzeugnisse mit eben diesen Kosten in die Position 2 einzubeziehen.

4) Im Fall c) ist die Problematik fast die gleiche wie im Fall b). Die im Vorjahr hergestellten Erzeugnisse mussten wegen überhöhter Herstellungskosten oder gesunkener Verkaufspreise noch im Vorjahr abgewertet werden. Bei ihrem Verkauf im abgelaufenen Geschäftsjahr dürften daher nur relativ niedrige Preise erzielt worden sein. Werden diese Erzeugnisse nun mit ihrem Buchwert des Vorjahrs in die Position 2 einbezogen, dann ist dies nur schwer mit der Bezeichnung dieser Position zu vereinbaren. Auch das Bruttoergebnis vom Umsatz wird verfälscht. Aber der Buchwert spiegelt immerhin reale Verhältnisse wider, anders als die aufgrund des Bewertungsmethodenwahlrechts angesetzten partiellen Herstellungskosten.

Herstellungskosten der im Geschäftsjahr hergestellten, aber noch nicht verkauften Erzeugnisse

1) In diesem Zusammenhang soll auch die Frage diskutiert werden, wie die Herstellungskosten der im Geschäftsjahr hergestellten, aber noch nicht verkauften Erzeugnisse zu behandeln sind. Das Wesen des Umsatzkostenverfahrens besteht darin, diese der Gewinn- und Verlustrechnung fern zu halten und direkt in die Bilanz als Wertansatz der fertigen bzw. unfertigen Erzeugnisse zu übernehmen.

2) Dies ist unproblematisch, wenn die Bestände an fertigen bzw. unfertigen Erzeugnissen mit ihren vollen Herstellungskosten bewertet werden.

3) Schwieriger ist es, wenn in Ausnutzung des bestehenden Bewertungswahlrechts die Bestände nur mit einem Teil ihrer Herstellungskosten bewertet werden, z. B. lediglich mit ihren Herstellungseinzelkosten, bewerten will. In diesem Fall müssen die nicht aktivierten Herstellungskosten, z. B. die Herstellungsgemeinkosten, in der Gewinn- und Verlustrechnung ausgewiesen werden. In der Literatur wird vorgeschlagen, sie unter Position 2, d. h. als Herstellungskosten der zur Erzielung der Umsatzerlöse erbrachten Leistungen, auszuweisen.[1]

Dies wird u. a. damit begründet, dass eine bessere internationale Vergleichbarkeit, d. h. vor allem eine bessere Vergleichbarkeit mit der amerikanischen Praxis, gegeben sei.[2] Dagegen ist einzuwenden, dass nach US-GAAP eine Bewertung zu Vollkosten vorgeschrieben ist und sich dort somit dieses Problem nicht stellt.

Gegen den Ausweis nicht aktivierter Herstellungskosten unter Position 2 spricht, dass er nicht mit der Zielsetzung des Umsatzkostenverfahrens vereinbar ist, die Umsatzerlöse und die Herstellungskosten auf das gleiche Mengengerüst zu beziehen.[3]

Da keine spezielle Position im Gliederungsschema vorgesehen ist, bleibt nur der Ausweis unter den Sonstigen betrieblichen Aufwendungen. Dieser Ausweis stimmt auch mit der Begründung des Rechtsausschusses zu § 275 HGB überein, in der es heißt: „Sofern Unternehmen Vorräte und Eigenleistungen mit Vollkosten aktivieren und dann vermutlich keine entsprechenden Aufwendungen haben, brauchen sie diesen Posten [sonstige betriebliche Aufwendungen] nicht aufzunehmen."[4]

Zusammenfassung

1) Festzustellen bleibt: Als Herstellungskosten der verkauften Erzeugnisse sind unter Position 2 auszuweisen:

a) die vollen Herstellungskosten der im abgelaufenen Jahr verkauften und hergestellten Erzeugnisse;

b) die vollen Herstellungskosten der im abgelaufenen Jahr verkauften und vorher hergestellten Erzeugnisse, wenn diese Erzeugnisse in der Bilanz des Vorjahrs entsprechend dem bestehenden Bewertungsmethodenwahlrecht mit ihren vollen Herstellungskosten aktiviert wurden,

oder die partiellen Herstellungskosten der im abgelaufenen Jahr verkauften und vorher hergestellten Erzeugnisse, wenn diese Erzeugnisse in der Bilanz des Vorjahrs entsprechend dem bestehenden Bewertungsmethodenwahlrecht mit partiellen Herstellungskosten aktiviert wurden,

---

[1] Vgl. Adler/Düring/Schmaltz, § 275 Anm. 223; Förschle, Gerhart (Beck Bil-Komm.), § 275 Anm. 276.
[2] Vgl. Borchert, Dierk (Küting/Weber, 4. Aufl.), § 275 Anm. 126.
[3] Vgl. Rogler, Silvia: Gewinn- und Verlustrechnung nach dem Umsatzkostenverfahren, S. 64 ff.
[4] Deutscher Bundestag: Drucksache 10/4268, S. 108.

oder die um außerplanmäßige Abschreibungen verminderten Herstellungskosten der im abgelaufenen Jahr verkauften und vorher hergestellten Erzeugnisse, wenn diese Erzeugnisse in der Bilanz des Vorjahrs entsprechend dem Abwertungsgebot abgewertet wurden,

kurz: jeweils der Betrag, mit welchem die im abgelaufenen Jahr verkauften und vorher hergestellten Erzeugnisse in der Bilanz des Vorjahrs aktiviert wurden.

2) Das was hier für die Herstellungskosten der verkauften Erzeugnisse ausgeführt wurde, gilt sinngemäß auch für die anderen Bestandteile der Position 2, wobei hier aber weniger Probleme auftreten, da keine Bewertungswahlrechte bestehen.

7.6.2.3. Bruttoergebnis vom Umsatz

1) Nach den Umsatzerlösen und den Herstellungskosten ist der Saldo aus beiden Größen in Position 3 unter der Bezeichnung „Bruttoergebnis vom Umsatz" auszuweisen.

2) Das Bruttoergebnis zu beurteilen, fällt schwer. Sein Aussagewert hängt von der Vergleichbarkeit der beiden Ausgangsgrößen ab. Eine Vergleichbarkeit zwischen den Umsatzerlösen und den Herstellungskosten besteht jedoch nur insofern, als sich beide Größen auf das gleiche Mengengerüst beziehen, nämlich auf die verkauften Erzeugnisse. Zugunsten dieser Vergleichbarkeit wird eine Vergleichbarkeit in anderer Hinsicht aufgegeben:

- Liegen Bestandsminderungen vor, handelt es sich bei den Umsatzerlösen nicht um eine Ertragsgröße, sondern um eine Einnahmengröße, bei den Herstellungskosten nicht um eine reine Aufwandsgröße. Zudem handelt es sich bei den Umsatzerlösen um Einnahmen des abgelaufenen Jahrs, bei den Herstellungskosten um Aufwendungen des abgelaufenen Jahrs sowie Beträge, die bereits in Vorjahren als Aufwendungen ausgewiesen wurden. Eine Vergleichbarkeit ist also nur bedingt gegeben. Die Fehler gleichen sich aber im Bruttoergebnis aus.

- Liegt keine Bestandsveränderung oder eine Bestandserhöhung vor, handelt es sich bei den Umsatzerlösen um eine Ertragsgröße und bei den Herstellungskosten um eine Aufwandsgröße. Die Vergleichbarkeit ist in diesem Fall gegeben.

3) Der Aussagewert des Bruttoergebnisses ist zudem recht unterschiedlich je nach Zusammensetzung der Herstellungskosten. Er ist hoch, wenn die Herstellungskosten den vollen Herstellungskosten der verkauften Erzeugnisse entsprechen. Er ist gering, wenn sich in den Herstellungskosten vermischen: volle Herstellungskosten der im abgelaufenen Jahr verkauften und hergestellten Erzeugnisse, partielle Herstellungskosten der im abgelaufenen Jahr verkauften, aber vorher hergestellten Erzeugnisse sowie niedrigere Stichtagswerte der im abgelaufenen Jahr verkauften, aber vorher hergestellten Erzeugnisse.

Ein hohes Bruttoergebnis vom Umsatz ist daher nicht in jedem Fall positiv zu beurteilen. Es kann u. a. darauf zurückzuführen sein, dass die im abgelaufenen Jahr verkauften, aber vorher hergestellten Erzeugnisse damals nur mit ihren Herstellungseinzelkosten oder mit niedrigeren Stichtagswerten bewertet worden sind.

4) Entsprechendes, wie hier für die verkauften Erzeugnisse ausgeführt, gilt für die vermieteten Erzeugnisse, die verkauften und die vermieteten Handelswaren sowie die anderen Umsatzobjekte.

7.6.2.4. Vertriebskosten

1) Nach dem Bruttoergebnis vom Umsatz wird die mit den Herstellungskosten begonnene Reihe der Kosten fortgeführt. In Position 4 sind die Vertriebskosten auszuweisen. Statt von „Vertriebs"kosten könnte auch von Verkaufskosten oder Absatzkosten gesprochen werden. Mit „Kosten" sind auch in diesem Fall Aufwendungen gemeint. Es würde also besser von Vertriebsaufwendungen gesprochen werden.

2) Die Vertriebskosten umfassen die Kosten für die einzelnen Tätigkeiten des Vertriebs wie Marktforschung und Werbung, Kundenbesuche und Kundendienst, Verpackung (auf jeden Fall für die sog. Außenverpackung), Lagerung, Verladung und Transport der vertriebenen Erzeugnisse und Handelswaren, Inkasso und Mahnwesen.[1] Sie setzen sich jeweils zusammen aus Kosten für abnutzbare Gebrauchsgüter (wie Abschreibungen von Lager- und Transporteinrichtungen), für Verbrauchsgüter (wie Betriebsstoffe, Verpackungsmaterial, Büromaterial, Werbematerial), für Arbeitsleistungen (wie Löhne und Gehälter) und für Dienstleistungen (wie Provisionen, Frachten, Versicherungsprämien). Hinzu kommen Zölle.

3) Die im Rahmen der Kostenrechnung übliche Unterscheidung nach Einzel- und Gemeinkosten ist hier irrelevant. Sowohl die sog. Sondereinzelkosten des Vertriebs als auch die Vertriebsgemeinkosten sind unter Position 4 auszuweisen.

4) Zu fragen ist allerdings, ob als Vertriebskosten der Position 4 ausgewiesen werden sollen:

a) die Vertriebskosten der im abgelaufenen Geschäftsjahr verkauften Erzeugnisse, gleich ob sie im abgelaufenen Jahr oder vorher angefallen sind;

b) die Vertriebskosten, die im abgelaufenen Geschäftsjahr angefallen sind, gleich ob sie sich auf verkaufte oder noch zu verkaufende Erzeugnisse beziehen.

Die Abgrenzung der Vertriebskosten nach der Alternative a) würde der Abgrenzung der Herstellungskosten in Position 2 entsprechen. Auf diese Weise ließe sich die Gegenüberstellung von Umsatzerlösen und den Kosten der umgesetzten Erzeugnisse über die Herstellungskosten hinaus fortführen. Die dem Umsatzkostenverfahren zugrundeliegende Idee würde konsequent verwirklicht werden. Der Gesetzgeber hat dies aber offenbar nicht beabsichtigt. So ist die Position 4 mit „Vertriebskosten" schlechthin bezeichnet, während bei Position 2 umständlich, aber deutlich von „Herstellungskosten der zur Erzielung der Umsatzerlöse erbrachten

---

[1] Vgl. auch Wundrack, Carsten: Industrielle Vertriebskostenrechnung, S. 6 ff.

Leistungen" die Rede ist. Die Vertriebskosten sind also entsprechend der Alternative b) abzugrenzen.

5) Warum der Gesetzgeber diese von den Herstellungskosten abweichende Abgrenzung der Vertriebskosten vorgenommen hat, ist schwer verständlich. Es könnte sein, dass er sich hierbei vom Verbot der Berücksichtigung von Vertriebskosten bei der Bewertung der fertigen und unfertigen Erzeugnisse in der Bilanz hat leiten lassen. Denn wegen dieses Verbots ist es nicht möglich, Vertriebskosten, die vor dem abgelaufenen Geschäftsjahr für hergestellte, aber noch nicht verkaufte Erzeugnisse angefallen waren, so wie entsprechende Herstellungskosten in das abgelaufene Geschäftsjahr zu übernehmen. Aber dieses Verbot ist, wie bereits begründet, nicht gerechtfertigt. Zumindest im Zusammenhang mit der Einführung des Umsatzkostenverfahrens hätte es einer Revision unterzogen werden sollen.

6) Die von den Herstellungskosten abweichende Abgrenzung der Vertriebskosten bedeutet, dass in Position 4 auszuweisen sind: die Vertriebskosten des abgelaufenen Geschäftsjahrs für im abgelaufenen Geschäftsjahr verkaufte und hergestellte Erzeugnisse, für im abgelaufenen Geschäftsjahr verkaufte, aber vorher hergestellte Erzeugnisse, für im abgelaufenen Geschäftsjahr hergestellte, aber noch nicht verkaufte Erzeugnisse sowie für noch herzustellende Erzeugnisse.

7) Entsprechendes, wie hier für die Vertriebskosten der verkauften Erzeugnisse ausgeführt, gilt für die vermieteten Erzeugnisse, die verkauften und vermieteten Handelswaren sowie die Dienstleistungen unter den Umsatzobjekten.

7.6.2.5. Allgemeine Verwaltungskosten

1) Die Herstellungskosten und die Vertriebskosten werden, wie es etwa dem Kalkulationsschema entspricht, ergänzt um die allgemeinen Verwaltungskosten (Position 5). Mit Kosten sind auch hier Aufwendungen gemeint.

2) Die allgemeinen Verwaltungskosten ließen sich negativ abgrenzen als Kosten, die keine Herstellungs- oder Vertriebskosten sind und die nicht unter die Sonstigen betrieblichen Aufwendungen fallen. Aber damit ist nicht viel gewonnen, so dass auch eine positive Bestimmung versucht werden muss.

3) Zunächst ist, ebenso wie bei den Vertriebskosten, zu fragen, ob in Position 5 die Verwaltungskosten der im abgelaufenen Geschäftsjahr verkauften Erzeugnisse, gleich ob sie im abgelaufenen Jahr oder vorher angefallen sind, ausgewiesen werden sollen.

Eine solche Abgrenzung der Verwaltungskosten würde der Abgrenzung der Herstellungskosten in Position 2 entsprechen. Die dem Umsatzkostenverfahren zugrunde liegende Idee ließe sich folgerichtig verwirklichen. Der Gesetzgeber hat dies aber auch hier offenbar nicht beabsichtigt. Die Position 5 ist mit „Allgemeine Verwaltungskosten" schlechthin bezeichnet. Eine Einschränkung auf Kosten der zur Erzielung der Umsatzerlöse erbrachten Leistungen wie in Position 2 liegt nicht vor.

Warum der Gesetzgeber, nachdem er schon das Umsatzkostenverfahren eingeführt hat, dieses nicht mit mehr Konsequenz ausgestaltet hat, ist schwer einzusehen. Denn die Verwaltungskosten, die vor dem abgelaufenen Geschäftsjahr für hergestellte, aber noch nicht verkaufte Erzeugnisse angefallen waren, hätten sich, wie Herstellungskosten und anders als Vertriebskosten, ohne Schwierigkeiten in das abgelaufene Geschäftsjahr übernehmen lassen. Ein Verbot, Verwaltungskosten bei der Bewertung der fertigen und unfertigen Erzeugnisse in der Bilanz zu berücksichtigen, besteht nicht.

4) Wenn in Position 5 nicht die Verwaltungskosten der im abgelaufenen Geschäftsjahr verkauften Erzeugnisse auszuweisen sind, dann ist weiter zu fragen: Sollen hier nun die Verwaltungskosten des abgelaufenen Geschäftsjahrs, gleich ob sie sich auf schon verkaufte oder auf noch zu verkaufende Erzeugnisse beziehen, ausgewiesen werden?

Die Problematik ist eine andere als bei den Vertriebskosten, weil für die Vertriebskosten ein Aktivierungsverbot, für die Verwaltungskosten dagegen ein Aktivierungswahlrecht gilt. Werden entsprechend diesem Aktivierungswahlrecht allgemeine Verwaltungskosten bei der Bewertung der im abgelaufenen Geschäftsjahr hergestellten Erzeugnisse in der Bilanz berücksichtigt, dürfen sie beim Umsatzkostenverfahren nicht auch noch in die Gewinn- und Verlustrechnung einbezogen werden. Sie müssten also hier außer Acht bleiben.

In der Literatur wird allerdings auch vorgeschlagen, sie von den Herstellungskosten abzuziehen. Dies geschieht, wenn die Herstellungskosten der abgesetzten Mengeneinheiten dadurch ermittelt werden, dass die aktivierten Herstellungskosten von den Herstellungskosten der produzierten Mengeneinheiten abgezogen werden.[1] Eine solche Behandlung aktivierter Verwaltungskosten wird auch aus Vereinfachungsgründen für zulässig erachtet.[2] Bei dieser Vorgehensweise werden aber die Herstellungskosten um den Betrag der aktivierten Verwaltungskosten zu niedrig ausgewiesen; sie ist daher abzulehnen.

In Position 5 sind also anzusetzen: die Verwaltungskosten des abgelaufenen Geschäftsjahrs, abzüglich der im Zusammenhang mit den Erzeugnissen des abgelaufenen Geschäftsjahrs aktivierten Verwaltungskosten.

5) Schließlich ist zu fragen, ob in Position 5 alle Verwaltungskosten oder nur bestimmte Verwaltungskosten ausgewiesen werden sollen. Da der Gesetzgeber für diese Position die Bezeichnung „Allgemeine Verwaltungskosten" gewählt hat, gibt er zu erkennen, dass er allgemeine Verwaltungskosten von speziellen Verwaltungskosten abgrenzen will.

Für den Ausweis spezieller Verwaltungskosten kommen vor allem in Betracht die Position 2 „Herstellungskosten der zur Erzielung der Umsatzerlöse erbrachten Leistungen" (aber nur insoweit, als es sich um Verwaltungskosten für die zur Er-

---

[1] Vgl. Adler/Düring/Schmaltz, § 275 Anm. 223; Borchert, Dierk (Küting/Weber, 4. Aufl.), § 275 Anm. 132.
[2] Vgl. Borchert, Dierk (Küting/Weber, 4. Aufl.), § 275 Anm. 130.

zielung der Umsatzerlöse erbrachten Leistungen handelt) und die Position 4 „Vertriebskosten". Etwaige andere spezielle Verwaltungskosten müssten in Ermangelung geeigneter Positionen in Position 5 trotz ihres allgemeines Wortlauts mit erfasst werden.

Aber was sind nun spezielle Verwaltungskosten? Verwaltungstätigkeiten sind in allen Bereichen eines Unternehmens auszuüben, im Einkauf, in der Fertigung, im Vertrieb, im Finanzwesen; im Einkauf z. B. die Disposition, in der Fertigung die Fertigungsplanung und -steuerung. Die ihnen entsprechenden Verwaltungskosten, vor allem Personalkosten, sind aber ohnehin schon in die Einkaufs- und Fertigungskosten und damit in die Herstellungskosten bzw. in die Vertriebskosten eingegangen.

Bei speziellen Verwaltungskosten könnte man an Kosten für bestimmte Güterarten denken, wie solche für Kommunikation (Telefon, Telefax, e-mail, Porti) und Datenverarbeitung, die anteilig dem Einkauf, der Fertigung, dem Vertrieb und den anderen Bereichen zurechenbar sind.

Bei speziellen Verwaltungskosten könnte man auch an Kosten bestimmter Kostenstellen denken, wie solche für das Rechnungswesen, die Revision, die Organisation, die Personalabteilung, die man anteilig dem Einkauf, der Fertigung, dem Vertrieb und anderen Bereichen zuzurechnen versucht. Im Rahmen der Kostenrechnung wäre eine solche Umlage durchaus sinnvoll,[1] wenngleich sie dort im Allgemeinen unterbleibt, weil die genannten Verwaltungskosten unmittelbar auf die Kostenträger verrechnet werden, immerhin nach Maßgabe der für jeden Kostenträger angefallenen Herstellungskosten. Aber im Rahmen der Gewinn- und Verlustrechnung nach dem Umsatzkostenverfahren wäre eine solche Umlage, wie sie stellenweise vorgeschlagen wird,[2] geradezu widersinnig, da doch hierbei die Kosten gegliedert nach Entstehungsbereichen ausgewiesen werden sollen.

Diese Diskussion zeigt, dass die Abgrenzung zwischen allgemeinen und speziellen Verwaltungskosten schwierig ist und dass der Gesetzgeber für die Position 5 doch besser die Bezeichnung „Verwaltungskosten" gewählt hätte.

6) Die nunmehr in mehrfacher Hinsicht abgegrenzten allgemeinen Verwaltungskosten der Position 5 bestehen vor allem aus Kosten von Unternehmensabteilungen (wie Finanzwesen, Beteiligungsverwaltung, Rechnungswesen, Revision, Organisation, Personalwesen) sowie Kosten von Unternehmens"organen" (wie Vorstand, Aufsichtsrat, Hauptversammlung, Betriebsrat, Betriebsversammlung). Dabei setzen sich diese Kosten jeweils zusammen aus Kosten für abnutzbare Gebrauchsgüter (wie Gebäude, Büroeinrichtungen, Fahrzeuge), für Verbrauchsgüter (wie Betriebsstoffe, Büromaterial), für Arbeitsleistungen (wie Löhne und Gehälter), für Dienstleistungen (wie Reisespesen, Versicherungsprämien, Honorare für Steuer-, Wirtschafts- und Rechtsberatung sowie für die Prüfung der Rechnungslegung).

---

[1] Vgl. Mittendorf, Christoph: Industrielle Verwaltungskostenrechnung, S. 148 ff.
[2] Vgl. Borchert, Dierk Dierk (Küting/Weber, 4. Aufl.), § 275 Anm. 140.

7.6.2.6. Nettoergebnis vom Umsatz

In Ergänzung zum Ausweis eines Bruttoergebnisses vom Umsatz hätte es nahegelegen, denjenigen eines Nettoergebnisses vom Umsatz vorzusehen: als Saldo aus dem Bruttoergebnis einerseits, der Summe der Vertriebs- und Verwaltungskosten andererseits. Dazu hätten allerdings die Vertriebskosten und die Verwaltungskosten ebenso wie die Herstellungskosten als Kosten der zur Erzielung der Umsatzerlöse erbrachten Leistungen abgegrenzt werden müssen.

Der Gesetzgeber hat eine andere Abgrenzung vorgenommen und die Einfügung einer Position „Nettoergebnis vom Umsatz" in das Gliederungsschema unterlassen. Besser wäre es gewesen, er hätte Konsequenzen in entgegengesetzter Richtung gezogen und die Abgrenzung der Vertriebs- und Verwaltungskosten derjenigen der Herstellungskosten angepasst, damit der Ausweis eines Nettoergebnisses vom Umsatz vorgenommen werden kann. Damit wäre der Idee des Umsatzkostenverfahrens mehr entsprochen worden.

7.6.2.7. Sonstige betriebliche Erträge

1) Die Position 6 ist mit „Sonstige betriebliche Erträge" genauso bezeichnet wie die Position 4 im Rahmen des Gesamtkostenverfahrens.

2) Die Bezeichnung „Sonstige betriebliche Erträge" ist aber hier aus zwei Gründen nicht zutreffend. Erstens gehen dieser Position keine reinen Ertragspositionen voraus. Denn die unter Position 1 auszuweisenden Umsatzerlöse stellen nur eine Einnahmengröße dar. Zweitens sind unter dieser Position keineswegs alle vorher nicht erfassten betrieblichen Erträge auszuweisen, so nicht die Erhöhungen des Bestands an fertigen und unfertigen Erzeugnissen sowie die Zugänge von selbsterstellten Sachanlagen. Die genannten Erträge werden vielmehr der Gewinn- und Verlustrechnung nach dem Umsatzkostenverfahren ganz ferngehalten. Der Ertragsausweis bleibt somit unvollständig. Daher hätte man im Rahmen des Umsatzkostenverfahrens zumindest eine andere Bezeichnung für diese Sammelposition 6 wählen müssen und allenfalls von „betrieblichen Erträgen" sprechen dürfen.

3) Der Inhalt der Position 6 ist aber grundsätzlich identisch mit demjenigen der Position 4 im Rahmen des Gesamtkostenverfahrens, so dass hier auf die dortigen Ausführungen zurückverwiesen werden kann.

7.6.2.8. Sonstige betriebliche Aufwendungen

1) Ähnliches wie für die Position 6 gilt für die Position 7: Sie ist mit „Sonstige betriebliche Aufwendungen" genauso bezeichnet wie die Position 8 im Rahmen des Gesamtkostenverfahrens.

2) Die Bezeichnung „Sonstige betriebliche Aufwendungen" ist wenigstens insoweit zutreffend, als dieser Position Aufwandspositionen vorausgehen. Sie ist aber

insoweit unzutreffend, als unter dieser Position keineswegs alle vorher nicht erfassten betrieblichen Aufwendungen auszuweisen sind, so nicht diejenigen, die für die Erhöhung des Bestands an fertigen und unfertigen Erzeugnissen sowie für die Zugänge von selbsterstellten Sachanlagen entstanden sind. Die genannten Aufwendungen werden wie die entsprechenden Erträge der Gewinn- und Verlustrechnung nach dem Umsatzkostenverfahren grundsätzlich ferngehalten. Der Aufwandsausweis bleibt insofern ebenso wie der Ertragsausweis unvollständig. Nur diejenigen Aufwendungen, die zwar für die fertigen und unfertigen Erzeugnisse sowie für die selbsterstellten Sachanlagen angefallen sind, aber entsprechend dem bestehenden Bewertungsmethodenwahlrecht nicht zur Bewertung derselben herangezogen wurden, sind hier auszuweisen.

3) Dem Inhalt nach deckt sich die Position 7 des Umsatzkostenverfahrens nur teilweise mit der gleichlautenden Position 8 des Gesamtkostenverfahrens. So könnten unter der Position 7, wie unter Position 8 im Gesamtkostenverfahren, auszuweisen sein: Verluste aus Wertminderungen von Gegenständen des Umlaufvermögens, soweit sie sich im üblichen Rahmen halten; Verluste aus dem Abgang von Gegenständen des Umlaufvermögens; Verluste aus dem Abgang von Gegenständen des Anlagevermögens; Einstellungen in Sonderposten mit Rücklageanteil.

Dagegen sind unter der Position 7 einerseits bestimmte Aufwendungen nicht auszuweisen, die von der gleichlautenden Position des Gesamtkostenverfahrens erfasst werden: so die Aufwendungen für Dienstleistungen. Denn der größte Teil dieser Aufwendungen ist entweder bei den Herstellungskosten der zur Erzielung der Umsatzerlöse erbrachten Leistungen oder bei den Vertriebskosten oder bei den Verwaltungskosten mit zu erfassen.

Andererseits sind unter der Position 7 u. U. eine Reihe von Aufwendungen auszuweisen, die im Rahmen des Gesamtkostenverfahrens nicht unter die gleichlautende Sammelposition, sondern unter spezielle Positionen fallen, wie Materialaufwendungen, Personalaufwendungen, Abschreibungsaufwendungen. Dies gilt z. B. dann, wenn sie nicht zur Bewertung der fertigen und unfertigen Erzeugnisse sowie der selbsterstellten Sachanlagen herangezogen wurden, wie bereits bei der Position 2 diskutiert wurde.

7.6.2.9. Verbleibende Positionen

1) Die verbleibenden Positionen sind der Bezeichnung und dem Inhalt nach weitgehend identisch mit denjenigen des Gesamtkostenverfahrens. Daher sei hier auf unsere dortigen Ausführungen zurückverwiesen.

2) Unterschiede ergeben sich, wenn Fremdkapitalkosten in die Bewertung der Erzeugnisse einbezogen und damit aktiviert werden. Es verbleiben dann bei Anwendung des Umsatzkostenverfahrens niedrigere Beträge für die Position Zinsen und ähnliche Aufwendungen als bei Anwendung des Gesamtkostenverfahrens.

3) Unterschiede ergeben sich ferner, wenn die Sonstigen Steuern bei Anwendung des Umsatzkostenverfahrens jeweils zum Teil in die Herstellungskosten, die Ver-

triebskosten, die Verwaltungskosten und die Sonstigen betrieblichen Aufwendungen einbezogen werden, wie es in der Praxis oft geschieht, wenngleich dies schwer zu rechtfertigen ist. Die Position der Sonstigen Steuern entfiele dann ganz.

7.6.2.10. Zusammenfassende Beurteilung

1) Zusammenfassend ist zu den einzelnen Positionen speziell der Gewinn- und Verlustrechnung nach dem Umsatzkostenverfahren zu sagen:

a) Die wichtigen Positionen 2, 4 und 5 sind mit Herstellungskosten, Vertriebskosten bzw. Verwaltungskosten überschrieben, obwohl es sich dabei nicht um Kosten, sondern um Aufwendungen handelt.

b) Durch die Bezeichnungen der Position 6 mit „Sonstige betriebliche Erträge" und der Position 7 mit „Sonstige betriebliche Aufwendungen" wird der Eindruck erweckt, als würden unter diesen Positionen alle vorher noch nicht erfassten Erträge bzw. Aufwendungen auszuweisen sein. Dieser Eindruck wäre jedoch zutreffend. Denn wichtige Erträge und Aufwendungen werden beim Umsatzkostenverfahren der Gewinn- und Verlustrechnung völlig fern gehalten. Man hätte allenfalls von „Weiteren betrieblichen Erträgen" bzw. „Weiteren betrieblichen Aufwendungen" sprechen können.

2) Die Zusammengehörigkeit von bestimmten Erträgen und Aufwendungen gegenüber anderen Erträgen und Aufwendungen wird im Umsatzkostenverfahren etwas deutlicher als im Gesamtkostenverfahren dadurch, dass ein Zwischenergebnis mehr vorgesehen ist, das sog. Bruttoergebnis vom Umsatz. Der Ausweis eines Nettoergebnisses vom Umsatz unterbleibt allerdings. Die Möglichkeiten der Staffelform werden also auch beim Umsatzkostenverfahren nicht ausgeschöpft.

3) Unter Berücksichtigung der mit der Gewinn- und Verlustrechnung verfolgten Zwecke ist festzustellen:

a) Der Zweck, die Höhe des Gewinns bzw. Verlusts des abgelaufenen Geschäftsjahrs zu ermitteln, wird durch die Gewinn- und Verlustrechnung nach dem Umsatzkostenverfahren im gleichen Maße erreicht wie durch die Gewinn- und Verlustrechnung nach dem Gesamtkostenverfahren, von den grundsätzlichen Einwendungen gegen den handelsrechtlichen Jahresüberschuss bzw. Jahresfehlbetrag abgesehen.

Das Zustandekommen des Gewinns bzw. Verlusts wird durch das Umsatzkostenverfahren allerdings nur in einer gegenüber dem Gesamtkostenverfahren verkürzten Weise gezeigt.

b) Die Forderung nach einer unter Beachtung der GoB den tatsächlichen Verhältnissen entsprechenden Abbildung der Ertragslage wird durch das Umsatzkostenverfahren in geringerem Maße erfüllt als durch das Gesamtkostenverfahren.[1]

---

[1] Vgl. Rogler, Silvia: Vermittelt das Umsatzkostenverfahren ein besseres Bild der Ertragslage als das Gesamtkostenverfahren?, S. 749 ff.

Die Höhe des im abgelaufenen Geschäftsjahr erzielten Ertrags ist der Gewinn- und Verlustrechnung nach dem Umsatzkostenverfahren nicht zu entnehmen, nicht nur wegen der Vermischung von Ertragsentstehungsvorgängen mit Verlustdeckungsvorgängen, sondern auch, weil manche Erträge der Rechnung ferngehalten werden, wie diejenigen aus der Erhöhung des Bestands an fertigen und unfertigen Erzeugnissen sowie aus der Selbststellung von Sachanlagen.

Aus den gleichen Gründen lässt sich auch die Zusammensetzung des Ertrags anhand der Gewinn- und Verlustrechnung nach dem Umsatzkostenverfahren nicht erkennen.

c) Die mögliche Forderung nach einer unter Beachtung der GoB den tatsächlichen Verhältnissen entsprechenden Abbildung der Aufwandslage wird durch das Umsatzkostenverfahren ebenfalls in geringerem Maße erfüllt als durch das Gesamtkostenverfahren.

Die Höhe des im abgelaufenen Geschäftsjahr entstandenen Aufwands ist der Gewinn- und Verlustrechnung nach dem Umsatzkostenverfahren nicht zu entnehmen, nicht nur wegen der Vermischung von Aufwandsvorgängen mit Gewinnverwendungsvorgängen, sondern auch, weil manche Aufwendungen der Rechnung ferngehalten werden, wie diejenigen, die für die Erhöhung des Bestands an fertigen und unfertigen Erzeugnissen sowie für die Selbststellung von Sachanlagen angefallen sind.

Die Zusammensetzung des Aufwands des abgelaufenen Geschäftsjahrs lässt sich anhand der Gewinn- und Verlustrechnung nach dem Umsatzkostenverfahren nicht erkennen, nicht nur aus den eben genannten Gründen, sondern auch, weil sich die Herstellungskosten auf die verkauften Erzeugnisse und die anderen Umsatzobjekte beziehen, nicht jedoch auf das abgelaufene Geschäftsjahr wie die Vertriebskosten und die Verwaltungskosten. Die einzelnen Aufwendungen sind also beim Umsatzkostenverfahren nicht wie beim Gesamtkostenverfahren untereinander vergleichbar.

Immerhin müssen bei Anwendung des Umsatzkostenverfahrens die Materialaufwendungen und die Personalaufwendungen des Geschäftsjahrs nach § 285 Nr. 8 HGB im Anhang angegeben werden. Die Abschreibungsaufwendungen des Geschäftsjahrs müssen nach § 268 Abs. 2 HGB entweder in den Anlagenspiegel oder ebenfalls in den Anhang aufgenommen werden. Aber eine Rechnung ist danach zu beurteilen, was sie selbst aussagt, und nicht nach den Angaben, die in Ergänzung vorgeschrieben sind.

d) Die Forderung nach einer unter Beachtung der GoB den tatsächlichen Verhältnissen entsprechenden Abbildung der Finanzlage erfüllt das Umsatzkostenverfahren in geringerem Maße als das Gesamtkostenverfahren. Denn die Herstellungskosten, Vertriebskosten und Verwaltungskosten sind schwerer nach ihrer Liquiditätswirksamkeit zu beurteilen als die Materialaufwendungen, Personalaufwendungen und Abschreibungsaufwendungen.

e) Der spezifische, mit dem Umsatzkostenverfahren verfolgte Zweck, den Umsatzerlösen die ihnen entsprechenden Aufwendungen gegenüberzustellen, wird mit dem Umsatzkostenverfahren nach § 275 HGB nur teilweise erreicht. Denn den Umsatzerlösen können allenfalls die Herstellungskosten, keinesfalls die Vertriebskosten und die Verwaltungskosten unmittelbar gegenübergestellt werden. Selbst die Umsatzerlöse und die Herstellungskosten sind nur bedingt vergleichbar. Dies gilt vor allem dann, wenn sich die Herstellungskosten aus vollen Herstellungskosten, partiellen Herstellungskosten und niedrigeren Stichtagswerten zusammensetzen. Wenn schon der Gesetzgeber meinte, das Umsatzkostenverfahren einführen zu müssen, wäre eine konsequentere Ausgestaltung desselben wünschenswert gewesen.

7.6.3. Vergleich des Gesamtkostenverfahrens und des Umsatzkostenverfahrens

1) Das Gesamtkostenverfahren und das Umsatzkostenverfahren führen zum gleichen Ergebnis, d. h. zum gleichen Jahresüberschuss oder Jahresfehlbetrag.

2) Beim Umsatzkostenverfahren werden wichtige Erträge und wichtige dazugehörige Aufwendungen der Gewinn- und Verlustrechnung ferngehalten, so die Erhöhungen des Bestands an fertigen und unfertigen Erzeugnissen und die dafür entstandenen Aufwendungen, so die selbststellten Sachanlagen und die dafür angefallenen Aufwendungen. Der Ertragsausweis und der Aufwandsausweis bleiben unvollständig, anders als beim Gesamtkostenverfahren.

3) Beim Umsatzkostenverfahren werden die Aufwendungen, ähnlich wie in der Kostenstellenrechnung, nach betrieblichen Funktionen gegliedert (Herstellungskosten, Vertriebskosten, Verwaltungskosten), beim Gesamtkostenverfahren nach Güterarten (Materialaufwand, Personalaufwand, Abschreibungsaufwand). Die Ermittlung der den Umsatzerlösen gegenüberzustellenden Herstellungskosten, der Vertriebskosten und der Verwaltungskosten ist für die Unternehmen mit größeren Schwierigkeiten verbunden als die Ermittlung der Materialaufwendungen, der Personalaufwendungen und der Abschreibungsaufwendungen. Allerdings besteht bei Abgrenzung der erstgenannten Aufwendungen ein größerer Spielraum als bei Ermittlung der zweitgenannten Aufwendungen. Daher ist für die Bilanzleser die Interpretation der ausgewiesenen Herstellungs-, Vertriebs- und Verwaltungskosten schwieriger als diejenige der ausgewiesenen Material-, Personal- und Abschreibungsaufwendungen.

4) Beim Umsatzkostenverfahren sind die einzelnen Aufwandsarten nur schwer miteinander vergleichbar: Die Herstellungskosten beziehen sich auf die verkauften Erzeugnisse; sie können im abgelaufenen Jahr oder in Vorjahren entstanden sein. Bei den Vertriebskosten handelt es sich nicht um Vertriebskosten bestimmter Erzeugnisse, sondern um diejenigen des abgelaufenen Jahrs. Bei den Verwaltungskosten handelt es sich ebenfalls nicht um Verwaltungskosten bestimmter Erzeugnisse, sondern um diejenigen des abgelaufenen Jahrs, aber mit Ausnahme derjenigen Verwaltungskosten, die zur Bewertung der aktivierten fertigen und unfertigen Erzeugnisse sowie der selbststellten Sachanlagen herangezogen wurden.

Dagegen sind beim Gesamtkostenverfahren die Aufwandsarten leicht miteinander vergleichbar. Bei den Materialaufwendungen, Personalaufwendungen und Abschreibungsaufwendungen handelt es sich jeweils um diejenigen des abgelaufenen Jahrs.

5) Der mögliche mit dem Umsatzkostenverfahren verbundene Vorteil, den verkauften Erzeugnissen die für sie angefallenen Aufwendungen gegenüberstellen zu können, wird aus mehreren Gründen nicht erreicht: weil die zur Bewertung der im Vorjahr hergestellten Erzeugnisse heranzuziehenden Herstellungskosten sehr unterschiedlich abgegrenzt werden dürfen, weil die Vertriebskosten nicht zur Bewertung der für das abgelaufene Jahr zu aktivierenden Erzeugnisse herangezogen werden dürfen, weil die Verwaltungskosten nicht zur Bewertung der für das abgelaufene Jahr zu aktivierenden Erzeugnisse und selbsterstellten Sachanlagen herangezogen werden müssen.

6) Die Aufwandsarten des Umsatzkostenverfahrens lassen sich schwerer im Hinblick auf ihre Liquiditätswirksamkeit beurteilen als diejenigen des Gesamtkostenverfahrens.

7) Alles in allem: Für das Umsatzkostenverfahren spricht allenfalls die internationale Vergleichbarkeit, aber sein Aussagewert ist geringer als derjenige des Gesamtkostenverfahrens.

7.7. Bemessung der Aufwendungen und der Erträge

1) Die Bemessung einer Reihe von Aufwendungen ist von der Bewertung der Vermögensgegenstände und der Bemessung von Schulden nicht zu trennen. So ergibt sich bei Anwendung der Abschreibungsmethoden sowohl der fortgeschriebene Anschaffungswert eines abnutzbaren Vermögensgegenstandes als auch der Betrag planmäßiger Abschreibung für die Gewinn- und Verlustrechnung. Bei Ansatz eines Vermögensgegenstands zu einem niedrigeren Stichtagswert erhält man gleichzeitig den Betrag außerplanmäßiger Abschreibung für die Gewinn- und Verlustrechnung. Ist der Bestand an Rohstoffen am Bilanzstichtag durch Inventur festgestellt und u. U. mit Hilfe einer der Sammelbewertungsmethoden bewertet worden, erhält man, unter Berücksichtigung des Anfangsbestands und der Zugänge während des Jahrs, den Verbrauch bzw. den Aufwand für die Gewinn- und Verlustrechnung.

2) Zur Bemessung einer anderen Reihe von Aufwendungen kann von Auszahlungen ausgegangen werden, z. B. für Kreditleistungen, Arbeitsleistungen, Dienstleistungen. Diese bedürfen dann einer Abgrenzung in zeitlicher Hinsicht, wobei sich die entsprechenden Aufwendungen für die Gewinn- und Verlustrechnung ergeben sowie u. U. Restbeträge, die in der Bilanz als Schulden anzusetzen sind.

3) Die Bemessung einer Reihe von Erträgen ist ebenfalls von der Bewertung der Vermögensgegenstände nicht zu trennen. Ist z. B. der Bestand an fertigen Erzeug-

nissen am Bilanzstichtag durch Inventur festgestellt und u. U. mit Hilfe einer der Sammelbewertungsmethoden bewertet worden, erhält man, unter Berücksichtigung des Anfangsbestands und der Abgänge während des Jahres, den Ertrag aus der Herstellung von Erzeugnissen für die Gewinn- und Verlustrechnung. Entsprechendes gilt für die Erträge aus der Selbsterstellung von Sachanlagen. Ist ein Vermögensgegenstand zu einem höheren Stichtagswert anzusetzen als im Vorjahr, erhält man gleichzeitig den Betrag der Zuschreibung für die Gewinn- und Verlustrechnung.

4) Zur Bemessung einer anderen Reihe von Erträgen kann von Einzahlungen ausgegangen werden, z. B. für erbrachte Kreditleistungen und Dienstleistungen. Diese bedürfen dann einer Abgrenzung in zeitlicher Hinsicht, wobei sich die entsprechenden Erträge für die Gewinn- und Verlustrechnung ergeben sowie u. U. Restbeträge, die als Forderungen in der Bilanz anzusetzen sind.

5) Wegen des angedeuteten engen Zusammenhangs zwischen der Bewertung der Vermögensgegenstände und der Bemessung von Schulden einerseits sowie der Bemessung von Erträgen und Aufwendungen andererseits kann hier auf eine weitere Behandlung verzichtet und auf die früheren Ausführungen zurückverwiesen werden.

8. Erstellung des Anhangs

Begriff des Anhangs

1) Neben der Bilanz sowie der Gewinn- und Verlustrechnung, den Jahresabschlussrechnungen, muss von Kapitalgesellschaften nach § 264 Abs. 1 HGB ein Anhang als dritter Bestandteil des Jahresabschlusses erstellt werden. Einzelkaufleute und Personenhandelsgesellschaften sind dagegen nicht zur Erstellung eines Anhangs verpflichtet, es sei denn es, handelt sich um offene Handelsgesellschaften oder Kommanditgesellschaften ohne eine natürliche Person als Vollhafter (§ 264a HGB). Für Genossenschaften wiederum gilt nach § 336 HGB grundsätzlich das Gleiche wie für Kapitalgesellschaften.

2) Der Anhang wird, anders als die Bilanz sowie die Gewinn- und Verlustrechnung, vom Gesetzgeber nicht definiert. Eine Definition lässt sich auch wegen der Heterogenität seines Inhalts nur schwer geben.

Generell könnte man allenfalls sagen, dass unter dem Anhang im gesetzlichen Sinne die die Jahresabschlussrechnungen ergänzenden Pflichtangaben zu verstehen sind. Diese ergänzenden Angaben sind nicht nur quantitativer Natur, sondern auch rein qualitativer Art.

Die vom Gesetzgeber verlangten ergänzenden Angaben dürfen zum Teil bereits in die Jahresabschlussrechnungen aufgenommen werden; sie brauchen nicht alle erst im Anhang wiedergegeben zu werden. Daher müsste man die obigen Formulierungen noch mit einer Einschränkung versehen und sagen:

Anhang im Sinne des HGB =
die Jahresabschlussrechnungen ergänzende Pflichtangaben quantitativer und qualitativer Art, soweit diese nicht bei den Jahresabschlussrechnungen gegeben werden.

Dass der Gesetzgeber in einer Reihe von Fällen die Wahl des Ortes der Angabe den bilanzierenden Unternehmen überlassen hat, erschwert es dem Bilanzleser, eine bestimmte Angabe im Jahresabschluss eines Unternehmens zu finden und mit der entsprechenden Angabe im Jahresabschluss anderer Unternehmen zu vergleichen.

3) Den Unternehmen steht es selbstverständlich frei, über die vorgeschriebenen Angaben hinaus weitere zu machen. Geschieht dies, kann man von einem über den gesetzlichen Umfang hinaus erweiterten Anhang sprechen.

Zahl und Art der Pflichtangaben

1) Welche Angaben vorgeschrieben sind, ist nur zum Teil den eigentlichen Anhangvorschriften, d. h. § 284 und § 285 HGB, zu entnehmen. Zum anderen Teil ergibt sich dies aus den Vorschriften über die Bilanz sowie Gewinn- und Verlustrechnung und den allgemeinen Jahresabschlussvorschriften, d. h. aus § 264 bis § 283 HGB. Darüber hinaus werden rechtsformspezifische Angaben verlangt: von einer AG im AktG (§ 58 Abs. 2a, § 152 Abs. 2 und Abs. 3, § 160, § 240 Satz 3, § 261 Abs. 1 Satz 3 und Satz 4), von einer GmbH im GmbHG (§ 42 Abs. 3), von Genossenschaften im HGB (§ 338 Abs. 2).

Dass die ergänzenden Angaben zu den Jahresabschlussrechnungen in verschiedenen Gesetzen und an verschiedenen Stellen eines Gesetzes vorgeschrieben werden, erschwert dem bilanzierenden Unternehmen, einen Überblick über die von ihm verlangten Angaben zu gewinnen.

2) Die Zahl der vorgeschriebenen Angaben ist groß. Der Art nach sind sie vielfältig. Würde man sich auf die Überschriften der eigentlichen Anhangvorschriften beschränken, könnte man unterscheiden: Erläuterungen (nach § 284 HGB) und sonstige Angaben (nach § 285 HGB). Aber diese Trennung ist unscharf. Im Übrigen wird sie nicht einmal in den genannten Paragraphen durchgehalten. So wird unter den sog. Erläuterungen auch die Angabe von Unterschiedsbeträgen gefordert.

3) Unseres Erachtens lassen sich zunächst zwei Arten von ergänzenden Angaben unterscheiden:

    a) Informationen über die Jahresabschlussrechnungen selbst,

    b) über die Jahresabschlussrechnungen hinausgehende Informationen.

4) Die Angaben zu den Jahresabschlussrechnungen selbst können wiederum unterteilt werden in:

        aa) Informationen über die bei der Aufstellung des Jahresabschlusses angewandten Methoden, ab) Informationen über einzelne Posten des Jahresabschlusses.

5) Die über die Jahresabschlussrechnungen hinausgehenden Angaben können unterteilt werden in:

ba) Informationen über Personen und Organe des bilanzierenden Unternehmens,

bb) Informationen über das Verhältnis des bilanzierenden Unternehmens zu anderen Unternehmen.

Reihenfolge der Pflichtangaben

1) Der Reihenfolge, in welcher die Pflichtangaben im Gesetz, vor allem in § 284 und § 285 HGB, aufgeführt werden, liegt kein erkennbares Prinzip zugrunde.

So werden unter § 285 Nr. 1 HGB Angaben über Verbindlichkeiten gefordert, aber erst unter Nr. 12 Angaben über Rückstellungen, obwohl Verbindlichkeiten und Rückstellungen einander nahe stehen. Zwischen diesen Angaben über Bilanzgrößen werden Angaben über Größen der Gewinn- und Verlustrechnung verlangt (z. B. über Umsatzerlöse, Steuern), aber auch über die Zahl der Arbeitnehmer sowie über die Namen der Mitglieder des Geschäftsführungsorgans und des Aufsichtsrats. Die Angaben über die Umsatzerlöse werden immerhin vor denjenigen über die Abschreibungen und das Jahresergebnis gefordert. Aber erst nach den Angaben über das Jahresergebnis werden - bei Anwendung des Umsatzkostenverfahrens - solche über den Materialaufwand und den Personalaufwand verlangt.

Es liegt also ein völliges Durcheinander vor. Stattdessen hätte der Gesetzgeber besser mehrere Gruppen von ergänzenden Angaben gebildet, wie es hier versucht worden ist.

2) Die Reihenfolge, in welcher die Pflichtangaben im Anhang wiederzugeben sind, wird vom Gesetzgeber bedauerlicherweise nicht festgelegt. Sie bleibt dem einzelnen Unternehmen überlassen. Dies erschwert dem Bilanzleser das Auffinden einer bestimmten Angabe im Anhang eines Unternehmens und den Vergleich mit den entsprechenden Angaben anderer Unternehmen.

Überblick über die Angaben des Anhangs

Ein schematischer Überblick über die ergänzenden Pflichtangaben zu den Jahresabschlussrechnungen wird in Abbildung 48 gegeben.[1] Er bedarf keiner weiteren Erläuterungen. Ihm liegt die hier vorgeschlagene Unterteilung zugrunde.

In diesem Zusammenhang sei der Vollständigkeit halber erwähnt, dass börsennotierten konsolidierungspflichtigen Mutterunternehmen durch § 297 HGB auferlegt wird, ihren Konzernanhang zu erweitern um:

a) eine Kapitalflussrechnung (vgl. DRS 2) sowie
b) eine Segmentberichterstattung (vgl. DRS 3).

---

[1] Vgl. auch Coenenberg, Adolf Gerhard: Jahresabschluss und Jahresabschlussanalyse, S. 860 ff.

Abbildung 48:
Berichterstattung der Kapitalgesellschaft im Anhang entsprechend HGB

Gegenstand der Berichterstattung	gesetzliche Vorschrift	Ort der Berichterstattung	
		Anhang	Bilanz bzw. GuV
I. Informationen über Personen und Organe des bilanzierenden Unternehmens			
1) Angabe aller Mitglieder des Geschäftsführungsorgans und eines Aufsichtsrats mit Namen und ausgeübtem Beruf, auch wenn sie im Geschäftsjahr oder später ausgeschieden sind; dabei Bezeichnung des Vorsitzenden eines Aufsichtsrats, seiner Stellvertreter und eines etwaigen Vorsitzenden des Geschäftsführungsorgans	§ 285 Nr. 10	x	
2) Angabe für die Mitglieder des Geschäftsführungsorgans, eines Aufsichtsrats, eines Beirats oder einer ähnlichen Einrichtung, jeweils für jede Personengruppe:			
- der für die Tätigkeit im Geschäftsjahr gewährten Gesamtbezüge	§ 285 Nr. 9a	x	
- der Gesamtbezüge der früheren Mitglieder und ihrer Hinterbliebenen	§ 285 Nr. 9b	x	
- der gewährten Vorschüsse und Kredite unter Angabe der Zinssätze, der wesentlichen Bedingungen und der ggf. im Geschäftsjahr zurückgezahlten Beträge sowie die zugunsten dieser Personen eingegangenen Haftungsverhältnisse	§ 285 Nr. 9c	x	
3) Angabe der finanziellen Beziehungen zwischen einer GmbH und ihren Gesellschaftern; dabei Angabe - der Ausleihungen an Gesellschafter - der Forderungen gegenüber Gesellschaftern - der Verbindlichkeiten gegenüber Gesellschaftern	§ 42 Abs. 3 GmbHG	x	x
4) Angabe der durchschnittlichen Zahl der während des Geschäftsjahrs beschäftigten Arbeitnehmer, getrennt nach Gruppen	§ 285 Nr. 7	x	
II. Informationen zum Jahresabschluss allgemein			
5) Zusätzliche Angaben sind immer dann erforderlich, wenn besondere Umstände dazu führen, dass der Jahresabschluss unter Beachtung der Grundsätze ordnungsmäßiger Buchführung ein den tatsächlichen Verhältnissen entsprechendes Bild der Vermögens-, Finanz- und Ertragslage nicht vermittelt	§ 264 Abs. 2 Satz 2	x	

Gegenstand der Berichterstattung	gesetzliche Vorschrift	Ort der Berichterstattung	
		Anhang	Bilanz bzw. GuV
III. Informationen zur Bilanz			
A) Informationen allgemeiner Art zur Bilanz			
6) Angabe der auf die Posten der Bilanz angewandten Bilanzierungs- und Bewertungsmethoden	§ 284 Abs. 2 Nr. 1	x	
7) Angabe der Grundlagen für Umrechnungen in Euro	§ 284 Abs. 2 Nr. 2	x	
8) Angabe der Mitzugehörigkeit zu anderen Posten der Bilanz, wenn dies zur Aufstellung eines klaren und übersichtlichen Jahresabschlusses erforderlich ist	§ 265 Abs. 3	x	x
9) Gesonderter Ausweis von in der Bilanz aus Gründen der Klarheit zusammengefassten Posten	§ 265 Abs. 7 Nr. 2	x	
10) Angabe und Begründung von Abweichungen von Bilanzierungs- und Bewertungsmethoden sowie gesonderte Darstellung des Einflusses der Änderungen auf die Vermögens-, Finanz- und Ertragslage	§ 284 Abs. 2 Nr. 3	x	
11) Angabe und Begründung der Abweichungen von der bisherigen Form der Darstellung, insbesondere der Gliederung der aufeinanderfolgenden Bilanzen	§ 265 Abs. 1 Satz 2	x	
12) Angabe und Erläuterung nicht mit dem Vorjahr vergleichbarer Beträge einzelner Posten der Bilanz	§ 265 Abs. 2 Satz 2	x	
13) Angabe und Erläuterung der Anpassung von Vergleichszahlen des Vorjahrs in der Bilanz	§ 265 Abs. 2 Satz 3	x	
14) Angabe und Begründung einer Abweichung in der Gliederung der Bilanz, die durch den Geschäftszweig bedingt ist	§ 265 Abs. 4 Satz 2	x	
15) Angabe von bestimmten Posten der Bilanz, wenn mittelgroße Kapitalgesellschaften im Rahmen der Offenlegung ihre Bilanz nur in der für kleine Kapitalgesellschaften vorgeschriebenen Form zum Handelsregister einreichen	§ 327 Satz 1 Nr. 1	x	x
16) Angabe der Gründe und Darstellung der Entwicklung des von den Sonderprüfern festgestellten Wertes oder Betrages auf den nach § 261 Abs. 1 Satz 2 AktG angesetzten Wert oder Betrag; sind die Gegenstände nicht mehr vorhanden, so ist darüber und über die Verwen-	§ 261 Abs. 1 Satz 3, 4 AktG	x	

Gegenstand der Berichterstattung	gesetzliche Vorschrift	Ort der Berichterstattung	
		Anhang	Bilanz bzw. GuV
dung des Ertrags aus dem Abgang der Gegenstände zu berichten			
B) Informationen spezieller Art zur Bilanz			
17) Erläuterung der Position „Aufwendungen für die Ingangsetzung und Erweiterung des Geschäftsbetriebs"	§ 269 Satz 1	x	
18) Darstellung der Entwicklung der einzelnen Posten des Anlagevermögens sowie des Postens „Aufwendungen für die Ingangsetzung und Erweiterung des Geschäftsbetriebs" (Anlagenspiegel)	§ 268 Abs. 2 Satz 1, 2	x	x
19) Angabe der Abschreibungen des Geschäftsjahres in einer der Gliederung des Anlagevermögens entsprechenden Aufgliederung	§ 268 Abs. 2 Satz 3	x	x
20) Angabe der außerplanmäßigen Abschreibungen bei Vermögensgegenständen des Anlagevermögens	§ 277 Abs. 3 Satz 1	x	x
21) Angabe der Abschreibungen auf den zukünftige Wertschwankungen berücksichtigenden Wert für Gegenstände des Umlaufvermögens	§ 277 Abs. 3 Satz 1	x	x
22) Angabe der steuerrechtlichen Vorschriften, nach denen eine nach § 254 zulässige Wertberichtigung gebildet worden ist	§ 281 Abs. 1 Satz 2	x	x
23) Angabe des Betrages, der im Geschäftsjahr nach steuerrechtlichen Vorschriften vorgenommenen Abschreibungen, getrennt nach Anlage- und Umlaufvermögen, soweit er sich nicht aus der Bilanz oder der GuV ergibt sowie Begründung dieses Betrages	§ 281 Abs. 2 Satz 1	x	
24) Angabe der Gründe für eine planmäßige Abschreibung des Geschäfts- oder Firmenwertes nach § 255 Abs. 4 Satz 3	§ 285 Nr. 13	x	
25) Angabe und Begründung des Betrages der im Geschäftsjahr aus steuerrechtlichen Gründen unterlassenen Zuschreibungen	§ 280 Abs. 3	x	
26) Ausweis der Unterschiedsbeträge, pauschal für die jeweilige Gruppe, falls bei Anwendung der Durchschnittspreismethode nach § 240 Abs. 4 oder der Bewertungsvereinfachungen nach § 256 Satz 1 (Verbrauchsfolgemethoden) ein erheblicher Unterschied zur Bewertung zum Börsenkurs oder Marktpreis am Abschlussstichtag besteht	§ 284 Abs. 2 Nr. 4	x	

II. Die handelsrechtliche Bilanz sowie Gewinn- und Verlustrechnung 317

Gegenstand der Berichterstattung	gesetzliche Vorschrift	Ort der Berichterstattung	
		Anhang	Bilanz bzw. GuV
27) Angaben über die Einbeziehung von Zinsen für Fremdkapital in die Herstellungskosten	§ 284 Abs. 2 Nr. 5	x	
28) Erläuterung von größeren Beträgen für Vermögensgegenstände, die unter dem Posten „Sonstige Vermögensgegenstände" ausgewiesen werden und erst nach dem Abschussstichtag rechtlich entstehen	§ 268 Abs. 4 Satz 2	x	
29) Angaben über Bestand und Zugang an Aktien, die ein Aktionär für Rechnung der Gesellschaft oder eines abhängigen oder eines im Mehrheitsbesitz der Gesellschaft stehenden Unternehmens oder ein abhängiges oder im Mehrheitsbesitz der Gesellschaft stehendes Unternehmen als Gründer oder Zeichner oder in Ausübung eines bei einer bedingten Kapitalerhöhung eingeräumten Umtausch- oder Bezugsrechts übernommen hat; ggf. auch über die Verwertung solcher Aktien unter Angabe des Erlöses und der Verwendung des Erlöses	§ 160 Abs. 1 Nr. 1 AktG	x	
30) Angaben über den Bestand an eigenen Aktien der Gesellschaft, auch bei Erwerb oder Inpfandnahme durch Dritte	§ 160 Abs. 1 Nr. 2 AktG	x	
31) Angabe eines nach § 250 Abs. 3 in den aktiven RAP aufgenommenen Unterschiedsbetrags (Disagio)	§ 268 Abs. 6	x	x
32) Erläuterung des auf der Aktivseite der Bilanz als Bilanzierungshilfe gebildeten und gesondert auszuweisenden Abgrenzungspostens für aktivische latente Steuern	§ 274 Abs. 2 Satz 2	x	
33) Angabe über Zahl und Nennbetrag der Aktien jeder Gattung	§ 160 Abs. 1 Nr. 3 AktG	x	x
34) Angaben über das genehmigte Kapital	§ 160 Abs. 1 Nr. 4 AktG	x	
35) Angaben über die Zahl der Bezugsrechte, der Wandelschuldverschreibungen und vergleichbarer Wertpapiere unter Angabe der Rechte, die sie verbriefen	§ 160 Abs. 1 Nr. 5 AktG	x	

Gegenstand der Berichterstattung	gesetzliche Vorschrift	Ort der Berichterstattung	
		Anhang	Bilanz bzw. GuV
36) Angaben über Genussrechte, Rechte aus Besserungsscheinen und ähnliche Rechte unter Angabe der Art und Zahl der jeweiligen Rechte sowie der im Geschäftsjahr neu entstandenen Rechte	§ 160 Abs. 1 Nr. 6 AktG	x	
37) Erläuterung, ob und in welcher Höhe die aus der Kapitalherabsetzung und aus der Auflösung von Gewinnrücklagen gewonnenen Beträge - zum Ausgleich von Wertminderungen - zur Deckung von sonstigen Verlusten - zur Einstellung in die Kapitalrücklage verwandt werden	§ 240 Satz 3 AktG	x	
38) Gesonderte Angaben über die während des Geschäftsjahres in die „Kapitalrücklage" eingestellten bzw. aus dieser entnommenen Beträge	§ 152 Abs. 2 AktG	x	x
39) Gesonderte Angaben zu den einzelnen Posten der „Gewinnrücklagen" über die Beträge, die - die Hauptversammlung aus dem Bilanzgewinn des Vorjahrs eingestellt hat - aus dem Jahresüberschuss des Geschäftsjahrs eingestellt werden - für das Geschäftsjahr entnommen wurden	§ 152 Abs. 3 AktG	x	x
40) Angabe des in die anderen Gewinnrücklagen eingestellten Betrags des Eigenkapitalanteils von Wertaufholungen bei Vermögensgegenständen des Anlage- und Umlaufvermögens und von bei der steuerrechtlichen Gewinnermittlung gebildeten Passivposten, die nicht im Sonderposten mit Rücklageanteil ausgewiesen werden dürfen	§ 58 Abs. 2a Satz 2 AktG und § 29 Abs. 4 Satz 2 GmbHG	x	x
41) Angabe eines Ergebnisvortrags, sofern die Bilanz nach Berücksichtigung der Verwendung des Jahresergebnisses aufgestellt wird	§ 268 Abs. 1 Satz 2	x	x
42) Angabe der Vorschriften, nach denen der Sonderposten mit Rücklageanteil gebildet worden ist	§ 273 Satz 2	x	x
43) Erläuterung einer Rückstellung für passive latente Steuern	§ 274 Abs. 1 Satz 1	x	x
44) Erläuterung von Rückstellungen, die in der Bilanz unter dem Posten „sonstige Rückstellungen" nicht gesondert ausgewiesen werden, sofern sie einen erheblichen Umfang haben	§ 285 Nr. 12	x	

II. Die handelsrechtliche Bilanz sowie Gewinn- und Verlustrechnung

Gegenstand der Berichterstattung	gesetzliche Vorschrift	Ort der Berichterstattung	
		Anhang	Bilanz bzw. GuV
45) Erläuterung von Beträgen, die unter den Verbindlichkeiten ausgewiesen werden, erst nach dem Abschlussstichtag rechtlich entstehen und einen größeren Umfang haben	§ 268 Abs. 5 Satz 3	x	
46) Angabe des Gesamtbetrags der Verbindlichkeiten mit einer Restlaufzeit von mehr als fünf Jahren	§ 285 Nr. 1a	x	
47) Angabe des Gesamtbetrags der Verbindlichkeiten, die durch Pfandrechte oder ähnliche Rechte gesichert sind, unter Angabe von Art und Form der Sicherheiten	§ 285 Nr. 1b	x	
48) Aufgliederung der nach § 285 Nr. 1 a und b verlangten Angaben für jeden Posten der Verbindlichkeiten nach dem vorgeschriebenen Gliederungsschema	§ 285 Nr. 2	x	x
49) Angabe der Haftungsverhältnisse durch Kapitalgesellschaften jeweils gesondert unter Angabe der gewährten Pfandrechte und sonstigen Sicherheiten;	§ 251		x
Verpflichtungen gegenüber verbundenen Unternehmen sind gesondert anzugeben	§ 268 Abs. 7	x	x
50) Angabe der nicht als Rückstellungen für ungewisse Verbindlichkeiten passivierten Pensionsverpflichtungen	Art. 28 Abs. 2 EGHGB	x	
51) Angabe des Gesamtbetrags der sonstigen finanziellen Verpflichtungen, die nicht in der Bilanz erscheinen und auch nicht nach § 251 anzugeben sind, sofern für die Beurteilung der Finanzlage von Bedeutung; Verpflichtungen gegenüber verbundenen Unternehmen sind gesondert anzugeben	§ 285 Nr. 3	x	
IV. Informationen zur Gewinn- und Verlustrechnung **A) Informationen allgemeiner Art zur Gewinn- und Verlustrechnung**			
52) Angabe der auf die Posten der GuV angewandten Bilanzierungs- und Bewertungsmethoden	§ 284 Abs. 2 Nr. 1	x	
53) Angabe und Begründung von Abweichungen von der bisherigen Form der Darstellung, insbesondere der Gliederung der aufeinanderfolgenden GuV-Rechnungen	§ 265 Abs. 1 Satz 2	x	
54) Angabe und Erläuterung nicht mit dem Vorjahr vergleichbarer Beträge einzelner Posten der GuV	§ 265 Abs. 2 Satz 2	x	

Gegenstand der Berichterstattung	gesetzliche Vorschrift	Ort der Berichterstattung	
		Anhang	Bilanz bzw. GuV
55) Angabe und Erläuterung der Anpassung von Vergleichszahlen des Vorjahrs in der GuV	§ 265 Abs. 2 Satz 3	x	
56) Gesonderter Ausweis von in der GuV aus Gründen der Klarheit zusammengefassten Posten	§ 265 Abs. 7 Nr. 2	x	
57) Angabe und Begründung einer Abweichung in der Gliederung der GuV-Rechnung, die durch den Geschäftszweig bedingt ist	§ 265 Abs. 4 Satz 2	x	
B) Informationen spezieller Art zur Gewinn- und Verlustrechnung			
58) Aufgliederung der Umsatzerlöse nach Tätigkeitsbereichen sowie nach geographisch bestimmten Märkten, falls sie sich erheblich unterscheiden	§ 285 Nr. 4	x	
59) Bei Anwendung des Umsatzkostenverfahrens Angabe - des Materialaufwands des Geschäftsjahrs gegliedert nach § 275 Abs. 2 Nr. 5 - des Personalaufwands des Geschäftsjahrs gegliedert nach § 275 Abs. 2 Nr. 6	§ 285 Nr. 8	x	
60) Angabe der Erträge aus der Auflösung von Sonderposten mit Rücklageanteil bzw. der Einstellungen in Sonderposten mit Rücklageanteil, sofern diese nicht gesondert unter den „sonstigen betrieblichen Erträgen" bzw. den „sonstigen betrieblichen Aufwendungen" in der GuV ausgewiesen werden	§ 281 Abs. 2 Satz 2	x	
61) Erläuterung der Posten „außerordentliche Erträge" und „außerordentliche Aufwendungen", wenn zur Beurteilung der Ertragslage nicht von untergeordneter Bedeutung	§ 277 Abs. 4 Satz 2, 3	x	
62) Angabe, in welchem Umfang die Steuern vom Einkommen und vom Ertrag das Ergebnis der gewöhnlichen Geschäftstätigkeit und das außerordentliche Ergebnis belasten	§ 285 Nr. 6	x	
63) Angabe der Beeinflussung des Jahresergebnisses sowie erheblicher künftiger Belastungen durch steuerrechtliche Abschreibungen oder die Bildung von Sonderposten mit Rücklageanteil	§ 285 Nr. 5	x	
64) Darstellung des Zustandekommens des Jahresergebnisses (Bilanzgewinn/-verlust) bei teilweiser Ergebnisverwendung (Verwendung des Jahresüberschusses)	§ 158 Abs. 1 AktG	x	x

Gegenstand der Berichterstattung	gesetzliche Vorschrift	Ort der Berichterstattung	
		Anhang	Bilanz bzw. GuV
V. Informationen über Beziehungen des bilanzierenden Unternehmens zu anderen Unternehmen			
65) Angabe von Namen und Sitz, Höhe des Anteils am Kapital, Eigenkapital und Ergebnis des letzten Geschäftsjahrs von Unternehmen, an denen die Kapitalgesellschaft mit mindestens 20 % beteiligt ist	§ 285 Nr. 11	x	
66) Angabe durch börsennotierte Kapitalgesellschaften von Beteiligungen an großen Kapitalgesellschaften mit über 20 % der Stimmrechte	§ 285 Nr. 11a	x	
67) Angabe der Unterlassung von Angaben nach § 285 Nr. 11 bei Anwendung der Ausnahmeregelung nach § 286 Abs. 3 Satz 1 Nr. 2	§ 286 Abs. 3 Satz 3	x	
68) Angaben von Mutterunternehmen der Kapitalgesellschaft, die zur Aufstellung von Konzernabschlüssen verpflichtet sind sowie Angabe der Orte, an denen diese Abschlüsse, sofern sie publiziert werden, erhältlich sind	§ 285 Nr. 14	x	
69) Angaben über das Bestehen einer Beteiligung an der Aktiengesellschaft, die ihr nach § 20 Abs. 1 oder 4 AktG mitgeteilt worden ist; dabei Angabe des Inhalts der Mitteilung	§ 160 Abs. 1 Nr. 8 AktG	x	
70) Angaben über das Bestehen einer wechselseitigen Beteiligung der Aktiengesellschaft unter Angabe des (anderen) Unternehmens	§ 160 Abs. 1 Nr. 7 AktG	x	

Größenabhängige Erleichterungen bei der Aufstellung:
1. für kleine Kapitalgesellschaften (§ 288 Satz 1):
   ohne die Angaben nach § 285 Nr. 2 bis 5, 7, 8a, 9a und b, 12
2. für mittelgroße Kapitalgesellschaften (§ 288 Satz 2):
   ohne die Angaben nach § 285 Nr. 4

Größenabhängige Erleichterungen bei der Offenlegung:
1. für kleine Kapitalgesellschaften (§ 326):
   ohne die die Gewinn- und Verlustrechnung betreffenden Angaben
2. für mittelgroße Kapitalgesellschaften (§ 327):
   ohne die Angaben nach § 285 Nr. 2, 5, 8a, 12
   zusätzliche Angaben bestimmter Bilanzpositionen, falls die Bilanz nur in der für kleine Kapitalgesellschaften vorgeschriebenen Form eingereicht wird

notes

1) Dem Anhang nach HGB sind nach IAS und US-GAAP die notes gleichzusetzen.

Nach IAS 1.94 sind die notes wie folgt zu gliedern:
  a) statement of compliance with IAS,
  b) Angaben der measurement bases and accounting policies,
  c) supporting information bzw. explanatory notes,
  d) other financial and non-financial disclosures.

Ein verpflichtender Bestandteil des Jahresabschlusses ist zudem das statement of changes in equity (IAS 1.7 und 1.86), wobei bestimmte Angaben auch in die explanatory notes verlagert werden können (IAS 1.89).[1]

2) Nach US-GAAP umfassen die notes, ohne dass eine Gliederung vorgegeben ist, folgende Angaben:[2]
  a) summary of significant accounting policies,
  b) explanatory notes,
  c) supplementary information notes.

Das statement of changes in equity ist entweder ein selbständiger Bestandteil des Jahresabschlusses oder in die notes aufzunehmen (APB 12.10, Regulation S-X Rule 3-04).[3]

9. Erstellung des Lageberichts

Begriff des Lageberichts

1) Zusammen mit der Bilanz, der Gewinn- und Verlustrechnung sowie dem Anhang muss von Kapitalgesellschaften nach § 264 HGB ein Lagebericht für den Schluss eines jeden Geschäftsjahres erstellt werden. Der Lagebericht bildet jedoch, anders als der Anhang, keinen Bestandteil des Jahresabschlusses der Kapitalgesellschaft. Einzelkaufleute und Personenhandelsgesellschaften sind nicht zur Erstellung eines Lageberichts verpflichtet, es sei denn, es handelt sich um offene Handelsgesellschaften oder Kommanditgesellschaften ohne eine natürliche Person

---

[1] Zum statement of changes in equity nach IAS vgl. auch Coenenberg, Adolf Gerhard: Jahresabschluss und Jahresabschlussanalyse, S. 502 ff.; Wollmert, Peter: Eigenkapitalveränderungsrechnung, Sp. 608 ff.

[2] Vgl. Coenenberg, Adolf Gerhard: Jahresabschluss und Jahresabschlussanalyse, S. 847.

[3] Zum statement of changes in equity nach US-GAAP vgl. auch Coenenberg, Adolf Gerhard: Jahresabschluss und Jahresabschlussanalyse, S. 503 f.; Wollmert, Peter: Eigenkapitalveränderungsrechnung, Sp. 606 ff.

als Vollhafter (§ 264a HGB). Für Genossenschaften gilt nach § 336 HGB grundsätzlich das Gleiche wie für Kapitalgesellschaften.

2) Der Lagebericht wird vom Gesetzgeber ebenso wenig definiert wie der Anhang. Der Inhalt des Lageberichts wird jedoch vom Gesetzgeber relativ genau umrissen. Nach § 289 Abs. 1 HGB sind im Lagebericht zumindest der Geschäftsverlauf und die Lage der Gesellschaft so darzustellen, dass ein den tatsächlichen Verhältnissen entsprechendes Bild vermittelt wird; dabei ist auch auf die Risiken der künftigen Entwicklung einzugehen.

Der Lagebericht soll nach § 289 Abs. 2 HGB zudem eingehen auf: Vorgänge von besonderer Bedeutung, die nach dem Schluss des Geschäftsjahres eingetreten sind; die voraussichtliche Entwicklung der Gesellschaft; den Bereich Forschung und Entwicklung; bestehende Zweigniederlassungen der Gesellschaft.

Diese Inhaltsangabe geht weiter als der Begriff des Lageberichts, durch den nur einer der fünf genannten Berichtsbestandteile, nämlich der zweite, gedeckt wird. Daher muss man bedauerlicherweise unterscheiden zwischen: dem Lagebericht im weiten gesetzlichen Sinne und dem Lagebericht im engen Sinne als einem Bestandteil des Lageberichts im weiten gesetzlichen Sinne. Besser wäre gewesen, der Gesetzgeber hätte einen umfassenderen Begriff für die in § 289 HGB genannten Berichtsbestandteile gewählt, etwa den des Lage- und Entwicklungsberichts. Diesen Begriff wollen wir hier verwenden, damit wir nicht immer umständlich vom Lagebericht im weiten Sinne bzw. vom Lagebericht in engem Sinne sprechen müssen.

3) Der Lage- und Entwicklungsbericht besteht also nach § 289 HGB aus:

a) dem Bericht über den Geschäftsverlauf im abgelaufenen Jahr (= Verlaufsbericht),

b) dem Bericht über die Lage der Gesellschaft zum Schluss des Geschäftsjahrs (= Lagebericht im engen Sinne oder Stichtagsbericht),

c) dem Bericht über Vorgänge von besonderer Bedeutung nach Schluss des Geschäftsjahrs (= Nachtragsbericht),

d) dem Bericht über die voraussichtliche Entwicklung der Gesellschaft (= Zukunftsbericht), einschließlich eines Berichts über die zukünftigen Risiken (= Risikobericht),

e) dem Bericht über Forschung und Entwicklung (= Forschungsbericht),

f) dem Bericht über Zweigniederlassungen (= Niederlassungsbericht).

Von diesen sechs Teilberichten sind die ersten zwei Mussbestandteile, die letzten vier Sollbestandteile des Lage- und Entwicklungsberichts. Da auch eine Sollvorschrift verpflichtenden Charakter hat, wenngleich einen solchen von geringerer Stärke als eine Mussvorschrift, sind die letzten vier Berichte in der Regel zu geben, es sei denn, dass begründete Ausnahmen vorliegen. Die ersten zwei Berichte sind unter allen Umständen zu geben.

4) Von den Teilberichten des Lage- und Entwicklungsberichts sind die ersten vier zeitlich bestimmt. Die letzten beiden sind inhaltlich bestimmt; sie fallen aus der Reihe der anderen Berichte heraus. Der Gesetzgeber hätte es bei den zeitlich bestimmten Berichten belassen können. Wenn er jedoch schon inhaltlich bestimmte Berichte ausdrücklich vorschreibt, hätte er weitere inhaltlich bestimmte Berichte vorsehen sollen. Am besten wäre es also gewesen, der Gesetzgeber hätte neben der zeitlichen Spezifizierung auch eine inhaltliche Spezifizierung der Berichterstattung vorgenommen und etwa folgende Teilberichte vorgeschrieben: Absatzbericht, Produktionsbericht, Beschaffungsbericht, Finanzbericht, Personal- und Sozialbericht, Niederlassungsbericht, Forschungsbericht, Umweltbericht.

5) Zum Inhalt der Teilberichte enthält das Gesetz keine Vorgaben. In § 289 HGB heißt es nur, dass der Geschäftsverlauf und die Lage der Gesellschaft jeweils so darzustellen sind, dass ein den tatsächlichen Verhältnissen entsprechendes Bild vermittelt wird. Dabei handelt es sich um eine selbstverständliche Forderung, deren Aufnahme in das Gesetz es nicht bedurft hätte. Mangels gesetzlicher Vorgaben besteht also ein großer Spielraum bei der Ausgestaltung der Teilberichte. Hier soll der mögliche Inhalt jedes Teilberichts kurz skizziert werden.

Verlaufsbericht

Der Bericht über den Geschäftsverlauf könnte vor allem anhand der Rechnung, die sich auf das abgelaufene Geschäftsjahr bezieht, nämlich anhand der Gewinn- und Verlustrechnung, gegeben werden. Dabei sollte insbesondere auf das Jahresergebnis, den Jahresüberschuss bzw. Jahresfehlbetrag, eingegangen und sein Zustandekommen erläutert werden. Wünschenswert wäre auch, das Jahresergebnis in Beziehung zum durchschnittlich während des abgelaufenen Jahrs investierten Eigenkapital zu setzen und die erzielte Eigenkapitalrentabilität darzustellen sowie mit der Rentabilität von Vorjahren zu vergleichen. Zudem sollte über wichtige Vorgänge im abgelaufenen Jahr berichtet werden, die sich wegen Erfolgsunwirksamkeit nicht in der Gewinn- und Verlustrechnung niedergeschlagen haben, wie über Investitionen und Desinvestitionen.

Lagebericht i. e. S.

Der Bericht über die Lage der Gesellschaft könnte vor allem anhand der Rechnung, die sich auf den Schluss des abgelaufenen Geschäftsjahrs bezieht, nämlich anhand der Bilanz, gegeben werden. Dabei sollte insbesondere auf die Schulden der Gesellschaft eingegangen werden. Wünschenswert wäre, die Deckung der Schulden durch Vermögen sowie die Liquidität darzustellen.

Nachtragsbericht

Ein Bericht über Vorgänge von besonderer Bedeutung nach Schluss des Geschäftsjahrs ist u. a. angebracht, wenn das Vermögen sich erheblich vermindert hat (z. B. durch Brand, durch Forderungsausfall, durch Insolvenz eines Abnehmers), wenn die Schulden sich stark erhöht haben (z. B. durch Inanspruchnahme aus einer Bürgschaft oder aus einem Garantieversprechen), wenn die Umsätze erheblich zurückgegangen sind, wenn die Rohstoffpreise beträchtlich gestiegen sind, wenn ein Streik das Unternehmen betroffen hat. Vorgänge von besonderer Bedeutung, über die zu berichten ist, können auch positiver Art sein, z. B. der Erhalt eines Großauftrages.

Zukunftsbericht

Der Bericht über die voraussichtliche Entwicklung der Gesellschaft sollte sich zumindest auf das nachfolgende Geschäftsjahr beziehen. Er würde am besten auf der Grundlage einer Plangewinn- und -verlustrechnung sowie Planbilanz gegeben werden. Allerdings bedarf es nicht der Wiedergabe einer solchen Rechnung. Der Gesetzgeber hat auch mit Recht die Veröffentlichung einer derartigen Rechnung nicht vorgeschrieben, denn sie ist mit zu großen Unsicherheiten behaftet. Im Rahmen des Zukunftsberichts liegt es nahe, speziell auch auf die Risiken der künftigen Entwicklung einzugehen, wie in § 289 Abs. 1 HGB gefordert.[1] DRS 5 fordert für Konzernunternehmen eine geschlossene Darstellung der Risikoberichterstattung, getrennt von der Prognoseberichterstattung (DRS 5.30 und 5.32).

Absatzbericht

In einem Absatzbericht sollte auf die Entwicklung des Umsatzes im abgelaufenen Geschäftsjahr sowie auf die Auftragslage und Vorratslage zum Schluss des Geschäftsjahrs eingegangen werden. Wünschenswert wäre auch die Charakterisierung der Absatzmärkte differenziert nach Geschäftsbereichen oder Produktgruppen, nach Absatzgebieten sowie nach Abnehmergruppen. Dies könnte durch Kommentierung der Aufgliederung der Umsatzerlöse nach Tätigkeitsbereichen geschehen, die nach § 285 HGB im Anhang vorzunehmen ist, soweit sich die Tätigkeitsbereiche erheblich voneinander unterscheiden.

Produktionsbericht

In einem Produktionsbericht sollte auf die Entwicklung der Produktionsmengen und -werte, auf die Auslastung der Kapazität (d. h. auf den Beschäftigungsgrad) sowie auf Kapazitätsveränderungen (d. h. auf Investitionen und Desinvestitionen) eingegangen werden. Letzteres könnte unter Bezugnahme auf den Anlagenspiegel geschehen.

Beschaffungsbericht

In einem Beschaffungsbericht sollte auf die Entwicklung des Bestellvolumens im abgelaufenen Geschäftsjahr sowie auf die Vorratslage zum Schluss des Geschäftsjahrs eingegangen werden. Wünschenswert wäre eine Charakterisierung der Beschaffungsmärkte nach den wichtigsten Rohstoffgruppen, nach Beschaffungsgebieten sowie nach Lieferantengruppen.

---

[1] Zu Risiken im Industriebetrieb vgl. Rogler, Silvia: Risikomanagement im Industriebetrieb, S. 33 ff.

Finanzbericht

Im Finanzbericht sollte die Aufnahme und Rückgewähr von Eigenkapital und Fremdkapital erläutert werden. Wünschenswert wäre die Darstellung der Liquiditätsentwicklung im abgelaufenen Geschäftsjahr. Dies würde am besten anhand einer Einzahlungs- und Auszahlungsrechnung oder zumindest anhand einer cash flow-Rechnung geschehen.

Personal- und Sozialbericht

Im Personal- und Sozialbericht sollte die Zahl der Beschäftigten und ihre Entwicklung dargestellt werden, ebenso wie die Zusammensetzung der Beschäftigten (nach Angestellten und Arbeitern, nach Tarifgruppen, etc.) und ihre Veränderung. Dies könnte durch Kommentierung der nach § 285 HGB im Anhang anzugebenden durchschnittlichen Zahl der während des Geschäftsjahrs beschäftigten Arbeitnehmer getrennt nach Gruppen geschehen. Wünschenswert wäre die Erläuterung von Einstellungen und Entlassungen von Arbeitskräften.

Niederlassungsbericht

Anzugeben sind auf jeden Fall die Zahlen und die Namen der Zweigniederlassungen, sofern diese vom Namen des Mutterunternehmens abweichen, sowie die Orte mit Zweigniederlassungen, bei vielen Zweigniederlassungen u. U. auch nur die Regionen oder die Länder mit Zweigniederlassungen. Wünschenswert sind zudem Angaben über Zahl der Beschäftigen und der Umsatzanteile der wichtigsten Zweigniederlassungen.

Forschungsbericht

Im Forschungsbericht sollten die Forschungsaufwendungen angegeben werden sowie die dem Unternehmen erteilten Patente, die gekauften und die verkauften Patente, die erworbenen und die vergebenen Lizenzen.

Umweltbericht

Im Umweltbericht sollten die Umweltschutzinvestitionen sowie die laufenden Aufwendungen für Umweltschutzmaßnahmen angegeben werden. Wünschenswert sind ferner Angaben über die entstandenen Abfälle, die Aufbereitung und den Wiedereinsatz von Abfällen im eigenen Unternehmen, die Aufbereitung von Abfällen und ihre Abgabe zum Wiedereinsatz an Dritte, die Abgabe von nicht aufbereiteten Abfällen an Dritte, die Abgabe von nicht aufbereiteten Abfällen direkt an die Umweltmedien.

financial review by management

1) Dem Lagebericht nach HGB ist nach IAS vergleichbar der financial rewiew by management (IAS 1.8), der nicht obligatorisch ist, und nach US-GAAP die management's discussion and analysis (MD&A), die für börsennotierte Mutterunternehmen obligatorisch ist (Regulation S-K Item 303).

II. Die handelsrechtliche Bilanz sowie Gewinn- und Verlustrechnung   327

2) Nach IAS wird überdies empfohlen, über den Jahresabschluss hinausgehende Informationen, wie Umweltberichte oder Wertschöpfungsrechnungen vorzulegen (IAS 1.9).

10. Prüfung des Jahresabschlusses und des Lageberichts

Prüfungspflicht

1) Große und mittelgroße Kapitalgesellschaften müssen nach § 316 HGB geprüft werden. Für kleine Kapitalgesellschaften besteht keine Prüfungspflicht. Das Gleiche gilt für Einzelkaufleute und Personenhandelsgesellschaften, die nicht dem Publizitätsgesetz unterliegen, es sei denn, es handelt sich um offene Handelsgesellschaften oder Kommanditgesellschaften ohne eine natürliche Person als Vollhafter (§ 264a HGB). Diejenigen Einzelkaufleute und Personenhandelsgesellschaften, die die Größenvoraussetzungen des Publizitätsgesetzes erfüllen, müssen wie große Kapitalgesellschaften geprüft werden. Für Genossenschaften gilt hinsichtlich der Prüfungspflicht grundsätzlich das Gleiche wie für Kapitalgesellschaften.

2) Bezüglich der Prüfung der genannten Unternehmen stellen sich folgende Fragen: Wer prüft? Wer bestimmt den Prüfer? Was ist zu prüfen? Welche Maßstäbe sind bei der Prüfung anzulegen? Zu welchen Ergebnissen kann der Prüfer kommen? Wer erhält das Prüfungsergebnis mitgeteilt? Welche Konsequenzen ergeben sich aus dem jeweiligen Prüfungsergebnis?

Diese Fragen sollen hier nacheinander kurz behandelt werden.[1]

Prüfer

1) Die Prüfung ist durch einen sogenannten Abschlussprüfer vorzunehmen (§ 316 HGB). Abschlussprüfer bei großen und mittelgroßen Aktiengesellschaften, Kommanditgesellschaften auf Aktien und Gesellschaften mit beschränkter Haftung müssen Wirtschaftsprüfer oder Wirtschaftsprüfungsgesellschaften sein (§ 319 Abs. 1 HGB). Abschlussprüfer von mittelgroßen Gesellschaften mit beschränkter Haftung sowie von mittelgroßen Personenhandelsgesellschaften i. S. von § 264a HGB dürfen auch vereidigte Buchprüfer und Buchprüfungsgesellschaften sein (§ 319 Abs. 1 HGB).

2) Zu Wirtschaftsprüfern können Personen bestellt werden, die i. d. R. ein einschlägiges Hochschulstudium sowie eine dreijährige berufspraktische Ausbildung abgeschlossen und das Wirtschaftsprüferexamen bestanden haben (§§ 8 ff. WPO). Zu vereidigten Buchprüfern können Steuerberater und Rechtsanwälte bestellt werden, die eine fünfjährige Berufstätigkeit aufweisen, zumindest drei Jahre prü-

---

[1] Zur Prüfung grundsätzlich vgl. auch Leffson, Ulrich: Wirtschaftsprüfung; Lück, Wolfgang: Wirtschaftsprüfung und Treuhandwesen.

fend tätig waren sowie ein gegenüber dem Wirtschaftsprüferexamen vereinfachtes Examen bestanden haben (§ 131 WPO).

Bestimmung der Prüfer

1) Der Abschlussprüfer wird nach § 318 Abs. 1 HGB von den Gesellschaftern gewählt, d. h. bei einer AG und einer KGaA von der Hauptversammlung, bei einer GmbH von der Gesellschafterversammlung. Bei einer GmbH kann allerdings der Gesellschaftsvertrag anderes bestimmen, etwa eine Bestellung durch den Aufsichtsrat oder eine Bestellung durch die Geschäftsführung vorsehen.

2) Ausgesucht und zur Wahl vorgeschlagen wird der Abschlussprüfer bei einer AG im Allgemeinen vom Vorstand und Aufsichtsrat, wobei der Aufsichtsrat den Prüfungsauftrag erteilt (§ 111 Abs. 2 AktG).

Da der Abschlussprüfer den vom Vorstand aufgestellten Jahresabschluss zu prüfen hat, wäre es wünschenswert, dass der Abschlussprüfer ohne Mitwirkung des Vorstands bestimmt wird. Geringfügig besser wäre schon die Regelung, dass der Abschlussprüfer vom Aufsichtsrat ausgesucht und der Hauptversammlung zur Wahl vorgeschlagen wird. Noch besser wäre die Regelung, dass der Abschlussprüfer von der Hauptversammlung ausgesucht wird. Aber dies ist schwer zu organisieren - vor allem deswegen, weil die Hauptversammlung vom Vorsitzenden des Aufsichtsrats geleitet wird, also keinen eigenen Vorsitzenden hat.

Am geringsten wäre wohl die Einflussmöglichkeit des Vorstands bei Bestimmung des Abschlussprüfers durch einen Zwangsverband aller prüfungspflichtigen Aktiengesellschaften (ähnlich demjenigen von Genossenschaften, vgl. §§ 53 ff. GenG) oder bei Bestimmung des Abschlussprüfers durch ein staatliches Prüfungsamt. Bei Errichtung eines staatlichen Prüfungsamtes würde sich die weitere Frage stellen, ob ihm nicht gleich selbst die Prüfungen übertragen werden sollten. Aber das wäre mit der Gefahr verbunden, dass die Prüfungen kostspieliger werden, mehr Zeit in Anspruch nehmen, nicht termingerecht abgeschlossen werden sowie parteipolitischer Einflussnahme unterliegen.

Im Rahmen des geltenden Systems könnte wenigstens überlegt werden, den Wechsel des Abschussprüfers in bestimmten zeitlichen Abständen (z. B. alle vier Jahre) vorzuschreiben sowie bei der Wahl des Abschlussprüfers durch die Hauptversammlung das Stimmrecht eines etwaigen Mehrheitsgesellschafters auszuschließen. Immerhin ist schon bisher vorgeschrieben, dass bei Aktiengesellschaften, deren Aktien zum Handel am amtlichen Markt zugelassen sind, Wirtschaftsprüfungsgesellschaften, die einen Wirtschaftsprüfer beschäftigen, der in den dem zu prüfenden Geschäftsjahr vorausgehenden 10 Jahren den Bestätigungsvermerk in mehr als 6 Fällen gezeichnet hat, nicht Abschlussprüfer sein darf (§ 319 Abs. 3 Nr. 6 HGB).

3) Gegenüber dem gewählten Abschlussprüfer kann nach § 318 Abs. 3 HGB Besorgnis der Befangenheit bei Gericht geltend gemacht werden, und zwar von den gesetzlichen Vertretern, vom Aufsichtsrat und von den Gesellschaftern (bei einer AG oder KGaA von den Gesellschaftern jedoch nur dann, wenn deren Anteil zu-

sammen den zehnten Teil des Grundkapitals oder den Nennwert von einer Million € erreichen). Besteht die Besorgnis zu Recht, hat das Gericht einen anderen Abschlussprüfer zu bestellen.

4) Um eine etwaige Abhängigkeit des Abschlussprüfers von dem zu prüfenden Unternehmen zu vermeiden, hat der Gesetzgeber in § 319 Abs. 2 HGB vorgeschrieben, dass nicht zum Abschlussprüfer bestellt werden darf, u. a.:

a) wer Anteile an der zu prüfenden Gesellschaft hält,

b) wer gesetzlicher Vertreter, Mitglied des Aufsichtsrats oder Arbeitnehmer der zu prüfenden Gesellschaft oder eines mit ihr eng verbundenen Unternehmens ist,

c) wer bei der Aufstellung des Jahresabschlusses mitgewirkt hat,

d) wer in den letzten fünf Jahren mehr als 30 % der Gesamteinnahmen aus seiner beruflichen Tätigkeit aus der Prüfung und Beratung der zu prüfenden Gesellschaft erzielt hat und wenn dieser Wert auch im laufenden Geschäftsjahr zu erwarten ist.

Prüfungsgegenstand und Prüfungsmaßstab

1) Gegenstand der Prüfung bei einer Kapitalgesellschaft sind nach § 316 HGB der Jahresabschluss und der Lagebericht. In die Prüfung des Jahresabschlusses ist nach § 317 HGB auch die Buchführung einzubeziehen. Bei börsennotierten Aktiengesellschaften ist außerdem zu beurteilen, ob der Vorstand die ihm nach § 91 Abs. 2 AktG obliegenden Maßnahmen in einer geeigneten Form getroffen hat und ob das danach einzurichtende Überwachungssystem seine Aufgaben erfüllen kann (§ 317 Abs. 4 HGB).

2) Gegenstand der Prüfung bei einer Kapitalgesellschaft ist also nicht die Geschäftsführung. Anderes gilt nach § 53 Abs. 1 GenG für die Genossenschaft, bei der u. a. auch die Ordnungsmäßigkeit der Geschäftsführung festzustellen ist. Die Einbeziehung der Geschäftsführung in die Prüfung einer Kapitalgesellschaft wäre auch nicht sinnvoll. Über unternehmerische Maßnahmen ein Urteil abzugeben, sollte dem Aufsichtsrat sowie der Hauptversammlung vorbehalten bleiben.

3) Der Jahresabschluss ist nach § 317 HGB daraufhin zu prüfen, ob die gesetzlichen Vorschriften und sie ergänzende Bestimmungen des Gesellschaftsvertrags oder der Satzung beachtet wurden (sog. unbeschränkte Prüfungspflicht).

Der Lagebericht ist nach § 317 HGB daraufhin zu prüfen, ob er mit dem Jahresabschluss im Einklang steht und ob die sonstigen Angaben im Lagebericht nicht eine falsche Vorstellung von der Lage des Unternehmens erwecken (sog. beschränkte Prüfungspflicht).

Prüfungsergebnis

1) Über das Ergebnis seiner Prüfung hat der Abschlussprüfer nach § 321 HGB schriftlich zu berichten. Der Bericht hat nach § 321 HGB besonders zu enthalten:

a) die Feststellung, ob die Buchführung, der Jahresabschluss und der Lagebericht den gesetzlichen Vorschriften und den ergänzenden Bestimmungen des Gesellschaftsvertrags oder der Satzung entsprechen;

b) eine Erläuterung, welchen Einfluss Änderungen in den Bewertungsgrundlagen einschließlich der Ausübung von Bilanzierungs- und Bewertungswahlrechten und der Ausnutzung von Ermessensspielräumen sowie sachverhaltsgestaltende Maßnahmen insgesamt auf die Darstellung der Vermögens-, Finanz- und Ertragslage haben;

c) eine Aufgliederung und ausreichende Erläuterung der Posten des Jahresabschlusses;

d) die Feststellung, ob die gesetzlichen Vertreter die verlangten Aufklärungen und Nachweise erbracht haben;

e) den Hinweis auf etwaige bei der Wahrnehmung der Prüfungsaufgabe festgestellte Tatsachen, die den Bestand des Unternehmens gefährden oder seine Entwicklung wesentlich beeinträchtigen können oder die schwerwiegende Verstöße der gesetzlichen Vertreter gegen Gesetz, Gesellschaftsvertrag oder Satzung erkennen lassen (sog. Redepflicht).

Den Prüfungsbericht erhalten bei einer AG allerdings nur der Vorstand und Aufsichtsrat, nicht die Hauptversammlung.

2) Für die Formulierung des abschließenden Ergebnisses der Prüfung durch den Abschlussprüfer bestehen folgende Möglichkeiten:[1]

a) Erteilung des (unbeschränkten) Bestätigungsvermerks nach § 322 Abs. 1 HGB, der grundsätzlich frei zu formulieren ist, wobei der HFA des IDW in seinem Prüfungsstandard PS 400 eine Musterformulierung vorgesehen hat, die übernommen werden kann, wenn keine Besonderheiten vorliegen;[2]

b) Erteilung eines ergänzten Bestätigungsvermerks, wenn zusätzliche Bemerkungen erforderlich erscheinen, um einen falschen Eindruck über den Inhalt der Prüfungen und die Tragweite des Bestätigungsvermerks zu vermeiden, auch wenn dies gesetzlich nicht mehr explizit vorgeschrieben ist (vgl. § 322 Abs. 2 Satz 1 HGB a. F.);

c) Einschränkung des Bestätigungsvermerks, die zu begründen und so darzustellen ist, dass deren Tragweite deutlich erkennbar wird (§ 322 Abs. 4 HGB);

d) Versagung des Bestätigungsvermerks, die zu begründen und durch einen „Vermerk" zum Jahresabschluss zu erklären ist (§ 322 Abs. 4 HGB).

Das abschließende Ergebnis wird bei einer AG auch der Hauptversammlung mitgeteilt.

---

[1] Vgl. Gelhausen, Hans Friedrich: Bestätigungsvermerk, Sp. 305 ff.
[2] Vgl. IDW, DW Prüfungsstandard: Grundsätze für die ordnungsmäßige Erteilung von Bestätigungsvermerken bei Abschlußprüfungen, S. 641 ff.

II. Die handelsrechtliche Bilanz sowie Gewinn- und Verlustrechnung

An die Einschränkung des Bestätigungsvermerks hat der Gesetzgeber ebenso wenig wie an die Versagung Konsequenzen geknüpft. In beiden Fällen, die selten vorkommen, kann der Aufsichtsrat gleichwohl die Feststellung des Jahresabschlusses beschließen.

Prüfung durch Aufsichtsrat

1) Nach der Prüfung von Jahresabschluss und Lagebericht durch den Abschlussprüfer ist bei einer AG eine zweite Prüfung, und zwar durch den Aufsichtsrat, vorzunehmen (§ 171 AktG). Dieser erhält dazu vom Vorstand den Prüfungsbericht des Abschlussprüfers. Der Aufsichtsrat hat in seine Prüfung auch den Vorschlag des Vorstands über die Gewinnverwendung einzubeziehen.

2) Über das Ergebnis seiner Prüfung ist vom Aufsichtsrat ein Bericht zu erstellen. Dieser hat nach § 171 Abs. 2 AktG zu enthalten: eine Mitteilung über Art und Umfang der Prüfung der Geschäftsführung des Vorstands, eine Stellungnahme zum Ergebnis der Prüfung des Jahresabschlusses durch den Abschlussprüfer, eine Erklärung, ob nach dem abschließenden Ergebnis der Prüfung Einwendungen zu erheben sind und ob der vom Vorstand aufgestellte Jahresabschluss gebilligt wird. Der Prüfungsbericht, der meistens knapp gehalten ist, geht über den Vorstand an die Hauptversammlung.

11. Vorlage und Offenlegung des Jahresabschlusses und des Lageberichts

Der von den gesetzlichen Vertretern einer Kapitalgesellschaft bzw. Genossenschaft aufzustellende Jahresabschluss ist den Gesellschaftern bzw. Genossen vorzulegen sowie gegenüber der Öffentlichkeit offen zu legen. Vorlage und Offenlegung sind, obwohl sachlich eng zusammengehörig, getrennt geregelt. Die Offenlegung ist im HGB geregelt. Die Vorlage ist in den Spezialgesetzen, d. h. im AktG, GmbHG und GenG, geregelt.

Vorlage

1) Der Vorstand einer AG bzw. derjenige einer KGaA hat unverzüglich nach Eingang des Prüfungsberichts des Aufsichtsrats die Hauptversammlung einzuberufen und dieser nach § 175 Abs. 2 AktG folgende Unterlagen vorzulegen:

    a) den Jahresabschluss,

    b) den Lagebericht,

    c) den Bericht des Aufsichtsrats,

    d) den Gewinnverwendungsvorschlag.

Der Bestätigungsvermerk des Abschlussprüfers wird in diesem Zusammenhang merkwürdigerweise nicht genannt.

2) Die Geschäftsführer einer GmbH haben unverzüglich nach der Aufstellung des Jahresabschlusses bzw. unverzüglich nach Eingang des Prüfungsberichts des Abschlussprüfers (sofern Prüfungspflicht besteht) bzw. nach Eingang des Berichts des Aufsichtsrats (sofern ein solcher besteht) den Gesellschaftern nach § 42a GmbHG vorzulegen:

a) den Jahresabschluss,

b) den Lagebericht,

c) den Prüfungsbericht des Abschlussprüfers (sofern Prüfungspflicht besteht),

d) den Bericht des Aufsichtsrats (sofern ein solcher besteht).

Den Gesellschaftern ist also nicht etwa nur das Ergebnis der Prüfung durch den Abschlussprüfer mitzuteilen, sondern sogar der Prüfungsbericht zuzuleiten.

3) Der Vorstand einer Genossenschaft hat der Generalversammlung nach § 33 Abs. 1 Satz 2 GenG vorzulegen:

a) den Jahresabschluss,

b) den Lagebericht,

c) den Bericht des Aufsichtsrats.

Der Bericht über die Prüfung ist nach § 59 Abs. 3 GenG der Generalversammlung auf Antrag ganz oder teilweise zu verlesen.

Offenlegung

1) Während die Regelung der Vorlage des Jahresabschlusses von vornherein nach Rechtsformen differenziert und die Größenklassen unberücksichtigt lässt, trennt die Regelung der Offenlegung des Jahresabschlusses nach Kapitalgesellschaften sowie Genossenschaften und differenziert dabei jeweils nach Größenklassen.

Der Gesetzgeber versucht, in § 325 Abs. 1 HGB zunächst eine allgemeine Regelung für Kapitalgesellschaften vorzunehmen, modifiziert diese dann jedoch in § 325 Abs. 2 HGB für große, in § 326 HGB für kleine und in § 327 HGB für mittelgroße Kapitalgesellschaften. Die allgemeine Regelung gilt also für keine der drei Größenklassen; sie wäre daher völlig entbehrlich gewesen. Nunmehr muss auf sie bei den speziellen Regelungen immer noch hingewiesen werden.

2) Die gesetzlichen Vertreter der großen Kapitalgesellschaft haben nach § 325 HGB unverzüglich nach Vorlage an die Gesellschafter, jedoch spätestens binnen zwölf Monaten, folgende Unterlagen im Bundesanzeiger bekannt zu machen und die Bekanntmachung unter Beifügung der Unterlagen zum Handelsregister einzureichen:

a) den Jahresabschluss,

b) den Lagebericht,

c) den Bestätigungsvermerk oder den Vermerk über dessen Versagung,

d) den Bericht des Aufsichtsrats,

II. Die handelsrechtliche Bilanz sowie Gewinn- und Verlustrechnung

e) den Vorschlag über die Verwendung des Ergebnisses, sofern dieser sich nicht aus dem Jahresabschluss ergibt,

f) den Beschluss über die Verwendung des Ergebnisses unter Angabe des Jahresüberschusses oder Jahresfehlbetrags, sofern dieser sich nicht aus dem Jahresabschluss ergibt.

Die Beteiligungsliste im Sinne von § 287 HGB braucht nach § 325 Abs. 2 Satz 2 HGB nur zum Handelsregister eingereicht und nicht im Bundesanzeiger bekannt gemacht zu werden.

3) Bei mittelgroßen und kleinen Kapitalgesellschaften entfällt die Pflicht zur Bekanntgabe aller unter 2 a) bis f) genannten Unterlagen. Sie brauchen nach § 325 Abs. 1 Satz 2 i. V. m. Abs. 2 HGB im Bundesanzeiger nur bekannt zu geben, zu welchem Handelsregister sie ihre Unterlagen eingereicht haben.

4) Mittelgroße Kapitalgesellschaften müssen nach § 327 HGB zum Handelsregister grundsätzlich die gleichen Unterlagen einreichen wie große Kapitalgesellschaften, d. h.:

a) den Jahresabschluss (die Bilanz darf allerdings in verkürzter Form eingereicht werden, und im Anhang darf auf eine Reihe von Angaben verzichtet werden, § 327 HGB),

b) den Lagebericht,

c) den Bestätigungsvermerk oder den Vermerk über dessen Versagung,

d) den Bericht des Aufsichtsrats,

e) den Vorschlag über die Verwendung des Ergebnisses, sofern dieser sich nicht aus dem Jahresabschluss ergibt,

f) den Beschluss über die Verwendung des Ergebnisses unter Angabe des Jahresüberschusses oder Jahresfehlbetrags, sofern dieser sich nicht aus dem Jahresabschluss ergibt.

5) Kleine Kapitalgesellschaften müssen nach § 326 HGB zum Handelsregister weniger Unterlagen einreichen als mittelgroße und große Gesellschaften, nämlich:

a) die Bilanz und

b) den Anhang.

Die Gewinn- und Verlustrechnung und diese betreffende Angaben im Anhang, der Lagebericht, der Bericht des Aufsichtsrates und die Angaben zur Ergebnisverwendung müssen nicht offengelegt werden. Die Einreichung des Bestätigungsvermerks des Abschlussprüfers entfällt mangels Prüfungspflicht.

6) Der Vorstand einer Genossenschaft hat nach § 339 Abs. 1 HGB unverzüglich nach der Generalversammlung, jedoch spätestens binnen zwölf Monaten, folgende Unterlagen zum Genossenschaftsregister einzureichen:

a) den Jahresabschluss,

b) den Lagebericht,

c) den Bericht des Aufsichtsrats,

d) den Bestätigungsvermerk oder den Vermerk über Versagung des Bestätigungsvermerks, sofern der Genossenschaft nach § 58 GenG ein Bestätigungsvermerk auszustellen ist.

Große Genossenschaften im Sinne von § 267 Abs. 3 HGB müssen nach § 339 Abs. 2 HGB die Unterlagen in den Gesellschaftsblättern bekannt geben und die Bekanntmachung zum Genossenschaftsregister einreichen.

12. Analyse des Jahresabschlusses

Wer nimmt die Analyse vor?

1) Wenn der Vorstand einer AG mit der Aufstellung der Bilanz sowie der Gewinn- und Verlustrechnung nicht nur seine gesetzliche Verpflichtung erfüllen, sondern die genannten Rechnungen auch als Unterlage für die von ihm zu treffenden Entscheidungen nutzen will, muss er eine Analyse derselben vornehmen bzw. vornehmen lassen.

Die dabei gewonnenen Erkenntnisse müssten schon in den Lagebericht einfließen. Sie müssten ferner insbesondere dann berücksichtigt werden, wenn der Vorstand den Jahresabschluss nicht nur aufstellt, sondern auch feststellt sowie im Zuge der Feststellung über die Behandlung eines Jahresgewinns bzw. Jahresverlusts zu entscheiden hat. Sie müssten weiterhin beachtet werden, wenn der Vorstand zunächst dem Aufsichtsrat und dann der Hauptversammlung einen Vorschlag über die Verwendung eines etwaigen Bilanzgewinns unterbreitet.

2) Der Abschlussprüfer, der den vom Vorstand aufgestellten Jahresabschluss zunächst zur Prüfung erhält, nimmt im Rahmen seiner Prüfung im Allgemeinen ebenfalls eine Analyse vor und berichtet über die Ergebnisse in seinem Prüfungsbericht.

3) Der Aufsichtsrat dürfte vom Vorstand über dessen Analyse der Jahresabschlussrechnungen unterrichtet werden. Über die Ergebnisse der Analyse durch den Abschlussprüfer erhält er Kenntnis durch den Prüfungsbericht. Unter Umständen nimmt er selbst eine zusätzliche Analyse vor oder gibt eine solche in Auftrag.

4) Die Hauptversammlung wird durch den Lagebericht sowie durch den Bericht des Vorstands über dessen Analyse der vorgelegten Jahresabschlussrechnungen unterrichtet. Zudem nehmen einzelne Aktionäre sowie Aktionärsvereinigungen oft schon im Vorfeld eigene Analysen vor und beziehen sich in der Aussprache über den Bericht des Vorstands auf deren Ergebnisse. Hinzu kommen bekannt gewordene Analysen und Kommentare der Wirtschaftspresse. Auf diese Weise fließen Ergebnisse mannigfacher Analysen in die Beschlussfassung der Hauptversammlung über Entlastung oder Nichtentlastung von Vorstand und Aufsichtsrat ein.

5) Darüber hinaus werden Analysen des Jahresabschlusses einer AG unter Umständen vorgenommen:

a) von einzelnen Aktionären, nicht nur im Hinblick auf die in der Hauptversammlung zu fassenden Beschlüsse, sondern auch im Hinblick auf ihre individuelle Entscheidung über Halten oder Verkaufen der Aktie;

b) von potentiellen Aktionären im Hinblick auf die Entscheidung über Kauf oder Nichtkauf der Aktie;

c) von Kreditgebern, insbesondere von Bankbetrieben, zur Beurteilung der Kreditfähigkeit der AG;

d) von Arbeitskräften zur Beurteilung der Lohnzahlungsfähigkeit der AG und der Sicherheit ihres Arbeitsplatzes;

e) von Lieferanten zur Beurteilung der Zahlungsfähigkeit der AG;

f) von Abnehmern zur Beurteilung der Lieferfähigkeit der AG;

g) von konkurrierenden Unternehmen;

h) von speziellen Agenturen und Instituten, wie dem Institut für Bilanzanalyse in Frankfurt;

i) von Wirtschaftsverbänden;

k) von der Wirtschaftspresse.

6) Entsprechendes, wie hier zur Analyse von Bilanz sowie Gewinn- und Verlustrechnung der AG ausgeführt, gilt mit Modifikationen für andere Kapitalgesellschaften und Unternehmen.

Wie ist die Analyse vorzunehmen?

1) Bei der Analyse des Jahresabschlusses einer AG werden, je nachdem wer die Analyse vornimmt, voneinander abweichende Schwerpunkte gesetzt, wie eben angedeutet. Solchen Unterschieden kann hier jedoch nicht nachgegangen werden. Wir müssen uns darauf beschränken, einen generell gangbaren Weg aufzuzeigen.

2) In folgenden Stufen oder Schritten kann bei der Analyse von Bilanz sowie Gewinn- und Verlustrechnung vorgegangen werden:

a) Man betrachtet einzelne Positionen (= Positionenanalyse).

b) Man betrachtet mehrere zusammengehörige Positionen (= Positionengruppenanalyse, Strukturanalyse).

c) Man stellt Beziehungen zwischen einzelnen Positionen oder zwischen Positionengruppen her und bildet entsprechende Relationen (= Beziehungsanalyse, Relationenanalyse).

d) Man fügt einzelne oder alle Positionen von Bilanz oder Gewinn- und Verlustrechnung zu Rechnungen anderer Art zusammen (= rechnungsformende Analyse).

3) Dieses Gerüst mutet recht formal an, lässt sich aber inhaltlich ergiebig ausfüllen, wie nun gezeigt werden soll.

12.1. Positionenanalyse

1) Bei Betrachtung der einzelnen Positionen von Bilanz sowie Gewinn- und Verlustrechnung könnte man in der Reihenfolge ihres Ausweises in den genannten Rechnungen vorgehen. Demgegenüber ist unseres Erachtens vorzuziehen, mit der Position zu beginnen, der der größte Aussagewert für das abgelaufene Geschäftsjahr zukommt, nämlich mit dem Jahresüberschuss bzw. Jahresfehlbetrag.

2) Wird ein Jahresüberschuss in der Gewinn- und Verlustrechnung ausgewiesen, ist zunächst zu beurteilen, inwieweit dieser tatsächlich einem erzielten Gewinn entspricht. Dazu muss auf jeden Fall festgestellt werden, ob etwaige aufgrund eines Gewinnvertrags abgeführte Gewinne vor dem Jahresüberschuss ausgewiesen sind und somit negativ bei Ermittlung des Jahresergebnisses berücksichtigt wurden. Sollte solches geschehen sein, bedarf es der Rückgängigmachung. Abgeführte Gewinne sind dem Jahresüberschuss wieder hinzuzuzählen.

Auch aufgrund von Gewinnbeteiligungen im Rahmen des laufenden Geschäfts- und Lizenzverkehrs abgeführte und häufig unter Zins- und anderen Aufwendungen ausgewiesene Gewinne müssten dem Jahresüberschuss hinzugezählt werden, was aber nur internen Bilanzanalytikern möglich ist. Ebenso müssten aufgrund von Gewinnbeteiligungen von Aufsichtsratsmitgliedern, Vorstandsmitgliedern und einzelnen Arbeitnehmern abgeführte und häufig unter Personalaufwendungen oder Sonstigen Aufwendungen ausgewiesene Gewinne dem Jahresüberschuss hinzugezählt werden, was wiederum nur internen Bilanzanalytikern möglich ist.

Ferner müssten gewinnabhängige Steuern dem Jahresüberschuss hinzugezählt werden.

Auf weitere mögliche Modifikationen soll bei der Besprechung der Erträge und Aufwendungen eingegangen werden.

3) Wird ein Jahresfehlbetrag in der Gewinn- und Verlustrechnung ausgewiesen, ist zunächst zu beurteilen, inwieweit dieser einem tatsächlich entstandenen Verlust entspricht. Dazu muss auf jeden Fall festgestellt werden, ob Erträge aus Verlustübernahme vor dem Jahresfehlbetrag ausgewiesen sind und somit positiv bei der Ermittlung des Jahresergebnisses berücksichtigt wurden. Sollte solches geschehen sein, bedarf es der Rückgängigmachung. Erträge aus teilweiser Verlustübernahme sind dem Jahresfehlbetrag hinzuzufügen.

4) Wird ein Jahresergebnis von Null ausgewiesen, ist zu prüfen, ob nicht nur formell, sondern auch materiell eine ausgeglichene Gewinn- und Verlustrechnung vorliegt. Etwaige vor dem Jahresergebnis ausgewiesene abgeführte Gewinne sind nachträglich positiv zu berücksichtigen, etwaige vor dem Jahresergebnis ausgewiesene Erträge aus Verlustübernahme nachträglich negativ.

5) Ist unter Berücksichtigung der genannten sowie u. U. weiterer, später noch zu besprechender, Modifikationen das tatsächliche Jahresergebnis ermittelt worden, liegt ein Vergleich nahe:

a) mit den entsprechenden Ergebnissen aus Vorjahren (Ist-Ist-Vergleich);

b) mit dem durchschnittlichen in vergangenen Jahren erzielten Ergebnis (Normal-Ist-Vergleich);

c) mit dem Ergebnis, das für das abgelaufene Jahr als Ziel vorgegeben worden war (Plan-Ist-Vergleich bzw. Soll-Ist-Vergleich);

d) mit dem Ergebnis, das für das abgelaufene Jahr realistischerweise erwartet worden war (Prognose-Ist-Vergleich).

6) Zur Beurteilung des Jahresergebnisses werden oft auch die Kapitalkosten herangezogen, besonders im Rahmen des economic value added-Konzepts. Mit dem economic value added ist nicht etwa der value added, d. h. der Mehrwert oder die Wertschöpfung, gemeint, sondern eine Rechengröße ganz anderer Art.

Um diese zu ermitteln (vgl. auch Abbildung 49) wird ausgegangen von den Umsatzerlösen. Von diesen werden die operativen Kosten (einschließlich der Abschreibungen) sowie die Steuern abgezogen. Nach Vornahme einer Reihe von Anpassungen erhält man das operative Ergebnis nach Steuern, den sog. net operating profit after tax, abgekürzt nopat genannt. Von diesem werden wiederum die gewichteten und risikogerechten Kosten für Fremd- und Eigenkapital abgezogen, womit man den gewünschten economic value added erhält, oft übersetzt mit Wertbeitrag oder Wertzuwachs der betrachteten Periode.

Abbildung 49:
Ermittlung des Economic Value Added

	Umsatz
-	operative Kosten (einschl. Abschreibung)
-	Cash Steuer
±	EVA-Anpassungen
=	**NOPAT** (net operating profit after tax, d. h. operatives Ergebnis nach Steuern)
-	Kapitalkosten (gewichtete, risikogerechte Kapitalkosten für Fremd- und Eigenkapital)
=	**EVA** (economic value added, d. h. Wertzuwachs der betrachteten Periode)

Quelle: Betriebswirtschaftlicher Ausschuss und Finanzausschuss des Verbandes der chemischen Industrie e. V.: Unternehmenssteuerung durch Zielvorgaben, S. 74

Bei einem positiven economic value added handelt es sich also um einen Übergewinn, einen Mehrgewinn, um ein Gewinn, der über einen normalen Gewinn hinausgeht, d. h. um einen über eine Zins- und Risikoprämie hinausgehenden Gewinn. Warum für die gemeinte Größe die Bezeichnung des economic value added gewählt wurde, die dem überkommenen Begriff des value added zum Verwechseln ähnlich ist, vermag man nicht einzusehen. Um das Gemeinte treffend auszudrücken, hätte man von einem profit in excess of equity interest sprechen können.

Der Jahresüberschuss oder der Jahresgewinn wird also erst dann uneingeschränkt günstig beurteilt, wenn er die Kapitalkosten überschreitet.

7) Außer der Art und Höhe des Jahresergebnisses interessiert sein Zustandekommen. Hat sich z. B. im abgelaufenen Jahr ein Verlust ergeben statt eines Gewinns wie im Vorjahr, ist zu fragen, ob er verursacht wurde: durch abnehmende Erträge bei gleichen Aufwendungen, durch zunehmende Aufwendungen bei gleichen Erträgen, durch stark abnehmende Erträge bei schwach abnehmenden Aufwendungen, durch stark zunehmende Aufwendungen bei schwach zunehmenden Erträgen, etc.

8) Die Analyse des Jahresergebnisses geht damit schon über in eine Analyse anderer einzelner Positionen und in eine Analyse von Positionengruppen. Da man aber nicht alle verbleibenden Positionen der Gewinn- und Verlustrechnung so genau wie den Jahresüberschuss bzw. Jahresfehlbetrag betrachten kann, wird man eine Auswahl vornehmen und sich beschränken:

a) auf die dem Betrag nach größten Positionen, wie Umsatzerlöse, Materialaufwendungen, Personalaufwendungen;

b) auf die Positionen mit den stärksten Veränderungen gegenüber dem Vorjahr;

c) auf die Positionen, deren Istbeträge am stärksten von den Normal-, Soll- oder Prognosebeträgen abweichen;

d) auf die Positionen, die sich dem Betrag nach am stärksten von den entsprechenden Positionen anderer Unternehmen unterscheiden;

e) auf die Positionen mit heterogenem Inhalt, die u. U. einer Aufschlüsselung bedürfen, wie Sonstige betriebliche Erträge und Sonstige betriebliche Aufwendungen;

f) auf die Positionen, deren Charakter strittig ist, wie Aufwendungen der Ingangsetzung und Erweiterung des Geschäftsbetriebs.

12.2. Positionengruppenanalyse

Die umfassendsten Positionengruppen im Rahmen des Jahresabschlusses sind diejenigen der Erträge und der Aufwendungen sowie diejenigen des Vermögens und des Kapitals. Um unmittelbar an die Analyse des Jahresergebnisses anzuschließen, wollen wir uns zunächst den Erträgen und den Aufwendungen zuwenden.

Analyse der Erträge

1) Die Erträge werden in der Gewinn- und Verlustrechnung nach dem Gesamtkostenverfahren nicht in einer Summe ausgewiesen. Die Summenbildung ist also nachzuholen. Dazu müssen die Beträge der Positionen 1, 2 (mit positivem bzw. negativem Vorzeichen) sowie der Positionen 3, 4, 9 bis 11 und 15 aggregiert werden.

Dabei dürfen also auf keinen Fall die schon erwähnten sog. Erträge aus Verlustübernahme einbezogen werden. Zudem wäre wünschenswert, man könnte außer Acht lassen: die im abgelaufenen Jahr aktivierten Ingangsetzungs und Erweiterungsaufwendungen, die aufgelösten Sonderposten mit Rücklageanteil, die herabgesetzten Aufwands- und Verlustrückstellungen. Deren Ausklammerung ist aber z. T. nur dem internen Bilanzanalytiker möglich.

Ist die Summe der Erträge ermittelt, kann diese mit entsprechenden Zahlen vergangener Jahre, mit Soll- und Prognosezahlen sowie mit Zahlen anderer Unternehmen verglichen werden.

Zudem ist nunmehr die Grundlage gegeben für die Errechnung von Kennzahlen der Ertragsstruktur, wie:

a) $\dfrac{\text{Umsatzerlöse} \pm \text{Bestandsänderungen}}{\text{gesamte Erträge}}$

b) $\dfrac{\text{Umsatzerlöse} \pm \text{Bestandsänderungen} + \text{andere aktivierte Eigenleistungen}}{\text{gesamte Erträge}}$ (= Bruttoproduktionswert)

c) $\dfrac{\text{betriebliche Erträge}}{\text{gesamte Erträge}}$

d) $\dfrac{\text{Finanzerträge}}{\text{gesamte Erträge}}$

e) $\dfrac{\text{außerordentliche Erträge}}{\text{gesamte Erträge}}$

Einen hohen Anteil der „Umsatzerlöse +/- Bestandsänderungen" an den gesamten Erträgen wird man günstig beurteilen, einen hohen Anteil der außerordentlichen Erträge wird man kritisch sehen.

2) Anders als beim Gesamtkostenverfahren werden beim Umsatzkostenverfahren die Erträge in der Gewinn- und Verlustrechnung nicht vollständig ausgewiesen. Die Summenbildung lässt sich auch nicht wie beim Gesamtkostenverfahren nachholen.

Es wäre nicht einmal korrekt, die in der Gewinn- und Verlustrechnung ausgewiesenen positiven Größen, d. h. die Umsatzerlöse, die Sonstigen betrieblichen Erträge, die Finanzerträge, die außerordentlichen Erträge zu addieren, da die genannten

Größen zu unterschiedlich sind. So haben die Umsatzerlöse nur Einnahmencharakter, nicht Ertragscharakter wie die anderen Größen.

Analyse der Aufwendungen

1) Ebenso wenig wie die Erträge werden die Aufwendungen in der Gewinn- und Verlustrechnung nach dem Gesamtkostenverfahren in einer Summe ausgewiesen. Um die Summenbildung nachzuholen, müssen addiert werden die Beträge der Positionen 5 bis 8, 12, 13, 16 und 19.

Dabei dürfen also auf keinen Fall die schon erwähnten aufgrund von Gewinnverträgen abgeführten Gewinne einbezogen werden. Zudem wäre es wünschenswert, man könnte unberücksichtigt lassen: die Abschreibungen von aktivierten Ingangsetzungs- und Erweiterungsaufwendungen sowie von derivativen Geschäfts- oder Firmenwerten, etwaige außerplanmäßige Abschreibungen von Eigenen Anteilen, die neu gebildeten Sonderposten mit Rücklageanteil sowie Aufwands- und Verlustrückstellungen, die Bildung und Auflösung von latenten Steuern. Deren Ausklammerung ist aber z. T. nur dem internen Bilanzanalytiker möglich. Hinzuzufügen ist ein etwaiger neu gebildeter derivativer Geschäfts- oder Firmenwert.

Ist die Summe der Aufwendungen ermittelt, können Zeit- und Unternehmensvergleiche vorgenommen werden.

Zudem liegt nun die Grundlage vor für die Errechnung von Kennzahlen der Aufwandsstruktur, wie:

a) $\dfrac{\text{Materialaufwendungen}}{\text{gesamte Aufwendungen}}$ = Materialintensität

b) $\dfrac{\text{Personalaufwendungen}}{\text{gesamte Aufwendungen}}$ = Personalintensität

c) $\dfrac{\text{Abschreibungsaufwendungen}}{\text{gesamte Aufwendungen}}$ = Abschreibungsintensität

Ein hoher Anteil von Abschreibungsaufwendungen an den gesamten Aufwendungen bedeutet starke Belastung mit fixen Aufwendungen bzw. Kosten, die allerdings nicht unmittelbar liquiditätswirksam sind; ein hoher Anteil von Personalaufwendungen bedeutet starke Belastung mit fixen Aufwendungen bzw. Kosten, die zudem liquiditätswirksam sind.

2) Anders als beim Gesamtkostenverfahren werden beim Umsatzkostenverfahren auch die Aufwendungen nicht vollständig in der Gewinn- und Verlustrechnung ausgewiesen. Die Summenbildung ist wiederum nicht nachholbar.

Selbst die in der Gewinn- und Verlustrechnung ausgewiesenen negativen Wertgrößen zu addieren, wäre nicht korrekt, da sie nicht vergleichbar sind. Die Herstellungskosten beziehen sich auf die verkauften Erzeugnisse und damit u. U. auf verschiedene Geschäftsjahre; die Vertriebskosten und die Verwaltungskosten beziehen sich allein auf das abgelaufene Geschäftsjahr. Die Vertriebskosten müssen ungekürzt ausgewiesen werden, die Verwaltungskosten dagegen dürfen um zur Aktivierung herangezogene Teile verkürzt werden.

Daher bleibt allenfalls der Weg, auf den Anhang und die Anlagenspiegel auszuweichen und die dort angegebenen Materialaufwendungen, Personalaufwendungen und Abschreibungsaufwendungen zu einer Summe zusammenfassen. Auf dieser Grundlage wären dann auch Kennzahlen der Aufwandsstruktur errechenbar.

Analyse des Vermögens

1) Das Vermögen wird in der Bilanz bedauerlicherweise nicht in einem Betrag ausgewiesen. Die in der Bilanz ausgewiesene Summe der Aktiva stimmt nicht immer mit der Vermögenssumme überein. Auch die Addition der für das Anlagevermögen und für das Umlaufvermögen angegebenen Zahlen ergibt nicht zuverlässig die Summe des Vermögens.

Will man das Gesamtvermögen erhalten, muss man zusammenfassen: die Gegenstände des Anlagevermögens (mit Ausnahme des Geschäfts- oder Firmenwerts), die Gegenstände des Umlaufvermögens (mit Ausnahme der Eingeforderten ausstehenden Einlagen und der Eigenen Anteile) sowie die Aktiven Rechnungsabgrenzungsposten (i. e. S.). Von den Vorräten offen abgesetzte erhaltene Anzahlungen sind diesen wieder hinzuzufügen. Von den anderen Aktiva, wie den Ausstehenden Einlagen sowie den aktivierten Ingangsetzungs- und Erweiterungsaufwendungen, ist abzusehen.

Ist die Vermögenssumme ermittelt, bedarf sie zur besseren Beurteilung des Vergleichs mit Vorjahreszahlen und Zahlen anderer Unternehmen.

2) Zudem können nunmehr eine Reihe von Kennzahlen der Vermögensstruktur errechnet werden, wie:

a) $\dfrac{\text{Anlagevermögen}}{\text{gesamtes Vermögen}}$ = Anlagenintensität

b) $\dfrac{\text{Sachanlagen}}{\text{gesamtes Vermögen}}$ = Sachanlagenintensität

c) $\dfrac{\text{Finanzanlagen}}{\text{gesamtes Vermögen}}$ = Finanzanlagenintensität

d) $\dfrac{\text{Umlaufvermögen} + \text{RAP}}{\text{gesamtes Vermögen}}$ = Umlaufvermögensintensität

e) $\dfrac{\text{Vorräte}}{\text{gesamtes Vermögen}}$ = Vorratsintensität

f) $\dfrac{\text{Forderungen} + \text{RAP}}{\text{gesamtes Vermögen}}$ = Forderungsintensität

Einen hohen Anteil von fertigen und unfertigen Erzeugnissen am Vermögen wird man kritisch sehen; er ist zwar über Erträge in der Gewinn- und Verlustrechnung zustande gekommen, aber es handelt sich dabei noch um unrealisierte Erträge. Auch einen hohen Anteil von Forderungen aus Lieferungen und Leistungen wird man kritisch sehen; er ist zwar über Umsatzerlöse und damit über realisierte Erträge zustande gekommen, aber es handelt sich dabei noch nicht um liquiditätswirksame Erträge.

Analyse des Kapitals

1) Ebenso wenig wie das Vermögen wird das Kapital in der Bilanz in einem Betrag ausgewiesen. Die in der Bilanz ausgewiesene Summe der Passiva weicht häufig von der Kapitalsumme ab.

Will man das Gesamtkapital erhalten, muss man zunächst die ausgewiesenen Passiva korrigieren. Vom Gezeichneten Kapital sind abzuziehen die Ausstehenden Einlagen und die Eigenen Anteile in Höhe des Nennwertes, von den Rücklagen und vom Jahresergebnis die Eigenen Anteile in Höhe des den Nennwert übersteigenden Betrages, die aktivierten Ingangsetzungs- und Erweiterungsaufwendungen, die Geschäfts- oder Firmenwerte sowie die Aktiven latenten Steuern. Den Verbindlichkeiten sind etwaige erhaltene Anzahlungen, die von den Vorräten offen abgesetzt wurden, wieder hinzuzufügen.

Erst nach diesen Anpassungen kann man zum Gesamtkapital zusammenfassen: das Gezeichnete Kapital, die Rücklagen, den Gewinnvortrag bzw. Verlustvortrag, den Jahresüberschuss bzw. Jahresfehlbetrag, die Sonderposten mit Rücklageanteil, die Rückstellungen, die Verbindlichkeiten sowie die Passiven Rechnungsabgrenzungsposten.

Ist das Gesamtkapital ermittelt, bedarf es zur besseren Beurteilung des Zeit- und Unternehmensvergleichs.

2) Will man die Zusammensetzung des Kapitals nach seiner Herkunft beurteilen, kann man den in der Bilanz ausgewiesenen Betrag des Eigenkapitals nicht einfach übernehmen.

Um den richtigen Betrag des Eigenkapitals zu erhalten, muss man die folgenden Kapitalgrößen zusammenfassen, nachdem man sie, wie eben dargestellt, modifiziert hat: das Gezeichnete Kapital, die Rücklagen, den Gewinnvortrag bzw. Verlustvortrag, den Jahresüberschuss bzw. Jahresfehlbetrag, die Sonderposten mit Rücklageanteil zu 100 % oder mit 50 % sowie die Verlust- und die Aufwandsrückstellungen, wobei die letztgenannten nur dem internen Bilanzanalytiker bekannt sind.

Das Fremdkapital wird in der Bilanz nicht einmal in einem Betrag ausgewiesen. Will man den richtigen Betrag erhalten, muss man die folgenden Kapitalgrößen zusammenfassen: die Verbindlichkeiten (zuzüglich der etwaigen auf der Aktivseite ausgewiesenen erhaltenen Anzahlungen), die Passiven Rechnungsabgrenzungsposten, die Rückstellungen (mit Ausnahme der Verlust- und Aufwandsrückstellungen) sowie allenfalls mit 50 % die Sonderposten mit Rücklageanteil.

Auf der Grundlage der ermittelten Beträge für das Eigenkapital und das Fremdkapital können nunmehr die folgenden Kennzahlen der Kapitalstruktur errechnet werden:

a) $\dfrac{\text{Eigenkapital}}{\text{gesamtes Kapital}}$ = Eigenkapitalquote (Grad der Eigenfinanzierung)

b) $\dfrac{\text{Fremdkapital}}{\text{gesamtes Kapital}}$ = Fremdkapitalquote (Grad der Fremdfinanzierung)

Je höher die Eigenkapitalquote, umso günstiger wird das Unternehmen beurteilt.

3) Will man die Zusammensetzung des Kapitals nach seiner Fristigkeit beurteilen, kann man sich nur bei den Verbindlichkeiten, nicht auch bei den Rückstellungen, auf Angaben in der Bilanz oder im Anhang stützen. Dort sind jeweils die Verbindlichkeiten mit einer Restlaufzeit bis zu einem Jahr sowie die Verbindlichkeiten mit einer Restlaufzeit von mehr als fünf Jahren anzugeben. Daraus errechenbar sind die Verbindlichkeiten mit einer Restlaufzeit von über einem Jahr bis zu fünf Jahren.

Mit den Verbindlichkeiten mit einer Restlaufzeit bis zu einem Jahr könnten zu einem kurzfristigen Kapital folgende Posten (nach entsprechenden Modifikationen) zusammengefasst werden: Teile der Rückstellungen, die Passiven Rechnungsabgrenzungsposten, Teile der Sonderposten mit Rücklageanteil, der Gewinnvortrag bzw. Verlustvortrag, der Jahresüberschuss bzw. Jahresfehlbetrag.

Mit den Verbindlichkeiten mit einer Restlaufzeit von mehr als fünf Jahren, könnten folgende Posten (nach entsprechenden Modifikationen) zu einem langfristigen Kapital zusammengefasst werden: Teile der Rückstellungen, Teile der Sonderposten mit Rücklageanteil, die Rücklagen, das Gezeichnete Kapital.

Auf der Grundlage der ermittelten Beträge können die folgenden Kennzahlen der Kapitalstruktur errechnet werden:

a) $\dfrac{\text{kurzfristiges Kapital}}{\text{gesamtes Kapital}}$ = Anteil des kurzfristigen Kapitals

b) $\dfrac{\text{langfristiges Kapital}}{\text{gesamtes Kapital}}$ = Anteil des langfristigen Kapitals

Je höher die Quote des langfristigen Kapitals, umso günstiger wird das Unternehmen beurteilt.

12.3. Relationenanalyse

1) Zwischen den einzelnen Positionen und den Positionengruppen von Bilanz sowie Gewinn- und Verlustrechnung lassen sich eine Reihe von Beziehungen herstellen und zu Beziehungszahlen verdichten.

344 4. Teil: Die Aufwands- und Ertragsrechnung sowie die Vermögens- und Kapitalrechnung

Rein formal sind unterscheidbar:

a) Beziehungen zwischen Größen der Gewinn- und Verlustrechnung, d. h. zwischen Aufwendungen und Erträgen, wie sie die Wirtschaftlichkeiten oder Produktivitäten darstellen;

b) Beziehungen zwischen Größen der Bilanz, d. h. zwischen Vermögen und Kapital, wie sie die Liquiditätskennziffern oder Liquiditätsgrade und die Schuldendeckungskennziffern oder Schuldendeckungsgrade darstellen;

c) Beziehungen zwischen Größen der Gewinn- und Verlustrechnung sowie der Bilanz, wie sie die Rentabilitäten und die Umschlagshäufigkeiten darstellen.

2) Auf einen Teil dieser Beziehungen soll hier eingegangen werden, aber in abweichender Reihenfolge. Wir wollen mit derjenigen Beziehungszahl beginnen, der der größte Aussagewert für das abgelaufene Geschäftsjahr zukommt, nämlich mit der Eigenkapitalrentabilität. Daran anschließend sollen behandelt werden: die anderen Rentabilitäten, die Produktivitäten, die Liquiditätsgrade und die Schuldendeckungsgrade.

Es handelt sich dabei jeweils um Maßstäbe zur Beurteilung von Unternehmen, die unabhängig von der Unternehmensgröße sind, die man als Qualitätsmerkmale oder Gütermerkmale bezeichnen kann, im Unterschied zu den Größenmerkmalen.

12.3.1. Eigenkapitalrentabilität

1) Unter der Eigenkapitalrentabilität des Unternehmens ist generell zu verstehen: der Gewinn oder Verlust bezogen auf das Eigenkapital. Speziell im Fall der Analyse des Jahresabschlusses ist damit gemeint: der Gewinn oder Verlust des abgelaufenen Jahres bezogen auf das Eigenkapital des abgelaufenen Jahres.[1]

2) Der Eigenkapitalrentabilität kommt unter den zu behandelnden Relationen deswegen der größte Aussagewert zu, weil sie eine Zielgröße darstellt, und zwar die für private Unternehmen im marktwirtschaftlichen System maßgebende Zielgröße.

3) Als Gewinngrößen des abgelaufenen Jahrs sind in Betracht zu ziehen:

a) der erzielte Gewinn bzw. der entstandene Verlust;

b) der ausgeschüttete Gewinn.

Der ausgeschüttete Gewinn ist einfacher zu ermitteln als der erzielte Gewinn. Er sagt aber wenig über das Wirtschaften im abgelaufenen Jahr aus, da er auch aus Gewinnen früherer Jahre stammen kann, die als Gewinn vorgetragen oder in Rücklagen eingestellt worden sind. Daher ist für die Ermittlung der Eigenkapitalrentabilität auf den erzielten Gewinn bzw. auf sein Gegenstück, den entstandenen Verlust, abzustellen.

---

[1] Vgl. auch Weber, Helmut Kurt: Rentabilität, Produktivität und Liquidität, S. 22 ff.

Das Gegenstück zum ausgeschütteten Gewinn würde im Übrigen der von anderen übernommene Verlust darstellen, wozu Unternehmen unter Umständen verpflichtet sind und wozu Aktionäre sich freiwillig bereit erklärt haben könnten.

4) Im Rahmen des Jahresabschlusses werden als Gewinn- oder Verlustgrößen ausgewiesen:

a) der Jahresüberschuss bzw. Jahresfehlbetrag und

b) der Bilanzgewinn bzw. Bilanzverlust.

Der Bilanzgewinn ist der zur Disposition der Hauptversammlung stehende Gewinn. Er kann gegenüber dem Jahresüberschuss um einen aus dem Vorjahr vorgetragenen Gewinn und um Entnahmen aus Rücklagen erhöht oder um einen aus dem Vorjahr vorgetragenen Verlust und um Einstellungen in Rücklagen vermindert sein. Entsprechendes gilt für den Bilanzverlust. Daher sagt auch der Bilanzgewinn bzw. Bilanzverlust wenig über das Wirtschaften im abgelaufenen Jahr aus.

Der Jahresüberschuss bzw. Jahresfehlbetrag kommt dem im abgelaufenen Jahr erzielten Gewinn bzw. entstandenen Verlust näher, aber bedauerlicherweise nicht gleich. Er bedarf noch der im Abschnitt über die Positionenanalyse dargestellten Modifikationen. Erst nach Vornahme derselben erhält man die für die Ermittlung der Eigenkapitalrentabilität geeignete Gewinn- bzw. Verlustgröße.

5) Als Eigenkapitalgrößen des abgelaufenen Jahrs sind in Betracht zu ziehen:

a) das eingesetzte Eigenkapital;

b) das eingesetzte und zugesagte, also das insgesamt haftende Eigenkapital.

Das eingesetzte Eigenkapital trägt unmittelbar zur Erwirtschaftung des Gewinns bei, das zugesagte allenfalls mittelbar, indem es die Bereitschaft von Kreditgebern, dem Unternehmen Kredite zu gewähren, erhöht. Beide Eigenkapitalgrößen können also zur Ermittlung jeweils verschiedener Eigenkapitalrentabilitäten herangezogen werden.

6) Das in der Bilanz ausgewiesene Eigenkapital ist bedauerlicherweise weder mit dem eingesetzten noch mit dem insgesamt haftenden Eigenkapital identisch.

Um das eingesetzte Eigenkapital zu erhalten, muss man das in der Bilanz ausgewiesene Eigenkapital so modifizieren, wie bereits im Abschnitt über die Positionengruppenanalyse dargestellt. Allerdings ist für den hier verfolgten Zweck der modifizierte Jahresüberschuss bzw. Jahresfehlbetrag nicht in das eingesetzte Eigenkapital einzubeziehen. Denn durch die Eigenkapitalrentabilität soll zum Ausdruck gebracht werden, welcher Gewinn bzw. Verlust bezogen auf das Eigenkapital entstanden ist. Allenfalls die Dividendensumme des Vorjahrs könnte noch zur Hälfte mit einbezogen werden. Denn über die Ausschüttung des Gewinns eines abgelaufenen Jahrs wird im Allgemeinen erst in der Mitte des darauf folgenden Jahrs beschlossen, so dass so lange mit dem auszuschüttenden Gewinn noch gewirtschaftet werden kann.

Um das insgesamt haftende Eigenkapital zu erhalten, muss man dem eben abgegrenzten eingesetzten Eigenkapital noch das zugesagte Eigenkapital hinzufügen,

d. h. die eingeforderten und nicht eingeforderten ausstehenden Einlagen. Die Eigenen Anteile dürfen dagegen weder in das eingesetzte Eigenkapital noch in das insgesamt haftende Eigenkapital einbezogen werden.

7) Bei Ermittlung des eingesetzten und des insgesamt haftenden Eigenkapitals, ausgehend von den in der Bilanz ausgewiesenen Kapitalbeträgen, ist zu beachten, dass es sich dabei um Stichtagsgrößen handelt. Die in der Bilanz des abgelaufenen Jahrs ausgewiesenen Zahlen könnten sich erst gegen Ende des Jahres so ergeben haben. Die in der Bilanz des Vorjahrs ausgewiesenen Zahlen könnten sich gleich nach Beginn des abgelaufenen Jahrs verändert haben. Zumindest müsste man also aus den in der Bilanz des Vorjahrs und den in der Bilanz des abgelaufenen Jahrs ausgewiesenen Zahlen den Mittelwert bilden und diesen der Ermittlung der Eigenkapitalrentabilität zugrunde legen. Noch genauer wäre es, von den Zahlen in der Bilanz des Vorjahrs auszugehen, die Veränderungen während des abgelaufenen Jahrs zeitgenau zu erfassen und zeitanteilig zu berücksichtigen, z. B. eine Kapitalerhöhung, die zur Mitte des abgelaufenen Jahrs wirksam geworden ist, mit 50 %.

Dagegen sind die Modifikationen des Eigenkapitals, die im abgelaufenen Jahr erfolgswirksam waren, außer Acht zu lassen, d. h. dass von den Beträgen zu Beginn des Jahres auszugehen ist.

8) Auf der Grundlage der ermittelten Gewinn- und Kapitalgrößen sind also folgende Varianten der Eigenkapitalrentabilität errechenbar:

   a) die Rentabilität des eingesetzten Eigenkapitals unter Berücksichtigung des entstandenen Gewinns bzw. Verlusts;

   b) die Rentabilität des haftenden Eigenkapitals unter Berücksichtigung des entstandenen Gewinns bzw. Verlusts;

   c) die Rentabilität des eingesetzten Eigenkapitals unter Berücksichtigung des ausgeschütteten Gewinns;

   d) die Rentabilität des haftenden Eigenkapitals unter Berücksichtigung des ausgeschütteten Gewinns.

Unter diesen Varianten kommt der erstgenannten Rentabilität die größte Bedeutung zu.

9) Die genannte Eigenkapitalrentabilität ist, damit sie besser beurteilt werden kann, zu vergleichen:

   a) mit der Eigenkapitalrentabilität von Vorjahren;

   b) mit der durchschnittlich in vergangenen Jahren erzielten Eigenkapitalrentabilität;

   c) mit der Eigenkapitalrentabilität, die für das abgelaufene Jahr vorgegeben worden war;

   d) mit der Eigenkapitalrentabilität, die für das abgelaufene Jahr realistischerweise erwartet worden war;

   e) mit der Eigenkapitalrentabilität von anderen Unternehmen;

f) mit der Verzinsung des Fremdkapitals im abgelaufenen Jahr.

10) Neben der Eigenkapitalrentabilität auf der Grundlage allein von Jahresabschlussgrößen, ist bei einem börsennotierten Unternehmen eine Eigenkapitalrentabilität auf der Grundlage des Kurswerts des Eigenkapitals errechenbar. Dazu müsste man den durchschnittlichen Börsenkurs der Aktie im abgelaufenen Jahr ermitteln und mit diesem die Zahl der durchschnittlich im abgelaufenen Jahr umlaufenden Aktien multiplizieren, womit man den durchschnittlichen Kurswert des Eigenkapitals erhält. Auf ihn lässt sich der erzielte Jahresüberschuss bzw. der erzielte Gewinn beziehen ebenso wie der ausgeschüttete Gewinn, womit man zwei weitere Eigenkapitalrentabilitäten von unterschiedlichem Aussagewert erhält:

a) die Rentabilität des nach dem Kurswert bemessenen Eigenkapitals unter Berücksichtigung des erzielten Jahresüberschusses bzw. Gewinns;

b) die Rentabilität des nach dem Kurswert bemessenen Eigenkapitals unter Berücksichtigung des ausgeschütteten Gewinns.

Das nach dem Kurswert bemessene Eigenkapital entspricht allerdings nur bedingt dem im Unternehmen investierten Eigenkapital. Man könnte allenfalls argumentieren, dass sich im Kurswert auch die stillen Reserven ausdrücken, die zusätzlich zum Gezeichneten Kapital und zu den Rücklagen im Unternehmen investiert sind.

11) Statt vom Kurswert des Eigenkapitals insgesamt kann man auch vom Kurswert des einzelnen Anteils ausgehen und darauf den Anteil am erzielten Jahresüberschuss bzw. Gewinn sowie den Anteil am ausgeschütteten Gewinn beziehen. Man erhält dann zwei Anteilsrentabilitäten von unterschiedlichem Aussagewert:

a) die Rendite nach dem Kurswert bemessenen Kapitalanteils unter Berücksichtigung des auf den Kapitalanteil entfallenden erzielten Jahresüberschusses bzw. Gewinns (= Gewinn-Kurs-Verhältnis);

b) die Rendite des nach dem Kurswert bemessenen Kapitalanteils unter Berücksichtigung des auf den Kapitalanteil entfallenden ausgeschütteten Gewinns (= Dividenden-Kurs-Verhältnis).

Die unter a) genannte Anteilsrendite ist als umgekehrte Beziehung unter der Bezeichnung Kurs-Gewinn-Verhältnis besser bekannt.[1] Zu seiner Ermittlung wird allerdings im Allgemeinen statt des durchschnittlichen Börsenkurses der aktuelle Börsenkurs herangezogen. Zudem wird oftmals statt des erzielten Jahresüberschusses die Gewinnschätzung des aktuellen Geschäftsjahrs verwendet.

Die sich für die genannten Anteilsrenditen ergebenden Prozentsätze stimmen notwendigerweise mit denjenigen für die Rentabilitäten des nach den Kurswert bemessenen Eigenkapitals überein.

12) Eine der Anteilsrendite verwandte Kennzahl ist der Gewinn pro Anteil, im angloamerikanischen Rechnungswesen earnings per share genannt.

---

[1] Vgl. Perridon, Louis/ Steiner, Manfred: Finanzwirtschaft der Unternehmung, S. 230 f.

Nach IAS 33 und FAS 128 haben börsennotierte Unternehmen im Anschluss an ihre Gewinn- und Verlustrechnung anzugeben: die basic earnings per share und die diluted earnings per share (im Deutschen unverwässertes und verwässertes Ergebnis genannt). Mit den basic earnings ist der net profit after taxes gemeint, der auf die Stammaktien entfällt. Die dilutes earnings werden aus den basic earnings unter Berücksichtigung der Auswirkungen errechnet, die sich aus der Ausübung von etwaigen Bezugsrechten ergeben.

Die genannten earnings per share allerdings sind von Unternehmen zu Unternehmen wegen der Unterschiede des Nennwerts der Aktien bzw. des rechnerischen Werts der Aktien schwer vergleichbar. Warum die earnings überhaupt zur Zahl der Aktien in Beziehung gesetzt werden, ist schwerer einzusehen.

Stattdessen würde man sich wünschen, dass die earnings zum Wert der Aktie in Beziehung gesetzt werden müssen. Als solcher eignet sich weniger der Nennwert oder der rechnerische Wert, sondern vielmehr der Bilanzwert oder der Kurswert der Aktie. Stellt man eine Beziehung zum Bilanzwert der Aktie her, erhält man den gleichen Prozentsatz wie bei Ermittlung der Rentabilität des bilanziellen Eigenkapitals; stellt man eine Beziehung zum Kurswert her, erhält man den gleichen Prozentsatz wie bei Ermittlung der Rentabilität des nach dem Kurswert bemessenen Eigenkapitals.

12.3.2. Gesamtkapitalrentabilität

1) Neben der Eigenkapitalrentabilität wird häufig eine sog. Gesamtkapitalrentabilität des Unternehmens ermittelt. Darunter ist zu verstehen: der Gewinn oder Verlust zuzüglich der Zinsen für Dritte bezogen auf das Eigen- und Fremdkapital.[1]

2) Bei dieser Relation handelt es sich nicht, wie bei der Eigenkapitalrentabilität, um eine Zielgröße, da man nicht sowohl nach einem hohen Gewinn als auch nach hohen Zinsen streben kann. Das eine schließt das andere aus. Die Gesamtkapitalrentabilität stellt also lediglich eine statistische Beziehungszahl dar.

3) Zur Ermittlung der Gesamtkapitalrentabilität ist zum einen auszugehen vom Jahresüberschuss, der der bereits im Abschnitt über die Positionenanalyse dargestellten Modifikationen bedarf. Dem modifizierten Jahresüberschuss sind die in der Gewinn- und Verlustrechnung nach dem Gesamtkostenverfahren ebenso wie in der Gewinn- und Verlustrechnung nach dem Umsatzkostenverfahren ausgewiesenen Zinsen und ähnlichen Aufwendungen hinzuzufügen.

Zum anderen ist für die Ermittlung der Gesamtkapitalrentabilität vom in der Bilanz ausgewiesenen Kapital auszugehen, das ebenfalls einer Reihe von bereits im Abschnitt über die Positionengruppenanalyse dargestellten Modifikationen bedarf. Zudem sind die jeweiligen Beträge zeitanteilig zu berücksichtigen.

---

[1] Vgl. auch Weber, Helmut Kurt: Rentabilität, Produktivität und Liquidität, S. 80 ff.

4) Wird auf diesen Grundlagen die Gesamtkapitalrentabilität errechnet und interpretiert, ist zu berücksichtigen, dass nur für einen Teil des Fremdkapitals Zinsen anfallen, die in der Gewinn- und Verlustrechnung als Zinsen und ähnliche Aufwendungen auszuweisen sind. Lediglich ein Teil des Fremdkapitals ist in diesem Sinn offen verzinslich.

Ein anderer Teil des Fremdkapitals ist versteckt verzinslich, z. B. die Erhaltenen Anzahlungen sowie die Verbindlichkeiten aus Lieferungen und Leistungen. Denn bei Erhalt von Anzahlungen dürfte der Verkaufspreis für den später auszuliefernden Gegenstand niedriger als sonst üblich sein, was zu niedrigeren Umsatzerlösen, aber eben nicht zu höheren Zinsaufwendungen in der Gewinn- und Verlustrechnung führt. Ebenso dürfte bei Bezug von Gegenständen auf Kredit der Einkaufspreis höher als bei Bareinkauf sein, was zu höheren Aufwendungen für Roh-, Hilfs- und Betriebsstoffe, aber nicht zu höheren Zinsaufwendungen in der Gewinn- und Verlustrechnung führt. Ein weiterer Teil des Fremdkapitals ist überhaupt unverzinslich, z. B. die Rückstellungen. Daher dürfte man zur Ermittlung der Gesamtkapitalrentabilität streng genommen nur das offen verzinsliche Fremdkapital heranziehen.

12.3.3. Umsatzrentabilität

1) Unter der Umsatzrentabilität des Unternehmens versteht man den Gewinn oder Verlust bezogen auf die Umsatzerlöse.[1]

2) Zur Ermittlung der Umsatzrentabilität ist also auszugehen: zum einen vom modifizierten Jahresüberschuss bzw. Jahresfehlbetrag, zum anderen von den in der Gewinn- und Verlustrechnung nach dem Gesamtkostenverfahren ebenso wie in der Gewinn- und Verlustrechnung nach dem Umsatzkostenverfahren ausgewiesenen Umsatzerlösen.

3) Zwischen den beiden bei der Umsatzrentabilität zueinander in Beziehung gesetzten Größen bestehen allerdings weder kausale noch finale Beziehungen. Denn die Umsatzerlöse sind nicht die Ursache des Gewinns und der Gewinn ist nicht die Wirkung der Umsatzerlöse. Ebenso wenig sind die Umsatzerlöse das Mittel, um den Zweck Gewinn zu erreichen und der Gewinn ist nicht der durch das Mittel Umsatzerlöse erreichte Zweck. Bei der Umsatzrentabilität handelt es sich also um eine rein statistische Beziehungszahl. Es wäre überhaupt besser, den Begriff der Rentabilität im Zusammenhang mit dem Umsatz zu vermeiden und schlicht von einer Gewinn-Umsatz-Quote zu sprechen, da die Umsatzerlöse die umfassendere Größe sind und im positiven Fall einen Gewinn einschließen.

4) Zudem sind die beiden zur Ermittlung der Umsatzrentabilität zueinander in Beziehung gesetzten Größen nicht einmal voll kongruent. Denn der Gewinn oder Verlust kommt nicht nur durch Umsatzerlöse, d. h. durch Verkauf von Erzeugnissen und Waren zustande, sondern auch durch andere Verkäufe und Vorgänge.

---

[1] Vgl. auch Weber, Helmut Kurt: Rentabilität, Produktivität und Liquidität, S. 84 ff.

350   4. Teil: Die Aufwands- und Ertragsrechnung sowie die Vermögens- und Kapitalrechnung

Entweder dürfte man also nur den aus Umsatzgeschäften stammenden Gewinn oder Verlust den Umsatzerlösen gegenüberstellen, was eine Umsatzgewinn-Umsatzerlös-Quote ergäbe, die zu errechnen allerdings dem internen Bilanzanalytiker vorbehalten bleibt. Oder man müsste den Gewinn bzw. Verlust nicht nur den Umsatzerlösen, sondern den gesamten Erträgen gegenüberstellen, also eine Gewinn-Ertrags-Quote errechnen, was auch dem Außenstehenden anhand einer Gewinn- und Verlustrechnung nach dem Gesamtkostenverfahren möglich ist.

12.3.4. Produktivität

1) Unter der Produktivität oder Wirtschaftlichkeit ist generell das Verhältnis von eingesetzten Mitteln zur erzielten Wirkung zu verstehen. Was soll speziell im betriebswirtschaftlichen Sinn unter eingesetzten Mitteln und erzielter Wirkung verstanden werden?

2) Die eingesetzten Mittel könnte man dem Eigenkapital gleichsetzen, die erzielte Wirkung dem Gewinn oder Verlust. Damit erhielte man eine Relation, die bereits unter der Bezeichnung der Eigenkapitalrentabilität bekannt ist und für die man es auch am besten bei dieser Bezeichnung belässt. Ähnliches gilt, wollte man die eingesetzten Mittel dem Eigen- und dem Fremdkapital gleichsetzen, die erzielte Wirkung dem Gewinn oder Verlust zuzüglich der Zinsen für Dritte. Auch diese Relation ist bereits unter einer anderen Bezeichnung bekannt, nämlich unter derjenigen der Gesamtkapitalrentabilität, wobei man es ebenfalls am besten belässt.

3) Die eingesetzten Mittel kann man aber auch den Aufwendungen oder Kosten gleichsetzen, die erzielte Wirkung den Erträgen oder Erlösen. Dann erhält man Relationen, die nicht schon unter anderen Bezeichnungen bekannt sind und denen ein zusätzlicher Aussagewert gegenüber der Eigenkapitalrentabilität und der Gesamtkapitalrentabilität zukommt.

Gesamtproduktivität

1) Setzt man die gesamten Aufwendungen und die gesamten Erträge zueinander in Beziehung, erhält man die sog. Gesamtproduktivität. Zwei Ausprägungen ein und desselben Sachverhalts werden unterschieden: [1]

a) $\dfrac{\text{gesamte Aufwendungen}}{\text{gesamte Erträge}}$ = Aufwandsproduktivität

b) $\dfrac{\text{gesamte Erträge}}{\text{gesamte Aufwendungen}}$ = Ertragsproduktivität

2) Die gesamten Aufwendungen und die gesamten Erträge des abgelaufenen Jahrs sind anhand der Gewinn- und Verlustrechnung nach dem Gesamtkostenver-

---

[1] Vgl. auch Weber, Helmut Kurt: Rentabilität, Produktivität und Liquidität, S. 90 ff.

fahren, wie weiter vorne dargestellt, zu ermitteln. Anhand der Gewinn- und Verlustrechnung nach dem Umsatzkostenverfahren sind sie nicht ermittelbar.

3) Als Aufwandsproduktivität erhält man also die gesamten Aufwendungen pro 1 € Ertrag, als Ertragsproduktivität umgekehrt die gesamten Erträge pro 1 € Aufwand. Die jeweiligen Zahlen sind für sich genommen schwer zu beurteilen und gewinnen Aussagekraft erst durch Vergleiche mit entsprechenden Zahlen anderer Jahre und anderer Unternehmen.

Aber selbst solchen Vergleichen kommt nur ein beschränkter Aussagewert zu. Hat z. B. die Ertragsproduktivität von einem Jahr zum anderen zugenommen, wäre es voreilig, dies schon als positiv zu werten. Denn maßgebend ist nicht die Entwicklung des genannten Quotienten von Erträgen zu Aufwendungen, sondern die Entwicklung der Differenz zwischen Erträgen und Aufwendungen, d. h. diejenige des Gewinns bzw. Verlusts. Nur unter bestimmten Umständen geht eine Verbesserung des Quotienten mit einer Zunahme der Differenz einher, unter anderen Umständen jedoch nicht. Im Falle des Auseinanderklaffens kommt es auf die Zunahme der Differenz an.

Teilproduktivitäten

Neben der behandelten Gesamtproduktivität werden sog. Teilproduktivitäten unterschieden, wie Arbeitsproduktivität, Kapitalproduktivität, Materialproduktivität.

Arbeitsproduktivität

1) Unter der Arbeitsproduktivität könnte das Verhältnis zwischen Arbeitseinsatz und dem Arbeitsergebnis verstanden werden.[1] Aber ein speziell durch den Einsatz von Arbeit erzieltes Ergebnis lässt sich nicht feststellen, da die Arbeit nie allein, sondern immer im Verbund mit anderen Produktionsfaktoren eingesetzt wird. Daher kann der eingesetzten Arbeit nur das schlechthin erzielte Ergebnis gegenübergestellt werden. Der Begriff der Arbeitsproduktivität ist insofern missverständlich.

2) Das in einem Industriebetrieb erzielte Ergebnis kann gemessen werden:

    a) durch die Produktionsmenge;

    b) durch den Bruttoproduktionswert;

    c) durch den Nettoproduktionswert;

    d) durch die gesamten Erträge, wie aus der Gewinn- und Verlustrechnung nach dem Gesamtkostenverfahren ermittelbar.

3) Der Arbeitseinsatz lässt sich ausdrücken:

    a) durch die Zahl der Arbeitskräfte;

    b) durch die geleisteten Arbeitsstunden;

    c) durch die Personalaufwendungen, die bei Anwendung des Gesamtkostenverfahrens in der Gewinn- und Verlustrechnung ausgewiesen sind und bei An-

---

[1] Vgl. auch Weber, Helmut Kurt: Rentabilität, Produktivität und Liquidität, S. 99 ff.

wendung des Umsatzkostenverfahrens wenigstens im Anhang angegeben sein müssen.

4) Es sind also eine Reihe von Varianten der Arbeitsproduktivität unterscheidbar. Anhand des Jahresabschlusses liegt es nahe, folgende Varianten zu errechnen:

a) $\dfrac{\text{Bruttoproduktionswert}}{\text{Personalaufwendungen}}$ = BPW pro 1 € Personalaufwand

b) $\dfrac{\text{gesamte Erträge}}{\text{Personalaufwendungen}}$ = Ertrag pro 1 € Personalaufwand

5) Bei Interpretation der sich ergebenden Zahlen ist zu beachten: Hat eine der genannten Varianten der Arbeitsproduktivität gegenüber dem Vorjahr zugenommen, wäre es voreilig, dies schon als positiv zu bewerten, denn gleichzeitig könnten andere Varianten der Arbeitsproduktivität abgenommen haben. Selbst wenn alle Varianten der Arbeitsproduktivität gegenüber dem Vorjahr zugenommen hätten, wäre es immer noch voreilig, dies schon positiv zu werten. Denn gleichzeitig könnten andere Teilproduktivitäten, wie die Materialproduktivität und die Anlagenproduktivität, abgenommen haben. Im Übrigen kommt es, wie schon begründet, nicht auf die Entwicklung der Produktivität, sondern auf diejenige der Rentabilität an.

Kapitalproduktivität oder Maschinenproduktivität

1) Der Arbeitsproduktivität wird häufig eine sog. Kapitalproduktivität gegenübergestellt. Mit Kapital ist in diesem Zusammenhang allerdings nicht das Bilanzkapital gemeint, sondern das Pendant, das Bilanzvermögen. Dabei wird aber auch nicht auf das Gesamtvermögen abgestellt, sondern nur auf Teile des Vermögens, wie Anlagevermögen, wie Sachanlagen und immaterielle Anlagen, wie Sachanlagen allein, wie speziell maschinelle und technische Anlagen. Der Begriff der Kapitalproduktivität ist also schon aus diesem Grund missverständlich. Daher wollen wir von Maschinenproduktivität sprechen.[1]

2) Unter der Maschinenproduktivität könnte das Verhältnis zwischen Maschineneinsatz und den durch Maschinen erwirtschafteten Ergebnis verstanden werden. Ein speziell durch den Einsatz von Maschinen erzieltes Ergebnis lässt sich jedoch ebenso wenig feststellen wie ein speziell durch den Arbeitseinsatz erzieltes Ergebnis. Daher kann dem Maschineneinsatz nur das schlechthin erzielte Ergebnis gegenübergestellt werden. Auch der Begriff der Maschinenproduktivität ist also insofern missverständlich.

3) Das generell erzielte Ergebnis kann anhand der gleichen Größen gemessen werden, die schon bei Behandlung der Arbeitsproduktivität genannt wurden.

4) Der Maschineneinsatz lässt sich ausdrücken:
   a) durch die Zahl der Maschinen;

---

[1] Vgl. auch Weber, Helmut Kurt: Rentabilität, Produktivität und Liquidität, S. 109 ff.

II. Die handelsrechtliche Bilanz sowie Gewinn- und Verlustrechnung   353

b) durch die geleisteten Maschinenstunden;

c) durch den Wert der Maschinen, d. h. durch den Betrag, der in der Bilanz ausgewiesenen Position „Technische Anlagen und Maschinen";

d) durch die Abschreibungen von Maschinen (die dem Anlagespiegel zu entnehmen sind).

5) Es sind also mehrere Varianten der Maschinenproduktivität unterscheidbar. Anhand des Jahresabschlusses liegt es nahe, folgende Varianten zu errechnen:

a) $\dfrac{\text{Bruttoproduktionswert}}{\text{Abschreibungen auf Maschinen}}$ = BPW pro 1 € Abschreibungen

b) $\dfrac{\text{gesamte Erträge}}{\text{Abschreibungen auf Maschinen}}$ = Ertrag pro 1 € Abschreibungen

6) Bei Interpretation der sich ergebenden Zahlen ist das Gleiche zu beachten, was schon bei der Arbeitsproduktivität ausgeführt wurde.

Materialproduktivität

1) Die Ergänzung zur Arbeitsproduktivität und Maschinenproduktivität bildet die Materialproduktivität. Darunter ist das Verhältnis zwischen Materialeinsatz und erwirtschaftetem Ergebnis zu verstehen.[1]

2) Zur Messung des erzielten Ergebnisses kommen die gleichen Größen in Betracht, die schon vorher genannt wurden.

3) Der Materialeinsatz kann ausgedrückt werden:

a) durch die jeweils von einem Roh-, Hilfs- oder Betriebsstoff verbrauchte Menge;

b) durch den Wert der von den Roh-, Hilfs- oder Betriebsstoffen verbrauchten Menge bzw. durch die Aufwendungen für Roh-, Hilfs- und Betriebsstoffe (die allerdings nur zusammen mit den Aufwendungen für bezogene Waren in der Gewinn- und Verlustrechnung nach dem Gesamtkostenverfahren ausgewiesen bzw. bei Anwendung des Umsatzkostenverfahrens im Anhang angegeben werden).

4) Es sind also mehrere Varianten der Materialproduktivität unterscheidbar. Anhand des Jahresabschlusses liegt es nahe, folgende Varianten zu errechnen:

a) $\dfrac{\text{Bruttoproduktionswert}}{\text{Materialaufwendungen}}$ = BPW pro 1 € Materialaufwand

b) $\dfrac{\text{gesamte Erträge}}{\text{Materialaufwendungen}}$ = Ertrag pro 1 € Materialaufwand

---

[1] Vgl. auch Weber, Helmut Kurt: Rentabilität, Produktivität und Liquidität, S. 111 ff.

12.3.5. Liquidität

1) Unter der Liquidität des Unternehmens ist generell seine Zahlungsfähigkeit zu verstehen.[1] Ihr kommt große Bedeutung zu. Denn die Zahlungsunfähigkeit ist von jeher ein Insolvenzgrund für Unternehmen. Als weiterer Insolvenzgrund für Unternehmen ist die drohende Zahlungsunfähigkeit durch die seit 01.01.1999 geltende Insolvenzordnung hinzugekommen.

2) Der Gesetzgeber hat also eine drohende Zahlungsunfähigkeit als zweiten Insolvenzgrund eingeführt, ohne die mit dem ersten Insolvenzgrund gemeinte Zahlungsunfähigkeit mit einem Zusatz zu versehen, was immer wieder zu Missverständnissen führt. Wir wollen daher der drohenden Zahlungsunfähigkeit die aktuelle oder akute Zahlungsunfähigkeit gegenüberstellen.[2]

3) Bei akuter Zahlungsunfähigkeit eines Unternehmens ist jeder Gläubiger berechtigt, Insolvenzantrag zu stellen. Zudem sind bei akuter Zahlungsunfähigkeit von Personengesellschaften ohne natürliche Person als Vollhafter, von Kapitalgesellschaften und von Genossenschaften die geschäftsführungs- und vertretungsberechtigten Organe verpflichtet, Insolvenz zu beantragen. Die akute Zahlungsunfähigkeit stellt daher eine existenzentscheidende Nebenbedingung bei Verfolgen des Gewinn- bzw. Rentabilitätsziels dar.

4) Bei drohender Zahlungsunfähigkeit eines Unternehmens sind Gläubiger nicht berechtigt, Insolvenzantrag zu stellen. Die Unternehmen selbst haben nicht die Pflicht, aber das Recht zu einem solchen Antrag. Dadurch können sie einen Insolvenzantrag stellen, bevor sie einen solchen u. U. wegen akuter Zahlungsunfähigkeit unter ungünstigeren Bedingungen stellen müssen.

5) Unter der akuten Zahlungsunfähigkeit ist nach § 17 InsO zu verstehen: das Unvermögen, die fälligen Zahlungspflichten zu erfüllen; sie ist in der Regel bei Zahlungseinstellung anzunehmen. Mit dem Unvermögen ist nach der klassischen Definition gemeint: das auf dem Mangel an Zahlungsmitteln beruhende dauernde Unvermögen, die sofort zu erfüllenden Geldschulden noch im Wesentlichen zu berichtigen.[3]

Um ein solches dauerndes Unvermögen feststellen zu können, bedarf es einer in die Zukunft reichenden Rechnung. Wie weit sie in die Zukunft reichen soll, ist strittig. Man könnte einen Zeitraum von vier Wochen für angemessen halten. Als Rechnung eignet sich jedenfalls am besten eine Einzahlungs- und Auszahlungsrechnung von der Art, wie sie im zweiten Teil behandelt wurde.

Bei Zahlungseinstellung dagegen entfällt eine entsprechende Rechnung.

---

[1] Vgl. Drukarczyk, Jochen: Finanzierung, S. 23 ff.; Perridon, Louis/ Steiner, Manfred: Finanzwirtschaft der Unternehmung, S. 10 ff.; Vormbaum, Herbert: Liquidität, Sp. 2608 ff.; Wöhe, Günter/ Bilstein, Jürgen: Grundzüge der Unternehmensfinanzierung, S. 20 ff.

[2] Vgl. auch Weber, Helmut Kurt: Rentabilität, Produktivität und Liquidität, S. 119 ff.

[3] Vgl. Jäger, Ernst: Lehrbuch des Deutschen Konkursrechts, S. 168.

II. Die handelsrechtliche Bilanz sowie Gewinn- und Verlustrechnung

6) Unter der drohenden Zahlungsunfähigkeit ist nach § 18 InsO zu verstehen: das voraussichtliche Unvermögen, die bestehenden Zahlungspflichten im Zeitpunkt der Fälligkeit zu erfüllen.

Auch zur Feststellung eines solchen Unvermögens bedarf es einer Rechnung, die, nach dem Gesetzeswortlaut, bis zum jeweiligen Fälligkeitszeitpunkt der bestehenden Zahlungspflichten in die Zukunft zu reichen hat. Die geeignete Rechnung ist naturgemäß eine Einzahlungs- und Auszahlungsrechnung.[1]

7) Einzahlungs- und Auszahlungsrechnungen zur Feststellung der Insolvenztatbestände können nur von den jeweiligen Unternehmen selbst erstellt werden. Außenstehende vermögen, vom Fall der Zahlungseinstellung abgesehen, nur schwer festzustellen, ob akute oder drohende Zahlungsunfähigkeit bei einem Unternehmen vorliegt.

Sie können jedoch versuchen, die Liquidität eines Unternehmens, nicht speziell im insolvenzrechtlichen Sinn, sondern in einem generellen Sinn, zu beurteilen. Hierfür kommen folgende Rechnungen in Betracht:

a) die Gegenüberstellung von bestimmten Vermögens- und Kapitalposten aus der Bilanz, die Bildung von bilanziellen Liquiditätskennziffern oder Liquiditätsgraden;

b) die cash flow-Analyse der Gewinn- und Verlustrechnung;

c) die cash flow-Analyse der Veränderungen der Vermögens- und Kapitalposten von einem Jahr zum anderen.

8) In diesem Abschnitt über die Relationenanalyse sollen nur die Liquiditätskennziffern behandelt werden. Im nächsten Abschnitt wollen wir auf die beiden anderen genannten Möglichkeiten zurückkommen.

Liquiditätskennziffern bzw. Liquiditätsgrade

1) Üblicherweise werden drei Liquiditätsgrade unterschieden, bei welchen zu den gleichen Kapitalposten, nämlich zu den kurzfristigen Schulden, jeweils andere Vermögensposten in Beziehung gesetzt werden.[2] Unseres Erachtens müsste man die Vermögensposten vor allem zu denjenigen kurzfristigen Schulden in Beziehung setzen, die in Geld zu begleichen sind.[3] Wir wollen daher neben den drei üblichen Liquiditätsgraden, die als solche im weiten Sinn bezeichnet werden sollen, drei weitere Liquiditätsgrade einführen, die als solche im engen Sinn bezeichnet werden sollen (vgl. Abbildung 50).

---

[1] Vgl. auch Rogler, Silvia: Drohende Zahlungsunfähigkeit als neuer Insolvenzgrund, S. 29 ff.
[2] Vgl. Baetge, Jörg: Bilanzanalyse, S. 248 ff.; Perridon, Louis/ Steiner, Manfred: Finanzwirtschaft der Unternehmung, S. 11 f. und S. 553 f.
[3] Vgl. auch Weber, Helmut Kurt: Rentabilität, Produktivität und Liquidität, S. 120 ff.

Abbildung 50:
Bilanzielle Liquiditätsgrade im engen und im weiten Sinne

Vermögensgröße (Zählergröße bzw. Minuend) \ Kapitalgröße (Nennergröße bzw. Subtrahend)	kurzfristige Geldschulden	kurzfristige Schulden
Geld	Liquidität 1. Grades im engen Sinne	Liquidität 1. Grades im weiten Sinne
Geld + kurzfristige Geldforderungen	Liquidität 2. Grades im engen Sinne	
Geld + kurzfristige Forderungen		Liquidität 2. Grades im weiten Sinne
Geld + kurzfristige Geldforderungen + sonstiges geldnahes Vermögen	Liquidität 3. Grades im engen Sinne	
Geld + kurzfristige Forderungen + sonstiges Umlaufvermögen		Liquidität 3. Grades im weiten Sinne

Liquidität ersten Grades im weiten Sinne

1) Der Geldbestand eines Unternehmens kann für sich genommen nur schwer beurteilt werden. Ist er hoch oder niedrig, ausreichend oder nicht ausreichend? Er bedarf des Vergleichs mit dem Geldbestand zu anderen Zeitpunkten, mit dem Geldbestand anderer Unternehmen sowie mit anderen Größen des Unternehmens. Naheliegend ist es, ihn mit den Schulden des Unternehmens zu vergleichen, da er zum Teil zur Begleichung der Schulden bestimmt ist, genau genommen allerdings nur zur Begleichung der Geldschulden.

2) Bei der Liquidität ersten Grades im weiten Sinne werden nun der Geldbestand und die kurzfristigen Schulden einander gegenübergestellt.

3) Als Geldbestand muss der Außenstehende den Betrag der Position „Kassenbestand, Bundesbankguthaben, Guthaben bei Kreditinstituten und Schecks" über-

nehmen; der interne Bilanzanalytiker kann die Schecks sowie die Terminguthaben eliminieren.

4) Unter Schulden sind zu subsumieren: die Verbindlichkeiten, die passiven Rechnungsabgrenzungsposten sowie die Rückstellungen (mit Ausnahme der Aufwands- und Verlustrückstellungen, die allerdings nur der interne Bilanzanalytiker ausklammern kann).

5) Unter Schulden kurzfristiger Art müssten je nach Zweck der Liquiditätsbetrachtung erfasst werden: die innerhalb einer Woche, eines Monats oder eines Quartals fällig werdenden Schulden. Aber auf solche Fristen kann nur bei interner Liquiditätsbetrachtung abgestellt werden. Bei externer Liquiditätsbetrachtung bleibt nichts anderes übrig, als die kürzeste in der Bilanz anzugebende Laufzeit von Schulden, d. h. ein Jahr, zu übernehmen. Immerhin ist mit der Laufzeit die Restlaufzeit und nicht die weniger aussagefähige Gesamtlaufzeit gemeint. Angaben über die Restlaufzeit liegen allerdings nur bei den Verbindlichkeiten vor, nicht bei den Rückstellungen.

6) Bezieht man den Geldbestand auf die kurzfristigen Schulden, wie üblich, erhält man einen Liquiditätsquotienten. Subtrahiert man beide Größen voneinander, erhält man einen Liquiditätssaldo.

Da nicht zu erwarten ist, dass der Geldbestand eines Unternehmens ausreicht, seine kurzfristigen Schulden zu decken, ist der Liquiditätssaldo ersten Grades normalerweise negativ, der Liquiditätsquotient kleiner 1.

Liquidität ersten Grades im engen Sinne

1) Der Geldbestand ist nur den in Geld zu begleichenden Schulden kurzfristiger Art gegenüberzustellen.

2) Geldschulden stellen auf jeden Fall dar: die Anleihen, die Verbindlichkeiten gegenüber Kreditinstituten, die Verbindlichkeiten aus Lieferungen und Leistungen, die Wechselverbindlichkeiten. Bei den genannten Verbindlichkeiten sind auch diejenigen mit einer Restlaufzeit bis zu einem Jahr in der Bilanz oder im Anhang angegeben.

Eine Reihe der anderen in der Bilanz ausgewiesenen Verbindlichkeiten mit einer angegebenen Restlaufzeit bis zu einem Jahr umfassen jeweils Geldschulden und Nichtgeldschulden, so die Verbindlichkeiten gegenüber verbundenen Unternehmen, die Verbindlichkeiten gegenüber Unternehmen, mit denen ein Beteiligungsverhältnis besteht, sowie die Sonstigen Verbindlichkeiten. Den Anteil der Geldschulden vermag nur ein interner Bilanzanalytiker zu ermitteln.

Um Geldschulden handelt es sich auch bei einer Reihe von Rückstellungen, insbesondere bei den Pensionsrückstellungen und bei den Steuerrückstellungen. Diese sind jedoch zum Teil kurzfristiger, zum Teil langfristiger Art. Den Anteil der kurzfristigen Geldschulden vermag wiederum nur ein interner Bilanzanalytiker zu ermitteln.

3) Bezieht man den Geldbestand auf die kurzfristigen Geldschulden, erhält man normalerweise einen Liquiditätsquotienten kleiner 1. Subtrahiert man beide Größen voneinander, erhält man normalerweise einen negativen Liquiditätssaldo.

Liquidität zweiten Grades im weiten Sinne

1) Die bei der Liquidität ersten Grades einander gegenübergestellten Größen sind nicht kommensurabel, da auf die Schulden abgestellt wird, aber die Gegenposten auf der Aktivseite, die Forderungen außerhalb der Betrachtung bleiben. Diese Einseitigkeit vermeidet die Liquidität zweiten Grades. Bei derjenigen im weiten Sinne werden den kurzfristigen Schulden der Geldbestand und die kurzfristigen Forderungen gegenübergestellt.

2) Es braucht hier nur noch auf die kurzfristigen Forderungen eingegangen zu werden. Als solche sind auf jeden Fall zu erfassen:

- die Forderungen aus Lieferungen und Leistungen mit einer anhand der Angaben in Bilanz oder im Anhang errechenbaren Restlaufzeit bis zu einem Jahr;

- die Forderungen gegen verbundene Unternehmen mit einer Restlaufzeit bis zu einem Jahr;

- die Forderungen gegen Unternehmen, mit denen jeweils ein Beteiligungsverhältnis besteht.

Darüber hinaus sind einzubeziehen:

- die Geleisteten Anzahlungen auf Vorräte;

- die Ausleihungen des Umlaufvermögens, die jedoch unter den Sonstigen Vermögensgegenständen des Umlaufvermögens mit ausgewiesen werden, so dass sie ein Externer nicht aussondern kann;

- die verzinslichen Wertpapiere des Umlaufvermögens, die jedoch unter den Sonstigen Wertpapieren des Umlaufvermögens mit ausgewiesen werden, so dass auch sie ein Externer nicht aussondern kann;

- die Schecks, sofern diese nicht schon dem Geldbestand zugerechnet wurden;

- die Terminguthaben bei Kreditinstituten, sofern diese nicht schon dem Geldbestand zugerechnet wurden;

- die Aktiven Rechnungsabgrenzungsposten, bei denen es sich um erbrachte Anzahlungen oder Vorauszahlungen handelt, bei denen eine Restlaufzeit nicht angegeben werden braucht, bei denen aber die Gegenleistung innerhalb eines Jahres erbracht werden dürfte.

3) Bezieht man den Geldbestand und die kurzfristigen Forderungen auf die kurzfristigen Schulden, erhält man einen Liquiditätsquotienten, der in der amerikanischen Literatur auch als acid ratio, quick ratio oder liquid ratio schlechthin bezeichnet wird (vgl. auch Abbildung 51).[1] Häufig wird ein Verhältnis von 1 : 1 für wünschenswert gehalten. In der amerikanischen Literatur wird von der one to one

---

[1] Vgl. Schall, Lawrence D./ Haley, Charles W.: Introduction to financial management, S. 511 ff.

rate oder one to one rule gesprochen. Der Liquiditätssaldo wäre in diesem Fall null.

Abbildung 51:
Bilanzielle Liquiditätsgrade
in der deutschen und angloamerikanischen Literatur

Liquidität	liquidity
Liquidität 1. Grades i. w. S. : $$\frac{\text{Geldbestand}}{\text{kfr. Schulden}}$$	—
Liquidität 2. Grades i. w. s. : $$\frac{\text{Geldbestand} + \text{kfr. Forderungen}}{\text{kfr. Schulden}}$$	quick ratio, acid ratio, liquid ratio: $$\frac{\text{cash} + \text{cash equivalents} + \text{accounts receivable}}{\text{current liabilities}}$$ oder $$\frac{\text{current assets - inventory}}{\text{current liabilities}}$$
Liquidität 3. Grades i. w. S. : $$\frac{\text{Geldbestand} + \text{kfr. Forderungen} + \text{sonstiges Umlaufvermögen}}{\text{kfr. Schulden}}$$ als Saldo: Netto-Umlaufvermögen = Umlaufvermögen - kfr. Schulden	current ratio, working capital ratio: $$\frac{\text{current assets}}{\text{current liabilities}}$$ als Saldo: working capital = current assets - current liabilities

Liquidität zweiten Grades im engen Sinne

1) Wenn bei den Liquiditätsgraden im engen Sinn auf die Geldschulden abgestellt wird, dürfen auch nur die auf Geld sich beziehenden Forderungen berücksichtigt werden. Den kurzfristigen Geldschulden sind also der Geldbestand und die kurzfristigen Geldforderungen gegenüberzustellen.

2) Um kurzfristige Geldforderungen handelt es sich auf jeden Fall bei denjenigen aus Lieferungen und Leistungen mit einer aus Bilanz oder Anhang ersichtlichen Restlaufzeit bis zu einem Jahr.

3) Eine Reihe der verbleibenden kurzfristigen Forderungen umfassen jeweils Geldforderungen und Güterforderungen, so die Forderungen gegenüber verbundenen Unternehmen mit einer Restlaufzeit bis zu einem Jahr und die Forderungen gegenüber verbundenen Unternehmen, mit denen ein Beteiligungsverhältnis be-

steht, mit einer Restlaufzeit bis zu einem Jahr. Den Anteil der Geldforderungen vermag nur ein interner Bilanzanalytiker zu ermitteln.

4) Um kurzfristige Geldforderungen handelt es sich auch bei
- den Ausleihungen des Umlaufvermögens, die jedoch unter den Sonstigen Vermögensgegenständen des Umlaufvermögens mit ausgewiesen werden dürfen, so dass sie nur ein interner Bilanzanalytiker aussondern kann;
- den verzinslichen Wertpapiere des Umlaufvermögens, die aber unter den Sonstigen Wertpapieren des Umlaufvermögens mit ausgewiesen werden dürfen;
- den Schecks, sofern diese nicht schon beim Geldbestand erfasst wurden;
- den Terminguthaben, sofern diese nicht schon beim Geldbestand erfasst wurden.

5) Für die skizzierte Liquidität zweiten Grades im engen Sinn ist unseres Erachtens die one to one rule eher angebracht als für diejenige im weiten Sinn.

Liquidität dritten Grades im weiten Sinne

1) Den kurzfristigen Schulden werden nicht nur der Geldbestand und die kurzfristigen Forderungen gegenübergestellt, sondern alle kurzfristig gebundenen Vermögensgegenstände. Diese setzt man im Allgemeinen den Gegenständen des Umlaufvermögens gleich, obwohl dies nicht gerechtfertigt ist, wie sich im Zusammenhang mit der Diskussion der Legaldefinition des Anlagevermögens und der sich daraus ergebenden Abgrenzung des Umlaufvermögens gezeigt hat.

Ergänzend zum Umlaufvermögen müssten die Aktiven Rechnungsabgrenzungsposten berücksichtigt werden, sofern sie nicht schon in die kurzfristigen Forderungen einbezogen wurden. Die Eigenen Anteile hingegen müssen mangels Vermögenscharakter ausgeklammert werden.

2) Bezieht man das Umlaufvermögen auf die kurzfristigen Schulden, erhält man einen Liquiditätsquotienten, der in der amerikanischen Literatur als current ratio oder working capital ratio bezeichnet wird (vgl. auch Abbildung 51).[1] Zieht man die genannten Größen voneinander ab, erhält man das working capital oder Nettoumlaufvermögen. Häufig wird ein Verhältnis von 2 : 1 für wünschenswert gehalten. In der amerikanischen Literatur ist von der two to one rate or two to one rule die Rede.

Liquidität dritten Grades im engen Sinne

1) Den kurzfristigen Geldschulden sind gegenüberzustellen: der Geldbestand, die kurzfristigen Geldforderungen und unseres Erachtens alle anderen geldnahen Vermögensgegenstände, sei es aus dem Umlaufvermögen oder aus dem Anlagevermögen.

---

[1] Vgl. Schall, Lawrence D./ Haley, Charles W.: Introduction to financial management, S. 510 f.

II. Die handelsrechtliche Bilanz sowie Gewinn- und Verlustrechnung

2) Als solche geldnahen Vermögensgegenstände kommen über die kurzfristigen Geldforderungen hinaus in erster Linie in Betracht:

- die Anteile an verbundenen Unternehmen des Umlaufvermögens, sofern sie in Wertpapieren verbrieft und leicht verkäuflich sind;
- die Anteile an anderen Unternehmen des Umlaufvermögens, sofern sie in Wertpapieren verbrieft und damit leicht verkäuflich sind, die allerdings unter den Sonstigen Vermögensgegenständen des Umlaufvermögens ausgewiesen werden dürfen und daher von einem Außenstehenden nicht erfasst werden können;
- die Anteile an verbundenen Unternehmen des Anlagevermögens, sofern sie in Wertpapieren verbrieft und leicht verkäuflich sind;
- die Beteiligungen des Anlagevermögens, sofern sie in Wertpapieren verbrieft und leicht verkäuflich sind;
- die Wertpapiere des Anlagevermögens.

3) In zweiter Linie kommen als geldnahe Vermögensgegenstände unter Umständen in Betracht:

- fertige Erzeugnisse und Waren, sofern sie marktgängig sind;
- Grundstücke und Gebäude, sofern sie nicht betriebsnotwendig und leicht verkäuflich sind, was sich allerdings dem Urteil eines Außenstehenden entzieht.

4) Für die skizzierte Liquidität dritten Grades im engen Sinn ist unseres Erachtens die two to one rule eher angebracht als für diejenige im engen Sinn.

Aussagewert der Liquiditätsgrade

1) Die genannten Liquiditätsgrade können von internen Bilanzanalytikern gleich nach Aufstellung des Jahresabschlusses ermittelt werden, von Außenstehenden jedoch erst Monate später, nach Vorlage des Jahresabschlusses. Die zu diesem Zeitpunkt ermittelbaren Liquiditätsgrade mögen dann schon überholt sein.

2) Die den ermittelten Liquiditätsgraden zugrunde liegenden Zahlen beziehen sich auf einen einzigen Tag des abgelaufenen Geschäftsjahrs. Man erhält also einen Augenblickseindruck, der nicht typisch sein muss für die Liquiditätslage des Unternehmens.

3) Die ermittelten Liquiditätsgrade stützen sich auf die in der Bilanz ausgewiesenen Vermögensgegenstände und Schulden. Unberücksichtigt bleiben somit Zahlungsverpflichtungen und Zahlungsansprüche aus schwebenden Geschäften. Stünden sich beide in gleicher Höhe gegenüber, würden dadurch die Liquiditätssalden nicht berührt werden. Aber dies trifft selten zu. Die Zahlungsverpflichtungen aus schwebenden Geschäften, vor allem diejenigen aus Arbeitsverträgen, übersteigen die entsprechenden Zahlungsansprüche meistens erheblich.

Wenn man versucht, solche Zahlungsverpflichtungen und Zahlungsansprüche etwa anhand der Gewinn- und Verlustrechnung zu schätzen, nähert man sich der Erstellung einer Einzahlungs- und Auszahlungsrechnung an, wie sie im Zweiten Teil behandelt wurde.

4) Günstige Liquiditätsquotienten oder hohe Liquiditätssalden sind nicht in jedem Fall positiv zu beurteilen. Denn sie könnten von einer niedrigeren Eigenkapitalrentabilität begleitet sein. Die höhere Eigenkapitalrentabilität ist aber gegenüber hohen Liquiditätssalden vorzuziehen, solange die Liquidität ausreichend ist.

12.3.6. Schuldendeckung

1) In Analogie zur Zahlungsfähigkeit kann von der Schuldendeckungsfähigkeit des Unternehmens gesprochen werden.[1] In der amerikanischen Literatur ist auch von der debt paying ability die Rede.

2) Der Schuldendeckungsfähigkeit kommt nicht die gleiche, aber eine ähnliche Bedeutung wie der Zahlungsfähigkeit zu. Denn die Schuldendeckungsunfähigkeit, die sog. Überschuldung, ist, wie die Zahlungsunfähigkeit, ein Insolvenzgrund, allerdings nur bei bestimmten Unternehmen, nämlich bei Kapitalgesellschaften, bei eingetragenen Genossenschaften sowie bei solchen Personenhandelsgesellschaften, bei welchen keine natürliche Person als Vollhafter beteiligt ist, es sei denn, dass zu den Vollhaftern eine andere Personenhandelsgesellschaft gehört, bei welcher eine natürliche Person als Vollhafter beteiligt ist (§ 19 InsO). Bei Überschuldung ist jeder Gläubiger eines solchen Unternehmens berechtigt, Insolvenzantrag zu stellen. Zudem sind die geschäftsführungs- und vertretungsberechtigten Organe solcher Unternehmen verpflichtet, Insolvenz zu beantragen.

3) Die Schuldendeckungsfähigkeit ist aber nicht wie die Zahlungsfähigkeit eine Nebenbedingung beim Streben nach einem hohen Gewinn bzw. nach einer hohen positiven Eigenkapitalrentabilität. Denn wenn es einem Unternehmen gelingt, Verluste zu vermeiden und sein Gewinnziel zu erreichen, ergibt sich auch keine Überschuldung.

4) Die Schuldendeckungsunfähigkeit kann nicht aufgrund eines bestimmten Verhaltens des Unternehmens festgestellt werden, wie die Zahlungsunfähigkeit bei Zahlungseinstellung. Zu ihrer Feststellung bedarf es unter allen Umständen einer Rechnung, einer Gegenüberstellung der Schulden und des Vermögens einer Unternehmung, also der Aufstellung einer Bilanz. Allerdings kommt dafür nicht eine Bilanz in Betracht, wie sie im Rahmen des handelsrechtlichen Jahresabschlusses erstellt wird. Stattdessen wird die Aufstellung einer Sonderbilanz gefordert, in der etwaige in der handelsrechtlichen Jahresbilanz versteckte Reserven aufgelöst werden.

5) Eine solche Sonderbilanz kann nur von den jeweiligen Unternehmen selbst erstellt werden. Sie muss nicht veröffentlicht werden. Außenstehende vermögen daher kaum festzustellen, ob Überschuldung bei einem Unternehmen vorliegt. Sie können jedoch versuchen, die Schuldendeckungsfähigkeit eines Unternehmens, wenn auch nicht im insolvenzrechtlichen, so doch in einem generellen Sinn, zu beurteilen. Dafür sind sie auf die normale Jahresbilanz angewiesen.

---

[1] Vgl. auch Weber, Helmut Kurt: Rentabilität, Produktivität und Liquidität, S. 234 ff.

6) Sollte in der Jahresbilanz ein Nicht durch Eigenkapital gedeckter Fehlbetrag ausgewiesen sein, ist zunächst von einer Überschuldung auszugehen. Zur genaueren Überprüfung müssen noch die bereits bei der Positionengruppenanalyse dargestellten Modifikationen vorgenommen werden. Ergibt sich wiederum ein Fehlbetrag, liegt Überschuldung im generellen Sinne vor. Ergibt sich kein solcher Fehlbetrag, ist Schuldendeckung gegeben.

Inwieweit die Schulden gedeckt sind, kann durch Schuldendeckungsgrade oder Schuldendeckungskennziffern ausgedrückt werden. Als solche lassen sich unterscheiden:

a) ein totaler Schuldendeckungsgrad (in der angelsächsischen Literatur debts to assets ratio genannt[1]), bei dem den Schulden das Vermögen gegenübergestellt wird;

b) spezielle Schuldendeckungsgrade:

ba) Grad der Deckung der kurzfristigen Schulden, bei dem den genannten Schulden das Umlaufvermögen gegenübergestellt wird;

bb) Grad der Deckung der langfristigen Schulden, bei dem den genannten Schulden das Anlagevermögen gegenübergestellt wird;

bc) Grad der Deckung der Schulden gegenüber nicht-verbundenen Unternehmen, bei dem den genannten Schulden das Vermögen gegenübergestellt wird.

7) Auch die weiter vorne behandelten Liquiditätsgrade, vor allem diejenigen im üblichen weiten Sinne, können als spezielle Schuldendeckungsgrade aufgefasst werden.

8) Für die genannten Schuldendeckungsgrade gilt Ähnliches wie für die vorher behandelten Liquiditätsgrade. Sie können von Außenstehenden erst nach Vorlage des Jahresabschlusses des jeweiligen Unternehmens ermittelt werden und mögen zu diesem Zeitpunkt schon überholt sein. Die den Schuldendeckungsgraden zugrunde liegenden Zahlen beziehen sich auf einen einzigen Tag des abgelaufenen Geschäftsjahrs und müssen nicht typisch für die Schuldendeckungslage des Unternehmens sein. Die Schuldendeckungsgrade stützen sich auf die in der Bilanz ausgewiesenen Vermögensgegenstände und Schulden. Verpflichtungen und Ansprüche aus schwebenden Geschäften bleiben unberücksichtigt.

9) Ein günstiger totaler Schuldendeckungsgrad ist aber anders als günstige Liquiditätsgrade auf jeden Fall positiv zu beurteilen, das sie nicht mit einer hohen Eigenkapitalrentabilität konkurrieren.

---

[1] Vgl. Schall, Lawrence D./ Haley, Charles W.: Introduction to financial management, S. 513.

12.3.7. Umschlagshäufigkeiten

1) Unter dem Begriff der Umschlagshäufigkeit werden üblicherweise Beziehungen der folgenden Art zusammengefasst:

a) $\dfrac{\text{Umsatzerlöse}}{\text{durchschnittlicher Kapitalbestand}} = \text{Kapitalumschlag}$

b) $\dfrac{\text{Umsatzerlöse}}{\text{durchschnittliches Vorratsvermögen}} = \text{Warenumschlag}$

2) Um die genannten Relationen für das abgelaufene Jahr zu ermitteln, sind die Umsatzerlöse aus der Gewinn- und Verlustrechnung zu übernehmen. Das Kapital ist so, wie bei der Positionenanalyse dargestellt, abzugrenzen. In das Vorratsvermögen sind die Roh-, Hilfs- und Betriebsstoffe, die Unfertigen Erzeugnisse und Leistungen, die Fertigen Erzeugnisse und Waren einzubeziehen. Die Geleisteten Anzahlungen sollten ausgeklammert bleiben. Ein etwaiger Abzug der erhaltenen Anzahlungen auf Bestellungen von den Vorräten wäre wieder rückgängig zu machen.

3) Der Aussagewert der genannten Relationen ist nicht hoch zu veranschlagen, denn die jeweiligen Größen stehen nur bedingt in Beziehung zueinander.

12.4. Rechnungsumformende Analyse

Aus der Bilanz sowie der Gewinn- und Verlustrechnung lassen sich eine Reihe von Rechnungen ableiten. Als solche sollen hier behandelt werden: die Bewegungsbilanz, die Kapitalflussrechnung, die cash flow-Analyse der Gewinn- und Verlustrechnung, die cash flow-Analyse der Bilanzveränderungen sowie die Wertschöpfungsrechnung.

12.4.1. Bewegungsbilanz

1) Die Bilanz des abgelaufenen Jahres und diejenige des Vorjahres werden oft in der Weise ausgewertet, dass man die Veränderungen der einzelnen Positionen ermittelt, die Zunahmen der Aktiva mit den Abnahmen der Passiva sowie die Abnahmen der Aktiva mit den Zunahmen der Passiva zusammenfasst und die Summen einander gegenüberstellt.[1]

---

[1] Vgl. auch Weber, Helmut Kurt: Rentabilität, Produktivität und Liquidität, S. 172 ff.

Abbildung 52:
Beispiel einer Bewegungsbilanz

Mittelverwendung	t0	t1	Veränderung	Mittelherkunft	t0	t1	Veränderung
Aktivzunahmen				**Aktivabnahmen**			
Finanzanlagen	2.805	3.006	201	Sachanlagen	2.600	1.550	1.050
Forderungen und sonstige Vermögensgegenstände	9.600	10.100	500	Immaterielle Anlagen	200	100	100
Wertpapiere des UV	2.350	4.000	1.650	Vorräte	7.550	7.300	250
Flüssige Mittel	650	700	50	Aktive RAP	5	4	1
Passivabnahmen				**Passivzunahmen**			
Verbindlichkeiten	10.750	10.600	150	Gezeichnetes Kapital	1.900	2.000	100
Passive RAP	150	100	50	Kapitalrücklage	2.300	2.600	300
				Gewinnrücklagen	2.700	2.900	200
				Jahresüberschuss	475	500	25
				Sonderposten mit Rücklageanteil	235	260	25
				Rückstellungen	7.250	7.800	550
Summe			2.601	Summe			2.601

2) Für eine solche Rechnung findet man in Literatur und Praxis unterschiedliche Bezeichnungen, wie:[1]

a) Bewegungsbilanz (eine Wortzusammensetzung, die einen Widerspruch in sich selbst darstellt, denn mit Bilanz ist in betriebswirtschaftlichen Zusammenhängen stets eine Bestandsrechnung gemeint, so dass Bewegungsbilanz so viel besagt wie Bewegungsbestandsrechnung);

b) Zeitraumbilanz (was so viel besagt wie Zeitraumbestandsrechnung, so dass dieser Begriff ebenso widersinnig ist wie derjenige der Bewegungsbilanz);

c) dritte Jahresrechnung (eine wenig aussagekräftige Bezeichnung, die zudem nicht zutreffend ist, da es sich hierbei nicht um eine eigenständige Rechnung, sondern nur um die Auswertung anderer Rechnungen handelt).

3) Gegenüber den genannten Bezeichnungen sind unseres Erachtens folgende für die gemeinte Rechnung vorzuziehen:

a) Aktiv- und Passivbeständedifferenzenrechnung;

b) Vermögens- und Kapitalbeständedifferenzenrechnung.

4) Wenn man einerseits die Aktivzunahmen und die Passivabnahmen aggregiert, andererseits die Aktivabnahmen und die Passivzunahmen, bedeutet dies, dass man die einander entgegengesetzten Veränderungen der einander entgegengesetzten Bilanzgrößen zusammenfasst (vgl. Abbildung 52).

Die beiden Summen stimmen notwendigerweise überein. Es ergibt sich ein ausgeglichenes Bild, es sei denn, es läge ein Nicht durch Eigenkapital gedeckter Fehlbetrag vor, der zwar auf der linken Seite der Bilanz auszuweisen ist, aber nicht zu den Aktiven gehört.

5) Aber wie sind nun die jeweiligen Summen zu interpretieren? Häufig subsumiert man die Aktivzunahmen und die Passivabnahmen unter dem Oberbegriff der Mittelverwendung, die Aktivabnahmen und die Passivzunahmen unter demjenigen der Mittelherkunft.

Aber was soll jeweils unter Mitteln verstanden werden? Der Begriff der Mittel ist unbestimmt, er lässt mehrere Deutungen zu; eine Festlegung sucht man vergebens. Wir wollen nach den Möglichkeiten seiner Interpretation fragen.

a) Mit Mitteln könnten Geldmittel oder Zahlungsmittel gemeint sein. Unter Mittelverwendung wären dann Geldmittelabflüsse oder Auszahlungen zu verstehen, unter Mittelherkunft Geldmittelzuflüsse oder Einzahlungen.

Aber lassen sich Aktivzunahmen und Passivabnahmen Geldmittelabflüssen gleichsetzen? Bei Zunahme des Aktivpostens „Geld" oder „flüssige Mittel" liegt keinesfalls ein Geldmittelabfluss vor, sondern im Gegenteil ein Geldmittelzufluss. Bei Zunahme des Aktivpostens „Grundstücke" kommt es zu einem Geldmittelabfluss nur bei einem Barkauf, nicht bei einem Kreditkauf. Bei Abnahme des Pas-

---

[1] Vgl. Dellmann, Klaus/ Amen, Matthias (HdJ), Abt. IV/6 Anm. 1 ff.; Lachnit, Laurenz: Bewegungsbilanz, Sp. 183 ff.

sivpostens „Verbindlichkeiten gegenüber Kreditinstituten" liegt tatsächlich ein Geldmittelabfluss vor, nicht jedoch bei Abnahme des Passivpostens „Erhaltene Anzahlungen". Diese Beispiele ließen sich fortsetzen.

Die Aktivzunahmen und die Passivabnahmen können also nicht Auszahlungen gleichgesetzt werden, ebenso wenig wie die Aktivabnahmen und die Passivzunahmen Einzahlungen. Die Interpretation der Mittel als Geldmittel ist daher nicht haltbar.

b) Mit Mitteln könnten unter Umständen nicht Geldmittel allein, sondern Geld- und Kreditmittel gemeint sein. Unter Mittelverwendung wären dann zu verstehen: Geldabgänge, Schuldenzugänge und Forderungsabgänge, oftmals Ausgaben gleichgesetzt, unter Mittelherkunft Geldzugänge, Schuldenabgänge und Forderungszugänge, oftmals Einnahmen gleichgesetzt.

Aber wenn z. B. die Forderungen aus Lieferungen und Leistungen abnehmen, liegt keine Ausgabe vor, ebenso wie umgekehrt bei einer Abnahme der Verbindlichkeiten aus Lieferungen und Leistungen keine Einnahme. Bei Zunahme des Postens „Grundstücke" wegen Bar-, Kredit- oder Vorauszahlungseinkauf liegt tatsächlich eine Ausgabe vor, nicht aber bei Zunahme dieses Postens wegen Zuschreibung.

Die Aktivzunahmen und die Passivabnahmen können also nicht Ausgaben gleichgesetzt werden, ebenso wenig wie die Aktivabnahmen und die Passivzunahmen Einnahmen. Die Interpretation der Mittel als Geld- und Kreditmittel führt daher nicht weiter.

c) Mit Mitteln könnten Kapitalmittel gemeint sein. Unter Mittelverwendung wären dann Kapitalabflüsse zu verstehen, unter Mittelherkunft Kapitalzuflüsse. Aber bei Aktivzunahmen liegen keine Kapitalabflüsse vor, bei Aktivabnahmen keine Kapitalzuflüsse. Die Mittel durch Kapitalmittel ersetzen zu wollen, wäre daher einseitig.

d) Mit Mitteln könnten Vermögensmittel gemeint sein. Unter Mittelverwendung wären dann groteskerweise Vermögensabflüsse zu verstehen, unter Mittelherkunft Vermögenszuflüsse. Zudem fallen Passivabnahmen nicht immer mit Vermögensabflüssen zusammen, Passivzunahmen nicht immer mit Vermögenszuflüssen. Die Mittel durch Vermögensmittel ersetzen zu wollen, wäre daher ebenfalls unergiebig.

e) Statt von Mitteln schlechthin wird auch von Finanzmitteln gesprochen. Aber dieser Begriff ist selbst mehrdeutig und bedarf seinerseits der Interpretation. Sollten mit Finanzmitteln Geldmittel gemeint sein, gilt das, was unter a) ausgeführt wurde. Sollten mit Finanzmitteln Geld- und Kreditmittel gemeint sein, gilt das unter b) Ausgeführte. Sollten mit Finanzmitteln Kapitalmittel gemeint sein, gilt das eben unter c) Ausgeführte.

f) Statt von Mitteln schlechthin wird auch von Investitionsmitteln gesprochen. Aber dieser Begriff ist selbst ebenfalls mehrdeutig und nicht zur Erklärung eines anderen geeignet.

g) Statt von Mitteln wird auch noch von Unternehmensmitteln gesprochen. Aber dieser Begriff ist nun völlig unbestimmt und damit unbrauchbar.

5) Alle diese Versuche zeigen: Wie immer man den Begriff der Mittel auch auslegt, es gelingt nicht, unter Mittelverwendung die Aktivzunahmen und die Passivabnahmen zu subsumieren, unter Mittelherkunft die Aktivabnahmen und die Passivzunahmen. Die genannten Vorgänge sind zu unterschiedlich, als dass sie sich unter einen gemeinsamen Oberbegriff zusammenfassen ließen. Daher lässt sich weder die eine noch die andere Seite der Bewegungsbilanz inhaltlich interpretieren. Ihr kommt somit kein Aussagewert zu.

Eine solche Rechnung kann man erstellen, um schnell einen Überblick über die Bilanzveränderungen von einem Jahr zum anderen zu erhalten. Diese Veränderungen können jedoch nicht über alle Posten hinweg aggregiert und insgesamt sinnvoll interpretiert, sondern müssen von Posten zu Posten betrachtet werden.

12.4.2. Kapitalflussrechnung

1) Mit der Kapitalflussrechnung ist eine Rechnung gemeint, die, ähnlich wie die Bewegungsbilanz, die Bilanz des abgelaufenen Jahrs und diejenige des Vorjahrs auswertet.[1] Allerdings werden nicht, wie bei der Bewegungsbilanz, notwendigerweise die Veränderungen von allen Bilanzpositionen ermittelt. Insbesondere werden nicht alle Aktivzunahmen mit allen Passivabnahmen und alle Aktivabnahmen mit allen Passivzunahmen zusammengefasst.

Stattdessen bildet man aus den Bilanzpositionen einen oder mehrere sog. Fonds und ermittelt zunächst die Veränderung eines solchen Fonds vom einen Bilanzstichtag zum anderen (sog. Fondsveränderungsrechnung). Dann versucht man zu zeigen, wie eine etwaige Zunahme oder Abnahme des Fonds durch Veränderungen anderer Bilanzpositionen zustande gekommen ist (sog. Fondsmittelherkunfts- und Fondsmittelverwendungsrechnung oder eigentliche Kapitalflussrechnung). Dabei bleiben die Veränderungen von Bilanzpositionen, die weder zum Fonds gehören noch sich auf den Fonds auswirken, außerhalb der Betrachtung.

2) Die Bezeichnung einer solchen Rechnung mit Kapitalflussrechnung ist nur bedingt zutreffend, aus mehreren Gründen:[2]

a) Es werden nicht alle, sondern nur bestimmte Kapitalposten einbezogen. Daher handelt es sich allenfalls um eine partielle Kapitalflussrechnung.

b) Es werden nicht nur Kapitalposten, sondern auch Vermögensposten einbezogen. Daher könnte statt von einer Kapitalflussrechnung ebenso gut von einer Vermögensflussrechnung gesprochen werden.

---

[1] Vgl. Auer, Kurt V.: Kapitalflussrechnung, Sp. 1292 ff.; Wysocki, Klaus von: Kapitalflussrechnung, Sp. 1253 ff.

[2] Vgl. Weber, Helmut Kurt: Rentabilität, Produktivität und Liquidität, S. 175 f.

c) Es werden nur die Differenzen zwischen den Beträgen des abgelaufenen Bilanzstichtags und denjenigen des vorhergehenden Bilanzstichtags festgestellt. Es handelt sich also um eine komparativ-statische, nicht um eine dynamische Betrachtung. Daher wäre statt von einer Flussrechnung besser von einer Beständedifferenzenrechnung die Rede.

3) Gegenüber der üblichen Bezeichnung wären also folgende vorzuziehen:
   a) partielle Aktiv- und Passivbeständedifferenzenrechnung oder
   b) partielle Vermögens- und Kapitalbeständedifferenzenrechnung.

4) Welche Fonds sollen nun aus welchen Bilanzpositionen gebildet werden?

Vom Hauptfachausschuss des Instituts der Wirtschaftsprüfer waren in der Stellungnahme 1/1978 alternativ drei Fonds vorgeschlagen worden:[1]

a) der Fonds der netto verfügbaren flüssigen Mittel, in den ähnliche Aktiva und Passiva einbezogen wurden, wie sie bei der Liquidität ersten Grades im engen Sinne einander gegenübergestellt werden;

b) der Fonds des Nettogeldvermögens, in den ähnliche Aktiva und Passiva einbezogen wurden, wie sie bei der Liquidität zweiten Grades im engen Sinne einander gegenübergestellt werden;

c) der Fonds des Nettoumlaufvermögens, in den ähnliche Aktiva und Passiva einbezogen wurden, wie sie bei der Liquidität dritten Grades im weiten Sinne einander gegenübergestellt werden.

5) Die genannte Stellungnahme wurde inzwischen durch die Stellungnahme 1/1995 ersetzt, in der nur noch ein Fonds empfohlen wird, der dem früher vorgeschlagenen Fonds der netto verfügbaren flüssigen Mittel ähnlich ist.[2] Auf die anderen beiden früher vorgeschlagenen Fonds wird nicht mehr Bezug genommen. Offenbar hat man inzwischen erkannt, dass sie als Grundlage für eine Mittelherkunfts- und -verwendungsrechnung wenig geeignet sind.

6) Der nunmehr empfohlene Fonds wird als Finanzmittelfonds bezeichnet, obwohl man bei Ankündigung einer Kapitalflussrechnung erwarten würde, dass von einem Kapitalfonds gesprochen wird. Oder umgekehrt: bei Empfehlung eines Finanzmittelfonds würde man die Ankündigung einer Finanzflussrechnung erwarten.

7) Dieser Finanzmittelfonds soll die liquiden Mittel im Sinne von § 266 HGB einschließen, also die Schecks, den Kassenbestand, die Bundesbankguthaben sowie die Guthaben bei Kreditinstituten, sofern die genannten Guthaben nicht als Finanzinvestitionen gehalten werden. Was mit Finanzinvestitionen gemeint sein

---

[1] Vgl. IDW, HFA Stellungnahme 1/1978: Die Kapitalflußrechnung als Ergänzung des Jahresabschlusses, S. 207 f.

[2] Vgl. im Folgenden IDW, HFA Stellungnahme 1/1995: Die Kapitalflußrechnung als Ergänzung des Jahres- und Konzernabschlusses, S. 72 ff.; Mansch, Helmut/ Stollberg, Klaus/ Wysocki, Klaus von: Die Kapitalflußrechnung als Ergänzung des Jahres- und Konzernabschlusses, S. 185 ff.

soll und warum sie ausgeklammert werden, bleibt offen. Sollten damit Terminguthaben gemeint sein, könnten diese ausdrücklich genannt werden. Manche Posten sollen in den genannten Fonds noch additiv einbezogen werden können, z. B. Wertpapiere, sofern diese kurzfristig veräußerbar sind und als Liquiditätsreserve gehalten werden. Aber wann werden nun Wertpapiere als Liquiditätsreserve gehalten? Der Außenstehende vermag dies nicht zu erkennen.

Andere Posten sollen bei der Abgrenzung des genannten Fonds noch subtraktiv berücksichtigt werden können, nämlich jederzeit fällige Bankverbindlichkeiten, sofern sie in die Disposition der liquiden Mittel einbezogen sind. Aber wann sind nun Bankverbindlichkeiten in die Disposition der liquiden Mittel einbezogen? Dem Außenstehenden bleibt dies verborgen.

Die vorgeschlagene Fondsabgrenzung ist also in mehrfacher Hinsicht unscharf; sie kann zudem von einem Außenstehenden anhand der Bilanz nicht nachvollzogen werden.

8) Auf der Grundlage des genannten Finanzmittelfonds wird eine dreiteilige Kapitalflussrechnung vorgeschlagen. Dabei sollen dargestellt werden:

- im ersten Teil die Mittelzuflüsse und Mittelabflüsse aus dem Teilbereich „laufende Geschäftstätigkeit";

- im zweiten Teil die Mittelzuflüsse und Mittelabflüsse aus dem Teilbereich „Investitionstätigkeit";

- im dritten Teil die Mittelzuflüsse und Mittelabflüsse aus dem Teilbereich „Finanzierungstätigkeit".

9) Für den ersten Teil der Kapitalflussrechnung wird zur Wahl gestellt: die direkte Darstellung und die indirekte Darstellung der Mittelzuflüsse und Mittelabflüsse. Für den zweiten und den dritten Teil der Kapitalflussrechnung wird nur noch die direkte Darstellung empfohlen (vgl. Abbildungen 53 und 54). Eine entsprechende Gestaltung wird vom Deutschen Standardisierungsrat auch für die Konzernkapitalflussrechnung vorgeschlagen (DRS 2).

10) Unseres Erachtens sollte man den gemeinten Fonds scharf sowie in einer für den Außenstehenden nachvollziehbaren Art und Weise abgrenzen. Für die auch vom Hauptfachausschuss des Instituts der Wirtschaftsprüfer erstrebte Offenlegung der Zahlungsströme eignet sich am besten ein reiner Geldfonds. In der Fondsveränderungsrechnung wäre festzustellen, ob und in welcher Höhe der Geldbestand zugenommen oder abgenommen hat. In der Fondsmittelherkunft- und -verwendungsrechnung sollte versucht werden zu ergründen, auf welche Veränderungen anderer Bilanzpositionen die Zunahme oder Abnahme zurückzuführen ist.

Eine solche Rechnung entspricht einer cash flow-Analyse der Bilanzveränderungen, mit der die cash flow-Analyse der Gewinn- und Verlustrechnung konsequent fortgeführt werden würde. Wir wollen uns zunächst der cash flow-Analyse der Gewinn- und Verlustrechnung zuwenden und daran eine cash flow-Analyse der Bilanzveränderungen anschließen.

Abbildung 53:
*Kapitalflussrechnung nach HFA 1/1995
bei direkter Ermittlung der Zahlungssalden*

1.	Einzahlungen von Kunden für den Verkauf von Erzeugnissen, Waren und Dienstleistungen
2. −	Auszahlungen an Lieferanten und Beschäftigte
3. +	Sonstige Einzahlungen, die nicht der Investitions- und Finanzierungstätigkeit zuzuordnen sind
4. −	Sonstige Auszahlungen, die nicht der Investitions- und Finanzierungstätigkeit zuzuordnen sind
5. =	**Mittelzufluss/-abfluss aus laufender Geschäftstätigkeit**
6.	Einzahlungen aus Abgängen (z. B. Verkaufserlöse, Tilgungsbeträge) von Gegenständen des Anlagevermögens (Restbuchwerte der Abgänge erhöht um Gewinne und vermindert um Verluste aus dem Anlagenabgang)
7. −	Auszahlungen für Investitionen in das Anlagevermögen
8. =	**Mittelzufluss/-abfluss aus der Investitionstätigkeit**
9.	Einzahlungen aus Kapitalerhöhungen und Zuschüssen der Gesellschafter
10. −	Auszahlungen an Gesellschafter (Dividenden, Kapitalrückzahlungen, andere Ausschüttungen)
11. +	Einzahlungen aus der Begebung von Anleihen und aus der Aufnahme von (Finanz-) Krediten
12. −	Auszahlungen für die Tilgung von Anleihen und (Finanz-) Krediten
13. =	**Mittelzufluss/-abfluss aus der Finanzierungstätigkeit**
14.	Zahlungswirksame Veränderung des Finanzmittelbestands (Summe der Zeilen 5, 8 und 13)
15. ±	Wechselkursbedingte und sonstige Wertänderungen des Finanzmittelbestands
16. +	Finanzmittelbestand am Anfang der Periode
17. =	**Finanzmittelbestand am Ende der Periode**

Abbildung 54:
Kapitalflussrechnung nach HFA 1/1995
bei indirekter Ermittlung des Mittelzuflusses/-abflusses
aus laufender Geschäftstätigkeit

1.	Jahresüberschuss/Jahresfehlbetrag
2. ±	Abschreibungen/Zuschreibungen auf Gegenstände des Anlagevermögens
3. ±	Zunahme/Abnahme der Rückstellungen
4. ±	Sonstige zahlungsunwirksame Aufwendungen/Erträge
5. ±	Verlust/Gewinn aus dem Abgang von Gegenständen des Anlagevermögens
6. ±	Abnahme/Zunahme der Vorräte, der Forderungen aus Lieferungen und Leistungen sowie anderer Aktiva
7. ±	Zunahme/Abnahme der Verbindlichkeiten aus Lieferungen und Leistungen sowie anderer Passiva
8. =	**Mittelzufluss/-abfluss aus laufender Geschäftstätigkeit**
9.	Einzahlungen aus Abgängen (z. B. Verkaufserlöse, Tilgungsbeträge) von Gegenständen des Anlagevermögens (Restbuchwerte der Abgänge erhöht um Gewinne und vermindert um Verluste aus dem Anlagenabgang)
10. –	Auszahlungen für Investitionen in das Anlagevermögen
11. =	**Mittelzufluss/-abfluss aus der Investitionstätigkeit**
12.	Einzahlungen aus Kapitalerhöhungen und Zuschüssen der Gesellschafter
13. –	Auszahlungen an Gesellschafter (Dividenden, Kapitalrückzahlungen, andere Ausschüttungen)
14. +	Einzahlungen aus der Begebung von Anleihen und aus der Aufnahme von (Finanz-) Krediten
15. –	Auszahlungen für die Tilgung von Anleihen und (Finanz-) Krediten
16. =	**Mittelzufluss/-abfluss aus der Finanzierungstätigkeit**
17.	Zahlungswirksame Veränderung des Finanzmittelbestands (Summe der Zeilen 8, 11 und 16)
18. ±	Wechselkursbedingte und sonstige Wertänderungen des Finanzmittelbestands
19. +	Finanzmittelbestand am Anfang der Periode
20. =	**Finanzmittelbestand am Ende der Periode**

12.4.3. Cash flow-Analyse der Gewinn- und Verlustrechnung

12.4.3.1. Begriff des cash flow

1) Die Gewinn- und Verlustrechnung des abgelaufenen Jahrs lässt sich zu einer cash flow-Rechnung umformen, von Außenstehenden allerdings nur mit Einschränkungen.[1]

2) Was heißt cash flow-Rechnung? Eigentlich ist darunter eine Geldflussrechnung zu verstehen, also eine Geldbewegungsrechnung oder eine Einzahlungs- und Auszahlungsrechnung, wie sie im Zweiten Teil behandelt wurde. Wird von cash flow im Zusammenhang mit der Gewinn- und Verlustrechnung gesprochen, ist damit jedoch nur ein Teil des gesamten Geldzuflusses gemeint. Dieser wird zudem unterschiedlich weit abgegrenzt.

3) Insgesamt werden in Literatur und Praxis etwa folgende Fassungen des cash flow vertreten:

a) cash flow in der engsten Fassung =
   Jahresüberschuss/Jahresfehlbetrag
   + Abschreibungen;

b) cash flow in einer weiteren Fassung =
   Jahresüberschuss/Jahresfehlbetrag
   + Abschreibungen
   + gebildete Rückstellungen;

c) cash flow in einer noch weiteren Fassung =
   Jahresüberschuss/Jahresfehlbetrag
   + Abschreibungen
   + gebildete Rückstellungen
   + sonstige nicht-auszahlungswirksame Aufwendungen;

d) cash flow in der weitest möglichen Fassung =
   Jahresüberschuss/Jahresfehlbetrag
   + nicht-auszahlungswirksame Aufwendungen
   − nicht-einzahlungswirksame Erträge.

4) Von diesen Fassungen sind die ersten drei insofern unvollständig und einseitig, als der Gewinn bzw. Verlust nur um bestimmte Aufwendungen, nicht jedoch auch um bestimmte Erträge verändert wird. Allein die letzte Fassung ist konsequent und vollständig. Den cash flow in dieser Fassung zu ermitteln, ist allerdings auch am schwierigsten. Aber wegen der leichteren Ermittelbarkeit die anderen Fassungen vorziehen zu wollen, wäre nicht gerechtfertigt, denn ihnen kommt auch ein geringerer Aussagewert zu. Hier soll jedenfalls auf die letzte Fassung abgestellt werden.

---

[1] Vgl. auch Weber, Helmut Kurt: Rentabilität, Produktivität und Liquidität, S. 144 ff.

5) Wird der Begriff des cash flow in der weitesten Fassung vertreten, braucht zu seiner Definition nicht vom Jahresüberschuss bzw. Jahresfehlbetrag ausgegangen zu werden. Stattdessen kann auch formuliert werden:

cash flow =
Saldo aus den einzahlungswirksamen (liquiditätswirksamen, liquiden, baren) Erträgen und den auszahlungswirksamen (liquiditätswirksamen, liquiden, baren) Aufwendungen.

6) Entsprechend den genannten Möglichkeiten, den cash flow in der konsequenten, weitesten Fassung zu definieren, können zwei Wege zur Ermittlung eingeschlagen werden:

a) Man geht vom bereits ermittelten Jahresüberschuss bzw. Jahresfehlbetrag aus und versucht, diesen nachträglich zu korrigieren durch Addition der nichtauszahlungswirksamen Aufwendungen sowie durch Subtraktion der nichteinzahlungswirksamen Erträge (sog. indirekte oder retrograde Methode).

b) Man geht die einzelnen Positionen der Gewinn- und Verlustrechnung durch und versucht, jeweils die auszahlungswirksamen Aufwendungen sowie die einzahlungswirksamen Erträge zu erfassen, und stellt diese einander gegenüber (sog. direkte oder progressive Methode).

Beide Methoden führen naturgemäß zum gleichen Ergebnis. Die retrograde Methode ist jedoch umständlich und für den Nichtspezialisten geradezu verwirrend. Hier soll nach der progressiven Methode vorgegangen werden.[1] Dabei muss die Gewinn- und Verlustrechnung nach dem Gesamtkostenverfahren getrennt von derjenigen nach dem Umsatzkostenverfahren behandelt werden. Die einzelnen Positionen sollen jeweils in der Reihenfolge des Gliederungsschemas nach § 275 HGB diskutiert werden.

12.4.3.2. Ermittlung des cash flow anhand der Gewinn- und Verlustrechnung nach dem Gesamtkostenverfahren

Umsatzerlöse

Die Umsatzerlöse dürften nur zum Teil zu Einzahlungen im abgelaufenen Jahr geführt haben, nämlich insoweit man Barumsätze getätigt hat und insoweit man Forderungen, die aus Kreditumsätzen in der abgelaufenen Periode entstanden sind, bis zum Bilanzstichtag beglichen erhalten hat. In beiden Fällen soll hier von Barumsatzerlösen bezogen auf den Bilanzstichtag gesprochen werden.

Insoweit man aus Kreditumsätzen entstandene Forderungen erst nach dem Bilanzstichtag beglichen erhalten wird, liegen nur Einnahmen vor; insoweit man Auslieferungen aufgrund von im Vorjahr erhaltenen Vorauszahlungen vorgenommen hat, liegen ebenfalls nur Einnahmen vor.

---

[1] Vgl. auch Weber, Helmut Kurt/ Tiedau, Ludwig: Die Geldflußrechnung auf Grundlage der aktienrechtlichen Gewinn- und Verlustrechnung sowie der Bilanz am Beispiel der Siemens AG, S. 465 ff.

II. Die handelsrechtliche Bilanz sowie Gewinn- und Verlustrechnung

Der Anteil der Barumsatzerlöse an den gesamten Umsatzerlösen ist nur dem internen Bilanzanalytiker bekannt. Ein Außenstehender kann allenfalls die Bilanz des abgelaufenen Jahrs und diejenige des Vorjahrs zu Hilfe nehmen. Haben die Forderungen aus Lieferungen und Leistungen zugenommen, dürften in Höhe der Zunahme die Umsatzerlöse noch nicht einzahlungswirksam gewesen sein. Haben die Erhaltenen Anzahlungen abgenommen, dürften in Höhe der Abnahme die Umsatzerlöse nicht mehr einzahlungswirksam gewesen sein. In Bezug auf die verbleibenden Umsatzerlöse wäre dann Einzahlungswirksamkeit zu vermuten.

Bestandsänderungen

Erhöhungen des Bestands an fertigen und unfertigen Erzeugnissen haben im abgelaufenen Jahr keinesfalls zu Einzahlungen geführt. Minderungen des Bestands können nur über Umsatzerlöse zu Einzahlungen führen; die Umsatzerlöse wurden aber schon berücksichtigt.

Andere aktivierte Eigenleistungen

Insoweit Sachanlagen selbst erstellt und aktiviert worden sind, lagen keine Einzahlungen vor. Sind Ingangsetzungs- und Erweiterungsaufwendungen aktiviert worden, gilt das Gleiche.

Sonstige betriebliche Erträge

Die Sonstigen betrieblichen Erträge sind, auch unter Liquiditätsgesichtspunkten, völlig heterogener Art. Einzahlungswirksam könnten gewesen sein: die Erträge aus Dienstleistungen sowie die Erträge aus dem Abgang von Gegenständen des Anlage- und des Umlaufvermögens. Dagegen waren keinesfalls einzahlungswirksam: die Zuschreibungen, die Erträge aus der Herabsetzung von Rückstellungen, die Erträge aus der Auflösung von Sonderposten mit Rücklageanteil.

Eine entsprechende Aufspaltung ist allein dem internen Bilanzanalytiker möglich. Ein Außenstehender kann aus diesem Posten allenfalls einige Vorgänge als nicht einzahlungswirksam aussondern, wie Zuschreibungen zu Gegenständen des Anlagevermögens, die aus dem Anlagenspiegel ersichtlich sind; wie Erträge aus der Auflösung von Sonderposten mit Rücklageanteil, die vermerkpflichtig sind; wie Abnahmen der passiven Rechnungsposten, die sich aus dem Vergleich der Bilanz des abgelaufenen Jahrs mit derjenigen des Vorjahrs ergeben. In Bezug auf die verbleibenden Erträge wäre dann Einzahlungswirksamkeit zu vermuten.

Materialaufwendungen

Die Materialaufwendungen werden nur zum Teil liquiditätswirksam gewesen sein, nämlich insoweit als Material verbraucht wurde, das man im abgelaufenen Jahr entweder bar eingekauft oder auf Kredit eingekauft und bis zum Bilanzstichtag bezahlt hat.

Dieser Anteil ist nur dem internen Bilanzanalytiker bekannt. Ein Außenstehender kann allenfalls die Bilanz des abgelaufenen Jahrs und diejenige des Vorjahrs zu Hilfe nehmen und nicht auszahlungswirksame Materialaufwendungen annehmen:

in Höhe der Zunahme der Verbindlichkeiten aus Lieferungen und Leistungen und der Wechselverbindlichkeiten sowie in Höhe der Abnahme der Geleisteten Anzahlungen auf Vorräte und der Bestände an Roh-, Hilfs- und Betriebsstoffen. In Höhe der verbleibenden Materialaufwendungen wäre Auszahlungswirksamkeit zu vermuten.

Personalaufwendungen

Die Aufwendungen für Löhne und Gehälter können im Großen und Ganzen Auszahlungen gleichgesetzt werden. Nachzahlungen und Vorauszahlungen dürften hier nicht stark ins Gewicht fallen.

Die Sozialen Abgaben dürfen bedauerlicherweise zusammengefasst mit den Aufwendungen für Altersversorgung und für Unterstützung ausgewiesen werden. Immerhin müssen die Aufwendungen für Altersversorgung in einem Davon-Vermerk angegeben werden, so dass eine grobe Trennung möglich ist. Die Sozialen Abgaben und die Aufwendungen für Unterstützung wird man Auszahlungen gleichsetzen können. Die Aufwendungen für Altersversorgung sind differenziert zu betrachten. Insoweit Zuwendungen an Pensionskassen vorgenommen wurden, lagen Auszahlungen vor, insoweit Pensionsrückstellungen gebildet wurden, kam es nicht zu Auszahlungen. Der Außenstehende kann daher bei einer Zunahme der Pensionsrückstellungen von einem Jahr zum anderen auf nicht auszahlungswirksame Aufwendungen für Altersversorgung schließen.

Abschreibungen

Die Abschreibungen von immateriellen Anlagen und Sachanlagen sowie von aktivierten Aufwendungen der Ingangsetzung und Erweiterung des Geschäftsbetriebs waren im abgelaufenen Jahr nicht von Auszahlungen begleitet, ebenso wenig wie die unüblichen Abschreibungen von Umlaufgegenständen sowie von Finanzanlagen und von Wertpapieren des Umlaufvermögens.

Sonstige betriebliche Aufwendungen

Die Sonstigen betrieblichen Aufwendungen sind ebenso wie die Sonstigen betrieblichen Erträge völlig heterogener Art. Auszahlungswirksam könnten gewesen sein: die Aufwendungen für Dienstleistungen. Keinesfalls auszahlungswirksam waren dagegen: die Verluste aus dem Abgang von Vermögensgegenständen, die hier u. U. ausgewiesene Zuführung zu Rückstellungen sowie die Bildung von Sonderposten mit Rücklageanteil.

Eine entsprechende Aufspaltung ist wiederum allein dem internen Bilanzanalytiker möglich. Ein Außenstehender kann aus diesem Posten allenfalls einige Vorgänge als nicht auszahlungswirksam aussondern, wie die Bildung von Sonderposten mit Rücklageanteil, die vermerkpflichtig ist; wie Zunahmen der Sonstigen Rückstellungen von einem Bilanzstichtag zum anderen; wie Abnahmen der aktiven Rechnungsabgrenzungsposten. In Bezug auf die verbleibenden Aufwendungen wäre dann Auszahlungswirksamkeit zu vermuten.

Zins- und Dividendenerträge

Erträge aus Beteiligungen, nach Gewinnverwendungsbeschluss der Hauptversammlung der Beteiligungsunternehmen auszuweisen, haben im Allgemeinen noch im abgelaufenen Jahr zu Einzahlungen geführt. Aufgrund von Gewinnverträgen erhaltene Gewinne vor Gewinnverwendungsbeschluss der Hauptversammlung der Beteiligungsunternehmen auszuweisen, werden im Allgemeinen erst im darauf folgenden Jahr zu Einzahlungen führen.

Die Erträge aus anderen Wertpapieren und Ausleihungen des Finanzanlagevermögens dürften im Großen und Ganzen einzahlungswirksam gewesen sein, ebenso wie die Sonstigen Zinsen und ähnlichen Erträge.

Die sog. Erträge aus Verlustübernahme stellen, wie bereits begründet, gar keine Erträge dar und sind daher erst im Zusammenhang mit dem Jahresergebnis zu berücksichtigen.

Zinsaufwendungen

Die Zinsen und ähnlichen Aufwendungen dürften Auszahlungen gleichgesetzt werden können, mit Ausnahme eines als Aufwand verrechneten Disagios bzw. mit Ausnahme von Abschreibungen auf ein aktiviertes Disagio.

Die Aufwendungen aufgrund der Übernahme von Verlusten anderer Unternehmen führen im Allgemeinen erst im darauf folgenden Jahr zu Auszahlungen.

Bei den aufgrund von Gewinnverträgen abgeführten Gewinnen handelt es sich nicht um Aufwendungen, wie bereits begründet, sondern um Gewinnverwendungsbestandteile. Sie sollten also erst im Zusammenhang mit dem Jahresergebnis berücksichtigt werden.

Außerordentliche Erträge und Aufwendungen

Die außerordentlichen Erträge und Aufwendungen kann ein Außenstehender, sofern sie nicht im Anhang genau erläutert werden, nur pauschal behandeln, z. B. zu 100 % oder nur zu 50 % liquiditätswirksam einstufen.

Steuern

Die Steuern vom Einkommen und Ertrag sowie die Sonstigen Steuern dürften zum großen Teil auszahlungswirksam gewesen sein. Auf nicht auszahlungswirksame Teile kann ein Außenstehender schließen bei Zunahme der Steuerverbindlichkeiten und der Steuerrückstellungen von einem Bilanzstichtag zum anderen. Außerdem sind Zunahmen der passiven latenten Steuern sowie die Abnahmen der aktiven latenten Steuern negativ zu berücksichtigen, die Abnahmen der passiven latenten Steuern sowie die Zunahmen der aktiven latenten Steuern positiv. Die Steuern vom Einkommen und vom Ertrag dürften aber streng genommen nicht hier, sondern beim cash flow aus Ergebnisvorgängen angesetzt werden.

Ergebnis

Der durch die vorgenommene Analyse der Erträge und Aufwendungen ermittelte cash flow (vgl. Abbildung 55) kann positiv, null oder negativ sein. Ist ein positiver cash flow auch positiv zu beurteilen und wenn ja, in welcher Hinsicht? Die Antworten auf diese Fragen seien bis zu Behandlung seines Aussagewerts zurückgestellt.

Abbildung 55:
Ermittlung des cash flow anhand der Gewinn- und Verlustrechnung nach dem Gesamtkostenverfahren

Position	einzahlungswirksame Erträge	auszahlungswirksame Aufwendungen
1. Umsatzerlöse abzüglich: - Zunahme der Forderungen aus Lieferungen und Leistungen - Zunahme der Forderungen gegen verbundene Unternehmen - Zunahme der Forderungen gegen Beteiligungsunternehmen - Abnahme der Erhalt. Anzahlungen	x	
2. Bestandsveränderungen	-	-
3. Andere aktivierte Eigenleistungen	-	-
4. Sonstige betriebliche Erträge abzüglich: - Zuschreibungen zu Gegenständen des AV und UV - Erträge aus der Herabsetzung von Rückstellungen - Erträge aus der Auflösung von Sonderposten mit Rücklageanteil - Abnahme der Passiven RAP	x	
5. Materialaufwand abzüglich: - Zunahme der Verbindlichkeiten aus Lieferungen und Leistungen - Zunahme der Wechselverbindlichk. - Zunahme der Verbindlichkeiten gegenüber verbundenen Unternehmen - Zunahme der Verbindlichkeiten gegenüber Beteiligungsunternehmen - Abnahme der Gel. Anz. auf Vorräte - Abnahme der RHB - Abnahme der Waren		x

Position	einzahlungswirksame Erträge	auszahlungswirksame Aufwendungen
6. Personalaufwand abzüglich: - Zunahme der Pensionsrückstellungen		x
7. Abschreibungen	-	-
8. Sonstige betriebliche Aufwendungen abzüglich: - Verluste aus dem Abgang von Gegenständen des AV und UV - Bildung von Sonderposten mit Rücklageanteil - Zunahme der Sonst. Rückstellungen - Abnahme der Aktiven RAP		x
9. Erträge aus Beteiligungen	x	
10. Erträge aus anderen Wertpapieren und Ausleihungen des Finanzanlageverm.	x	
11. Sonstige Zinsen und ähnliche Erträge	x	
12. Erhaltene Gewinne	-	-
13. Abschreibungen auf Finanzanlagen	-	-
14. Zinsen und ähnliche Aufwendungen abzüglich: als Aufwand berücksichtigtes Disagio bzw. Abschreibungen auf aktiviertes Disagio		x
15. Aufwendungen aus Verlustübernahme	-	-
16. Außerordentliche Erträge	x	
17. Außerordentliche Aufwendungen		x
18. Steuern vom Einkommen und Ertrag abzüglich: - Zunahme der Steuerverbindlichkeiten - Zunahme der Steuerrückstellungen - Zunahme der Rückstellungen für latente Steuern - Abnahme der Aktiven lat. Steuern zuzüglich: - Zunahme der Aktiven lat. Steuern - Abnahme der Rückstellungen für latente Steuern		s. Abb. 60
19. Sonstige Steuern		x
einzahlungswirksame Erträge ./. auszahlungswirksame Aufwendungen	Summe	Summe
= **erfolgswirksamer cash flow**	**positiv oder negativ**	

12.4.3.3. Ermittlung des cash flow anhand der Gewinn- und Verlustrechnung nach dem Umsatzkostenverfahren

1) Für die cash flow-Analyse der Umsatzerlöse gilt das Gleiche, was beim Gesamtkostenverfahren ausgeführt wurde.

2) Die den Umsatzerlösen beim Umsatzkostenverfahren gegenüberzustellenden Herstellungskosten der zur Erzielung der Umsatzerlöse erbrachten Leistungen kann ein externer Bilanzanalytiker nicht einmal danach beurteilen, inwieweit sie Aufwendungen des abgelaufenen Jahres oder Aufwendungen vorangegangener Jahre darstellen. Um so weniger vermag er zu beurteilen, inwieweit es sich um Auszahlungen des abgelaufenen Jahres oder um Auszahlungen vorangegangener Jahre handelt.

3) Anders als die genannten Herstellungskosten stellen die Vertriebskosten und die Verwaltungskosten i. d. R. Aufwendungen des abgelaufenen Jahres dar; aber inwieweit es sich dabei auch um Auszahlungen des abgelaufenen Jahres handelt, vermag ein externer Bilanzanalytiker wiederum nicht zu beurteilen.

4) Da sich also die in der Gewinn- und Verlustrechnung ausgewiesenen Herstellungskosten, Vertriebskosten und Verwaltungskosten der Beurteilung ihrer Auszahlungswirksamkeit durch einen Außenstehenden entziehen, bleiben ihm nur zwei Auswege:

a) Der eine Ausweg besteht darin, anstelle der Herstellungskosten, Vertriebskosten und Verwaltungskosten auf die im Anhang bei Anwendung des Umsatzkostenverfahrens anzugebenden Materialaufwendungen und Personalaufwendungen auszuweichen und diese jeweils, wie weiter vorne dargestellt, um nicht liquiditätswirksame Teile zu vermindern.

b) Der andere Ausweg besteht darin, die Herstellungskosten, die Vertriebskosten und die Verwaltungskosten zu addieren und die Summe um die nicht liquiditätswirksamen Teile zu vermindern, wie Minderungen des Bestands an fertigen und unfertigen Erzeugnissen, die annähernd aus der Bilanz des abgelaufenen Jahrs und derjenigen des Vorjahrs errechenbar sind; wie Abschreibungen von immateriellen Anlagen und Sachanlagen, die aus dem Anlagenspiegel ersichtlich sind; wie Zunahmen der Sonstigen Rückstellungen von einem Bilanzstichtag zum anderen.[1]

5) Die Sonstigen betrieblichen Aufwendungen des Umsatzkostenverfahrens sind noch schwerer zu beurteilen, als diejenigen des Gesamtkostenverfahrens, weil sie auch diejenigen Aufwendungen einschließen können, die nicht zur Bewertung der Bestände an fertigen und unfertigen Erzeugnissen herangezogen wurden, die teils auszahlungswirksam, teils nicht-auszahlungswirksam sind.

6) Für die verbleibenden Aufwendungen und Erträge gilt grundsätzlich das Gleiche, was beim Gesamtkostenverfahren ausgeführt wurde.

---

[1] Vgl. auch Rogler, Silvia: Gewinn- und Verlustrechnung nach dem Umsatzkostenverfahren, S. 201 ff.

7) Bei Gegenüberstellung der genannten einzahlungswirksamen Erträge und der genannten auszahlungswirksamen Aufwendungen nach dem Umsatzkostenverfahren (vgl. Abbildung 56) erhält ein Außenstehender einen cash flow, der erheblich ungenauer ist als der nach dem Gesamtkostenverfahren ermittelbare.

Ein interner Bilanzanalytiker vermag auch anhand des Umsatzkostenverfahrens einen genauen cash flow zu errechnen, allerdings unter Inkaufnahme von mehr Rechenoperationen als sie beim Gesamtkostenverfahren erforderlich sind; sie bestehen zum Teil sogar in einer Angleichung an das Gesamtkostenverfahren.

12.4.3.4. Aussagewert des cash flow

Dem anhand der Gewinn- und Verlustrechnung ermittelten cash flow wird in Literatur und Praxis ein hoher Aussagewert beigemessen. Ihm wird eine Bedeutung in vielerlei Hinsicht zuerkannt: als Maßstab der Ertragskraft und der Erfolgskraft, als Maßgröße der Finanzkraft, der Schuldentilgungskraft und der Investitionskraft, etc.

cash flow als Maßgröße der Ertragskraft und der Erfolgskraft

1) Der cash flow wird häufig als Maßgröße der Ertragskraft einer Unternehmung gesehen. Dieser Ansicht könnte man nur zustimmen, wenn es sich beim cash flow um eine Ertragsgröße handeln würde. Dies trifft jedoch nicht zu. Denn erstens gehen in den cash flow nicht alle Erträge ein, sondern nur bestimmte, nämlich die einzahlungswirksamen. Und zweitens gehen in den cash flow auch Aufwendungen ein, eben die auszahlungswirksamen.

2) Der cash flow wird häufig auch als Maßgröße der Erfolgskraft einer Unternehmung gesehen. Dieser Auffassung könnte man sich anschließen, wenn es sich beim cash flow um eine Erfolgsgröße handeln würde. Dies trifft jedoch ebenfalls nicht zu. Denn Erfolgsgrößen sind der Gewinn oder der Verlust, d. h. die Salden positiver oder negativer Art aus Erträgen und Aufwendungen bzw. aus Kosten und Erlösen.

Der cash flow stellt zwar ebenfalls einen Saldo dar, aber lediglich einen solchen aus einem Teil der Erträge und einem Teil der Aufwendungen. Warum sollte man nun von einem solchen Teilsaldo auf den Gesamtsaldo schließen wollen, wenn man den Gesamtsaldo, d. h. den Gewinn oder Verlust, durch Gegenüberstellung der Erträge und Aufwendungen schon ermittelt hat?

Anders zu beurteilen wäre der Versuch, die Erträge und die Aufwendungen im handelsrechtlichen Sinn im Hinblick auf Erträge und Aufwendungen im betriebswirtschaftlichen Sinn zu korrigieren und zusätzlich zum Jahresüberschuss bzw. Jahresfehlbetrag einen betriebswirtschaftlichen Gewinn oder Verlust zu errechnen. Aber dieses Ziel lässt sich mit Hilfe einer cash flow-Analyse der Gewinn- und Verlustrechnung nicht erreichen. Dazu müsste man solche Modifikationen vornehmen, wie sie von uns in den Abschnitten über die Positionenanalyse und die Relationenanalyse vorgeschlagen wurden.

Abbildung 56:
Ermittlung des cash flow anhand der Gewinn- und Verlustrechnung nach dem Umsatzkostenverfahren

Position	einzahlungswirksame Erträge	auszahlungswirksame Aufwendungen
1. Umsatzerlöse abzüglich: - Zunahme der Forderungen aus Lieferungen und Leistungen - Zunahme der Forderungen gegen verbundene Unternehmen - Zunahme der Forderungen gegen Beteiligungsunternehmen - Abnahme der Erhalt. Anzahlungen	x	
2. Herstellungskosten der zur Erzielung der Umsatzerlöse erbrachten Leistungen		
3. Vertriebskosten		
4. Allgemeine Verwaltungskosten		
5. Summe 2. bis 4. abzüglich: - Zunahme der Verbindlichkeiten aus Lieferungen und Leistungen - Zunahme der Wechselverbindlichk. - Zunahme der Verbindlichkeiten gegenüber verbundenen Unternehmen - Zunahme der Verbindlichkeiten gegenüber Beteiligungsunternehmen - Abnahme der Geleisteten Anzahlungen auf Vorräte - Abnahme der RHB - Zunahme der Pensionsrückstellungen - Abschreibungen von Ingangsetzungs- und Erweiterungsaufw., immateriellen Anlagen und Sachanlagen sowie Umlaufgegenständen außer Wertpapieren - Abnahme der Aktiven RAP - Zunahme der Sonst. Rückstellungen - Abnahme der Unfertigen Erzeugnisse und unfertigen Leistungen - Abnahme der Fertigen Erzeugnisse und Waren		x
6. Sonstige betriebliche Erträge abzüglich: - Zuschreibungen zu Gegenständen des Anlagevermögens	x	

II. Die handelsrechtliche Bilanz sowie Gewinn- und Verlustrechnung

Position	einzahlungs-wirksame Erträge	auszahlungs-wirksame Aufwendungen
- Zuschreibungen zu Gegenständen des Umlaufvermögens - Erträge aus der Herabsetzung von Rückstellungen - Erträge aus der Auflösung von Sonderposten mit Rücklageanteil - Abnahme der Passiven RAP		
7. Sonstige betriebliche Aufwendungen abzüglich: - Bildung von Sonderposten mit Rücklagenanteil		x
8. Erträge aus Beteiligungen	x	
9. Erträge aus anderen Wertpapieren und Ausleihungen des Finanzanlageverm.	x	
10. Sonstige Zinsen und ähnliche Erträge	x	
11. Erhaltene Gewinne	x	
12. Abschreibungen auf Finanzanlagen	-	-
13. Zinsen und ähnliche Aufwendungen		x
14. Aufwendungen aus Verlustübernahme		x
15. Außerordentliche Erträge	x	
16. Außerordentliche Aufwendungen		x
17. Steuern vom Einkommen und Ertrag abzüglich: - Zunahme der Steuerverbindlichkeiten - Zunahme der Steuerrückstellungen - Zunahme der Rückstellungen für latente Steuern - Abnahme der Aktiven lat. Steuern zuzüglich: - Zunahme der Aktiven lat. Steuern - Abnahme der Rückstellungen für latente Steuern		s. Abb. 60
18. Sonstige Steuern		x
einzahlungswirksame Erträge ./. auszahlungswirksame Aufwendungen	Summe	Summe
= **erfolgswirksamer cash flow**	**positiv oder negativ**	

Quelle: Rogler, Silvia: Gewinn- und Verlustrechnung nach dem Umsatzkostenverfahren, S. 205 f.

3) Wurde früher der cash flow schlechthin als Maßstab der Erfolgskraft eines Unternehmens gesehen, wird neuerdings eine dem cash flow ähnliche Größe ein hoher Aussagewert in erfolgswirtschaftlicher Hinsicht zuerkannt. Es handelt sich dabei um das Ergebnis vor Zinsen, Steuern und Abschreibungen, im angloamerikanischen Rechnungswesen EBITDA (earnings before interest, taxes, depreciation and amortization) genannt.

Zu seiner Ermittlung wird ausgegangen vom Jahresüberschuss (net income), das um außerordentliche Vorgänge (extraordinary items from discontinued operations) bereinigt wird, womit man das Ergebnis gewöhnlicher Geschäftsfähigkeit (income from continuing operations) erhält.

Fügt man die negativ bei Ermittlung des Jahresüberschusses berücksichtigten Zinsen, Minderheitenanteile am Gewinn und gewinnabhängigen Steuern (interest, minority interest, income taxes) wieder hinzu, ergibt sich das EBIT (earnings before interest and taxes).

Fügt man auch noch die negativ bei Ermittlung des Jahresüberschusses berücksichtigten Abschreibungen auf Sachanlagen (depreciation) und Abschreibungen auf immaterielle Anlagen (amortization) wieder hinzu, ergibt sich das EBITDA (vgl. Abbildung 57).

Warum nun dieser Größe, die weder Fisch noch Fleisch ist, die weder eine Erfolgsgröße noch eine cash flow-Größe ist, ein hoher Aussagewert zukommen soll, vermag man schwer einzusehen.

Abbildung 57:
Ermittlung des EBITDA auf Basis einer Gewinn- und Verlustrechnung nach IAS bzw. US-GAAP

	Net income
±	Extraordinary items
±	Discontinued operations
=	**Income from continuing operations**
±	Minority interest in income of consilidated subsidiaries
±	Income Taxes
+	Interest expenses
=	**EBIT** (Earnings before Interest and Taxes)
+	Depreciation
+	Amortization
=	**EBITDA** (Earnings before Interest, Taxes, Depreciation and Amortization)

Quelle: Coenenberg, Adolf Gerhard: Jahresabschluss und Jahresabschlussanalyse, S. 977

cash flow als Maßgröße der Finanzkraft

1) Der cash flow wird außer als Maßgröße der Ertragskraft und der Erfolgskraft auch als Maßgröße der Finanzkraft bezeichnet, obwohl ein und dieselbe Größe kaum so vieles zugleich sein kann.[1] Immerhin ist der cash flow eher eine Maßgröße der Finanzkraft als eine solche der Ertragskraft und der Erfolgskraft.

2) Der Begriff der Finanzkraft ist allerdings weniger eindeutig als derjenige der Ertragskraft und derjenige der Erfolgskraft. Er bedürfte daher der Erklärung. Eine solche wird jedoch selten gegeben.

Unter der Finanzkraft der Unternehmung generell kann man ihr finanzielles Potential, ihre Fähigkeit, Einzahlungen zu erzielen und Auszahlungen vorzunehmen, verstehen. Diese Fähigkeit kommt jedoch im cash flow allein noch nicht zum Ausdruck.

3) Der cash flow wird daher auch als Maßgröße einer speziellen Finanzkraft gesehen, die unterschiedlich bezeichnet wird:

- als Selbstfinanzierungskraft (aber unter Selbstfinanzierung versteht man sonst die Finanzierung aus einbehaltenen Gewinnen);

- als Innenfinanzierungskraft (aber dieser Begriff ist insofern wenig passend, da der cash flow sich zum Teil aus Zahlungen ergibt, die von dritter Seite, also von außen geleistet werden);

- als Umsatzfinanzierungskraft (aber dieser Begriff ist nicht treffend, da sich der cash flow nicht nur aus Umsatzeinzahlungen und entsprechenden Auszahlungen ergibt).

Am treffendsten ist es unseres Erachtens, den cash flow entsprechend seiner Ermittlung als Maßgröße zu bezeichnen für den sich aus den erfolgswirksamen Geschäftsvorgängen ergebenden Finanzierungsspielraum.

4) Aber ist nun ein hoher positiver cash flow in diesem Sinne auch positiv zu beurteilen? Im Allgemeinen wird diese Frage bejaht werden. Sie ist auch zu bejahen, wenn der cash flow vor allem auf hohe Barumsatzerlöse zurückzuführen ist. Anderes gilt jedoch, wenn er zum erheblichen Teil darauf zurückzuführen sein sollte, dass die verbrauchten Roh-, Hilfs- und Betriebsstoffe auf Kredit bezogen wurden und trotz des Ablaufs von Zahlungsfristen noch nicht bezahlt worden sind.

Das bedeutet, dass man einen cash flow nicht nur nach seiner Art und Höhe beurteilen darf, sondern auch sein Zustandekommen in die Beurteilung einbeziehen muss.

5) Im Übrigen ist zu berücksichtigen, dass ein positiver cash flow aus den erfolgswirksamen Geschäftsvorgängen durch nicht erfolgswirksame Geschäftsvorgänge kompensiert oder gar überkompensiert werden kann. Deswegen bedarf es

---

[1] Zum Aussagewert des cash flow vgl. Leffson, Ulrich: Cash Flow - Weder Erfolgs- noch Finanzindikator!, S. 108 ff.; Weber, Helmut Kurt: Rentabilität, Produktivität und Liquidität, S. 160 ff.

zusätzlich zur cash flow-Analyse der Gewinn- und Verlustrechnung auch einer solchen der Bilanzveränderungen.

cash flow als Maßgröße der Schuldentilgungskraft

1) Der cash flow wird auch als Maßgröße speziell der Schuldentilgungskraft bezeichnet, womit nicht mehr auf sein Zustandekommen, sondern schon auf seine Verwendung abgestellt wird. So fordert man, der cash flow müsse ausreichend sein, damit die Schulden in angemessener Zeit gedeckt werden können. Das Bundesaufsichtsamt für das Versicherungswesen z. B. verwendet als Bonitätskriterium einen zur Schuldendeckung ausreichenden cash flow. Und zwar müssen die Schulden innerhalb von 7 Jahren durch den cash flow gedeckt werden können.[1]

2) Bei dieser Forderung unterstellt man, dass der anhand der Gewinn- und Verlustrechnung des abgelaufenen Jahres ermittelte positive cash flow am Jahresende als liquider Betrag zur Verfügung steht und dass nunmehr über seine Verwendung, ähnlich wie über die Verwendung des Gewinns, entschieden werden kann.

Aber eine solche Analogie zum Gewinn besteht nicht. Denn eine Unternehmung kann nicht bis zum Ende eines Jahres warten, den cash flow errechnen und ihn erst dann für bestimmte Zwecke, wie für die Tilgung von Darlehensschulden, verwenden. Sie muss aufgenommene Darlehen bei Fälligkeit und damit unter Umständen bereits während des Geschäftsjahrs zurückzahlen. Damit wird die Verwendung eines am Ende des Jahres ermittelten cash flow vorweggenommen. Der ermittelte cash flow steht am Ende des Jahres nicht mehr zur Disposition, anders als der Gewinn.

Wenn der cash flow überhaupt als Grundlage für finanzwirtschaftliche Dispositionen dienen soll, dann müsste er in kürzeren zeitlichen Abständen als jährlich, nämlich vierteljährlich oder monatlich, ermittelt werden. Allenfalls bis zum Ende solcher kurzen Perioden könnte eine Unternehmung warten, den cash flow ermitteln und dann über seine Verwendung in den nachfolgenden kurzen Perioden entscheiden.

3) Zudem wird bei der Forderung, der anhand der Gewinn- und Verlustrechnung des abgelaufenen Jahres ermittelte positive cash flow müsse ausreichend sein, um die Schulden in angemessener Zeit zu tilgen, unterstellt, dass auch in künftigen Jahren ein ähnlich hoher cash flow wie im abgelaufenen Jahr erzielt wird. Dies ist jedoch völlig unrealistisch. Auch der Gewinn bleibt nicht von Jahr zu Jahr gleich.

Ferner setzt man sich mit der genannten Forderung darüber hinweg, dass die Schulden nicht in angemessener Zeit, sondern bei Fälligkeit gedeckt werden müssen. Weiterhin übersieht man bei der genannten Forderung, dass auch in künftigen Jahren immer wieder neue Schulden entstehen. Schließlich bleiben bei der genannten Forderung andere mögliche Verwendungen eines positiven cash flow völlig unberücksichtigt.

---

[1] Vgl. Bald, Ernst-Joachim u. a.: Leitfaden für die Vergabe von Unternehmenskrediten (Schuldscheindarlehen), Kreditleitfaden, S. 11 f.

cash flow als Maßgröße der Investitionskraft

1) Der cash flow wird schließlich als Maßgröße der Investitionskraft bezeichnet, womit ebenfalls auf seine Verwendung abgestellt wird.

2) Dabei wird wiederum unterstellt, dass der anhand der Gewinn- und Verlustrechnung des abgelaufenen Jahres ermittelte positive cash flow noch am Jahresende als liquider Betrag zur Verfügung steht. Dies muss jedoch keineswegs zutreffen. Denn er ist unter Umständen bereits während des Jahres zur Finanzierung von Investitionen herangezogen worden. Im Übrigen lässt man auch hierbei andere mögliche Verwendungen eines positiven cash flow, wie die vorher erwähnte Schuldentilgung, unberücksichtigt.

3) Zusammenfassend bleibt zu den beiden zuletzt behandelten Deutungen des cash flow zu sagen: Er kann nicht sowohl eine Maßgröße der Schuldentilgungskraft als auch eine Maßgröße der Investitionskraft sein. Mit jeder dieser Kennzeichnungen wird in einseitiger Betrachtungsweise nur auf eine mögliche Verwendung eines positiven cash flow abgestellt. Andere mögliche Verwendungen bleiben unberücksichtigt. Nach diesen wollen wir jetzt fragen.

12.4.3.5. Möglichkeiten der Verwendung eines positiven cash flow

1) Welches sind nun die Möglichkeiten der Verwendung eines positiven cash flow unabhängig vom Zeitpunkt der Verwendung? Welche Möglichkeiten der Finanzierung ergeben sich durch einen positiven cash flow?

2) Ein positiver cash flow kann im abgelaufenen Jahr für Auszahlungen verwendet worden sein, die grundsätzlich erfolgswirksam sind, die es aber im abgelaufenen Jahr nicht waren, weil ihnen entweder Aufwendungen im Vorjahr schon vorangegangen waren oder weil ihnen Aufwendungen im kommenden Jahr erst noch folgen werden, wie:

    a) Begleichung von Verbindlichkeiten aus Lieferungen und Leistungen für Roh-, Hilfs- und Betriebsstoffe, die bereits im Vorjahr bezogen und verbraucht worden waren (dabei handelt es sich um Zahlungen, die bei der cash flow-Analyse der Gewinn- und Verlustrechnung des abgelaufenen Jahres nicht zu erfassen waren, weil es sich nicht mehr um einen Aufwand des abgelaufenen Jahres handelte);

    b) Bareinkauf von Roh-, Hilfs- und Betriebsstoffen, die bis zum nächsten Jahr gelagert werden sollen;

    c) Anzahlungen auf Roh-, Hilfs- und Betriebsstoffe, die im nächsten Jahr bezogen werden sollen;

    d) Begleichung von rückständigen Löhnen und Gehältern;

    e) Vorauszahlungen von Löhnen und Gehältern für Arbeitsleistungen, die im nächsten Jahr erbracht werden sollen;

    f) Bareinkauf von Maschinen, die im nächsten Jahr eingesetzt werden sollen.

Dabei handelt es sich um Vorgänge güterwirtschaftlicher Art.

Abbildung 58:
Möglichkeiten der Verwendung eines positiven cash flow des abgelaufenen Jahres

1. **Verwendung für erfolgsunwirksame güterwirtschaftliche Vorgänge**, wie
   - Begleichung von Verbindlichkeiten aus Lieferungen und Leistungen für Roh-, Hilfs- und Betriebsstoffe, die bereits im Vorjahr verbraucht worden waren
   - Bareinkauf von Roh-, Hilfs- und Betriebsstoffen, die noch auf Lager liegen
   - Anzahlungen auf Roh-, Hilfs- und Betriebsstoffe, die im nächsten Jahr bezogen werden sollen
   - Begleichung von rückständigen Löhnen und Gehältern
   - Vorauszahlung von Löhnen und Gehältern für Arbeitsleistungen im nächsten Jahr
   - Bareinkauf von Maschinen, die im nächsten Jahr eingesetzt werden sollen

2. **Verwendung für erfolgsunwirksame kapitalwirtschaftliche Vorgänge**, wie
   - Tilgung von erhaltenen Darlehen
   - Gewährung von Darlehen
   - Rückgewährung von Einlagen
   - Bareinlagen bei anderen Unternehmen

3. **Verwendung für Gewinnausschüttung und Gewinnabführung**, wie
   - Auszahlung des im Vorjahr entstandenen und im abgelaufenen Jahr zur Ausschüttung beschlossenen Gewinns
   - Auszahlung von aufgrund von Gewinnverträgen abzuführenden Gewinnen
   - Abführung gewinnabhängiger Steuern

3) Ein positiver cash flow kann ferner im abgelaufenen Jahr für Auszahlungen verwendet worden sein, die grundsätzlich nicht erfolgswirksam sind, wie:

a) Tilgung von erhaltenen Darlehen;

b) Gewährung von Darlehen;

c) Rückgewähr von Einlagen an Eigentümer;

d) Bareinlagen bei anderen Unternehmen.

Dabei handelt es sich um Vorgänge kapitalwirtschaftlicher Art.

4) Ein positiver cash flow kann schließlich für Auszahlungen im Zusammenhang mit der Verwendung des Gewinns herangezogen worden sein, wie:

a) Auszahlung des im Vorjahr entstandenen und im abgelaufenen Jahr zur Ausschüttung beschlossenen Gewinns;

b) Auszahlung von aufgrund von Gewinnverträgen abzuführenden Gewinnen;

c) Abführung gewinnabhängiger Steuern.

5) Sollte ein Teil des im abgelaufenen Jahr entstandenen positiven cash flow am Ende des Jahres noch vorhanden sein, kann er im nächsten Jahr für ähnliche Zwecke, wie sie eben unterschieden wurden, verwendet werden (vgl. auch Abbildung 58).

12.4.3.6. Möglichkeiten der Deckung eines negativen cash flow

1) Als Pendant zur Frage nach den Möglichkeiten der Verwendung eines positiven cash flow sei auch die meist vernachlässigte Frage nach den Möglichkeiten der Deckung eines negativen cash flow gestellt.

2) Der negative cash flow darf nicht, wie der Verlust, als eine Größe aufgefasst werden, die am Ende des Jahres ermittelt und über deren Behandlung dann entschieden wird: ob Vortrag auf das nächste Jahr, ob Aufrechnung, ob Deckung. Der negative cash flow kann zum Teil schon während des abgelaufenen Jahres gedeckt worden sein. Nur ein Teil des negativen cash flow bedarf vielleicht der Deckung am Ende des Jahres.

3) Ein negativer cash flow kann im abgelaufenen Jahr durch Einzahlungen gedeckt worden sein, die grundsätzlich erfolgswirksam sind, die es aber im abgelaufenen Jahr nicht waren, weil ihnen entweder Erträge im Vorjahr schon vorangegangen waren oder weil ihnen Erträge im kommenden Jahr erst noch folgen werden, wie:

a) Eintreiben von Forderungen aus Lieferungen und Leistungen für bereits im Vorjahr verkaufte Erzeugnisse;

b) Entgegennahme von Anzahlungen für im nächsten Jahr herzustellende und auszuliefernde Erzeugnisse.

4) Ein negativer cash flow kann ferner im abgelaufenen Jahr durch Einzahlungen gedeckt worden sein, die grundsätzlich nicht erfolgswirksam sind, wie:

a) Rückerhalt eines gewährten Darlehens;

b) Aufnahme eines Darlehens;

c) Rückerhalt von Bareinlagen bei anderen Unternehmen;

d) weitere Bareinlagen der Eigentümer.

5) Ein negativer cash flow kann schließlich durch Einzahlungen im Zusammenhang mit einem Verlust gedeckt worden sein, wie:

a) Übernahme des im Vorjahr entstandenen Verlusts durch ein zur Ergebnisübernahme berechtigtes und verpflichtetes anderes Unternehmen;

b) freiwillige Zuzahlungen von Aktionären.

6) Sollte ein Teil des im abgelaufenen Jahr entstandenen negativen cash flow am Ende des Jahres noch nicht gedeckt sein, kommen im nächsten Jahr noch ähnliche Möglichkeiten der Deckung in Betracht, wie sie eben unterschieden wurden (vgl. auch Abbildung 59).

Abbildung 59:
Möglichkeiten der Deckung eines negativen cash flow des abgelaufenen Jahres

1. **Deckung durch erfolgsunwirksame güterwirtschaftliche Vorgänge**, wie
   - Eintreiben von Forderungen aus Lieferungen und Leistungen für bereits im Vorjahr verkaufte Erzeugnisse
   - Entgegennahme von Anzahlungen für im nächsten Jahr auszuliefernde Erzeugnisse
2. **Deckung durch erfolgsunwirksame kapitalwirtschaftliche Vorgänge**, wie
   - Rückerhalt eines gewährten Darlehens
   - Aufnahme eines Darlehens
   - Rückerhalt von Bareinlagen bei anderen Unternehmen
   - weitere Bareinlagen durch Eigentümer
3. **Deckung durch Verlustübernahme**, wie
   - Übernahme des im Vorjahr entstandenen Verlusts durch ein zur Ergebnisübernahme berechtigtes und verpflichtetes anderes Unternehmen
   - freiwillige Zuzahlungen von Aktionären

12.4.4. Cash flow-Analyse der Bilanzveränderungen

12.4.4.1. Begriff des bilanziellen cash flow

1) Die cash flow-Analyse der Gewinn- und Verlustrechnung des abgelaufenen Jahrs vermittelt ein unvollständiges Bild des Geldflusses. Sie bedarf der Ergänzung durch eine cash flow-Analyse der Veränderungen der Aktiva und Passiva, des Vermögens und des Kapitals während des abgelaufenen Jahrs.

Eine solche ist Außenstehenden allerdings nur mit Einschränkungen möglich. Denn ihnen stehen allein die Bilanz des abgelaufenen Jahrs und die Bilanz des Vorjahrs zur Verfügung, anhand derer sie die Veränderungen lediglich per Saldo ermitteln können. Zudem müssen sie in Bezug auf deren Liquiditätswirksamkeit oft Vermutungen anstellen.[1]

2) Dieser bilanzielle cash flow kann auf verschiedene Weise definiert werden:

   a) unter Bezugnahme auf seine Ermittlung aus zwei aufeinander folgenden Bilanzen als:

---

[1] Vgl. auch Weber, Helmut Kurt: Rentabilität, Produktivität und Liquidität, S. 170 ff.; Weber, Helmut Kurt/ Tiedau, Ludwig: Die Geldflußrechnung auf der Grundlage der aktienrechtlichen Gewinn- und Verlustrechnung sowie der Bilanz am Beispiel der Siemens AG, S. 518 ff.

II. Die handelsrechtliche Bilanz sowie Gewinn- und Verlustrechnung

Saldo aus
geldbestandserhöhenden Veränderungen von Bilanzgrößen
und
geldbestandsmindernden Veränderungen von Bilanzgrößen;

b) oder, da es sich bei den Veränderungen der Bilanzgrößen um Aktivzunahmen und Aktivabnahmen sowie Passivzunahmen und Passivabnahmen handelt, etwas umständlich als:

Saldo aus
geldbestandserhöhenden Aktivzunahmen, Aktivabnahmen, Passivzunahmen und Passivabnahmen einerseits
sowie
geldbestandsmindernden Aktivzunahmen, Aktivabnahmen, Passivzunahmen und Passivabnahmen andererseits;

c) oder, da geldbestandserhöhende Aktivzunahmen und geldbestandserhöhende Passivabnahmen einander ausschließen, ebenso wie geldbestandsmindernde Aktivabnahmen und Passivzunahmen, treffender als:

Saldo aus
geldbestandserhöhenden Aktivabnahmen und Passivzunahmen einerseits
sowie
geldbestandsmindernden Aktivzunahmen und Passivabnahmen andererseits;

d) oder, da bei Geldbestandserhöhungen und Abnahmen anderer Aktiva ein Aktivtausch vorliegt, ebenso wie bei Geldbestandsminderungen und Zunahmen anderer Aktiva, da es ferner bei Geldbestandserhöhungen und Passivzunahmen zu einer Bilanzverlängerung kommt, bei Geldbestandsminderungen und Passivabnahmen zu einer Bilanzverkürzung, als:

Saldo aus
aktivatauschenden und bilanzverlängernden Einzahlungen einerseits
sowie
aktivatauschenden und bilanzverkürzenden Auszahlungen andererseits;

e) oder unter Bezugnahme auf die Unterscheidung zwischen erfolgswirksamen und erfolgsunwirksamen Geschäftsvorgängen als:

Saldo aus
einzahlungswirksamen erfolgsunwirksamen
und
auszahlungswirksamen erfolgsunwirksamen Geschäftsvorgängen.

3) Um den definierten bilanziellen cash flow zu ermitteln, sollen hier die einzelnen Bilanzpositionen in der Reihenfolge des Gliederungsschemas nach § 266 HGB analysiert werden.

12.4.4.2. Cash flow-Analyse der Veränderungen der Aktiva

Ausstehende Einlagen

1) Wenn die Ausstehenden Einlagen auf das Gezeichnete Kapital von einem Bilanzstichtag zum anderen abgenommen haben, so dürfte es in der Regel zu Bareinlagen und damit zu Einzahlungen gekommen sein. Ausnahmsweise könnte die Abnahme auf eine außerplanmäßige Abschreibung zurückzuführen sein, die aber nicht liquiditätswirksam ist.

2) Wenn die Ausstehenden Einlagen zugenommen haben, dürfte das Gezeichnete Kapital erhöht worden sein, ohne dass es in Höhe der Zunahme der Ausstehenden Einlagen zu Einzahlungen gekommen ist.

Aktivierte Ingangsetzungs- und Erweiterungsaufwendungen

1) Haben die aktivierten Aufwendungen für die Ingangsetzung und Erweiterung des Geschäftsbetriebs von einem Bilanzstichtag zum anderen abgenommen, muss dies auf Abschreibungen zurückzuführen sein.

2) Haben die aktivierten Aufwendungen zugenommen, müssen entsprechende Erträge unter den anderen aktivierten Eigenleistungen in der Gewinn- und Verlustrechnung verbucht worden sein, die jedoch nicht einzahlungswirksam sind.

Immaterielle Anlagen

1) Eine Zunahme der Konzessionen, gewerbliche Schutzrechte und Lizenzen kann begründet sein: in Zugängen gleicher Höhe, in Zuschreibungen gleicher Höhe, in über Abgänge und Abschreibungen hinausgehenden Zugängen bzw. Zuschreibungen oder in Umbuchungen.

Entsprechendes gilt für eine Abnahme der genannten Immaterialgüterrechte. Sie könnte zurückzuführen sein: auf Abgänge in gleicher Höhe, auf Abschreibungen in gleicher Höhe, auf über Zugänge und Zuschreibungen hinausgehende Abgänge bzw. Abschreibungen oder auf Umbuchungen.

Was bei Zunahmen bzw. Abnahmen jeweils zutrifft, müsste dem Anlagespiegel zu entnehmen sein. Im Anlagenspiegel sind jedoch die Abgänge nicht in Höhe der Buchwerte, sondern in Höhe der ursprünglichen Anschaffungskosten anzugeben, wie bereits weiter vorne kritisiert. Die Buchwerte könnte man sich zwar errechnen, wenn auch die Abschreibungen auf Abgänge anzugeben wären, denn dann brauchte man von den Abgängen zu ursprünglichen Anschaffungskosten nur die Abschreibungen auf Abgänge abziehen. Aber solche Angaben sind nicht vorgeschrieben. Dass auch Zugänge in Höhe der Anschaffungskosten anzugeben sind, ist, anders als bei den Abgängen, unschädlich. Der Anlagenspiegel hilft also nur teilweise weiter.

Wenn nun Zugänge vorliegen, könnte es sich dabei handeln: um Tauschvorgänge, Barkäufe oder Kreditkäufe, dagegen nicht um Vorauszahlungskäufe, da bei diesen nur Umbuchungen aus Geleisteten Anzahlungen vorzunehmen gewesen wären. Was jeweils zutrifft, ist aus dem Jahresabschluss nicht ersichtlich. Hier sollen die

Zugänge Bareinkäufen und entsprechenden Geldabgängen gleichgesetzt werden, da die Zunahme der Verbindlichkeiten aus Lieferungen und Leistungen sowie die Abnahme der Geleisteten Anzahlungen bereits bei den Materialaufwendungen berücksichtigt wurden.

Wenn Abgänge in Höhe der Buchwerte vorliegen, gilt Entsprechendes.

Zuschreibungen, Abschreibungen und Umbuchungen sind naturgemäß nicht liquiditätswirksam.

2) Hat der Geschäfts- oder Firmenwert zugenommen, müsste es sich um einen Zugang aufgrund des Kaufs eines anderen Unternehmens handeln. In Höhe der Zunahme dürfte es also zu einem Geldabgang gekommen sein. Bei einer Abnahme muss eine Abschreibung vorgenommen worden sein.

3) Bei den Geleisteten Anzahlungen auf immaterielle Anlagen ist eine Zunahme Auszahlungen gleichzusetzen. Eine Abnahme kommt in der Regel durch eine Umbuchung zustande.

Sachanlagen

1) Für Zunahmen oder Abnahmen der Grundstücke, Gebäude und Maschinen gilt weitgehend das Gleiche wie für die bereits behandelten Veränderungen der Immaterialgüterrechte.

Eine Zunahme der Gebäude und Maschinen kann allerdings auch auf Selbsterstellung zurückzuführen sein, was dem Jahresabschluss nicht direkt entnehmbar ist, da die im abgelaufenen Jahr selbst erstellten Sachanlagen in der Gewinn- und Verlustrechnung mit den aktivierten Ingangsetzungs- und Erweiterungsaufwendungen unter den Anderen aktivierten Eigenleistungen zusammengefasst werden dürfen. Man müsste also von den Anderen aktivierten Eigenleistungen die aus dem Anlagenspiegel ersichtlichen Zugänge zu den Ingangsetzungs- und Erweiterungsaufwendungen abziehen, um die selbst erstellten Sachanlagen zu erhalten. Diese müssten wiederum von den Zugängen zu Sachanlagen abgezogen werden, damit man auch die von Dritten erworbenen, vermutlich gekauften Sachanlagen erhält, denen vermutlich Geldabgänge entsprechen.

2) Die Geleisteten Anzahlungen auf Anlagen dürfen bedauerlicherweise mit den Anlagen im Bau zusammengefasst werden, so dass von einer Zunahme noch nicht auf Auszahlungen geschlossen werden kann. Eine Abnahme ist eindeutig nicht liquiditätswirksam.

Finanzanlagen

1) Haben unter den Finanzanlagen die Anteile an verbundenen Unternehmen zugenommen oder abgenommen, so ist dem Anlagenspiegel leichter als bei immateriellen Anlagen und Sachanlagen zu entnehmen, was jeweils vorlag, da planmäßige Abschreibungen entfallen und außerplanmäßige Abschreibungen nicht das gleiche Gewicht haben dürften. Ein Zugang wird also einem Geldabgang gleichzusetzen sein, ein Abgang einem Geldzufluss. Zuschreibungen, Abschreibungen und Umbuchungen sind ohnehin nicht liquiditätswirksam.

2) Entsprechendes gilt für die anderen Finanzanlagen, d. h. für die Ausleihungen an verbundene Unternehmen, die Beteiligungen, die Ausleihungen an Unternehmen, mit denen ein Beteiligungsverhältnis besteht, die Wertpapiere und die Sonstigen Ausleihungen.

Vorräte

1) Veränderungen der Vorräte und des verbleibenden Umlaufvermögens sind, weil eine dem Anlagenspiegel entsprechende Rechnung für das Umlaufvermögen nicht vorgeschrieben ist, noch schwerer zu interpretieren als Veränderungen des Anlagevermögens.

2) Haben die Roh-, Hilfs- und Betriebsstoffe zugenommen, dürften Zugänge vorliegen, weil Zuschreibungen nur begrenzt zulässig sind. Ob es sich dabei um Bar-, Kredit- oder Anzahlungseinkäufe handelt, ist dem Jahresabschluss nicht direkt zu entnehmen. Man kann aber bei einer Zunahme der Verbindlichkeiten aus Lieferungen und Leistungen auf Krediteinkäufe und bei der Abnahme der Geleisteten Anzahlungen auf Vorräte auf Anzahlungskäufe schließen. In Höhe des verbleibenden Betrags wären dann Bareinkäufe und Auszahlungen anzunehmen.

Die genannten Schlussfolgerungen haben wir schon einmal, bei Analyse der Materialaufwendungen, zu Hilfe genommen. Sie dürfen selbstverständlich nicht zweimal bemüht werden. Man muss also wählen.

Werden die Veränderungen der Verbindlichkeiten aus Lieferungen und Leistungen und der Geleisteten Anzahlungen auf Vorräte bei den Materialaufwendungen berücksichtigt, erhält man niedrigere auszahlungswirksame Materialaufwendungen und damit einen höheren cash flow aufgrund der Analyse der Gewinn- und Verlustrechnung, jedoch einen entsprechend niedrigeren cash flow bei der Analyse der Bilanzveränderungen.

Werden die genannten Veränderungen bei den Zugängen zu Vorräten berücksichtigt, erhält man niedrigere Auszahlungen für Vorräte und damit einen höheren cash flow aufgrund der Analyse der Bilanzveränderungen, jedoch einen entsprechend niedrigeren cash flow aufgrund der Analyse der Gewinn- und Verlustrechnung.

Nimmt man beide Analysen zusammen, ergibt sich jeweils der gleiche Betrag des cash flow. Dies zeigt deutlich, dass eine cash flow-Analyse der Gewinn- und Verlustrechnung der Ergänzung durch eine cash flow-Analyse der Bilanzveränderungen bedarf.

3) Eine Abnahme der Roh-, Hilfs- und Betriebsstoffe ist in der Regel auf ihren Verbrauch zurückzuführen. Nur ausnahmsweise, bei ihrem Wiederverkauf, könnte es zu Geldzugängen gekommen sein, die aber bereits bei der Analyse der Gewinn- und Verlustrechnung berücksichtigt werden müßten.

4) Bei den Unfertigen Erzeugnissen und unfertigen Leistungen ist eine Zunahme nie liquiditätswirksam, eine Abnahme allenfalls dann, wenn die unfertigen Erzeugnisse nicht, wie geplant, zu fertigen Erzeugnissen weiterverarbeitet, sondern

verkauft werden. Die entsprechenden Erlöse müssten jedoch bereits bei der cash flow-Analyse der Umsatzerlöse berücksichtigt worden sein.

5) Die fertigen Erzeugnisse dürfen mit den Waren zusammengefasst werden. Dies ist zu bedauern, da die Veränderungen einerseits nicht liquiditätswirksam, andererseits liquiditätswirksam sind. Eine Aufspaltung ist nur näherungsweise möglich. Dazu muss man die Veränderungen der Positionen Unfertige Erzeugnisse und unfertige Leistungen sowie Fertige Erzeugnisse und Waren in der Bilanz addieren und davon die Position Veränderungen des Bestands an fertigen und unfertigen Erzeugnissen aus der Gewinn- und Verlustrechnung abziehen. Als Saldo ergibt sich, unter Vernachlässigung der unfertigen Leistungen, die Veränderung des Warenbestandes.

Eine Zunahme der fertigen Erzeugnisse ist nur indirekt über die zur Herstellung der fertigen Erzeugnisse notwendigen Aufwendungen liquiditätswirksam, was aber schon bei der cash flow-Analyse der Gewinn- und Verlustrechnung berücksichtigt werden musste. Eine Abnahme der fertigen Erzeugnisse ist wiederum nur indirekt über die Umsatzerlöse liquiditätswirksam, was aber ebenfalls bereits bei der cash flow-Analyse der Gewinn- und Verlustrechnung berücksichtigt werden musste.

Dagegen ist eine Zunahme der Waren im Allgemeinen direkt mit Auszahlungen verbunden. Anderes gilt für eine Abnahme der Waren. Diese ist wiederum nur indirekt über die Umsatzerlöse liquiditätswirksam.

6) Bei den Geleisteten Anzahlungen ist eine Zunahme liquiditätswirksam, anders als eine Abnahme.

Verbleibendes Umlaufvermögen

1) Bei den Forderungen aus Lieferungen und Leistungen ist eine Zunahme nicht liquiditätswirksam. Eine Abnahme dürfte in der Regel auf Einzahlungen, ausnahmsweise auf Abschreibungen zurückzuführen sein.

2) Handelt es sich bei den Forderungen gegen verbundene Unternehmen sowie gegen Unternehmen, mit denen ein Beteiligungsverhältnis besteht, um solche aus Lieferungen und Leistungen, gilt Gleiches wie eben ausgeführt. Handelt es sich um Forderungen aufgrund Darlehensgewährung, dann ist eine Zunahme im Allgemeinen aufgrund einer Auszahlung zustande gekommen, eine Abnahme aufgrund einer Einzahlung. Die Zusammensetzung der genannten Forderungen bleibt jedoch dem Außenstehenden verborgen.

3) Auch die Zusammensetzung der heterogenen Position „Sonstige Vermögensgegenstände" ist dem Außenstehenden unbekannt. Wenn man annimmt, dass es sich dabei vor allem um Darlehensforderungen handelt, dann ist eine Zunahme im Allgemeinen einer Auszahlung gleichzusetzen, eine Abnahme einer Einzahlung. Allerdings kann eine Abnahme auch auf Abschreibungen zurückzuführen sein.

4) Für die Anteile an verbundenen Unternehmen des Umlaufvermögens sowie für die Eigenen Anteile gilt das Gleiche wie für die Anteile an verbundenen Unter-

nehmen des Anlagevermögens, für die Wertpapiere des Umlaufvermögens das Gleiche wie für die Wertpapiere des Anlagevermögens.

Da die Abschreibungen auf Wertpapiere des Umlaufvermögens aus der Gewinn- und Verlustrechnung ersichtlich sind, können sie aus den Abnahmen bzw. Zunahmen der Wertpapiere des Umlaufvermögens herausgerechnet werden, so dass sich annähernd auf die Abgänge und Zugänge schließen lässt.

5) Eine Zunahme oder Abnahme der flüssigen Mittel selbst darf hier nicht wie die Veränderung anderer Bilanzpositionen berücksichtigt werden. Denn das Ziel der vorliegenden cash flow-Analyse besteht gerade darin, eine Zunahme oder Abnahme der flüssigen Mittel durch die Veränderungen anderer Bilanzpositionen zu erklären. Zur vollständigen Erklärung einer Zunahme oder Abnahme der flüssigen Mittel bedarf es allerdings auch der Berücksichtigung der Ergebnisse der cash flow-Analyse der Gewinn- und Verlustrechnung.

Rechnungsabgrenzungsposten

1) Für die Aktiven Rechnungsabgrenzungsposten gilt im Großen und Ganzen das Gleiche wie für die Geleisteten Anzahlungen.

2) Die Veränderung eines aktivierten Disagios ist nicht liquiditätswirksam. Eine Zunahme wäre bei den Verbindlichkeiten gegenüber Kreditinstituten, eine Abnahme bei den Zinsen und ähnlichen Aufwendungen zu berücksichtigen.

3) Auf die Aktiven latenten Steuern wurde bereits im Zusammenhang mit der cash flow-Analyse der Gewinn- und Verlustrechnung eingegangen.

Nicht durch Eigenkapital gedeckter Fehlbetrag

Veränderungen eines etwaigen Nicht durch Eigenkapital gedeckten Fehlbetrags von einem Bilanzstichtag zum anderen sind im Zusammenhang mit dem Eigenkapital auf der Passivseite zu sehen. Zahlungen wären damit ohnehin nicht verbunden.

12.4.4.3. Cash flow-Analyse der Veränderungen der Passiva

Eigenkapital

1) Hat das Gezeichnete Kapital von einem Bilanzstichtag zum anderen zugenommen, kann dies geschehen sein aufgrund: einer Kapitalerhöhung gegen Bareinlagen, einer Kapitalerhöhung gegen Sacheinlagen, einer Kapitalerhöhung aus Gesellschaftsmitteln, einer Kapitalerhöhung durch Umwandlung von Wandelschuldverschreibungen. Ob eine Kapitalerhöhung gegen Bareinlagen und damit ein Geldzufluss vorlag, ist dem Anhang zu entnehmen.

Eine etwaige Zunahme der Ausstehenden Einlagen im Zusammenhang mit einer Kapitalerhöhung gegen Bareinlagen, weil nicht alle Aktien voll einbezahlt wurden, ist von der Erhöhung des Gezeichneten Kapitals abzuziehen.

2) Hat das Gezeichnete Kapital abgenommen, kann dies geschehen sein aufgrund: einer Kapitalherabsetzung unter Rückgewähr von Bareinlagen, einer Kapitalherabsetzung unter Rückgewähr von Sacheinlagen, einer Einstellung in Kapitalrücklagen, eines Verlustausgleichs. Ob eine Kapitalherabsetzung unter Rückgewähr von Bareinlagen und damit ein Geldabfluss vorlag, ist aus dem Anhang ersichtlich.

3) Eine Zunahme der Kapitalrücklagen könnte auf Zuzahlungen von Aktionären beruhen und damit liquiditätswirksam gewesen sein. Anderes gilt bei einer Abnahme, da Kapitalrücklagen nur gegen einen Verlustvortrag oder Jahresfehlbetrag aufgerechnet oder, sofern sie zusammen mit den Gesetzlichen Rücklagen 10 % des Gezeichneten Kapitals überschreiten, zu diesem Teil zu einer Kapitalerhöhung aus Gesellschaftsmitteln herangezogen werden dürfen.

4) Eine Zunahme der Gewinnrücklagen ist nicht mit einem Geldzufluss verbunden.

Eine Abnahme der Gewinnrücklagen ist dann nicht mit einem Geldabfluss verbunden, wenn die Gewinnrücklagen gegen einen Verlustvortrag oder Jahresfehlbetrag aufgerechnet oder zu einer Kapitalerhöhung aus Gesellschaftsmitteln herangezogen wurden. Anderes gilt, wenn die Gewinnrücklagen zur Gewinnausschüttung herangezogen werden, was aber besser erst im Zusammenhang mit der Gewinnverwendung berücksichtigt wird.

5) Der in der Bilanz des Vorjahres ausgewiesene Gewinnvortrag kann zur Ausschüttung herangezogen worden sein und ist in diesem Fall bei der Dividendenausschüttung berücksichtigt. Der in der Bilanz des abgelaufenen Jahres ausgewiesene Gewinnvortrag kann erst im Folgejahr zur Ausschüttung herangezogen werden. Ein Verlustvortrag berührt den Geldfluss nicht.

6) Wurde der Jahresüberschuss des Vorjahres ausgeschüttet, kam es naturgemäß zu einem Geldabfluss. Anderes gilt bei seiner Einbehaltung. Ein Jahresfehlbetrag des Vorjahres berührt den Geldfluss nicht.

7) Der Jahresüberschuss bzw. Jahresfehlbetrag des abgelaufenen Jahres soll hier außer Betrachtung bleiben, da bereits seine Komponenten, die einzelnen Erträge und Aufwendungen, einer cash flow-Analyse unterzogen wurden.

Rückstellungen

1) Zunahmen der Pensionsrückstellungen wurden bereits bei der cash flow-Analyse der Personalaufwendungen berücksichtigt. Abnahmen dürften im Großen und Ganzen von Auszahlungen begleitet gewesen sein.

2) Auch Zunahmen der Steuerrückstellungen und der Rückstellungen für latente Steuern wurden bereits bei der cash flow-Analyse der Steuern berücksichtigt, ebenso Abnahmen der Rückstellungen für latente Steuern. Abnahmen der Steuerrückstellungen dürften Auszahlungen gleichzusetzen sein.

3) Zunahmen der Sonstigen Rückstellungen wurden bereits bei der cash flow-Analyse der Sonstigen betrieblichen Aufwendungen berücksichtigt. Abnahmen dürften im Allgemeinen von Auszahlungen begleitet gewesen sein.

Verbindlichkeiten

1) Bei den Anleihen dürfte eine Zunahme von einem Geldzufluss begleitet gewesen sein, eine Abnahme von einem Geldabfluss.

2) Gleiches gilt für eine Zunahme bzw. Abnahme der Verbindlichkeiten gegenüber Kreditinstituten. Abzuziehen ist aber ein in der abgelaufenen Periode aktiviertes bzw. als Aufwand berücksichtigtes Disagio.

3) Bei den Erhaltenen Anzahlungen ist eine Zunahme eindeutig mit einem Geldzufluss verbunden, eine Abnahme dagegen nicht.

4) Eine Zunahme der Verbindlichkeiten aus Lieferungen und Leistungen wurde hier bereits bei der cash flow-Analyse der Materialaufwendungen berücksichtigt. Eine Abnahme ist normalerweise auf eine Auszahlung zurückzuführen.

5) Das Gleiche gilt für Wechselverbindlichkeiten, wenn die Wechsel Verbindlichkeiten aus Lieferungen und Leistungen verbriefen, was allerdings ein Außenstehender nicht zu erkennen vermag.

6) Veränderungen der Verbindlichkeiten gegenüber verbundenen Unternehmen sowie gegenüber Unternehmen, mit denen ein Beteiligungsverhältnis besteht, vermag ein Außenstehender nicht zu deuten, weil es sich dabei sowohl um Verbindlichkeiten aus Lieferungen und Leistungen als auch um Darlehensverbindlichkeiten handeln kann.

7) Auch die Zusammensetzung der Sonstigen Verbindlichkeiten ist dem Außenstehenden unbekannt, so dass er Veränderungen nicht im Hinblick auf ihre Liquiditätswirksamkeit beurteilen kann.

Die Zunahmen der unter die Sonstigen Verbindlichkeiten extra auszuweisenden Steuerverbindlichkeiten wurden bereits bei der cash flow-Analyse der Steuern berücksichtigt. Die Abnahmen der Steuerverbindlichkeiten sind Auszahlungen gleichzusetzen.

Rechnungsabgrenzungsposten

Für die Passiven Rechnungsabgrenzungsposten gilt das Gleiche wie für die Erhaltenen Anzahlungen.

Ergebnis

Der durch die vorgenommene Analyse der Bilanzveränderungen ermittelte cash flow (vgl. Abbildung 60) kann positiv, null oder negativ sein.

Ein positiver bilanzieller cash flow mag insofern positiv beurteilt werden, als er anzeigt, dass durch Bilanzveränderungen keine Verschlechterung der Liquiditätslage gemessen an den flüssigen Mitteln eingetreten ist. Sollte er allerdings vor allem deswegen zustande gekommen sein, weil Darlehen aufgenommen wurden und entsprechende Investitionen ausblieben, wäre dies negativ zu werten. Ein negativer bilanzieller cash flow mag insofern negativ beurteilt werden, als er eine Verschlechterung der Liquiditätslage anzeigt. Sollte er allerdings vor allem deswegen zustande gekommen sein, weil es gelungen ist, Darlehen zu tilgen und die Verschuldung zurückzuführen, wäre dies positiv zu werten.

Abbildung 60:
Ermittlung des bilanziellen cash flow

Position	aktiva-tauschende und bilanz-verlängernde Einzahlungen	aktiva-tauschende und bilanz-verkürzende Auszahlungen
1. Ausstehende Einlagen		
Zugang	-	-
Abgang	x	
2. Ingangsetzungs- und Erweiterungsaufw.		
Zugang	-	-
Abgang	-	-
3. Konzessionen, Patente, Lizenzen etc.		
Zugang zum Buchwert		x
Abgang zum Buchwert	x	
4. Geschäfts- oder Firmenwert		
Zugang zum Buchwert		x
Abschreibung	-	-
5. Gel. Anzahlungen auf imm. Anlagen		
Zugang		x
Umbuchung	-	-
6. Grundstücke und Bauten Technische Anlagen, Maschinen Andere Anlagen, BGA		
Zugang zum Buchwert		x
abzüglich: - Andere aktivierte Eigenleistungen (ohne Zunahme der aktivierten In- gangsetzungs-/Erweiterungsaufw.)		
Abgang zum Buchwert	x	
7. Gel. Anzahlungen, Anlagen im Bau		
Zugang der Geleisteten Anzahlungen		x
Zugang der Anlagen im Bau	-	-
Umbuchung der Gel. Anzahlungen	-	-
Umbuchung der Anlagen im Bau	-	-

Position	aktiva-tauschende und bilanz-verlängernde Einzahlungen	aktiva-tauschende und bilanz-verkürzende Auszahlungen
8. Finanzanlagen		
Zugang zum Buchwert		x
Abgang zum Buchwert	x	
9. Roh-, Hilfs-, Betriebsstoffe		
Zunahme		x
Abnahme	-	-
10. Unfertige Erzeugnisse, unf. Leistungen		
Zunahme	-	-
Abnahme	-	-
11. Fertige Erzeugnisse, Waren		
Zunahme der Fertigen Erzeugnisse	-	-
Zunahme der Waren		x
Abnahme der Fertigen Erzeugnisse	-	-
Abnahme der Waren	-	-
12. Geleistete Anzahlungen auf Vorräte		
Zunahme		x
Abnahme	-	-
13. Forderungen aus Lief. und Leistungen		
Zunahme	-	-
Abnahme	x	
14. Forderungen gegen verbundene Untern. und Beteiligungsunternehmen		
Zunahme der Darlehensforderungen		x
Zunahme der Forderungen aus Lieferungen und Leistungen	-	-
Abnahme der Darlehensforderungen	x	
Abnahme der Forderungen aus Lieferungen und Leistungen	x	
15. Sonstige Vermögensgegenstände		
Zunahme		x
Abnahme	x	
16. Wertpapiere		
Zunahme, zuzüglich Abschreibungen		x
Abnahme, abzüglich Abschreibungen	x	
17. Aktive Rechnungsabgrenzungsposten		
Zunahme		x
Abnahme	-	-
18. Aktive latente Steuern	-	-

Position	aktiva-tauschende und bilanz-verlängernde Einzahlungen	aktiva-tauschende und bilanz-verkürzende Auszahlungen
19. Gezeichnetes Kapital		
Zunahme, falls Kapitalerhöhung gegen Bareinlagen, abzüglich Zunahme der Ausstehenden Einlagen	x	
Abnahme, falls Rückgewähr von Bareinlagen		x
20. Kapitalrücklage		
Zunahme	x	
Abnahme	-	-
21. Gewinnrücklagen		
Zunahme	-	-
Abnahme	-	-
22. Gewinnvortrag/Verlustvortrag	-	-
23. Jahresüberschuss/Jahresfehlbetrag	s. Abb. 55, 56	s. Abb. 55, 56
Dividendensumme des Vorjahres		s. Abb. 60
24. Pensionsrückstellungen		
Zunahme	-	-
Abnahme		x
25. Steuerrückstellungen		
Zunahme	-	-
Abnahme		x
26. Rückstellungen für latente Steuern		
Zunahme	-	-
Abnahme	-	-
27. Sonstige Rückstellungen		
Zunahme	-	-
Abnahme		x
28. Anleihen		
Zunahme	x	
Abnahme		x
29. Verbindl. gegenüber Kreditinstituten		
Zunahme, abzüglich aktiviertes bzw. als Aufwand berücksichtigtes Disagio	x	
Abnahme, zuzüglich aktiviertes bzw. als Aufwand berücksichtigtes Disagio		x
30. Erhaltene Anzahlungen		
Zunahme	x	
Abnahme	-	-

Position	aktivatauschende und bilanzverlängernde Einzahlungen	aktivatauschende und bilanzverkürzende Auszahlungen
31. Verbindlichkeiten aus Lief. und Leist.		
Zunahme	-	-
Abnahme		x
32. Verbindlichkeiten aus Wechseln		
Zunahme	-	-
Abnahme		x
33. Verbindl. gegenüber verb. Untern. und Beteiligungsunternehmen		
Zunahme der Darlehensverbindl.	x	
Zunahme der Verbindlichkeiten aus Lieferungen und Leistungen	-	-
Abnahme der Darlehensverbindl.		x
Abnahme der Verbindlichkeiten aus Lieferungen und Leistungen		x
34. Verbindlichkeiten aus Steuern		
Zunahme	-	-
Abnahme		x
35. Sonstige Verbindlichkeiten		
Zunahme	x	
Abnahme		x
36. Passive Rechnungsabgrenzungsposten		
Zunahme	x	
Abnahme	-	-
aktivatauschende und bilanzverlängernde Einzahlungen	Summe	
./. aktivatauschende und bilanzverkürzende Auszahlungen		Summe
= **bilanzieller cash flow**	positiv oder negativ	

12.4.5. Verknüpfung der cash flow-Analyse der Gewinn- und Verlustrechnung mit der cash flow-Analyse der Bilanzveränderungen

1) Abschließend soll die cash flow-Analyse der Gewinn- und Verlustrechnung mit der cash flow-Analyse der Bilanzveränderungen verknüpft werden. Es zeigt sich, ob z. B. ein positiver erfolgswirksamer cash flow durch einen bilanziellen cash flow verstärkt, abgeschwächt, kompensiert oder gar überkompensiert worden ist.

2) Zusätzlich bedarf es aber einer Berücksichtigung der Ergebnisvorgänge. Dies sind die Steuern vom Einkommen und vom Ertrag nach entsprechender Modifikation, die Dividendensumme des Vorjahres, die im abgelaufenen Jahr abgeführten Gewinne bzw. die im abgelaufenen Jahr erhaltenen Erträge aus Verlustübernahme (vgl. Abbildung 61).

3) Um den Betrag des gesamten positiven oder negativen cash flow muss der Geldbestand des Unternehmens von einem Bilanzstichtag zum anderen zugenommen oder abgenommen haben.

4) Innerhalb des erfolgswirksamen cash flow könnte man noch zwischen güterwirtschaftlichen Vorgängen (Regelfall) und kapitalwirtschaftlichen Vorgängen (Ausnahmefall) differenzieren, innerhalb des bilanziellen cash flow ebenfalls zwischen güterwirtschaftlichen Vorgängen (Ausnahmefall) und kapitalwirtschaftlichen Vorgängen (Regelfall).

Abbildung 61:
Ermittlung des cash flow aus Ergebnisvorgängen

Position	Einzahlungen aufgrund Verlustdeckung	Auszahlungen aufgrund Gewinnverwendung
1. Steuern vom Einkommen und vom Ertrag abzüglich: - Zunahme der Steuerverbindlichkeiten - Zunahme der Steuerrückstellungen - Zunahme der Rückstellungen für latente Steuern - Abnahme der Aktiven latenten Steuern zuzüglich: - Zunahme der Aktiven latenten Steuern - Abnahme der Rückstellungen		x
2. Dividendensumme Vorjahr (Jahresüberschuss Vorjahr abzüglich Erhöhung der Gewinnrücklagen)		x
3. Abgeführte Gewinne		x
4. Erträge aus Verlustübernahme	x	
Einzahlungen aufgrund Verlustdeckung ./. Auszahlungen aufgrund Gewinnverwendung	Summe	Summe
= **cash flow aus Ergebnisvorgängen**	**positiv oder negativ**	

5) Statt von den genannten cash flows auszugehen, kann man daher auch das umgekehrte Vorgehen wählen, das demjenigen bei einer sog. Kapitalflussrechnung entspricht. Zunächst ist festzustellen, um welchen Betrag sich der Geldbestand von einem Bilanzstichtag zum anderen verändert hat. Dann ist zu versuchen, die Veränderung zu begründen. Ist z. B. eine Zunahme des Geldbestands auf einen positiven erfolgswirksamen und einen positiven bilanziellen cash flow zurückzuführen? Oder hat der Geldbestand zugenommen trotz eines negativen erfolgswirksamen cash flow wegen eines hohen positiven bilanziellen cash flow?

6) Die Zunahme des Geldbestands durch einen insgesamt positiven cash flow erscheint auf den ersten Blick positiv. In die Beurteilung müssen jedoch auch die Umstände seines Zustandekommens einbezogen werden. Insbesondere ist zu prüfen, ob fällige Geldschulden beglichen, Lagerbestände wieder aufgefüllt und Ersatzinvestitionen vorgenommen worden sind, was allerdings einem Außenstehenden nur schwer möglich ist. Entsprechendes gilt umgekehrt bei einer Abnahme des Geldbestands durch einen insgesamt negativen cash flow.

12.4.6. Wertschöpfungsrechnung

12.4.6.1. Begriff der Wertschöpfung

1) Anhand der Gewinn- und Verlustrechnung des abgelaufenen Jahrs lässt sich schließlich eine Wertschöpfungsrechnung erstellen.[1]

2) Was ist unter Wertschöpfung zu verstehen? Nach dem Wortlaut könnte man vermuten, es sei damit der Prozess des Schaffens von Werten gemeint. Dies trifft jedoch nicht zu. Gemeint ist damit das Ergebnis dieses Prozesses, gemeint sind die geschaffenen Werte.

Unter der Wertschöpfung des Industriebetriebs ist der Wert der Güter zu verstehen, den der Betrieb dem Wert der von anderen Betrieben übernommenen Güter hinzugefügt hat, kurz: der hinzugefügte Wert. Dieser Wert wird in der angloamerikanischen Literatur anschaulich als value added bezeichnet, in der französischen Literatur als valeur ajoutée.

Im Deutschen könnte man statt von Wertschöpfung auch vom Mehrwert sprechen. Dies geschieht z. B., wenn von der Mehrwertsteuer die Rede ist, die ihrem Wesen nach eine Wertschöpfungsteuer ist.

3) Neuerdings wird in der englischen und amerikanischen Literatur auch der Begriff des economic value added gebraucht, der demjenigen des value added dem Wortlaut nach zum Verwechseln ähnlich ist, der aber eine völlig andere Bedeutung hat. Mit ihm ist der Gewinn nach Steuern gemeint, der über eine normale Eigenkapitalverzinsung hinausgeht (vgl. Abbildung 62).

---

[1] Vgl. auch Haller, Axel: Wertschöpfungsrechnung; Weber, Helmut Kurt (HdJ), Abt. IV/7 Anm. 1 ff.; Weber, Helmut Kurt: Wertschöpfungsrechnung, Sp. 2687 ff.

Abbildung 62:
Unterschiede zwischen dem Economic Value Added, der Wertschöpfung und dem Gewinn

Erlöse 4.000	Material 1.400	Material 1.400	Material 1.400
	Löhne und Gehälter 1.200	Löhne und Gehälter 1.200	
	Steuern 300	Steuern 300	
	FK-Zinsen 500	FK-Zinsen 500	Wertschöpfung 2.600
	Gewinn 600	Opportunitätskosten des eingesetzten Kapitals 200	
		Economic Value Added 400	

Quelle: Haller, Axel: Wertschöpfungsrechnung, S. 68

4) Die Wertschöpfung ist eine Saldogröße. Sie stellt die Differenz dar zwischen dem Wert der vom Unternehmen produzierten Güter (den Abgabeleistungen) und dem Wert der von anderen Betrieben übernommenen Güter (den sog. Vorleistungen). Diese Differenz, die in der Regel positiv ist, aber auch null oder negativ sein kann, bringt die Eigenleistung des Betriebs zum Ausdruck.[1]

5) Der Kreis der von anderen Unternehmen übernommenen Güter kann eng oder weit abgegrenzt werden, auf Roh-, Hilfs- und Betriebsstoffe beschränkt oder auf Maschinen und Dienstleistungen ausgedehnt werden. Dementsprechend erhält man mehrere Varianten der Wertschöpfungsgröße von unterschiedlichem Aussagewert.

6) Auch der Kreis der produzierten Güter kann eng oder weit abgegrenzt werden, auf fertige und unfertige Erzeugnisse beschränkt oder auf selbst erstellte Sachan-

---

[1] Vgl. auch Lehmann, Max Rudolf: Leistungsmessung durch Wertschöpfungsrechnung; Wedell, Harald: Die Wertschöpfung als Maßgröße für die Leistungskraft eines Unternehmens, S. 205 ff.

lagen und erbrachte Dienstleistungen ausgedehnt werden. Damit erhält man wiederum mehrere Varianten der Wertschöpfung von unterschiedlichem Aussagewert.

7) Wir wollen uns hier auf die folgenden beiden üblichen Fassungen des Wertschöpfungsbegriffs beschränken:

a) den sog. Nettoproduktionswert, die Bruttowertschöpfung oder die Wertschöpfung im weiten Sinn und

b) die Nettowertschöpfung oder die Wertschöpfung im engen Sinn.

Wenn von Wertschöpfung schlechthin gesprochen wird, ist damit die Wertschöpfung im engen Sinn gemeint.

8) Zur Ermittlung der Wertschöpfung können zwei verschiedene Wege eingeschlagen werden:

a) Man geht von den Erträgen aus und subtrahiert bestimmte Aufwendungen, und zwar diejenigen, die Vorleistungscharakter haben. Der Saldo ist die Wertschöpfung (= subtraktive Ermittlung der Wertschöpfung).

b) Man fasst den Gewinn bzw. Verlust mit bestimmten Aufwendungen zusammen, und zwar mit denjenigen, die keinen Vorleistungscharakter haben. Die Summe ist die Wertschöpfung (= additive Ermittlung der Wertschöpfung).

Beide Wege führen zum gleichen Ergebnis und sind mit dem gleichen Rechenaufwand verbunden. Der erste Weg entspricht allerdings dem Wesen der Wertschöpfungsbetrachtung mehr als der zweite Weg.

8) Hier soll sowohl die subtraktive als auch die additive Ermittlung der Wertschöpfung behandelt werden. Dabei muss man wiederum, wie bei der cash flow-Analyse, trennen zwischen der Gewinn- und Verlustrechnung nach dem Gesamtkostenverfahren und derjenigen nach dem Umsatzkostenverfahren.

12.4.6.2. Ermittlung der Wertschöpfung anhand der Gewinn- und Verlustrechnung nach dem Gesamtkostenverfahren auf subtraktive Weise

1) Die subtraktive Ermittlung der Wertschöpfung hat in zwei Schritten zu erfolgen:

a) Zunächst sind als Minuenden die wertschöpfungsrelevanten Erträge abzugrenzen.

b) Dann sind als Subtrahenden die Aufwendungen mit Vorleistungscharakter auszuwählen und abzugrenzen.

Zwischen beiden Schritten bestehen wechselseitige Beziehungen.

2) Die Minuenden und die Subtrahenden sollen hier jeweils in der Reihenfolge des Gliederungsschemas nach § 275 HGB behandelt werden unter Überspringen der irrelevanten Positionen (vgl. Abbildung 63).

Minuenden

1) Die Umsatzerlöse umfassen sowohl die Erlöse aus dem Verkauf von Erzeugnissen als auch die Erlöse aus dem Verkauf von Handelswaren. Die letztgenannten Erlöse müsste man ausklammern, wollte man die von einem Industriebetrieb speziell in seinem Haupttätigkeitsbereich erzielte Wertschöpfung ermitteln, was aber einem Außenstehenden nicht möglich ist. Dementsprechend müssten auch aus den sog. Materialaufwendungen die Aufwendungen für bezogene Waren eliminiert werden, was aber einem Außenstehenden ebenfalls nicht möglich ist. Solche Ausklammerungen und Aufspaltungen unterbleiben aber auch, wenn Wertschöpfungsrechnungen von Unternehmen selbst erstellt und veröffentlicht werden.

2) Liegen Erhöhungen des Bestands an fertigen und unfertigen Erzeugnissen vor, ergibt sich daraus, dass es sich bei den Umsatzerlösen um Erträge handelt, und zwar um Erträge aufgrund von im abgelaufenen Geschäftsjahr hergestellten und verkauften Erzeugnissen, bemessen zu Verkaufspreisen.

Die Bestandserhöhungen selbst stellen ebenfalls Erträge dar, und zwar Erträge aufgrund von im abgelaufenen Geschäftsjahr hergestellten, allerdings noch nicht verkauften Erzeugnissen, bemessen zu Herstellungskosten.

Die Umsatzerlöse könnte man, bei vernachlässigenswertem Anteil der Handelsumsatzerlöse, mit den Bestandserhöhungen zu einer Zwischensumme zusammenfassen, die sich als Bruttoproduktionswert der Erzeugnisse bezeichnen ließe.

3) Liegen Minderungen des Bestands an fertigen und unfertigen Erzeugnissen dar, ergibt sich daraus, dass es sich bei den Umsatzerlösen nicht um Erträge, sondern um Einnahmen handelt, und zwar um Einnahmen aufgrund des Verkaufs von Erzeugnissen, die im abgelaufenen Jahr und in Vorjahren hergestellt worden sind.

Die Bestandsminderungen selbst stellen nicht etwa Aufwendungen dar, sondern einen Korrekturposten zu den Umsatzerlösen. Sie müssen also von den Umsatzerlösen abgezogen werden, damit man eine Ertragsgröße erhält. Diese umfasst den Ertrag aufgrund der im abgelaufenen Geschäftsjahr hergestellten und verkauften Erzeugnisse in Höhe der Verkaufspreise sowie den Ertrag aufgrund der in Vorjahren hergestellten und im abgelaufenen Jahr verkauften Erzeugnisse bemessen in Höhe der Differenz zwischen Verkaufspreisen und Herstellungskosten.

Würden die Bestandsminderungen nicht als Korrekturposten, sondern unzutreffenderweise als Aufwendungen behandelt werden, ergäbe sich gleichwohl der richtige Endbetrag für die Wertschöpfung.

4) Aus den Anderen aktivierten Eigenleistungen sind etwaige im abgelaufenen Jahr aktivierte Ingangsetzungs- und Erweiterungsaufwendungen auszuklammern, da sie nicht zu einem Vermögensgegenstand geführt und nicht die Wertschöpfung erhöht haben. Dem Außenstehenden ist dies allenfalls unter Zuhilfenahme des Anlagespiegels aus der Bilanz des abgelaufenen Jahrs möglich.

Bei den verbleibenden aktivierten Eigenleistungen müsste es sich um im abgelaufenen Jahr selbst erstellte Sachanlagen handeln, die die Wertschöpfung erhöht haben. Sie könnten mit dem erwähnten Bruttoproduktionswert der Erzeugnisse zum Bruttoproduktionswert des Unternehmens zusammengefasst werden.

5) Vom eben ermittelten Bruttoproduktionswert könnte man, wie in der Volkswirtschaftlichen Gesamtrechnung üblich, die Materialaufwendungen abziehen, um den Nettoproduktionswert zu erhalten. Vom Nettoproduktionswert könnte man wiederum, wie in der Volkswirtschaftlichen Gesamtrechnung üblich, die Abschreibungen abziehen, um die Wertschöpfung zu erhalten.[1]

Aber einer solchen stufenweisen Wertschöpfungsrechnung stehen auf der Grundlage der handelsrechtlichen Gewinn- und Verlustrechnung vor allem die verbleibenden Erträge entgegen. Man kann sie nicht erst nach Ermittlung des Nettoproduktionswerts einfügen, denn dann erhielte man eine merkwürdige Zwischensumme, teils aus Bruttogrößen, teils aus Nettogrößen bestehend. Man kann sie auch nicht einfach außer Acht lassen, denn dann erhielte man eine zu niedrige Wertschöpfung. Man muss sie also unmittelbar im Anschluss an den Bruttoproduktionswert des Unternehmens berücksichtigen. Aber von einer unter ihrem Einschluss sich ergebenden Summe kann man nicht mehr die Materialaufwendungen abziehen, da diese nur in losem Zusammenhang mit den verbleibenden Erträgen stehen.

Daher bleibt nur der Ausweg, den Nettoproduktionswert in einer Art Nebenrechnung zu ermitteln. In der fortlaufenden Rechnung muss man jedoch an den Bruttoproduktionswert anknüpfen.

6) Den bisher behandelten Erträgen sind hinzuzufügen: die Sonstigen betrieblichen Erträge, die Erträge aus Beteiligungen, die Erträge aus anderen Wertpapieren und Ausleihungen des Finanzanlagevermögens, die Sonstigen Zinsen und ähnlichen Erträge, die aufgrund von Gewinnverträgen erhaltenen Gewinne, die Außerordentlichen Erträge.

Sollten in den Sonstigen betrieblichen Erträgen Subventionen enthalten sein, müssten diese eliminiert werden, was allerdings dem Außenstehenden nicht möglich ist. Denn so wie die Wertschöpfung durch Steuern erhöht wird, wird sie durch Subventionen gemindert.

7) Gegen die Einbeziehung der Erträge aus Beteiligungen und der Erhaltenen Gewinne könnte man einwenden, dass sie schon in die Wertschöpfung der abführenden Unternehmen eingerechnet worden sind. Würde man sie jetzt noch einmal ansetzen, käme es zu Doppelzählungen.

Dieser Einwand verdiente Beachtung, wenn man die Wertschöpfung aller einzelnen Unternehmen aggregieren wollte, um das Sozialprodukt zu ermitteln oder wenn man die Wertschöpfung mehrerer zusammengehöriger Unternehmen aggregieren wollte, um eine Konzernwertschöpfung zu erhalten.[2] Aber diese Absicht

---

[1] Vgl. Stobbe, Alfred: Volkswirtschaftliches Rechnungswesen, S. 96 und S. 541 f.
[2] Vgl. auch Bender, Jürgen: Die Wertschöpfungsrechnung auf der Grundlage des Konzernabschlusses nach HGB, S. 511 ff.; Kroenlein, Günter: Die Wertschöpfung der Aktiengesellschaft und des Konzerns.

wird hier nicht verfolgt, da die Wertschöpfung nur eines einzelnen Unternehmens ermittelt werden soll.

Für die Wertschöpfung gilt in dieser Hinsicht Ähnliches wie für den Gewinn. Soll der Gewinn eines einzelnen Unternehmens ermittelt werden, sind auch die Gewinne einzubeziehen, die das Unternehmen von anderen Unternehmen erhalten hat. Anderes würde nur gelten, sollte ein Konzerngewinn ermittelt werden.

8) Im Gegensatz zu den Erträgen aus Beteiligungen und Erhaltenen Gewinnen sind etwaige sog. Erträge aus Verlustübernahme mangels Ertragscharakters keinesfalls als Minuenden anzusetzen.

9) Addiert man die behandelten und ausgewählten Erträge, erhält man die Summe der wertschöpfungsrelevanten Erträge als Minuenden der subtraktiven Wertschöpfungsrechnung.

Subtrahenden

1) Die Materialaufwendungen stellen auf jeden Fall Vorleistungen dar, die von den genannten Erträgen abzuziehen sind. Bei den Personalaufwendungen handelt es sich dagegen keinesfalls um Vorleistungen; sie sind also bei der subtraktiven Ermittlung der Wertschöpfung außer Acht zu lassen.

2) Strittig ist der Charakter der Abschreibungen auf Sachanlagen und immaterielle Anlagen. In ihnen drückt sich der Einsatz der maschinellen Arbeit aus, die eng mit der menschlichen Arbeit zusammenhängt. Mit Hilfe beider werden die von anderen Unternehmen übernommenen Stoffe umgeformt oder umgewandelt. Daher könnte man die genannten Abschreibungen ebenso wie die Personalaufwendungen der Eigenleistung des Unternehmens zurechnen. Dem steht jedoch entgegen, dass die abzuschreibenden Gegenstände in der Regel von Dritten bezogen werden. In den Abschreibungen kommen somit auch die Vorleistungen zum Ausdruck.

Diesem Dilemma versucht man im Volkswirtschaftlichen Rechnungswesen dadurch zu entgehen, dass man stufenweise vorgeht. Vom Bruttoproduktionswert werden zunächst nur die Materialaufwendungen subtrahiert, womit man den Nettoproduktionswert oder die Wertschöpfung im weiten Sinne erhält. Dann erst werden die Abschreibungen subtrahiert, womit man die Wertschöpfung im engen Sinne erhält. Anhand des Jahresabschlusses ist jedoch ein solches stufenweises Vorgehen nicht möglich, wie schon in früherem Zusammenhang gezeigt. Daher bleibt nur die Möglichkeit, die genannten Abschreibungen als Vorleistungen zu behandeln.

3) Mit den Abschreibungen auf Sachanlagen und immaterielle Anlagen dürfen diejenigen auf aktivierte Ingangsetzungs- und Erweiterungsaufwendungen zusammengefasst werden, die jedoch ausgeklammert werden müssen, da ihnen kein Aufwandscharakter zukommt, ebenso wenig wie den genannten aktivierten Aufwendungen Ertragscharakter. Ebenso müssen die Abschreibungen auf aktivierte Geschäfts- oder Firmenwerte herausgerechnet werden. Dies ist dem Außenstehenden jeweils unter Zuhilfenahme des Anlagenspiegels möglich.

410 4. Teil: Die Aufwands- und Ertragsrechnung sowie die Vermögens- und Kapitalrechnung

4) Die Abschreibungen auf Vermögensgegenstände des Umlaufvermögens sind ebenso wie die Abschreibungen auf Finanzanlagen und auf Wertpapiere des Umlaufvermögens als Vorleistungsaufwendungen zu behandeln, da ihnen entsprechende Erträge in die Minuenden einbezogen wurden. Aus den genannten Abschreibungen müssten allerdings diejenigen auf Eigene Anteile herausgerechnet werden.

5) Die Sonstigen betrieblichen Aufwendungen und die Außerordentlichen Aufwendungen müssen ebenfalls als Vorleistungsaufwendungen behandelt werden. Sie sind um den Betrag eines aktivierten derivativen Geschäfts- oder Firmenwertes zu erhöhen.

6) Die Zinsen und ähnlichen Aufwendungen haben Wertschöpfungscharakter und sind daher bei der subtraktiven Ermittlung der Wertschöpfung außer Acht zu lassen. Gleiches gilt für die aufgrund von Gewinnverträgen abgeführten Gewinne; sie gehen ebenso wie der Jahresüberschuss bzw. Jahresfehlbetrag in die Wertschöpfung ein.

7) Die Aufwendungen aus Verlustübernahme bilden das Gegenstück zu den aufgrund von Gewinnverträgen erhaltenen Gewinne, die in die wertschöpfungsrelevanten Erträge einbezogen wurden. Daher müssen die genannten Aufwendungen als Vorleistungsaufwendungen behandelt werden. Man könnte sie auch mit den erhaltenen Gewinnen verrechnen, aber dann würde man vom Bruttoprinzip abweichen.

8) Die Steuern vom Einkommen und Ertrag haben ebenso wie die Sonstigen Steuern Wertschöpfungscharakter und sind daher bei der subtraktiven Rechnung außer Acht zu lassen.

9) Addiert man die ausgewählten Aufwendungen, erhält man die Summe der Vorleistungsaufwendungen als Subtrahenden der subtraktiven Wertschöpfungsrechnung.

Saldo

1) Subtrahiert man von der Summe der wertschöpfungsrelevanten Erträge die Summe der Vorleistungsaufwendungen, erhält man die Wertschöpfung in einem Betrag (vgl. Abbildung 63), der positiv, null oder negativ sein kann.

2) Will man Aufschluss über die Zusammensetzung der Wertschöpfung erhalten, bedarf es einer additiven Wertschöpfungsrechnung.

Abbildung 63:
*Subtraktive Wertschöpfungsrechnung (Wertschöpfungsentstehungsrechnung)
auf der Grundlage der Gewinn- und Verlustrechnung
nach dem Gesamtkostenverfahren*

I. Minuenden	II. Subtrahenden

Pos. 1 Umsatzerlöse
Pos. 2 + Erhöhung oder
       − Verminderung
        des Bestands an fertigen
        unfertigen Erzeugnissen
Pos. 3 Andere aktivierte
       Eigenleistungen	

Pos. 1-3 = **Bruttoproduktionswert**	
	Pos. 5 Materialaufwand
	Pos. 1-3 ./. 5 = **Nettoproduktionswert**

Pos. 4 Sonstige betriebliche
       Erträge
Pos. 9 Erträge aus Beteiligungen
Pos. 10 Erträge aus anderen Wert-
        papieren und Ausleihungen
        des Finanzanlageverm.
Pos. 11 Sonstige Zinsen und
        ähnliche Erträge
Pos. 11a Erhaltene Gewinne
Pos. 15 Außerordentliche Erträge	

Pos. 1, 4, 9-11a, 15 = **Erträge**	

	Pos. 7 Abschreibungen
	Pos. 8 Sonstige betriebliche
	       Aufwendungen
	Pos. 12 Abschreibungen auf
	        Finanzanlagen und auf
	        Wertpapiere des UV
	Pos. 13a Aufwendungen aus
	        Verlustübernahme
	Pos. 16 Außerordentliche
	        Aufwendungen

	Pos. 5, 7, 8, 12, 13a, 16 = **Vorleistungsaufwendungen**
III. Saldo: positive oder negative **Wertschöpfung**	

12.4.6.3. Ermittlung der Wertschöpfung anhand der Gewinn- und Verlustrechnung nach dem Gesamtkostenverfahren auf additive Weise

1) Für additive Ermittlung der Wertschöpfung sind die Aufwendungen ohne Vorleistungscharakter mit dem Gewinn bzw. Verlust zusammenzufassen (vgl. Abbildung 64).

2) Aufwendungen ohne Vorleistungscharakter sind in der Reihenfolge des Gliederungsschemas nach § 275 HGB auf jeden Fall die Personalaufwendungen, die Zinsen und ähnlichen Aufwendungen sowie die Sonstigen Steuern.

3) Die Steuern vom Einkommen und Ertrag sind gewinnabhängig und stellen keine Aufwendungen dar. Sie dürften also erst im Zusammenhang mit dem Gewinn berücksichtigt werden. Auf die Höhe der zu ermittelnden Wertschöpfung hat es jedoch keinen Einfluss, ob sie als Aufwendungen oder als obligatorische Gewinnverwendungsbestandteile einbezogen werden. Sie haben auf jeden Fall Wertschöpfungscharakter.

4) Die Sonstigen Steuern sind nicht gewinnabhängig, stellen Aufwendungen dar, und zwar solche ohne Vorleistungscharakter.

Als Sonstige Steuern müssen die speziellen Verbrauchsteuern ausgewiesen werden, dagegen nicht die allgemeine Verbrauchsteuer, die Umsatz- bzw. Mehrwertsteuer. Sie wird der Gewinn- und Verlustrechnung ferngehalten, da ausdrücklich vorgeschrieben ist, dass die Umsatzerlöse ausschließlich der Umsatzsteuer auszuweisen sind, woraus sich ergibt, dass z. B. auch die Materialaufwendungen ohne Vorsteuer auszuweisen sind. Diese Regelung wird damit begründet, dass es sich bei der Mehrwertsteuer um einen durchlaufenden Posten handeln würde, weil sie vom steuerabführenden Unternehmen auf die Käufer seiner Produkte überwälzt wird. Zweifelhaft ist, ob sich die Mehrwertsteuer dadurch grundsätzlich von anderen Steuern unterscheidet. Denn ein Unternehmen versucht selbstverständlich, alle von ihm abzuführenden Steuern in den Preis seiner Produkte einzukalkulieren und damit abzuwälzen.

Wünschenswert wäre unseres Erachtens die Einbeziehung der Mehrwertsteuer in die Sonstigen Steuern mit den entsprechenden Konsequenzen für den Ausweis der Umsatzerlöse und anderer Erlöse sowie für den Ausweis der Materialaufwendungen und ähnlicher Aufwendungen. Die tatsächliche steuerliche Belastung des jeweiligen Unternehmens würde dann offenbar werden.

5) Sollte das Unternehmen Subventionen erhalten haben, was allerdings dem Außenstehenden verborgen bleibt, müsste man diese von den abgeführten Steuern abziehen oder, falls keine Steuern abgeführt worden wären, negativ bei der Ermittlung der Wertschöpfung berücksichtigen.

6) Die genannten Größen sind um den Jahresüberschuss bzw. Jahresfehlbetrag zu ergänzen, der aber der bereits im Abschnitt über die Positionenanalyse dargestellten Modifikationen bedarf. Auf jeden Fall sind etwaige abgeführte Gewinne positiv und etwaige Erträge aus Verlustübernahme negativ zu berücksichtigen.

7) Als Summe erhält man den Betrag der Wertschöpfung (vgl. Abbildung 64), der mit dem Betrag der subtraktiv ermittelten Wertschöpfung übereinstimmen muss.

8) Anders als die Subtraktionsrechnung lässt die Additionsrechnung die Zusammensetzung der Wertschöpfung erkennen. Man sieht, ob z. B. trotz eines Verlusts eine positive Wertschöpfung erzielt wurde.

Abbildung 64:
Additive Wertschöpfungsrechnung (Wertschöpfungsverwendungsrechnung)
auf der Grundlage der Gewinn- und Verlustrechnung
nach dem Gesamtkostenverfahren

I. Summanden
+ Pos. 6   Personalaufwand
+ Pos. 13 Zinsen und ähnliche Aufwendungen
+ Pos. 18 Steuern vom Einkommen und vom Ertrag
+ Pos. 19 Sonstige Steuern
± Pos. 19a Abgeführte Gewinne oder Erträge aus Verlustübernahme
± Pos. 20 Jahresüberschuss oder Jahresfehlbetrag
II. Summe: positive oder negative **Wertschöpfung**

12.4.6.4. Ermittlung der Wertschöpfung anhand der Gewinn- und Verlustrechnung nach dem Umsatzkostenverfahren

1) Liegt eine Gewinn- und Verlustrechnung nach dem Umsatzkostenverfahren vor, können die Umsatzerlöse nicht um etwaige Bestandsminderungen korrigiert werden. Etwaige Bestandserhöhungen können nicht positiv berücksichtigt werden, ebenso wenig wie Andere aktivierte Eigenleistungen. Die Summe der wertschöpfungsrelevanten Erträge ist nicht ermittelbar.

2) Die ausgewiesenen Herstellungskosten umfassen u. a. Materialaufwendungen, Abschreibungen und Personalaufwendungen, d. h. sowohl Vorleistungsaufwendungen als auch Aufwendungen mit Wertschöpfungscharakter. Die Zusammensetzung bleibt dem Außenstehenden verborgen. Das Gleiche gilt für die ausgewiesenen Vertriebskosten und Verwaltungskosten. Damit ist die Summe der Vorleistungsaufwendungen ebenso wenig ermittelbar wie diejenige der Aufwendungen mit Wertschöpfungscharakter.

3) Das bedeutet, dass anhand der Angaben in der Gewinn- und Verlustrechnung allein eine subtraktive Ermittlung der Wertschöpfung ebenso ausgeschlossen wie eine additive Ermittlung.

Erst wenn man die Angaben im Anhang zu Hilfe nimmt, d. h. vor allem diejenigen über Personalaufwendungen, kann man die Wertschöpfung sowohl auf subtraktive Weise als auch auf additive Weise ermitteln (vgl. Abbildungen 65 und 66).

12.4.6.5. Aussagewert der Wertschöpfung

Die Wertschöpfungsrechnung wird für eine Reihe von Zwecken herangezogen. Hier kann nur auf die wichtigsten eingegangen werden.[1]

Wertschöpfungsrechnung zur Einkommensdarstellung

1) In den Geschäftsberichten von Unternehmen wird eine auf der Grundlage der vorgelegten Gewinn- und Verlustrechnung erstellte additive Wertschöpfungsrechnung häufig zur Darstellung der Einkommensverteilung im Unternehmen benutzt. Dabei spricht man statt von einer additiven Wertschöpfungsrechnung sogar von einer Wertschöpfungsverteilungsrechnung oder Wertschöpfungsverwendungsrechnung. Dieser stellt man dann die subtraktive Wertschöpfungsrechnung als eine Wertschöpfungsentstehungsrechnung gegenüber.

2) Im Rahmen einer solchen Wertschöpfungsverwendungsrechnung werden die Wertschöpfungsbestandteile oder Einkommensarten üblicherweise wie folgt den Wertschöpfungsempfängern oder Einkommensbeziehern zugeordnet:[2]

a) die Personalaufwendungen den Arbeitskräften oder Beschäftigten;

b) die Steuern der öffentlichen Hand oder dem Staat;

c) die Zinsen und ähnlichen Aufwendungen den Darlehensgebern oder Fremdkapitalgebern;

d) die abgeführten und ausgeschütteten Gewinne den Aktionären, Gesellschaftern oder Eigenkapitalgebern;

e) die einbehaltenen Gewinne bzw. die gebildeten Rücklagen dem Unternehmen.

3) Zu dieser Zuordnung ist kritisch zu sagen:

a) Die Personalaufwendungen schließen die Lohnsteuer ein, die man auch dem Staat zurechnen könnte. Die ausgeschütteten Gewinne dagegen enthalten nicht mehr die Körperschaftsteuer auf Gewinne, die vorab dem Staat zugerechnet wird. Daher sind die Personalaufwendungen und die ausgeschütteten Gewinne nicht miteinander vergleichbar. Man müsste beide Größen entweder einschließlich oder ausschließlich der jeweiligen Steuern ausweisen.

---

[1] Vgl. auch Weber, Helmut Kurt: Wertschöpfungsrechnung, S. 38 ff.

[2] Vgl. Arbeitskreis „Das Unternehmen in der Gesellschaft" im Betriebswirtschaftlichen Ausschuß des Verbandes der Chemischen Industrie e. V., in: DB 1975, S. 161 ff.

Abbildung 65:
Subtraktive Wertschöpfungsrechnung (Wertschöpfungsentstehungsrechnung)
auf der Grundlage der Gewinn- und Verlustrechnung
nach dem Umsatzkostenverfahren

+	Pos. 1	Umsatzerlöse abzüglich: Abnahme der unfertigen Erzeugnisse, unfertigen Leistungen Abnahme der fertigen Erzeugnisse und Waren
+	Bilanz	Zunahme der unfertigen Erzeugnisse, unfertigen Leistungen
+	Bilanz	Zunahme der fertigen Erzeugnisse und Waren
+	Pos. 6	Sonstige betriebliche Erträge abzüglich: Auflösung von Sonderposten mit Rücklageanteil
=	**Bruttoproduktionswert i. w. S.**	
−	Pos. 2	Herstellungskosten
−	Pos. 4	Vertriebskosten
−	Pos. 5	Allgemeine Verwaltungskosten Summe Positionen 2, 4 und 5 abzüglich: Personalaufwand Sonstige Steuern Abnahme der unfertigen Erzeugnisse, unfertigen Leistungen Abnahme der fertigen Erzeugnisse und Waren Abschreibungen auf Sachanlagen und immaterielle Anlagen Abschreibungen auf Vorräte, Forderungen und sonstige Vermögensgegenstände, flüssige Mittel zuzüglich: Zunahme der unfertigen Erzeugnisse, unfertigen Leistungen Zunahme der fertigen Erzeugnisse und Waren
−	Pos. 7	Sonstige betriebliche Aufwendungen abzüglich: Einstellungen in Sonderposten mit Rücklageanteil
=	**Nettoproduktionswert i. w. S.**	
−	Anhang	Abschreibungen auf Sachanlagen und immaterielle Anlagen
−	z. T. Anhang	Abschreibungen auf Vorräte, Forderungen und sonstige Vermögensgegenstände, flüssige Mittel
+	Pos. 8	Erträge aus Beteiligungen
+	Pos. 9	Erträge aus anderen Wertpapieren und Ausleihungen des Finanzanlagevermögens
+	Pos. 10	Sonstige Zinsen und ähnliche Erträge
+	Pos. 10a	Erhaltene Gewinne

−	Pos. 11	Abschreibungen auf Finanzanlagen und auf Wertpapiere des Umlaufvermögens
−	Pos. 11a	Aufwendungen aus Verlustübernahme
=	**Wertschöpfung aus gewöhnlicher Geschäftstätigkeit**	

+	Pos. 14	Außerordentliche Erträge
−	Pos. 15	Außerordentliche Aufwendungen
=	**Wertschöpfung aus außergewöhnlicher Geschäftstätigkeit**	

+	Wertschöpfung aus gewöhnlicher Geschäftstätigkeit
+	Wertschöpfung aus außergewöhnlicher Geschäftstätigkeit
=	**Gesamtwertschöpfung**

Quelle: Rogler, Silvia: Gewinn- und Verlustrechnung nach dem Umsatzkostenverfahren, S. 228 f.

Abbildung 66:
Additive Wertschöpfungsrechnung (Wertschöpfungsverwendungsrechnung)
auf der Grundlage der Gewinn- und Verlustrechnung
nach dem Umsatzkostenverfahren

+	Anhang	Personalaufwendungen
+	Pos. 12	Zinsen und ähnliche Aufwendungen
±	Pos. 19	Jahresüberschuss oder Jahresfehlbetrag
		abzüglich:
		Auflösung von Sonderposten mit Rücklageanteil
		Erträge aus Verlustübernahme
		zuzüglich:
		Bildung von Sonderposten mit Rücklageanteil
		Abgeführte Gewinne
+	Pos. 17	Steuern vom Einkommen und vom Ertrag
+	Pos. 18	Sonstige Steuern
=	**Gesamtwertschöpfung**	

Quelle: Rogler, Silvia: Gewinn- und Verlustrechnung nach dem Umsatzkostenverfahren, S. 231

b) Die einbehaltenen Gewinne bzw. die gebildeten Rücklagen dem Unternehmen zuzuordnen, ist irreführend. Denn die Rücklagen stellen Eigenkapital dar und stehen den Eigentümern zu. Sie können unter bestimmten Umständen zur Gewinnausschüttung oder zu einer Kapitalerhöhung aus Gesellschaftsmitteln herangezogen werden. Zudem ist es widersinnig, die Wertschöpfung einerseits nach Unternehmensbeteiligten aufspalten zu wollen, aber andererseits doch wieder das Unternehmen als Ganzes beibehalten zu wollen.

4) Zur Gegenüberstellung von Wertschöpfungsentstehungsrechnung und Wertschöpfungsverwendungsrechnung ist kritisch zu sagen:

Sie könnte den Eindruck erwecken, als würde am Ende des Geschäftsjahrs zunächst mit Hilfe der Wertschöpfungsentstehungsrechnung die entstandene Wertschöpfung ermittelt, sodann über ihre Verwendung im Rahmen der Wertschöpfungsverwendungsrechnung entschieden werden. Dieser Eindruck wäre jedoch falsch.

Mit der Wertschöpfung verhält es sich anders als mit dem Gewinn, der erst am Ende des Geschäftsjahrs festgestellt werden muss, bevor über seine Verwendung entschieden werden kann. In Bezug auf den Gewinn lässt sich tatsächlich zwischen zwei aufeinander folgenden Rechnungen, einer Ermittlungs- oder Entstehungsrechnung und einer Verwendungsrechnung, unterscheiden.

Bei der Wertschöpfung dagegen fallen Entstehung und Verwendung im gemeinten Sinn zeitlich weitgehend zusammen. Über die meisten Komponenten der additiven Wertschöpfungsrechnung, wie über Löhne und Gehälter sowie Zinsen, wird bereits zu Beginn oder während des Geschäftsjahrs entschieden. Bei der Wertschöpfungsentstehungsrechnung und Wertschöpfungsverwendungsrechnung handelt es sich also um zwei zeitgleiche Rechnungen, die nur unter unterschiedliche Aspekte ein und desselben Vorgangs betonen. Daher wäre es besser, diese Begriffe ganz zu vermeiden sowie schlicht und einfach im einen Fall von einer subtraktiven Wertschöpfungsrechnung zu sprechen, im anderen Fall von einer additiven Wertschöpfungsrechnung.

Wertschöpfungsrechnung zur Einkommensbemessung

1) Kann die Wertschöpfungsrechnung nicht nur die Einkommensdarstellung, sondern auch der Einkommensbemessung dienen? Eine solche Aufgabe ist ihr in der Literatur insbesondere von Heinrich Nicklisch und von Max Rudolf Lehman zugedacht worden.

2) Nach Nicklisch sind die während des Jahres bezahlten Löhne und Gehälter nur vorausbezahlte Anteile an der wertschöpfungsähnlichen Größe „Betriebsertrag", der Summe aus Löhnen und Gehältern sowie Gewinnen.[1] Am Jahresende sei der Betriebsertrag anhand einer subtraktiven Rechnung zu ermitteln und auf die Lohn- und Gehaltsempfänger sowie die Eigentümer entsprechend ihrem jeweiligen Leis-

---

[1] Vgl. Nicklisch, Heinrich: Die Betriebswirtschaft, S. 560 f.

tungsanteil zu verteilen. Wie dieser Leistungsanteil festzustellen ist, lässt er allerdings weitgehend offen.

3) Lehmann geht nicht so weit wie Nicklisch. Er betrachtet die anhand einer subtraktiven Rechnung zu ermittelnde Wertschöpfung nicht als eine zu verteilende Größe, sondern nur als eine bei der Ergebnisbeteiligung der Lohn- und Gehaltsempfänger zu berücksichtigende Größe.[1] Von der ermittelten Wertschöpfung sei ein bestimmter Prozentsatz zugunsten der Lohn- und Gehaltsempfänger abzuzweigen. Der Prozentsatz sei beweglich zu halten und den Veränderungen der Arbeitsproduktivität anzupassen. Allerdings lässt er offen, wie der Prozentsatz jeweils festgelegt werden soll.

4) Beide Autoren gehen davon aus, dass man genau oder wenigstens annähernd feststellen könne, in welchem Maße Kapitalgeber und Arbeitskräfte zur Erwirtschaftung eines bestimmten am Ende eines jeden Jahres ermittelten Ergebnisses beigetragen hätten. Dies ist jedoch nicht möglich, wie in den Abschnitten über die Arbeitsproduktivität und die Kapitalproduktivität ausgeführt.

Wegen der Unmöglichkeit das speziell durch den Einsatz von menschlicher Arbeit und das speziell durch den Einsatz von maschineller Arbeit erwirtschaftete Ergebnis festzustellen, kann das Ergebnis nicht leistungsgerecht verteilt werden.

Als Ausweg hat sich in der Praxis der Marktwirtschaft die Unterscheidung zwischen Kontrakteinkommensbeziehern und Residualeinkommensbeziehern herausgebildet. Die einen erhalten zu Beginn des Jahres feste Lohn- und Gehaltssätze sowie Zinssätze zugesagt, den anderen steht der Gewinn zu, falls sich ein solcher am Ende des Jahres ergibt; sie haben aber auch einen etwaigen Verlust zu tragen.

Diesem Wesensunterschied kann man nicht dadurch entgehen, dass man auf die Wertschöpfung ausweicht. Im Übrigen sollte man ihn auch nicht dadurch verwässern, dass man bestimmten Kontrakteinkommensbeziehern (wie Vorstandsmitgliedern, leitenden Angestellten, einzelnen Arbeitskräften) Gewinnbeteiligungen zugesteht, aber von ihnen keine entsprechenden Beteiligungen am Verlust verlangt. Wünschenswert wäre allerdings eine weitgehende personelle Identität zwischen beiden Arten von Einkommensbeziehern.

Wertschöpfungsrechnung zur Steuerbemessung

Als die Brutto-Umsatzsteuer, die die vertikale Konzentration begünstigte, 1968 durch die diesen Effekt vermeidende Netto-Umsatzsteuer oder Mehrwertsteuer abgelöst wurde, hätte es nahe gelegen, die Wertschöpfung als Bemessungsgrundlage vorzusehen. Dies hätte der Wertschöpfungsrechnung einen starken Auftrieb gegeben. Der Steuergesetzgeber hat jedoch einen anderen Weg gewählt: nämlich die Besteuerung des Bruttoumsatzes mit der Möglichkeit des Vorsteuerabzugs. Damit wird annähernd das gleiche Ziel erreicht, zudem auf eine rechentechnisch einfachere Art und Weise, was anzuerkennen ist.

---

[1] Vgl. Lehmann, Max Rudolf: Leistungsmessung durch Wertschöpfungsrechnung, S. 90 f.

II. Die handelsrechtliche Bilanz sowie Gewinn- und Verlustrechnung

Bedauerlich ist allerdings, dass der Handelsgesetzgeber vorschreibt, die Umsatzerlöse ausschließlich der Umsatzsteuer auszuweisen. Dementsprechend sind auch die Materialaufwendungen und ähnlichen Aufwendungen ausschließlich der darauf liegenden Vorsteuer auszuweisen sowie die Sonstigen Steuern ohne die Mehrwertsteuer. Daher kann die volle Steuerlast des Unternehmens nicht der Gewinn- und Verlustrechnung entnommen werden.

Dieser verkürzte Steuerausweis wird oft damit begründet, dass bei der Mehrwertsteuer nicht das verkaufende Unternehmen die Steuerlast zu tragen habe, sondern der Käufer. Aber ein Unternehmen versucht bei allen Steuern, die Steuerlast über den Preis seiner Produkte auf die Käufer zu überwälzen. Insofern unterscheidet sich die Überwälzung der Steuerlast bei der Mehrwertsteuer materiell nicht von der Überwälzung der Steuerlast bei anderen Steuern. Daher müsste die Mehrwertsteuer wie jede andere Steuer in die Gewinn- und Verlustrechnung sowie in die Wertschöpfungsrechnung einbezogen werden.

Wertschöpfung zur Messung der Betriebs- und Unternehmensgröße

Die Wertschöpfung ist als Ausdruck der Eigenleistung des Betriebs sehr gut zur Messung der Betriebsgröße und der Betriebsgrößenvariationen geeignet. Sie ist insbesondere gegenüber dem Umsatz, der häufig als Größenmerkmal dient, vorzuziehen. Denn nach dem Umsatz erscheinen Betriebe am Ende einer Produktions- und Wertschöpfungskette (z. B. Betriebe der kunststoffverarbeitenden Industrie) unter sonst gleichen Umständen größer als Betriebe am Anfang einer solchen Kette (z. B. Betriebe der kunststofferzeugenden Industrie), da in die Umsätze der nachgelagerten Betriebe die Umsätze der vorgelagerten Betriebe eingehen. Daher sollte man in den Größenvorschriften des HGB die Bruttoumsatzerlöse zumindest durch die Nettoumsatzerlöse, d. h. durch den Saldo aus Bruttoumsatzerlösen und Materialaufwendungen, noch besser durch den Nettoproduktionswert bzw. die Wertschöpfung selbst, ersetzen.

Wertschöpfung zur Messung der Betriebstiefe

Spaltet man die Betriebsgröße in eine Betriebsbreite und eine Betriebstiefe auf und misst man die Betriebsbreite mit Hilfe des Bruttoproduktionswerts, dann kann man die Betriebstiefe als relative Größe durch den Anteil des Nettoproduktionswerts bzw. der Wertschöpfung am Bruttoproduktionswert ausdrücken. Je höher dieser Anteil, der in der amtlichen Statistik als Nettoquote bezeichnet wird, umso tiefer ist ein Betrieb.

Wertschöpfung zur Messung der Produktivität

Die Wertschöpfung bzw. der Nettoproduktionswert kann zur Messung der Produktivität herangezogen werden, insbesondere zur Messung der sog. Teilproduktivitäten, d. h. der Arbeitsproduktivität, der Maschinenproduktivität, der Materialproduktivität. Sie ist für diesen Zweck besser geeignet als der Umsatz oder der Bruttoproduktionswert. Wird z. B. die Arbeitsproduktivität durch den Nettoproduktionswert pro Arbeitskraft ausgedrückt, dann nimmt sie ab, wenn bisher selbst erstellte Teile durch fremdbezogene Teile ersetzt werden, während sie trügerischerweise gleich bliebe, würde sie durch den Bruttoproduktionswert pro Arbeitskraft ausgedrückt werden.

Wertschöpfungsrechnung zur Sozialproduktmessung

Die Wertschöpfung und der Nettoproduktionswert sind wichtige Ausgangsgrößen für die Volkswirtschaftliche Gesamtrechnung. Soll das Sozialprodukt in den üblichen Varianten entsprechend seiner Entstehung ermittelt werden, müssen die Beträge der Wertschöpfung bzw. die Nettoproduktionswerte aller einzelnen Betriebe addiert werden. Bei Addition der Umsätze oder der Bruttoproduktionswerte käme es zu Mehrfachzählungen.

13. Entscheidungen auf der Grundlage des Jahresabschlusses

1) Der Jahresabschluss kann einer Vielzahl von Zwecken dienen (vgl. den Abschnitt über die Zwecke des Betriebswirtschaftlichen Rechnungswesens im Ersten Teil). Er informiert darüber, inwieweit das für private Wirtschaftsbetriebe typische Ziel einer hohen Eigenkapitalrentabilität im abgelaufenen Geschäftsjahr erreicht wurde. Allerdings bedarf er dazu bedauerlicherweise erst einer entsprechenden Auswertung (vgl. den Abschnitt über die Analyse der Bilanz sowie Gewinn- und Verlustrechnung). Es hätte nahegelegen, den Kapitalgesellschaften vorzuschreiben, selbst eine Berechnung ihrer Eigenkapitalrentabilität anhand des Jahresabschlusses vorzunehmen und zusammen mit dem Jahresabschluss zu veröffentlichen.

2) Der Jahresabschluss informiert auch, wenngleich nur in eingeschränktem Maße, über die Einhaltung der Liquidität sowie der Schuldendeckung. Dazu bedarf er ebenfalls einer entsprechenden Auswertung (vgl. wiederum den Abschnitt über die Analyse der Bilanz sowie Gewinn- und Verlustrechnung).

3) Der Jahresabschluss ist die gesetzliche Grundlage für eine Reihe von Entscheidungen. Für eine Reihe weiterer Entscheidungen ist das Vorliegen des Jahresabschlusses zwar nicht erforderlich, aber doch nützlich und hilfreich.

4) Der Jahresabschluss ist bei einer AG das vorgeschriebene Instrument der Rechenschaftslegung des Vorstands gegenüber dem Aufsichtsrat sowie des Vorstands und des Aufsichtsrats gegenüber der Hauptversammlung (vgl. den Abschnitt über die Vorlage des Jahresabschlusses und des Lageberichts). Oder umgekehrt ausgedrückt: er ist für den Aufsichtsrat ein Instrument zur Kontrolle des Vorstands sowie für die Hauptversammlung ein Instrument zur Kontrolle des Vorstands und des Aufsichtsrats. Zudem ist er für den Vorstand ein Instrument zur Kontrolle der ihm untergeordneten Abteilungen, Stellen und Personen.

5) Der Jahresabschluss ist das vorgeschriebene Instrument zur Unterrichtung Dritter und der Öffentlichkeit im Fall großer Einzelkaufleute und Personenhan-

delsgesellschaften sowie großer Kapitalgesellschaften und Genossenschaften (vgl. den Abschnitt über die Offenlegung des Jahresabschlusses und des Lageberichts). Auch im Fall der anderen Unternehmen ist er ein geeignetes Instrument zur Unterrichtung Dritter. Auf diese Weise wird der Jahresabschluss für Kreditgeber, Lieferanten, Abnehmer, Arbeitskräfte, Gewerkschaften und andere Wirtschaftssubjekte zu einer Quelle der Information über das sie interessierende Unternehmen sowie zu einer Unterlage für Entscheidungen über ihr Verhältnis zu dem betreffenden Unternehmen.

6) Hier soll näher nur noch auf den Jahresabschluss als Unterlage für Entscheidungen innerhalb der AG, eingegangen werden.

Entscheidungen bei einem Jahresüberschuss

1) Anhand des Jahresabschlusses muss bei einer AG auf jeden Fall über die Behandlung eines Jahresüberschusses bzw. eines Jahresfehlbetrags entschieden werden.

2) Weist der Jahresabschluss einen Jahresüberschuss aus, ist über seine Verwendung zu entscheiden. Allerdings ist es im Allgemeinen schon vorab zu Gewinnverwendungen gekommen:

- auf jeden Fall durch Abführung gewinnabhängiger Steuern an den Staat;
- u. U. durch Gewinnabführungen an andere Unternehmen aufgrund eines Teilgewinnabführungsvertrags, der der Zustimmung der Hauptversammlung bedarf;
- u. U. durch Gewinnabführungen an alle Arbeitnehmer aufgrund eines Teilgewinnabführungsvertrags, der der Zustimmung der Hauptversammlung bedarf;
- u. U. durch Gewinnabführungen an einzelne Arbeitnehmer sowie an Vorstands- und Aufsichtsratsmitglieder aufgrund von Einzelverträgen, die nicht der Zustimmung der Hauptversammlung bedürfen;
- u. U. durch Gewinnabführungen an Kreditgeber oder Lizenzgeber aufgrund von Einzelverträgen im Rahmen des laufenden Geschäfts- und Lizenzverkehrs, die nicht der Zustimmung der Hauptversammlung bedürfen.

Beim ausgewiesenen Jahresüberschuss handelt es sich also nur noch um eine Art Nettojahresüberschuss.

Zudem könnte es unzulässigerweise auch schon zu verdeckten Gewinnausschüttungen zugunsten einiger und zu Lasten anderer Aktionäre gekommen sein. Diese Gefahr ist gegeben, wenn ein Großteil oder die Mehrheit der Aktien von einem einzigen Wirtschaftssubjekt, insbesondere von einem anderen Unternehmen, gehalten wird. Der Gesetzgeber hat dieser Gefahr u. a. dadurch entgegen zu wirken versucht, dass er einem Unternehmen, das von einem anderen Unternehmen abhängig ist, die Erstellung eines prüfungspflichtigen Abhängigkeitsberichts vorschreibt (§ 312 AktG).

3) Für die Verwendung des verbleibenden Jahresgewinns, der als Jahresüberschuss ausgewiesen wird, kommen grundsätzlich folgende Möglichkeiten in Be-

tracht: vollständige Einbehaltung, vollständige Ausschüttung, Einbehaltung eines Teils und Ausschüttung des anderen Teils. Die Einbehaltung kann der Deckung eines Verlustvortrags oder der Stärkung der Eigenkapitalbasis dienen. Die Ausschüttung kann an Aktionäre, aber auch an andere Personen oder Institutionen erfolgen.

4) Wünschenswert wäre, dass der ausgewiesene Jahresüberschuss die Größe darstellt, die ohne Schwierigkeiten maximal ausgeschüttet werden kann. Aber dies trifft nicht zu, wie bereits bei Behandlung der Bilanz sowie Gewinn- und Verlustrechnung deutlich wurde.[1]

a) Beim Jahresüberschuss handelt es sich nicht um einen im abgelaufenen Jahr erwirtschafteten Geldbetrag. Er ist nicht einem Nettogeldzufluss, einem Einzahlungsüberschuss gleichzusetzen. Die Ausschüttung des gesamten erzielten Gewinns kann bedeuten, dass mehr Liquidität abfließt, als vorher zugeflossen war. Daher sollte sich an die Ermittlung des Jahresüberschusses eine Liquiditätsanalyse anschließen.

b) Der Jahresüberschuss enthält bei steigenden Preisen wegen des Primats des Anschaffungswerts wahrscheinlich einen Scheingewinn. Trifft dies zu, müsste ein Teil des Jahresüberschusses dazu herangezogen werden, dass von den Produktionsfaktoren die gleiche Menge, die im Produktionsprozess eingesetzt worden ist, zu gestiegenen Preisen nachgekauft werden kann. Dieser Teil des Jahresüberschusses dürfte also nicht ausgeschüttet, sondern müsste in eine Rücklage zur Substanzerhaltung eingestellt werden. Daher sollte sich an die Ermittlung des Jahresüberschusses eine Substanzerhaltungsanalyse anschließen.

5) Die genannten Möglichkeiten der Verwendung eines Jahresüberschusses stellen allerdings nicht immer Entscheidungsalternativen für das einzelne Unternehmen dar. Die Kapitalgesellschaften, insbesondere die Aktiengesellschaften, sind in ihrer Dispositionsfreiheit eingeschränkt. So bestehen Ausschüttungssperren in Höhe der aktivierten Aufwendungen der Ingangsetzung und Erweiterung des Geschäftsbetriebs (§ 269 HGB) sowie in Höhe der aktiven latenten Steuern (§ 274 HGB). Zudem muss aus dem Jahresüberschuss erst ein etwaiger aus dem letzten Jahr vorgetragener Verlust gedeckt werden. Bei Erwerb eigener Anteile muss eine Rücklage für eigene Anteile gebildet und notfalls aus dem Jahresüberschuss dotiert werden. Aktiengesellschaften haben zudem eine sogenannte gesetzliche Rücklage aus dem Jahresüberschuss zu bilden, bis diese eine festgelegte Höhe erreicht hat.

6) Die Befugnis, über die Verwendung eines Jahresüberschusses zu entscheiden, steht bei einer AG nicht einem einzigen Organ zu, sondern ist auf alle Organe verteilt. Der Vorstand und der Aufsichtsrat verfolgen dabei u. U. etwas andere Interessen als die Aktionäre. Sie tendieren eher zur Gewinneinbehaltung und Rücklagenstärkung sowie zu einer vergleichbaren Gesellschaften angepassten Dividende.

---

[1] Vgl. auch Emmerich, Gerhard: Bilanzierung, Gewinnausschüttung und Kapitalerhaltung; Endres, Walter: Der erzielte und der ausschüttbare Gewinn der Betriebe; Franz, Klaus-Peter: Die Ausschüttungsentscheidung der Unternehmung.

Der Staat verhält sich in dieser Hinsicht nicht immer neutral, sondern fördert mal das eine oder das andere. So wurden in der Bundesrepublik Deutschland die Gewinne zwar zunächst (von 1949 bis 1953) einheitlich besteuert, dann jedoch jahrzehntelang die einbehaltenen Gewinne mit einem höheren Prozentsatz belegt als die ausgeschütteten Gewinne, um die Finanzierung über den Kapitalmarkt zu fördern. Seit 2001 werden sie wieder einheitlich besteuert. Zur Zeit liegt der Steuersatz grundsätzlich bei 25 % (§ 23 KStG), wobei er für 2003 auf 26,5 % erhöht wurde (§ 34 Abs. 11a KStG).

7) Über die Gewinnverwendung wird bei einer AG nicht nur von mehreren Organen, sondern auch in mehreren Stufen entschieden.

Bereits bei der Aufstellung des Jahresabschlusses durch den Vorstand darf dieser Veränderungen des ermittelten Jahresergebnisses vornehmen, obwohl man die Auffassung vertreten könnte, dass mit der Ermittlung des Jahresergebnisses die Aufstellung des Jahresabschlusses zu enden hätte.

Sodann unterscheidet der Gesetzgeber zwischen der Aufstellung des Jahresabschlusses, die in jedem Fall dem Vorstand obliegt, und der Feststellung des Jahresabschlusses, die entweder durch Vorstand und Aufsichtsrat oder durch die Hauptversammlung erfolgen kann.

Von der Aufstellung des Jahresabschlusses ist aber die Feststellung kaum zu trennen, wenn sie durch Vorstand und Aufsichtsrat vorgenommen wird. Denn sie vollzieht sich auf die Weise, dass der vom Vorstand aufgestellte Jahresabschluss vom Aufsichtsrat gebilligt wird (§ 172 AktG). In diesem Fall erscheint es müßig, zwischen Aufstellung und Feststellung zu unterscheiden.

Etwas anderes gilt, wenn die Feststellung des Jahresabschlusses durch die Hauptversammlung vorzunehmen ist. Dazu kommt es, wenn der vom Vorstand aufgestellte Jahresabschluss vom Aufsichtsrat nicht gebilligt wird oder wenn Vorstand und Aufsichtsrat beschließen, die Feststellung der Hauptversammlung zu überlassen (§ 172 AktG). Eine Veränderung des ermittelten Jahresergebnisses ist auch in diesem Fall zulässig.

Schließlich hat der Gesetzgeber den Beschluss der Hauptversammlung über die Verwendung des Bilanzgewinns vorgesehen, einer Gewinngröße, die in mannigfacher Weise vom Jahresergebnis abweichen kann.

Insgesamt ist diese, die Gewinnverwendungskompetenz verteilende, mehrstufige und jeweils noch mehrere Alternativen vorsehende Regelung höchst kompliziert und geradezu verwirrend. Hier kann sie nur verkürzt dargestellt werden.

8) Ein Jahresüberschuss ist bei einer AG auf jeden Fall, wie bereits erwähnt, zu verwenden:

   a) für die Deckung eines Verlustvortrags;

   b) bei Erwerb eigener Anteile für die Bildung einer Rücklage für eigene Anteile, falls hierfür keine freien Gewinnrücklagen zur Verfügung stehen;

   c) für die Bildung der gesetzlichen Rücklage, in die 5 % des um einen Verlustvortrag verminderten Jahresüberschusses einzustellen sind, bis diese und die

Kapitalrücklagen nach § 272 Abs. 2 Nr. 1 bis 3 HGB 10 % oder den in der Satzung bestimmten höheren Prozentsatz des Grundkapitals erreichen (§ 150 Abs. 2 AktG).

Zudem sind, wenn die Satzung dies vorsieht, satzungsmäßige Gewinnrücklagen zu bilden.

9) Aus einem verbleibendem Jahresüberschuss dürfen Vorstand und Aufsichtsrat, unabhängig davon, wer den Jahresabschluss feststellt, den Eigenkapitalanteil von Wertaufholungen bei Vermögensgegenständen des Anlage- und Umlaufvermögens und von bei der steuerrechtlichen Gewinnermittlung gebildeten Passivposten, deren Ausweis bei den Sonderposten mit Rücklageanteil nicht zulässig ist, in andere Gewinnrücklagen einstellen (§ 58 Abs. 2a AktG).

10) Bei Feststellung des Jahresabschlusses durch Vorstand und Aufsichtsrat können,

a) wenn die Satzung dazu ermächtigt, über 50 % des um einen Verlustvortrag und eine Einstellung in die gesetzliche Rücklage verminderten Jahresüberschusses in andere Gewinnrücklagen eingestellt werden, solange die anderen Gewinnrücklagen nach Rücklagenzuführung 50 % des Grundkapitals nicht übersteigen (§ 58 Abs. 2 Satz 2 bis 4 AktG);

b) wenn keine Satzungsermächtigung besteht, höchstens 50 % des um einen Verlustvortrag und eine Einstellung in die gesetzliche Rücklage verminderten Jahresüberschusses in andere Gewinnrücklagen eingestellt werden (§ 58 Abs. 2 Satz 1 und 4 AktG).

11) Bei Feststellung des Jahresabschlusses durch die Hauptversammlung können, wenn die Satzung dazu ermächtigt, höchstens 50 % des um einen Verlustvortrag und um eine Einstellung in die gesetzliche Rücklage verminderten Jahresüberschusses in Rücklagen eingestellt werden.

12) Verbleibt nach den genannten Verminderungen noch ein Teiljahresüberschuss, so hat über seine Verwendung die Hauptversammlung zu beschließen. Die Verwaltung macht hierzu einen Vorschlag.

Vor diesem Beschluss sind allerdings nicht nur Verminderungen, sondern auch etwaige Erhöhungen des Jahresüberschusses zu berücksichtigen. Dazu kann es gekommen sein:

a) durch einen vom Vorjahr auf das abgelaufene Jahr vorgetragenen Gewinn;

b) durch die Auflösung einer satzungsmäßigen Rücklage, wenn diese nicht an einen bestimmten Zweck gebunden ist bzw. wenn bei einer Zweckbestimmung der Zweck entfallen ist;

c) durch die Auflösung einer Anderen Gewinnrücklage.

13) Der um die genannten Minderungen bzw. Erhöhungen veränderte Jahresüberschuss wird als Bilanzgewinn bezeichnet. Die Hauptversammlung kann beschließen:

a) eine Einstellung in die Gewinnrücklage (ein solcher Beschluss kann allerdings durch einzelne Aktionäre angefochten werden, wenn die Einstellung nicht notwendig ist, um die Lebens- und Widerstandsfähigkeit der Gesellschaft zu sichern und wenn durch die Einstellung nicht ein Gewinn in Höhe von mindestens 4 % des Grundkapitals ausgeschüttet werden kann; § 254 Abs. 1 AktG);

b) eine Einbehaltung als Gewinnvortrag (ein solcher Beschluss kann ebenfalls von einzelnen Aktionären unter den gleichen Voraussetzungen, wie eben dargestellt, angefochten werden; § 254 Abs. 1 AktG);

c) eine Ausschüttung an die Aktionäre;

d) eine andere Verwendung als Einbehaltung oder Ausschüttung an die Aktionäre (sofern die Satzung eine solche vorsieht, § 58 Abs. 3 AktG).

14) Die Abbildung der Veränderungen eines Jahresergebnisses in der Gewinn- und Verlustrechnung bzw. in der sich anschließenden Rechnung, die als Überleitungsrechnung bezeichnet wird, ist unbefriedigend (vgl. Abbildung 67). Sie korrespondiert auch kaum mit der Aufspaltung der Gewinnverwendung in die behandelten drei Stufen der Aufstellung des Jahresabschlusses, der Feststellung des Jahresabschlusses und des Gewinnverwendungsbeschlusses der Hauptversammlung.

Die Aufstellung des Jahresabschlusses endet nicht, wie bereits erwähnt, mit der Position „Jahresüberschuss/Jahresfehlbetrag", sondern geht darüber hinaus. Allerdings kann nicht genau gesagt werden, bis zu welcher Position der Überleitungsrechnung sie sich erstreckt. Dementsprechend kann auch nicht gesagt werden, mit welcher Position die Feststellung des Jahresabschlusses beginnt. Eindeutig ist nur, dass sie mit der Position „Bilanzgewinn bzw. Bilanzverlust" endet. Insbesondere bei den Einstellungen in Rücklagen und Entnahmen aus Rücklagen vermischen sich Aufstellung und Feststellung des Jahresabschlusses.

Eine schärfere Trennung wäre wünschenswert. Die Gewinn- und Verlustrechnung ist weitgehend eine Gewinn- bzw. Verlustentstehungsrechnung. An diese sollte sich eine Gewinnverwendungs- bzw. Verlustdeckungsrechnung anschließen. Eine solche Bezeichnung wäre aussagekräftiger als die der Überleitungsrechnung. Im Rahmen derselben müsste neben dem Jahresüberschuss I bzw. Jahresfehlbetrag I unterschieden werden: ein Jahresüberschuss II, der nach Erfüllen der gesetzlichen Verpflichtungen verbleibt bzw. ein Jahresfehlbetrag II, etc. (vgl. Abbildungen 68 und 69). Eine solche Rechnung wäre bis zum Gewinnverwendungsbeschluss der Hauptversammlung als eine vorläufige Gewinnverwendungs- bzw. Verlustdeckungsrechnung zu deklarieren. Erst dann könnte sie in eine endgültige Gewinnverwendungs- bzw. Verlustdeckungsrechnung überführt werden.

15) Wurde ein hoher Jahresüberschuss nicht nur im abgelaufenen Jahr, sondern auch jeweils in den Vorjahren erreicht und zum größten Teil einbehalten, kann statt einer Gewinnausschüttung auch eine Kapitalerhöhung aus Gesellschaftsmitteln nach §§ 207 ff. AktG in Betracht gezogen werden. Für eine solche Kapitalerhöhung können durch Beschluss der Hauptversammlung herangezogen werden:

a) diejenigen Teile des Jahresüberschusses des abgelaufenen Jahrs, die den Rücklagen zugeführt werden;

b) Andere Gewinnrücklagen;
c) auflösbare Satzungsmäßige Gewinnrücklagen;
d) Gesetzliche Gewinnrücklagen und Kapitalrücklagen im Sinne von § 272 Abs. 2 Nr. 1 bis 3 HGB, soweit sie zusammen 10 % oder den in der Satzung bestimmten höheren Prozentsatz des Grundkapitals übersteigen.

Abbildung 67:
Überleitungsrechnung nach AktG

Von einer AG sind die Posten der GuV um folgende Positionen zu ergänzen oder die entsprechenden Angaben im Anhang zu machen (§ 158 AktG):
20. Gewinnvortrag/Verlustvortrag aus dem Vorjahr
21. Entnahmen aus der Kapitalrücklage (§ 150 Abs. 3 und 4 AktG)
21a. Einstellung in die Kapitalrücklage nach den Vorschriften über die vereinfachte Kapitalherabsetzung gem. § 229 Abs. 1 und § 232 AktG (§ 240 Satz 2 AktG)
22. Entnahmen aus den Gewinnrücklagen a) aus der gesetzlichen Rücklage (§ 150 Abs. 3 und 4 AktG) b) aus der Rücklage für eigene Aktien (§ 272 Abs. 4 Satz 2 HGB) c) aus satzungsmäßigen Rücklagen d) aus anderen Gewinnrücklagen
22a. Ertrag aus der Kapitalherabsetzung (§ 240 Satz 1 AktG)
23. Einstellungen in die Gewinnrücklagen a) in die gesetzliche Rücklage (§ 150 Abs. 1 AktG) b) in die Rücklage für eigene Aktien (§ 272 Abs. 4 Satz 1 und 3 HGB) c) in satzungsmäßige Rücklagen d) in andere Gewinnrücklagen (§ 58 Abs. 1, 2 und 2a AktG)
24. Bilanzgewinn/Bilanzverlust
25. Ertrag aufgrund höherer Bewertung aufgrund einer Sonderprüfung oder einer gerichtlichen Entscheidung gem. § 261 AktG
Im Beschluss der Hauptversammlung einer AG über die Verwendung des Bilanzgewinns sind anzugeben (§ 174 Abs. 2 AktG):
1. der Bilanzgewinn
2. der an die Aktionäre auszuschüttende Betrag oder Sachwert (zur Anfechtbarkeit vgl. § 254 Abs. 1 AktG)
3. die in die Gewinnrücklagen einzustellenden Beträge (zur Anfechtbarkeit vgl. § 254 Abs. 1 AktG)
4. ein Gewinnvortrag (zur Anfechtbarkeit vgl. § 254 Abs. 1 AktG)
5. der zusätzliche Aufwand aufgrund des Beschlusses

Abbildung 68:
Vorschlag einer Gewinnverwendungsrechnung

Prämissen:
Entscheidung über die Verwendung des Jahresüberschusses im Rahmen der Feststellung des Jahresabschlusses durch Vorstand und Aufsichtsrat und Entscheidung über die Verwendung des Bilanzgewinns durch die Hauptversammlung

    Jahresergebnis I (Jahresüberschuss)
- Verlustvortrag aus Vorjahr

= Jahresergebnis II (positiv)
- Einstellungen in die gesetzliche Rücklage
  (5 % des Jahresergebnisses II bis die gesetzliche Rücklage und die Kapitalrücklagen nach § 272 Abs. 2 Nr. 1-3 HGB 10 % des Grundkapitals oder einen in der Satzung festgelegten höheren Prozentsatz erreicht haben; § 150 AktG)

= Jahresergebnis III (positiv)
- Einstellungen in andere Gewinnrücklagen
  (maximal 50 % des Jahresergebnisses III; § 58 Abs. 2 AktG)

= Jahresergebnis IV (positiv)
- Einstellungen in die Rücklage für eigene Anteile
  (sofern die Bildung nicht durch Umbuchung aus anderen Gewinnrücklagen erfolgt; § 272 Abs. 4 HGB)
- Einstellungen in satzungsmäßige Rücklagen
  (sofern die Satzung dazu verpflichtet)
- Einstellungen in andere Gewinnrücklagen
  (sofern die Satzung dazu ermächtigt über die obigen 50 % hinaus; § 58 Abs. 2 AktG)
- Einstellungen des Eigenkapitalanteils von Wertaufholungen und von handelsrechtlich nicht passivierungsfähigen steuerlichen Sonderposten in die anderen Gewinnrücklagen (§ 58 Abs. 2a AktG)

= Jahresergebnis V (positiv)
+ Gewinnvortrag aus dem Vorjahr

= Jahresergebnis VI (positiv)
+ Entnahmen aus der Rücklage für eigene Anteile
  (sofern die Bildung nicht durch Umbuchung aus anderen Gewinnrücklagen erfolgte; § 272 Abs. 4 HGB)
+ Entnahmen aus anderen Gewinnrücklagen
  (sofern frei verfügbar)
+ Entnahmen aus satzungsmäßigen Rücklagen
  (sofern frei verfügbar)
+ Entnahmen aus der Kapitalrücklage in Form von anderen Zuzahlungen
  (§ 272 Abs. 2 Nr. 4 HGB)

= Jahresergebnis VII (Bilanzgewinn)

- Einstellungen in die gesetzliche Rücklage
  (über den obigen Prozentsatz hinaus)
- Einstellungen in satzungsmäßige Rücklagen
  (sofern die Satzung dazu verpflichtet)
- Einstellungen in andere Gewinnrücklagen
- Ausschüttung an Aktionäre (Dividende)
- andere satzungsmäßige Verwendung
- zusätzlicher Aufwand aufgrund des Hauptversammlungsbeschlusses
+ zusätzlicher Ertrag aufgrund des Hauptversammlungsbeschusses
- Gewinnvortrag auf das Folgejahr

Entscheidungen bei einer ausgeglichenen Gewinn- und Verlustrechnung

1) Wird weder ein Jahresüberschuss noch ein Jahresfehlbetrag ausgewiesen, so könnte trotzdem ein Gewinn erzielt worden sein, der aufgrund eines Gewinnabführungsvertrags oder einer Gewinngemeinschaft schon an andere Unternehmen abgeführt wurde. Unter Umständen musste vor den genannten Gewinnabführungen ein Teil des erzielten Gewinns zur Deckung eines Verlustvortrags herangezogen oder in Gewinnrücklagen eingestellt werden.

2) Wird weder ein Jahresüberschuss noch ein Jahresfehlbetrag ausgewiesen, so könnte trotzdem ein Verlust entstanden sein, der durch andere Unternehmen bereits gedeckt wurde. Es müsste dann ein Ertrag aus Verlustübernahme ausgewiesen sein.

3) In beiden Fällen erübrigt sich die Frage nach einer etwaigen Gewinnausschüttung gespeist aus Gewinnrücklagen, d. h. aus einbehaltenen Gewinnen. Anderes gilt, wenn nicht nur formell, sondern auch materiell eine ausgeglichene Gewinn- und Verlustrechnung vorliegt.

Es wäre zulässig, trotzdem einen Gewinn auszuschütten:

- durch Heranziehen des im Vorjahr auf das abgelaufene Jahr vorgetragenen Gewinns;
- durch Auflösung einer nicht mehr erforderlichen Rücklage für eigene Anteile;
- durch Auflösung von sog. Anderen Gewinnrücklagen.

Durch die genannten Beträge ergibt sich ein Bilanzgewinn, über dessen Verwendung dann die Hauptversammlung zu beschließen hat.

Entscheidungen bei einem Jahresfehlbetrag

1) Weist der Jahresabschluss einen Jahresfehlbetrag aus, ist zur Deckung zunächst ein Gewinnvortrag heranzuziehen. Überschreitet der Gewinnvortrag den Jahresfehlbetrag, kann sogar eine Gewinnausschüttung vorgenommen werden (vgl. auch Abbildung 69).

2) Unterschreitet der Gewinnvortrag den Jahresfehlbetrag, kann versucht werden, den verbleibenden Jahresfehlbetrag aus Rücklagen zu decken. Andernfalls muss er auf das nächste Jahr vorgetragen werden.

3) Unter den Rücklagen sind zur Deckung eines Jahresfehlbetrags in erster Linie heranzuziehen:

   a) Andere Gewinnrücklagen;

   b) auflösbare Satzungsmäßige Gewinnrücklagen.

Lässt sich der Jahresfehlbetrag auf diese Weise decken, kann sogar eine Gewinnausschüttung vorgenommen werden, indem den Rücklagen der genannten Art noch weitere Beträge entnommen werden.

4) Lässt sich der Jahresfehlbetrag durch die genannten Rücklagen nicht decken, können in zweiter Linie zur Deckung herangezogen werden:

   a) Satzungsmäßige Gewinnrücklagen (selbst wenn sie an einen bestimmten Zweck gebunden sind);

   b) Gesetzliche Gewinnrücklagen;

   c) Kapitalrücklagen.

Lässt sich der Jahresfehlbetrag nur auf diese Weise decken, darf keine Gewinnausschüttung vorgenommen werden. Lässt sich der Jahresfehlbetrag auch durch die genannten Rücklagen nicht decken, ergibt sich ein Bilanzverlust, der auf das nächste Jahr vorzutragen ist.

5) Einen Beschluss durch die Hauptversammlung über die Deckung eines Bilanzverlusts, in Analogie zum Beschluss über die Verwendung eines Bilanzgewinns, hat der Gesetzgeber nicht vorgesehen. Gleichwohl könnte die Hauptversammlung Beschlüsse hierzu fassen. Die Hauptversammlung kann allerdings keine Nachschusszahlungen beschließen. Denn zu Nachschüssen sind Aktionäre, anders als u. U. Gesellschafter einer GmbH sowie Genossen, nicht verpflichtet, selbst wenn die Satzung dies vorsehen sollte. Zu Nachschüssen könnten sich die Aktionäre allenfalls freiwillig bereit erklären.

6) Erreicht ein ungedeckter Jahresfehlbetrag allein oder zusammen mit einem Verlustvortrag die Hälfte des Grundkapitals, hat der Vorstand nach § 92 Abs. 1 AktG unverzüglich die Hauptversammlung einzuberufen (sog. Verlustanzeige). Das gleiche gilt, wenn sich ein Verlust in dieser Höhe bei Aufstellung einer Zwischenbilanz ergibt oder wenn ein solcher Verlust bei pflichtmäßigem Ermessen anzunehmen ist. Die Hauptversammlung kann in diesen Fällen beschließen:

   a) eine Kapitalherabsetzung in Höhe des Verlusts (dadurch würde der Verlustausweis beseitigt werden, sich aber die Situation der Gesellschaft materiell nicht ändern);

   b) eine Kapitalerhöhung gegen Bareinlagen (dadurch würde sich die Situation der Gesellschaft materiell ändern, denn eine wahrscheinlich mit dem Verlust verbundene Liquiditätslücke könnte ausgeglichen werden; der Verlustausweis bliebe erhalten, würde aber relativiert werden);

430 4. Teil: Die Aufwands- und Ertragsrechnung sowie die Vermögens- und Kapitalrechnung

Abbildung 69:
Vorschlag einer Verlustdeckungsrechnung

Prämissen: Entscheidung über die Behandlung des Jahresfehlbetrags im Rahmen der Feststellung des Jahresabschlusses durch Vorstand und Aufsichtsrat und Entscheidung über die Behandlung des Bilanzverlusts durch die Hauptversammlung

	Jahresergebnis I (Jahresfehlbetrag)
−	Verlustvortrag aus Vorjahr
=	Jahresergebnis II (negativ)
−	Einstellungen in die Rücklage für eigene Anteile (sofern die Bildung nicht durch Umbuchung aus anderen Gewinnrücklagen erfolgt; § 272 Abs. 4 HGB)
−	Einstellungen des Eigenkapitalanteils von Wertaufholungen und von handelsrechtlich nicht passivierungsfähigen steuerlichen Sonderposten in die anderen Gewinnrücklagen (§ 58 Abs. 2a AktG)
=	Jahresergebnis III (negativ)
+	Gewinnvortrag aus dem Vorjahr
=	Jahresergebnis IV (negativ)
+	Entnahmen aus der Rücklage für eigene Anteile (sofern die Bildung nicht durch Umbuchung aus anderen Gewinnrücklagen erfolgte; § 272 Abs. 4 HGB)
+	Entnahmen aus anderen Gewinnrücklagen (sofern frei verfügbar)
+	Entnahmen aus satzungsmäßigen Rücklagen (sofern frei verfügbar)
+	Entnahmen aus der Kapitalrücklage in Form von anderen Zuzahlungen (§ 272 Abs. 2 Nr. 4 HGB)
=	Jahresergebnis V (negativ)
+	Entnahmen aus der gesetzlichen Rücklage und den Kapitalrücklagen nach § 272 Nr. 1-3 HGB (den 10 % des Grundkapitals oder einen in der Satzung festgelegten höheren Prozentsatz übersteigenden Teil; § 150 Abs. 3 AktG)
=	Jahresergebnis VI (negativ)
+	Entnahmen aus anderen Gewinnrücklagen (sofern anderweitig zweckgebunden)
+	Entnahmen aus satzungsmäßigen Rücklagen (sofern anderweitig zweckgebunden)
=	Jahresergebnis VII (negativ)

+ Entnahmen aus der gesetzlichen Rücklage und den Kapitalrücklagen nach § 272 Nr. 1-3 HGB (den 10 % des Grundkapitals oder einen in der Satzung festgelegten höheren Prozentsatz nicht übersteigenden Teil; § 150 Abs. 2 AktG)
= Jahresergebnis VIII (Bilanzverlust)
+ Verlustvortrag auf das Folgejahr

c) eine Kapitalherabsetzung bei gleichzeitiger Kapitalerhöhung gegen Bareinlagen (damit würde sich die Situation der Gesellschaft materiell ändern und auch ein Verlustausweis beseitigt werden).

7) Übersteigt ein ungedeckter Jahresfehlbetrag allein oder zusammen mit einem Verlustvortrag das Grundkapital, ist in dieser Höhe ein nicht durch Eigenkapital gedeckter Fehlbetrag auf der Aktivseite auszuweisen. Es liegt eine Überschuldung vor. Dabei handelt es sich allerdings noch nicht um eine Überschuldung im insolvenzrechtlichen Sinne. Der Vorstand ist also bei einer Überschuldung anhand der Jahresbilanz nicht verpflichtet, die Eröffnung eines Insolvenzverfahrens zu beantragen. Man wird allerdings annehmen dürfen, dass er in diesem Fall zur Aufstellung einer Sonderbilanz verpflichtet ist, um festzustellen, ob auch eine Überschuldung im insolvenzrechtlichen Sinne besteht.

Finanzwirtschaftliche Entscheidungen

1) Schon im Zusammenhang mit der Behandlung eines Jahresüberschusses bzw. Jahresfehlbetrags können finanzwirtschaftliche Entscheidungen getroffen worden sein. Aber auch unabhängig vom jeweiligen Jahresergebnis ist der Jahresabschluss bei einer AG eine wichtige Unterlage für finanzwirtschaftliche Entscheidungen etwa der folgenden Art:

a) Einforderung ausstehender Einlagen durch den Vorstand (§ 63 Abs. 1 Satz 1 AktG);

b) Kapitalerhöhung gegen Einlagen aufgrund eines Beschlusses der Hauptversammlung (§§ 182-191 AktG);

c) Bedingte Kapitalerhöhung gegen Einlagen aufgrund eines Beschlusses der Hauptversammlung (§§ 192-201 AktG);

d) Ermächtigung des Vorstands durch die Hauptversammlung zu einer Kapitalerhöhung, sog. Genehmigtes Kapital (§§ 202-206 AktG);

e) Kapitalerhöhung aus Gesellschaftsmitteln aufgrund eines Beschlusses der Hauptversammlung (§§ 207-220 AktG);

f) Ausgabe von Wandelschuldverschreibungen, Gewinnschuldverschreibungen oder Genussrechten aufgrund eines Beschlusses der Hauptversammlung (§ 221 AktG);

g) Ausgabe von Teilschuldverschreibungen durch den Vorstand;

h) Aufnahme eines Schuldscheindarlehens oder Bankkredits durch den Vorstand;

i) ordentliche Kapitalherabsetzung durch Herabsetzung des Nennbetrags der Aktien oder durch Zusammenlegung der Aktien aufgrund eines Beschlusses der Hauptversammlung (§§ 222-228 AktG);

k) vereinfachte Kapitalherabsetzung aufgrund eines Beschlusses der Hauptversammlung (§§ 229-236 AktG);

l) Kapitalherabsetzung durch Einziehung von Aktien aufgrund eines Beschlusses der Hauptversammlung (§§ 237-239 AktG).

2) Bei den genannten Entscheidungen sind die aus der Bilanz ersichtlichen Relationen von Eigenkapital zu Fremdkapital und von langfristigem zu kurzfristigem Kapital zu beachten sowie der sich ebenfalls aus der Bilanz ergebende Grad der Schuldendeckung durch Vermögen. Zur Beurteilung der Liquiditätswirkungen ist zusätzlich eine Einzahlungs- und Auszahlungsrechnung heranzuziehen, wie sie im Zweiten Teil dieses Buchs behandelt wurde.

Personelle und organisatorische Entscheidungen

1) Auch für personelle und organisatorische Entscheidungen, wie sie bei einer AG von allen Organen zu treffen sind, ist der Jahresabschluss eine Unterlage.

2) So hat die Hauptversammlung zu beschließen über:

a) die Besetzung der Aufsichtsratsposten mit einfacher Kapitalmehrheit, soweit nicht durch die Mitbestimmungsgesetze geregelt (§ 101 Abs. 1, § 119 Abs. 1 AktG);

b) die Vergütung der Mitglieder des Aufsichtsrats mit einfacher Kapitalmehrheit (§ 113 AktG);

c) die Entlastung der Mitglieder des Aufsichtsrats und des Vorstands mit einfacher Kapitalmehrheit (§ 119 Abs. 1, § 120 AktG);

d) die Bestellung der Abschlussprüfer mit einfacher Kapitalmehrheit (§ 119 Abs. 1 AktG);

e) die Bestellung etwaiger Sonderprüfer mit einfacher Stimmenmehrheit (§ 119 Abs. 1, § 142 AktG);

f) die Geltendmachung von Ersatzansprüchen gegenüber Mitgliedern des Aufsichtsrats und des Vorstands mit einfacher Stimmenmehrheit (§ 147 AktG).

Hierbei stehen der Hauptversammlung fast nur die Bilanz, die Gewinn- und Verlustrechnung, der Anhang sowie der Lagebericht zur Verfügung.

3) Einzelne Aktionäre oder Gruppen von Aktionären haben folgende Rechte:

a) die Bestellung von Sonderprüfern bei Gericht zu beantragen, wenn die Aktionäre 5 % der Kapitalanteile oder den anteiligen Betrag von 500.000 € vertreten (§ 258 Abs. 2 AktG);

b) die Einberufung einer außerordentlichen Hauptversammlung zu verlangen, wenn die Aktionäre 5 % der Kapitalanteile vertreten (§ 122 Abs. 1 AktG);

c) die Bekanntmachung von Gegenständen zur Beschlussfassung einer Hauptversammlung zu verlangen, wenn die Aktionäre 5 % der Kapitalanteile oder den anteiligen Betrag von 500.000 € vertreten (§ 122 Abs. 2 AktG);

d) die Anfechtung des Beschlusses der Hauptversammlung über die Verwendung des Bilanzgewinns bei Gericht zu beantragen, wenn die Aktionäre 5 % der Kapitalanteile oder den anteiligen Betrag von 500.000 € vertreten (§ 254 AktG);

e) Einzelabstimmung über die Entlastung der Vorstands- und Aufsichtsratsmitglieder zu verlangen, wenn die Aktionäre 10 % der Kapitalanteile oder den anteiligen Betrag von einer Million € vertreten (§ 120 Abs. 1 AktG);

f) die Bestellung eines anderen Sonderprüfers bei Gericht zu verlangen, wenn dies aus einem in der Person des bestellten Sonderprüfers liegenden Grund geboten erscheint, wenn die Aktionäre 10 % der Kapitalanteile oder den anteiligen Betrag an einer Million € vertreten (§ 142 Abs. 4 AktG).

Hierbei stehen den Aktionären grundsätzlich ebenfalls nur die Bilanz, die Gewinn- und Verlustrechnung, der Anhang sowie der Lagebericht zur Verfügung.

4) Der Aufsichtsrat hat zu beschließen über:

a) die Größe des Vorstands, der aus einer oder mehreren Personen bestehen kann (§ 76 Abs. 2 AktG);

b) die Bestellung der Mitglieder des Vorstands und die etwaige Abberufung von Mitgliedern des Vorstands (§ 84 AktG);

c) die Geschäftsverteilung innerhalb des Vorstands;

d) die Vergütung der Mitglieder des Vorstands (§ 87 AktG);

e) die Einberufung einer Hauptversammlung, wenn das Wohl der Gesellschaft es fordert, d. h. die Einberufung einer außerordentlichen Hauptversammlung (§ 111 Abs. 3 AktG);

f) die Kreditgewährung an Aufsichtsratsmitglieder (§ 115 AktG);

g) die Kreditgewährung an Vorstandsmitglieder (§ 89 AktG).

Dabei ist er allerdings nicht auf den Jahresabschluss angewiesen: er kann sich vielmehr auch auf die Berichte des Vorstands nach § 90 AktG stützen sowie u. U. weitere Unterlagen anfordern.

5) Der Vorstand hat zu beschließen über

a) die Einberufung der ordentlichen Hauptversammlung (§ 121 Abs. 1 AktG);

b) die Einberufung der Hauptversammlung, wenn ein Verlust in Höhe der Hälfte des Grundkapitals besteht (§ 92 Abs. 1 AktG).

Darüber hinaus hat der Vorstand ähnlich geartete Entscheidungen in Bezug auf die ihm unterstellten Arbeitskräfte zu treffen. Er ist dabei ebenfalls nicht auf den Jahresabschluss angewiesen, sondern kann das gesamte Rechnungs- und Berichtswesen heranziehen, insbesondere Bereichserfolgsrechnungen, Kostenstellenrechnungen, Soll-Ist-Kostenrechnungen.

Weitere Entscheidungen

1) Bei einem bestehenden Unternehmen sind immer wieder Entscheidungen von grundsätzlicher Bedeutung zu treffen, wie:

a) Vergrößerung oder Verkleinerung des Unternehmens, d. h. Investition oder Desinvestition (durch den Vorstand, u. U. nur mit Zustimmung durch den Aufsichtsrat und, falls damit eine Kapitalerhöhung oder Kapitalherabsetzung verbunden sein sollte, durch einen entsprechenden Beschluss der Hauptversammlung);

b) Erwerb einer einfachen Beteiligung an einem anderen Unternehmen, Erwerb einer Mehrheitsbeteiligung an einem anderen Unternehmen (durch den Vorstand, u. U. nur mit Zustimmung durch den Aufsichtsrat);

c) Abschluss eines Unternehmensvertrags, um das Unternehmen der Leitung eines anderen Unternehmens zu unterstellen, also eines sog. Beherrschungsvertrags (§ 291 AktG) durch Vorstand und Aufsichtsrat sowie nur mit Zustimmung durch die Hauptversammlung;

d) Abschluss eines Unternehmensvertrags zur Abführung des gesamten Gewinns oder eines Teils des Gewinns an andere oder zur Zusammenlegung des Gewinns mit anderen, d. h. eines Gewinnabführungsvertrags (§ 291 AktG), Teilgewinnabführungsvertrags (§ 292 Abs. 1 AktG) oder einer sog. Gewinngemeinschaft (§ 292 Abs. 1 AktG) durch Vorstand und Aufsichtsrat sowie mit Zustimmung durch die Hauptversammlung (§ 293 AktG);

e) Abschluss eines Unternehmensvertrags zur Verpachtung des Betriebs an ein anderes Unternehmen, also eines sog. Betriebspacht- oder Betriebsüberlassungsvertrags (§ 272 Abs. 1 AktG) durch Vorstand und Aufsichtsrat sowie mit Zustimmung durch die Hauptversammlung (§ 293 AktG);

f) Eingliederung des Unternehmens in ein anderes Unternehmen (§§ 319-327 AktG) durch Vorstand und Aufsichtsrat sowie mit Zustimmung durch die Hauptversammlung (§ 319, § 320 AktG);

g) Verschmelzung des Unternehmens mit einem anderen Unternehmen (§§ 1-122 UmwG) durch Vorstand und Aufsichtsrat sowie mit Zustimmung durch die Hauptversammlung (§ 13 UmwG);

h) Auflösung und Liquidation des Unternehmens (§§ 262-274 AktG) durch Vorstand und Aufsichtsrat sowie mit Zustimmung durch die Hauptversammlung (§ 262 Abs. 1 AktG);

2) In allen diesen Fällen ist der Jahresabschluss des betrachteten Unternehmens eine maßgebende Entscheidungsgrundlage. In einer Reihe dieser Fälle ist auch der Jahresabschluss des anderen bzw. der anderen beteiligten Unternehmen entscheidungsrelevant.

Abkürzungsverzeichnis

AfA	Absetzung für Abnutzung
AfaA	Absetzungen für außergewöhnliche Abnutzung
AfaS	Absetzungen für außergewöhnliche Substanzverringerung
AfS	Absetzungen für Substanzverrringerung
AG	Aktiengesellschaft
AICPA	American Institute of Certified Public Accountants
AktG	Aktiengesetz
APB	Accounting Principles Board (Opinion(s))
ARB	Accounting Research Bulletin(s)
BB	Betriebsberater (Zeitschrift)
BBK	Buchführung Bilanz Kostenrechnung (Zeitschrift)
Beck Bil-Komm.	Beck´scher Bilanz-Kommentar, hrsg. von Axel Berger u. a.
BFH	Bundesfinanzhof
BFH-GrS	Bundesfinanzhof Grundsatz
BFuP	Betriebswirtschaftliche Forschung und Praxis (Zeitschrift)
BMF	Bundesminister für Finanzen
BPW	Bruttoproduktionswert
BuW	Betrieb und Wirtschaft (Zeitschrift)
CON	Statement(s) of Financial Accounting Concepts
DB	Der Betrieb (Zeitschrift)
DRS	Deutsche Rechnungslegungs-Standard(s)
DSR	Deutscher Standardisierungsrat
EGHGB	Einführungsgesetz zum Handelsgesetzbuche
EITF	Emerging Issues Task Force
EStR	Einkommensteuer-Richtlinien
FAS	Financial Accounting Standard(s)
FASB	Financial Accounting Standards Board
FIN	FASB Interpretation(s)
GAAP	Generally Accepted Accounting Principles
GenG	Gesetz betreffend die Erwerbs- und Wirtschaftsgenossenschaften

GmbH	Gesellschaft mit beschränkter Haftung
GmbHG	Gesetz betreffend die Gesellschaften mit beschränkter Haftung
HdJ	Handbuch des Jahresabschlusses
HFA	Hauptfachausschuss
HGB	Handelsgesetzbuch
HGB a. F.	Handelsgesetzbuch vor den Änderungen durch das KonTraG
IAS	International Accounting Standard(s)
IASB	International Accounting Standards Board
IDW	Institut der Wirtschaftsprüfer in Deutschland e. V.
IFRS	International Financial Reporting Standard(s)
InsO	Insolvenzordnung
KapErhG	Gesetz über die Kapitalerhöhung aus Gesellschaftsmitteln und über die Gewinn- und Verlustrechnung
KG	Kommanditgesellschaft
KGaA	Kommanditgesellschaft auf Aktien
KonTraG	Gesetz zur Kontrolle und Transparenz im Unternehmensbereich
krp	Kostenrechnungspraxis (Zeitschrift)
Küting/Weber	Handbuch der Rechnungslegung, hrsg. von Karlheinz Küting und Claus-Peter Weber
MD&A	management's discussion and analysis
OHG	Offene Handelsgesellschaft
PS	Prüfungsstandard
PublG	Publizitätsgesetz
RFH	Reichsfinanzhof
SEC	Securities Exchange Commission
SFAS	Statements of Financial Accounting Standards
SOP	Statement(s) of Position
UmwG	Umwandlungsgesetz
UmwBerG	Gesetz zur Bereinigung des Umwandlungsrechts
US-GAAP	United States Generally Accepted Accounting Principles
WiSt	Wirtschaftswissenschaftliches Studium (Zeitschrift)
WISU	Das Wirtschaftsstudium Zeitschrift
WPg	Die Wirtschaftsprüfung (Zeitschrift)
WPO	Wirtschaftsprüferordnung
ZfB	Zeitschrift für Betriebswirtschaft
ZfbF	Zeitschrift für betriebswirtschaftliche Forschung

Abbildungsverzeichnis

Abb. 1	Überblick über die wichtigsten monetären Größen der BWL	6
Abb. 2	Zwecke des Betriebswirtschaftlichen Rechnungswesens für den Vorstand der AG und ihnen entsprechende Rechnungen	17
Abb. 3	Überblick über die wichtigsten monetären Rechnungen der BWL	22
Abb. 4	Arten von Einzahlungen und Auszahlungen	28
Abb. 5	Vergangenheitsbezogene Geldbestands- und Geldbewegungsrechnung	30
Abb. 6	Zukunftsbezogene Geldbestands- und Geldbewegungsrechnung	32
Abb. 7	Einzahlungen und Auszahlungen nach ihrer Ertrags- bzw. Aufwandsabhängigkeit	38
Abb. 8	Güterbestands- und Güterbewegungsrechnung	44
Abb. 9	Arten von Bilanzen bezogen auf einen bestimmten Wirtschaftsbetrieb	47
Abb. 10	Größenklassen von Einzelkaufleuten und Personenhandelsgesellschaften nach § 1 PublG	52
Abb. 11	Größenklassen von Kapitalgesellschaften nach § 267 HGB	53
Abb. 12	Bilanz der großen Kapitalgesellschaft nach HGB	66
Abb. 13	Beispielformat einer Bilanz nach IAS (IAS 1 Appendix)	71
Abb. 14	Mindestgliederung der Bilanz nach US-GAAP (Regulation S-X)	72
Abb. 15	Aktivierungsregelungen nach Handelsrecht und Steuerrecht	75
Abb. 16	Aktivierungsregelungen nach HGB, IAS und US-GAAP	78
Abb. 17	Bilanzierung von Finanzierungsleasingverträgen in der Steuerbilanz	110
Abb. 18	Gliederung der Bilanz nach HGB	115
Abb. 19	Vorschlag für eine zu § 266 HGB alternative Gliederung der Aktivseite der Bilanz	126
Abb. 20	Anlagenspiegel nach § 268 Abs. 2 HGB	129
Abb. 21	Vorschlag für einen zu § 268 Abs. 2 HGB alternativen Anlagenspiegel	131
Abb. 22	Möglichkeiten der Inventur nach HGB	133
Abb. 23	Bewertung des Anlagevermögens nach HGB	140
Abb. 24	Umfang der Anschaffungskosten nach Handelsrecht und Steuerrecht	144
Abb. 25	Bewertung des Umlaufvermögens nach HGB	154

Abb. 26	Umfang der Herstellungskosten nach Handelsrecht, Steuerrecht und IAS/US-GAAP	163
Abb. 27	Arten von Abschreibungen	173
Abb. 28	Formeln für die Methoden kalenderzeitabhängiger Abschreibung	179
Abb. 29	Beispiel für die Methoden kalenderzeitabhängiger Abschreibung	181
Abb. 30	Zulässigkeit der Abschreibungsmethoden nach Handelsrecht und Steuerrecht	184
Abb. 31	Beispiel einer nutzungsabhängigen Abschreibung	185
Abb. 32	Beispiele zur Sammelbewertung eines Rohstoffs	198
Abb. 33	Zulässigkeit der Sammelbewertungsmethoden nach Handelsrecht und Steuerrecht	202
Abb. 34	Passivierungsregelungen nach Handelsrecht und Steuerrecht	206
Abb. 35	Passivierungsregelungen nach HGB, IAS und US-GAAP	209
Abb. 36	Vorschlag für eine zu § 266 HGB alternative Gliederung der Passivseite der Bilanz	235
Abb. 37	Bewertung von Schulden und Eigenkapital nach HGB	236
Abb. 38	Vorschlag für eine zu § 266 HGB alternative Gliederung der Bilanz	244
Abb. 39	Verhältnis der Gewinn- und Verlustrechnung zur Bilanz	246
Abb. 40	Gewinn- und Verlustrechnung der großen Kapitalgesellschaft entsprechend dem Gesamtkostenverfahren nach HGB	256
Abb. 41	Mindestgliederungsvorschriften der Gewinn- und Verlustrechnung entsprechend dem Gesamtkostenverfahren nach IAS	259
Abb. 42	Umsatzerlöse nach HGB	263
Abb. 43	Gewinn- und Verlustrechtung nach dem Gesamtkostenverfahren unter Berücksichtigung der Positionen des HGB in Kontoform	288
Abb. 44	Vorschlag für eine zu § 275 HGB alternative Gliederung der Gewinn -und Verlustrechnung nach dem Gesamtkostenverfahren	289
Abb. 45	Gewinn -und Verlustrechnung der großen Kapitalgesellschaft entsprechend dem Umsatzkostenverfahren nach HGB	290
Abb. 46	Mindestgliederungsvorschriften der Gewinn- und Verlustrechnung entsprechend dem Umsatzkostenverfahren nach IAS	291
Abb. 47	Mindestgliederungsvorschriften der Gewinn- und Verlustrechnung entsprechend dem Umsatzkostenverfahren nach US-GAAP	292
Abb. 48	Berichterstattung der Kapitalgesellschaft im Anhang entsprechend HGB	314
Abb. 49	Ermittlung des Economic Value Added	337
Abb. 50	Bilanzielle Liquiditätsgrade im engen und im weiten Sinne	356
Abb. 51	Bilanzielle Liquiditätsgrade in der deutschen und angloamerikanischen Literatur	359
Abb. 52	Beispiel einer Bewegungsbilanz	365

Abbildungsverzeichnis 439

Abb. 53   Kapitalflussrechnung nach HFA 1/1995 bei direkter Ermittlung
          der Zahlungssalden 371
Abb. 54   Kapitalflussrechnung nach HFA 1/1995 bei indirekter Ermittlung
          des Mittelzuflusses/-abflusses aus laufender Geschäftstätigkeit 372
Abb. 55   Ermittlung des cash flow anhand der Gewinn- und Verlustrechnung
          nach dem Gesamtkostenverfahren 378
Abb. 56   Ermittlung des cash flow anhand der Gewinn- und Verlustrechnung
          nach dem Umsatzkostenverfahren 382
Abb. 57   Ermittlung des EBITDA auf Basis einer Gewinn- und
          Verlustrechnung nach IAS bzw. US-GAAP 384
Abb. 58   Möglichkeiten der Verwendung eines positiven cash flow
          des abgelaufenen Jahres 388
Abb. 59   Möglichkeiten der Deckung eines negativen cash flow
          des abgelaufenen Jahres 390
Abb. 60   Ermittlung des bilanziellen cash flow 399
Abb. 61   Ermittlung des cash flow aus Ergebnisvorgängen 403
Abb. 62   Unterschiede zwischem dem Economic Value Added,
          der Wertschöpfung und dem Gewinn 405
Abb. 63   Subtraktive Wertschöpfungsrechnung (Wertschöpfungsentstehungs-
          rechnung) auf der Grundlage der Gewinn- und Verlustrechnung
          nach dem Gesamtkostenverfahren 411
Abb. 64   Additive Wertschöpfungsrechnung (wertschöpfungsverwendungs-
          rechnung) auf der Grundlage der Gewinn- und Verlustrechnung
          nach dem Gesamtkostenverfahren 413
Abb. 65   Subtraktive Wertschöpfungsrechnung (Wertschöpfungsentstehungs-
          rechnung) auf der Grundlage der Gewinn- und Verlustrechnung
          nach dem Umsatzkostenverfahren 415
Abb. 66   Additive Wertschöpfungsrechnung (wertschöpfungsverwendungs-
          rechnung) auf der Grundlage der Gewinn- und Verlustrechnung
          nach dem Umsatzkostenverfahren 416
Abb. 67   Überleitungsrechnung nach AktG 426
Abb. 68   Vorschlag einer Gewinnverwendungsrechnung 427
Abb. 69   Vorschlag einer Verlustdeckungsrechnung 430

Literaturverzeichnis

Achleitner, Paul/ Dresig, Tilo: Unternehmensbewertung, marktorientierte, in: Handwörterbuch der Rechnungslegung und Prüfung, hrsg. von Wolfgang Ballwieser, Adolf G. Coenenberg und Klaus von Wysocki, 3. Aufl., Stuttgart 2002, Sp. 2432-2445.

Adler/Düring/Schmaltz: Rechnungslegung und Prüfung der Unternehmen. Kommentar zum HGB, AktG, GmbHG, PublG nach den Vorschriften des Bilanzrichtlinien-Gesetzes, bearb. von Forster, Karl-Heinz u. a., 6. Aufl., Stuttgart 1995-1998 [zitiert als: Adler/Düring/Schmaltz].

Agthe, Klaus: Stufenweise Fixkostendeckung, in: ZfB 1959, S. 742-748.

Ahsen, Helge Bernd von: Sammelbewertung des Vorratsvermögens, Wiesbaden 1977.

Alexander, David/ Nobes, Christopher: Financial Accounting. An International Introduction, Harlow et al. 2001.

Auer, Kurt V.: Kapitalflussrechnung, in: Handwörterbuch der Rechnungslegung und Prüfung, hrsg. von Wolfgang Ballwieser, Adolf G. Coenenberg und Klaus von Wysocki, 3. Aufl., Stuttgart 2002, Sp. 1292-1311.

Baetge, Jörg: Bilanzanalyse, Düsseldorf 1998.

Baetge, Jörg/ Keitz, Isabel von: IAS 38 Immaterielle Vermögenswerte (Intangible Assets), in: Rechnungslegung nach International Accounting Standards (IAS), hrsg. von Jörg Baetge u. a., 2. Aufl., Stuttgart 2002/2003, Anm. 1-171.

Baetge, Jörg/ Kirsch, Hans-Jürgen: Grundsätze ordnungsmäßiger Buchführung, in: Küting/Weber, 5. Aufl., Kap. 4 (2002) Anm. 1-124.

Baetge, Jörg/ Kirsch, Hans-Jürgen/ Thiele, Stefan: Bilanzen, 6. Aufl., Düsseldorf 2002.

Bähr, Gottfried/ Fischer-Winkelmann, Wolf F.: Buchführung und Jahresabschluss, 7. Aufl., Wiesbaden 2001.

Bald, Ernst-Joachim u. a.: Leitfaden für die Vergabe von Unternehmenskrediten (Schuldscheindarlehen), Kreditleitfaden, 2. Aufl., Karlsruhe 1994.

Ballwieser, Wolfgang: Unternehmensbewertung mit Discounted Cash Flow-Verfahren, in: WPg 1998, S. 81-92.

Ballwieser, Wolfgang/ Coenenberg, Adolf G./ Schultze, Wolfgang: Unternehmensbewertung, erfolgsorientierte, in: Handwörterbuch der Rechnungslegung und Prüfung, hrsg. von Wolfgang Ballwieser, Adolf G. Coenenberg und Klaus von Wysocki, 3. Aufl., Stuttgart 2002, Sp. 2412-2432.

Bellavite-Hövermann, Yvette/ Barckow, Andreas: IAS 39 Finanzinstrumente: Ansatz und Bewertung (Financial Instruments: Recognition and Measurement), in: Rechnungslegung nach International Accounting Standards (IAS), hrsg. von Jörg Baetge u. a., 2. Aufl., Stuttgart 2002/2003, Anm. 1-205.

Bender, Jürgen: Die Wertschöpfungsrechnung auf der Grundlage des Konzernabschlusses nach HGB, in: Das Konzernrechnungswesen des Jahres 2000, hrsg. von Karlheinz Küting und Claus-Peter Weber, Stuttgart 1991, S. 511-550.

Benner, Wolfgang: Geld, in: Handwörterbuch des Rechnungswesens, hrsg. von Klaus Chmielewicz und Marcell Schweitzer, 3. Aufl., Stuttgart 1993, Sp. 699-707.

Berger, Axel u. a. (Hrsg.): Beck'scher Bilanz-Kommentar. Handels- und Steuerrecht - §§ 238 bis 339 HGB -, 5. Aufl., München 2003 [zitiert als: Beck Bil-Komm.].

Berger, Axel/ Gutike, Hans-Jochen: § 247, in: Beck Bil-Komm., Anm. 601-630.

Berger, Axel/ Ring, Maximilian: § 253, in: Beck Bil-Komm., Anm. 51-393.

Berger, Axel/ Schramm, Marianne/ Ring, Maximilian: § 253, in: Beck Bil-Komm., Anm. 641-693.

Betriebswirtschaftlicher Ausschuss und Finanzausschuss des Verbandes der chemischen Industrie e. V.: Unternehmenssteuerung durch Zielvorgaben, Frankfurt 1998.

Bieg, Hartmut: Schwebende Geschäfte in Handels- und Steuerbilanz, Frankfurt 1977.

Bieg, Hartmut/ Kußmaul, Heinz: Externes Rechnungswesen, 3. Aufl., München, Wien 2003.

Blohm, Hans/ Lüder, Klaus: Investition. Schwachstellenanalyse des Investitionsbereichs und Investitionsrechnung, 8. Aufl., München 1995.

Böcking, Hans-Joachim/ Orth, Christian: Abschreibungen, in: Handwörterbuch der Rechnungslegung und Prüfung, hrsg. von Wolfgang Ballwieser, Adolf G. Coenenberg und Klaus von Wysocki, 3. Aufl., Stuttgart 2002, Sp. 12-26.

Borchert, Dierk: § 275, in: Küting/Weber, 4. Aufl., Anm. 1-158.

Brede, Helmut: Grundzüge der öffentlichen Betriebswirtschaftslehre, München, Wien 2001.

Buchner, Robert/ Adam, Elmar: Die Bewertung gleichartiger Vorratsgüter mit Hilfe der Fiktion beschaffungspreisbestimmter Verbrauchsfolgen, in: ZfB 1972, S. 173-200.

Bundesministerium der Finanzen: Schreiben vom 25.2.2000, in: Bundessteuerblatt 2000, Teil I, S. 372-375.

Castan, Edgar: Rechnungslegung der Unternehmung, 3. Aufl., München 1990.

Coenenberg, Adolf Gerhard, unter Mitarbeit von Alvarez, Manuel u. a.: Jahresabschluss und Jahresabschlussanalyse. Betriebswirtschaftliche, steuerrechtliche und internationale Grundsätze - HGB, IAS/IFRS, US-GAAP, DRS, 19. Aufl., Stuttgart 2003.

Dellmann, Klaus/ Amen, Matthias: Kaitalfluß- und Finanzierungsrechnung, in: Handbuch des Jahresabschlusses, hrsg. von Klaus von Wysocki, Joachim Schulze-Osterloh und Joachim Hennrichs, Köln 1984/2003, Abt. IV/6 Anm. 1-237 (2. Neubearb., 2000).

Deppe, Hans-Dieter/ Lohmann, Karl: Grundriß einer analytischen Finanzplanung, 2. Aufl., Göttingen 1989.

Deutscher Bundestag: Drucksache 10/4268 vom 18.11.85. Beschlussempfehlung und Bericht des Rechtsausschusses (6. Ausschuß) zu dem von der Bundesregierung eingebrachten Entwurf eines Gesetzes zur Durchführung der Vierten Richtlinie des Rates der Europäischen Gemeinschaften zur Koordinierung des Gesellschaftsrechts (Bilanzrichtlinie-Gesetz) - Drucksache 10/317 -; Entwurf eines Gesetzes zur Durchführung der Siebten und Achten Richtlinie des Rates der Europäischen Gemeinschaften zur Koordinierung des Gesellschaftsrechts - Drucksache 103440 -, Bonn 1985.

Döring, Ulrich/ Buchholz, Rainer: § 253, in: Küting/Weber, 5. Aufl., Anm. 106-225 (2003).

Drukarczyk, Jochen: Finanzierung, 8. Aufl., Stuttgart 1999.

Drukarczyk, Jochen/ Schwetzler, Bernhard: Unternehmensbewertung, 4. Aufl., München 2002.

Eichmann, Andreas Alexander: Industrielle Fertigungskostenrechnung, Erfassung und Verrechnung der Fertigungskosten des Industriebetriebs, Lohmar, Köln 2001.

Eisele, Wolfgang: Kapital, in: Handwörterbuch des Rechnungswesens, hrsg. von Klaus Chmielewicz und Marcell Schweitzer, 3. Aufl., Stuttgart 1993, Sp. 1063-1074.

Eisele, Wolfgang: Aufwendungen und Erträge, außerordentliche, in: Handwörterbuch der Rechnungslegung und Prüfung, hrsg. von Wolfgang Ballwieser, Adolf G. Coenenberg und Klaus von Wysocki, 3. Aufl., Stuttgart 2002, Sp. 157-169.

Eisele, Wolfgang: Buchhaltung, in: Handwörterbuch der Unternehmensrechnung und Controlling, hrsg. von Hans-Ulrich Küpper und Alfred Wagenhofer, 4. Aufl., Stuttgart 2002, Sp. 219-231.

Eisele, Wolfgang: Technik des betrieblichen Rechnungswesens. Buchführung und Bilanzierung, Kosten- und Leistungsrechnung, Sonderbilanzen, 7. Aufl., Bochum 2002.

Ellrott, Helmut: § 268, in: Beck Bil-Komm., Anm. 90-97.

Ellrott, Helmut: § 285, in: Beck Bil-Komm., Anm. 1-261.

Ellrott, Helmut/ Ring, Stephan: § 253, in: Beck Bil-Komm., Anm. 501-626.

Emmerich, Gerhard: Bilanzierung, Gewinnausschüttung und Kapitalerhaltung, Göttingen 1976.

Endres, Walter: Der erzielte und der ausschüttbare Gewinn der Betriebe, Köln, Opladen 1967.

Euler, Roland: Latente Steuern, in: Handwörterbuch der Rechnungslegung und Prüfung, hrsg. von Wolfgang Ballwieser, Adolf G. Coenenberg und Klaus von Wysocki, 3. Aufl., Stuttgart 2002, Sp. 1462-1478.

Farr, Wolf-Michael: Inventur und Inventar, in: Handbuch des Jahresabschlusses, hrsg. von Klaus von Wysocki, Joachim Schulze-Osterloh und Joachim Hennrichs, Köln 1984/2003, Abt. II/5 Anm. 1-181 (1998).

Federmann, Rudolf: Außerordentliche Erträge und Aufwendungen in der GuV-Rechnung, in: BB 1987, S. 1071-1078.

Federmann, Rudolf: Bilanzierung nach Handelsrecht und Steuerrecht. Gemeinsamkeiten, Unterschiede und Abhängigkeiten von Handels- und Steuerbilanz unter Berücksichtigung internationaler Rechnungslegungsstandards, 11. Aufl., Berlin 2000.

Förschle, Gerhart: § 275, in: Beck Bil-Komm., Anm. 1-364.

Förschle, Gerhart: § 277, in: Beck Bil-Komm., Anm. 1-29.

Förschle, Gerhart/ Kroner, Matthias/ Heddäus, Birgit: Ungewisse Verpflichtungen nach IAS 37 im Vergleich zum HGB, in: WPg 1999, S. 41-54.

Förschle, Gerhart/ Kropp, Manfred: § 256, in: Beck Bil-Komm., Anm. 1-148.

Franz, Klaus-Peter: Die Ausschüttungsentscheidung der Unternehmung, Berlin 1974.

Freericks, Wolfgang: Bilanzierungsfähigkeit und Bilanzierungspflicht in Handels- und Steuerbilanz, Köln u. a. 1976.

Friederich, Hartmut: Grundsätze ordnungsmäßiger Bilanzierung für schwebende Geschäfte, 2. Aufl., Düsseldorf 1976.

Gelhausen, Hans Friedrich: Bestätigungsvermerk, in: Handwörterbuch der Rechnungslegung und Prüfung, hrsg. von Wolfgang Ballwieser, Adolf G. Coenenberg und Klaus von Wysocki, 3. Aufl., Stuttgart 2002, Sp. 303-320.

Gelhausen, Friedrich/ Weiblen, Stefan: Die Bilanzierung von Leasingverträgen, in: Handbuch des Jahresabschlusses, hrsg. von Klaus von Wysocki, Joachim Schulze-Osterloh und Joachim Hennrichs, Köln 1984/2003, Abt. I/5 Anm. 1-304 (2003).

Göllert, Kurt/ Ringling, Wilfried: Anlagenbuchhaltung nach neuem Bilanzrecht, in: BBK 1986, Fach 14, S. 4109-4122.

Götze, Uwe/ Bloech, Jürgen: Investitionsrechnung. Modelle und Analysen zur Beurteilung von Investitionsvorhaben, 3. Aufl., Berlin, Heidelberg 2002.

Grosse, Heinz-Walter: Die kurzfristige Erfolgsrechnung in den USA, Thun, Frankfurt am Main 1988.

Gutenberg, Erich: Einführung in die Betriebswirtschaftslehre, Wiesbaden 1958, Nachdruck 1991.

Hachmeister, Dirk: Discounted Cash-Flow als Maßstab der Unternehmenswertsteigerung, 4. Aufl., Frankfurt am Main 2000.

Haller, Axel: Wertschöpfungsrechnung, Stuttgart 1997.

Harrison, Walter T./ Horngren, Charles T.: Financial accounting, 4th ed., Upper Saddle River, N. J. 2001.

Hax, Karl: Die Substanzerhaltung der Betriebe, Köln, Opladen 1957.

Hebertinger, Martin: Substanzwert, in: Handwörterbuch der Rechnungslegung und Prüfung, hrsg. von Wolfgang Ballwieser, Adolf G. Coenenberg und Klaus von Wysocki, 3. Aufl., Stuttgart 2002, Sp. 2330-2336.

Heidel, Thomas: § 256, in: Aktienrecht. Aktiengesetz, Gesellschaftsrecht, Kapitalmarktrecht, Steuerrecht, Europarecht, hrsg. von Thomas Heidel, Bonn 2003, Anm. 1-21.

Heinen, Edmund: Handelsbilanzen, 12. Aufl., Wiesbaden 1986.

Hense, Burkhard/ Philipps, Holger: § 240, in: Beck Bil-Komm., Anm. 1-145.

Herzig, Norbert/ Köster, Thomas: Rückstellungen für ungewisse Verbindlichkeiten, für drohende Verluste aus schwebenden Geschäften, für unterlassene Aufwendungen für Instandhaltung und Abraumbeseitigung sowie für Kulanzleistungen, in: Handbuch des Jahresabschlusses, hrsg. von Klaus von Wysocki, Joachim Schulze-Osterloh und Joachim Hennrichs, Köln 1984/2003, Abt. III/5 Anm. 1-459 (2. Neubearb., 1999).

Hoffmann, Wolf-Dieter: Einführung in die Brutto-Entwicklung des Anlagevermögens nach dem Bilanzrichtlinien-Gesetz, in: BB 1986, S. 1398-1406.

Horngren, Charles T. et al.: Management and cost accounting, 10 th ed., London et al. 1999.

Horngren, Charles T./ Forster, George/ Datar, Srikant U.: Cost accounting: a managerial emphasis, 10th ed., Upper Saddle River, N. J. 2000.

Hummel, Siegfried: Die Auswirkungen von Lagerbestandsveränderungen auf den Periodenerfolg. Ein Vergleich der Erfolgskonzeptionen von Vollkostenrechnung und Direct Costing, in: ZfbF 1969, S. 155-186.

Hummel, Siegfried/ Männel, Wolfgang: Kostenrechnung 1, Grundlagen, Aufbau und Anwendung, 4. Aufl., Wiesbaden 1986.

Hüttemann, Ulrich: Verbindlichkeiten, in: Handbuch des Jahresabschlusses, hrsg. von Klaus von Wysocki, Joachim Schulze-Osterloh und Joachim Hennrichs, Köln 1984/2003, Abt. III/8 Anm. 1-383 (1988).

Institut der Wirtschaftsprüfer in Deutschland e. V., HFA Stellungnahme 1/1978: Die Kapitalflußrechnung als Ergänzung des Jahresabschlusses, in: WPg 1978, S. 207-208.

Institut der Wirtschaftsprüfer in Deutschland e. V., HFA Stellungnahme 1/1990: Zur körperlichen Bestandsaufnahme im Rahmen von Inventurverfahren, in: WPg 1990, S. 143-149.

Institut der Wirtschaftsprüfer in Deutschland e. V., HFA Stellungnahme 1/1995: Die Kapitalflußrechnung als Ergänzung des Jahres- und Konzernabschlusses, in: Fachnachrichten 1995, S. 72-76.

Institut der Wirtschaftsprüfer in Deutschland e. V., HFA Stellungnahme 2/1997: Zweifelsfragen der Rechnungslegung bei Verschmelzungen, in: WPg 1997, S: 235-240.

Institut der Wirtschaftsprüfer in Deutschland e. V., DW Prüfungsstandard: Grundsätze für die ordnungsmäßige Erteilung von Bestätigungsvermerken bei Abschlußprüfungen, in: WPg 1999, S. 641-657.

Institut der Wirtschaftsprüfer in Deutschland e. V. (Hrsg.): Wirtschaftsprüfer-Handbuch 2000, Bd. I, 12. Aufl., Düsseldorf 2000.

Isele, Horst: § 277, in: Küting/Weber, 4. Aufl., Anm. 111-142.

Jacobs, Otto H.: IAS 2 Vorräte (Inventories), in: Rechnungslegung nach International Accounting Standards (IAS). Kommentar auf der Grundlage des deutschen Bilanzrechts, hrsg. von Jörg Baetge u. a., 2. Aufl., Stuttgart 2002.

Jacobs, Otto H.: Vermögensgegenstand/Wirtschaftsgut, in: Handwörterbuch der Rechnungslegung und Prüfung, hrsg. von Wolfgang Ballwieser, Adolf G. Coenenberg und Klaus von Wysocki, 3. Aufl., Stuttgart 2002, Sp. 2499-2518

Jacobs, Otto H./ Scheffler, Wolfram: Unternehmensbewertung, in: Handwörterbuch des Rechnungswesens, hrsg. von Klaus Chmielewicz und Marcell Schweitzer, 3. Aufl., Stuttgart 1993, Sp. 1977-1988.

Jäger, Ernst: Lehrbuch des Deutschen Konkursrechts, 8. Aufl., Berlin u. a. 1932.

Jarchow, Hans-Joachim: Theorie und Politik des Geldes, Bd. I: Geldtheorie, 11. Aufl., Göttingen 2003.

Jarchow, Hans-Joachim/ Rühmann, Peter: Monetäre Außenwirtschaft, Bd. I: Monetäre Außenwirtschaftstheorie, 4. Aufl., Göttingen 1994.

Karrenbrock, Holger: Latente Steuern in Bilanz und Anhang, Düsseldorf 1991.

Keßler, Walter: Anlagenspiegel nach § 268 HGB, Buchungstechnik und Kontenrahmen, in: Praxis des Rechnungswesens, Freiburg im Breisgau (Loseblattsammlung), Gruppe 4, S. 249-258.

Kilger, Wolfgang/ Pampel, Jochen/ Vikas, Kurt: Flexible Plankostenrechnung und Deckungsbeitragsrechnung, 11. Aufl., Wiesbaden 2002.

Kirsch, Hanno: Besonderheiten des Eigenkapitalausweises und der Eigenkapitalveränderungsrechnung nach IAS, in: BuW 2002, S. 309-315.

Kloock, Josef: Betriebliches Rechnungswesen, 2. Aufl., Lohmar, Köln 1997.

Knobbe-Keuk, Brigitte: Bilanz- und Unternehmenssteuerrecht, 9. Aufl., Köln 1993.

Knop, Wolfgang: § 240, in: Küting/Weber, 4. Aufl., Anm. 1-96.

Knop, Wolfgang: § 268, in: Küting/Weber, 4. Aufl., Anm. 187-217.

Knop, Wolfgang/ Küting, Karlheinz: § 255, in: Küting/Weber, 4. Aufl., Anm. 1-504.

Kosiol, Erich: Anlagenrechnung, Theorie und Praxis der Abschreibungen, 2. Aufl., Wiesbaden 1955.

Kosiol, Erich: Zur Theorie und Systematik des Rechnungswesens, in: Analysen zur Unternehmenstheorie, Festschrift für Leopold L. Illetschko, hsrg. von Karl Lechner, Berlin 1972, S. 113-147.

KPMG Deutsche Treuhand Gesellschaft (Hrsg.): Rechnungslegung nach US-amerikanischen Grundsätzen. Grundlagen der US-GAAP und SEC-Vorschriften, 2. Aufl., Düsseldorf 1999.

Kroenlein, Günter: Die Wertschöpfung der Aktiengesellschaft und des Konzerns, Berlin 1975.

Kronthaler, Ludwig/ Weichselbaumer, Jürgen Stefan: Kameralistik, in: Handwörterbuch der Unternehmensrechnung und Controlling, hrsg. von Hans-Ulrich Küpper und Alfred Wagenhofer, 4. Aufl., Stuttgart 2002, Sp. 922-931.

Kruschwitz, Lutz: Investitionsrechnung, 8. Aufl., München 2000.

Kruse, Heinrich Wilhelm: Grundsätze ordnungsmäßiger Buchführung, 3. Aufl., Köln 1978.

Künnemann, Martin: Objektivierte Unternehmensbewertung, Frankfurt am Main u. a.1985.

Kunz, Karlheinz: Inventur, in: Handwörterbuch der Rechnungslegung und Prüfung, hrsg. von Wolfgang Ballwieser, Adolf G. Coenenberg und Klaus von Wysocki, 3. Aufl., Stuttgart 2002, Sp. 1238-1247.

Küpper, Hans-Ulrich: Abschreibungen, in: Handwörterbuch des Rechnungswesens, hrsg. von Klaus Chmielewicz und Marcell Schweitzer, 3. Aufl., Stuttgart 1993, Sp. 15-19.

Kußmaul, Heinz: Ausgewählte Bilanzierungsfragen, Teil A: Bilanzierungsfähigkeit und Bilanzierungspflicht, in: Küting/Weber, 5. Aufl., Kap. 6 Anm. 1-42.

Küting, Karlheinz/ Weber, Claus-Peter (Hrsg.): Handbuch der Rechnungslegung. Kommentar zur Bilanzierung und Prüfung, Bd. Ia, 4. Aufl., Stuttgart 1995 [zitiert als: Küting/Weber, 4. Aufl.]

Küting, Karlheinz/ Weber, Claus-Peter (Hrsg.): Handbuch der Rechnungslegung, Einzelabschluss. Kommentar zur Bilanzierung und Prüfung, 5. Aufl., Stuttgart 2002/2003 (Loseblattsammlung) [zitiert als: Küting/Weber, 5. Aufl.].

Lachnit, Laurenz: Bewegungsbilanz, in: Handwörterbuch des Rechnungswesens, hrsg. von Klaus Chmielewicz und Marcell Schweitzer, 3. Aufl., Stuttgart 1993, Sp 183-191.

Leffson, Ulrich: Cash Flow - Weder Erfolgs- noch Finanzindikator!, in: Aktuelle Fragen der Unternehmensfinanzierung und Unternehmensbewertung, Festschrift zum 70. Geburtstag von Kurt Schmaltz, hrsg. von Karl-Heinz Forster und Peter Schumann, Stuttgart 1970, S. 108-127.

Leffson, Ulrich: Wirtschaftsprüfung, 3. Aufl., Wiesbaden 1985.

Leffson, Ulrich: Die Grundsätze ordnungsmäßiger Buchführung, 7. Aufl., Düsseldorf 1987.

Lehmann, Max Rudolf: Leistungsmessung durch Wertschöpfungsrechnung, Essen 1954.

Lehmann, Max Rudolf: Allgemeine Betriebswirtschaftslehre, 3. Aufl., Wiesbaden 1956.

Lenz, Hansrudi/ Fiebirger, André: Die Gliederung der Bilanz nach HGB und IAS, in: Handbuch des Jahresabschlusses, hrsg. von Klaus von Wysocki, Joachim Schulze-Osterloh und Joachim Hennrichs, Köln 1984/2003, Abt. I/6 Anm. 1-199 (2002).

Lohmann, Martin: Einführung in die Betriebswirtschaftslehre, 4. Aufl., Tübingen 1964.

Lück, Wolfgang: Wirtschaftsprüfung und Treuhandwesen, Stuttgart 1986.

Lücke, Alexander: Wertsteigerungsrücklagen und Ersatzbeschaffungsrücklagen, Göttingen 2003.

Lücke, Wolfgang: Finanzplanung und Finanzkontrolle, Wiesbaden 1962.

Lutz, Günter: Gegenstand der Aktivierung und Passivierung und seine Zurechnung im Handels- und Steuerrecht, in: Handbuch des Jahresabschlusses, hrsg. von Klaus von Wysocki, Joachim Schulze-Osterloh und Joachim Hennrichs, Köln 1984/2003, Abt. I/4 Anm. 1-200 (2003).

Männel, Wolfgang: Bemerkungen zu den Begriffsreihen "Auszahlungen, Ausgaben, Aufwendungen, Kosten" und "Einzahlungen, Einnahmen, Erträge, Leistungen", in: krp 1975, S. 215-221.

Männel, Wolfgang: Rechnungswesen, in: Handwörterbuch der Wirtschaftswissenschaft, Bd. 6, hrsg. von Willi Albers u. a., Studienausgabe, Stuttgart u. a. 1988, S. 456-478.

Mansch, Helmut: Ertragswerte in der Handelsbilanz, Thun, Frankfurt am Main 1979.

Mansch, Helmut/ Stollberg, Klaus/ Wysocki, Klaus von: Die Kapitalflußrechnung als Ergänzung des Jahres- und Konzernabschlusses, in: WPg 1995, S. 185-203.

Mayer-Wegelin, Eberhard: § 256, in: Küting/Weber, 5. Aufl., Anm. 1-94 (2002).

Mellerowicz, Konrad: Kosten- und Kostenrechnung, Bd. II: Verfahren, 2. Teil: Kalkulation und Auswertung der Kostenrechnung und Betriebsabrechnung, 5. Aufl., Berlin, New York 1980.

Menrad, Siegfried: Rechnungswesen, Göttingen 1978.

Mittendorf, Christoph: Industrielle Verwaltungskostenrechnung. Erfassung und Verrechnung der Verwaltungskosten im Rahmen der Vollkostenrechnung und der Teilkostenrechnung, Northeim 1996.

Moxter, Adolf: Bilanzlehre, Bd. I: Einführung in die Bilanztheorie, 3. Aufl., Wiesbaden 1984.

Moxter, Adolf: Grundsätze ordnungsmäßiger Buchführung, in: Handwörterbuch der Unternehmensrechnung und Controlling, hrsg. von Hans-Ulrich Küpper und Alfred Wagenhofer, 4. Aufl., Stuttgart 2002, Sp. 1041-1052.

Müller, Eckhard: Probleme kurzfristiger Rechnungslegung, Thun, Frankfurt am Main 1982.

Naumann, Klaus-Peter/ Breker, Norbert: Bewertungsprinzipien für die Rechnungslegung nach HGB, Bilanzsteuerrecht und IAS/IFRS, in: Handbuch des Jahresabschlusses, hrsg. von Klaus von Wysocki, Joachim Schulze-Osterloh und Joachim Hennrichs, Köln 1984/2003, Abt. I/7 Anm. 1-532 (2003).

Neumann, Patrik: Die Steuerabgrenzung im handelsrechtlichen Jahresabschluß, Frankfurt am Main u. a. 1991.

Neumann, Renate: Prognosegewinn- und Prognoseverlustrechnung sowie Prognosebilanz der Industrie-Aktiengesellschaft für das kommende Geschäftsjahr, Thun, Frankfurt am Main 1985.

Nicklisch, Heinrich: Die Betriebswirtschaft, 7. Aufl., Stuttgart 1932.

Niehus, Rudolf J.: Aufwendungen und Erträge aus der „nicht gewöhnlichen Geschäftstätigkeit" der Kapitalgesellschaft: Abgrenzungsfragen zum Ausweis der außerordentlichen Posten nach neuem Recht, in: DB 1986, S. 1293-1297.

Pellens, Bernhard / Sellhorn, Thorsten: Goodwill-Bilanzierung nach SFAS 141 und 142 für deutsche Unternehmen, in: DB 2001, S. 1681-1689.

Perridon, Louis/ Steiner, Manfred: Finanzwirtschaft der Unternehmung, 11. Aufl., München 2002.

Pfitzer, Norbert/ Dutzi, Andreas: Fair Value, in: Handwörterbuch der Rechnungslegung und Prüfung, hrsg. von Wolfgang Ballwieser, Adolf G. Coenenberg und Klaus von Wysocki, 3. Aufl., Stuttgart 2002, Sp. 749-764.

Rappaport, Alfred: Shareholder Value. Ein Handbuch für Manager und Investoren, übersetzt von Wolfgang Klien, 2. Aufl., Stuttgart 1999.

Riebel, Paul: Einzelkosten- und Deckungsbeitragsrechnung, 7. Aufl., Wiesbaden 1994.

Rogler, Silvia: Gewinn- und Verlustrechnung nach dem Umsatzkostenverfahren, Wiesbaden 1990.

Rogler, Silvia: Herstellungskosten beim Umsatzkostenverfahren, in: BB 1992, S. 1459-1463.

Rogler, Silvia: Vermittelt das Umsatzkostenverfahren ein besseres Bild der Ertragslage als das Gesamtkostenverfahren?, in: DB 1992, S. 749-752.

Rogler, Silvia: Drohende Zahlungsunfähigkeit als neuer Insolvenzgrund, in: BuW 2000, S. 27-32.

Rogler, Silvia: Einfluß ausgewählter steuerrechtlicher Änderungen zur Gewinnermittlung auf den handelsrechtlichen Jahresabschluß sowie die Bilanzpolitik, in: BFuP 2001, S. 413-425.

Rogler, Silvia: Risikomanagement im Industriebetrieb. Analyse von Beschaffungs-, Produktions- und Absatzrisiken, Wiesbaden 2002.

Rohatschek, Roman: Bilanzierung latenter Steuern im Einzel- und Konzernabschluss, Wien 2000.

Ruchti, Hans: Die Abschreibung. Ihre grundsätzliche Bedeutung als Aufwands-, Ertrags- und Finanzierungsfaktor, Stuttgart 1953.

Schäfer, Bernd: Anlagespiegel, in: Handwörterbuch der Rechnungslegung und Prüfung, hrsg. von Wolfgang Ballwieser, Adolf G. Coenenberg und Klaus von Wysocki, 3. Aufl., Stuttgart 2002, Sp. 69-77.

Schäfer, Erich: Die Unternehmung, 10. Aufl., Wiesbaden 1980 (Nachdruck 1991).

Schäfer, Erich/ Knoblich, Hans: Grundlagen der Marktforschung, 5. Aufl., Stuttgart 1978.

Schall, Lawrence D./ Haley, Charles W.: Introduction to financial management, 6th ed., New York et al. 1991.

Schildbach, Thomas: US-GAAP. Amerikanische Rechnungslegung und ihre Grundlagen, 2. Aufl., München 2002.

Schiller, Andreas: Gründungsrechnungslegung. Dargestellt am Beispiel der Aktiengesellschaft, Wiesbaden 1990.

Schlegelberger, Franz: Handelsgesetzbuch, Bd. 1: §§ 1-47a, bearb. von Ernst Geßler u. a., 5. Aufl., München 1973.

Schmalenbach, Eugen: Dynamische Bilanz, 13. Aufl., Köln, Opladen 1962, Nachdruck 1988.

Schmidt, Fritz: Die organische Bilanz im Rahmen der Wirtschaft, Leipzig 1921, Faksimile-Druck, Wiesbaden 1979.

Schmidt, Simone: Bewertung von Vermögen zum Tageswert. Ein alternatives Konzept zur handelsrechtlichen Bewertung, Lohmar, Köln 2000.

Schönbrunn, Norbert: IAS 23 Fremdkapitalkosten (Borrowing Costs), in: Rechnungslegung nach International Accounting Standards (IAS), hrsg. von Jörg Baetge u. a., 2. Aufl., Stuttgart 2002/2003, Anm. 1-74.

Schweitzer, Marcell/ Küpper, Hans-Ulrich: Systeme der Kosten- und Erlösrechnung, 7. Aufl., München 1998.

Seeliger, Gerhard: Der Begriff des wirtschaftlichen Eigentums im Steuerrecht, Stuttgart 1962.

Selchert, Friedrich Wilhelm: Der Bilanzansatz von Aufwendungen für die Erweiterung des Geschäftsbetriebs, in: DB 1986, S. 977-983.

Selchert, Friedrich Wilhelm: Herstellungskosten im Umsatzkostenverfahren, in: DB 1986, S. 2397-2400.

Siegel, Theodor: Bilanztheorie, in: Handwörterbuch der Unternehmensrechnung und Controlling, hrsg. von Hans-Ulrich Küpper und Alfred Wagenhofer, 4. Aufl., Stuttgart 2002, Sp. 195-207.

Sigle, Hermann: § 277, in: Küting/Weber, 4. Aufl., Anm. 1-110.

Smith, Jack L./ Keith, Robert M./ Stephens, William L.: Accounting Principles, 5th ed., New York et al. 2000 (zitiert 3rd. ed. 1989).

Stobbe, Alfred: Volkswirtschaftliches Rechnungswesen, 8. Aufl., Berlin u. a. 1994.

Tiedchen, Susanne: Der Vermögensgegenstand im Handelsbilanzrecht, Köln 1991.

Veit, Klaus-Rüdiger: Unternehmensverträge und Eingliederung als aktienrechtliche Instrumente der Unternehmensverbindung, Düsseldorf 1974.

Veit, Klaus-Rüdiger: Aktienrechtliche Unternehmensverbindungen und ihre Verknüpfung durch gesetzliche Vermutungsregeln und Fiktionen, in: WiSt 1975, S. 368-374.
Veit, Klaus-Rüdiger: Die Konkursrechnungslegung, Köln u. a. 1982.
Veit, Klaus-Rüdiger: Die bilanzielle Behandlung von Gründungsausgaben und von Ausgaben zur Beschaffung des Eigenkapitals, in: WISU 1990, S. 219-220.
Veit, Klaus-Rüdiger: Generelle Aufwandsrückstellungen (§ 249 Abs. 2 HGB) als Bilanzierungshilfe?, in: DB 1991, S. 2045-2047.
Veit, Klaus-Rüdiger: Die Behandlung eines Disagios in Handels- und Steuerbilanz, in: WISU 1992, S. 165-166.
Veit, Klaus-Rüdiger: Die bilanzielle Behandlung von Forschungs- und Entwicklungsausgaben, in: WiSt 1992, S. 453-457.
Veit, Klaus-Rüdiger: Die Funktionen von Bilanzierungshilfen, in: DB 1992, S. 101-104.
Veit, Klaus-Rüdiger: Forschung und Entwicklung, in: Lexikon des Rechnungswesens, hrsg. von Walther Busse von Colbe, 4. Aufl., München, Wien 1998, S. 224-226.
Veit, Klaus-Rüdiger: Bilanzpolitik, München 2002.
Vormbaum, Herbert: Grundlagen des betrieblichen Rechnungswesens, Stuttgart u. a. 1977.
Vormbaum, Herbert: Liquidität, in: Handwörterbuch der Betriebswirtschaft, hrsg. von Waldemar Wittmann u. a., 5. Aufl., Bd. 2, Stuttgart 1993, Sp. 2608-2614.
Wagner, Franz W.: Assets, in: Handwörterbuch der Rechnungslegung und Prüfung, hrsg. von Wolfgang Ballwieser, Adolf G. Coenenberg und Klaus von Wysocki, 3. Aufl., Stuttgart 2002, Sp. 101-111.
Weber, Helmut Kurt: Untersuchungen zum betriebswirtschaftlichen Ertragsbegriff, in: Beiträge zur betriebswirtschaftlichen Ertragslehre, Festschrift zum 70. Geburtstag von Erich Schäfer, hrsg. von Paul Riebel, Opladen 1971, S. 11-61.
Weber, Helmut Kurt: Die quantitative Abbildung der betrieblichen Funktionen durch das Betriebswirtschaftliche Rechnungswesen, in: WiSt 1975, S. 122-127.
Weber, Helmut Kurt: Das Verhältnis von Kapital zu Arbeit im Unternehmen, in: ZfB 1976, S. 607-626.
Weber, Helmut Kurt: Die Zwecke des Betriebswirtschaftlichen Rechnungswesens, in: WiSt 1977, S. 114-120.
Weber, Helmut Kurt: Marktforschung und Rechnungswesen in systemtheoretischer Sicht, in: Der Marktforscher 1977, S. 56-59.
Weber, Helmut Kurt: Wertschöpfungsrechnung, Stuttgart 1980.
Weber, Helmut Kurt: Zum System produktiver Faktoren, in: ZfbF 1980, S. 1056-1071.

Weber, Helmut Kurt: Der Begriff des Kapitals in der Betriebswirtschaftslehre, in: Mut zur Kritik, Festschrift zum 80. Geburtstag von Hanns Linnhardt, hrsg. von Oswald Hahn und Leo Schuster, Bern, Stuttgart 1981, S. 47-68.

Weber, Helmut Kurt: Einzel- und Gemeinkosten sowie variable und fixe Kosten, 2. Aufl., Göttingen 1996.

Weber, Helmut Kurt: Rentabilität, Produktivität und Liquidität. Größen zur Beurteilung und Steuerung von Unternehmen, 2. Aufl., Wiesbaden 1998.

Weber, Helmut Kurt: Die Wertschöpfungsrechnung auf der Grundlage des Jahresabschlusses, in: Handbuch des Jahresabschlusses, hrsg. von Klaus von Wysocki, Joachim Schulze-Osterloh und Joachim Hennrichs, Köln 1984/2003, Abt. IV/7 Anm. 1-138 (3. Neubarb., 1999).

Weber, Helmut Kurt: Industriebetriebslehre, 3. Aufl., Berlin u. a. 1999.

Weber, Helmut Kurt: Vergangenheitsbezogene und zukunftsbezogene Geldbestands- und Geldbewegungsrechnung, in: Jahrbuch für Controlling und Rechnungswesen, hrsg. von Gerhard Seicht, Wien 2000, S. 171-182.

Weber, Helmut Kurt: Basisgrößen der Unternehmensrechnung, in: Handwörterbuch der Unternehmensrechnung und Controlling, hrsg. von Hans-Ulrich Küpper und Alfred Wagenhofer, 4. Aufl., Stuttgart 2002, Sp. 117-125.

Weber, Helmut Kurt: Güterbestands- und Güterbewegungsrechnung, in: Jahrbuch für Controlling und Rechnungswesen, hrsg. von Gerhard Seicht, Wien 2002, S. 261-282.

Weber, Helmut Kurt: Wertschöpfungsrechnung, in: Handwörterbuch der Rechnungslegung und Prüfung, hrsg. von Wolfgang Ballwieser, Adolf G. Coenenberg und Klaus von Wysocki, 3. Aufl., Stuttgart 2002, Sp. 2687-2687.

Weber, Helmut Kurt/ Tiedau, Ludwig: Die Geldflußrechnung auf Grundlage der aktienrechtlichen Gewinn- und Verlustrechnung sowie der Bilanz am Beispiel der Siemens AG, in: DB 1984, S. 465-468 (Teil I) und S. 518-522 (Teil II).

Wedell, Harald: Die Wertschöpfung als Maßgröße für die Leistungskraft eines Unternehmens, in: DB 1976, S. 205-213.

Wedell, Harald: Grundlagen des Rechnungswesens, Bd. 2: Kosten- und Leistungsrechnung, 8. Aufl., Herne, Berlin 2001.

Wedell, Harald: Grundlagen des Rechnungswesens, Bd. 1: Buchführung und Jahresabschluss, 9. Aufl., Herne, Berlin 2002.

Winnefeld, Robert: Bilanz-Handbuch. Handels- und Steuerbilanz, Rechtsformspezifisches Bilanzrecht, Bilanzielle Sonderfragen, Sonderbilanzen, IAS/US-GAAP, 3. Aufl., München 2002.

Wöhe, Günter, unter Mitarbeit von Döring, Ulrich: Bilanzierung und Bilanzpolitik. Betriebswirtschaftlich - Handelsrechtlich - Steuerrechtlich, 9. Aufl., München 1997.

Wöhe, Günter/ Bilstein, Jürgen: Grundzüge der Unternehmensfinanzierung, 9. Aufl., München 2002.

Wöhe, Günter/ Döring, Ulrich: Einführung in die Allgemeine Betriebswirtschaftslehre, 21. Aufl., München 2002.

Wöhe, Günter/ Kußmaul, Heinz: Grundzüge der Buchführung und Bilanztechnik, 3. Aufl., München 2000.

Wollmert, Peter: Eigenkapitalveränderungsrechnung, in: Handwörterbuch der Rechnungslegung und Prüfung, hrsg. von Wolfgang Ballwieser, Adolf G. Coenenberg und Klaus von Wysocki, 3. Aufl., Stuttgart 2002, Sp. 605-610.

Wundrack, Carsten: Industrielle Vertriebskostenrechnung. Erfassung und Verrechnung der Vertriebskosten im Rahmen der Vollkostenrechnung und der Teilkostenrechnung, Lohmar, Köln 2000.

Wysocki, Klaus von: Kameralistisches Rechnungswesen, Stuttgart 1965.

Wysocki, Klaus von/ Schulze-Osterloh, Joachim/ Hennrichs, Joachim (Hrsg.): Handbuch des Jahresabschlusses, Köln 1984/2003 (Loseblattsammlung) [zitiert als: HdJ].

Wysocki, Klaus von: Kapitalflussrechnung, in: Handwörterbuch des Bank- und Finanzwesens, hrsg. von Wolfgang Gehrke und Manfred Steiner, 3. Aufl., Stuttgart 2001, Sp. 1253-1266.

Zwingmann, Lorenz: Die Abbildung ökonomischer Beziehungen zwischen Mutter- und Tochterunternehmen im Jahresabschluß des Konzerns, Bergisch Gladbach, Köln 1993.

Stichwortverzeichnis

Abbildung
  des Absatzes 10
  der Beschaffung 8
  der Finanzierung 10
  des Personalwesens 12
  der Produktion 9
Abfallprodukte 95
Abgabeleistungen 405
Abgaben, soziale 271
Abgänge 44, 128, 133, 392, 396
Abnehmer 17
Absatz 10
Absatzbericht 325
Abschreibungen 170, 376
  Arten 170, 173
  auf Finanzanlagen und Wertpapiere des UV 276
  auf immaterielle Anlagen 272
  auf materielle Anlagen 272
  außerordentliche 273
  außerplanmäßige 170, 272
  beschleunigte 171
  bilanzielle 170
  Buchwert- 177
  degressive 176, 177
  direkte 172
  digitale 176
  handelsrechtliche 170
  indirekte 172
  in fallenden Staffelsätzen 178
  kalenderzeitabhängige 175
  kalkulatorische 170
  lineare 176
  nutzungsabhängige 183, 185
  ordentliche 273
  planmäßige 170, 174
  Sofort- 171

  Sonder- 149, 171, 220
  steuerrechtliche 170
  übliche 172, 273
  unübliche 172, 272
  Zulässigkeit 182, 184
Abschreibungsmethoden 170
Absetzungen
  erhöhte 149, 171, 220
  für Abnutzung 170
  für außergewöhnliche Abnutzung 171
  für außergewöhnliche Substanzverringerung 171
  für Substanzverringerung 170
Absonderung 107, 108
Abzugsposten zu Passiva 73, 104
accounting 1
Agio 237
Aktiengesellschaft 11, 15, 55, 88, 223, 225, 312, 327, 334, 335, 420, 431
  kleine 54
Aktiva 45, 65, 73, 96, 104, 242, 246, 341
Aktivierungshilfen 73
Aktivierungsregelungen
  nach Handelsrecht 75
  nach IAS 78
  nach Steuerrecht 75
  nach US-GAAP 78
Aktivseite, Gliederung 126
Anhang 311, 314
Anlagen, immaterielle 119, 392
Anlagenbewegungsrechnung
  s. Anlagenspiegel
Anlagenspiegel 128, 247, 392

Anlagevermögen
  Begriff 118
  Unterteilung 119
Anschaffungskosten 136, 144, 153
  fortgeschriebene 137, 139, 153, 170
  generelle 187
  individuelle 187
  nach Handelsrecht 145
  nach Steuerrecht 145
  ursprüngliche 137, 139, 153, 170
Anschaffungsnebenkosten 144
Anschaffungspreis 143
Anschaffungswert s. Anschaffungskosten
Anteile
  an verbundenen Unternehmen 89
  eigene 90, 122, 221, 342
Arbeitskräfte 17
Aufsichtsrat 15, 422, 424, 433
Aufwendungen
  Analyse der 340
  Ansatz 248
  aus Verlustübernahme 278
  außerordentliche 278, 377
  Begriff 4
  Bemessung 310
  für Altersversorgung und Unterstützung 271
  für bezogene Leistungen 269
  für Forschung und Entwicklung 101
  für Gründung und Eigenkapitalbeschaffung 99
  für Ingangsetzung und Erweiterung des Geschäftsbetriebs 99, 123, 266, 392
  für RHB sowie für bezogene Waren 268
  periodenfremde 268
  Gliederung 254
  sonstige betriebliche 274, 305, 376, 380
Ausgaben 4, 39

Ausschüttungssperre 87, 100, 422
Aussonderung 106
Auszahlungen
  aktivatauschende 36, 38
  Arten 26, 28
  aufwandsabhängige 38
  aufwandsunabhängige 38
  Begriff 4, 25
  bilanzverkürzende 36, 38
  Entgelt- 30
  Ergebnis- 30
  Nutzungs- 30
Auszahlungsbetrag 237

Barwert 147, 238, 239
basic assumptions 62
basic modifiers 62
basic principles 62
Beschaffung 8
Beschaffungsbericht 325
beschaffungsmengen- und -wertbestimmte Methoden 200
beschaffungspreisbestimmte Methoden 195
beschaffungszeitbestimmte Methoden 194
Besitz 106, 112
Besitzer 105
Bestandsänderungen 245, 261, 264, 375
Bestätigungsvermerk 330
Beteiligungen 87
Bewegungsbilanz 45, 364, 367
Bewertbarkeit, selbständige 98
Bewertung, erfolgsneutrale 160
Bewertungserleichterungen 189
Bewertungsvereinfachungsverfahren 190
Bilanz
  alternative Gliederung 66
  Arten 46, 47
  Aufstellung 63

Begriff 18, 45, 63
Handels- 46
nach HGB 66
nach IAS 71
nach US-GAAP 72
Sonder- 362, 431
Sozial- 45
Steuer- 46
Verhältnis zur GuV 246
Bilanzanalyse 334
Bilanzierungshilfe 73, 87, 99, 104
Bilanzkapital
Ansatz 203
Ausweis 242
Begriff 203, 242
Bestandteile 211
Bewertung 234, 236
Gliederung 229
Bilanzklarheit 60
Bilanzkontinuität 60
Bilanztheorie 97
Bilanzvermögen
Ansatz 65
Ausweis 242
Bewertung 132
Gliederung 115
Bilanzvorsicht 59
Bilanzwahrheit 58
Bilanzwert 241
Börsen- oder Marktpreis 153, 154
Bruttoergebnis vom Umsatz 297, 300
Bruttoproduktionswert 285, 351, 353, 409, 411, 415
Buchführungspflicht 51
Buchhaltung 18

cash flow
aus Ergebnisvorgängen 403
Aussagewert 381
erfolgswirksamer 373
bilanzieller 390
Ermittlung anhand GuV nach
Gesamtkostenverfahren 374, 378
Ermittlung anhand GuV nach
Umsatzkostenverfahren 380, 382
Ermittlung bilanzieller 399
Maßgröße der Erfolgskraft 381
Maßgröße der Ertragskraft 381
Maßgröße der Finanzkraft 385
Maßgröße der Investitionskraft 387
Maßgröße der Schuldentilgungskraft 386
negativer 389
positiver 387
cash flow-Analyse
der Bilanzveränderungen 390
der Gewinn- und Verlustrechnung 373

Dienstleistungen 93
Disagio 86, 237, 377, 396, 398
discounted cash flow-Methode 35
Dividendenerträge 274, 377
Dividenden-Kurs-Verhältnis 347
Durchschnittspreismethode 191

EBITDA 384
economic value added 337, 405
Eigenkapital 221, 223, 227, 229, 242, 342, 396
eingesetztes 345
haftendes 345
Wertansatz 241
zugesagtes 345
Eigenkapitalquote 343
Eigenleistung 405, 409, 419
Eigenleistungen, andere aktivierte 266, 375, 393
Eigentum 105, 112
wirtschaftliches 112
Eigentümer 105
Eigentumsvorbehalt 106

Einlagen
  ausstehende 84, 123, 392
  Bareinlagen 11, 396
  Sacheinlagen 396
Einnahmen 4, 39
Einnahmen- und Ausgabenrechnung 43
Einzahlungen
  aktivatauschende 36, 38
  Arten 26, 28
  Begriff 4, 25
  bilanzverlängernde 36, 38
  Entgelt- 30
  Ergebnis- 30
  ertragsabhängige 38
  ertragsunabhängige 38
  Nutzungs- 30
Einzahlungs- und Auszahlungsrechnung 27
  fallweise 33
  regelmäßige 29
Einzahlungsüberschuss-Methode 35
Einzelbewertung 188
Einzelerfassung 188
Einzelkaufmann 48, 55
Einzelveräußerbarkeit 98
Entscheidungen 13
  bei ausgeglichener GuV 428
  bei Jahresfehlbetrag 429
  bei Jahresüberschuss 421
  finanzwirtschaftliche 431
  organisatorische 432
  personelle 432
  weitere 434
Erfolgsneutralität 160
Erfolgswert 146
Erfolgswertmethode 35, 150
Ergänzungsposten zu Passiva 73
Ergebnis
  aus gewöhnlicher Geschäftstätigkeit 278
  außerordentliches 278

Erlöse 4
  aus Umsätzen 262
Ersatzbeschaffungsrücklage 168
Erträge
  Analyse der 339
  Ansatz 252
  atypische 285
  aus anderen Wertpapieren und Ausleihungen des Finanzanlagevermögens 274
  aus Beteiligungen 274
  außerordentliche 278, 377
  aus Verlustübernahme 281
  Begriff 4
  Bemessung 310
  Gliederung 254
  periodenfremde 268
  sonstige betriebliche 267, 305, 375
  typische 285
Ertragslage 56, 287, 307
Eventualverbindlichkeiten 217

fair value 143, 148
Fehlbetrag, nicht durch Eigenkapital gedeckter 103, 124, 396
Fertigungskosten 158, 293
Festbewertung 134
fifo-Methode 194
financial assets 143
financial review by management 326
Finanzanlagen 119, 393
Finanzbericht 326
Finanzierung 10
Finanzlage 56, 287, 308
Finanzmittelfonds 369
Finanzspanne 286
Fondsmittelherkunfts- und Fondsmittelverwendungsrechnung 368, 370
Fondsveränderungsrechnung 370

Forderungen 81, 121, 125, 395
  Geld- 125, 359
  Güter- 125, 359
  kurzfristige 358
Forderungspositionen
  gemischte 84
  reine 83
  strittige 84
Forschungsbericht 326
Fremdkapital 204, 242, 342
Fremdkapitalquote 343

Gehälter 270
Geld 25, 81
Geldbestand 5, 125
Geld- und Kreditbestand 5
Geldbestands- und Geldbewegungsrechnung 25
  vergangenheitsbezogene 30
  zukunftsbezogene 32
Genossenschaft 17, 49, 50, 54, 87, 114, 135, 254, 311, 323, 327, 331, 332, 362
Gesamtkostenverfahren 255, 288, 289, 309
Gesamtleistung 267
Geschäft
  erfülltes 9
  schwebendes 8, 11, 216
Geschäfts- oder Firmenwert
  derivativer 101
  originärer 102
Gesellschaft
  des bürgerlichen Rechts 88
  mit beschränkter Haftung 55, 327
Gewerkschaften 17
Gewinn 405
  abgeführter 281
  ausgeschütteter 344, 414, 423
  einbehaltener 224, 414
  entstandener 286, 346
  erhaltener 276
  erzielter 344

Gewinn- und Verlustrechnung
  Aufstellung 245
  Begriff 245
  Gliederung nach HGB 256, 290
  Gliederung nach IAS 259, 291
  Gliederung nach US-GAAP 292
  Verhältnis zur Bilanz 246
Gewinnausschüttung, verdeckte 421
Gewinnbeteiligung 283, 336, 418
Gewinneinbehaltung 422
Gewinn-Kurs-Verhältnis 347
Gewinnrealisation 8, 142
Gewinnverwendungsbeschluss 377, 425
Gewinnverwendungsrechnung 427
Gewinnvortrag 227
Goodwill s. Geschäfts- oder Firmenwert
Größen
  Bestands- 5, 6, 246
  Bewegungs- 5, 6, 246
  monetäre 6
  Mengen- 3
  Wert- 3, 246
Größenklassen
  nach PublG 52
  nach HGB 53
Größenmerkmale 51, 52
Grundsätze ordnungsmäßiger Buchführung 61
Gruppenbewertung 193
Güter
  immaterielle 93, 125
  materielle 91, 125
Güterbestand 5
Güterbestands- und Güterbewegungsrechnung 44
Güterkapitalgeschäfte
  passive 44
  aktive 44

Handelsgesellschaft, offene 48, 311, 322, 327
Handelsspanne 286
Handelswaren 92
Hauptversammlung 15, 328, 331, 334, 420, 423, 429, 431, 432
Herstellungskosten 137, 145, 153, 157
  nach Handelsrecht 153, 163
  nach IAS/US-GAAP 163
  nach Steuerrecht 153, 163
Herstellungskosten der zur Erzielung der Umsatzerlöse erbrachten Leistungen 293, 380
hifo-Methode 195
historical costs 137, 144
Höchstwertprinzip 59

Impairment-Test 102, 142
Imparitätsprinzip 60
Industriebetrieb 8
Intensitäten 340
Inventar 74, 135
Inventur 132, 133
Inventurvereinfachungsverfahren 135, 190
Investition 33
Investitionsrechnung 33

Jahresabschluss
  Aufstellung 63, 423, 425
  Begriff 50
  Feststellung 423, 425
  Grundsätze bei Aufstellung 58
  handelsrechtlicher 50
  Offenlegung 331
  Prüfung 327
  Verpflichtung zur Aufstellung 51
  Vorlage 331
  Zwecke 56
Jahresabschlussanalyse 334
Jahresabschlussrechnungen 51

Jahresfehlbetrag 227, 282
Jahresüberschuss 227, 282

Kalkulation 19
Kapital
  Aktien- 222, 236
  Analyse des 342
  Begriff 203
  Bilanz- s. Bilanzkapital
  bilanzielles 5
  eingebrachtes 223
  eingefordertes 223
  Einlagen- 222, 236
  Finanz- 204, 242
  Geld- 4
  Gezeichnetes 221
  Güter- 203
  Haftungs- 222, 236
  kalkulatorisches 5
  nach HGB 205
  Real- 203
  Sach- 203
Kapitalflussrechnung 368
  nach HFA 1/1995 371, 372
Kapitalgesellschaft 48, 50, 53, 88, 114, 135, 234, 254, 311, 322, 327, 331, 332, 362
  kleine 55, 114, 254, 327, 332
  mittelgroße 55, 114, 254, 327, 333
  große 55, 114, 254, 327, 333
Kapitalumschlag 364
Kapitalverkehr
  aktiver 36
  passiver 36
Kapitalwertmethode 33
Kommanditgesellschaft 17, 48, 55, 311, 322, 327
  auf Aktien 15, 48
Kommissionsgeschäft 106
Konsumtivbetriebe 7
Kontoform 242, 244, 246, 255, 286, 307

Korrekturposten 73, 228
  zum Gezeichneten Kapital 84, 122
  zur Aktiva 205, 220
  zur Passiva 65, 73
Kosten 4
  der Unterbeschäftigung 162
  Einzel- 158, 293
  fixe 159, 161, 340
  Gemein- 158, 293
  Teil- 160
  variable 159, 161
  Voll- 160
Kostenrechnung 19, 161, 293
Kreditgeber 17
Kurs-Gewinn-Verhältnis 347
Kurswert 238, 241, 347
Kurswertverfahren 35

Lagebericht 322, 327, 331
Lagebericht i. e. S. 324
Leasingvertrag
  Arten 109
  Bilanzierung 110
Leistungen 4
Lieferanten 17
lifo-Methode 194
Liquidität 354
Liquiditätsgrade 357
  Aussagewert 361
  im engen Sinne 356
  im weiten Sinne 356
  in der angloamerikanischen Literatur 359
Liquiditätskennziffern s. Liquiditätsgrade
lofo-Methode 197
Löhne 270
lower of cost or market rule 157

Materialaufwand 268, 375
Materialkosten 158, 293

Mehrwert 337, 404
Mengenerfassungserleichterungen 189
Miete / Pacht 108
Mittelherkunft 365
Mittelverwendung 365

Nachrechnungen 5, 6
Nachtragsbericht 324
Nebenbedingungen 3, 12, 354, 362
Nennwert 241
Nettoergebnis vom Umsatz 305
Nettoproduktionswert 286, 409, 411, 415
Neubewertungsrücklage 169
Niederlassungsbericht 326
Niederstwertprinzip 59, 141, 155, 164
  gemildertes 141
  strenges 155
notes 322

Offenlegung 332

Passiva 205, 229, 242, 246, 342
Passivierungsregelungen
  nach Handelsrecht 206
  nach Steuerrecht 206
  nach IAS 209
  nach US-GAAP 209
Passivseite, Gliederung 235
Personal- und Sozialbericht 326
Personalaufwand 270, 376
Personalwesen 12
Personenhandelsgesellschaft 49, 51, 55, 114, 254, 311, 322, 327, 362
Pfandrecht 107
Pflichtangaben 312
Planung 19
Primat des Anschaffungswerts 153
Produkte 92

Produktion 9
Produktionsbericht 325
Produktionsfaktoren 92
Produktivbetriebe 7
Produktivität
  Arbeits- 351
  Aufwands- 350
  Ertrags- 350
  Gesamt- 350
  Kapital- 352
  Maschinen- 352
  Material- 353
  Messung 419
  Teil- 351
Prüfer 327, 328
Prüfung
  durch Aufsichtsrat 331
  Jahresabschluss 327
  Lagebericht 327
Prüfungsbericht 330
Prüfungsergebnis 329
Prüfungsgegenstand 329
Prüfungsmaßstab 329
Prüfungspflicht 327
Publizitätsgesetz 49, 51
Publizitätspflicht 327

Realisationsprinzip 161
Rechnungsabgrenzungsposten
  aktive 85, 124, 396
  passive 212, 232, 398
Rechnungsadressaten 21
Rechnungsanlässe 21
Rechnungsgrößen 3, 20
Rechnungsphasen 21
Rechnungswesen
  Abbildung 7
  betriebswirtschaftliches 1
  externes 21
  Gliederung 18
  Größen 3
  internes 21
  kameralistisches 7, 28
  kaufmännisches 29
  volkswirtschaftliches 1
  Zwecke 12, 16
Rechnungszwecke 21
Redepflicht 330
Rentabilität
  Anteils- 347
  Eigenkapital- 344
  Gesamtkapital- 348
  Umsatz- 349
Rentenverpflichtungen 239
Reserven, stille 101, 142, 164, 225
  aktivische 225
  erzwungene 226
  geduldete 226
  passivische 225
  verbotene 226
Risikobericht 323, 325
Rücklage 212, 223
  andere Gewinn- 225, 424, 426, 429
  einbezahlte 224
  für eigene Anteile 225, 422, 428
  für Ersatzbeschaffung 219
  gesetzliche 225, 422, 426, 429
  Kapital- 224, 426, 429
  Gewinn- 224
  satzungsmäßige 225, 424, 426, 429
  steuerfreie 216, 220
  stille s. Reserven, stille
  umgewandelte 222
  zur Substanzerhaltung 422
Rückstellungen 212, 230, 274, 397
  Aufwands- 215, 231, 234, 282, 342
  Bewertung 240
  für passive latente Steuern 214, 230, 397
  für ungewisse Verbindlichkeiten 212
  Garantie- 213
  Kulanz- 214, 231

Pensions- 214, 230, 271, 376
  sonstige 230
  Steuer- 214, 230, 280, 377, 397
  Verlust- 216, 231, 282, 342
Rückzahlungsbetrag 236, 237

Sachanlagen 119, 393
  selbsterstellte 266
Sammelbewertung 188
  Methoden 187, 190
  Zulässigkeit 202
Sammelerfassung 188
Schecks 81, 84
Scheingewinn 142, 164, 169, 192, 422
Schulden 203, 205, 233, 357
  Bewertung 236
  Geld- 356
  kurzfristige 355
Schuldendeckung 362
Schuldendeckungsfähigkeit 362
Schuldendeckungsgrad
  spezieller 363
  totaler 363
Selbstkostenrechnung 18
Sicherungsübereignung 107
Sonderposten mit Rücklageanteil 172, 219, 230, 234, 267, 274, 306, 342, 375, 376
Staat 7
Staffelform 243, 244, 246, 255, 288
statement of changes in equity 247
Statistik 19
Steuerbehörden 17
Steuern 280
  aktive latente 87
  Rückstellungen für passive latente 214
  sonstige 281, 306, 377
  Verbrauch- 86
  vom Einkommen und Ertrag 280, 377

Steuerwert 136, 149, 152
Substanzerhaltung 142, 164, 192, 194, 195, 197, 200, 203
Substanzwertmethode 35, 149

Tageswert 59, 137, 164, 189
Teilwert 149
Teilwertvermutungen 151
Terminguthaben 84
true and fair view 57

Überbewertung 162, 225
Überleitungsrechnung 426
Übersubstanzerhaltung 192, 194, 195, 196, 197, 203
Umbuchungen 128, 130, 392, 393
Umlaufvermögen
  Begriff 118
  Unterteilung 120
Umsatzerlöse 259, 263, 293, 374
Umsatzkostenverfahren 290, 309
Umsatzobjekte 260
Umsatzsteuer 86, 264
Umsatzvorgänge 261
Umschlagshäufigkeiten 364
Umweltbericht 326
Ungüter 95
Unterbewertung 162, 225
Unternehmensanteile 87, 125
Unternehmensanteilspositionen
  gemischte 89
  reine 89
Unternehmensbewertung 34

Veräußerbarkeit 98
Veräußerungswert 146
Verbindlichkeiten 211, 231, 398
  Bewertung 237
  Geld- 235
  Güter- 235
  ungewisse 235

Vergleich
  Ist-Ist- 337
  Normal-Ist- 337
  Plan-Ist- 337
  Prognose-Ist- 337
  Soll-Ist- 337
Verkehrsfähigkeit, selbständige 98
Verlaufsbericht 324
Verlust 227
  entstandener 344
Verlustantizipation 8, 142
Verlustanzeige 429
Verlustdeckungsrechnung 430
Verlustvortrag 227
Vermögen
  Analyse des 341
  Bilanz- s. Bilanzvermögen
  bilanzielles 5
  Brutto- 65, 149
  kalkulatorisches 5
  nach der Natur der Gegenstände 81
  nach der Zugehörigkeit der Gegenstände 105
  Rein- 65
  Roh- 65, 149
Vermögensgegenstand 103
Vermögenslage 56
Verpfändung 107
Verpflichtungen, sonstige finanzielle 218
Verschmelzungsmehrwert 103
Vertriebskosten 158, 301, 380
Verursachungsprinzip 161
Verwaltungskosten 158
  allgemeine 302, 380
  spezielle 303
Vorlage 331
Vorleistungen 405, 409
Vorleistungsaufwendungen 411
Vorräte 121, 394
Vorrechnungen 5, 6

Vorsichtsprinzip 60, 141, 165, 201, 216
Vorstand 13, 15, 328, 331, 333, 334, 420, 422, 423, 424, 434

Waren 91
Warenumschlag 364
Wert
  beizulegender 137, 152
  des gegenwärtigen Abschlussstichtages 137, 145
  des vorhergehenden Abschlussstichtages 137, 148, 152
  künftige Wertschwankungen berücksichtigender 153
  im Rahmen vernünftiger kaufmännischer Beurteilung 137, 152, 240
  rechnerischer 241
  Steuer- s. Steuerwert
Wertansätze
  Arten 136, 152
  Rangordnung 139, 154
Wertaufholungsgebot 138, 155
Wertberichtigung 172, 205, 220
Wertminderung
  dauernde 138, 141, 150, 153
  vorübergehende 20, 138, 141
Wertschöpfung 286
  additive Ermittlung 412
  Aussagewert 414
  Begriff 404, 405
  subtraktive Ermittlung 406
Wertschöpfungsentstehungsrechnung 411, 415
Wertschöpfungsrechnung 404
  zur Einkommensbemessung 417
  zur Einkommensdarstellung 414
  zur Messung der Betriebstiefe 419
  zur Messung der Betriebs- und Unternehmensgröße 419
  zur Messung der Produktivität 419

Pensions- 214, 230, 271, 376
  sonstige 230
  Steuer- 214, 230, 280, 377, 397
  Verlust- 216, 231, 282, 342
Rückzahlungsbetrag 236, 237

Sachanlagen 119, 393
  selbsterstellte 266
Sammelbewertung 188
  Methoden 187, 190
  Zulässigkeit 202
Sammelerfassung 188
Schecks 81, 84
Scheingewinn 142, 164, 169, 192, 422
Schulden 203, 205, 233, 357
  Bewertung 236
  Geld- 356
  kurzfristige 355
Schuldendeckung 362
Schuldendeckungsfähigkeit 362
Schuldendeckungsgrad
  spezieller 363
  totaler 363
Selbstkostenrechnung 18
Sicherungsübereignung 107
Sonderposten mit Rücklageanteil 172, 219, 230, 234, 267, 274, 306, 342, 375, 376
Staat 7
Staffelform 243, 244, 246, 255, 288
statement of changes in equity 247
Statistik 19
Steuerbehörden 17
Steuern 280
  aktive latene 87
  Rückstellungen für passive latente 214
  sonstige 281, 306, 377
  Verbrauch- 86
  vom Einkommen und Ertrag 280, 377

Steuerwert 136, 149, 152
Substanzerhaltung 142, 164, 192, 194, 195, 197, 200, 203
Substanzwertmethode 35, 149

Tageswert 59, 137, 164, 189
Teilwert 149
Teilwertvermutungen 151
Terminguthaben 84
true and fair view 57

Überbewertung 162, 225
Überleitungsrechnung 426
Übersubstanzerhaltung 192, 194, 195, 196, 197, 203
Umbuchungen 128, 130, 392, 393
Umlaufvermögen
  Begriff 118
  Unterteilung 120
Umsatzerlöse 259, 263, 293, 374
Umsatzkostenverfahren 290, 309
Umsatzobjekte 260
Umsatzsteuer 86, 264
Umsatzvorgänge 261
Umschlagshäufigkeiten 364
Umweltbericht 326
Ungüter 95
Unterbewertung 162, 225
Unternehmensanteile 87, 125
Unternehmensanteilspositionen
  gemischte 89
  reine 89
Unternehmensbewertung 34

Veräußerbarkeit 98
Veräußerungswert 146
Verbindlichkeiten 211, 231, 398
  Bewertung 237
  Geld- 235
  Güter- 235
  ungewisse 235

Vergleich
  Ist-Ist- 337
  Normal-Ist- 337
  Plan-Ist- 337
  Prognose-Ist- 337
  Soll-Ist- 337
Verkehrsfähigkeit, selbständige 98
Verlaufsbericht 324
Verlust 227
  entstandener 344
Verlustantizipation 8, 142
Verlustanzeige 429
Verlustdeckungsrechnung 430
Verlustvortrag 227
Vermögen
  Analyse des 341
  Bilanz- s. Bilanzvermögen
  bilanzielles 5
  Brutto- 65, 149
  kalkulatorisches 5
  nach der Natur der Gegenstände 81
  nach der Zugehörigkeit der Gegenstände 105
  Rein- 65
  Roh- 65, 149
Vermögensgegenstand 103
Vermögenslage 56
Verpfändung 107
Verpflichtungen, sonstige finanzielle 218
Verschmelzungsmehrwert 103
Vertriebskosten 158, 301, 380
Verursachungsprinzip 161
Verwaltungskosten 158
  allgemeine 302, 380
  spezielle 303
Vorlage 331
Vorleistungen 405, 409
Vorleistungsaufwendungen 411
Vorräte 121, 394
Vorrechnungen 5, 6

Vorsichtsprinzip 60, 141, 165, 201, 216
Vorstand 13, 15, 328, 331, 333, 334, 420, 422, 423, 424, 434

Waren 91
Warenumschlag 364
Wert
  beizulegender 137, 152
  des gegenwärtigen Abschlussstichtages 137, 145
  des vorhergehenden Abschlussstichtages 137, 148, 152
  künftige Wertschwankungen berücksichtigender 153
  im Rahmen vernünftiger kaufmännischer Beurteilung 137, 152, 240
  rechnerischer 241
  Steuer- s. Steuerwert
Wertansätze
  Arten 136, 152
  Rangordnung 139, 154
Wertaufholungsgebot 138, 155
Wertberichtigung 172, 205, 220
Wertminderung
  dauernde 138, 141, 150, 153
  vorübergehende 20, 138, 141
Wertschöpfung 286
  additive Ermittlung 412
  Aussagewert 414
  Begriff 404, 405
  subtraktive Ermittlung 406
Wertschöpfungsentstehungsrechnung 411, 415
Wertschöpfungsrechnung 404
  zur Einkommensbemessung 417
  zur Einkommensdarstellung 414
  zur Messung der Betriebstiefe 419
  zur Messung der Betriebs- und Unternehmensgröße 419
  zur Messung der Produktivität 419

zur Sozialproduktmessung 420
zur Steuerbemessung 418
Wertschöpfungsverwendungsrechnung 413, 416
Wertsteigerungsrücklage 142, 166
Wiederbeschaffungswert 146
Wiederherstellungswert 146
Wirtschaftlichkeit 350
Wirtschaftsbehörden 17
Wirtschaftsgut 97
  geringwertiges 114, 171
  kleinwertiges 114

Zahlungen
  Entgelt- 27, 29
  Ergebnis- 27, 29, 36
  Güter- 27, 36
  Kapital- 27, 36
  Nutzungs- 27, 29
Zahlungsfähigkeit 354
Zahlungsmittel 25
Zahlungsunfähigkeit 354
  aktuelle 354
  akute 354
  drohende 354
Ziele 3, 13
Zinsaufwendungen 277, 306, 377
Zinsen für Fremdkapital 159
Zinserträge 274, 377
Zölle 86
Zugänge 128, 133, 392, 396
Zukunftsbericht 325
Zuschreibungen 130, 172, 265, 267, 375